STAMPED FROM THE BEGINNING

生而被標籤

伊布拉・肯迪——著

張玉芬、張毓如、陳義仁——譯

Ibram X. Kendi

The Definitive History of Racist Ideas in America

獻給那些不被重視的生命。

導讀

盧令北　東吳大學歷史系副教授兼系主任

種族主義始終是個複雜難解的問題，而種族歧視思想，雖聞不到、摸不著，但卻如鬼魅般，游離飄盪於人類歷史發展過程，久久不能散去。猶記昔日在美國修讀「非裔美國人史」討論課時，授課老師在首堂課，即拋出「先有種族主義？還是先有奴隸制度？」的命題，並以此做為整學期課程的思考主軸。

種族主義與奴隸制度究竟何者在前？何者在後？此看似雞生蛋、蛋生雞的問題，向來引發美國歷史學者不同的見解。奴隸制度存在於美國兩百四十餘年，但遲至二十世紀初，始初見對此制度有較嚴謹的學術研究，至一九五〇及一九六〇年代，隨著民權運動的全面開展，美國歷史學界對奴隸制度、種族主義、內戰前的南方社會以及黑白族群等議題的研究，取得具體的成果，一舉將「非裔美國人研究」（African American Studies）提升至如類似美國外交史的專史研究領域層級，進而成為一個學門，如多所美國大學所設立的「非裔美國人研究學系」（Department of African American Studies）。

在學術界興起一股非裔美國人研究之時，種族主義與奴隸制度的關聯性，成為研究熱點之一。在眾多專論中，最受學界矚目的當屬已故耶魯大學歷史系教授及「美國國家人文獎章」（National Humanities Medal）得主艾德蒙・摩根（Edmund Morgan, 1916-2013），於一九七五年所出版的《美國奴隸制與美國自由：殖民時期維吉尼亞的考驗》（*American Slavery, American Freedom: The Ordeal of*

Colonial Virginia）一書。該書由微觀的角度，以英國在北美洲第一個永久殖民地維吉尼亞為分析對象，說明美國奴隸制度究竟從何而來。根據摩根教授的研究分析，維吉尼亞殖民地在開發過程中所使用的勞動力，分別歷經美洲原住民、英國白人「契約工」（indentured servants），以及非洲黑奴等三階段，各階段勞動力轉換的主要考量，是實際土地開發所帶來的壓力與經濟利益，而非種族主義。換句話說以摩根教授的觀點，單就維吉尼亞殖民地而論，顯然奴隸制度在前，種族主義在後。

摩根教授的觀點有其扎實的論證基礎，但若套用至整個美國社會，則未見合適，而《生而被標籤》這本書或可針對「種族主義與奴隸制度究竟何者在前」的命題，提供不一樣的思考方向。作者伊布拉．肯迪（Ibram X. Kendi）曾任教於佛羅里達大學歷史系，他以宏觀的角度，以十五至二十一世紀為時間軸，運用編年敘述的方式，詳細分析了種族主義的由來、種族歧視思想與奴隸制度的關聯性，以及奴隸制度瓦解後，種族主義卻依然盛行等重要主題。他認為種族歧視思想並非自然生成，也非來自於無知或仇恨，而是社會菁英階層及掌權者的刻意為之，因此種族主義主導了奴隸制度的建構過程，與先前摩根教授的論述，有明顯的差異。

肯迪教授以大歷史的架構來討論美國種族歧視思想與種族主義，其實是有相當風險的，因為此種論證模式，往往囿於篇幅的限制，導致整體論述陷入掛一漏萬或掛萬漏一的困境，不過肯迪教授不追求化繁為簡的寫作模式，而以完整的文字敘述說明這段大歷史，深度廣度兼具，也因此該書英文原著高達六百頁，遠超過一般學術專論規模，然肯迪教授文筆甚佳，歷史敘事明確，事證分析具體，所以無論就頁數或內容論述，稱《生而被標籤》為一本巨著，實不為過。

欲解釋十五至二十一世紀種族主義的歷史發展並非易事，《生而被標籤》以五位歷史人物為基本架構，將時間軸線切割成五個時期分別討論。肯迪教授挑選的這五位歷史人物，分別為清教徒牧師柯頓·馬瑟（Cotton Mather）、獨立宣言起草人及第三任美國總統湯瑪斯·傑佛遜（Thomas Jefferson）、內戰前北方的知名報人及廢奴運動健將威廉·蓋里森（William Lloyd Garrison）、哈佛大學史上第一位非裔博士與早期民權運動領導人杜波依斯（W. E. B. DuBois），以及一九六〇年代美國社會及民權運動活躍人士安吉拉·戴維斯（Angela Y. Davis）。這五位對種族及種族歧視的解釋與立場各有不同，肯迪教授以此五人做為書籍的章節架構，主要目的並非為他們做傳，而是以此五人為圓心，畫出美國自古至今的五個種族主義大圓圈，而這五個圓圈所形成的交集，就是美國種族主義發展過程中的不變特性——人為操弄。

《生而被標籤》由十五世紀葡萄牙人至西非殖民開始談起，一路延伸至美國歷史各發展階段，肯迪教授透過生動的歷史敘述，深刻描繪葡萄牙人為掠奪資源，如何利用自身優勢，強壓非洲族群。葡萄牙人此舉讓其他從事海外擴張的西歐國家紛起效尤，英國人在殖民北美洲時期，清教徒牧師將歐洲人的掠奪行為冠上宗教色彩，將種族歧視行為進一步合理化，及至美國獨立建國，各時期的政治人物早已將種族主義內化為個人意識型態。十九世紀初美國白人認知到非裔美國人的問題，但解決方式卻是謀畫將國內非裔人民集體送回非洲，讓美國成為白人的專屬國度。濃烈的種族主義氣息瀰漫全美國，無怪乎法國學者亞歷西斯·托克維爾（Alexis de Tocqueville）在遊歷美國後，於其一八三五年出版的《民主在美國》（*Democracy in America*）書中，感嘆美國種族主義不分南北，北方雖已取消奴隸制度，但其種族偏見更甚於南方蓄奴各州。托克維爾眼中種族主義的美國，並未因內戰結束，黑奴解放而有所改變，因為內戰不是一場思想革命，它改變的僅是非裔族群的法律地位，而非白人主政者及政治人物腦袋內根深柢固的種族思想。

種族歧視思想與種族主義在美國社會牢不可破，所引發的論戰，自然也不少。肯迪教授將歷來參與論戰的人士，區分為三派：一派支持種族主義，由「隔離主義者」（segregationist）所組成；另一派結合「反種族主義者」（antiracist），堅決反對種族主義；第三派別則主張黑白種族融合，是為「同化主義者」（assimilationist）。在肯迪教授看來，「同化主義者」與「隔離主義者」看似不同，但「同化主義者」向來主張對非裔族群最好的政策，就是協助他們融入白人體系中，如此訴求與做法，何嘗不是另類的種族主義？「隔離主義者」與「同化主義者」貌似歧異，但俱為種族歧視思想作祟的結果，主觀認定「白優黑劣」，兩派人士運用其學識優勢，形塑出符合白人利益且看似合理的種族理論及政策，再聲稱一切就事論事，自己不具任何種族歧視思想。

肯迪教授藉由詳細的歷史敘述，具體回應了美國種族歧視思想與種族主義何以形成的命題。肯迪教授否定了所謂「無知或仇恨形成了種族主義，進而造成種族差別待遇」的說法，他由大歷史的角度，認為應該是「基於私利的人為種族差別待遇，建構了種族主義觀念，進而導致種族間的相互仇視及對種族問題的無知態度」。簡言之，肯迪教授認為美國的種族主義源自於人為的操弄，決非自然形成，書中雖並未特別強調人人生而平等的要義與歷史淵源，但肯迪教授表示，每個族群都有表現優異與表現落後的份子，刻意凸顯某個族群的表現優異或落後者，並將此族群整體標籤化，正是美國種族問題的癥結所在。

然如何削弱並清除種族主義？肯迪教授坦承，對抗種族主義雖非如違逆自然定律般的不可為，但卻困難重重。昔日曾要求白人讓步，主動犧牲經濟利益以消弭種族主義，達成黑白平等的訴求，在肯迪教授看來並不正當合理，因為白人的財富並非靠掠奪非裔群體而來；非裔資本家的出現，也非依賴白人所致。此外，早期民權運動領袖布克・華盛頓（Book T. Washington）所宣揚的非裔族群先追求自我提升，再爭取白人認同，進而達成黑白平權的論調，肯迪教授亦不表認同，因為徵諸歷史，非裔人士即使在美國社會有所成就，依舊擺脫不了種族歧視的桎梏，種族歧視力道的強弱，與非裔同胞社經地位高低無關。然而，透過教育是否可能改善種族歧視現象？肯迪教授表示悲觀。他不認為教育能有效清除美國的種族主義，因為每當舊種族主義看似即將沒落之際，新的種族觀念與理論迅速繼之而起，不斷推陳出新，而既有教育體制的調整，始終跟不上種族主義的更新速度。肯迪教授表示，既然種族主義是人刻意為之，其最有效的解決方式，端賴於政府主事者與社會權力階級，有無意願和決心跨越自私的門檻，開誠布公接納種族的多樣性，心悅誠服接受人人生而平等的普世價值。

對身為非裔的肯迪教授而言，《生而被標籤》不僅是一本探究種族主義在美國發展、轉變與辯論過程的歷史專論，更是一本自我審視、自我解脫的覺醒歷程。肯迪教授坦言，以往他自己也深受傳統種族主義觀念的影響，認為美國的種族問題，來自於有問題的非裔族群，但透過本書的撰寫，他徹悟非裔同胞們唯一的問題，就是盲目接受白人的種族觀，認定自己有問題，而非裔同胞表現機會較其他種族少，不在於非裔同胞才智能力不足，而是在長期人為的種族主義壓迫下所致。肯迪教授無意藉《生而被標籤》這本書教化種族主義者，因為他不認為任何邏輯、理論或書籍能改變他們，但此書在解析美國種族歧視思想與種族主義起源的過程中，確讓吾人警醒人類思想何以會有此陰暗面？何以有些種族或團體會被貼標籤？而誰又賦予這些貼標籤者權力，並允許其恣意妄為？期待這些反思能匯集成一股實踐力量，將人人生而平等的概念具體落實於人類社會中。

推薦文

嚴震生
臺灣大學政治系、政治大學政治系兼任教授
政治大學國際關係研究中心兼任研究員

本書的英文書名乃是「生而被標籤」或是「自始就被印上標記」（Stamped from the Beginning），與一般我們在社會學或政治學使用的兩個名詞「標籤化」（stereotype）及「種族貌相」（racial profiling）略有出入，但基本上用最通俗的話說，就是以貌取人，特別是用膚色來做為判斷的標準。諷刺地但也不意外地是，「生而被標籤」這個名詞出自於南北戰爭期間南方邦聯（Confederate States）的總統戴維斯（Jefferson Davis）對黑人較白人低等的看法，他認為兩者之間的不平等，是從出生時就是如此，因而有「生而被標籤」的說法。

美國在二〇〇八年選出第一位黑人總統歐巴馬時，許多政治觀察家認為美國終於走入「後種族社會」（post-racial society），實現了金恩博士在「我有一個夢」（I Have a Dream）的演說中，期許所有美國人都應該「生活在一個不被膚色、而是用內涵來評價他們的國家」（live in a nation where they will not be judged by the color of their skin but the content of their character）的呼籲。

事實上，歐巴馬並非美國黑奴的後裔，他的母親是堪薩斯州的白人，因此他的膚色並非黝黑，且跟在都市貧民區長大、周遭滿是貧窮、犯罪與毒品的大多數黑人不同，他不僅是在印尼及夏威夷度過童年，同時還是由白人的外公、外婆帶大。此外，他擁有長春藤名校哥倫比亞及哈佛大學的學位，並在芝加哥大學法學院教書，因此完全缺乏黑奴後裔的生活經歷。然而，他的當選並沒有讓美國走入後種族社會，反倒是在任內出現了無數執法單位對黑人使用暴力的事件，並導致「黑人的命也是命」（Black Life Matters）社會運動的盛行，這些或許是白人社會的某種反彈，但無論如何，種族歧視並未因此消失，反而更加嚴重，這或多或少說明為何一位「白人至上」的川普在二〇一六年能贏得總統大選，並且在上任後持續使用種族歧視的語言來爭取基本盤的認同。

如果我們對美國的種族歧視為何持續難以理解，本書或許能夠為大家解惑。作者肯迪教授（Ibram X. Kendi）的這本書最重要的貢獻，就是他在第八頁中賦予種族主義的定義，「認為某一種族族群，在任何方面比另一個種族族群低劣或優越的任何觀念。」這個看似簡單的概念，其實不限於那些惡意歧視另一族群的本土主義者，還包括那些不知不覺的善意種族主義者，也就是本書所謂的同化主義者（assimilationists），因為同化就意味著一個占劣勢種族有機會能學習，甚至是融入占優勢種族的文化。真正的反種族主義者則是此立場之外的第三個看法，也是本書所堅持的立場，就是所有的種族是一律平等，不得有任何差別的想法。

本書從殖民時代開始追溯美國的種族關係，並且以五位重要歷史人物對種族主義的觀點和其親身的政治參與為背景，讓讀者能夠對美國的種族問題、特別是背後的三個理論觀點所帶出來的矛盾與討論，有充分及客觀的認識。事實上，肯迪並不是僅介紹這幾位重要的歷史人物，但也對他們所處時代的整段歷史及同一時期相關的政治人物及種族主義的論述，都有清楚的介紹。旁徵博引，成為本書的一大特色，也讓讀者對美國種族關係的歷史發展，有較為客觀的認知。

目次

第二部　湯瑪斯・傑佛遜

第三部　威廉・洛伊・蓋里森

第四部　杜波依斯

第五部　安吉拉・戴維斯

前言

每一位歷史學家都是在一個特定的歷史時刻寫作，並且受到那個時刻影響。我的時刻，也就是這本書的時刻，正好發生多起未攜械民眾死於執法人員手中的命案，有些人上了電視，有些人沒有；還有網路上的 #Black Lives Matter 標籤，標記著那些在美國史上最狂暴之夜晚早逝的年輕生命，有些人上了電視，有些人沒有。我萬分悲痛地撰寫著這本書，陸續發生的憾事令人心痛欲碎，其中包括崔文・馬丁（Trayvon Martin）、瑞奇亞・鮑伊德（Rekia Boyd）、麥可・布朗（Michael Brown）、弗萊迪・蓋瑞（Freddie Gray）、查爾斯頓教堂九死案（Charleston 9）和珊卓・布蘭德（Sandra Bland）。這些傷痛都是美國種族主義思想的歷史產物，正如同這本有關種族主義思想的歷史書，是這些傷痛的產物。

根據聯邦數據，二〇一〇至二〇一二年間，黑人年輕男性被警方殺害的機率，是白人年輕男性的**二十一倍**。警力致死的女性受害者中，未記錄、被輕忽的種族不對等（racial disparity）狀況恐怕更嚴重。聯邦數據顯示，財產落在中位數的家戶中，白人家庭的戶數遠遠是黑人的**十三倍**，而黑人入獄的機率卻是白人的**五倍**。[1]

不過，這些數據並不令人意外。大多數美國人可能已察覺到種族不對等懸殊的現象，不論在警方殺人、財富分配、監獄人口等方面，幾乎遍及美國社會的每個部門。我所說的「種族不對等」，是指種族族群及人口表現在數據上的占比。如果黑人占了美國人口組成的百分之十三點二，那麼黑人應該在警方殺死的美國人數中占大約百分之十三、在入獄的美國人數中占大約百分之十三，以及擁有大約百分之十三的美國財富。然而當今美國仍然跟種族對等沾不上邊。非裔美國人擁有全國百分之二點七的財富，入獄人數則占了百分之四十。種族不對等確實存在，而種族不對等存在的時間比美國歷史還悠久。[2]

二〇一六年，美國慶祝建國兩百四十週年。然而，甚至早在湯瑪斯·傑佛遜和其他開國元老宣布獨立之前，美國人就以對立的觀點辯論著各層面的種族不對等、種族不對等的情形為何存在且持續，以及為何美國白人整體來說比美國黑人成功。以歷史的角度來看，這些熱烈的辯論有三方參與。一方，我們稱之為「隔離主義者」（segregationist），歸咎黑人本身造成了種族不對等；另一方，我們稱之為「反種族主義者」（anti-racist），他們指謫的是思想觀念；第三方，我們稱之為「同化主義者」（assimilationist），他們和前兩方爭辯，聲稱**黑人和種族主義**都是種族不對等的咎因。大家對警察殺人事件爭論不休，這三方在唇槍舌戰中火力全開。隔離主義者責怪被警察殺死的黑人行為莽撞、罪有應得，說麥可·布朗是個野蠻、具有威脅性的竊犯，達倫·威爾遜（Darren Wilson）當然會怕他，因而進一步置他於死地。反種族主義者譴責警察的種族歧視行徑太過放肆，說這位深色皮膚十八歲少年的生命對達倫·威爾遜根本無足輕重。同化主義者試圖兩方兼顧，說威爾遜和布朗都有罪，他們的舉動都沒考慮到後果。

仔細傾聽近幾年來的三方論戰，相當接近各位將在這本《生而被標籤》裡讀到的三種截然不同的論點。將近六個世紀以來，反種族主義一直在和兩派種族歧視思想對抗：隔離主義和同化主義。後續發展的種族主義思想史，也就是這三種不同聲音的歷史：隔離主義、同化主義、反種族主義，以及各方如何合理化種族不對等，辯論為何白人一直是活跳跳的勝利組、黑人卻是走在死亡邊緣的失敗組。

英文書名*Stamped from the Beginning*，出自密西西比州參議員傑佛遜・戴維斯（Jefferson Davis），於一八六〇年四月十二日在美國參議院發表的演說。他後來當過美利堅邦聯[①]總統，當時在華盛頓特區反對一個補助黑人教育的法案。「這個政府不是由黑人、也不是為黑人創建的」，而是「由白人、為白人創建的」，戴維斯向他的同僚大放厥詞。他宣稱，補助黑人教育法案奠基於錯誤的種族平等觀念，「黑白種族之間的不平等」是「從黑人誕生前就被貼上了」。[3]

傑佛遜・戴維斯認為黑人在生理上比白人低等，這也許不令人意外，因為在一般人美麗如畫布的白皮膚上，黑色斑塊是醜陋的戳印，而黑色戳印就是黑鬼永不得翻身的符徵。這種隔離主義的思維可能較容易辨識（也較容易加以批評），明顯帶有種族歧視。然而，許多德高望重的美國人，其中許多人我們稱頌他們思想進步、行動積極，其中也有許多人出於好意，卻接受了同化主義認為黑人較低等的種族歧視看法。我們記得同化主義者曾光榮反制種族差別對待，但他們也把種族不對等歸咎於黑人的行為較低等，而我們卻避談這些不光采的偏頗言論。同化主義者擁抱生物性的種族平等，點名是環境因素，如炎熱氣候、差別對待、文化和貧窮，造成黑人的行為低劣。至於解決之道為何呢？他們依然認為醜陋的黑色戳印能夠被消除，只要給予適當的環境，黑人的低劣行為就能夠改進。如此一來，同化主義者不斷鼓勵黑人接納白人的文化特性和／或身體樣貌的理想典範。瑞典

---

① 美利堅邦聯（Confederate States of America）是南北戰爭期間從美國分裂出來的南方政權。

諾貝爾獎經濟學家岡納．米爾道爾（Gunnar Myrdal），在一九四四年做過一個指標性的種族關係研究，被認為是民權運動的鼓動者之一。他在研究中寫道：「與美國文化同化融合，具備優勢美國白人看重的特質，這對美國黑種人有好處，不論在個人或族群的層面上。」他在《一個美國的兩難》（*An American Dilemma*）中也宣稱：「幾乎在各方面，美國黑種人的文化……是整體美國文化發展扭曲或病態的部分。」[4]

不過在這個國家裡，反種族主義的思想路線一直頑強不滅，挑戰著同化主義及隔離主義的路線，為真理之路帶來希望。反種族主義者長久以來主張，種族差別對待從美國開國之初就已然被貼上了標籤，這說明了為什麼種族不對等的狀況會存在，且生生不息。與隔離主義者和同化主義者不同，反種族主義者認為不同的膚色、髮質、行為和黑白文化作風的水準皆同，在各方面都是平等的。就像一九八〇年代的傳奇黑人女同性戀詩人奧卓．蘿德（Audre Lorde）曾經演說道：「我們述說人類差異時一視同仁，沒有固定模式。」[5]

種族歧視觀念一點都不單純、不直接，也非一成不變，其發展歷史亦然。坦白說，對世世代代的美國人而言，種族歧視觀念是常識了。種族主義觀點的邏輯多年來操弄了千百萬人，一次又一次蒙混了更複雜的反種族主義的現實。所以，要向讀者訴說這個歷史，不能用老套的論述，不能只是荒謬的種族歧視者與理智的反種族主義者之間的衝突對戰。這個歷史不能用老套的、兩派對峙的好萊塢式戰爭來訴說，不能只是黑白分明的善惡之爭、好人最後獲勝。從一開始，這場戰爭就是三方交戰，反種族主義同時對抗兩派種族歧視陣營，最後壞人失守、好人勝出。隔離主義和同化主義被包裝成貌似良善的迷人論調，這兩方也都確保將反種族主義重新包裝成邪惡思想。隔離主義者與同化主義者以善良美意自我包裝的時候，從不承認他們的公共政策和看法帶有種族歧視。何必呢？種族主義者承認有罪對自己沒有好處，若定義自己的作為和言論不帶有種族歧視色彩，這樣比較聰明，也比較能開脫。罪犯幾乎從不承認自己的犯行違反人道。最狡猾、最有力的反黑罪犯還把自己的罪行合法化了，用盡辦法讓奴隸買賣、奴役、差別對待和殺人奪命脫離刑法的範疇。同樣地，最狡猾、最有力的種族主義理論家也會定義自身的想法沒有種族歧視。其實同化主義者已率先在一九四〇年代使用、定義了「種族主義」一詞，並且讓它廣為流傳。一直以來，他們不會說自家認為黑人**行為低劣**的看法有種族歧視之嫌，這些同化主義者只認定，隔離主義認為黑人**生理低劣**才是種族歧視。而隔離主義者也一直排拒「種族歧視」的標籤，反而宣稱他們的滔滔闊論只是在陳述上帝的語言、大自然的設計、科學的安排，或者單純只是由來已久的常識。[6]

出於自利，有權有力的各派別努力撇清說自己的種族歧視言論，其實沒有那個意思，這整個分裂了美國人對於種族歧視本意的認知，讓他們對此變得無知無覺。也因此，覺得黑人有點毛病的美國人可以自認不是種族歧視份子。可是，說某族群有毛病，就等於說該族群有些地方比較低劣了。這些說法在邏輯上環環相扣，不論美國人有沒有領悟，也不論美國人願不願承認。任何種族主義思想通史都必須對付一連串的黑白顛倒、是非混淆，必須澄清哪些人擁護種族歧視觀念，哪些人沒有。我對於種族主義觀念的定義很簡單：即認為某一種族族群，在任何方面比另一個種族族群低劣或優越的任何觀念。我把種族主義的反黑思想，亦即本書的主題，定義為：認為黑人，或任何黑人族群，在任何方面比另一個種族族群低劣的任何觀念。

就像其他可辨識的種族，黑人其實是一個有各種差異的群體，其差異存在於性別、階級、民族、性欲、文化、膚色、職業和國籍，還有一連串其他的認同指標，包括種族混血的人也許認為或不認為自己是黑人。每個可辨識的黑人群體，都曾受批判種族理論家金伯莉·克蘭蕭（Kimberlé Crenshaw）所謂的「交織性」（intersectionality）影響，亦即種族歧視觀念與其他各種偏執交會而生的偏見，例如性別歧視、階級歧視、民族優越感、同性戀恐懼。舉例來說，性別歧視認為真女人（real women）是柔弱的，而種族歧視則認為黑女人不是真女人；兩者交織形成**性別種族歧視**（gender racism），認為黑女人是強壯的，比不上最具極致女人味的柔弱白女人。換句話說，說女性全體是笨蛋，這是性別歧視；說黑女人全體是笨蛋，這是性別種族歧視。類似這樣的交織造就了各種連結，例如階級種族歧視（貶低黑窮人及黑菁英）、酷兒種族歧視（貶低黑女同志、男同志、雙性戀及跨性別人士）、民族種族歧視（捏造排列諸黑人民族的階級）等等。廣泛的種族主義觀念史傳統上聚焦於黑人整體受到的歧視，忽略了特定黑人群體的交織概念，甚或是黑人空間，例如黑人的社區、學校、企業和教堂。《生而被標籤》的論述關注二者兼具，探討同化主義及隔離主義整體的和特定的形式。[7]

《生而被標籤》描述整個種族主義觀念的歷史，從十五世紀的歐洲起源，到殖民時代初期英國拓殖移民者把種族主義觀念帶進美洲，一路到二十一世紀當前我們街頭事件的相關辯論。其中特別安排五個人物當我們的嚮導，帶領讀者走過五個美國歷史時期，探索種族主義的景況。在美國第一世紀間，種族主義神學觀念對於美國奴隸制度的發展至為關鍵，讓它被基督教會所容許。這些觀念可見於美國早期一位偉大知識份子傳教士的佈道，他就是波士頓牧師柯頓・馬瑟（Cotton Mather, 1663-1728），由他擔任第一位嚮導。柯頓・馬瑟取名自外祖父約翰・柯頓（John Cotton）和祖父理查・馬瑟（Richard Mather），這兩人是新英格蘭知識份子拓殖移民暨清教傳教士，帶著發展了兩百年的種族主義觀念從歐洲渡過大西洋而來。為了落實美國奴隸制度並爭取改信基督教，柯頓・馬瑟宣講肉體的種族不平等，同時堅稱非洲奴隸的黑靈魂能變白，只要他們成為基督徒。他的著作及佈道在殖民地及歐洲被廣泛傳閱，當時的科學革命和後繼啟蒙運動的先驅們，正在把歐洲人、自由、文明、理智與美感，都加以種族主義化和白化。美國獨立戰爭期間及其後多年，可以看到美國奴隸制度的驚人發展，政客和世俗知識份子都加入了把奴役正當化的爭論中。這些捍衛者之中，有一位新成立的美利堅合眾國最有影響力的政治家既世俗知識份子，也就是我們的第二位嚮導，反奴隸制度又反廢奴的湯瑪斯・傑佛遜（Thomas Jefferson, 1743-1826）。

傑佛遜在十九世紀的一場解放奴隸及民權運動前夕逝世。這場運動的開端部分是由《解放者報》（*The Liberator*）的熱血主編威廉・洛伊・蓋里森（William Lloyd Garrison, 1805-1879）促成，他也是本書的第三位嚮導。跟他的同儕一樣，蓋里森吸引美國民眾加入廢奴及民權運動大業，但他最有力、最熱切的反奴役觀念並非反種族主義。他把同化主義思想普及化，主張奴役制度（或者廣義上來說是種族差別對待）把黑人「變野蠻」了；這樣的壓迫致使他們的文化、心理及行為變得低劣。歧視者把黑人當野蠻人對待，這種說法是反種族主義的觀點；然而，歧視對待確實把黑人變成了野蠻人，這卻又是一個種族主義的觀點了。美國第一位經過專業訓練的偉大黑人學者杜波依斯

（W. E. B. Du Bois, 1868-1963）是我們的第四位嚮導，他起初採納了蓋里森的種族主義觀念，但他也站在反種族主義思想的前線，於十九世紀晚期挑戰黑人歧視法（Jim Crow，或譯：吉姆．克勞法）崛起。杜波依斯的漫長職業生涯一路延伸到二十世紀，充滿了令人稱道的事蹟。他對種族主義與反種族主義觀念的雙重認知，後來神奇地轉變成單一的反種族主義意識。但是，他的影響力在這個過程中逐漸消退了。到了一九五〇和一九六〇年代，種族主義的論點才再次成為吸引美國民眾關注民權事業最有影響力的思想。之後，民權及黑人勢力的發展，以及諸多煽情的「呼喊」，例如黑人單親家庭、福利女王②、保障名額、暴力造反份子與犯罪份子，刺激起一波種族歧視狂熱，反撲一九六〇年代的種族進步，包括司法起訴反種族歧視運動人士，最有名的是一名加州大學洛杉磯分校的年輕哲學家。一九七二年，安吉拉．戴維斯（Angela Davis, 1944-）背負的重罪起訴全數獲判無罪，她接下來花了四十年時間反抗那些學會隱藏意圖的種族主義者，攻訐有些人一面宣傳「種族歧視已終結」神話，一面高唱兩黨支持強硬打擊犯罪與監獄工廠，導致執法單位大規模監禁、毆打及殺害黑人。她將是我們最後的第五位嚮導。

這五位主要人物：柯頓．馬瑟、湯瑪斯．傑佛遜、威廉．洛伊．蓋里森、杜波依斯及安吉拉．戴維斯，在他們在世的期間，可說一直都是最知名或最挑釁的種族理論家。他們的種族（或非種族）寫作、演講、教學都相當吸引人，而且有獨創觀點、影響力及／或矛盾。不過，《生而被標籤》並不是一系列五篇這幾位人物的傳記。他們的複雜人生與重大觀點，在同化主義與隔離主義、種族主義與反種族主義各陣營之間的辯論中已高度展現，也因此開了一扇窗，讓我們能一探這些辯論的內容，以及這個錯綜複雜的歷史。

《生而被標籤》不只是種族歧視從公開變得隱晦的歷史，也不只是種族進步的歷史或無知與仇恨的歷史。這三條歷史軸線被廣泛採信，而《生而被標籤》要揭露它們的不足之處，藉此重寫一段種族主義觀點的歷史。種族主義的意向（而非政策）在一九六〇年代之後變得隱晦，但舊的和新的種族主義政策一如往常地昭然若揭，每當我們關注二十一世紀從財富到健康各議題中的種族不對等，都可以看到這些政策的影響。這並不是說，反種族主義的改革份子這些年來在揭露及終結種族歧視政策方面沒有作為，但種族主義的重建人士也的確有所進展。一八六五年，廢止動產奴隸制帶來了種族進步，但隨後的十九世紀晚期，黑人歧視法的制定也為種族主義政策取得進展。一九六四年，廢止黑人歧視法帶來了種族進步，但二十世紀晚期，虛偽的非故意歧視（unintentional discrimination）正當入法，又為種族歧視政策取得進展。

為了能充分說明種族主義觀念的複雜歷史，本書以編年的方式記述種族進步及同時發生的種族主義政策進展。我認為推動美國種族主義觀念歷史的力量，並不是仇恨與無知；種族主義政策，才是種族主義觀念歷史的推手。這個事實，在我們檢視背後肇因的時候就愈發清楚明白了，問題不在於種族主義觀念的吸收，而是種族主義觀念的製造。是什麼讓南卡羅萊納州參議員約翰・卡洪

②福利女王（Welfare queen），出現於一九六〇年代帶有貶意的詞彙，指靠領取社會福利金維生的窮人，且通常指涉「懶散的黑人母親」。

（John C. Calhoun）在一八三七年產生奴隸制「全然有益」的種族主義想法，即使他明知奴隸制的恐怖虐待惡行？是什麼讓亞特蘭大報社主編亨利・葛雷迪（Henry W. Grady）在一八八五年產生「隔離但平等」的種族主義想法，即使他明知南方社區根本稱不上隔離或平等？是什麼讓歐巴馬的智庫成員，在他二〇〇八年當選總統後產生了「後種族社會」的種族主義想法，即使他們知道所有那些研究都記載了差別對待？不斷有例子顯示，種族主義觀念並不是從無知與仇恨的沸騰湯鍋中煮出來的；也不斷有例子顯示，掌握權力的優秀男女製造了種族主義觀念，為的是把他們當代的種族主義政策正當化，為的是把針對他們當代種族不對等的譴責對象，從那些政策重新導向到黑人身上。

我所接受的教育，教導了我這個常聽見的種族主義民間故事：無知和仇恨的民眾製造了種族主義觀念，而這些帶有種族主義的民眾制定了種族主義政策。然而，當我了解影響美國最巨之種族主義觀念背後的生成動機，相當明顯的是，這個民間故事雖然有理，但立足點並非奠基於堅固實在的歷史證據。**無知／仇恨→種族主義觀念→種族差別對待**，這樣的因果關係基本上缺乏歷史脈絡。其實應該倒過來，種族差別對待，導致種族主義觀念造就了無知與仇恨。**種族差別對待→種族主義觀念→無知／仇恨**，這才是推動美國種族關係史的因果關係。

那些最有權勢的美國人制定、捍衛或容許差別對待的政策，在美國歷史進程中影響了成千上萬黑人的生命，但左右決策方向的通常**不是**他們自己的種族主義觀念。在種族上存在差別對待的政策，通常萌生自經濟、政治及文化的私利，而這些私利的內涵不斷在改變。圖謀更高官職的政客，創造或捍衛差別對待政策，主要是為了政治的私利——不是為了種族主義。追求更大利潤的資本家，創造或捍衛差別對待政策，主要是為了經濟的私利——不是為了種族主義。文化專家們，包括神學家、藝術家、學者和記者，一心想要推進自己的職業生涯或文化，他們創造或捍衛差別對待政策，主要是為了事業的私利——不是為了種族主義。

當我們回顧本國的歷史，常不明白為什麼那麼多美國人不抗拒奴隸買賣、奴役、隔離措施或現在的大規模監禁。理由還是一樣，因為種族主義觀念。在美國歷史中，種族主義觀念的首要功能，就是打壓不服種族差別對待，以及導致的種族不對等的反抗力量。奴隸制、隔離措施和大規模監禁的受益者，製造出種族主義觀念，說黑人最適合或活該受制於奴隸制、隔離或牢房。然後，這些種族主義觀念的吸收者，被引導去相信黑人有問題，而不是那些奴役、壓迫、限制了許許多多黑人的政策有問題。

種族主義觀念對我們已然造成了影響。我們奮鬥苦撐過來，才發現種族主義是造成這個國家種族不對等的罪魁禍首，甚至整個世界。我說「我們」是有原因的。我剛開始寫這本書的時候，內心為了崔文．馬丁和瑞奇亞．鮑伊德的死而沉痛，我必須坦承我有好些種族主義觀念。雖然我是個非洲研究的歷史學家，而且在平等的空間裡教了一輩子的書，但在我開始研究及撰寫本書之前，仍有黑人較低劣的想法。種族主義觀念，終究是觀念，任何人都可以製造它們或吸收它們，正如《生而被標籤》涵蓋了各種族的製造者與吸收者陣容所展現的。任何人，不管是白人、拉丁美洲人、黑人、亞洲人或南美人，任何人都能表達黑人較低等、黑人有問題的觀念。任何人都能同時相信種族主義和反種族主義兩方的觀念，以為黑人某些部分有問題，其他部分則是平等的。我過去被種族主義觀念所愚弄，並未充分領悟，黑人唯一有問題的地方，在於我們認為黑人有問題。我也並未充分領悟，白人唯一了不起的地方，在於我們認為白人有什麼了不起。

但我並不是說，所有偶然辨識得出是黑人（或白人、拉丁美洲人、亞洲人、南美人）的人在各方面就都平等。我是說，黑人之為一個**群體**來說並沒有問題，任何其他種族群體也沒有。這也是以反種族主義者的立場來思考的真義：黑人這個族群沒有問題，而且各個種族群體是平等的。非洲先民中，有懶惰、愚蠢和有害的個人；歐洲先民中，也有懶惰、愚蠢和有害的個人。但是沒有一個種族群體，獨占任何一種人類特質或基因——現在沒有，也從來都沒有。在外貌不同的頭髮與皮膚之下，醫生無法分辨我們的身體、腦部或流遍我們血管中的血液有何不同。所有的文化，以任何不同的行為表現，水準都是相同的。美國黑人承受壓迫的歷程，導致黑人擁有的機會不如他人，但這不等同黑人本身不如他人。

若你真心相信種族群體是平等的，那麼你就會相信，種族不對等必然是種族差別對待的結果。我全心相信反種族主義的群體平等觀念，而能夠自我批判、發現、擺脫我這輩子吸收的種族主義觀念，同時發掘並揭露其他人在美國歷史中製造的種族主義觀念。我知道，真正全心相信種族平等的讀者會加入這趟旅程，一起審問並擺脫我們的種族主義觀念。但要說我在研究的過程中有學習到什麼的話，就是種族主義觀念的主要製造者與捍衛者將不會加入我們的行列。而且沒有任何邏輯、事實或歷史書能改變他們，因為從一開始，邏輯、事實或學問就與他們表達種族主義觀念的理由無關。《生而被標籤》寫的是這些心態封閉、奸詐狡猾、蠱惑人心的種族主義觀念製造者，但不是為他們而寫。

撰寫這個故事，讓我的開放心胸獲得了解放。我希望藉由閱讀這個故事，也能讓其他的開放心胸獲得解放。

第一部

柯頓・馬瑟

Cotton Mather, 1663-1728

第一章　人類的階級

他們曾度過好幾個嚴酷的冬天，忍受疾病痛苦，還要學習對付頑強的美洲原住民。但是對於移民來到此地拓殖的清教徒來說，這些都比不上一六三五年大颶風帶來的摧殘。一六三五年八月十六日那天，這場如今研判可能有三級的颶風，轟隆隆侵襲著大西洋海岸，擦過詹姆士鎮①，掠過長島（Long Island）東部。它的暴風眼掃過普洛威頓斯②，往東邊前進到內陸，把成千上萬棵樹如蘆葦般吹倒。在拓建了七年的麻薩諸塞灣殖民地③上，颶風把英國人的家園如螞蟻般吹倒，然後轉進大西洋，掀起驚天巨浪沖擊新英格蘭海岸。

從英格蘭載運拓殖者與設備而來的大型船隻也只能隨浪載浮載沉。其中有一艘船是詹姆士號，海員下了錨，把船固定在新罕布夏外海等待颶風過去。突然，一陣巨浪像一把隱形的刀切斷了船錨與纜繩。海員無奈地砍斷第三條纜繩，升起船帆掉頭駛回較平穩的海面。一陣陣強風把新的船帆撕扯成「破布」，著名的清教牧師理查·馬瑟在他的日記中這樣記載。當破布沉入海中，希望也跟著湮沒了。

眼看著船隻被颶風挾持，往一塊巨岩而去，一切似乎無望了。理查·馬瑟和同船的乘客哭喊呼求上帝解救。上帝「立即用祂慈悲的手」，引導船隻繞過了巨岩，馬瑟後來見證時這麼說。海洋平靜了下來，船員急忙給船裝上新帆。上帝吹了「一陣清朗而強勁的風」，讓船長得以駕船脫離險境。飽受折磨的詹姆士號於一六三五年八月十七日駛抵波士頓。百名乘客全體一致感恩讚頌上帝幫助他們活了下來。理查．馬瑟把這次上帝解救的事工視為一個指示：「只要在世一天，我們在祂面前就要能昂首不屈地行走。」[1]

身為清教牧師，理查．馬瑟在大英帝國的迫害下昂首不屈地走了十五年，然後出發踏上危機四伏的旅程，橫渡大西洋來到新英格蘭展開新生活。在新英格蘭，他會再度與聲名卓著的聖職朋友約翰．柯頓相聚。約翰．柯頓曾經在英格蘭的波士頓面對英國的迫害二十年。一六三〇年，柯頓向開拓新英格蘭的清教徒社群發表告別講道，為他們實現了上帝的先知遠見祈福。身為不順服英國國教會④

---

① 詹姆士鎮（Jamestown），位於今天維吉尼亞州、維吉尼亞半島中段南面，臨詹姆士河，以英王詹姆士一世命名，被認為是英國第一個海外殖民地，一六〇六年由英國商人成立的維吉尼亞公司派遣一百零八位拓殖者來此。

② 普洛威頓斯（Providence），位於今天羅德島州東部、普洛威頓斯河河口，在聖經中指上帝的天意，由新教牧師羅傑．威廉斯（Roger Williams, 1603-1683）率領信徒於一六三六年創建。

③ 麻薩諸塞灣殖民地（Massachusetts Bay Colony），十七世紀英國在東北角臨麻薩諸塞灣的殖民地區，涵蓋今天大部分的新英格蘭區域中部地區。

④ 英王亨利八世於一五三四年迫使國會通過最高權威法，宣布英國國教（新教）與羅馬教廷分離，且英王為英國國教最高領袖，但他無意針對天主教（舊教）神學進行改革。一五四七年，年僅九歲的愛德華六世登基沿襲英國國教，宗教改革風潮在歐洲各地延燒。一五五三年，繼任的瑪麗一世強硬復辟羅馬天主教，燒死約三百名異教徒，許多宗教改革者逃往歐洲大陸，接觸到嚴守聖經戒律的喀爾文教派。一五五八年，伊莉莎白一世繼位後恢復英國國教，這些流亡者返國提倡宗教淨化，主張嚴格遵守聖經來治理國家和教會，被稱為「清教徒」。但女王採納理性主義，不願在宗教上如此極端，清教勢力失望之餘發展出一支分離派，脫離英國國教另創教會、另覓應許之地，也成為後來前往美洲新大陸的先驅。

的異教徒，新教徒們相信自己是由上帝揀選的人所組成，是特別的、較優越的一群人，而新英格蘭則是他們的以色列，將成為他們的世外之地。[2]

大颶風過後一星期，理查．馬瑟被任命為多徹斯特⑤北方教會的本堂牧師，與約翰．柯頓駐堂的新波士頓北方教會距離不遠。馬瑟和柯頓接著展開創建、論述、捍衛新英格蘭體制（New England Way）的神聖任務。除了利用站上佈道台時宣揚，他們也拿筆寫作，盡力發揮手中握有的影響力。他們的努力成果包括撰寫了殖民地第一套成人與兒童的書籍。一六四〇年，應該是在馬瑟主導下，亨利．鄧斯特（Henry Dunster）被推舉出來領導殖民地美國的第一所學院，也就是後來的哈佛大學。鄧斯特以母校劍橋大學來設計哈佛學院的學程，馬瑟毫不介意，也就此開啟了一股意識型態潮流。就像這些創建劍橋大學與哈佛學院的先驅一樣，後來的威廉與瑪麗學院（William & Mary，一六九三年創校）、耶魯學院（Yale，一七〇一年創校）、賓州大學（Pennsylvania，一七四〇年創校）、普林斯頓大學（Princeton，一七四六年創校）、哥倫比亞學院（Columbia，一七五四年創校）、布朗學院（Brown，一七六四年創校）、羅格斯學院（Rutgers，一七六六年創校）和達特矛斯學院（Dartmouth，一七六九年創校），這八所殖民地大學院校的創辦人也把古希臘文和拉丁文文獻奉為世界共通的真理，有研讀記誦的價值，而且不容挑剔批評。這個新舊英格蘭交會的希臘圖書館以亞里斯多德為中心，他在此重獲新生，受到擁戴讚揚。中古時期，他被某些基督教派系質疑對教義是個威脅。[3]

清教徒透過研讀亞里斯多德領會到人類的階級關係，開始相信有些族群比其他族群優越。在亞里斯多德所舉的例子當中，古希臘人比所有的非希臘人優越。清教徒們則相信他們比美洲原住民、非洲人，甚至比英國聖公會教徒優越⑥，也就是說，優於所有的非清教徒。亞里斯多德在世期間是西元前三八四至西元前三二二年，他杜撰了一個氣候理論來支持希臘的優越性，說極端炎熱或極寒冷的氣候會製造出在智識上、生理上、道德上較低劣的人，這些人不但樣貌醜陋，而且缺乏自由與自治的能力。亞里斯多德把非洲人貼上「顏面燒焦」的標籤（即「衣索比亞」〔Ethiopian〕在希臘文的原意），並且認為極蒼白或極黝黑的「醜陋」是極寒冷或極炎熱的氣候所致。這些全都是為了合理化希臘的蓄奴行為和希臘在地中海西部的統治。亞里斯多德認為，身處極致和煦氣候下的希臘人，被賦予高位擔當全世界最優越的統治者暨奴役者，這是完美的安排。「人類被區分為二：主人與奴隸；換言之，即希臘人與野蠻人；有權發布命令者，及生來服從者。」亞里斯多德如是說。對他而言，被奴役者「天生缺乏理性思考的能力，過著純粹感官的生活，例如文明世界邊緣的某些部落，又例如那些因羊癲瘋或瘋病發作的疾患人士」。[4]

到了耶穌降生或西元紀年開始的時候，羅馬人採用了亞里斯多德的氣候理論做為他們實行奴役的正當理由，不久，基督教教義開始投入這些辯論。早期的基督教神學家（除了亞里斯多德之外，清教徒也研究這些早期神學家）認為，人類階級是上帝神授的。聖保羅在西元一世紀提出奴隸關係

⑤ 多徹斯特（Dorchester），位於今天麻州波士頓市南部，是個歷史悠久的地區，面積約十六平方公里，一六三〇年由來自英格蘭多塞特郡（Dorset）多徹斯特的移民者創建。

⑥ Anglican（聖公會教徒）原意為「英國的」，英國國教會又名為Anglican Church（聖公會）。但今天聖公會泛指英國國教在世界各地衍生而出的教會，其總稱為基督教普世聖公宗（Anglican Communion）。

的三階級，包括天上的主人（上層）、肉身的主人（中層）、奴僕（下層）。聖保羅也在《哥林多前書》（*1 Corinthians*）中這樣聲明：「作自由之人蒙召的，就是基督的奴僕。」「奴僕」要「凡事聽從你們肉身的主人，不要只在眼前事奉，像是討人喜歡的，總要存心誠實敬畏主」。聖保羅在《加拉太書》（*Galatians*）第三章二十八節提出極為重要的告諭，把主人和奴僕的靈魂視同一律，「在基督耶穌裡都成為一了」。

從各方面來看，人種、宗教和膚色的偏見在古文明世界就存在了，但種族的構成，例如白色歐洲、黑色非洲，則還沒有。也就是說，種族歧視的觀念尚未出世。然而重要的是，種族與種族歧視在此已經奠定了根基。同樣地，平等主義、反種族主義和反奴役的思想，在古代希羅時期⑦也已經有了基礎。「上帝賦予全體人類自由，大自然並未將任何人創造為奴。」阿爾西達馬斯⑧這麼寫道，他是亞里斯多德在雅典的對手。古希臘的歷史之父希羅多德⑨曾沿著尼羅河往上游旅行，他發現了努比亞人（Nubians），稱之為「最俊美的人類」。拉克坦提烏斯⑩，羅馬第一位基督教皇帝君士坦丁一世⑪的顧問之一，早在西元四世紀就宣布：「上帝創造啟發了人，公平惠佑，亦即人人平等。」聖奧古斯丁是西元四、五世紀的阿非利加行省教父，主張「不論何處，任何生為人者，亦即壽命有限的理智造物，不論他的身形、顏色、動作、發音，或天生的任何官能、器官、特徵，於我們的理解有多奇異，且莫讓真正信主的人有一絲懷疑，這個個體亦為第一個被創造之人的後代。」然而這些提倡平等精神、反奴役的學者，並沒有和亞里斯多德和聖保羅一起進入現代、進入哈佛學院的學程，也沒有進入努力正當化奴役及其衍生之種族階級的新英格蘭思維。[5]

約翰．柯頓於一六三六年起草新英格蘭的第一部法典《士師摩西》（*Moses His Judicials*），他不僅立法制定把戰俘抓來當奴隸，還包括「自願賣身或被賣的陌生人」。新英格蘭在奴隸制度上仿效舊英格蘭。柯頓把政策複製過來，與遠在大英帝國的主事者同氣相求。一六三六年，巴貝多⑫的官員宣布「本地賣出的黑人和印第安人應終生服侍，除非事前於契約中另訂」。6

一六三七年爆發了佩科特戰爭（Pequot War），這是新英格蘭拓殖者與佩科特⑬當地土著的第一場重大戰爭。威廉・皮爾斯（William Pierce）船長強迫一些土著戰俘登上盼望號（Desire），這是第一艘從大英帝國北美地區開出的販奴船。這艘船航行到尼加拉瓜外海的普羅維登西亞島⑭，據報告所載，「黑人」在那裡「被……留作終身奴隸」。麻薩諸塞灣殖民地的總督約翰・溫斯羅普（John Winthrop）記錄了皮爾斯船長一六三八年駛抵波士頓的歷史事件，記載他的船運來了「鹽、棉花、菸草及黑鬼」。7

⑦希羅時期（Greco-Roman），一般以古希臘最早的文字紀錄為始，至羅馬帝國衰亡，約為西元前八世紀至六世紀。

⑧阿爾西達馬斯（Alkidamas），約活動於西元前四世紀早期，古希臘智者，主要在雅典教授修辭學。

⑨希羅多德（Herodotus），活動於西元前五世紀，古希臘歷史學家。

⑩拉克坦提烏斯（Lactantius），古羅馬基督教作家。

⑪即君士坦丁大帝（Constantine the Great）。

⑫巴貝多（Barbados）是位於北美洲加勒比海的島國、西印度群島最東端的小島，一九六六年獨立，隸屬於大英國協。英國人於一六二七年開始在此墾殖，從美洲、非洲運來大批奴隸種植甘蔗、菸草等。

⑬該部落位於今天康乃狄克州東南方，目前有兩處保留區。

⑭普羅維登西亞島（Isla de Providencia）位於加勒比海西端，隸屬哥倫比亞，一六二九年成為英國清教徒殖民地，一九四一年曾短暫被西班牙占領。

第一代清教徒遵循基督教教義，開始對奴役「黑鬼」加以合理化。黑人們那些恐怖的壓迫惡夢，可不只是清教徒裝在腦袋裡、遠渡大西洋帶到美洲的妄想而已。從一六〇七年第一批登陸維吉尼亞的船隻、一六三五年大颶風倖存的船隊，到第一批奴隸船，殖民地美國的英國拓殖者遠渡重洋，帶來了清教的、聖經的、科學的、亞里斯多德的思想，將奴役與人類階級合理化。從西歐到拉丁美洲的新拓殖地，許多清教徒帶著成見，把諸多非洲族群視為單一個低賤的人種。他們把種族歧視觀念帶了過來——種族歧視觀念比美洲奴隸制早出現，因為在北美殖民地建立之前，已有為奴役非洲族群的行為找理由的需要。

阿拉伯的穆斯林在第七世紀征服了北非和葡萄牙、西班牙的部分地區，此後，基督徒與穆斯林為爭奪地中海地區霸權爭戰了好幾個世紀。同一時期，在撒哈拉沙漠以南一帶，西非的迦納帝國⑮、馬利帝國⑯及桑海帝國⑰因位居黃金與鹽商路交會處，變得相當富裕繁榮。橫越撒哈拉沙漠的貿易跟著興盛發展，歐洲人得以透過穆斯林居中穿線獲得西非的貨品。

迦納、馬利、桑海建立的帝國，在領土、國力、學識和財力方面足以與世界上任何帝國相匹敵。廷巴克圖⑱和傑內⑲的大學知識份子產出學問，吸引了西非各地的學子。桑海帝國的領土最廣大，馬利帝國的成就可能最輝煌。十四世紀有一位世界上最偉大的環球徒步冒險家，曾經從北非一路走到東歐和西亞，決定在一三五二年到馬利親眼看看。摩洛哥人伊本·巴圖塔（Ibn Battuta）在他的旅行筆記裡讚嘆：「他們國內十分安全，不論旅人或居民，在城裡都不用害怕強盜或凶狠之徒。」[8]

伊本·巴圖塔在摩洛哥費茲⑳的伊斯蘭知識份子圈裡是個奇人，一個惹人討厭的奇人。其他的學者難得離開家鄉到遠地旅行，對外國人的描繪也只是憑空想像而不符事實，所以巴圖塔的旅行見聞對他們的信用造成威脅。在巴圖塔的對手中，當時有一位穆斯林學術高人的影響力無人能及，他就是突尼西亞的伊本·赫勒敦（Ibn Khaldun）。巴圖塔從馬利返國時，他正好也來到費茲。赫勒敦一三七七年在《歷史緒論》（*The Muqaddimah*）裡揭露，「王朝裡（位居官職）的人交頭接耳，說他（巴圖塔）一定是個騙子。」這本書是前現代世界最早的伊斯蘭歷史記述。赫勒敦接著在《歷史緒論》中對撒哈拉以南的非洲做了非常不同的描繪：「尼格羅（Negro）國家通常甘於接受奴役。」他

---

⑮ 迦納帝國（Ghana Empire, c. 700-1240），範圍包含現今茅利塔尼亞東南部及馬利西部。

⑯ 馬利帝國（Mali Empire, c. 1235-1670），中世紀西非強盛的伊斯蘭帝國，北接撒哈拉沙漠，南沿尼日河上游往西至大西洋，極盛時期國土包含今天尼日西端、馬利南部、茅利塔尼亞南部、幾內亞北部、塞內加爾及甘比亞。

⑰ 桑海帝國（Songhay Empire, c. 1430-1591），極盛時期國土橫跨超過一千六百公里，從今天尼日中部沿尼日河往西達大西洋，包括奈及利亞西北部、貝寧北部、布吉納法索北部、馬利大部分地區、茅利塔尼亞東北角與東南角、幾內亞北部、塞內加爾南部及甘比亞。

⑱ 廷巴克圖（Timbuktu）位於今天的馬利中部，距北岸尼日河約二十公里，是西非歷史上交通、商業與文化中心，許多穆斯林學者與聖徒在此定居。

⑲ 傑內（Djenné），或拼作Jenne，位於今天馬利中南部、尼日河三角洲南端，考古在此發現西元前二五〇年人類活動，許多運往廷巴克圖的鹽、黃金、奴隸等貨物都會先經過此地，一九八八年列為聯合國世界遺產古城。

⑳ 費茲（Fez），位於今天摩洛哥北部，為該國第二大城。

推測是「因為（尼格羅人）幾乎沒有（本質上的）人性，還俱備與愚笨禽獸相當類似的特質」。這位亞里斯多德門徒還說：「斯拉夫人也是這樣。」赫勒敦跟隨希臘與羅馬學者的主張，用氣候理論來辯護伊斯蘭世界可以正當地奴役撒哈拉以南的非洲人及東歐的斯拉夫人。而這兩個族群只有一個明顯的共通性：與人性殊異。「他們的狀態全都與人類差異甚遠，反而與動物近似。」赫勒敦這麼說。不過，他們的低等狀態並非恆常不變，也不是遺傳而來。赫勒敦強調，移居到較寒冷北方的尼格羅人，「生出的後代看得出膚色逐漸變白了」。一般認為，擁有深色皮膚的人，具有同化較寒冷氣候的生理能力。後來的文化同化主義者也同理推論，認為文化上較低等的非洲人被放到適當的歐洲文化環境中，就可能或應該能吸收歐洲文化。因此像赫勒敦這類的早期生理同化主義論者就臆測，生理上較低等的非洲人被放到適當的寒冷環境中，就可能或應該能調適出歐洲人的身體特徵：白皮膚和直頭髮。[9]

伊本·赫勒敦不只貶低非洲人為低等人種，他貶低的是所有被穆斯林當成奴隸買賣、樣貌奇特的非洲人和斯拉夫人。雖然如此，他終究加強了種族歧視的概念基礎。赫勒敦在進入十五世紀的前夕，加深了同化主義觀念的根基，以及「非洲人的低劣性乃環境造成」的種族歧視看法。奴役者只需要採用氣候理論，不解釋斯拉夫人低劣為奴的緣由，然後聚焦在非洲人身上，對深色肌膚的人種擺出種族歧視的態度，就大功告成了。

但其實，當時已經有一個針對黑人的奴役理論正流傳中，那是從《創世記》第九章十八節到二十九節衍生而來的。依照赫勒敦的解釋，經文中說「黑人乃挪亞之子含（Ham）的後裔，他們被挑選生為黑色，因挪亞詛咒了含的膚色，要上帝懲罰他的子孫作奴隸」。這個含之詛咒後代的理論，其出處可迂迴追查到偉大的九世紀波斯學者泰伯里（Al-Tabari），再一路追溯到伊斯蘭和希伯來的文獻。詛咒理論者堅稱，上帝詛咒非洲人要永遠帶著醜陋的黑皮膚，而且天生要作奴隸。而身為一個嚴謹的氣候理論學者，赫勒敦鄙棄「含的詛咒」這個「愚蠢的故事」。[10]

雖然明白提出黑人的低劣性，詛咒理論在中古時期卻像個落敗政客不受歡迎。穆斯林和基督徒的奴隸主幾乎都不採信詛咒理論，因為他們擁有太多不是黑皮膚的奴隸，這些人據說是閃（Shem）和雅弗（Japheth）的後代，也就是含未受詛咒的哥哥和弟弟。但是，中古時期的含之詛咒理論還是為隔離主義觀念打下了基礎，深植下「黑人的低劣性乃天生遺傳」的種族歧視看法。以奴役黑人為焦點，並且用含之詛咒加以辯護，這樣的趨勢正在萌芽。這個轉變一發生，原本沒有影響力的詛咒理論就有了力量，而種族歧視的觀念也就此成形了。[11]

第二章　種族主義觀念起源

理查．馬瑟和約翰．柯頓從他們同世代的英國思想家那裡，繼承了舊的種族歧視觀念，認為奴役非洲人是自然、正常又神聖的。清教徒於一六三〇年代將新英格蘭的蓄奴行為合法化並訂定法規（維吉尼亞地區的拓殖移民是在一六二〇年代），種族歧視觀念至此已有將近兩世紀的歷史。早在一四一五年，亨利王子①及兄弟們就已經說服父王葡萄牙國王約翰一世（John I），征服地中海西部的穆斯林貿易重鎮：休達（Ceuta，位於摩洛哥東北角）。這幾個皇家兄弟嫉妒穆斯林的財富，想要剷除伊斯蘭教中間商，自己向南前進去尋找黃金及黑人俘虜的供貨來源。

休達戰役結束後，摩爾人②戰俘搞清楚橫跨撒哈拉沙漠進入馬利帝國的路線，便紛紛逃離亨利王子。當時馬利帝國正在瓦解，而穆斯林仍掌控著這些沙漠商路，所以亨利王子決定「從海上尋求陸地」，他終其一生都在尋求非洲的土地，直到一四六〇年逝世。由亨利王子擔任大團長（Grand Master）的葡萄牙基督騎士團（前身為聖殿騎士團）③財力雄厚，他也利用騎士團為他的非洲遠征吸引資金和忠實的支持者。

一四五二年，亨利王子的姪兒阿方索五世（Afonso V）委任戈梅斯．埃亞內斯．德．祖拉拉（Gomes Eanes de Zurara）為他「親愛的叔父」寫傳記，記錄其一生和奴隸貿易的功績。飽學又服從的祖拉拉是亨利王子基督騎士團中的一名司令官。他頌揚亨利王子的一生，並且刻意掩飾這位大團長獨占非洲奴隸貿易的獲利有多麼龐大。一四五三年，祖拉拉完成了現代歐洲第一本談論非洲人的書籍，為支持非洲奴隸貿易做了開場。《幾內亞的發現和征服編年史》（*Chronicle of the Discovery and Conquest of Guinea*）開啟了反黑種族歧視的歷史記載。換句話說，祖拉拉率先揭櫫的種族主義觀念，是亨利王子種族歧視的非洲奴隸貿易政策的產物，而非生產出政策的思想源頭。[1]

祖拉拉在他的書中寫道，為了把非洲奴隸帶回歐洲，葡萄牙人成為歷史上最早沿著西撒哈拉博哈多爾角（Cape Bojador）北面航行大西洋的歐洲人。六艘小型帆船，載著兩百四十名俘虜，於一四四四年八月六日航抵葡萄牙的拉哥斯（Lagos）。亨利王子大張旗鼓地舉行奴隸拍賣，展現葡萄牙已經加入歐洲經營非洲奴隸貿易事業的行列。有好一段時間，義大利的熱那亞人、西班牙北部的加泰隆尼亞人，以及西班牙東部的瓦倫西亞人，不斷擄掠加那利群島④，或向摩洛哥商人買進非洲奴隸。祖拉拉吹捧說葡萄牙人不一樣，因為他們的奴隸貿易事業是教會的遠征。亨利王子的競爭者玩這種心理遊戲的效果不如他，原因可能是他們仍然在買賣大量的東歐奴隸。[2]

---

① 亨利王子（Prince Henry, 1394-1460），葡萄牙原名為Infante D. Henrique，中文又譯為「恩里克」，葡萄牙國王約翰一世的第三個兒子，有「航海家亨利王子」的稱號。他積極開拓通往西非、大西洋島嶼等地區的航海路線，幫助葡萄牙成為海上霸主，也開啟歐洲史上的地理大發現。

② 摩爾人（Moors），指中世紀西非、伊比利亞半島、西西里島、馬爾他、馬格里布等地的穆斯林居民。

③ 一三一二年教宗克雷芒五世（Clement V）跟法王腓力四世（Philip IV）解散聖殿騎士團（Knights Templar），在葡萄牙，聖殿騎士團改組為葡萄牙基督騎士團。

④ 加那利群島（Canary Islands）位於摩洛哥西南方大西洋上，歸西班牙管轄，是西班牙的十七個自治區之一。

但是市場正在改變。葡萄牙開拓海路通往新的奴隸出口區時，舊的奴隸出口區也開始式微。在伊本·赫勒敦那個時代，被賣到西歐的奴隸大多是土耳其強盜從黑海周圍地區抓來的東歐人，其中有數不清的斯拉夫人，導致Slavs這個人種學字彙變成大部分西歐語言中slaves（奴隸）的字根。到了一四〇〇年代中期，斯拉夫族群築起堡壘抵禦掠奴者，導致西歐奴隸市場中的斯拉夫人供應量驟減，而差不多同時，非洲人的供應量則逐漸增加。結果，西歐人開始不再認為生來就是奴隸的人是白皮膚，而是黑皮膚的。[3]

一四四四年的那批俘虜下船後，列隊走到城外的某個空地。根據祖拉拉的記載，亨利王子坐在馬背上監督奴隸拍賣，臉上散發著愉悅光采。祖拉拉描述說，有些俘虜「夠白，好看，而且比例良好」，有些「像黑白雜種」，還有些「黑得像黑辰砂礦（Ethiops），奇醜無比」，看起來就像地獄來的訪客。這些俘虜涵蓋各種膚色，例如圖瓦雷克⑤摩爾人，以及圖瓦雷克摩爾人奴役過的深色肌膚人種。儘管他們的人種及膚色不同，祖拉拉一律把他們看作同一類——低賤的一類。[4]

亨利王子迅速搶下最值錢的四十六個俘虜，祖拉拉對這件事著墨甚多，並提醒讀者王子此舉的「主要價值」「在於他自身的用意；因他思及救贖此前迷失的那些靈魂，就感到無上的喜悅」。祖拉拉把亨利王子奴役非洲人的行為與福音傳道相提並論，為之創造正當理由。他把這些俘虜簡化成亟須救贖的野蠻人，不只是宗教的救贖，還有文明的救贖。「他們活得像野獸，沒有任何理智之人的習慣，」他寫道，並進一步補充闡述，「他們對麵包或酒一無所知，無衣物蔽體，無房舍棲身；最嚴重的是，他們絲毫不懂美德，只知如獸畜般懶散過活。」而在葡萄牙，他們的命運「與過去大有逕庭」。在祖拉拉的想像中，葡萄牙蓄奴改善了非洲的野生狀態。[5]

祖拉拉的記載涵蓋一四三四到一四四七年，他估計這段期間有九百二十七名非洲奴隸被帶到葡萄牙，「他們大多數成了救贖的真實道路」。祖拉拉沒提到亨利王子從中獲得皇家五分之一⑥的徵稅收入，也沒寫到他接收了其中一百八十五名俘虜，藉此累積了萬貫家財。這和他的使命無關，那個在他手中完成的使命。祖拉拉說服讀者、歷任教宗和整個歐洲的閱讀人口，亨利王子統領的葡萄牙涉入奴隸貿易不是為了錢財。祖拉拉因此得到極為可觀的獎賞，不但被任命為葡萄牙皇家首席編年史家，還獲賜兩個酬金豐厚的基督騎士團總司令官職位。祖拉拉的主子們從奴隸貿易中快速收割利潤。一四六六年，一位捷克旅人發現，葡萄牙國王販賣奴隸給外國人所賺的錢，多過「整個王國全部的稅收」。[6]

祖拉拉在宮廷裡傳閱他的《幾內亞的發現和征服編年史》手抄本，並且發送到學者、投資者及船長們手中。他們閱讀後，再把書流傳到葡萄牙與西班牙各地。祖拉拉一四七四年在里斯本過世，但他對奴隸制的想法隨著奴隸貿易擴張流傳了下來。到了一四九〇年代，葡萄牙冒險家們沿著西非海岸逐漸南進，繞過好望角進入印度洋。中間商、船隊、船員、金主、打先鋒的葡萄牙奴隸販子、探險家組成的港埠網絡逐漸擴張，他們也把祖拉拉書中的種族歧視觀念更快散播出去，遠超過書本所及的地方。葡萄牙成為西班牙、荷蘭、法國和英國初期奴隸販子與奴隸主，了解未知非洲風土人

⑤ 圖瓦雷克人（Tuareg）是主要分布於非洲撒哈拉沙漠周邊地帶的游牧民族。

⑥ 十五到十八世紀地理大發現時期，葡萄牙與西班牙規定貴重金屬和商品必須上繳百分之二十的獲利（royal fifth），例如戰利品、寶藏和採礦，也包含奴隸。而為了鼓勵探險家出海，這五分之一的賦稅漸漸挪作他們的獎勵。

情的主要來源。等到一五〇六年德國印刷商人瓦林提姆·費南德斯（Valentim Fernandes）出版祖拉拉著作的精華版時，非洲奴隸及種族歧視觀念已經流傳到美洲大陸了。[7]

一四八一年，葡萄牙人開始建造聖喬治米納城堡（São Jorge da Mina）這座大要塞，一般簡稱為埃爾米納（Elmina）或米埃（the mine）。這是葡萄牙獲取迦納黃金計畫的部分要素，也是撒哈拉以南最古老的歐洲建物。這個西非最大的奴隸貿易站後來成為葡萄牙在該地區活動的中心，過去三十年內的熱那亞冒險家可能親眼看過興建中的埃爾米納城堡。新婚的克里斯多夫·哥倫布（Christopher Columbus）剛娶了亨利王子的一位熱那亞門徒之女，一心渴望闖出一番自己的事業——但不要在非洲。哥倫布看中生產香料的東亞地區，但葡萄牙王室拒絕資助他大膽的西向遠征，反倒是西班牙的伊莎貝拉女王（Queen Isabella）答應了，她是亨利王子的姪外孫女。⑦於是，一四九二年，在航海六十九天後，哥倫布的三艘小船抵達歐洲人前所未知的海岸：首先發現了閃亮的巴哈馬，次夜抵達古巴。[8]

幾乎從哥倫布上岸伊始，西班牙拓殖者就開始鄙視和奴役美洲土著。他們稱之為「來自陸上的尼格羅人」（negros da terra，英文為 Blacks from the land），把對非洲人的種族歧視架構移植到美洲原住民身上。接下來數年間，他們用槍火和聖經的力量，進行人類史上最駭人的一場突襲大屠殺。數千名美洲原住民抵抗不屈，因為不願為奴而喪命。更多人死於歐洲疾病及強迫耕地，還有死在探勘和挖掘金礦的死亡行進行列中。西班牙拓殖者爭先恐後來到殖民地追逐財富，把數千美洲原住民趕離原居地。西班牙商人佩德羅・德・拉斯・卡薩斯（Pedro de Las Casas）於一五〇二年移居伊斯帕尼奧拉島⑧，同年，第一批非洲奴隸走下葡萄牙奴隸船在此登岸。他把八歲大的兒子巴托洛梅（Bartolomé de Las Casas）帶在身邊，這個小孩後來將扮演無比重要的角色，影響這個「新世界」實施奴隸制的方向。[9]

一五一〇年，巴托洛梅・德・拉斯・卡薩斯積存了土地與俘奴，還取得神職授任文件，成為美洲第一位神父。他在一五一一年驕傲迎接一群道明會修士（Dominican Friars）來到伊斯帕尼奧拉島。這些修士對於奴役當地的泰諾人（Taíno）很是反感，讓卡薩斯大為吃驚。這些人開啟了廢奴主義的第一步，不接受以基督教之名把泰諾人當奴隸的西班牙路線（效法葡萄牙）。斐迪南國王⑨迅速召回這批道明會修士，但他們的反奴役佈道還跟隨著卡薩斯。一五一五年，卡薩斯離開當地來到西班牙，後來終身投入減輕美洲原住民磨難的運動，但更重要的可能是致力於解決拓殖移民們極度短缺勞力的問題。卡薩斯最早於一五一六年提交請願書，其中一篇建議輸入非洲奴隸來取代快速凋零的美洲原住民工人，兩年後又提了一次。受過薩拉曼卡大學（University of Salamanca）訓練的律師阿隆索・德・祖阿佐（Alonso de Zuazo），早前在一五一〇年就做過類似的建議。祖阿佐認為，

---

⑦ 伊莎貝拉女王是亨利王子的弟弟約翰的外孫女。約翰的女兒嫁給卡斯提爾國王約翰二世，生下伊莎貝拉。

⑧ 伊斯帕尼奧拉島（Hispaniola），或譯為西班牙島，加勒比海地區第二大島，泰諾人稱為海地島，位處今天古巴東南方、波多黎各西邊，一四九二年十二月五日由哥倫布發現，東西兩側如今分屬多明尼加和海地。

⑨ 指西班牙的斐迪南二世（Ferdinand II），是西班牙王國的第一位國王。原是亞拉岡國王的斐迪南跟卡斯提爾的女王伊莎貝拉結婚後合組西班牙王國，獲取海外殖民地後成為西班牙帝國。

「應該核准引進黑人，這是工作力強的（一個人種），與虛弱的原住民完全相反，他們只能做不費力的工作。」不久，一些當地人抓到了這股新的種族歧視風氣，欣然同意輸入非洲勞力的政策比較好。墨西哥的一個原住民部族抱怨收割製糖作物的「工作艱難沉重」，「只適合黑人，不適合瘦弱的印第安人」。卡薩斯和同道中人製造了雙重的種族歧視迷思，而部分美洲原住民跟非洲人也接收了：非洲人身強體壯如野獸，美洲土著身體虛弱易亡，禁不起辛苦操勞。[10]

雖然卡薩斯的想法剛開始沒有被全然接受，但他的專文很快成為幫助西班牙帝國興盛及奴役美洲的有用工具。主教賽巴斯蒂安・拉米瑞茲・德・弗里爾（Sebastián Ramírez de Fuenleal）於一五三一年報告，「伊斯帕尼奧拉、聖胡安、甚至古巴的……全體人民都要求該送黑人給他們去採金礦」或生產作物。卡薩斯主導促成一五四二年通過《西印度合宜處置與印第安人保護新法》（*New Laws of the Indies for the Good Treatment and Preservation of the Indians*）。在這個意義重大的一年，他還完成了經典之作《西印度毀滅述略》（*A Short Account of the Destruction of the Indies*）送呈腓力王子⑩，並發表他的第三份請願書，建議以非洲奴隸取代美洲土著。

後來，卡薩斯讀了祖拉拉的著作，愈讀愈覺得買賣非洲奴隸不符合耶穌基督的教誨。卡薩斯在過世前五年出版了《西印度的歷史》（*History of the Indies*, 1561），在其中表示後悔「他向國王建議」輸入非洲奴隸。他看到祖拉拉著作中揭示了奴隸貿易「可怕慘況」的證據。卡薩斯感嘆祖拉拉企圖「混淆（奴隸貿易）與上帝的慈悲和美善」。卡薩斯試圖關閉奴役非洲人的大門，那是他自己為許許多多西班牙奴隸主打開的。但他失敗了。這位強力的改革者，在晚年被貼上激進極端份子的標籤——就像之後的每一個反種族主義者。卡薩斯死後在西班牙飽受批評，著作也被該國查禁。與天主教西班牙敵對的新教勢力出版並再版了他殺傷力強大的《西印度毀滅述略》，分別以多種語言出版，包括荷蘭文（一五七八年）、法文（一五七八年）、英文（一五八三年）及德文（一五九九年），目的在於彰顯西班牙帝國的腐敗及悖德，想取代之成為歐洲霸主。[11]

雖然西班牙崛起，但無庸置疑地，葡萄牙仍是掌控非洲奴隸貿易的強國。至於祖拉拉的種族歧視觀念，依然是捍衛歐洲買賣奴隸絕對正當的理由，直到一名在非洲成長的男人竄起承繼其業。一五一〇年前後，受過良好教育的摩洛哥人哈桑・伊本・穆罕默德・瓦贊・法西（Al-Hasan Ibn Muhammad al-Wazzan al-Fasi）陪伴他的舅舅南下到桑海帝國進行外交任務。八年後，他在一趟地中海外交航行中被綁架為奴。綁匪把這位二十四歲知識青年獻給義大利的學者教宗利奧十世（Leo X）。教宗於一五二一年辭世，死前解放了這位年輕人，讓他改信基督教，並改名為約翰尼斯・利奧（Johannes Leo），可能還委任他編寫關於非洲的調查研究。後來他成了大家所知的「非洲的利奧」（Leo the African），或是利奧・阿非利加努斯（Leo Africanus）。一五二六年，他在歐洲出版了他的第

⑩ 就是後來的西班牙國王腓力二世（Philip II），在位時期是西班牙歷史上最強盛的時代，由他為始的西班牙哈布斯堡王朝帶領西班牙進入黃金時代，成為世界第一個「日不落帝國」。

一部非洲學術考察《非洲圖誌》（*Della descrittione dell'Africa*，英文為*Description of Africa*），滿足了義大利人的好奇心。

利奧．阿非利加努斯說明了非洲這個名稱的語源，然後蒐集調查非洲地理、語言、文化、宗教與疾病。他總結說：「天底下沒有一個民族較之更趨近獸性（耽溺性欲）。」非洲人「過著野獸般的生活，毫無理智思考，毫無聰明智慧，毫無任何型態的人文藝術」。阿非利加努斯寫道：「他們……放肆隨興，有如還跟野生動物住在叢林裡一般。」

利奧．阿非利加努斯並沒有忽略某個顯而易見的事實。他自問「（非洲）有恩於我，賜我生命與教育，我怎能「把非洲寫得這樣醜惡呢？」」他自認是個「史料編纂者」，身負訴說「每個地方純粹真相事實」的責任。他並不在意是否貶低了非洲人，他相信自己對非洲人的描述真切無誤。[12]

利奧．阿非利加努斯透過《非洲圖誌》建立了自己的地位，成為世界上第一位出身非洲的種族歧視者，第一位以製造種族歧視馳名的非洲人（祖拉拉則是第一位以製造種族歧視馳名的歐洲人）。任何人都能吸收或製造貶低非洲的種族歧視觀念——任何歐洲人、任何亞洲人、任何美洲原住民、任何拉丁美洲人，以及任何非洲人。利奧的非洲血統沒能防止他相信非洲低劣、歐洲優越，也沒能防止他說服其他人接受十足種族歧視的「真相事實」。

利奧．阿非利加努斯宣稱曾經親眼目睹非洲十五個地方，但他應該沒有真的造訪過，可能只是改寫葡萄牙旅人的筆記。但事實如何並不重要。他的手稿在一五二六年完成、一五五〇年在義大利出版、一五五六年翻譯成法文和拉丁文，西歐各地的讀者吸收了之後，就把非洲人和性欲超強、野蠻、缺乏理智連結了起來。他後來的遭遇不明，但在一五〇〇年代，這位作家的著作是非洲主題書籍中流傳最廣、影響力最大的，只僅次於祖拉拉的著作。他讓無數的歐洲人覺得了解他，或許還覺得了解非洲。

利奧．阿非利加努斯的文章在歐洲流通的時期，理查．馬瑟的父母出生了，英國此時也開始企圖打破葡萄牙壟斷的非洲奴隸貿易，亟欲從中收割利潤、壯大帝國。一五五四年，哲學家約翰．洛克（John Locke）的祖先約翰．婁克（John Lok）指揮了一場遠征冒險，跋涉穿過「幾內亞」之後回到英格蘭。婁克和他的合夥人羅伯特．蓋尼許（Robert Gainish）及威廉．陶爾森（William Towerson）駛入港口停泊，船上載了四百五十磅黃金、兩百五十支象牙及五個非洲奴隸。在充滿好奇的英國民眾之間，這三位英國人把自己塑造成了解非洲與非洲民族的新權威。除了自身觀察，他們的見解受葡萄牙和法國的觀念影響甚大。蓋尼許的口吻和利奧．阿非利加努斯或祖拉拉如出一轍，他說非洲人「過著野獸般的生活，沒有上帝、律法、宗教或政府實體」。他和船員帶回英格蘭的那五名「野獸」都學了英語，然後送回非洲當英國貿易商人的翻譯。[13]

英國與非洲人的接觸愈來愈多，詮釋膚色之根本差別的欲望也愈來愈高。像蓋尼許一樣的作家們援引氣候理論來解釋非洲的深膚色和歐洲的淺膚色，若光看歐洲、地中海地區和非洲，這個廣為流傳的理論似乎有理。但是，世界上的其他地區呢？在十六世紀末的數十年間，英國文學有一種新文類採用了不同的理論。作家們把不可思議的世界奇聞帶進英國國教家庭，帶進理查．馬瑟和約翰．柯頓的清教徒家庭，也帶進其他殖民地美國未來領導者的家庭。而這些關於世界各地風土民情的異聞傳說，儘管驚奇迷人，卻也充滿了種族歧視。

第三章　進入美洲

探險家寫下他們的冒險，這些傳說讓歐洲人著迷不已。這種旅遊文學為坐在壁爐邊的歐洲人開了一扇窺看遙遠國度的窗，那些看來充滿異國情調、陌生奇特的文化中，住著長相殊異的人類。然而，探險家的文字雖然讓讀者得以一瞥非洲大陸，卻籠罩著遠征出資者出於自利的動機，他們最主要的目的是滿足自己殖民和買賣奴隸的欲望。當時獨自主張廢奴而遭排擠的法國哲學家尚・布丹①，也發現自己的想法陷於關乎兩個同步發現的異聞：一是西非人，一是在西非像人類一樣走路的無尾黑猿。布丹在一五七六年提出理論，認為非洲的高溫製造出性欲亢進的非洲人，而且「人類與野獸之間有親密關係……持續在非洲生下野獸」。氣候理論認為非洲的烈日把人類變成不文明的野獸，這種說法仍然支撐著種族歧視觀念，但持續不久了。[1]

英國旅遊作家喬治・貝斯特（George Best）在一五七七年的一場北極航行中，看到加拿大東北部因紐特人（Inuit）的膚色比炎熱南方的人更深，對他來說，氣候理論就此崩潰了。貝斯特在一五七八年出版他的遠征冒險記事，就避用氣候理論來解釋「衣索比亞之黑」。他找到另一個更吸引奴隸主的理論：「宗教經典」，也就是在秘魯道明會修士和少數法國知識份子之間流傳的詛咒理論。貝斯特針對《創世記》做了異想天開的詮釋，他說挪亞命令他膚白「如天使」的兒子們不得在方舟上與妻子行房，且洪水過後第一個出生的小孩將能繼承世界。邪惡、殘暴、恣欲的含在方舟上性交，於是上帝安排含的子嗣將變得「黝黑令人厭惡」，貝斯特說「恐將永遠成為違逆世人之眼的奇觀」。[2]

種族主義者之間最早的重大辯論就此進入英國的論述交流。關於低賤黑色的成因之爭，包括詛咒或氣候，先天自然或後天造成，將熱烈進行數十年，最後影響赴美洲拓殖的人。詛咒理論者是所知最早的隔離主義者，相信黑人卑劣是天生且永遠如此，不可能變白。氣候理論者是所知最早的同化主義者，相信黑人卑劣是後天受強烈日照之故，是暫時性的，若移居到較涼爽的氣候就能變白。

喬治・貝斯特於一五七八年打造出他的詛咒理論，此時介於亨利七世（Henry VII）與奧利佛・克倫威爾②掌權的年代之間，是英國快速發展的時期，熱衷海外冒險與投入國內發展的各方勢力爭鳴，以歷史學家溫斯羅普・喬丹③的話來說，就是「為海外探索出航」與「航向國內探索」。擴張的海外貿易、逐漸商業化的國內經濟、可觀的獲利、刺激的冒險故事，加上階級戰爭，都在癱瘓伊莉莎白統治下的英格蘭社會秩序，那是由道德嚴刻、專制峻厲、信仰虔誠的清教徒們嚴密監督下的

---

①尚・布丹（Jean Bodin, 1530-1596），法國律師、國會議員和法學教授，提出主權理論被視為政治科學之父，身為天主教徒，但批評教宗的權威高於法國君主。

②奧利佛・克倫威爾（Oliver Cromwel, 1599-1658），十七世紀英國政治人物、國會議員，在英國內戰中擊敗保王黨，一六四九年斬殺查理一世後廢除英格蘭的君主制，征服蘇格蘭、愛爾蘭殘殺天主教徒，於一六五三至一六五八年期間自命為英格蘭、蘇格蘭、愛爾蘭聯邦護國公。

③溫斯羅普・喬丹（Winthrop Jordan, 1931-2007），美國現代歷史學家、作家，研究以美國種族歷史發展為主，著作 *White Over Black* 曾在一九六九年獲得美國國家圖書獎。

社會秩序。

正如喬丹筆下所謂的「社會之鏡」，喬治・貝斯特用非洲人來反映性欲旺盛、貪婪和缺乏規訓這些特質，這些魔鬼的陰謀詭計，他在英國「率先發現」，「但不能提起」。把遙遠國度非洲人的負面行為當作常態，作家藉此讓白人的負面行為變成非常態，把嚴格省視自己和國家時看到的缺點都當作不是常態。

在英格蘭，理查・哈克盧伊特（Richard Hakluyt）可說是最熱衷蒐集和閱讀旅遊文章的人。一五八九年，他將自己蒐集的旅遊資料集結出版成《英國的主要航行、旅程與發現》（*The Principal Navigations, Voyages, and Discoveries of the English Nation*）。這部卷帙浩繁的書幾乎收錄了所有找得到的英國海外冒險文字紀錄，哈克盧伊特出版此書的用意在於激勵冒險家、貿易商和傳教士實現他們更遠大的天命，用文明、基督教、資金來教化全世界，進而統御主宰全世界。[3]

清教徒也認為世界有待文明和基督教來開化，但他們對此任務的態度與大多數冒險家和遠征資助者不太一樣。對其他人來說，這關乎經濟收益或政治權力；對清教傳教士而言，重點在於把社會秩序帶給全世界。十六世紀晚期，劍橋大學教授威廉・柏金斯（William Perkins）以英國清教主義為基礎，於一五九〇年出版的《建立家庭秩序》（*Ordering a Familie*）提出他的見解：「雖然在信仰和內在方面，奴僕與他的主人是平等的，但以外在……而言，主人在奴僕之上。」他闡述聖保羅的觀點，把剝削的主僕或主奴關係偽裝成溫暖關愛的家庭關係，領先所有英國的重要理論家——更精確地說，應該是同化主義神學家。先前祖拉拉為葡萄牙蓄奴辯解時，提出奴隸主是育養非洲野獸的理論，柏金斯則加以補充。接下來的好幾個世代，從理查·馬瑟領導的新英格蘭到伊斯帕尼奧拉島，各地的同化主義奴隸主很精明地利用這個溫暖家庭的偽裝，來掩飾奴隸制的剝削與殘暴。一個世代之後，約翰·柯頓和理查·馬瑟這些清教領袖批准了麻薩諸塞的奴隸制，就是採用柏金斯的家庭秩序觀念。而且，柏金斯提出的平等靈魂與不平等肉身說法，也引領柯頓和馬瑟這些清教牧師行神職去看顧那些非洲靈魂，而非挑戰他們肉身遭受的奴役。[4]

理查·馬瑟一五九六年出生於英格蘭東北部，當時正逢柏金斯影響的高峰。柏金斯於一六〇二年逝世，保羅·巴恩斯（Paul Baynes）繼承其衣缽。理查·馬瑟仔細研讀過巴恩斯的著作，也許能把他最知名的論著《以弗所書論注》（*Commentary on Ephesians*）倒背如流。巴恩斯在這篇論文中說，奴隸制一部分源於因罪而受的詛咒，一部分則是「文明狀態」使然，也就是野蠻落後。他寫道，「較黑的人」是「有奴性的」，並力勸奴隸欣然甘願地順服聽話。主人則應顯示優越，透過和善親切的態度和展現「一顆潔白而誠摯的心」。[5]

⁂

在理查·馬瑟的成長階段，理查·哈克盧伊特正在建立自己成為最偉大的英國海外殖民推動者的地位。哈克盧伊特與一大群旅遊作家、譯者、冒險家、貿易家、出資人、拓殖者交遊（他們可能都參與了殖民世界的大業），並且開始扮演他們的導師。一五九七年，他力促甫從劍橋畢業的門生約翰·波瑞（John Pory）完成他書單中一本遲遲未翻譯完的書。波瑞在一六〇〇年把利奧·阿非利加努斯的《非洲地理史》（*Geographical Histories of Africa*）翻譯成英文版。與數十年來其他歐洲語言的讀者一樣，英文的讀者爭相閱讀，也一樣驚嘆不已。波瑞寫了一篇長文介紹，主張氣候理論無法解釋膚色的地理差異。它們必定是「遺傳」的，波瑞說。非洲人「是挪亞受詛之子含的後代」。[6]

不論選擇用詛咒理論或氣候理論來闡述黑色印記，當時的旅遊作家和譯者有個更大的共同目標，而且成果非凡：他們迎來了大英帝國的冒險時代。不久就有另一群人跟進：劇作家。由於英國社會的識字率低，劇作家比旅遊作家創造出更多大英帝國對世界的想像。在該世紀交會之際，亞芬河畔史特拉福（Stratford-upon-Avon）出了一位備受尊崇的劇作家，引領讀者回到中古世界和現代歐洲各地，從蘇格蘭（《馬克白》）到丹麥（《哈姆雷特》），再到義大利的黑色卑劣與白色優越（《奧賽羅》）。莎士比亞的《奧賽羅》在一六〇四年首演，英國觀眾們對劇中的種族政治並不覺意外。十六世紀末，英國劇作家常把撒旦在人間的化身設定為黑色。莎士比亞的第一個黑色邪惡角色是《泰特斯．安特洛尼克斯》（*Titus Andronicus*）裡的亞倫，於一五九四年首度登台。在南方的西班牙有所謂的「黑人喜劇」（comedias de negros）類型，劇作家則經常把劇中的黑人設定為殘暴的蠢蛋。[7]

莎士比亞筆下的奧賽羅是一名威尼斯軍隊裡的基督徒摩爾人將軍，這個角色的靈感來自一五六五年義大利文集《故事百篇》（*Gli Hecatommithi*），而且很可能來自利奧．阿非利加努斯，因為他曾待過義大利，是個鄙視自己黑膚色的基督徒摩爾人。奧賽羅信任的旗官伊亞果，痛恨他娶了身為威尼斯人的黛絲德蒙娜。「為此我著實懷疑這位精力旺盛的摩爾人／奪了我的位。」伊亞果道出自己的感受。對著黛絲德蒙娜的父親，他把奧賽羅描述成「一隻黑色老公羊／……正與您的白色母羊交配」。伊亞果耍心機讓奧賽羅以為妻子對他不忠，「她的名譽原本純淨／如黛安娜的容顏，如今被玷汙染黑／如我自己的臉龐。」奧賽羅掐死黛絲德蒙娜前說了這番話。在這齣戲的高潮，奧賽羅恍然大悟他死去的妻子是清白的，於是向黛絲德蒙娜的女僕艾米莉亞告解認錯。「喔！她尤是天使，」艾米莉亞回答，「而你是黑色尤深的魔鬼。」然後，奧賽羅就自盡了。[8]

熱愛戲劇的伊莉莎白女王看過莎士比亞早期的一些劇作，但沒有看過《奧賽羅》，她在一六〇三年辭世。一六〇四年的致命瘟疫平息後，繼位的英王詹姆士一世（James I）來到倫敦開始策劃他盛大的加冕儀式。詹姆士一世的妻子安妮王后出身丹麥（Anne of Denmark），兩人觀賞過《奧賽羅》。但英王委任與莎士比亞敵對的劇作家班・瓊森（Ben Jonson）製作一齣精采的假面戲劇慶祝他登基，題材要國際性，為伊莉莎白時代的自我孤立作風劃下句點。安妮王后提議用非洲主題來反映新王的國際關注焦點，而利奧・阿非利加努斯、旅遊見聞和《奧賽羅》引起王后對非洲的興趣。為了滿足皇后，瓊森寫了《黑色假面具》（*The Masque of Blackness*）。

一六〇五年一月七日，白亮的懷特霍爾宮（Whitehall Palace）俯瞰著積雪的倫敦泰晤士河岸，《黑色假面具》在大廳首演。這齣戲是倫敦有史以來耗資最巨的戲劇，戲服華麗、舞蹈熱鬧、合唱動人、管弦樂隊激昂、場景充滿異國情調，這場奢華饗宴之盛大壯觀讓出席者全都讚嘆不已。這齣戲以氣候理論為靈感，故事描述河神尼加（Niger）有十二個醜陋的非洲公主，他聽說如果她們長途跋涉到「大不列顛」就能「被變得美麗」，那裡的太陽「光線日夜閃耀，具有力量／能漂白伊索普人（Æthiop），讓死屍復生」。安妮王后本人和十一位宮廷仕女扮黑臉飾演非洲公主，這是第一次在貴族的舞台上使用黑色顏料。[9]

《黑色假面具》呈現了英王詹姆士一世、查理王子和理查・哈克盧伊特的帝國願景，這也是無數英國權貴的投資者、貿易商、傳教士和探險家的願景。這齣戲促使英國重燃把大英帝國版圖擴張到美洲的決心。詹姆士一世於一六〇六年特許成立了倫敦公司（London Company），把目光放在北美，他一眼看著維吉尼亞，另一眼看著新英格蘭，雖然新英格蘭的任務命運多舛，維吉尼亞的進展則順利得多。船長約翰・史密斯（John Smith）投入遠征，他是理查・哈克盧伊特的門生，率領了大約一百五十名志願者搭乘三艘船，於一六〇七年四月二十六日駛入乞沙比克灣（Chesapeake Bay）。這支探險隊歷經重重困難，但幸好有波瓦坦（Powhatan）部落的美洲原住民相助，英國的第一個永久北美拓殖地才得以成功留存下來。約翰・史密斯完成了他的任務，於一六〇九年十月返回英國時被視為英雄。[10]

在維吉尼亞殖民地（及後來的新英格蘭），英國人早已開始對不同的人種（race）有想法。race這個字首次出現在法國人雅克・德・布雷澤（Jacques de Brézé）一四八一年的詩作〈尋獵〉（The Hunt），詩中指的是獵犬。這個字的意義在下個世紀延伸包含人類，主要用來指稱、區別及獸化非洲人。直到一六〇六年，race才出現在字典中，由法國外交官尚・尼古④收錄該詞條。他解釋說「race……的意思是血統」，而「我們會說人、馬、狗或其他動物出身的血統是否優良」。由於西歐對這個字有了這樣的延伸概念，英國人因此隨意把美洲原住民和非洲人混在一起當作相同的人種族群，雖然他們都是由諸多民族組成。最後，尼古的思想架構就如他引進法國的菸草植物般令人上癮了。[11]

船長約翰・史密斯未曾再踏上詹姆士鎮一步。他以精通理查・哈克盧伊特著述的得意門生度過餘生，並且推動英國人移民到美洲。史密斯激勵人心的遊記感動了數千人橫渡大西洋，其中包括一六二四年寶嘉康蒂（Pocahontas）救了他一命的故事。寶嘉康蒂被稱為「有文明的野蠻人」，後來改信仰基督教，因為嫁給一位英國人而來到倫敦。⑤英國人民對此表示認可。依史密斯評斷，黑人不是很進步。拓殖海外的移民閱讀並採納了他普世的（或者應該說，種族歧視的）見解，然後當作自己的想法。史密斯的最後遺作在他卒年的一六三一年出版，告訴「缺乏經驗的」新英格蘭拓殖地主說，非洲奴隸「在全世界都一樣那麼懶散又邪惡」。顯然史密斯認為這個知識能幫助初期的拓殖者，也許他知道非洲奴隸遲早會被帶到新英格蘭。[12]

不過，從《黑色假面具》上演到維吉尼亞、新英格蘭相繼建立，史密斯只是重新打造這段期間他在英格蘭聽到的觀念，而這些觀念英國知識份子可能已經從西班牙奴隸主和葡萄牙奴隸商人那裡聽過了。「鼻子寬扁之人跟猿一樣恣欲無度」，從事神職的愛德華・托普塞爾（Edward Topsell）一六〇七年在《四足獸史》（*Historie of Foure-Footed Beastes*）裡這樣說。詹姆士國王在他一五九七年的著作《鬼魔學》（*Daemonologie*）中，把猿與魔鬼的形象連結了起來。莎士比亞則在新作《暴風雨》（*The Tempest*, 1611）中把猿、魔鬼與非洲人做了一番連結，塑造出卡力班（Caliban）這個性欲強烈的角色，是惡魔與「邪惡種族」非洲女巫生下的雜種。一六一四年，英國最早出名的勞工階級詩人約翰・泰勒（John Taylor）說過「黑國度」崇拜「黑」魔鬼。一六一五年，牧師湯瑪斯・庫伯

---

④ 尚・尼古（Jean Nicot, 1530-1670），十六世紀中代表法國出使葡萄牙協議王室婚姻，把菸草帶進法國王室帶動流行，菸草成分中的Nicotine（尼古丁）就是取自他的姓氏。

⑤ 迪士尼動畫電影《風中奇緣》（*Pocahontas*）中的印第安公主，原型就是寶嘉康蒂。

（Thomas Cooper）在愛爾蘭和維吉尼亞對墾殖地主們發表演講，他說挪亞的三個兒子之中，白皮膚的閃「應宰制」非洲土地上，「受詛之夏姆（Cham）的後代」，夏姆就是挪亞的另一個兒子含。未來維吉尼亞的政治要人喬治・桑迪斯⑥也用詛咒理論來貶低黑色。一六二〇年，未來的政治家湯瑪斯・佩頓（Thomas Peyton）在一篇闡述《創世記》的文章裡把該隱稱為「南方人」，像個「黑色畸形的精怪」，而「北方的白人，就像上帝本身的形貌」。五年後，牧師山繆・博切斯（Samuel Purchas）發行了共四巨冊的《哈克盧伊特紀念全集》（*Hakluytus Posthumus*），收錄他的導師理查・哈克盧伊特留給他的旅遊手記。博切斯痛批那些「骯髒的雞姦者、夢遊者，無知、獸性的夏姆追隨者……他們的深沉黑色將永存」。非洲人即將被奴隸船載往大不列顛的時候，這些關於非洲人的想法正在英國及英國殖民地到處流傳。[13]

一六一九年，理查・馬瑟開始執行牧師之職，地點距離英國未來的奴隸貿易中心利物浦港不遠。在那時期，英國的奴隸貿易規模還小，大不列顛境內幾乎沒有非洲人。不過情況很快改變了。奴隸販的船愈來愈深入西非核心，尤其在一五九一年摩洛哥人以英國火槍摧毀桑海帝國之後。英國商船也愈來愈深入維吉尼亞，此時英國商人正在和西班牙、葡萄牙、新興的荷蘭和法國這些帝國競爭。[14]紀錄上第一艘載運非洲人抵達殖民地美國的奴隸船，原本的目的地並非英國殖民地。西班牙的聖胡安巴蒂斯塔號（San Juan Bautista）於一六一九年從安哥拉（Angola）出航，船上載運了三百五十名俘虜，可能預定前往墨西哥的維拉克魯茲（Vera Cruz）。拉丁美洲的奴隸主已經利用種族歧視把奴隸制變成常態，藉此管理他們當時擁有的將近二十五萬非洲人。據說有兩艘海盜船在墨西哥灣攻擊了西班牙的船，搶走六十多個俘虜後向東航行。數週後，一六一九年八月，海盜們在詹姆士鎮賣了其中二十名安哥拉俘虜，買家是擁有一千英畝土地的維吉尼亞總督喬治・伊爾德利（George Yeardley）。[15]

約翰・波瑞把利奧・阿非利加努斯的著作翻譯成了英文，他是伊爾德利的姻表親，一六九一年他冒險來到詹姆士鎮擔任伊爾德利的祕書。一六一九年七月三十日，伊爾德利為殖民地美國推選出的政務官員召開了就職會議，這群人中包括湯瑪斯・傑佛遜的曾祖父。這些立法者任命約翰・波瑞擔任他們的議長。於是這位捍衛詛咒理論的利奧・阿非利加努斯著作英文版譯者，就成了殖民地美國第一位立法領袖。[16]

約翰・波瑞為美國最早的現金作物菸草制定價格，並且發現種植這項作物需要勞力。所以當用來作奴隸的安哥拉人於八月被載抵當地時，時機再恰當不過了。沒有理由不相信喬治・伊爾德利和其他早期的奴役者會去合理化自己把非洲人當奴隸的行為，他們的想法應該和其他英國知識份子一樣，也跟拉丁美洲的奴役者一樣，認為這些非洲人從一開始就被標籤認定為特異的人種，比較低等，而且在人類階級上還低於當時更普遍的白人簽約奴僕。一六二五年的維吉尼亞調查統計中，大多數非洲人的年齡與抵達日期都沒有列出，其中也沒有任何人（儘管有些案例是他們已經住在維吉

---

⑥ 喬治・桑迪斯（George Sandys, 1577-1640），十七世紀殖民者、詩人，擔任維吉尼亞公司的殖民地財務長，是英國第一任維吉尼亞總督法蘭西斯・懷亞特（Francis Wyatt, 1588-1644）的岳叔父，一六二一年陪同航往維吉尼亞。

尼亞六年）被列為自由身。非洲人和白人奴僕明顯分開記錄。一六二七年，伊爾德利過世，遺囑中交代留給子嗣他的「物品、欠債、動產、奴僕、黑鬼、牲畜或任何其他東西」。「黑鬼」在社會階級中被下放到「奴僕」之下，反映出當時的經濟階級順序。維吉尼亞的首件司法判決裡，清楚可見這個層級劃分，明白就是以種族為參考。一六三〇年，法庭下令一名白人「在夾雜著黑鬼的群眾面前接受嚴厲鞭打，因他與黑鬼同睡玷汙了己身，狎褻自己讓上帝受辱，讓基督教蒙羞」。法庭把不潔的黑種女人與純潔的白種女人做對比，指出與後者同睡不會玷汙他的身體。這是美國記錄在案的第一個性別種族歧視案例，認為黑種女人的身體是汙穢不潔的東西，接觸會弄髒白種男人。[17]

理查・馬瑟一六二〇年代在托克斯泰斯（Toxteth）擔任牧師期間，並沒有親眼看過奴隸船從利物浦碼頭出航。利物浦一直到一七四〇年代才變成英國的主要奴隸船停泊站，繼倫敦與布里斯托（Bristol）之後。不像那些迫害清教徒的英國國教徒，英國的奴隸販子在一六二〇年代才逐漸活躍起來。一六二五年，英王詹姆士逝世，其子查理一世登基，自此開啟一面倒的迫害。威廉・艾姆斯（William Ames）是威廉・柏金斯的門徒，後來離鄉背井遠赴荷蘭，他撰寫的《神聖神學之精髓》（*The Marrow of Sacred Divinity*）強化了理查・馬瑟、約翰・柯頓及無數其他清教徒的決心。一六二七年，這部論文從拉丁文翻譯成英文，談到「自由人與奴僕之間」的性靈平等在神聖神學中的意義；此神聖神學認為「下等人」應當「屈從並順服」高於其上的「上等人」；此神聖神學亦認為「要愛與吾人血統相同之親，勝過相異之族」。馬瑟這一世代的清教徒在一六二〇年代晚期和一六三〇年代移居麻薩諸塞灣，本書的釋義則成了他們的指導原則。清教徒用這個教義衡量美洲原住民與非洲人這些異族，確保他們的這塊包容之地從一開始就不容異己。[18]

自一六四二年開始，英國國教的君主制支持者與非國教的議會就攜手合作。雖然新英格蘭的清教徒喜歡非國教的議會，維吉尼亞的保王黨則為他們節節敗退的英王查理一世祈禱，但他在一六四九年被處決了。三年後，維吉尼亞不得不投降接受新的執政議會。

維吉尼亞逐漸形成的經濟階級，與威廉·艾姆斯所提的尊卑之序類似，也和清教徒在新英格蘭建立的社會等級相仿（儘管他們擁護的政治與宗教理念不同）。擁有廣大種植園的墾殖地主、神職人員與商人居於高位，諸如維吉尼亞北頸地區（Northern Neck）的約翰·莫特勒姆⑦，利用自己的權勢取得肥沃土地、勾結貿易、仲介工人，還把持像伊莉莎白·齊伊（Elizabeth Key）這樣的法定自由人為奴。[19]

伊莉莎白·齊伊是一位不知名非洲女子與紐波特紐斯（Newport News）國會議員湯瑪斯·齊伊（Thomas Key）所生的女兒。湯瑪斯臨終時安排讓他的黑白混血女兒在十五歲時解放。然而她後來的主人們卻繼續留她當奴隸。伊莉莎白後來信了基督教，生下一名嬰孩，孩子的父親是英國人威廉·葛林斯泰德（William Greenstead），他是莫特勒姆種植園裡的契約僕人，也是一名業餘律師。莫特勒姆在一六五五年過世，齊伊和葛林斯泰德成功向該州提出告訴，要求給她和孩子自由。

維吉尼亞墾殖地主們對齊伊案發展的關注程度，幾乎和他們對英國內戰一樣密切。他們知道英國的普通法認定不能用基督徒當奴隸，且規定孩子的身分取決於父親，這兩條規範壓制了詛咒理論、氣候理論、野獸理論、福音派理論，以及每一種佐證支持畜養黑人及黑白混血人為奴隸的種族

---

⑦約翰·莫特勒姆（John Motrom, 1610-1655），北頸的大地主，是最早移民拓殖此地的白人，曾擔任下院議員。

歧視理論。伊莉莎白・齊伊徹底破壞了殖民地地主用來維繫非洲奴隸制的不成文約束。[20]

對維吉尼亞的墾殖地主們來說，齊伊案發生的時間點再糟糕不過了。一六六〇年代的勞力需求成長，維吉尼亞人剷除了更多原住民聚落，好擴張他們的農地。地主們愈來愈仰賴非洲工人做工，因為他們的死亡率較低，所以價值較高，且撐得過短期僱傭契約的期限。在此同時，迫使許多人離英赴美的慘烈英國內戰已經結束，英國新興的社經機會使得自願移民當契約奴工的潮流趨緩。現有的白人僕傭與黑人奴隸開始聯手逃跑及反抗，也許這是因為他們被俘的經歷類似而同病相憐，他們都是在非洲或歐洲的西部海岸被誘騙上船。[21]

面對勞力需求與工人團結，墾殖地主的因應之道是買進更多非洲人，並且誘迫白人遠離黑人。在維吉尼亞最早的奴隸制官方同意書中，立法者於一六六〇年（嚴格來說是一六六一年）規定，任何白人僕傭「與任何黑奴同行」逃跑，將必須代替服完「該黑奴未上工」的役期，且就算是終身也一樣。一六六二年，維吉尼亞法律人士找到了齊伊解放案的漏洞，以解決該案「引發英國男人與黑種女人之後代是奴隸或自由人的疑義」。他們聲稱，「所有在這個國家出生之孩童」的身分取決於「母親的狀況」。他們藐視英國法律，重新搬出羅馬「子宮帶來的身分」（partus sequitur ventrem）原則，內容指出「馴養的家畜或家禽，所生之幼崽皆屬於母獸或母方之主人所有」。[22]

這條法律到位後，白人奴隸主如今可以從「與黑種女性發生關係」得到金錢上的報償。但他們想避免數量有限的白人女性涉入類似的跨種族關係（因為她們的黑白混血嬰兒會是自由身）。一六六四年，馬里蘭（Maryland）的立法者宣告，「英國女性……與黑奴通婚」是「吾國之恥」。到了該世紀末，馬里蘭與維吉尼亞的立法者制定了嚴刑峻法，懲罰與非白種男性發生關係的白人女性。[23]

藉此，透過種族歧視的法律，異性戀白種男人讓自己能夠和所有種族的女人發生性關係但能安然脫身。然後，他們用種族歧視的文學為自己編纂了這項性特權的規範。英國前國會議員亨利・內維爾（Henry Neville）於一六六八年出版了一則古怪荒謬的短篇故事《潘恩斯之島》（*The Isle of Pines*），為讀者描寫了預示不祥發展的情節。故事時間刻意設定從一五八九年開始，亦即理查・哈克盧伊特《英國的主要航行、旅程與發現》初版問世那年。主人翁喬治・潘恩斯（George Pines）在印度洋中沉船倖免於難，發現自己漂流到一座無人島上，還有一名十四歲英國少年、一名威爾斯女僕、一名白皮膚但非白種的女僕，和「一名女黑奴」。對潘恩斯來說，「無事可做加上天時地利，激起我體內與女人淫樂的欲望」。他說服那兩名女僕和他睡，然後那位十四歲英國少年「也跟進，心滿意足」。女黑奴「看著我們所做的事，渴望同歡，以滿足她的飢渴」。某夜，這個性欲強烈的黑女人趁潘恩斯睡覺時摸黑採取了行動。[24]

《潘恩斯之島》是最早描寫非洲女性性欲強烈的英國文學作品之一。這樣的故事不但讓白男人可以為自己沒人性的強暴脫罪，還在表面上偽裝他們對據傳狂野如獸的女人具有人性的吸引力。類似的描述愈來愈多，例如談到奴隸船的時候。當時，美洲的奴隸主會公然找非洲女性買春，這股風氣一直延續到十八世紀（私下買春則更久）。在一七三六年的《南卡羅萊納報》（*South-Carolina Gazette*）上，有篇回覆讀者投書的文章提到「非洲女子」那令人銷魂纏綿的性欲與服務，建議單身白男人「等待下一批來自幾內亞海岸的船貨」：「那些非洲女子體格強健耐操，不易疲累，夜晚白天都能服務接客。」在殖民地美洲的潘恩斯之島上，白種男人不斷把非洲女人的性欲描繪成如狼似虎般地猛烈，把他們自己耽於性欲的責任移轉到女人身上。

在一七二八至一七七六年間，九個美洲殖民地的二十一份報紙刊登了將近一百則關於強暴或意圖強暴的報導，沒有一則是黑人女性被強暴。黑女人被強暴不被認為有新聞價值，不論她是被什麼種族的男人強暴。就像被強暴的妓女，黑女人的信譽被剝奪了，因為種族歧視認為她們的性欲本來就特別強。黑人男性的情況也類似。在殖民地時期，宣布黑人男性強暴疑犯無罪的文章一篇都沒有，而提及白人男性的強暴案報導中，有三分之一昭示被告一項以上的控訴不成立。此外，正如新聞學歷史學家雪倫·布拉克（Sharon Block）所言：「報紙的強暴案報導把白人被告當作個別的罪犯，但黑人被告卻是他們整個種族缺陷的代表。」[25]種族歧視者不可或缺的智識活動，美國的腦袋已經全然完整吸收：**白人的缺點就以個體視之，黑人的缺點以通則論之**。任何黑人個體的負面行為會變成黑人群體有問題的證據，但是任何白人個體的負面行為就只是個人的問題。

黑人女性被認為對白人男性有強烈的性欲追求，黑人男性則被認為對白人女性有強烈的性欲追求。兩者皆無益於黑人，種族歧視的迷思已被斷然確立。黑人就是天生渴望比他們優越的白人本質。黑人女性有一種「火熱淫蕩的性情，毫無顧忌地向歐洲人出賣肉體以交換微薄利益，其中一個絕佳證明就是她們愛好白種男人」。這是一七四四年《幾內亞新遊記》（*New Voyage to Guinea*）作家威廉·史密斯（William Smith）的狂言囈語。接著，這樣的理論繼續推演，認為黑種男女的狂野淫欲源自他們較大的性器。早在一四八二年，義大利地圖學者傑米·伯特蘭（Jayme Bertrand）就曾描述馬利國王曼沙·穆薩（Mansa Musa）幾乎一絲不掛地坐在他的王座上，露出超大的性器。[26]

有些白種男性夠誠實，公開宣揚黑人對他們的吸引力，但通常會用同化主義觀點來辯護。保皇派的理查・里貢（Richard Ligon）被施行議會制度的英格蘭流放到巴貝多，他曾在某次晚餐對殖民地總督的「黑人情婦」表示愛慕。巴貝多在十七世紀中變得相當富裕，勝過大英帝國所有其他殖民地的總和。甘蔗一路種植到房屋階前，居民吃的是英格蘭的食物，而不是自家耕作飼養的。對里貢來說，那位黑人情婦「結合了絕世美貌和尊貴於一身：乃我所見過女子之最」，勝過出身丹麥的安妮王后。里貢在晚餐後送她禮物，她回報以「我所見過最甜美的微笑」，讓他分不出是她的皓齒較白，「還是她明眸中的眼白」。

這是里貢一六五七年著作《巴貝多島真實紀史》（*A True and Exact Historie of the Island of Barbadoes*）收錄的許多小故事之一，這一年，伊莉莎白・齊伊案終於塵埃落定。有一篇故事講述一個聽話的奴隸名叫「山保」（Sambo），他告發了正在計畫奴隸反叛的同伴，並且回絕獎賞。另一篇故事，里貢告知一位「殘酷的」主人說，山保想要被「改變成基督徒」。那位主人回應，根據英國法律，我們不能「把基督徒變成奴隸」。「這跟我的要求完全是兩回事，」里貢回答，「因為我是想把奴隸變成基督徒。」那位主人回答，如果山保變成一名基督徒，就不能再把他當成奴隸了，此舉將開啟「一個嚴重的隔閡」，「島上所有的墾殖地主」都會不高興的。里貢很遺憾山保不能加入教會。不過，他同時給了奴隸主們捍衛他們事業的理論：黑人天性溫順，奴隸可以且應該成為基督徒。墾殖地主擔憂奴隸們改變信仰，因為他們認為，如果他們的奴隸是基督徒，就該獲得自由——伊莉莎白・齊伊勝訴，就表示法律支持這個認知。里貢將「基督徒變成奴隸」和「奴隸變成基督徒」做出區隔，徹底扭轉了局面。雖然經過不少時間，這個想法終於成為終結齊伊案暴露之信仰迴圈的基本論點。

里貢抬出聖經神律，宣揚讓未信主的人信主，高於規定不得把基督徒當奴隸的英國法律。透過山保這個溫順的角色，他提出讓非洲奴隸受洗的想法，殖民地地主和知識份子也幾乎都肯定且理解：順服、坦白的山保一心渴慕基督教，他該獲得應允擁有的。事實上，基督教只會讓奴隸們更聽話。里貢認為奴隸成為基督徒會更溫馴，這個建議出現於知識創新的關鍵時刻。各種知識思維遍地開花，各種支持奴隸制的理由也應運而生。

一六〇〇年十一月二十八日，有十幾個人在倫敦集會，創立了後人所知的皇家學會（Royal Society），歐洲科學革命於焉抵達了英格蘭。義大利人在一六〇三年創立猞猁之眼國家科學院（Accademia dei Lincei），法國人在一六三五年成立法蘭西學術院（L'Académie française），德國人在一六五二年創辦了他們的國家級學術機構利奧波第那科學院（Academy of Sciences Leopoldina）。英王查理二世於一六六〇年頒布特許狀給皇家學會，這是他復辟反清教的君主政體的首要行動之一。皇家學會初期的領導者中，有一位馳名當世的年輕學者，他是《懷疑派化學家》（*The Sceptical Chymist*, 1661）的作者，也是英國的化學之父——羅伯特．波以耳（Robert Boyle）。一六六五年，波以耳敦促他的歐洲同儕彙編更「自然」的外國地理與民族歷史，並且把理查．里貢的《巴貝多島真實紀史》當作種族歧視的典型之作。[27]

此前一年，波以耳以《白與黑的本質》（*Of the Nature of Whiteness and Blackness*）投入種族辯論戰局。他不苟同詛咒和氣候這兩種理論，另外粗略提出了一個基本的反種族主義觀點：人類色素沉澱的「位置」，「似乎只不過在淺層的表皮層，也就是外皮」。然而，這個「膚色僅止於表皮」的反種族主義觀點，並沒有阻擋波以耳批評不同的膚色。他仍然認為白色才是正常，黑色是「醜陋」的畸形狀態。波以耳主張，光的物理學顯示白色是「最主要的顏色」。他宣稱已排除自己的個人「意見」，「清楚且忠實地」呈現這個真相，如其皇家學會所為。波以耳和皇家學會鼓勵種族歧視觀點的創新與散播，並且宣揚他們所有的文章具備客觀性。[28]

從幾內亞到波士頓的知識份子，包括理查・馬瑟的么子因克瑞斯・馬瑟（Increase Mather），都仔細閱讀並大聲讚賞波以耳一六六四年的著作。一名出身農家、不起眼的二十二歲劍橋大學學生抄寫了完整的引證，此人即艾薩克・牛頓（Isaac Newton）。接下來的四十年間，他的地位節節高升，成為有史以來最具影響力的科學家之一，並且自行證實了波以耳的顏色定律：光是白色的，以此為標準。一七〇四年，牛頓當上皇家學會會長滿一年，發表了《光學》（*Opticks*）這部偉大非凡的現代著作之一。「白色是所有的顏色匯聚而生。」他寫道。牛頓創造了色輪的圖像來說明他的假設。「中心部分」是「第一階的白色」，其他各種顏色依據它們「與白色的距離」來配置。歐洲知識復興即將來臨，在為之奠定基礎的高文大冊裡，牛頓還曾推論出「完美的白色」。[29]

波以耳活得不夠久，來不及讀到《光學》一書。他在一六九一年逝世，漫漫一生，影響深遠。他在世時不只建立了化學學門、提出光是白色、鞏固皇家學會，還啟發了牛頓和馬瑟一家，以及大西洋兩岸的知識份子社群。波以耳於一六六〇年成為海外殖民協會（Council for Foreign Plantations）的成員，該組織與皇家學會同時銜命，協助查理二世繼承的偉大帝國凝聚威權，並擔當顧問提出建言。

一六六一年，波以耳帶領的協會首次正式呼籲巴貝多、馬里蘭、維吉尼亞的墾殖地主改變非洲奴隸的信仰。該協會特別注明，「此舉……將（不會）……阻礙、約束或損害」主人的權威。由於種植園的經濟效益在西半球各地飆漲，加上權力在握的英國神職人員競相收服非洲靈魂，墾殖地主則競相收服非洲肉體，該協會的呼籲隨此趨勢逐年得到愈來愈廣大的迴響。傳教士竭盡心力拓展神的國度，墾殖地主則竭盡心力拓展利潤營收。基督教與奴隸制的結合有如上天注定。但是，非洲奴隸們不願配合。早期在美洲的非洲人大都堅決抗拒主人的宗教；他們的主人也不情願，或無法，坐聽鼓勵他們的奴隸改信主的佈道。對主人來說，拯救作物收成一年比一年重要，而不是拯救靈魂。不過，他們當然不能冒險得罪神職人員說真心話。奴隸主會依照慣例宣稱他們的非洲奴隸太野蠻，無法接受改變信主，以此做為他們沒有採取行動的理由。

種族歧視論戰原本關切的是黑色的成因，如氣候或詛咒，如今又增加了「黑人是否有能力進入基督教」這個新的種族歧視辯論主題。隔離主義者認為非洲奴隸不該或不能受洗，這個想法廣為流傳，甚至成為不能討論的禁忌，就像理查·里貢在巴貝多發現的狀況一樣。在十七世紀間，真的沒有任何奴隸主撰寫重大作品為之辯護。但這種局面並沒有阻擋同化主義者相信，這些低等非洲奴隸仍有能力被教養成基督徒，雖然他們的信仰想必比較野蠻。十七世紀興起了一場傳教運動，向抗拒的奴隸主和奴隸雙方宣揚這個神聖的職責。理查·馬瑟的孫子成年之後，奉獻生命把這場運動帶進新英格蘭的教會。不過，馬瑟來不及目睹就離開了人世。

第四章 拯救靈魂，不顧肉體

查理二世於一六六〇年奪回英格蘭王位，也帶回了針對清教徒的宗教迫害。在大驅逐①期間，大約有兩千名清教徒神職人員被迫脫離英國國教會。而在新英格蘭地區，理查·馬瑟已經年老耳衰，還有一眼失明，但他仍然跟年輕時一樣反抗王權，三十年如一日活躍地帶領著不信奉英國國教的新教徒們。他的神學領袖同伴約翰·柯頓已經在一六五二年去世。馬瑟的第一任妻子也已經亡故，於是他娶了柯頓的未亡人莎拉·漢克雷區·史都瑞·柯頓（Sarah Hankredge Story Cotton）為妻。他的么兒因克瑞斯·馬瑟娶了莎拉的女兒（如今是他的繼妹）瑪利亞·柯頓（Maria Cotton），讓知名的柯頓與馬瑟兩個世家親上加親。接著，有如要為這個家庭繫上第三個連結，這兩家的第一個兒子於一六六三年二月十二日出生，因克瑞斯和莎拉決定把他取名為柯頓·馬瑟。

理查·馬瑟在孫子出生後仍活了六年。他過世後，因克瑞斯·馬瑟為父親立傳付梓以茲紀念。書中包含理查·馬瑟一六三五年在上帝護佑下逃離大颶風的事蹟，這個故事對馬瑟家族的意義之重大可比聖經任何篇章。因克瑞斯·馬瑟在一六六四年接掌約翰·柯頓執事的著名波士頓北方教堂

① 大驅逐（Great ejection），一六六二年查理二世頒布《教會統一令》（*Act of Uniformity*），規定英格蘭所有的教會遵循英國國教《公禱書》（*Book of Common Prayer*），否則就要被解除神職。

（North Church），他教導他的十個孩子說，他們全都像祖父一樣是上帝天命的正規收受者。因克瑞斯尤其向柯頓．馬瑟傳達這個異乎常人的特殊身分。有朝一日，柯頓．馬瑟將證明父親是個先知。他結合了柯頓與馬瑟兩個家族最傑出的優點，在美國的歷史記憶中，將比其他家族成員更加耀眼。在十七世紀尾聲，在殖民者耳中，非洲奴隸制自然地與「柯頓．馬瑟」的名字劃上等號，這主要正是柯頓．馬瑟自己促成的，而非其他知識份子。不過，柯頓．馬瑟並不是非洲奴隸制的主要先驅者，他是讀了當代作家寫的書而受影響。至於影響柯頓．馬瑟種族歧視思想最深的著作，莫過於理查．巴克斯特②的《基督徒守則》（*A Christian Directory*, 1664-1665）。

自從在英國基德明斯特（Kidderminster）擔任牧師以來，理查．巴克斯特就在他廣為流傳的論著《基督徒守則》中，呼籲兩岸奴隸主遵從神律，把奴隸改造成基督徒。他對他們說，「贏得奴隸之心去信仰上帝、拯救他們的靈魂，應是諸位買進及利用奴隸最終的首要目的」，一定「要更看重他們的救贖，遠高於他們提供的服侍」。雖然巴克斯特不是這場傳道事工的領袖，但他在勸誘非洲人改教的路上並不寂寞。早在一六五七年，不遵信英國國教的喬治．福克斯③就在他新創立的教友會（Religious Society of Friends），或稱為貴格會（Quakers），鼓吹改變奴隸的信仰。貴格會繞過教會的階級，宣揚每個人都能觸及「內在的上帝之光」，像是在為將來製造廢奴主義者與反種族主義者做準備。[1]

巴克斯特努力把他的基督教信仰（或者說是他的國家的基督教信仰），與奴隸制套在一起，試圖主張某種仁厚的奴隸制是可行的，而且對非洲人是有益的。把非洲奴隸變成基督徒、變得文明有教養，這樣的同化主義觀念特別危險，因為它們讓奴隸制正當化更有說服力，變得不應該阻止。身為一個不遵信英國國教的清教徒，巴克斯特倒是遵奉（而且要他的清教徒讀者遵奉）查理二世發皇張大蓄奴帝國的大部分種族歧視政策，雖然他肯定不會照章全收。「因罪被褫奪人身或自由」者可奴役之，巴克斯特寫道，但是「像海盜那樣捕捉可憐的黑人……是世上最低劣的劫盜行為」。奴隸主「買下他們，當作畜生一樣利用，卻……不顧其靈魂，更適合被稱作魔鬼的化身，而不是基督徒」。巴克斯特天真地相信，在奴隸貿易中，大量存在著他所謂的「自願奴隸」。他試圖在現實中構築一個世界，裡頭存在著仁慈的主子，買下自願奴隸來拯救他們的靈魂。巴克斯特的世界始終是個美妙超凡的夢想，很久以前祖拉拉就編織過這樣的美夢。不過，即使只是個夢想世界，在奴隸主眼中仍是個威脅。美洲奴隸主依舊害怕讓非洲人受洗，因為基督徒奴隸可能會提起訴訟爭取自身的自由，就像伊莉莎白．齊伊那樣。[2]

殖民地很快採取行動，立法認可理查．巴克斯特這些傳教士勸誘改教的請求，以平息基督徒奴隸對自由的呼求。一六六七年，維吉尼亞頒布命令指出「施行浸禮不至於改變受洗者的奴隸身分」。紐約在一六六四年就宣布了這個法令，馬里蘭則在一六七一年跟進。維吉尼亞的立法者題寫道：「期許更多」奴隸主「費心費力澆灌基督教」給奴隸們。主人理該負責照管自家俘隸們的反抗

---

② 理查．巴克斯特（Richard Baxter, 1615-1691），十七世紀英國清教教會領袖、神學作家，英國王朝復辟後，他維持長老宗立場，不願遵信英國國教而入獄。

③ 喬治．福克斯（George Fox, 1624-1691），被認為是貴格會創始者，自小在家受聖公會教育，但他生長的教區有很強的清教徒勢力。十九歲時他離開家鄉旅行，苦思基督信仰的真義，認為重要的是個人直接靈性經驗，而非儀式或教士的學識，被認為藐視教會而多次入獄。

靈魂。但是，他們的肉體反抗又該怎麼辦呢？英國國會於一六六七年賦予主人們權力，控制非洲奴隸們的「狂放、野蠻又原始的天性」，「嚴律苛待尤可用」。一六六九年，卡羅萊納省皇家地產領主（Lords Proprietor of the Province of Carolina）中有一位上議員安東尼．艾希利．庫伯④，他的私人醫生為初版《卡羅萊納基本憲法》（*Fundamental Constitution of the Carolinas*）打了草稿，其中授予開創該省的墾殖地主對其俘隸有「無上的權力與權威」。[3]

約翰．洛克於一六六七年搬到倫敦，擔任上議員庫伯的私人醫生，但他能提供這位殖民英國政治家的才能遠不只他的醫學專長。取得牛津大學的終身教職後，洛克曾拜在羅伯特．波以耳門下研修，他個人龐大藏書中蒐集的旅遊書籍後來還多過哲學卷冊。上議員庫伯要求洛克起草卡羅萊納的憲法，並且擔任祕書協助這群皇家地產領主（不久就成立了貿易與墾殖協會〔Council of Trade and Plantations〕及貿易與墾殖委員會〔Board of Trade and Plantations〕）。關於英國的殖民主義和奴隸制，比洛克更了解或更熱衷的英國人並不多。「對於所有他人之不幸，你應無動於衷。」洛克在一六七〇年曾向友人提出這樣的忠告。[4]

穿梭在殖民事業與醫療工作之間，洛克於一六七一年七月寫下他傳世不朽的哲學大作《人類悟性論》（*Essay Concerning Humane Understanding*）初稿。接下來的二十多年裡，洛克反覆改寫延伸這篇論著，到了一六八九年已經變成四冊的巨著規模。他在這一年還發表了《政府論》（*Two Treatises of Government*）抨擊君主政體，要求一個「獲得被統治者同意的政府」。他區隔出暫時性的「僕人」，至於「奴隸，乃正義戰爭中所獲之俘虜，依自然權利應臣服於其主人的絕對統理與獨斷威權」。就像理查·巴克斯特提倡「自願奴隸」理論來辯護他的自由基督教社會為何存在奴隸制，約翰·洛克也提倡「正義戰爭」理論來辯護他的自由公民社會為何存在奴隸制。

在任何社會裡，人類的心靈「最初……是白板（tabula rasa）」。洛克在《人類悟性論》裡寫下這句名言。如果人類生來並不具備先天知識，那麼就不存在天生的知識階級。但是，洛克的平等主義觀有個但書。就像波以耳與牛頓描繪了純潔無瑕的白色光線，洛克可說描繪了純潔無瑕的白色心靈。比起「空白書寫蠟板」或「白板」，洛克更常用「白紙」這個字眼來形容兒童心靈「尚未有偏見的理悟」。[5]

洛克也在《人類悟性論》裡觸及種族起源的問題。猿類，不論「牠們全都算是**人**，或該說全都算是人類**物種**」，端看「對『人』這個字怎麼定義」。原因在於他說，「如果歷史所言不假」，西非婦女曾與猿受孕懷胎。就這樣，在英語世界廣為流傳的一段文字裡，洛克鞏固了非洲女性性欲強烈的印象。「以此來思考，生下的這個後代在自然界裡應該屬於什麼物種，這是個新的問題。」洛克的新「問題」，反映出大多數辯論者害怕公開涉入的另一個種族歧視辯論新議題。同化主義者主張單一起源說（monogenesis），即所有的人類都是歐洲伊甸園裡的人類造物繁衍下來的同一個後代種族；隔離主義者則主張多元起源說（polygenesis），即人類有許多種族，也有許多起源。

④安東尼·艾希利·庫伯（Anthony Ashley Cooper, 1621-1683）是克倫威爾時期和查理二世在位時的英國政治要人，英國輝格黨（Whigs）的元老成員。

當歐洲人在一四九二年發現美洲原住民這個聖經未曾提及的種族時，就此開始質疑聖經中關於上帝造人的故事。有人推斷美洲原住民勢必繁衍自「另一個不同的亞當」。到了十六世紀末，歐洲思想家已經把非洲人列為另一個亞當的後代種族。一六一六年，義大利自由思想家盧希里奧・瓦尼尼⑤提出（洛克後來也這樣表示），衣索比亞人必定與猿有相同的祖先，和歐洲人截然不同源。不過，關於多元起源說的論述，沒有人比得過一六五五年法國神學家艾薩克・拉・帕越爾⑥的《前亞當時代》（*Prae-Adamitae*）更豐富有力了。一六五六年，英譯版《亞當之前的人》（*Men Before Adam*）在巴黎被公開焚毀，還被歐洲查禁（洛克藏了一本）。基督徒把拉帕越爾關進監牢，把瓦尼尼送上火刑柱燒死，因為他們汙衊了基督教人類單一起源自亞當與夏娃的說法。但是，基督徒也阻擋不了多元起源說的發展了。

根據摩根・戈德溫⑦親眼所見，巴貝多的墾殖地主為了把奴役黑人正當化，其實「寧願選擇」多元起源說，把含之詛咒理論擺一邊。戈德溫在一六八〇年的一份宣冊⑧裡揭露此事，批評種族歧視的墾殖地主把「**黑人**和**奴隸**這兩個字彙」劃上等號，而「白人」卻是「歐洲人共通的名稱」。一六七〇年代，這位聖公會牧師帶著他的傳教熱忱從維吉尼亞來到巴貝多。他走上該教派為非洲奴隸施洗的前線，效法一位名叫威廉・艾德蒙森（William Edmundson）的貴格會教徒。[6]

一六七五年，戰爭無情蹂躪了新英格蘭，帶來比一六三五年大颶風更嚴重的破壞。三千名美洲原住民、六百名拓殖者在菲利普國王戰爭⑨中喪命，無數城鎮與蓬勃發展的商業體被摧毀。在這場血流成河的殺戮中，在愛爾蘭成立貴格教派的威廉・艾德蒙森抵達羅德島（Rhode Island），他因為在巴貝多推動非洲奴隸改變信仰受挫而大受打擊。他在羅德島的進展也不順利，因此開始領悟是奴隸制妨礙了他的使命，於是在一六七六年寫信給蓄奴的貴格會教徒們闡述他的想法。艾德蒙森有個同化主義的願景，希望「約束並教化」非洲人不要以「他們習慣的髒穢不潔行為」相互沾汙。貴格會對人性屬性的「自我否定」精神應該「廣傳周知」。

十多年後，在創建了費城日耳曼鎮（Germantown）的門諾會（Mennonites）與貴格會成員中，廢奴的想法再度興起，但這時沒有人談起艾德蒙森的同化主義觀念。門諾會屬於重浸派（Anabaptist），

---

⑤盧希里奧・瓦尼尼（Lucilio Vanini, 1585-1619），義大利哲學家、醫生、思想家，提出人類祖先是猿猴，被羅馬教廷逮捕、割舌、吊死，屍體被燒成灰。

⑥艾薩克・拉・帕越爾（Isaac La Peyrère, 1596-1676），原本信基督教喀爾文宗，後來改信天主教。他在《前亞當時代》中推論，在亞當犯罪之前，已存在一個有人但無戒律的世界，亞當與夏娃只是猶太人的始祖，非猶太人（Gentiles，外邦人）另有起源。他因此短暫下獄，被迫懺悔改宗舊教義才逃過死刑。

⑦摩根・戈德溫（Morgan Godwyn, 1640-1686），聖公會傳教士，在維吉尼亞提倡幫助奴隸改信基督教、照護奴隸的性靈而飽受爭議，被迫移居巴貝多後在當地也受阻。

⑧全名為*The Negro's and Indians Advocate, Suing for Their Admission into the Church: or, A Persuasive to the Instructing and Baptizing of the Negro's and Indians in Our Plantations*。

⑨菲利普國王戰爭（King Philip's War, 1675-1676），又稱為梅塔卡姆戰爭（Metacom's War），梅塔卡姆是萬帕諾亞格族酋長，因為父親與五月花清教徒友好接受「菲利普國王」的稱號。梅塔卡姆因為族人擁槍與殖民者開戰，他最後被追殺死亡，衝突直到一六七八年印第安人與新英格蘭簽署「卡斯科灣條約」（Treaty of Casco Bay）才落幕。

誕生自中歐德語及荷蘭語地區的宗教改革運動。十六世紀到十七世紀初，正統的基督教勢力曾迫害門諾派教徒致死。門諾會教徒遠走他鄉，但不願讓美洲成為另一個壓迫的現場。

於是，門諾會在一六八八年四月十八日推動一個反奴隸制的請願。「俗話說，『己所欲，施於人』；不論其世代、出身或膚色為何，皆應一視同仁。」他們寫道。「歐洲有許多人被壓迫」是因為他們的宗教，而「這裡被壓迫的那些人」是因為他們身上的「黑色」。這兩種壓迫都是錯誤的。事實上，身為壓迫者，美洲「比起荷蘭及日耳曼有過之無不及」，非洲人有「起身反抗、爭取自由的權利」。

一六八八年日耳曼鎮反奴隸制請願書（1688 Germantown Petition Against Slavery）是歐洲拓殖者在殖民地美洲反種族主義文宣的濫觴。從這份文件開始，反種族主義的黃金律（Golden Rule）持續啟發白人支持者的行動。各個種族的反種族主義者，不論出於利他的情懷，或利己的算計，從此永遠清楚明白，保存種族階級，同時也會把民族、性別、階層、性欲、年齡和宗教的各種階級保存下來。他們了解，任何類型的人類階級，都是在壓迫全體人類。

但是，為了經濟上的自我利益考量，費城裡有權有勢的蓄奴貴格會教徒封殺了日耳曼請願書。幾十年前，威廉．艾德蒙森因為宣揚反奴隸制的主張也曾遭受折磨。在新英格蘭各地，蓄奴的貴格會組織都禁止艾德蒙森參加聚會。在羅德島創立美洲浸信會（American Baptist Church）的長者羅傑．威廉斯說，艾德蒙森「懵然無知、一派胡言」。沒幾個新英格蘭人為蓄奴的貴格會教徒唸過艾德蒙森的信，也沒幾個人察覺它的重要性。大家關注的是菲利普國王戰爭。[7]

一六七六年八月初，在父親死後繼承衣缽的新英格蘭神學世家子弟，因克瑞斯．馬瑟，從早到晚都在哀求上帝劈倒菲利普國王，亦即梅塔卡姆（Metacomet），這場戰爭中的美洲原住民領袖。一年多來，衝突愈演愈烈，清教徒們失去了家園與數十位軍人。馬瑟發起祈禱行動後，不到一週，梅塔卡姆被殺身亡，也算結束了戰爭。清教徒們像殺豬一樣把他的屍體剖分剮離。年近十四歲的柯頓・馬瑟把梅塔卡姆的下顎從頭顱上割下，然後清教徒們扛著這位國王的屍骸在普利茅斯（Plymouth）遊街示眾。[8]

在南邊的維吉尼亞，總督威廉・柏克萊⑩則在努力避免與鄰近的美洲原住民引爆一場完全不同的戰爭，部分是為了避免中斷讓他致富的毛皮貿易。二十九歲的邊疆墾殖地主納桑尼爾・培根（Nathaniel Bacon）心中則另有打算。一六六〇年代通過了多項種族歧視的法律，但對於減輕階級衝突卻幾乎一點用處也沒有。大約在一六七六年四月，培根組織動員了一支邊疆白人工人組成的軍隊，把他們原本衝著白人菁英的憤懣，轉移到薩斯魁哈諾克族（Susquehannocks）身上。培根的心理戰術成功了。「我與那些志願者並肩作戰，他們的言論與熱血就轉而針對印第安人去了。」培根打勝仗後寫信給柏克萊這麼說。柏克萊指控培根謀反，比起薩斯魁哈諾克族和附近的歐坎尼奇族（Occaneechees），他更擔心的是沒有土地的武裝白人組成的「烏合暴民」。但是，培根可不是那麼容易就能阻止的。到了夏天，邊疆戰爭迅速演變成內戰（或者對某些人來說是階級戰爭），培根與他的支持者造反對抗柏克萊，柏克萊則僱用了一隊拿錢打仗的傭兵。

---

⑩ 威廉・柏克萊（William Berkeley, 1605-1677），一六四二至一六五二年間擔任維吉尼亞總督，與印第安人友好引起墾殖地主不滿，引發培根叛亂，最後因查理二世不滿他的處理而被召回英國。

一六七六年九月，目無王法的培根「宣布解放所有的僕人與黑人」。對總督柏克萊所屬的富裕白人核心圈子來說，貧窮白人與奴隸黑人聯手等於是世界末日的預兆。培根帶頭率領五百人燒毀了詹姆士鎮，逼得柏克萊棄城逃命。培根在十月因痢疾病逝，這場造反的氣數方盡。柏克萊軍方對白人動之以恕罪，對黑人誘之以自由，說服了培根部隊絕大多數的官兵棄械投降。他們接下來又花了幾年圍剿反叛餘黨。

有錢的墾殖地主從培根叛亂（Bacon's Rebellion）學到教訓，發覺貧窮白人必須永遠跟奴隸黑人分開。他們創造出更多白人特權來製造分化，把問題解決了。一六八〇年，法界人士只赦免了白人反叛份子，而每個動手「對抗任何基督徒」（這裡的基督徒指白人）的奴隸則處以三十下鞭刑。至此，每個白人手上都握有絕對的權力，可以虐待任何一個非洲人。到了十八世紀初，維吉尼亞各郡都有一支無土地的白人民兵，「準備好萬一印第安人突襲或黑奴作亂」。貧窮白人在奴隸社會裡提升到一個低階的地位，擔任墾殖地主的武裝衛隊，他們將在這裡種下和非洲奴隸之間水火難容的敵意。[9]

柯頓·馬瑟把梅塔卡姆的下顎從頭顱割下時正在大學念書，對培根叛亂事件有所聽聞。時間倒轉回一六七四年夏天，因克瑞斯·馬瑟渡過查爾斯河（Charles River），送年僅十一歲的柯頓·馬瑟到哈佛學院入學，成為該校史上最年輕的學生。他在新英格蘭已經是個相當出名的資優神童，或者說，從清教徒的立場來看，是被選中的人。柯頓·馬瑟能說流利的拉丁文，一天讀完聖經十五章，是個十分虔誠篤信的男孩。[10]

柯頓．馬瑟當時的個子比六年級學童還小，當他步入方寸之大的校園，卻像個自命清高的政治家走進腐敗的國會。十幾個十五歲到十八歲的學生暗中搞鬼，存心要打擊這位十一歲男孩的道德傲骨，直到因克瑞斯．馬瑟向校方申訴他們捉弄新生。這幾個青少年停止刺激他向罪，但罪仍迷惑了他。他就像自己永遠無法擺脫的黑影，芝麻小事也能引爆焦慮。某日，他犯牙疼。「我是否用牙齒犯了罪？」他內心惶惶不安。「我做了什麼？我飲食放縱、粗俗、無度，還有信口胡說大話。」於是柯頓．馬瑟開始口吃，而他孜孜矻矻地自我省察，以及努力不負兩大世家盛名之累的壓力，可能害他的症狀變本加厲。對這個年紀輕輕的儲備牧師來說，靈魂探索的挫敗讓他轉而求諸筆墨。[11]

雖然講話沒有安全感，柯頓．馬瑟寫作時卻像變了一個人似的——自信、精采、文炳斐然。他的父親允許他悉心書寫許多重要的教會及政府文件。結果從十三歲到三十二歲，柯頓在他的筆記本裡寫了七千頁佈道詞，遠超過美洲任何其他清教徒。他從一六八一至一七二五年不斷寫日記，持續時間之長，沒有任何美洲清教徒迄今留存的史料比得過他。[12]

柯頓．馬瑟受到他焦慮但可靠的父親激勵。他下定決心遲早會找到繞過這顆擋路大石的路。透過吟唱讚美詩、說話速度放慢，這位年輕人勤勉不懈地練習，矯正了他的口吃。當哈佛校園時光進入尾聲，柯頓已經學會怎麼控制這個毛病。他被救贖了。

一六七八年，柯頓．馬瑟搭船參加一年一度的波士頓畢業紀念日。哈佛學院的校長尤里安．歐克斯（Urian Oakes）喚他的名字來領取學位。「這個姓名真是不得了啊！」歐克斯微笑著說，「我承認，我錯了；我應該說：這幾個姓名真是不得了啊！」[13]

十五歲的柯頓．馬瑟畢業後，當時的大英帝國世界正在發展愈來愈細緻的種族歧視觀念，以合理化在非洲施行奴隸制。英國科學家與殖民者之間彼此交流各種理論。一六七七年左右，皇家學會的經濟學家威廉．佩帝⑪擬定了一個人類優劣高低的「等級」，把「幾內亞黑人」放在最底層。他認為中歐的人與非洲人之間的差異，「在於他們的自然舉止，和他們心智的內在素質」。一六七九年，大英貿易委員會（British Board of Trade）通過了巴貝多惡劣的種族歧視奴隸規範，好保住貿易商和墾殖地主的投資，然後製造一個種族歧視觀念為此決議背書：非洲人是「一種野蠻的人類」。[14]

一六八三年，因克瑞斯．馬瑟與柯頓．馬瑟成立了殖民地美國第一個正式的知識份子團體，波士頓哲學會（Boston Philosophical Society）。以倫敦皇家學會為範本的波士頓哲學會只存在了四年，馬瑟家族的人沒有出版過一期會報，如果有，他們可能會仿效皇家學會的《哲學彙刊》（*Philosophical Transactions*），或巴黎的《智者雜誌》（*Journal des Sçavans*）。這些都是西歐科學革命的重要刊物，而種族的新觀念也是這波革命的一部分。法國醫師暨旅遊作家法蘭索瓦．貝涅耶⑫是約翰．洛克的朋友，一六八四年他在這本法國期刊上塑造一個「劃分地球新法」。[15]

透過這篇論文，貝涅耶成為第一位知名的全人類分類學者。他基本上是以人的表現型特徵來區分。在貝涅耶看來，世界上存在著「四、五個明顯不同的人類種族或物種，這可能正是一個劃分地球新法的基礎」。身為單一起源論者，他稟信「所有人類都是同一人的後代」。他把人類分成四個種族：「第一個」種族包含歐洲人，乃起源之初的人類；然後有非洲人、東亞人和芬蘭北方「相當可怖的」那些「拉普人」⑬。貝涅耶給了未來的分類學者一些修正工作好做，因為「第一個」種族裡除了歐洲人，他還混雜了北非、中東、印度、美洲及東南亞的人。

認為歐洲人（除拉普人之外）是「第一個」種族的想法，幾乎是西方思想的種族歧視觀念初始就有的部分。它存在於氣候理論的概念核心：非洲人被陽光曬黑，搬到較冷的歐洲就能恢復他們原本的淺白膚色。歷史學家席普．史圖曼（Siep Stuurman）後來闡述，為了提升白色的原初性與常態性，貝涅耶把「第一個」種族設定為「準繩，給其他的用做比對衡量」。貝涅耶把白人全部兜一起，將之常態化，再與他者區隔，加以標準化。同時他還把非洲女性情欲化了，「那櫻桃紅唇，那象牙白齒，那靈活大眼……那胸脯與其他部位，」貝涅耶玩味讚嘆地寫道，「我敢說世上沒有比這更賞心悅目的美色。」

這是很微妙的對比，貶低黑人整體的（種族）本性，又同時高捧黑人的性欲，這個固有的矛盾

---

⑪威廉．佩帝（William Petty, 1623-1687），英國古典經濟學家、哲學家、企業家，曾擔任國會議員，在愛爾蘭擁有龐大土地，事業包括冶鐵、捕魚等。

⑫法蘭索瓦．貝涅耶（François Bernier, 1620-1688），曾在蒙兀兒帝國擔任皇家醫師，在印度生活了十多年，一六八四年出版 *Nouvelle division de la terre par les différentes espèces ou races qui l'habitent*（英文意為 *A New Division of the Earth according to the Different Species or Races of Men Who Inhabit It*），是後古典時期最早將人類種族區分的著作，他也寫過旅遊見聞 *Travels in the Mughal Empire*。

⑬拉普人（the Lapps），又稱為薩米人（Sámi），歐洲目前僅存的游牧民族，人口眾多，活躍在北歐地區，開墾地區橫跨今天的芬蘭、挪威、瑞典、俄羅斯。

占了反黑人種族歧視思想很大一部分。貝涅耶崇尚理性，以此做為優越性的衡量標準，不以肉體為考量。特出的體格條件把非洲人劃歸連結到具有無比肉體衝勁的那些生物，那些野獸之類的生物。法蘭索瓦．貝涅耶提出兩種人類靈魂的想法：一種是遺傳的、感官的、不理性的、動物般的；另一種是上帝賜予的、靈性的、理性的。「那些在智力方面勝出的人……（本該）統御那些只有蠻力過人的人，」貝涅耶做結論說，「就像靈魂控制肉體，人類駕御動物。」16

ꭗ

我們不清楚柯頓．馬瑟是否讀過貝涅耶的「劃分地球新法」。跟在父親身邊，他比任何其他說英語的新英格蘭人有機會學一點法文、閱讀《智者雜誌》。他畢業後幾年，累積的大量藏書規模在新英格蘭數一數二。但是，對新英格蘭的菁英份子來說，一六七〇年代晚期到一六八〇年代是個氣氛緊張的時期，很難維持心靈平靜、放鬆下來讀書。

一六七六年，英國殖民行政官愛德華．蘭道夫⑭從英國遠渡到新英格蘭，親眼看到菲利普國王戰爭造成的摧殘破壞。蘭道夫是個厲行王權統治的支持者，他把新英格蘭孱弱不堪的狀況通報查理二世，並建言這是從殖民地手中奪回官派麻薩諸塞自治權位的好時機——一六二九年那紙特許狀彌足珍貴。接下來幾年裡，柯頓．馬瑟結束了學院修業，為登上講道壇做準備，蘭道夫則奔波往返大西洋兩岸。他每一趟旅行都會引發特許狀將被撤銷的新傳言，然後激起新一輪辯論，到底要不要屈從、忍讓或違抗英王。有些新英格蘭人因為恐將喪失當地治理權而義憤填膺。「上帝難容，不願見我把歷代祖先的傳承拱手讓人！」因克瑞斯．馬瑟在一六八四年一月一場鎮民大會上怒吼。

柯頓．馬瑟擔任父親波士頓北方教堂的共同牧師一年後，蘭道夫拿著廢除特許狀的皇家御令回來，並任命艾德蒙．安德羅斯爵士⑮為皇家總督。一六八六年五月十四日，新英格蘭大部分地區在失望之餘選擇屈服了。因克瑞斯．馬瑟可不願意，他是新上任的哈佛學院校長。一六八八年五月，他來到英格蘭遊說繼承查理二世王位的詹姆士二世，這位新王曾賜予天主教徒和非英國國教徒宗教自由。豈料，同一年後來爆發了「光榮革命」⑯，詹姆士二世被自己的女兒瑪麗及荷蘭王子威廉推下了王位。新英格蘭人可沒有呆坐不動。一六八九年，他們揭竿起義了。

⑭ 愛德華．蘭道夫（Edward Randolph, 1632-1703），說服查理二世於一六八四年取消麻薩諸塞灣殖民地的自治權，一六八六年建立新英格蘭領地（Dominion of New England），由他擔任事務大臣，一六八九年波士頓暴動時被囚禁，數月後遣返回英國，後來在國內外推動殖民地事務，一七〇二年回到維吉尼亞，隔年逝世。

⑮ 艾德蒙．安德羅斯爵士（Sir Edmund Andros, 1637–1714），一六八九年新英格蘭領地被推翻後，他接任維吉尼亞總督，直到一六九八年被召回英國。

⑯ 光榮革命（Glorious Revolution, 1688-1689），國會中信奉英國國教的輝格黨、托利黨聯合起義，罷黜信奉天主教的英王詹姆士二世，改由詹姆士之女瑪麗二世與夫婿威廉三世共治英國。

第五章 獵黑行動

一六八九年四月十七日晚上，柯頓·馬瑟可能在自宅主持了一場會議。這些商界和宗教圈的菁英份子策劃要擒伏守衛波士頓港的皇家戰艦船長，然後逮捕貴族，強逼皇家代表團在福特山丘（Fort Hill）投降。他們希望掌控並壓制這場起義行動，避免傷亡流血，等待來自英格蘭的指示，因為因克瑞斯·馬瑟正在威廉和瑪麗跟前進行遊說。他們不想發生革命。他們只希望能恢復原本王室認定的地方權力。但是柯頓·馬瑟說，「如果平民百姓在任何無法遏抑的暴力鼓動下」推動走向革命，那麼為了安撫「無政府管制的行動」，他們就會祭出《仕紳與商賈宣言》①。

次日早晨，共謀者按照計畫抓拿了戰艦船長。成功擒伏的消息引發暴亂，波士頓各地都傳出抓人事件，跟這些菁英策劃者擔心會發生的狀況一樣。熱血沸騰的工人階級民眾聚集在鎮中心的鎮民會堂，「激動又暴怒」，渴望貴族流血及獨立自治。柯頓·馬瑟急忙趕到鎮民會堂。午間，他應該在大廳向革命群眾宣讀了《仕紳與商賈宣言》。根據該家族的傳記描述，他用冷靜、肯定、神職的聲音「說理」，平撫了民眾的激動情緒」。到了傍晚，艾德蒙·安德羅斯爵士、愛德華·蘭道夫及其他的貴族顯要紛紛被捕，清教徒商人和牧師再次統治了新英格蘭。[1]

然而，接下來數週內，民眾仍然繼續橫行無忌。五月時開了一場大會，協調要求獨立、軍事統治或遵循舊有特許狀權力的各種聲音，柯頓·馬瑟被點名出席講道。他在不同的主張中看到的不是民主；他看到群魔作亂。「我年紀大到夠資格呼籲要求和平了！以上帝之名，我呼召和平。」他在大會上疾呼。次日，鎮民代表投票通過恢復原本的特許狀秩序，並且重新任命舊總督賽門・布萊德史崔特②。和平，或民眾臣服神職人員與商賈的那種社會舊秩序，卻沒有重現，與馬瑟的期待相違。幾乎每個人都明白布萊德史崔特的政府不是正式的，因為沒有受到王室的官方認定。安德羅斯、蘭道夫和其他貴族於一六八九年七月被國王召回，這也沒能讓混亂歸於平靜。「這裡天翻地覆。」有個新英格蘭人報導。「人人都是總督。」另一人佐證說。[2]

《仕紳與商賈宣言》（非常可能是馬瑟寫的）與一世紀後另一位知識份子在南邊的維吉尼亞提出的另一份宣言很相似。馬瑟在第六條（總共十二條）宣告：「新英格蘭人全都是奴隸，他們與奴隸唯一的差別在於並非被買賣而來。」為了團結新英格蘭人，他試圖把平民反抗的對象從地方菁英導向大英帝國的主子們。但事實上，以馬瑟一六八九年發表的其他文章來看，在他眼中，清教徒與奴隸之間的相異點，比新英格蘭本地人和他們的大英帝國主子之間還多。在《曠野會幕事奉薄獻》

① 《仕紳與商賈宣言》（*Declaration of Gentlemen and Merchants*），全名為 *The Declaration of the Gentlemen, Merchants, and Inhabitants of Boston, and the Country Adjacent*。

② 賽門・布萊德史崔特（Simon Bradstreet, 1603-1697），出身清教教區牧師家庭，一六三〇年跟隨僱主暨岳父湯瑪斯・達德利（Thomas Dudley）與友人組成的麻薩諸塞灣公司（Massachusetts Bay Company），與總督約翰・溫斯羅普的船隊來到麻薩諸塞灣殖民地，他們後來建立了首都波士頓，布萊德史崔特於一六七九年當上總督。

（*Small Offers toward the Service of the Tabernacle in the Wilderness*）的佈道文集中，馬瑟首先分享他的種族歧視觀點，把清教徒殖民者稱作「英格蘭的以色列人」，是被上帝揀選的子民。馬瑟懇求民眾，清教徒必須在宗教上指導所有的奴隸與孩童，也就是那些「弱者」。但是，主人們卻沒有做到照顧非洲靈魂的事工，它們「就跟其他國家的靈魂一樣是白色而良善的，只是被無知破壞了」。柯頓．馬瑟採納理查．巴克斯特的神學種族概念來建立自己的想法。非洲人的靈魂與清教徒的靈魂是平等的：它們都是白色而良善的。[3]

馬瑟寫下全人類都有白色靈魂的那一年，約翰．洛克也宣稱所有純潔心靈都是白色的。羅伯特．波以耳和艾薩克．牛頓讓世人普遍接受了光是白色。米開朗基羅已經在梵蒂岡西斯汀禮拜堂（Sistine Chapel）畫下亞當和上帝的原型都是白色。對全部這些白人來說，白色象徵美，這個轉喻也被用在最早由英國女性撰寫的其中一部流行小說。

一六八八年，艾佛拉．班恩（Aphra Behn）的《歐魯諾柯：貴族奴隸》（*Oroonoko: or, The Royal Slave*）問世，這是第一本重複使用「白人」、「白種族」及「黑鬼」的英國小說。背景設定在荷蘭的南美洲殖民地蘇利南（Surinam），《歐魯諾柯》描寫奴役與反抗的故事，主角是一位年輕英國女子和她的非洲王子丈夫歐魯諾柯。歐魯諾柯「英俊、好看又帥氣」的身形特徵看起來比較像歐洲人，而不像非洲人（「他的鼻子英挺如羅馬人，不似非洲人扁塌」），他的舉止「比較有教養，依據歐洲習尚來看，可說優然出眾」。班恩把歐魯諾柯設定為一個英勇的「高貴野蠻人」，他比歐洲人智識未開、單純、無害，但學習歐洲人的能力更高。有個角色用相當同化主義的口吻堅稱：「黑人的顏色可以改變；我曾眼見他們常會顏面羞紅和臉色蒼白，跟我在大多數美麗白人臉上所見的一樣。」[4]

柯頓．馬瑟另一本一六八九年著作在倫敦出版時，理查．巴克斯特做了推薦。《神佑銘記：巫術與附身》（*Memorable Providences, Relating to Witchcrafts and Possessions*）是他首部長度足以成書的作品，後來大為暢銷。巴克斯特影響了年輕的馬瑟，讓他大感快慰，因為有人「樂意證明主人在上帝事工裡的建設甚偉」。馬瑟描寫了巫術大概的徵兆，呼應他對抗白色靈魂之敵人的聖戰。他不停夸談宣揚魔鬼與邪巫的存在。也或許是一六八九年造反行動的餘波未息，平民仍躁動不安，勾動了柯頓．馬瑟內心真正的執迷。的確，這場造反助長了民怨衝突，不只針對遙遠的大英國王，也針對馬瑟之流的清教徒統治者。也許馬瑟意圖轉移大眾對菁英階級的憤怒，將之導向看不見的惡魔。他確實經常跟人說教，任何人批判他的英格蘭以色列子民，必定是受到魔鬼的指使引誘。早在美國的平等主義抗爭者開始被排詆為極端份子、罪犯、激進派、邊緣人、共產主義者或恐怖份子的千百年前，馬瑟的神職社群就在排斥平等主義抗爭者，詆毀他們是魔鬼與邪巫。[5]

「有多少悲痛的可憐人，曾受巫術引誘？」柯頓．馬瑟於一六九一年提問。一六九三年，他的父親因克瑞斯從英格蘭帶著新的麻薩諸塞特許狀返回之後，持續很長一段時間都以魔鬼做為說教主題。塞勒姆（Salem）的牧師山繆．派瑞斯③也加入他們，不斷宣講關於魔鬼的種種。一六九二年二

③山繆．派瑞斯（Samuel Parris, 1653-1720），出生於英國倫敦，一六六〇年代全家移民到美國波士頓，就讀哈佛大學。父親於一六七三年過世之後，他前往巴貝多繼承甘蔗園，遭颶風破壞賣掉房產返回波士頓，一六九二年在塞勒姆擔任牧師，在

月某個陰鬱的一天，派瑞斯焦慮地看著他的九歲女兒和十一歲姪女痛苦地咳嗽、抽搐、揪痛。她們的狀況逐日惡化，這位牧師也愈加憂心。然後，神悟突然降臨：這些女孩中巫術了。[6]

祈禱聲在塞勒姆和鄰近城鎮如風箏高揚，塞勒姆獵巫潮也開始了。接下來數月間，受巫術折磨及詛咒的事件蔓延四起，民眾的騷動情緒高漲，把大眾的注意力從政治衝突轉向宗教衝突。而幾乎在每個案例中，折磨著無辜白人清教徒的魔鬼都被描繪成外表是黑色的。有個清教徒苦主描述，魔鬼是個「矮小、黑色、蓄著山羊鬍的男人」；另一個人看到「一個黑色的龐然大物」。有個黑色的東西跳進某人家的窗戶，「身體像猴子，」目擊者補充說，「雙腳像公雞，臉卻長得很像人。」既然魔鬼代表罪惡，而罪犯據說是魔鬼的手下，塞勒姆獵巫就把黑臉劃歸連結上罪惡了——這個連結延續至今。[7]

柯頓・馬瑟有好幾個朋友是官方任命的法官，其中包括商人約翰・理查茲④，他才剛主持過馬瑟的婚禮。一六九二年五月三十一日，馬瑟寫了一封信給理查茲，表示他贊成死刑。理查茲的法庭於六月十日首先處決了布麗姬・畢歇普⑤，接著還有二十多人被指控是女巫而丟了性命。[8]

麻薩諸塞北邊城鎮安多弗（Andover）被指控的人們承認，黑魔鬼男子強迫他們聲明棄絕自己受過的浸禮，並且在牠的簿子上簽名。他們供稱自己騎著竿子參加一個聚會，那裡有五百個女巫在策劃破壞新英格蘭。柯頓・馬瑟聽聞此言，感覺這是「巫術橫行毀滅吾土之地獄的徵兆」。馬瑟冒險首度親赴塞勒姆，目睹一六九二年八月十九日執行的死刑。他來看喬治・博洛斯⑥被處死，據說他是黑魔鬼手下新英格蘭女巫大軍的統領。博洛斯身在北方前線宣講重浸派的宗教平等觀念，這類想法在日耳曼鎮孕育了反種族主義。馬瑟看著博洛斯在處決現場申辯無罪，當他背誦主禱文時，激起「非常多」圍觀者一陣騷動，因為法官說邪巫做不了這件事。[9]

「黑人就站在他面前，對他下令！」指控博洛斯的人大叫，嘗試安撫群眾卻失敗了。馬瑟彷彿在圍觀群眾裡聽到定時炸彈，聽起來就像一六八九年造反期間那些不受控的民眾。博洛斯一被處決，馬瑟試圖平息群眾的激動情緒，重申其統治階層的死刑政策符合神律。他對眾人訓斥，別忘了，魔鬼常把自己變身成光明天使。馬瑟顯然相信宗教（和種族）轉化的力量，黑魔鬼能變身白天使，不論他的用意是好是壞。

女巫狂潮不久後退燒了。十八世紀初，麻薩諸塞官方認錯道歉，推翻定罪，提供補償。但即使如此，馬瑟後來仍未停止為塞勒姆女巫審判辯駁，因為這些審判強化了他畢生守護的宗教、社會、奴役、性別與種族之階級。這些階級對於像他這樣的菁英人士帶來好處，或者說只要他繼續說教，這些階級就會符合神律。更何況，柯頓．馬瑟把自己視為（或讓自己表現為）神律的守護者。任何不屈服守規的非清教徒、非洲人、美洲原住民、窮人或女人，就是違抗神律，就由他來把這些人釘

塞勒姆審巫案中積極鼓勵村民告發。

④約翰．理查茲（John Richards, ?-1694），一六九二年獲麻薩諸塞灣省首任總督威廉．菲普斯（William Phips）任命，主持聽審特別法庭審理女巫案，後來接掌麻省最高法院。

⑤布麗姬．畢歇普（Bridget Bishop, 1632-1692），塞勒姆審巫案的第一位受害者。據傳她服裝特異，口快直言。她被指控對五位女子行巫術，受絞刑而死。

⑥喬治．博洛斯（George Burroughs, 1652-1692），被以前服事會堂的宿敵指控賭博、有怪力、與惡魔共謀等而被處以絞刑，是在塞勒姆審巫案中唯一被處死的牧師。

死在十字架上。[10]

女巫審判後的某個時刻，也許是為了避免自己因黑面孔被指控邪魔與罪惡，一群非洲奴隸在波士頓組成了「黑奴宗教社」（Religious Society of Negroes）。這是在殖民地美國土地上已知最早的非洲人組織之一。一六九三年，柯頓．馬瑟為這個社團條列制定了規章，最開頭是一個契約：「吾人，乃亞當與挪亞的苦難之子……決心自願……成為光榮上帝的僕人。」有兩條馬瑟訂定的規範很有意思：成員必須由「智慧的英格蘭」後裔指導，以及成員不得「提供」任何「庇護」給「逃離主人」的任何人。社團成員每週聚會，有些人可能喜歡聽到馬瑟說他們的靈魂是白色的，有些人可能抗拒這些種族主義觀念，利用社團來動員對付奴隸制。黑奴宗教社並沒有延續下去。當時很少非洲人想當基督徒（數十年後這種狀況將改變），也沒有幾個主人願意讓他們的俘奴變成基督徒，因為麻薩諸塞跟其他殖民地不一樣，沒有受洗的奴隸不用被解放這條法律規定。[11]

走過一六九〇年代的社會動亂，馬瑟始終熱衷於維持社會階級，一直說服下等的平民，說是上帝與自然把他們擺在那個地位，包含婦女、兒童、非洲奴隸與窮人。在《良主怡侍》（*A Good Master Well Served*, 1696）中，他假設自然為丈夫與妻子之間創造了「配偶社會」；為父母與孩子之間創造了「家長社會」；還有「其中最低層」的是，為主人與奴僕之間創造了「主上社會」。他說，當兒童、婦女、奴僕不接受他們的地位，社會就會變得不穩定。馬瑟把平等主義反抗者與野心勃勃的老魔鬼相比，牠想變成全能的上帝。這個思想系統成為馬瑟為社會階級辯護的永恆正當理由：野心勃勃的下層平民就像撒旦；他這類的菁英就像上帝。

「目前你們能獲得更好的溫飽，也受到更好的管理，如果靠你們自己，可能不會是這樣。」馬瑟在《良主怡侍》裡這樣告訴非洲奴隸。他堅持文明美洲的奴隸制好過野蠻非洲的自由狀態，過去戈梅斯・埃亞內斯・德・祖拉拉曾評斷非洲人在葡萄牙當奴隸好過他們在非洲的生活，這兩者大同小異。馬瑟警告，切勿做壞事而「把你們自己原本的黑色無以復加地變得更深」，服從聽話，你們的「靈魂將被清洗『變白，以羔羊之血』」；如果你們無法當個「守秩序的奴僕」，將永遠在「你們的監督者」魔鬼之「無法承受的痛苦鞭笞傷害下」打滾。簡言之，馬瑟提供非洲奴隸兩個選擇：與正直的白色同化，受上帝的奴役，當上帝的奴才；或者，隔離到罪惡的黑色，受魔鬼的奴役，當魔鬼的奴才。[12]

馬瑟關於奴隸制的寫作傳遍各殖民地，影響了從波士頓到維吉尼亞的奴隸主。到了十八世紀，他出版的著作超越了其他任何美洲人，而他的出生地波士頓已經變成殖民地美國興盛的知識中心。奴隸社會正蓬勃發展，此潮流以馬里蘭、維吉尼亞和卡羅萊納東北部為核心地區，波士頓算是在外圍地帶。中大西洋地區的溫和氣候、富饒土地與運輸水道，是種植菸草的理想環境，當地也種得滿坑滿谷。為了滿足歐洲貪厭無度的需求，該地區的菸草出口量從一六一九年的兩萬磅飆升到一七〇〇年的三千八百萬磅。進口的俘奴（與種族歧視觀念）隨著菸草出口上升而激增。在一六八〇年代，非洲奴隸超過白人奴僕成為主要的勞力。一六九八年，國王結束皇家非洲公司（Royal African Company）的市場壟斷，開放奴隸貿易，購置非洲奴隸成為風行一時的投資狂熱。[13]

不過，經濟狂熱並沒有帶動宗教狂熱。墾殖地主態度仍然閃避，不願改變非洲奴隸的信仰，不理會馬瑟的主張。有位女士詢問：「有沒有可能我的任何一個奴隸會上天堂，而我還必須在那裡見到他們？」又有個墾殖地主抱怨，基督教知識「會成為讓奴隸更……（善於）邪心作歹的工具」。

來自蘇格蘭的維吉尼亞牧師詹姆士．布萊爾（James Blair）與柯頓．馬瑟是同道中人，他試圖勸誘墾殖地主了解以基督教教義加工過的臣服觀念。一六八九年，三十三歲的布萊爾被授命擔任維吉尼亞的代理主教（最高等級的宗教領袖），反映出威廉國王與瑪麗女王對這個人口眾多的帝國殖民地興趣盎然。布萊爾利用來自奴隸勞動的獲利，於一六九三年成立了威廉與瑪麗學院（College of William &Mary），是殖民地的第二所學院。[14]

一六九九年，布萊爾向維吉尼亞下議院呈交「印第安人、黑人、黑白雜種基督教化鼓勵提案」。立法者的回覆相當不明確：「在本國出生的黑人通常會受洗，而且在基督教裡扶養長大。」至於進口的非洲人，立法者宣布：「他們行為裡的粗俗獸性與野蠻，他們語言中的混亂與怪異，他們頭腦中的缺陷與愚昧，要改變他們的信仰不可能有任何進展。」但是那些更困難的商業工作，墾殖地主卻能克服「怪異」的語言，毫無困難地教導這些「頭腦簡單的粗俗野獸」各種事務。說不可能辦到的墾殖地主，在教導進口非洲人複雜的支持蓄奴理論、種族歧視觀念、菸草生產、貿易技能、家務工作和種植園管理時，突然又沒有問題了。[15]

馬里蘭的代理主教是受過牛津大學教育的湯瑪斯．布瑞（Thomas Bray），一七〇〇年他於此地任職期間，在改變黑人信仰方面，表現並沒有比布萊爾好多少。一七〇一年，他傷心黯然返回倫敦，籌組了海外福音傳道會（Society for the Propagation of the Gospel in Foreign Parts）。威廉國王批准後，簽署加入當創始成員的牧師陣容皆為一時之選。這是英國國教會為了在殖民地散播其信仰，首度投入心力組織有系統的宣教行動。柯頓．馬瑟沒有簽署支持海外福音傳道會，他在各個層面上都不信任英國國教徒。雖然馬瑟起初謔稱之為海外「福音騷擾會」（Society for the Molestation of the

Gospel），他仍然與英國國教的海外福音傳道會傳教士站在同一陣線（也包括貴格會傳教士），努力說服抗拒的奴隸主把抗拒的非洲人變成基督教徒。說服墾殖地主的工作非常困難。不過，說服他們讓自家俘奴信仰基督教的工作，已經比馬瑟的朋友在一七〇〇年時進行起來容易多了。[16]

第六章　大覺醒

新世紀為殖民地美國打開了最早的奴隸制重大公開論戰。新英格蘭商人約翰・薩芬①不願解放他手下一位名叫亞當的契約黑人僕人，後者已經做滿契約條件訂定的七年約期。得知薩芬存心要留下亞當繼續當奴僕，波士頓法官山繆・希沃②勃然大怒。希沃是第一個公開道歉的塞勒姆女巫審判法官，名聲在外，曾在一七〇〇年六月二十四日印行《出賣約瑟》（*The Selling of Joseph*）再次公開表明立場。「原初的自然狀態，並沒有奴隸這個東西。」希沃寫道。他反駁當時各種盛行的支持奴隸制度的理由，例如詛咒理論、約翰・洛克的正義戰爭理論，也不苟同以基督教之「善」果來辯護奴隸制之「惡」行的概念。希沃不讓這些支持奴隸制的理論成為另一種隱伏著種族歧視的危險流沙。他堅持認為，新英格蘭人應該擺脫奴隸制與非洲。希沃曾說，非洲人「難能善加利用他們的自由」，他們永遠無法生活「在我們之中共處，在秩序井然的家庭中成長」。[1]

山繆・希沃不像那些無權無勢的日耳曼鎮請願者那麼容易被排詆。他是柯頓・馬瑟的密友，曾在英格蘭獲召覲見國王，又當上波士頓最高法院法官，後來按部就班在一七一七年成為新教徒首席大法官。希沃判定奴隸制是不好的，此見應該打開了許多人的腦袋。但是支持奴隸制的種族主義向來思想封閉。開明之聲未現，倒是保守的「蹙額厲語」，朝這位四十六歲法學家砲轟而來。

約翰・薩芬尤其憤怒，因為希沃打擊了他的買賣生意。薩芬自己也是一位法官，不願因為亞當的自由請命案讓自己喪失執法資格。一七〇一年時，他已高齡七十五歲，一生在早期美洲資本主義的戰場中打滾，培養出他對有力人士的看法。「友誼與慷慨在這個世界上有如陌生人，」薩芬曾發表意見說，「利益和好處才是左右每個人的原則。」曾經批評薩芬、叫他「拐子佬」（manstealer）的人，沒一個躲過他的報復。[2]

一七〇一年底，約翰·薩芬印行了《直言簡回近日題為「出賣約瑟」印張》（*A Brief and Candid Answer, to a Late Printed Sheet, Entitled, The Selling of Joseph*）。薩芬宣稱：「上帝為世界上的人設定了不同的次序與等級。」不論希沃怎麼說，這並非行「惡事，而是把（非洲人）從未開化的國度帶出來」，並改變了他們的信仰。薩芬在文學史家之間的知名身分是十七世紀的重要詩人，他以詩文〈黑人性格〉（The Negroes Character）為他的宣冊作結：「那些黑人懦弱又殘酷，性喜報復，執著怨恨之邪靈。」[3]

山繆·希沃贏了這場對抗，但輸了這場戰爭（歷經艱辛審判後，亞當於一七〇三年獲得解

---

①約翰·薩芬（John Saffin, 1626-1710），商人、法官、詩人，自英格蘭移居普利茅斯殖民地，主要活動於維吉尼亞、波士頓，從事木材、菸草、獸皮、非洲奴隸貿易，與第一任妻子生下八個小孩皆早夭，寫下許多哀歌流傳後世。他在光榮革命中支持反叛，好鬥喜訟，最後病死於天花。

②山繆·希沃（Samuel Sewall, 1652-1730），一六六一年全家移民麻薩諸塞，成年後獲任官方出版商，岳父死亡後獲選接任國會助理走上仕途，擔任麻薩諸塞灣省最高法院首席法官多年，他的日記有許多關於塞勒姆審巫案的記載。美國劇作家亞瑟·米勒（Arthur Miller, 1915-2005）依據他東尼獎最佳劇本《塞勒姆的女巫》（*The Crucible*, 1953），改寫成電影《激情年代》（1996）劇本，加入了希沃這個角色表現對審巫態度的改變。

放）。美國並未擺脫奴隸制或黑人。在希沃與薩芬之爭一連串的報刊筆戰中，波士頓人似乎覺得薩芬的隔離主義觀念比希沃的有說服力。這場論戰由倫敦雅典學會（Athenian Society）發動，提出奴隸貿易是否「牴觸偉大的基督教神律」的問題。希沃雖然輸了，但他在最後一次出擊得分。在一七○五年一份十四頁的宣冊中，他強而有力地回應指出，與非洲人之間所謂的正義戰爭，其實是由歐洲奴隸販子煽動，藉此促進對俘奴的需求。[4]

值此之時，奴隸的數量持續大幅上升，人們開始擔憂他們造反。於是，為了防範奴隸造反及保護大西洋岸從北到南的人類資產，一七○五年訂定了新的種族歧視法規。麻薩諸塞當局禁止跨種族關係，開始對進口俘奴課稅，而且在修改課稅規則時，不顧山繆．希沃抗議，把印第安人和黑人比照馬匹和豬隻來做評等。維吉尼亞立法者要求沒有蓄奴的白人義務參加奴隸巡邏隊；這些白人團體被賦予監督奴隸、加強規訓及守備逃跑路線的責任。維吉尼亞立法機關也否定黑人有能力擔任公職。當地立法者不斷重複「基督徒白人公僕」的字眼，等於抹煞了黑人的權利，藉此把白色與基督教完美結合起來，也把白人奴隸主與沒有蓄奴的白人窮人團結起來。為了鞏固團結（和種族忠誠度），維吉尼亞的白人立法者把「任何奴隸」擁有的財產沒收出售，「所得供給前述教區的窮人運用」。這樣的故事後來在美國歷史中不知被說了多少次：黑人的財產被合法或不合法地沒入；黑人因此一貧如洗，卻怪罪是黑人本質低劣；歸罪委過於黑人，卻不提歷來的差別對待。維吉尼亞一七○五年的法規強制要求墾殖地主給解放的白人奴僕五十英畝土地，奠定了白人富裕繁榮的基礎，卻歸因於白人本質優越。[5]

一七〇六年三月一日，柯頓．馬瑟問上帝，如果他「（寫）文章討論本地黑奴與其他奴隸之基督教精神」，上帝會不會保佑他擁有「優質的奴僕」。馬瑟希望一份專門處理這個主題的宣冊，有助於說服拒絕給俘奴受洗的奴隸主們改變心意。此時，他無疑已是美洲首屈一指的牧師暨知識份子，他的新英格蘭歷史著作《基督榮耀美洲風土誌》③業已出版，讚揚美洲卓異主義（American exceptionalism），被認為是新英格蘭開拓以來第一個世紀裡最偉大的文學成就。[6]

馬瑟於一七〇六年六月印行《改信基督教的黑奴》（*The Negro Christianized*），他說「神之天命」把非洲人送進奴隸制，送到基督教美洲，而能夠向他們的主人學習「榮耀的福音」。馬瑟反駁隔離主義者，強調說他們「是人，不是野獸」。這些非洲人，「的確，他們的愚蠢讓人灰心。但就算效果幾微，仍該如洗潔般多加教導」。馬瑟聲明：「而他們愈是愚蠢，就愈有必要成為我們的施教對象。」不用擔心施浸禮會讓奴隸自由解放，他引述其他清教徒神學家的文章和聖保羅的言詞，做出結論說：「基督教的神律……允許奴隸制。」[7]

一七〇六年十二月十三日，馬瑟全心全意相信上帝因為他寫了《改信基督教的黑奴》而賜予他獎勵。馬瑟的教會成員，「我完全沒有要求他們這樣做」，花費四、五十英鎊買下「一個非常符合條件的奴隸」給他。馬瑟在日記裡開心記下這件事。新英格蘭各個教會依照慣例會贈奉俘奴給牧

---

③《基督榮耀美洲風土誌》（*Magnalia Christi Americana*），一七〇二年於倫敦出版英文版，全書名為*Magnalia Christi Americana: or The Ecclesiastical History of New England from Its First Planting in 1620, until the Year of Our Lord 1698*，記錄麻薩諸塞和附近殖民地的宗教事工發展。

師。馬瑟把「牠」命名為阿尼西謀（Onesimus），取名自聖保羅收養之子，是個改信基督的逃奴。馬瑟以種族歧視的眼光緊盯阿尼西謀，一直懷疑他會偷東西。[8]

馬瑟對基督教奴隸制的看法，在新英格蘭比山繆．希沃或約翰．薩芬的觀點更受矚目。但是山繆．希沃的想法持續迴盪在其他人的文章裡。一七〇六年，約翰．坎貝爾（John Campbell）在他創辦的殖民地美國第二份報紙《波士頓新聞報》（*Boston News-Letter*）上，首次刊載自己的完整長文，疾呼僱用更多白人僕工，以減少殖民地對非洲奴隸的依賴，因為非洲奴隸「偷竊成癮，說謊成性，盜物成癖」。閱讀早期殖民地報紙的美洲人民會反覆學到有關黑人的兩件事：他們可以被當作牛隻一樣買賣，以及他們是跟那些邪巫一樣危險的罪犯。

打從非洲人在一六一九年前後來到北美洲，他們就一直在違法反抗合法的奴隸制。非洲人因此從一開始就被蓋下罪犯的印記。在殖民地美國時期，報紙上報導過的全部五十件可疑或確定的奴隸造反事件中，抵抗的非洲人幾乎總是被詆毀成暴力犯，而不是普通人在反抗奴隸主的例常暴行，或迫切追求最基本的人性渴望：自由。[9]

一七一二年四月七日，太陽升上天空之際，約有三十名非洲奴隸與兩名美洲原住民放火燒了一棟紐約建築物，然後埋伏攻擊跑來滅火的「基督徒們」——報導中這樣描述。九位「基督徒」被殺死，五、六人重傷。這些自由鬥士逃進附近的樹叢裡。恐懼與報復在整個城市燜燒。不到二十四小時，六名反叛份子自盡（因為他們相信自己會被處死送回非洲）；其他人被士兵「捕捉出來」並公開處決，很可能是被活活燒死。紐約殖民地總督羅伯特．杭特④負責指揮這場追捕、審判及處決行刑，他是湯瑪斯．布瑞海外福音傳道會及皇家學會的成員。他鄙斥這場奴隸起義是「他們的奴隸中少數幾個人的野蠻殘暴企圖」。不論非洲人做什麼，他們都是野蠻的野獸，或被當成野獸殘暴對待。如果非洲人聽命順服、不爭吵、不要求自由，就顯示他們天生是受役使的動物；如果他們非暴力地抵抗奴役，則會被粗暴虐待；如果他們為了自由殺人，就成了野蠻殘暴的凶手。

他們的「野蠻未開化」導致紐約訂定「嚴厲的」奴隸規範，與維吉尼亞人和清教徒一七〇五年通過的法律類似。紐約立法者剝奪自由黑人擁有財產的權利，然後再詆毀「殖民地的自由黑人」是「懶散、怠惰的族群」，造成「社會救濟」沉重的負擔。[10]

儘管非洲人反抗不懈，反奴隸制的貴格教派也愈發不平之鳴，大英奴隸貿易商人的生意仍然相當興隆，做好準備迎接業務成長。一七一三年，英格蘭爭取到西班牙的買賣黑奴合同，握有提供俘奴給整個西班牙美洲殖民地的特權。英格蘭因此很快成為十八世紀規模最大的奴隸貿易商，接續法國、荷蘭和葡萄牙這些前鋒的腳步。新英格蘭變成歐美與加勒比海商品進出殖民地的主要管道。船隻從殖民地出發，大多從波士頓和羅德島的紐波特（Newport）啟航，載運食物給加勒比海地區的英國墾殖地主、官員及工人。返程的船隻再運回糖、蘭姆酒、俘奴和糖蜜，全都是為了供應美國獨立戰爭（American Revolution）之前新英格蘭的最大製造業：烈酒。[11]

④ 羅伯特・杭特（Robert Hunter, 1666-1734），出生於蘇格蘭，英國軍官，獲派任紐約和紐澤西總督（1710-1720）及牙買加總督（1727-1734）。

波士頓成為殖民地的主要港口之一，讓它難以抵禦疾病入侵。一七二一年四月二十一日，皇家海馬號（HMS Seahorse）從巴貝多駛入波士頓港。一個月後，柯頓．馬瑟在他的日記裡寫下：「悲慘的天花災疫現在進到城裡來了。」一千名波士頓居民，將近城裡百分之十的人口，逃到鄉間躲避全能上帝的審判。[12]

回推到十五年前，馬瑟問了阿尼西謀一個問題，也是波士頓奴隸主會問新來的居家奴隸的標準問題之一：你有得天花嗎？「有，但也沒有。」阿尼西謀回答。他解釋，他當奴隸之前在非洲的時候，曾用植物的刺刮取微量天花患者的膿扎入自己的皮膚，而他遵行的這個做法已行之數百年，能讓健康的接受者產生對此疾病的免疫力。這種預防接種的方式，現代施打疫苗的先驅，是個創新做法，因此而逃過死亡的人口不可勝數，不論是在西非，或滿載疾病駛進大西洋各地港口的奴隸船上。種族歧視的歐洲科學家起先不願承認非洲醫生已有這樣的醫學成就。事實上，還要等上數十年、死了更多人後，人稱免疫學之父的英國醫生愛德華．金納⑤才證實預防接種的有效性。

然而，柯頓．馬瑟在一七一四年皇家學會《哲學彙刊》讀到一篇關於預防接種的論文，讓他成為最早相信這種做法的人之一。他接著訪問波士頓各地的非洲人加以確認。他們分享自己預防接種的故事，給馬瑟開了一扇窗，一窺西非智識文化。他難以理解受訪者所言，卻抱怨「他們說起故事來訥口胡言，跟呆子一樣」。[13]

一七二一年六月六日，馬瑟冷靜地寫了一篇名為〈致波士頓醫師諸君〉（Address to the Physicians in Boston）的文章，敬請他們考慮預防接種。在這危急之秋，要說誰具備威信建議採行這麼新的方法，那也只有柯頓．馬瑟了。他是倫敦皇家學會第一位出生於美洲的會員，該機構當時仍由艾薩克・牛頓帶領。自一六九〇年代以來，馬瑟每年發表十五到二十本書或宣冊，此時已快接近他一生恢宏偉業的總數三百八十八本，這可能比他這整個世代的其他新英格蘭牧師加起來還多。[14]

唯一一個回應馬瑟的醫生是札巴迪爾・伯伊斯頓⑥，他是美國總統約翰・亞當斯（John Adams）的外叔公。一七二一年七月十五日，伯伊斯頓宣布他成功接種了他的六歲兒子和兩名非洲奴隸，地方上的醫生及議員都嚇壞了。民眾應該給自己注射疾病，來避免自己感染那種疾病，這實在沒有道理。波士頓唯一一位擁有醫學學位的醫師，急於維護自己的專業正當性，煽風助長了市民的恐懼之火。威廉・道格拉斯⑦醫生調配出一個陰謀論，說非洲人正在祕密進行一個重大陰謀，試圖說服他們的主人接種疫苗來殺害主人。道格拉斯嚴厲指責，「世上沒有一個人類種族說謊騙人」比得過非洲人了。[15]

如道格拉斯醫生之流的反接種人士找到對他們態度友善的媒體，也就是殖民地最早的獨立報社之一《新英格蘭新聞報》（*New England Courant*），一七二一年由二十四歲的詹姆士・富蘭克林（James Franklin）創辦。詹姆士・富蘭克林的十五歲契約僕工與胞弟班傑明・富蘭克林（Benjamin

---

⑤ 愛德華・金納（Edward Jenner, 1749-1823），英國醫師暨科學家，被譽為疫苗之父，發現種牛痘預防天花的方法，在幾次人體試驗後於一七九六年正式發表。

⑥ 札巴迪爾・伯伊斯頓（Zabdiel Boylston, 1679-1766），出生於麻薩諸塞，跟隨父親學習外科醫學，是第一位進行外科手術的殖民地美國出生的醫師，於波士頓受訓、執業。

⑦ 威廉・道格拉斯（William Douglass, 1691-1752），出生於蘇格蘭，在英國及歐洲習醫，一七一六年來到波士頓定居，與自然科學家卡韋萊德・科爾登（Cadwallader Colden, 1688-1776）合作二十五年，共同研究植物學、地理、氣象等。

Franklin）在那家報社當排版工人。柯頓・馬瑟像學院老教授一樣，需要別人在知識上順服他，他覺得不受《新英格蘭新聞報》尊重。一般大眾不理會他，開始跟他拉開距離。直到這場奪走八百四十二條人命的傳染病於一七二二年初終於落幕，波士頓人對馬瑟和伯伊斯頓的厭惡才有所改善。[16]

接近一七二二年四月時，班傑明決定，除了排版，還要為哥哥的報紙出更多心力。他開始匿名動筆投書，寫些引人感興趣的社會意見，從印刷廠大門底下塞進去，給他的哥哥刊印在《新英格蘭新聞報》。班傑明在投書裡署名為「塞倫斯・杜古德」（Silence Dogood，字意為「沉默・行善」），靈感來自馬瑟一七一〇年的《伯尼非斯，或論行善》（*Bonifacius, or Essays to Do Good*），那本書主張透過善心善舉維持社會秩序。「這本書讓我的思想有了轉折，影響我的人生準則。」班傑明・富蘭克林後來對馬瑟的兒子說。班傑明的投書頗受好評，刊登了十六篇之後，他向善妒又高傲的哥哥揭露塞倫斯・杜古德的真實身分詹姆士卻立即封殺了他。到了一七二三年，滿懷抱負的班傑明心裡只想要遠走高飛。[17]

溜到費城之前，班傑明・富蘭克林被召喚到船街（Ship Street）某戶人家。他不安地敲敲門，有個僕人出現，引他到書房。班傑明走進去，看著面前也許是北美洲數量最龐大的藏書。柯頓・馬瑟原諒班傑明之前的辯論交鋒，像個父親對待不乖的孩子那樣。沒人知道這位六十歲老人與十七歲少年談了什麼。

班傑明・富蘭克林也許注意到柯頓・馬瑟鬱鬱寡歡。馬瑟親愛的父親當時高齡八十四歲，患有病疾。因克瑞斯・馬瑟於一七二三年八月二十三日在長子的懷中嚥氣，這場悲劇完結了柯頓・馬瑟多年悶厭厭的歲月。他經歷了婚姻糾紛、財務問題、與英國國教牧師不合、兩度與哈佛學院校長職位失之交臂，又傳來消息說艾薩克．牛頓帶領的皇家學會將不再刊登他的文章。儘管馬瑟成就非凡，但也開始擔心自己在知識學術領域會留下什麼功績。如果馬瑟與殖民地一七二〇年代當時的潮流方向一致，那他就沒有理由憂慮自己在教會的後世傳承了。從一六八〇年代起，馬瑟就比其他美洲人更熱烈呼籲奴隸主讓非洲奴隸受洗，帶非洲奴隸脫離他們祖先的信仰。他多年來緩慢、謹慎地往上爬，邁開大步前進。志同道合的英國國教傳教士們，例如詹姆士．布萊爾、湯瑪斯．布瑞和海外福音傳道會的使者，都曾進一步採納他的想法。不論馬瑟是否對此有所領悟，也不論他是否不屑英國國教傳教士，他的祈禱在人生最後幾年終於開始得到應驗了。

是否可以擁有基督徒俘奴，這個問題一直在墾殖地主心中糾纏不去，地位崇高的倫敦英國國教主教艾德蒙．吉布森⑧決心消除疑慮。他在一七二七年寫了兩封信給維吉尼亞人民，稱讚並認證一六六七年的新創法規並不會讓受洗的俘奴獲得自由。吉布森談到改變信仰如何讓俘奴具備「勤勞盡力、忠誠盡心」的義務，這是馬瑟多年來強調的觀點。主教獲得英國國王應和，大英帝國首任首相羅伯特．沃波爾⑨爵士也支持襄助。英國的宗教、政治、經濟各界勢力全部齊心一致，讓神職人員與墾殖地主不須再煩心要解放改信的奴僕，從而重振了勸誘改信基督教的運動，也為奴隸解放投下了悲觀的判決。[18]

⑧艾德蒙．吉布森（Edmund Gibson, 1669-1748），林肯及倫敦的英國國教主教，也是法學家及古物學家。

⑨羅伯特．沃波爾（Robert Walpole, 1676-1745），一七二一至一七四二年大英帝國首任首相，也是任期最長的一位，輔佐喬治一世及喬治二世。

愈來愈多奴隸主開始認真聽傳教士的主張，用基督教教化順服來輔助用暴力脅迫壓制非洲人。實際上，神職人員只把重點放在教化順服，對於暴力行為默不作聲。牧師休・瓊斯⑩是威廉與瑪麗學院的教授，一七二四年出版了重要著作《維吉尼亞現況》⑪。他寫道，「基督教精神鼓勵並命令」非洲人「成為更謙卑、更優秀的僕人」，但是他們不應該學習讀書和寫字，他們「天生就適合苦工與操勞」。詹姆士・布萊爾早先於一七二二年出版了自己的佈道選輯⑫，獲得廣大喜愛，他聲稱黃金律無關「優越者與卑劣者」之間的平等；秩序需要階級，階級需要承擔責任。布萊爾佈道鼓吹，主人應該給自己的奴隸施浸禮，並善待之。[19]

奴隸主很快愈來愈能開放心態接受這些觀念，直到一七三〇年席捲殖民地的第一次大覺醒（First Great Awakening），領頭的是在康乃狄克土生土長的喬納森・愛德華茲⑬。他的父親是提摩西・愛德華茲（Timothy Edwards），曾在哈佛大學跟著因克瑞斯・馬瑟學習，還認識備受敬重的柯頓・馬瑟。喬納森・愛德華茲一七一八年在耶魯學院就讀三年級期間，柯頓・馬瑟爭取到威爾斯商人伊利胡・耶魯（Elihu Yale）捐助，這間在美洲創建的第三所學院也因此改名（原名Collegiate School「大學學院」）。愛德華茲在麻薩諸塞北安普頓（Northampton）的教會出現信徒大增的復興現象，於一七三三年前後點燃了第一次大覺醒。在那些覺醒的靈魂中，像愛德華茲這樣的熱血福音派人士宣揚人類（靈魂的）平等，以及人人都有能力改信基督。「我是上帝的僕人，如同他們是我的僕人；我於上帝是卑微的，更甚於他們於我。」蓄奴的愛德華茲在一七四一年表示。不過，支持奴隸制的大覺醒運動並沒有擴及休・布萊恩⑭位於南卡羅萊納的種植園，他倒是對反奴隸制的思想有所醒悟。布萊恩於一七四〇年發表「熱烈陳詞的〈預言毀滅與苦役奴隸解放〉（Prophecies of the

Destruction of Charles Town and Deliverance of the Negroes from servitude）」。他的俘奴禱告時不用工作，然後園裡有個女奴被人無意中聽到「在水邊唱聖歌」，就像當時其他許多反種族歧視、反奴隸制的基督徒男女一樣唱聖歌。南卡羅萊納當局譴責布萊恩。他們希望福音傳播者講道去說服種族主義的基督教招納順民，而不是讓反種族主義的基督教投入奴隸解放。[20]

休・布萊恩在第一次大覺醒傳教的歲月裡是個例外，不過柯頓・馬瑟來不及活到目睹這個時期到來。一七二八年二月十三日，雖然馬瑟臥病在床，仍留有一口氣，欣然迎接自己六十五歲生日到來。隔天早晨，他召來他教會的新任本堂牧師約書亞・吉伊（Joshua Gee）到臥室來進行禱告。馬瑟感覺如釋重負。「此刻我在這裡的工作已了。」他告訴吉伊。數小時後，柯頓・馬瑟就離開了人世。[21]

「他可說是為本國增添光榮顯耀的崇德之士，也是本國培育最偉大的學者。」《新英格蘭週刊》

---

⑩ 休・瓊斯（Hugh Jones, 1691-1760），威廉與瑪麗學院的數學教授。

⑪《維吉尼亞現況》（*Present State of Virginia*），全名為 *The Present State of Virginia, and a short view of Maryland and North Carolina*。

⑫ 書名為 *Our Savior's Divine Sermon on the Mount*，共五卷，收錄他一七〇七至一七二一年間的講道。

⑬ 喬納森・愛德華茲（Jonathan Edwards, 1703-1758），復興教派主義者、公理會清教徒神學家，著作 *The End for Which God Created the World*、*A Treatise Concerning Religious Affections* 影響後世福音教派甚巨，曾擔任紐澤西學院（普林斯頓大學前身）校長，不久病死於天花。

⑭ 休・布萊恩（Hugh Bryan, 1699-1753），公開表態奴隸制是罪惡，之後被法院認定煽動奴隸造反，他悔過道歉，但持續鼓勵奴隸認字和改信基督，成立南卡羅萊納第一座長老宗教堂，歡迎黑人與白人信徒。他弟弟家中的美洲出生黑奴安德魯・布萊恩（Andrew Bryan）為自己贖身後，在喬治亞薩凡納買地興建了布萊恩第一浸信會教堂（First Bryan Baptist Church），是美洲第一個黑人浸信會教堂。

（*New-England Weekly Journal*）在一七二八年二月十九日馬瑟葬禮舉行當天發文讚譽。身為約翰·柯頓與理查·馬瑟的孫兒，這個悼詞非常中肯。柯頓·馬瑟的名聲確實超越其祖父和外祖父，這兩位聖職巨擘培育後代時所置身的知識界，當時正在辯論究竟是非洲高溫或含之詛咒製造出醜陋如猿的非洲野蠻人，但都認定當奴隸對他們有益。如果說馬瑟的兩位祖父在英格蘭吸收了種族主義思想，認為非洲人可以也應該被奴役，那麼柯頓·馬瑟則帶頭創造了基督教的種族主義思想，既壓制又抬舉非洲奴隸。他聯合來自各個歐洲祖國的其他殖民帝國種族主義思想製造者，正當化又合理化殖民主義擴張和奴隸制的存在。一言以蔽之，這些種族主義製造者認為，歐洲人逐步占領、征服西方世界，建立他們的正當統治地位，因為他們是最偉大人類的標竿。到了馬瑟一七二八年逝世的時候，皇家學會已經給全人類完整建構了這個白人統治的標準範本。基督教、理性、文明、財富、良善、靈魂、美麗、光、亞當、耶穌、上帝與自由，都被劃歸到屬於歐洲白人的領域。唯一的問題在於，低賤的非洲人是否有能力升級、符合這個標準。身為美洲第一位偉大的同化主義者，柯頓·馬瑟宣稱非洲人的靈魂也可以變白。

一七二九年，山繆·馬瑟（Samuel Mather）完成了他已故父親的偉人傳記，就像柯頓·馬瑟曾為其父親所做的，以及因克瑞斯·馬瑟曾為理查·馬瑟所做的。山繆這樣描寫柯頓·馬瑟：「他在街上行走的時候，還暗暗祝福上帝保佑路人，許多人根本不知情。」他也為黑人祈求上帝祝福，慈悲地祈禱說：「主啊，請洗淨這個可憐人；清洗他的靈魂，把他變白。」22

第二部

湯瑪斯・傑佛遜

Thomas Jefferson, 1743-1826

第七章 啟蒙運動

什麼都無法讓他膽怯。他不會拋下疲憊的騾不顧，他在同伴累癱時繼續前進，他冷靜地砍死猛獸，像他夜裡在樹下休息的時候。一七四七年，彼得・傑佛遜①身負重任：他正在勘測白人拓殖者從未見過的土地，目的是把維吉尼亞與北卡羅萊納之間的邊界延伸攀過危險的藍嶺山脈（Blue Ridge Mountains）。他受委託去確認殖民地美國最西部的地區沒有變得像牙買加的藍山②，沒有變成逃跑奴隸的天堂。[1]

後來，彼得・傑佛遜在勘測旅途中磨練出的迷人韌性、堅強與勇氣，成為不可或缺的傳家事蹟。最早聽說這些故事的人之中包括他四歲大的兒子湯瑪斯。當爸爸在一七四七年底終於返家時，他欣喜若狂。湯瑪斯是彼得的長子，生於一七四三年四月十三日。這是個別有意義的一年，與柯頓・馬瑟地位相當的維吉尼亞牧師詹姆士・布萊爾，就在湯瑪斯出生後十六天過世，神學家幾乎全面主宰美洲種族主義論述的時代就此劃下句點。這一年也標記一個知識新時代誕生，「被啟蒙的」思想家開始把種族主義論述從宗教領域脫離出來，並且拓展到殖民地各處。他們調教出未來湯瑪斯・傑佛遜③這個世代反奴隸制、反廢奴和反王室的革命份子，打先鋒的是柯頓・馬瑟的俗世門生。

「拓居殖民地初期的風雨艱苦如今已然告一段落，」班傑明・富蘭克林於一七四三年觀察說，「各地都有許多人達到豐足安適的生活條件，有閒暇投入藝術陶冶和普遍增長知識。」富蘭克林當時三十七歲，他的生活條件肯定能讓他過著豐足安適的生活。離開波士頓之後，他在費城開了許多商店、印行曆書與報紙，以此建立起自己的王國。不論在具體或象徵的意義上，對於像他這樣有本錢得到閒暇的人來說，以豐足安適來形容當然看來相當真切。富蘭克林於一七四三年在費城創立了美國哲學會（American Philosophical Society），以皇家學會為範本，成為一六八〇年代馬瑟的波士頓哲學會之後第一個正式的殖民地學者協會。這個富蘭克林培育的學術新生兒雖然早夭，但在一七六七年復活，並支持「所有讓光明照進事物之本質的哲思試驗」。[2]

十七世紀的科學革命讓位給了十八世紀範圍更廣大的知識運動。世俗性的知識和促進全人類進步的思想，在基督教歐洲長久以來一直飽受質疑。這個狀態將被一個時代的黎明所改變，法國稱之為les Lumières、德國稱之為Aufklärung、義大利稱之為Illuminismo，大英帝國與美洲稱之為

---

① 彼得・傑佛遜（Peter Jefferson, 1708-1757）是一名土地測量員和製圖師，與約書亞・弗萊（Joshua Fry）上校於一七五一年共同製作地圖，首次精準描繪從費城往西南、經過山區谷地通往今天北卡羅萊納州本部的路線，後來被稱為大馬車之路（Great Wagon Road），大量移民由此路往南遷移，促成早期美國南方的拓展。

② 藍山（Blue Mountains），位於加勒比海島國牙買加東部，綿延五十公里，最高點兩千兩百五十六公尺。十七、十八世紀間，許多歐洲殖民咖啡種植園的非洲黑奴逃跑躲進藍山地區，與當地原住民生活定居下來，後代被稱為馬隆人（Maroon，原意為栗色、深紅色）。

③ 湯瑪斯・傑佛遜（Thomas Jefferson, 1743-1826），美國開國元老，第三任美國總統（1801-1809）。

Enlightenment，也就是「啟蒙運動」。

對於啟蒙運動的知識份子來說，「光」這個隱喻通常有雙重意義。歐洲人在千百年的宗教黑暗時期之後重新開啟學習，而他們照亮北美大陸之開悟燈塔矗立在「黑暗」世界裡，還未被光點亮。於是，「光」變成了歐洲特性的隱喻，亦即白人特性的隱喻。班傑明・富蘭克林及其哲學會欣然採納了這個概念，並將之輸入殖民地。富蘭克林在《人口增長之我見》（*Observations Concerning the Increase of Mankind*, 1751）中斷言，白人殖民者正在「讓我們地球的這一邊反射更閃耀的明光」。他建議，讓我們斷絕不合理的奴隸制和黑人。「但也許，」他認為，「我偏袒我國的膚色，這種偏心是人類的本性。」啟蒙運動思想賦予存在已久的種族主義「偏心」正當性，一方面，把「光」、「白」和「理性明智」連結起來，另一方面，把「暗」、「黑」與「蒙昧無知」拉在一塊兒。[3]

此時正逢西歐跨大西洋三角貿易蓬勃發展，這些啟蒙運動對位相應的觀念也應運而起。商品主要在大英帝國、法國和殖民地美國製造、裝船。這些船航行到西非，貿易商用這些商品交換被當作貨物買賣的人，並從中賺取價差。工廠製造的布疋成為十八世紀非洲最搶手的品項，理由跟歐洲對布疋需求若渴一樣，因為在非洲（如同歐洲）幾乎人人都穿衣服，而且在非洲（如同歐洲）幾乎人人都渴望穿更好的衣服。只有非常貧窮的非洲人上半身一絲不掛，但這些少數人卻成為歐洲人心中代表非洲人的印象。這在那個時代頗為諷刺：商人知道布疋是兩地都非常渴望的民生物資，但同時，其中有些人卻在製造種族歧視的看法，說非洲人像動物一樣赤身裸體地走來走去。製造這個種族歧視看法的人必然知道自己講的奇聞並非事實，但他們還是照講不停，只為了幫自己靠販賣人口致富，找個正當的理由。[4]

奴隸船從非洲航行到南北美洲，商人在這裡可以用新到貨的非洲奴隸，交換由資深非洲奴隸生產的原物料，再賺一筆價差。然後船隻與商人返國，整個過程重新來過，為歐洲商業貿易帶來「三重刺激」（以及對非洲人的三重剝削）。實際上，西方世界所有的沿海製造業與商業城鎮，在十八世紀間都和跨大西洋貿易發展出互惠互利的關係。英國主要港口利物浦的獲利隨著奴隸貿易發達而迅速增長，這裡也就是理查·馬瑟過去講道的陣地。美洲主要的奴隸貿易港則是羅德島的紐波特，其收益創造了龐大雄厚的財富，從如今仍散布在該城鎮歷史悠久水岸的豪宅群，可見一斑。知名經濟學作家馬拉奇·波斯特爾思韋特④在他一七四五年出版的著作中，為進行奴隸貿易的皇家非洲公司（Royal African Company）背書，他定義大英帝國是「美洲商業貿易與海上強權組成的宏偉上層結構，以非洲為基礎」。但是，在那基礎之下還有另一層基礎：那些種族主義製造者尤其重要，他們確保這個宏偉的上層結構在潛在的反抗者眼中一直看似正常。啟蒙運動的知識份子製造了種族主義觀念，認為存在於英格蘭與塞內甘比亞⑤之間、歐洲與非洲之間、奴隸主與奴隸之間的社經不平等，必然是上帝或本性或環境的意旨。種族主義觀念模糊了差別對待，合理化種族不平等，界定有

④ 馬拉奇·波斯特爾思韋特（Malachy Postlethwayt, 1707-1767），英國金融家，一七四五年出版了《非洲貿易，美洲英國種植園產業的重大支柱》（*The African Trade, the Great Pillar and Support of the British Plantation Trade in America*），另著有《商貿通用辭典》（*The Universal Dictionary of Trade and Commerce*, 1757）。

⑤ 塞內甘比亞（Senegambia），包含西非現今的塞內加爾和甘比亞。塞內加爾在十五世紀中葉曾被葡萄牙、荷蘭占據，法國於一六五九年聖路易斯港建立殖民點，甘比亞河的貿易特權在一五八八年被葡萄牙賣給英國。英法持續爭奪當地控制權，一七八三年凡爾賽和約中，英國同意歸還塞內加爾外海的格雷島，法國則同意讓英國占有甘比亞。

問題的人是奴隸而非奴隸主。在啟蒙時代裡，反種族主義的觀點幾乎無法擠進種族主義思想的字典裡。[5]

卡爾．林奈⑥是瑞典啟蒙運動的先驅，跟隨法蘭索瓦．貝涅耶的腳步，帶頭為知識暨商業的新時代把人類分類劃歸到各個種族階級。他在一七三五年出版的初版《自然系統》（*Systema Naturae*）中，把人類放在動物界頂端。他把人屬（Homo）切分為智人（Homo sapiens，人類）和山洞人（Homo troglodytes，黑猩猩）等等，再進一步把智人種個別分成四類。在他的人類王國裡，歐羅巴人（H. sapiens europaeus）在最頂端：「非常聰明，具創造力。以合身衣物蔽體，由法律統治。」其次是亞美利加人（H. sapiens americanu，「由習俗統治」）和亞細亞人（H. sapiens asiaticus，「由意見統治」）。他把最低下人種的阿非爾人（H. sapiens afer）墊底，說這個族群「懶散、怠惰……狡猾、遲鈍、散漫，以油脂蔽體，由任性統治」，然後特別描述「女性外陰拍動，乳房垂長」。[6]

卡爾．林奈在動物界裡創造了階級，又在他的人類王國裡創造階級，而且這個人類階級建立於種族的基礎上。他那些「被啟蒙」的同儕都在創造各種人類階級；在歐洲世界裡，他們把愛爾蘭人、猶太人、羅姆人（Romani）、南歐及東歐人放在最底層。奴隸主和奴隸販子也在非洲世界裡創造類似的民族階級。北非的非洲奴隸主要來自七個文化地理區域：安哥拉（26%）、塞內甘比亞（20%）、奈及利亞（17%）、獅子山（11%）、迦納（11%）、象牙海岸（6%）及貝南（3%）。他們訂定的階級通常是依據哪個類群有成為優質奴隸的祖傳條件而定，或是習性與歐洲人最類似，不同的奴隸主有不同的需求與文化，就有不同的階級排列。一般來說，安哥拉人被歸類為最差的非洲人，因為他們在奴隸市場的定價相當便宜（因為數量最多）。林奈把南非的科伊人（Khoi，或稱為Hottentot〔何騰托人〕）劃分為人類的不同分支，命名為「單睪巨人」（Homo monstrosis monorchidei）。十七世紀晚期之後，科伊人一度被認為是「人與猿兩個物種之間消失的環節」。[7]

在非洲國度裡製造黑人民族的階級，可稱為民族種族主義（ethnic racism），因為民族中心主義與種族主義在此交會，至於製造所有歐洲人與所有非洲人對立的階級，則是單純的種族主義。到頭來，兩者都把黑人民族劃分為低劣的等級。用歐洲的文化價值與特性為基礎，做為非洲階級的民族族群評量標準，大搞一番建立階級，最終乃為一個政治大計服務：奴役。塞內甘比亞人被視為比安哥拉人優越，因為他們應該能成為較優質的奴隸，而且他們的習性應該與歐洲人較相近。被輸入到美洲的非洲人，肯定很快認知到非洲人的階級，就像白人奴僕很快認知到範圍較廣的種族階級。如果塞內甘比亞人把自己放在優於安哥拉人的位置，並且辯護為何他們得到任何相對的特權，此時塞內甘比亞人就是在擁護民族種族主義觀念，就像那些白人用種族主義觀念來辯護他們的白人特權。不論個體或群體，每當黑人用白人做為衡量標準、矮化另一個黑人個體或群體，就又變成一個種族歧視的例子。卡爾・林奈和同夥精心打造了一個龐大的種族階級，以及這些種族裡的民族階級。這整個階序和其中的每一個階層（從最頂端的希臘人或英國人，到最底端的安哥拉人或何騰托人），全都有民族種族主義的預設。一些「較優越」的非洲人接受民族中心主義的非洲人階層，但不接受

⑥ 卡爾・林奈（Carl Linnaeus, 1707-1778），瑞典生物學家和醫生，奠定現代生物學命名法「二名法」的基礎。

把他們視為比白人低劣的種族主義階序。他們痛斥種族歧視的母雞，卻享用牠產下的種族歧視的雞蛋。[8]

被買賣的各個非洲民族都像商品，奴隸貿易商人基於供需法則來評斷這些民族商品的價值高低。林奈應該沒有參與這個陰謀大計，沒有對奴隸們強行灌食民族種族主義，以達到分裂或征服他們的目的。但是，每當民族種族主義離間美洲墾殖園裡原本自然同陣線的盟友，就像種族主義離間美洲貧窮階層裡原本自然同陣線的盟友，奴隸主人們當然樂見其成、一點也不在意。他們通常願意運用任何工具，不管是知識的或其他的，來壓制奴隸反抗，確保他們的投資能有回報。

✻

法國啟蒙運動大師伏爾泰⑦於一七五六年出版了五十萬字的《風俗論》（*An Essay on Universal History*），把林奈的種族主義階序用在補充的附注別冊裡。他贊同世上存在著固定的種族自然排列次序。他問：「自然以花朵、果實、樹木和動物覆蓋地球表面，難道最初只種在一處，讓它們偶然蔓生遍布世界其他地方嗎？」不是這樣的，他大膽宣稱：「黑人種族是個人類物種，但跟我們不同種，就好像西班牙獵犬跟靈猩是不同品種的狗……如果他們的理解方式本質上與我們沒有不同，但至少比我們差很多。」非洲人像動物，他補充說，活著只為了滿足「身體欲望」，然而他們又是「好戰、耐操、殘酷的族群」，倒是「優越的」士兵。[9]

隨著《風俗論》出版，伏爾泰成了將近一個世紀以來第一位敢主張多元起源說的重要作家。這個理論認為種族是分別創造出來的，與同化主義觀的單一起源說相反，後者相信全人類都是白人亞當與夏娃的後代。伏爾泰成為十八世紀宣揚隔離主義思想的頭號權威，他認為種族根本上就異源殊途，分開是絕對必然，低劣的黑人種族沒有同化的能力，無法變正常、變文明、變白。啟蒙運動轉向世俗思考，於此開啟生產更多隔離主義觀念的大門。隔離主義認為黑人的悲劣性永遠不會變，這個觀點吸引了奴隸主，因為能支持他們永遠奴役黑人。

伏爾泰與名為布豐伯爵的自然學家喬治—路易．勒克萊爾⑧想法不同。布豐的百科全書《自然通史》（*Histoire Naturelle*，英譯 *Natural History*）傾向法國啟蒙運動溫和的主流，全套成書四十五冊，從一七四九年開始，歷時五十五年完成，幾乎每一位歐洲知識份子都讀過。伏爾泰推廣隔離主義思想的時候，布豐仍秉持同化主義觀點。

伏爾泰與布豐針對多元人種或單一人種的辯論，只是啟蒙時代期間科學界重大分裂的其中一個面向。他們敬愛的艾薩克．牛頓爵士把自然界想像成一個組裝起來的機器，依照「自然法則」運行。伏爾泰對此無異議，他相信自然界（包括各種族）是不可改變的，即使上帝的力量也不能。布豐反而認為世界永遠在改變。不過，伏爾泰與布豐確實對一件事看法相同：他們兩人都反對奴隸制。事實上，啟蒙運動的知識領袖大多同時身兼種族主義觀念和廢奴思想的製造者。[10]

布豐對物種的定義是「可共同繁殖之相似個體的接續演替」。他主張，既然不同種族的人可以

⑦ 伏爾泰（Voltaire, 1696-1778），原名 François-Marie Arouet，法國啟蒙時代思想家。

⑧ 喬治—路易．勒克萊爾，布豐伯爵（Georges-Louis Leclerc, Comte de Buffon, 1707-1788），法國博物學家、數學家、生物學家。他注意到不同地區、相似環境中的生物種群可以有不同特徵，被認為最早引入了生物地理學的概念。

共同繁殖，他們必然屬於相同物種。布豐以此回應某些隔離主義者剛開始對黑白混血後代的詆毀。多元起源說質疑或駁斥不同種族間具有的生殖能力，以證實他們認為不同種族族群是不同物種的主張。如果黑人與白人是不同物種，那他們的後代會無法生育。因此，當時出現了mulatto這個字來指稱「黑白混血的雜種」，源自mule（騾），因為騾是馬和驢交配所生的後代，沒有生殖能力。在十八世紀裡，古語「像惡魔一樣黑」（black as the devil）在英語世界的流行程度，逐漸被「上帝造白人，惡魔造雜種」（God made the white man, the devil made the mulatto）這句話比過了。[11]

布豐把單一人類物種區分成六個種族，或者說是六個類族（南非的柯伊人被他跟猿猴分在一塊兒）。他把非洲人擺在「介於極端野蠻與文明之間」。布豐說，他們「幾乎沒有藝術與科學的知識」，而且他們的語言「沒有規則」。身為一個氣候理論者和單一起源論者，布豐不相信這些特質堅如磐石、無法改變。一旦非洲人被輸入到歐洲，他們的顏色就會逐漸改變，變成「也許白得像土生土長的」歐洲「本地人」。在歐洲這個地方，「我們看到極致完美的人類外型」，而且「我們應該建立人類自然純正顏色的見解」。布豐的論調聽起來和奠定現代歐洲藝術史基礎的德國思想家尤漢·約希姆·維克爾曼⑨相似。「美麗的軀體，愈白就愈美。」維克爾曼於一七六四年在他所學本科的經典著作《古董藝術史》（*Geschichte der Kunst des Alterthums*，英譯 *History of the Art of Antiquity*）中這麼說。這些關於種族的「啟蒙」思想，被班傑明·富蘭克林的美國哲學會和年輕的湯瑪斯·傑佛遜吸收，在美國獨立戰爭前夕引介到美洲來。[12]

彼得·傑佛遜在維吉尼亞阿爾伯馬爾郡（Albemarle）買下一千兩百英畝的土地，然後代表該郡進入下議院，也就是維吉尼亞的立法機構。他的菸草種植園沙德韋爾（Shadwell）位於現今中心城市夏洛茲維爾（Charlottesville）東邊約五英里處。傑佛遜的家園是附近切羅基族人⑩和卡托巴族人⑪定期到威廉斯堡（Williamsburg）進行外交談判旅程的中途休息站。湯瑪斯·傑佛遜在多年後追憶說，年幼的他「對他們心懷親慕與同情，這樣的印象未曾抹滅」。[13]

雖然湯瑪斯·傑佛遜的成長過程中常見到尊貴的美洲原住民訪客，他平常也看到非洲人當幫傭照料他全部的日常所需，還有當農場工人照料菸草。一七四五年，有人把兩歲大的湯瑪斯帶到沙德韋爾的大房子外頭。他被一個婦人放到馬背上，安置在一個綁在馬身的枕頭中。騎馬的人是個奴隸，他帶這個男孩騎馬去一個親戚的種植園。這是湯瑪斯·傑佛遜最早的童年回憶。這個回憶把奴隸制和舒適安穩的印象連結了起來。他被託付給那位奴隸照顧，在那具柔軟的馬鞍上，他感到安全無害。後來想起過去，他描述那位婦人「親切又溫柔」。[14]

幾年後，湯瑪斯跟非洲男童玩在一起，對蓄奴有了更多了解。他回憶說：「父母親對奴隸作威作福、惡言惡語，小孩在一旁觀望，耳濡目染了霸道脾性，在少年奴隸的圈子裡擺出一樣的架子，

---

⑨ 尤漢·約希姆·維克爾曼（Johann Joachim Winckelmann, 1717-1768），德國考古學家與藝術學家。

⑩ 切羅基族人（Cherokee），北美洲東南部原住民族之一，十八世紀前主要分布於今天北卡羅萊納州、田納西州東南部、喬治亞州西北部一帶。

⑪ 卡托巴族人（Catawba），主要分布在今天北卡羅萊納州西部卡托巴河一帶。

任性發洩極惡劣的怒氣。由此可見，在暴虐專橫中培養長大、受教學習、日常生活的孩子，必然逃不過暴虐惡癖的印記。」[15]

在湯瑪斯．傑佛遜家裡，沒有人覺得暴虐專橫有何不對。奴隸制是慣例，像今天的監獄一樣，幾乎沒人能想像一個有秩序的世界沒有暴政。到了一七五〇年代，彼得．傑佛遜累計擁有將近六十個俘奴，讓他成為阿爾伯馬爾郡第二大蓄奴者。彼得教誨孩子們自食其力的重要性，無視眼前事實其實相反，認為成功是靠他自己努力打拚來的。

不過，彼得倒沒有教誨兒子信仰的重要性。事實上，維吉尼亞的第一次大覺醒來到當地時，繞過了沙德韋爾種植園。啟蒙運動可說是由山繆．戴維斯⑫單槍匹馬帶進了維吉尼亞，但彼得不准他來教牧自家的小孩或奴隸。可能因為彼得相信（跟他的許多蓄奴同道一樣），「把黑人變成基督徒，會讓他們變得驕傲、無禮，讓他們想像自己和白人的地位平等」，戴維斯在他最有名的一七五七年佈道裡發表了這樣的看法。有些美洲墾殖地主中意戴維斯「為主為奴，各適其適」的看法，接受改變奴隸信仰的人也比以往多了。但是與柯頓．馬瑟見解相同的傳教士們覺得還不夠多，他們贊同戴維斯說的「一個好基督徒，永遠都會是個好僕人」。奴隸主普遍「讓（奴隸）繼續活在異教的黑暗中」，因為他們擔憂基督教會誘使奴隸反抗，來自瑞典的訪問學者彼得．卡莫⑬曾在一七四〇年代晚期下了這樣評論。而在二十年後，暴躁的維吉尼亞墾殖地主蘭登．卡特⑭破口大罵黑人是「惡魔」，還說「讓他們擺脫奴隸的角色，等於放惡魔自由」。[16]

在十八世紀中期，並非所有的基督教傳教士都支持奴隸制、推行以基督教招降納順。一七四二年，擔任記帳員的紐澤西本地人約翰．伍爾曼⑮，被要求為一位無名非洲婦人開一張賣身為奴的帳單。他開始質疑這個制度，不久後展開一場傳奇性的傳教之旅，宣揚貴格派教義並反對奴隸制。一七四六年，伍爾曼在折煞人的蓄奴南方結束第一場貴格會佈道後，草草寫下《畜養黑奴之我見》（*Some Considerations on the Keeping of Negroes*）。[17]

「我們的地位較高，比他們享有更偉大的恩惠」，伍爾曼推論說，上帝賦予白人基督徒「非凡寶貴的恩賜」，但若准許奴隸制存在，等於美洲國度「誤用了這些天賜的條件」。伍爾曼在種族主義的土壤裡種下他劃時代的廢奴主義之樹，而這正是柯頓・馬瑟與支持奴隸制的神學家們（他們宣揚神聖奴隸制）在一個世紀前利用過的土壤。這兩派對奴隸制的看法分歧，掩蓋了他們在政治種族主義方面方向一致的事實——都否定黑人自決。馬瑟派支持奴隸制的神學專著宣稱，主人被神授以照顧天生當奴僕之墮落種族的責任。伍爾曼派反奴隸制的神學專著則聲明，基督徒被神授以「更偉大的恩惠」，應用基督教來教化、解放、照顧墮落的奴隸。但是，不論非洲奴隸將永遠被奴役或最終被解放，都會被當作依賴的孩童般處置，任憑白人奴隸主或廢奴主義者決定他們的命運。[18]

⑫ 山繆・戴維斯（Samuel Davies, 1723-1761），出生於德拉瓦殖民地，基督教長老宗信徒，維吉尼亞殖民地第一個非英國國教的牧師，創作許多詩歌和讚美詩，曾任紐澤西學院（普林斯頓大學前身）第四任校長。

⑬ 彼得・卡莫（Peter Kalm, 1716-1779），芬蘭植物學家、探險家，卡爾・林奈的門生，一七四七年受命於瑞典皇家科學院到北美洲收集農業用的種子和植物。

⑭ 蘭登・卡特（Landon Carter, 1710-1778），維吉尼亞墾殖地主的後代，後人將他一七五二至一七七八年的日記出版，記錄了殖民地時期到獨立戰爭的美國。

⑮ 約翰・伍爾曼（John Woolman, 1720-1772），生於紐澤西省，商人、記者、貴格會傳教士及廢奴主義者。

約翰・伍爾曼等待他的時機來臨，再把他的文章送交費城年議會（Philadelphia Yearly Meeting）的出版部。伍爾曼知道貴格會過去曾針對奴隸制度發生爭執，主張廢奴的人干擾會議而被趕出會場。他在乎推翻奴隸制，但也在乎他的貴格會牧師神職和貴格會的團結。一七五二年，主張廢奴的安東尼・班內澤⑯獲選加入出版部編輯委員會，伍爾曼知道時機成熟，可以發表他八年前撰寫的文章了。到了一七五四年初，班傑明・富蘭克林的《賓夕法尼亞公報》（*Pennsylvania Gazette*）為新發行的《畜養黑奴之我見》刊登了廣告。

該年底，由於班內澤和伍爾曼大力推動，加上基督教奴隸制本身的矛盾，部分貴格會教徒前所未見地開始反對奴隸制。班內澤協助編輯伍爾曼的文章，如果說伍爾曼是私下進展，班內澤則是公然擴張，而這兩位改革者組成了衝勁十足的反奴運動積極份子雙人組。一七五四年九月，費城年議會批准出版《買蓄奴隸警諫牧函》（*An Epistle of Caution and Advice Concerning the Buying and Keeping of Slaves*）。反奴隸制的改革者在其中達成妥協，呼籲貴格會教徒不要再買進奴隸。作者們在日耳曼鎮請願六十六週年紀念日召用黃金律，並進一步引申。班內澤發起《買蓄奴隸警諫牧函》寫作計畫，也收錄了伍爾曼的供稿，其中數百冊被送往德拉瓦谷（Delaware Valley）舉行的季議會。美洲貴格會正式對反奴隸制運動打開了大門，但是貴格會教徒的奴隸主們也立刻把各家房門甩上。拒絕解放俘奴的主人達七成。伍爾曼於一七五七年走闖馬里蘭、維吉尼亞和北卡羅萊納，親身感受到他們的頑固抗拒，吃了許多閉門羹。[19]

捍衛奴隸制的人講了許多種族主義觀念，包括黑人是落後人種，他們在美洲過得比在非洲好，還有含之詛咒。「理解他們的黑暗想像」對伍爾曼來說有點「棘手」。但他反擊時從不畏怯，維持一貫冷靜又同情的態度。他強調在上帝眼中，沒有人是比較低等的。輸入非洲人，並不是為了非洲人好，證據就是奴隸們常被虐待、過度操勞、忍飢挨餓、衣衫襤褸。[20]

一七六〇年，伍爾曼旅行來到羅德島，拜訪幾位殖民地美國最富有的奴隸商人。他們「溫和的舉止」及「表面的親善」差點勾引他放棄反對奴隸制。幾年後，他結束南方的工作，拖著裝滿萬千思慮的沉重行囊，回程中前往紐澤西。多年來他反對奴隸制，卻發現自己批駁的是非洲人較卑劣的觀念，那他自己的想法也有問題了。伍爾曼必須重新思考白人是否真的被神授予「高尚地位」。一七六二年，他修訂《畜養黑奴之我見》後重新出版。[21]

伍爾曼在這本宣冊的第二部分公開聲明，我們發聲反對奴隸制，必須是「出於對公平的熱愛」。他捨棄用更偉大「恩惠」的論調來談種族，不過仍然不離宗教。他的反種族主義思想相當精采，其中說道：「把『奴隸』這個可恥的頭銜加諸於人，給他們穿上破爛的衣著，限制他們做卑賤的勞務……逐步引導一個國家根深柢固地認定，他們是本質上不如我們的人種。」但是，白人不應該把奴隸制連結上「黑色」，把自由連結上「白色」，因為「我們的思想被錯誤觀念扭曲糾結之處，正是我們難以釐清通解之處」。討論權利與公正時，「人的顏色根本毫無關係」。[22]

伍爾曼的反種族主義思想超越時代，還有他那慷慨激昂反對奴隸制、虐待動物、軍隊徵兵和戰

⑯ 安東尼．班內澤（Anthony Benezet, 1713-1784），出生於法國，活躍於費城的美國廢奴主義者暨教育家，曾創辦黑人學校和北美第一所女子公立小學。他率先創立了呼籲解放非法奴役自由黑人的社團，死後由班傑明．富蘭克林和班傑明．若許接手重組，亦即後來的賓夕法尼亞廢奴協會。

爭的佈道。不過，伍爾曼在一七五〇和一七六〇年代宣揚反奴隸制，對美國獨立戰爭來說恰逢其時。這場政治劇變迫使湯瑪斯・傑佛遜這一代的自由鬥士必須處理自身與奴隸制的關係。[23]

✗

湯瑪斯・沃克⑰醫生的治療無效。這位病患是湯瑪斯・傑佛遜的父親，一七五七年八月十七日病逝，享年四十九歲。對於曾聽過家族流傳有關彼得・傑佛遜堅毅事蹟的人來說，這真是令人難以相信。時年十四歲的湯瑪斯必須照顧自己的生活，而根據維吉尼亞的父權教條，身為長男，他現在必須擔綱一家之主。不過，據說珍・蘭道夫・傑佛遜⑱並不會跟她的十四歲兒子徵詢指示，也不依靠莊園監督人沃克醫生。她變成當家，掌管八個孩子、六十六個奴隸以及至少兩千七百五十英畝的土地。珍・傑佛遜善於交際，崇尚奢華，處理種植園的簿記一絲不苟。她把這些特質留傳給了湯瑪斯・傑佛遜。[24]

一七六〇年，湯瑪斯・傑佛遜入學威廉與瑪麗學院，在那裡完全浸潤於啟蒙思想中，包括反奴隸制的觀念。他追隨新聘的二十六歲蘇格蘭啟蒙學者威廉・史莫⑲學習。史莫教導學生，人類行為應該由理性支配，而非宗教，這個觀點後來將注入傑佛遜對於政府的想法。傑佛遜還讀了布豐的《自然通史》，並研究法蘭西斯・培根⑳、約翰・洛克及艾薩克・牛頓，後來稱這三人為「史上降生於世最偉大的三個人」。

湯瑪斯・傑佛遜於一七六二年畢業後進入喬治・威思㉑非正式的法律學校進修，這位維吉尼亞頂尖律師以法律知識和奢華品味聞名。一七六七年取得執業律師資格後，傑佛遜踏進下議院這個政治暴風圈裡，跟他父親一樣代表阿爾伯馬爾郡。議員們抗議英格蘭近期強行徵稅，激怒維吉尼亞皇家總督於一七六九年五月十七日封鎖了議院十天，傑佛遜從頭到尾坐在裡頭不願離席。[25]

即使在失去議員席位之後，傑佛遜仍積極投入拉高殖民地對英格蘭和奴隸制的敵意。他接下二十七歲逃奴山繆・哈維爾（Samuel Howell）的解放訴訟案。維吉尼亞法律規定，自由父母的第一代雙種族子女須從事奴役三十年，「以防止白人男女與黑人或黑白雜種生下可憎的混血兒」。傑佛遜對法庭說哈維爾是第二代，把奴隸制延伸下去是不道德的，因為「在自然的律法之下，人皆生而自由」。威思是反方律師，站起來要展開他的答辯。法官命令他回座，直接判決傑佛遜敗訴。殖民地的法律當時仍堅持支持奴隸制，而種族主義的原則則逐漸傾向支持隔離。然而很快地，波士頓有一群陪審團將扭轉意識型態潮流。[26]

⑰ 湯瑪斯・沃克（Thomas Walker, 1715-1794），出生於維吉尼亞，執業醫師和探險家，一七五〇年曾代表皇家土地公司（Loyal Land Company）探勘維吉尼亞殖民地西邊、今天肯塔基州東南部的土地，熟悉印第安事務。

⑱ 珍・蘭道夫・傑佛遜（Jane Randolph Jefferson, 1720-1776），出生於倫敦，父親是船長，幼年與家人移民維吉尼亞，一七三九年與彼得・傑佛遜結婚。

⑲ 威廉・史莫（William Small, 1734-1775），蘇格蘭人文學者，一七五八至一七六四年於威廉與瑪麗學院擔任自然哲學教授，對湯瑪斯・傑佛遜有極大影響。

⑳ 法蘭西斯・培根（Francis Bacon, 1561-1626），英國唯物主義哲學家，講求實驗和歸納，也是一名散文家。

㉑ 喬治・威思（George Wythe, 1726-1806），維吉尼亞法官、議員，第一位美洲出生的法學教授，大陸會議和費城會議的維吉尼亞代表，率先簽署《美國獨立宣言》的七人之一。

第八章　模範黑人展示

一七七二年十月，湯瑪斯．傑佛遜在夏洛茲維爾近郊監督他的種植園工程。從這裡往北的海岸某處，一名十九歲的女奴隸正緊張地盯著十八位紳士。他們是公認「波士頓最值得尊敬的人物」。他們已經全都向法官陳述自己的意見，判斷她的知名詩作到底是否出自她本人之手，尤其還是以深奧微妙的希臘文和拉丁文描寫意象。她在這些人當中看到熟悉的面孔：麻薩諸塞灣省總督湯瑪斯．哈欽森①、未來的州長詹姆士．包登②、蓄奴大亨約翰．漢考克③，還有柯頓．馬瑟的兒子山繆．馬瑟④，他是最後一位史上留名的馬瑟家族成員，前面的祖先依序是理查、因克瑞斯及柯頓。在山繆．馬瑟和其他波士頓人面前提出證明的這位詩人是菲利思．惠特利⑤，現今世人紀念她是史上第一位傑出的非裔美國作家。[1]

她的奴隸故事開頭跟其他許多非洲人不一樣。一七六一年，裁縫師暨金融家約翰．惠特利（John Wheatley）的妻子蘇珊娜（Susanna Wheatley）到波士頓西南方最新的囚奴貨棧參觀，這裡距離約翰．柯頓的故居不遠。菲利思號的船長彼得．關恩（Peter Gwinn）剛從塞內甘比亞載了七十五名奴隸抵達波士頓。蘇珊娜想找一個家僕，她掃視過「幾位結實、健康的女性」，目光落在一位病弱、裸身、圍著髒毯的小女孩身上。這個七歲女孩的乳門牙掉了，可能讓惠特利夫人想起她七歲去世的女兒。九年了，蘇珊娜．惠特利仍在哀悼莎拉（Sarah Wheatley）不幸早么。[2]

成為西方世界最有名的模範黑人之前，這個非洲小女孩應該被蘇珊娜和約翰買了下來，當作莎拉·惠特利活生生的替代品。不論女孩的沃洛夫族⑥親人給她取了什麼名字，如今已遺失在灰白的鎖鏈、染血的藍色海水和混亂的歷史中了。惠特利家族以那艘奴隸船的名稱幫她重新命名，然後帶她回家。根據一位早期的傳記作家漢娜·馬瑟·庫魯克⑦描述（她是柯頓·馬瑟的孫女），菲利思從一開始在惠特利的「家中和他們的心中」就「擁有孩子的地位」。菲利思在家自學，「從未被當作奴隸看待」。[3]

---

① 湯瑪斯·哈欽森（Thomas Hutchinson, 1711-1780），出生於波士頓，商人、史學家、麻薩諸塞灣省總督，是美國獨立前保王黨的重要人物。

② 詹姆士·包登（James Bowdoin, 1726-1790），出生於波士頓，美國政治家，一七八五年成為麻州州長，任內曾發生農民反抗的謝司起義（Shays' Rebellion, 1786-1787）。

③ 約翰·漢考克（John Hancock, 1737-1793），美國富商、政治家，獨立宣言的第一個簽署人，美國獨立後首任麻州州長。

④ 山繆·馬瑟（Samuel Mather, 1706-1785），出生於波士頓，波士頓第二教堂神父，與麻省總督湯瑪斯·哈欽森的妹妹漢娜·哈欽森（Hannah Hutchinson）結婚。

⑤ 菲利思·惠特利（Phillis Wheatley, c. 1753-1784），生於西非，由惠特利家的兒女在家教導，不須做工，一七七三年出版詩集後不久被解放。

⑥ 沃洛夫族（Wolof），西非民族，八世紀左右定居塞內加爾河流域，十五世紀建立王國。

⑦ 漢娜·馬瑟·庫魯克（Hannah Mather Crocker, 1752-1829），山繆·馬瑟的女兒，美國作家及女權先驅，她的《真實女權之我見》（*Observations on the Real Rights of Women*, 1818）是第一本美國婦女撰寫的女權論著，提倡女性受教育的重要性，並且創辦工業學校培養弱勢女孩的工作技能，讓她們能經濟獨立。

菲利思來到這個家庭大約四年後，十一歲的她以英文草草寫下了第一首詩。那是一首四行的小詩，悼念撒切爾家的七歲小女兒莎拉（Sarah Thacher）病死於天花（一七六四年），菲利思無意中聽到惠特利家在哀悼小女孩早夭，心痛之餘寫下這首詩。撒切爾家是一個傑出的清教徒家庭。

到了十二歲，菲利思已經能毫無困難地閱讀拉丁文與希臘文經典、英國文學作品和聖經。她首次公開發表的詩〈荷西與柯芬先生〉（On Messrs. Hussey and Coffin）刊登於一七六七年十二月某期《紐波特水星報》（*Newport Mercury*）。有一場暴風雨害這兩位本地商人差點在波士頓外海死於船難。其中一人或二人來惠特利家中晚餐。菲利思專心聆聽商人描述「他們驚險逃過一劫」的故事。

一七六七年，十五歲的菲利思寫了〈致英格蘭劍橋大學〉（To the University of Cambridge, in New England）一詩，表明她渴望進入全白人、全男性的哈佛學院。她已經吸收了關於自己種族的同化主義，可能是惠特利家灌輸給她的。例如她在詩中說，「昔時，甚及此時，我離開原生地海岸／那玄黑罪過之地的黝暗夜晚」。同化主義者的種族主義觀念不斷塑造非洲尚未啟蒙的印象，並告訴菲利思和其他黑人說美洲的光明是天賜的禮物。次年，菲利思繼續在詩作〈從非洲被帶到美洲〉（On Being Brought from Africa to America）中讚頌同化，並攻擊隔離主義的詛咒理論：

> 有人用輕蔑之眼看我們玄黑種族，
> 「他們的顏色是魔鬼的印鑄」，
> 記著，基督徒啊，黑人黑如該隱，
> 精鍊琢磨，亦能共乘天國列車。

一七七一年，菲利思·惠特利開始把她的作品彙編成詩集，其中有幾首詩相當鼓舞人心，以一七六〇年代大英帝國與殖民地美國之間緊張情勢升高為主題，為她贏得名聲。惠特利家認為出版社與購買者可能需要確定菲利思的真實性。這便是一七七二年她的養父約翰·惠特利，召集波士頓菁英權貴的原因。[4]

這十八個男人難以相信一個黑奴女孩怎能透澈領會希臘文和拉丁文，可能要求她說明她詩作中的古典含意。不論他們問什麼，菲利思·惠特利都讓這滿腹懷疑的十八人仲裁小組驚豔不已。他們聯合簽署以下宣誓：「吾等簽名於下者，向世人保證，下頁所列之詩作，(吾等確信）皆由菲利思撰著，這名黑人女孩數年前仍是來自非洲的未開化野蠻人。」[5]

惠特利家開心不已。然而，即使已取得這份立證宣誓，還是沒有一家美國出版社願意冒著失去蓄奴客戶的風險幫她出版。她的詩作已邁進革命時代的廢奴主義文學，當時已相當有名。菲利思·惠特利已經接受測試，向波士頓同化主義者的後代證明黑人的能力。但是，這些人跟出版社不一樣，他們沒有利益的後顧之憂。

⁂

菲利思·惠特利不是第一位被檢視和展示的所謂「未開化野蠻人」。整個十八世紀，啟蒙運動在各地齊放，同化主義者東奔西跑找人做實驗，找一群「野蠻人」接受文明調教，學會歐洲人的「優越」習性，來證明隔離主義者是錯的，有時也證明蓄奴者是錯的。在種族主義的馬戲團表演裡，黑人是受過訓練的奇特生物，用來展示白人能做的黑人也做得到，而且不相上下。黑人不是只能當奴隸，做其他的工作也行。他們讓世人看到黑人總有一天能獨立自由。最熱衷此道的莫過於約翰・孟塔古⑧，英格蘭第二代孟塔古公爵，他致力於提出這種人類證據，投入了大筆金錢做實驗。十八世紀初，公爵找了牙買加第一批被解放黑人所生年紀最小的男孩兒，實驗看看他是否能與白人同儕的學識成就匹敵。公爵把法蘭西斯・威廉斯⑨送進英國的學校及劍橋大學就讀，法蘭西斯在那裡的學術表現與接受相同教育的同學們旗鼓相當。

在一七三八至一七四〇年之間，威廉斯回到故鄉牙買加，應該會戴著白色長捲假髮，覆蓋在他的黑皮膚與經過同化洗禮的思想之上。他開設文法學校教導蓄奴者的小孩，還給每一位牙買加殖民總督寫下諂媚奉承的拉丁文頌歌。他在一七五八年寫給總督喬治・哈爾登⑩的反黑詩作裡有這樣的句子：「漂送敬意的溪流雖然蒼黑，但並非出於膚淺表面，而是發自內心。」[6]

蘇格蘭哲學家名人大衛・休謨⑪知道法蘭西斯・威廉斯在劍橋大學受教育的事。然而，英格蘭也逐漸流行用黑人男孩當僕人了，加上布豐伯爵認定遷徙黑人的居地就能改變膚色的氣候理論，但即使有威廉斯這個案例，休謨仍深信自然的人類階級，以及黑人沒有能力涵養白人的習性。休謨斷然聲明他的隔離主義立場。一七五三年，他修訂了自己廣受歡迎的氣候理論批判文〈論自然特質〉（Of Natural Characters），增加了一條種族歧視思想史上最惡名昭彰的注腳：

> 我傾向懷疑黑人及所有其他該類人種（因為有四、五種），天生就比白人低劣。因為除了白人國家之外，沒有任何其他膚色的國家有文明教養，即使在個人行為或思慮方面亦無顯著者。反觀之，最粗魯、野蠻的白人……仍有可取之處……。這些人類品種之間，若非自然的原

始設定有所區別，否則不會在這麼多國家、這麼多年來呈現如此一致且不變的差異……。確實，他們說在牙買加有個黑人多才多藝、頗有學識；但是，很可能他只不過學會一點雕蟲小技就受到讚賞，就像鸚鵡能清晰地說幾個字。[7]

休謨強烈反對奴隸制，但是他和啟蒙時代的其他許多廢奴主義者一樣，從不認為自己的隔離主義思想與反奴隸制立場有衝突。支持奴隸制的理論家們會忽視大衛·休謨的反奴隸制立場，在接下來的幾十年裡視之為典範，把他〈論自然特質〉的注腳當作他們的世界聖歌一般地傳唱。[8]

類似的年輕黑人男子教育實驗也在美洲進行，雖然有一些隔離主義者開始接受同化主義觀念，

---

⑧約翰·孟塔古公爵（John Montagu, 2nd Duke of Montagu, 1690-1749），曾被英王喬治一世派任加勒比亞海中聖露西亞和聖文森兩個小島的總督。

⑨法蘭西斯·威廉斯（Francis Williams, 1700-1771），牙買加詩人、學者，出生於牙買加金斯頓市（Kingston），父母是擁有個人資產的自由黑人，確保孩子們受教育。法蘭西斯到英國求學後，於一七二三年取得公民權。

⑩喬治·哈爾登（George Haldane, 1722-1759），出生於蘇格蘭，一七五六年三十四歲時獲任命為牙買加總督，法蘭西斯·威廉斯為他寫了〈喬治·哈爾登的頌歌〉（An Ode to George Haldane）一詩歡迎他。

⑪大衛·休謨（David Hume, 1711-1776），蘇格蘭哲學家、歷史學家、經濟學家，蘇格蘭啟蒙運動及西方哲學史中最重要的人物之一。

甚至反對奴隸制，但完全拒斥種族主義思想的美洲白人仍非常稀少。班傑明・富蘭克林在歐洲住了將近二十年，期間曾於一七六三年返鄉探訪，在湯瑪斯・布瑞博士同僚經營的學校裡看過幾次模範黑人展示。這個本部設在倫敦的教育團體，於一七三一年以這位已故的海外福音傳道會召集人命名。富蘭克林評量測試了那些學生，對「黑人種族的天生能力有了較高的評價」，他承認有些黑人能「吸收我們的語言或風俗」。不過，富蘭克林願意勉強承認的也只有這樣，也許他心知肚明製造種族主義觀念對於維持奴隸制是必要的。七年後，富蘭克林遊說國王同意喬治亞嚴厲的奴隸法規，積極主張「絕大多數」奴隸「詭詐狡猾、陰險、乖戾、惡毒、記恨、殘酷的程度甚為極端」。9

對於像富蘭克林這樣的種族主義者來說，實在難以相信許多黑人都有能力變成另一個法蘭西斯・威廉斯或菲利思・惠特利。種族主義者通常認為這少數幾位是「異常非凡的黑人」。約瑟夫・傑凱爾⑫寫桑丘⑬的傳記時，真的把這位知名非裔英國作家暨孟塔古公爵的門徒，稱為「異常非凡的黑人」。這些異常非凡的黑人們被認為應該是違反了自然或後天的黑人墮落常態法則。他們不像「絕大多數」黑人那樣低劣得正常平凡。這種心理操縱，讓種族主義者能在個別的非洲人挑戰其常規時，仍維持自己的種族歧視觀念。想靠展示傑出黑人來改變種族主義的腦袋，從一開始就注定過程不會順利，但是這個說服策略仍持久不懈。10

孟塔古公爵在一七四九年逝世後，被尊稱為杭亭頓伯爵夫人的塞琳娜・海思汀斯⑭接位，成為英語世界裡模範黑人展示的主要牧者。她推動黑人基督徒寫作，做為黑人有能力改信的證明。如果她是個男性清教徒，柯頓・馬瑟會很仰慕這位循道宗（Methodist，衛理宗）先驅。伯爵夫人去世前兩年，曾資助歐羅德・艾奎亞諾⑮於一七八九年出版自傳。這本書描寫他在奈及利亞出生、被俘虜、當奴隸、而後接受教育和解放得到自由的歷程，書名中的「趣述」（Interesting Narrative）⑯二字取得相當巧妙。海思汀斯夫人於一七七二年首次出馬，帶頭把尤克索・葛隆尼歐索（又名詹姆士・艾伯特）⑰的奴隸敘事作品付梓，這個首開先例的行動，可說是值比金玉、意義非凡。幾乎可

---

⑫ 約瑟夫・傑凱爾（Joseph Jekyll, 1754-1837），出生於威爾斯，英國國會議員，主張廢奴。

⑬ 伊格納休斯・桑丘（Ignatius Sancho, c. 1729-1780），英國第一位正式發表作品的黑人作曲家。桑丘在奴隸船上出生，父母在西班牙殖民地新格拉納達（New Granada）去世後，他被帶到英國當奴僕。約翰・孟塔古公爵見他聰明伶俐，鼓勵他學習還借書給他。桑丘在一七四九年逃跑投靠孟塔古，先後服侍過公爵夫人和公爵的女婿，這段期間讓他得以學習音樂、詩詞和閱讀寫作。他的書信集是早期難得有奴隸以英文描寫西班牙和英國家庭的紀錄。

⑭ 塞琳娜・海思汀斯（Selina Hastings, Countess of Huntingdon, 1707-1791），英國宗教領袖，對十八世紀宗教復興及基督教循道宗運動有重要貢獻。她出身貴族，是華盛頓總統的遠親，丈夫逝世後繼承財產，常捐助成立教會會所、建校、行善。

⑮ 歐羅德・艾奎亞諾（Olaudah Equiano, c. 1745-1797），英國作家及廢奴主義者，回憶錄記載出生於如今西非奈及利亞東南部的伊博族（Igbo），他十一歲左右被擄走賣為奴隸，幾經轉手被運到維吉尼亞殖民地，被英國海軍上尉麥可・帕斯卡（Michael Pascal）買下，取名為古斯塔夫・瓦薩（Gustavus Vassa）。帕斯卡獎賞他在英法七年戰爭中上船作戰，把他送到英國嫂嫂家受教育、受洗為基督徒，後來又賣到加勒比海背風群島，被費城貴格派商人羅伯特・金恩（Robert King）買下，在他的貿易船上工作。金恩繼續指導艾奎亞諾閱讀寫作，並出價四十英鎊（二〇一六年相當於五千英鎊）給他買回自由。艾奎亞諾靠著進出口水果、玻璃杯等存錢，於一七六八年為自己贖身前往英國定居、成家，當海員為生，五十二歲逝於密德薩斯（Middlesex）家中。

⑯ 書名全名為 *The Interesting Narrative of the Life of Olaudah Equiano, Or Gustavus Vassa, The African*，一七八九年於倫敦出版。

⑰ 尤克索・葛隆尼歐索（Ukawsaw Gronniosaw, 1705-1775），自稱出身博爾努帝國（Bornu Empire，位於今天奈及利亞東北部）王室後代，輾轉被紐約德裔美籍荷蘭歸正會牧師狄奧多斯・雅各布・弗瑞林海森（Theodorus Jacobus Frelinghuysen）買下，學習讀書寫字並成為基督徒。他後來加入英國海軍，在加勒比海馬丁尼克和古巴服務，退役到英國後改名詹姆士・艾伯特

以肯定，伯爵夫人非常喜歡葛隆尼歐索的同化主義計畫：他愈遵從奴隸制、崇拜歐洲優越文化、信仰基督教，就愈背離自己在西非未信主的卑劣成長背景，也就會變得愈喜樂、愈神聖。既然自由被著色成了白色，葛隆尼歐索相信，為了獲得真正自由，他必須鄙棄自己的奈及利亞傳統，變成白人。[11]

大英帝國皇家首席大法官曼斯菲爾德伯爵⑱比孟塔古公爵和海思汀斯夫人更往前一步。同樣在一七七二年，他解放了維吉尼亞逃奴詹姆士·桑莫塞特⑲，風采蓋過葛隆尼歐索打先鋒的奴隸敘事和惠特利的波士頓公斷。曼斯菲爾德伯爵裁決說，英格蘭境內不得有人受奴役，把反奴隸制的英國法律抬高到支持奴隸制的殖民地法律之上。支持奴隸制的理論家擔憂曼斯菲爾德伯爵的判決哪天會延伸到英國的殖民地來，桑莫塞特案刺激他們公開談論這個議題，結果鼓動了跨大西洋的廢奴運動。賓州大學教授暨美洲醫師班傑明·若許⑳一七七三年二月在費城匿名發布了一份犀利的反奴隸制文宣，引用菲利思·惠特利的作品來推動美洲的廢奴案件。

若許稱讚惠特利的「獨特天分」（但未提其名）。他寫道，所有被歸屬於黑人的惡性，從散漫、背叛到偷竊，全都是「奴隸制的產物」；事實上，那些未經證實就被歸屬於黑人的惡性，是不合邏輯的種族主義思想的產物；奴隸真的比他們的主人來得懶惰、狡詐、邪惡嗎？明明是奴隸主強迫其他人為自己工作，奴隸不工作就不顧情面地加以鞭打，奴隸有工作就竊據其勞力換得的收益。類似若許這樣的廢奴理論認為奴隸制使得黑人變得低劣，雖然仍帶有種族歧視，但相當有說服力，而若許是第一位將之商品化的積極人士。不論仁慈與否，任何暗示黑人族群比較低劣、黑人有問題的觀念，就都是種族歧視。奴隸制度殺人、虐待、強暴、剝削，拆散家庭、奪走珍貴時間，把俘奴囚禁在毫無社經資源的狀態裡。奴役的禁錮確實造成黑人在知識、心理、文化和行為上的差異，但並非低劣。

班傑明・若許在他的宣冊中猛批詛咒理論，並攻擊一世紀以來的美洲神學，從柯頓・馬瑟到山繆・戴維斯。「基督徒奴隸的意義自相矛盾」，他論辯道，並要求美洲「終止奴隸制！」若許的著作再刷並流通到紐約、波士頓、倫敦和巴黎，凝聚各界勢力於一七七四年籌組賓夕法尼亞廢奴協會（Pennsylvania Abolition Society），這是已知北美第一個不是非洲人組織的反奴隸團體。[12]

為了給詩集《詩談諸題，宗教與道德》（*Poems on Various Subjects*）找出版社，惠特利在一七七三

（James Albert），成家後因貧窮多次受貴格會教徒援助。幫他孩子施洗的喀爾文宗牧師是海思汀斯夫人的朋友，她主動捐助，並於一七七二年出版他的自傳 *A Narrative of the Most Remarkable Particulars in the Life of James Albert Ukawsaw Gronniosaw, an African Prince, as Related by Himself*，是第一部英文寫作的奴隸記述故事。

⑱ 威廉・穆雷（William Murray, 1st Earl of Mansfield, 1705-1793），出身蘇格蘭貴族，英國國會議員、皇家首席大法官，促成改革《英國法》和司法，以及廢止英國的奴隸制和奴隸貿易。

⑲ 詹姆士・桑莫塞特（James Somerset, c. 1741-1772），出生於牙買加，被奴隸販子帶到維吉尼亞，被蘇格蘭移民商人查爾斯・史都華（Charles Stewart）買下，一七六九年被帶到英國，一七七一年逃跑，被抓回後拘禁在船上。桑莫塞特的三位教父母向皇家法庭申請裁示，首席法官威廉・莫瑞於一七七二年判決釋放桑莫塞特。

⑳ 班傑明・若許（Benjamin Rush, 1746-1813），出生於賓夕法尼亞，費城醫師、政治家、教育家，美國啟蒙運動領袖，開國元老之一。

年夏天旅行來到倫敦，她在異國獲得搖滾巨星般的迎接、遊行和展示。她在那裡贏得海思汀斯夫人出資贊助。這本詩集是有史以來第一本由非裔美洲女性撰寫的書，對美洲女性來說是第二本。為了表示謝意，惠特利題獻給伯爵夫人。她的詩集在一七七三年九月出版，一年前英格蘭剛宣布禁止奴役，而幾個月前，若許的廢奴宣冊運抵英格蘭，震撼了倫敦社會。倫敦人譴責美洲奴隸制，而美洲奴隸主則排斥倫敦人。於是，大西洋兩岸的廢奴主義者更強硬反對殖民地蓄奴者設立的規範了。一七七三年十二月，波士頓茶黨事件㉑引爆政治震盪，然後英格蘭頒布《強制法案》㉒，激起獨立派的愛國者（Patriots）反抗大英帝國統治殖民地。美國獨立戰爭蓄勢待發之際，英國的批評者嚴斥波士頓人虛偽，一方面以惠特利的獨特才華為傲，一方面卻仍把她當奴隸。於是，這位詩人很快被解放，獲得自由。[13]

喬治・華盛頓讚許菲利思・惠特利的才華。在法國，伏爾泰拿到《詩談諸題》一書，他承認惠特利證明了黑人真的能寫詩。發此評語的這個男人，幾年前還不能決定究竟是黑人演化自猴子，還是猴子演化自黑人。不過，不論是惠特利、班傑明・若許或其他啟蒙時代的廢奴主義者，都沒能改變隔離主義者支持奴隸制的立場。只要奴隸制還存在，為之辯解的種族歧視觀念就不會消失。除非終結奴隸制，惠特利和若許都無法阻止支持奴隸制種族主義思想衍生下去。

一七七三年九月，住在費城的加勒比地區墾殖地主理查・尼斯貝特（Richard Nisbet）抨擊班傑明・若許是在兜銷「單一案例，有個黑人女孩寫了幾首蠢詩罷了，就要用來證明黑人在理智腦力上不輸我們」。一七七三年十一月十五日，《賓夕法尼亞訊息》（*Pennsylvania Packet*）刊登了一篇諷刺短文，包含一段改寫過的聖經章節，做為上帝打造非洲人適任奴隸的證據。數星期後，某人發表了

《個人奴隸制已成》（*Personal Slavery Established*）。文章的匿名作者批評若許（或嘲諷尼斯貝特），然後抄襲大衛．休謨的注腳，寫了「非洲人」的「五個階級」：「第一，黑人；第二，人猿；第三，猩猩；第四，狒狒；第五，猴子。」[14]

〰

一七七三年，為了監督蒙帝塞羅（Monticello）種植園興建，湯瑪斯．傑佛遜花在法界以外的時間愈來愈多。但是在他心中，就像在許多殖民地有錢人的心中，仍記掛著建立新國家的大業。他們被大英帝國的債務、賦稅搞得團團轉，還受限制只能在帝國內進行貿易。他們獨立才能掙最多錢，屈於英國之下極為吃虧。政治上，他們不能不擔心所有那些反對美洲奴隸制的英國廢奴主義者，這廂在敬賀菲利思．惠特利，那廂又解放了維吉尼亞逃奴。財務上，他們忍不住垂涎所有那些渴望美洲商品的非英國市場，以及所有那些他們可以採買的非英國產物，例如法國奴隸主強迫非洲人種植的糖，產自如今的海地，在當時馳名世界。一七七四年，意圖造反的維吉尼亞立法者在威廉斯堡聚會了。

㉑ 波士頓茶黨事件（Boston Tea Party），殖民地反英祕密組織自由之子（Sons of Liberty）在波士頓發動的反抗運動。英國訂定《茶稅法》大幅減免東印度公司的茶葉出口稅，藉以獨占及控制北美洲殖民地茶葉市場，引發殖民地商人及領導者反彈。一七七三年十二月十六日，總督湯瑪斯．哈欽森拒絕遣返東印度公司的茶船，抗議份子趁夜將船上茶葉全數拋入海中毀掉。

㉒《強制法案》（*Coercive Acts*），北美殖民地稱之為《不可容忍法案》（*Intolerable Acts*）。波士頓茶黨事件後，英國通過一連串法案限縮麻薩諸塞灣省的自治權。

其中，有位態度強硬的維吉尼亞造反立法者呈交了一份激烈的自由宣言，《英屬美洲權力概要》（*A Summary View of the Rights of British America*），提問「有誰能提出理由說明，為什麼十六萬（英國）選民」能為地位平等的四百萬美洲人民立法？作者湯瑪斯・傑佛遜認為，廢除奴隸制與奴隸貿易是我們「渴望的偉大目標」，英王不願意，等於漠視「人性的權利，任其被此罪大惡極的做法深深傷害」。聽著他脣槍舌劍攻擊奴隸制，有些政治人物嫌惡地把宣言摺起來。不過，「撰稿者的幾位崇拜者」非常喜歡他的巧妙轉向：他把美洲奴隸制怪罪到英格蘭頭上。《英屬美洲權力概要》交付印行流通，引領傑佛遜飛上青雲，聞名海內。[15]

英國人（和一些美洲人）立即開始質疑一名奴隸主對全世界拋出自由宣言的可信度。沒有人能質疑菲利思・惠特利一七七四年所寫文字的誠意，「在每個人的胸懷中，上帝都植入了一個原則，我們稱之為熱愛自由」。或是康乃狄克黑人們在她幾年後曾聲明：「我們自己反省理解，我們被賦予的官能與主人們並無二致，沒有一點使我們該相信，或懷疑，我們有任何義務更應該服侍他們，而不是他們伺候我們。」在革命時期的美洲各地，非洲人拒絕那種認定他們注定被奴役的種族歧視契約。[16]

從愛德華・隆恩㉓位在牙買加的龐大甘蔗種植園，他看著廢奴主義與反種族主義的浪潮興起。他明白亟需新的種族主義理由來挽回奴隸制免遭廢黜。於是，他在一七七四年發行巨著《牙買加的歷史》（*History of Jamaica*），為多元起源說引進新生命。他問，為什麼人們還是難以看清黑人就是自成「一個不同的物種」？猩猩「在外型上跟黑人種族相似得多，更甚於黑人與白人之間」。就像黑人對白人心懷渴望，猩猩也「對黑人女性心懷渴望」，隆恩這樣的推理，當年約翰・洛克也曾經做過一樣的事。

牙買加的法蘭西斯・威廉斯年事已高，隆恩用一整章來攻擊他秀異的名聲，在書中擔保「本人是公正不阿的化身」。他說，威廉斯的才華是歐洲的「北方空氣」造成的，接著矛盾地引用休謨的注腳來質疑威廉斯的才華。隆恩批評威廉斯「瞧不起他的黑人同胞，戴著一種高高在上的蔑視」，好像隆恩自己不帶那種蔑視似的。隆恩描述說，威廉斯以為自己是「披著黑皮膚扮裝的白人」。至於威廉斯眾所皆知的奇文妙筆，他說：「給我一個黑人，我會讓你看到一個小偷。」[17]

蘇格蘭哲學家法官卡姆斯爵士（Lord Kames）是蘇格蘭啟蒙運動的推手之一，他接續隆恩的《牙買加的歷史》出版了《人類歷史概述》（*Sketches of the History of Man*）。這部破壞力強大的專論猛烈抨擊同化主義思想，假設所有種族皆為同一物種的單一起源說被批評得體無完膚。卡姆斯的寫作威力更甚於隆恩。在一七七四年當時，西方世界罕有思想家具備卡姆斯法官這樣的名門知識系譜。他把另一位多元起源說支持者伏爾泰的言論加以闡釋，解釋說：「就像狗一樣，人也有不同（物種）：英國獒犬與西班牙獵犬之間的差異，不會比白人和黑人之間來得大。」卡姆斯堅稱，氣候創造了物種，但他們無法從某個顏色變成另一個顏色。卡姆斯的多重創造觀點摒棄亞當與夏娃，而是以《創世記》巴別塔（Tower of Babel）的故事為基礎。[18]

認同多元起源說的人相當中意《人類歷史概述》，認同單一起源說的基督徒則認為它褻瀆上

㉓ 愛德華・隆恩（Edward Long, 1734-1813），英國殖民地官員、歷史學家，牙買加英國移民第四代，一七六九年為健康因素搬回英國。

帝，氣到怒髮衝冠。不過到了十八世紀晚期，為了解開種族差異這個問題，愈來愈多人覺得不同創造來源與不同物種的概念有道理。不然他們還能怎麼解釋，在膚色、文化、財富及享有的自由程度各方面，為何有如此明顯的差別呢？

如果有人跟卡姆斯法官說，有一位年紀比他小五十五歲的德國博士生，將率先發難攻擊他的多元起源理論，這位老法官大概會忍不住訕笑，而且那位仁兄還有出了名的幽默感。不像卡姆斯法官，年輕無畏的尤漢・弗里德里希・布盧門巴赫㉔在《論人類自然多樣性》（*On the Natural Variety of Mankind*）宣稱：「我帶著十足的偏見撰寫此書。」這位德國人在一七七五年寫道，環境，而非個別的創造，造成了「人類的差異」。布盧門巴赫沿用林奈分配的四個「棲居人類層級」，亦即四個種族。「對我們來說，第一而且最重要的……是歐洲，」他論述道，「這些國家可視為一體，顏色淨白，而且與其他地區相比，形貌俊美。」[19]

在美國獨立戰爭期間，一場關於人類起源的辯論全面開戰，在歐洲世界爆發。支持布盧門巴赫對抗隆恩和卡姆斯法官的不是別人，正是德國哲學家康德㉕，後來以他的傳世經典《純粹理性批判》（*Critique of Pure Reason*）廣受擁戴。康德講授「布豐法則」，也就是所有人類都是源於「自然同屬」的單一個物種。歐洲是孕育人類的搖籃，「這裡的人……必然與其原初樣態的差距最小」。歐洲的棲居人類擁有「美麗的軀體，工作勤奮，生性開朗，情感自持，頭腦聰明，都勝過世界上任何其他種族」，康德夸言高論，「最完美無瑕的人類是白種人。」[20]

美洲知識份子追隨關注這場單一起源說與多元起源說之間的辯論，就像學生追隨關注他們教授之間的辯論。然而，由於這場論戰充滿種族歧視，美洲知識份子追隨的辯論者也帶有種族歧視。美洲奴隸主與世俗知識份子，應該會成排跟在卡姆斯法官及其他多元起源論者身後；廢奴主義者與神學家們，應該會成排跟在康德及其他單一起源論者身後。但是，不論認同多元起源說或單一起源說，這些美洲知識份子倒是能齊心合力煽動大眾情緒反抗英格蘭，把自己加諸於非洲奴隸的暴行拋在腦後。

有個人站出來大聲直接點出美洲人在這件事情上的虛偽，這個人就是山繆．詹森㉖。不可否認地，詹森是英國歷史上最赫赫有名的文學界意見代表。每當他對公共議題發表評論，美洲與英格蘭的知識份子莫不注意豎耳聆聽。華盛頓、傑佛遜和富蘭克林也都相當推崇詹森的文章。詹森並沒有回應他們的仰慕之情。他厭惡美洲人對當權者抱持敵意、對財富貪求無厭、對奴隸制自私依賴，還有他們利用基督教教化馴服黑人的做法。他曾說：「我願意愛全體人類，除了美洲人。」[21]

班傑明．富蘭克林花了好幾年的時間，跨海遊說英國政權對殖民地的政策鬆綁。他認為英格蘭

㉔ 尤漢．弗里德里希．布盧門巴赫（Johann Friedrich Blumenbach, 1752-1840），德國醫學家、生理學家、人類學家，用比較解剖學的方法，將人類種族分為蒙古人種、衣索比亞人種、高加索人種、馬來人種、美洲人種五類，分別指黃、黑、白、褐、紅種膚色的人種。

㉕ 伊曼努爾．康德（Immanuel Kant, 1724-1804），德國古典哲學創始人，啟蒙時代著名哲學家，著有自然科學著作《自然通史和天體理論》（*Allgemeine Naturgeschichte und Theorie des Himmels*）。

㉖ 山繆．詹森（Samuel Johnson, 1709-1784），英國詩人、作家、傳記家，曾罹患瘰癧導致臉上有疤、一耳失聰、一眼失明。他大學因窮困輟學，到倫敦靠撰稿、寫稿賺錢，也出版詩文創作，以編撰九年的《詹森字典》（*A Dictionary of the English Language*, 1755）贏得「博士」名號。

在奴役美洲人，還慣常類比說英格蘭不斷把「美洲白人變黑」。詹森一直很厭惡這個種族歧視類比。一七七五年，富蘭克林於美國獨立戰爭爆發之際搭船返回美洲，詹森發表了《課稅非暴政》（*Taxation No Tyranny*）。他捍衛《強制法案》，批評美洲人不如大英帝國人，還支持非洲奴隸武裝備戰。詹森質問：「我們聽到疾呼自由的聲音，可怎麼是奴役黑人的那些人自己吠得最大聲呢？」殖民地必須有人出面正式回應偉大的山繆．詹森。這個人就是湯瑪斯．傑佛遜。[22]

第九章 「生」而平等

一七七六年六月七日，第二屆大陸會議①的代表們在費城決定起草一份獨立文件。這項任務落在一位優秀卻沒有聲名的三十三歲代表身上，他積極勤奮地執行他們的指示，展現出他是個值得敬重、才華洋溢的作家。那些較年長、更受敬重的代表覺得自己有更重要的事情做，例如在大會上發表演說、草擬國家憲法及作戰計畫。[1]

許多年來，歐洲知識份子，例如法國的布豐伯爵和英格蘭的山繆·詹森，都認為美洲人的一切事物天生不如歐洲，不論是行事、土地、動物或族群。湯瑪斯·傑佛遜可不同意。在《獨立宣言》開頭，他改寫維吉尼亞憲法草案，寫下永垂不朽的一句話：「人人生而平等。」（All Men are created equal.）

我們無法確知傑佛遜所說的「人人」本意是否包含受奴役的工人（或婦女）。他強調的會不會只是美洲白人與英國人之間的平等？在這份文件中，他隨後確實斥責大英帝國「刺激我們之間的特定族群聯手起身造反」，而那些「族群」指的是反抗的非洲人。傑佛遜插入「生而平等」，是不是

① 大陸會議（Continental Congress），又稱為「費城會議」（Philadelphia Congress）。第一次大陸會議於一七七四年召開，波士頓茶黨事件後，殖民地籲請英國政府鬆綁、恢復各州權益，遭拒後開始有人主張脫離英國獨立。

為了回應單一起源說與多元起源之間的激烈辯論？即使傑佛遜相信所有族群「生而平等」，但他從不相信反種族主義原則主張的，所有人類族群皆平等。不過，他說的「人人生而平等」無疑相當具有革命性，甚至促成佛蒙特（Vermont）和麻薩諸塞廢除奴隸制。而為了堅持多元起源說和奴隸制，六個蓄奴的南方省則改成「自由人生而平等」（All freemen are created equal）放在各自的憲法中。[2]

延續《獨立宣言》，傑佛遜堅持「人」被「造物者賦予固有不可剝奪的權利；其中包括生命、自由和追求幸福的權利」。湯瑪斯．傑佛遜負責撰寫了這個昭告天下的美國自由哲學，但他自己擁有將近兩百名奴工，而且據信他並沒有解放他們的打算。傑佛遜自己在奴役他人，那麼對他來說，他所謂的「自由」和「不可剝奪的權利」是什麼意思呢？美國原住民、非洲奴隸和白人契約奴僕於一七七六年要求擁有自由，這不難理解他們的意思。但是對傑佛遜及其他像他這樣的蓄奴者呢？這些人的財富和權力，有賴自家掌握的土地和奴隸為基礎，他們想要擁有的是可以任意奴役與剝削他人的自由嗎？他們是否覺得，任何限縮他們權力的做法，等於限縮他們的自由？對這些有錢人來說，自由不是做選擇的權力，自由是有權設立選擇。英格蘭設立了選擇，制定那些美洲菁英們必須遵從的政策，就像墾殖地主設立選擇與政策，他的工人就得遵從。唯有權力，能讓傑佛遜及其他富裕白人殖民者解脫英格蘭，獲得自由。對傑佛遜來說，權力先於自由。的確，權力創造自由，而非自由創造權力——這是沒有權力的人學到的教訓。

「為了保障這些權利，」傑佛遜繼續說，「人民有正當權利……建立新政府……其組織權力的方式，務必讓人民相信如此最可能實現自己的安全與幸福。」傑佛遜直挺挺地坐在他的溫莎椅上，動筆寫下革命行動的激情召喚。此時成千上萬的非洲人也自力救濟，逃離他們工作的種植園，在前線建立自己的政府，或者與大英帝國聯手作戰——一切都是為了「實現自己的安全與幸福」。南卡羅萊納出現三方衝突，多達兩萬名非洲人堅持爭取他們的利益。喬治亞估計有三分之二的非洲奴隸逃跑。根據傑佛遜自己的估計，維吉尼亞一年就跑了多達三萬名非洲奴隸。當然，種族主義的墾殖地主不可能容許脫逃的黑人自給自足、實現自己的安全與幸福——擁有自由。南卡羅萊納墾殖地主譴責大英軍人「偷走」黑人，或說服他們「拋棄」自己的主人。[3]

湯瑪斯・傑佛遜實際上只把革命的許可給了他身邊這群有錢的白種男性革命同志。他在《獨立宣言》中把逃奴貶為罪犯，而且不讓女性發聲。波士頓代表約翰・亞當斯寄了封信回家給他的妻子艾比蓋兒（Abigail Adams），「嘲笑」她努力爭取婦女的權利。「我們的奮鬥」導致白人「小孩和學徒都不聽話了」，他在信裡提到聽諸位代表說：「印第安人藐視他們的監督，黑奴大膽侮慢他們的主人。」而現在她還告訴他，婦女也「有所不滿」。[4]

傑佛遜在他的宣言中扼要提出更多獨立的理由，然後條列「大英帝國壟斷者」的「一長串濫權與侵占的惡行」，例如「阻斷我們與全世界其他地區進行貿易」。美洲商人與墾殖地主無法和大英帝國之外的商人與墾殖地主做生意，扼制了他們與任何人買賣非洲人的自由、向英國以外來源買進較廉價或較優質產品的自由，以及不服膺大英帝國商人與銀行的自由。傑佛遜和他的自由奮鬥階級是一群有抱負的國際自由貿易商，在一七七六年形成強大的聯盟。蘇格蘭哲學家亞當・史密斯②在

②亞當・史密斯（Adam Smith, 1723-1790），蘇格蘭哲學家、經濟學家，他所著的《國富論》率先嘗試闡述歐洲產業和商業發展歷史，開啟現代經濟學，奠定自由貿易、資本主義和自由意志主義的理論基礎。

他迅速狂銷的大作《國富論》（*The Wealth of Nations*）中抨擊英格蘭的貿易法規限制了「自由」市場。對這位資本主義經濟學的創始元老來說，國家的財富來自一國的生產能力，而非洲國家欠缺這種生產能力。「整個非洲內陸，」他寫道，「似乎從開天闢地以來一直處於野蠻未開化的狀態，跟我們現在看到的一樣。」同時，亞當．史密斯讚美美洲人「努力設法為一個廣大遼闊的王國籌建一個新型態的政府……可望成為有史以來世界上最偉大、最令人敬畏的王國」。讀著亞當．史密斯的預言，開國元老們熱血沸騰。傑佛遜後來稱《國富論》是政治經濟學的「在世絕頂佳作」。[5]

傑佛遜把國王的濫權留在《獨立宣言》最後才處理。他曾當過律師，又是個擅長舞文弄墨的文人，在這裡反擊山繆．詹森批判美洲虛偽的說法。傑佛遜寫道，英國王室過去不讓美洲人廢除奴隸制，現在卻解放並武裝非洲奴隸，以維持大英帝國對美洲人的奴役，「也就是說，在國王的敦促下，干犯犧牲他人**性命**的罪，來償還原先危害人民**自由**的罪」。[6]

反奴隸制的羅德島清教徒牧師山繆．霍普金斯（Samuel Hopkins）應該會覺得傑佛遜的這段文章相當可笑。他剛把《談奴役非洲人》（*A Dialogue concerning the Slavery of the Africans*）送呈國會。霍普金斯申明，美洲人所謂承受自大英帝國的奴役，與美洲人對非洲人施加的奴役相比，根本「大巫見小巫」。這份慷慨激昂的反種族主義宣冊，差點讓人忘了貴格會也在一七七六年要求所有的教友釋放奴隸，否則將面臨逐出教會之處置。「灌輸給我們的教育，對他們有強烈的偏見，」霍普金斯公然表示，「讓我們以為他們不是我們的諸兄弟，或他們在任何層次的水準都不及我們；反而把他們當作相異的另一個動物物種，生來只為了服侍我們或我們的孩子。」霍普金斯成為貴格會以外第一位大力反對奴隸制的重要基督教領袖，但是在一七七六年的反奴隸制長椅上，只有他孤坐獨鬥。

其他傳教士避之若浼，宣布獨立的代表們也不願與他同坐。他們不需要別人告知自己的革命宣言有許多矛盾缺失。什麼都不能說服蓄奴的美洲愛國者不再煽動宣稱自己遭到大英帝國奴隸制迫害，或不再加強他們對非洲人的奴役。別管那些矛盾了。這兩個方向都是為了他們自己政治與經濟的利益。[7]

一七七六年七月二日，決議通過宣布獨立。代表們接著巨細靡遺地審查傑佛遜的草稿，就像理髮師理髮一樣。每次他們修剪、改變或增加了什麼，超級敏感的傑佛遜就愈發沮喪地沉坐進他的座椅。班傑明．富蘭克林坐在他身旁，不知怎麼讓他打起精神來。代表們刪除了傑佛遜罵英國是偽君子的長篇段落。顯然，南卡羅萊納和喬治亞的代表不喜歡傑佛遜把奴隸制描寫成「違反人性的殘酷戰爭」，這樣的用語威脅了他們廣大資產的基礎。代表們在一七七六年七月四日完成了改寫《獨立宣言》的工作。[8]

⁂

接下來五年，對抗仍然僵持不下，但大英帝國無法摧毀造反勢力。一七八一年七月五日，英國紅衣軍③孤注一擲，攻抵維吉尼亞州首府里奇蒙市（Richmond）郊區。英軍把維吉尼亞州長當成逃奴一樣追捕。時任州長的湯瑪斯．傑佛遜擁有一萬英畝的私人土地可選擇何處藏身，便攜家帶眷躲到一處繼承來的處所，位於蒙帝塞羅西南方約九十英里處。避居在此地，傑佛遜終於有時間回答法

③紅衣軍（Redcoats），美國殖民地對英軍的別稱，取自其制服的猩紅色。

國外交官法蘭索瓦・巴貝馬布瓦（François Barbé-Marbois）一七八〇年寄給十三位美國州長④的二十三則「詢問」。

這位法國人請教的資訊包括各個殖民地的歷史、政府、自然資源、地理及人口。只有少數幾位州長回覆，而且沒有人寫得像湯瑪斯・傑佛遜那麼詳盡。身為美國哲學會的新進成員，傑佛遜收藏在他蒙帝塞羅圖書室的書籍有數千冊，而他也喜歡學術性的挑戰。他寫了一本書做為回應，題名為《維州筆記》（*Notes on the State of Virginia*），預設發送的對象是法國的外交人士與知識份子，以及美國的好友們。一七八一年底，他把手稿寄給了巴貝馬布瓦。

由於傑佛遜無意出版，因此他毫不避諱地表陳對黑人的看法，尤其是針對可能被解放的黑人。「把（自由）黑人融入這個州」是不可能的，他表示：「白人操弄著根深柢固的偏見；有上萬筆他們遭受黑人攻擊的紀錄；新挑起的激怒挑釁；先天造成的實在差異；還有許多其他狀況，將我們分裂成各派族群，製造了一觸即發的爭端，恐將沒有休止，除非消滅其中一個種族。」這個思想大雜燴是很典型的傑佛遜風格，他一貫地既反奴隸制又反廢除奴隸制，同時兼具隔離主義所論的自然差異，和反種族主義承認的白人偏見與差別對待。[9]

美國獨立戰爭的將軍喬治・華盛頓對偏見有不一樣的看法。一七八五年，他被邀請加入反奴隸制請願的行動，但他覺得時機不對。「迎頭痛擊一個正在開始消散的偏見，有其危險。」華盛頓提出建言說。偏見在一七八五年開始消散？不論華盛頓將軍如何得此結論，這位即將當上第一任總統的仁兄，聽起來就像在率先擊鼓迎接，假想的種族進步壓過反種族主義的熱切主張。[10]

湯瑪斯・傑佛遜確實在《維州筆記》裡提議迎頭痛擊奴隸制，而且他終生支持這個計畫：教育大眾、解放奴隸、遣返非洲人回非洲殖民。在蒙帝塞羅奴役黑人的傑佛遜羅列出「先天造成的實在差異」，也就是他認為無法讓自由黑人融入新國家的那些特性。他在其中提到，白人比較美，這點從黑人「比較喜歡白人」可見一斑。他在此段落引用了愛德華・隆恩（及約翰・洛克）的說法，但相當諷刺的是，這個見解竟出自一個可能已經喜歡上某位黑人女子的男人筆下。[11]

黑人的記憶力與白人相當，傑佛遜繼續寫道，但是「在理性推論方面就差勁得多」。接著，他停下來以科學客觀性來掩飾他的種族主義觀念：「若跟他們回到非洲進行這項調查，那並不公平。在這裡，我們會把他們放在跟白人相同的狀態來考量，而且我們是以事實基礎做評斷，而不是道聽塗說。」在這個「相同的狀態」上，他「從未……發現黑人說出高過簡單敘事程度的思想；從未看到具備繪畫或雕塑的基本特質」。「宗教，」他說，「的確創造出一個菲利思・惠特利；但無法創造出一名詩人。」[12]

因為《維州筆記》，湯瑪斯・傑佛遜儼然成為批評黑人智能低劣的美國知名權威。這個情況將在未來延續五十年。然而，傑佛遜並沒有提到，無數的非洲奴隸學習成為具備高度智識的鐵匠、鞋匠、磚匠、桶匠、木工、機械工、製造工、工藝匠、農夫、助產士、內科醫師、監工、管家、廚

④ 美國以一七七六年七月四日發表《獨立宣言》為獨立建國日，故本書中在此之後的America中譯改為「美國」、American為「美國的」或「美國人」，除非指美洲大陸。一七七七年《邦聯條例》生效後，各province（省）或colony（殖民地）陸續改以state（州）的行政地位簽署加入邦聯，故在此之後governor中譯由「總督」改為「州長」（但各州份正式確立日期應以簽署一七八七年《美國憲法》為準）。

師，以及雙語或三語翻譯員。所有這些勞工，讓他的維吉尼亞種植園和其他許多地方能完全自給自足。傑佛遜自己曾說過逃跑的奴隸技能優秀，其他墾殖地主也曾招喚寶貴的老練奴僕回頭，說他們「聰明伶俐得不得了」，而且「做任何工作都很心靈手巧」。傑佛遜必須忽略這些公開說法。有人懷疑傑佛遜是否真心相信自己說的話。傑佛遜當真以為，黑人當奴隸的時候聰明，成為自由身就會變笨嗎？[13]

《維州筆記》還充斥著其他關於黑人的矛盾觀點。諸如「他們至少很勇敢，而且敢於冒險」勝過白人，因為他們缺乏深謀遠慮，「看不見危險，直到災殃臨頭」。他說非洲人對愛的感受較強，但對痛的感受較弱，而且「他們的人生似乎用於感受較多，沉思較少」，這也是為什麼他們傾向「不是玩樂就是昏睡，工作時則混水摸魚。好比動物不會動腦思考，所以身體休息時，當然就只會昏睡」。但是在前一頁，傑佛遜才剛說黑人需要的「睡眠較少。黑人在辛苦工作一天後，只需極少的娛樂提神，就能撐到半夜」。在傑佛遜活靈活現的想像中，黑人生性懶惰，**渴望**比白人多睡一點，但是黑人的肉體超強，**需要**的睡眠較少。[14]

雖然傑佛遜夸言將非洲奴隸比作如羅馬奴隸一樣低劣，但針對美洲原住民，他則疾呼這樣的比較「有失公允」。他斬釘截鐵地區分黑人和白人的差異，而把美洲原住民和白人放在同等位置。傑佛遜曾對美國獨立戰爭期間擔任美、法兩軍聯絡官的法蘭索瓦—尚·德·夏斯特呂（François-Jean de Chastellux）說，美洲原住民「身心皆與白人相當」。至於黑人，傑佛遜「認為黑人目前的狀態恐怕不然，但妄加斷言有害無益。如果把黑人一視同仁地教養幾個世代，他們應該會改變」。傑佛遜談到種族概念時總是渾沌不清、說詞反覆，這算是最清楚表達他同化主義觀念的措辭了。

傑佛遜認為，美洲原住民生育的小孩比白人少，原因「不在於先天差異，而是環境所致」。至於黑人，事實則是相反。「黑人，」他說，「不論原始就是一個特殊種族，或因為時間與環境使然，他們身心方面的品質皆不如白人。」這位野心勃勃的政治家，可能害怕疏遠了潛在的朋友，或在啟蒙運動反奴隸制和美國挺奴隸制之間為難傷神，也可能就是誠實展現內心依違兩可，他從未表態選邊支持多元起源說或單一起源說、隔離主義或同化主義、奴役或解放。不過，他確實選擇站在種族歧視那一邊。[15]

一七八二年，傑佛遜並沒有計畫出版《維州筆記》，他正忙著重拾自己混亂的生活。從事公職十三年，加上被英國追捕好幾個月，讓他飽受折磨。戰爭毀了傑佛遜的過去，而妻子瑪莎⑤在那一年九月六日辭世則毀了他的未來。他原本打算退休當個墾殖地主和學者，跟妻子在僻靜的蒙帝塞羅相伴養老。一夕之間，蒙帝塞羅這個庇護天堂變成了畜欄囚圈，圍欄插滿傷心回憶。他必須逃離，而他的國會朋友們找到了解決辦法。[16]

一七八四年，傑佛遜到巴黎擔任外交使節，一心想著藉工作之便可以逛街、看展覽、拓展文化與生意前景。他與法國外交部長聯絡那週，就指示了蒙帝塞羅加速生產。他認為他自己的奴隸，以

---

⑤ 瑪莎・傑佛遜（Martha Jefferson, 1748-1782），本姓威勒斯（Wayles），出生於維吉尼亞富裕家庭，一七七二年與湯瑪斯・傑佛遜結婚，一七八二年生下么女後不久逝世。

及他祖國的奴隸，在不久的將來會負擔為法國商人生產足夠菸草的任務，讓他能還錢給英國債主們。同時，傑佛遜還忙著告訴廢奴主義者：「沒有人（比我）更殷切期待看到奴隸制廢除。」傑佛遜厭惡奴隸制的程度，幾乎跟他害怕賠上美國的自由給英國銀行一樣，或跟害怕失去他在蒙帝塞羅的尊貴優渥生活一樣。他對解放奴隸和奴隸制度都是又愛又恨，而且從未與任何一邊分手。[17]

經濟外交是傑佛遜的官方工作，科學則是他的個人嗜好。班傑明·富蘭克林這時也在巴黎，兩人聯手捍衛美國，對抗法國強烈批評美國較低劣的看法。傑佛遜的行李中帶了他尚未出版的《維州筆記》和「一張罕見的大塊黑豹皮」。一七八五年，他在巴黎私自印製了兩百本《維州筆記》，寄送給法國知識份子、班傑明·富蘭克林、約翰·亞當斯、詹姆士·麥迪遜⑥和詹姆士·門羅⑦。其中一本流傳到一位奸詐的印刷商人手裡，他在一七八六年未經傑佛遜把書翻譯出版了法文版。傑佛遜出於己願安排出版英文版，於一七八七年夏天在倫敦發行。此後，《維州筆記》成為最多人閱讀的美國非小說類書籍，一直到十九世紀中葉。

為希羅多德寫傳記而聞名的法國作家康斯坦丁·瓦爾尼（Constantine Volney）伯爵讀到《維州筆記》時，正在為自己的《敘利亞與埃及遊記》（*Travels in Syria and Egypt*）做最後修訂，後來與傑佛遜結識為友。瓦爾尼在埃及看到人面獅身像時，想起古希臘最早的歷史學家希羅多德，描寫古代埃及人的「黑色鬈髮」。瓦爾尼和當代做了連結，凝思一念：「黑人種族，如今成為我們的奴隸和十分鄙視的對象。我們在藝術、科學、甚至語言的使用本身對他們都有所虧欠。」瓦爾尼於一七九六年造訪美利堅合眾國時，美國的種族主義者嘲笑他是個無知的黑人崇拜者，但傑佛遜沒有。他邀請瓦爾尼到蒙帝塞羅，也歡迎他的反種族主義觀念和黑色古埃及。傑佛遜，這位批評黑人智能低劣的權威，怎麼會景仰瓦爾尼這位古埃及權威呢？看來，他的自利私心一直和科學真理在拉扯著。[18]

湯瑪斯・傑佛遜於一七八七年造訪法國南部及義大利北部。「如果我命中注定死在法國，我求你把我送到此地。」傑佛遜寫下這句話讚嘆艾克斯普羅旺斯（Aix-en-Provence）的鄉村之美。他在六月返回巴黎，應該注意到有一份當年的美國哲學會年度演說稿，講者是普林斯頓大學神學家山繆・史坦霍普・史密斯（Samuel Stanhope Smith）。美國哲學會的年度演說是這個新生國家裡最受矚目的學術演講，而美國哲學會的成員又是美國權貴中的名流之輩，其中人物例如：賓夕法尼亞州的班傑明・富蘭克林、紐約州的亞歷山大・漢彌爾頓⑧和維吉尼亞州的湯瑪斯・傑佛遜、詹姆士・麥迪遜和喬治・華盛頓。史密斯在美國哲學會發表的演講，從實質各方面來看，等於是國內率先對傑佛遜《維州筆記》提出的重大挑戰。[19]

山繆・史坦霍普・史密斯思索同化主義的氣候理論已經有一段時間了。他的資料來源最初可能

---

⑥ 詹姆士・麥迪遜（James Madison, 1751-1836），美國開國元老、第四任總統，父母皆出身維吉尼亞富裕種植園家庭，被譽為「憲法之父」。

⑦ 詹姆士・門羅（James Monroe, 1758-1831），美國第五任美國總統，出身維吉尼亞蘇格蘭移民農場家庭。門羅在任時於一八二三年發表聲明，要求歐洲各國不得繼續殖民美洲或干預政治，否則將視為侵略行為，需要美國介入，而美國也不會干預現存的歐洲殖民地及歐洲國內事務。此即後人所稱的「門羅主義」（Monroe Doctrine）。

⑧ 亞歷山大・漢彌爾頓（Alexander Hamilton, 1755-1804），美國開國元老、軍人、第一任財政部長，出生於加勒比海尼維斯島。他和哥哥都是私生子，母親帶著他們搬到聖克羅伊島後不久病逝。亞歷山大當店員維生，因文才出眾，地方人士資助他到北美洲求學發展。

是布豐的著作，或詹姆士．包登為波士頓新成立的美國文理科學院（American Academy of Arts and Sciences）於一七八〇年五月四日做的開幕演說。身為該院的創辦人及首任院長，又是麻薩諸塞州的政治領袖之一，他演說的對象有好幾位是國內領頭的知識份子和政治人物，演講內容有可能往南流傳到了史密斯所在的紐澤西州。包登在演講中說，如果歐洲人和非洲人「天生的身心機能」是「不平等的，而這似乎是事實」，那我們知道原因在於氣候。炎熱天氣會破壞頭腦與身體。在氣候適中的北美與歐洲，人類的「頭腦與身體都能發揮運用得更充分」。史密斯也可能從賓州大學醫學院創辦人約翰．摩根⑨那裡學到氣候理論。摩根後來在一七八四年向美國哲學會展示兩名變白的兩歲幼兒時說：「我們鮮少遇到外表這麼美麗的黑人。」[20]

山繆．史坦霍普．史密斯把他的一七八七年演講題名為〈論述人類物種多樣膚色與體態之成因〉（An Essay on the Causes of the Variety of Complexion and Figure in the Human Species）。他描述了人類多樣性的兩個成因：氣候及社會狀態。炎熱天氣造成各種身體特徵異常，例如奇怪的毛髮，這是「與自然正常法則最無關的一點」；寒冷天氣「帶來的影響則相反」，能治癒這些患疾。史密斯以布豐為靠山提出這些主張。

除了氣候條件改變，社會狀態改變也能去除黑色印記，史密斯繼續說。看看居家的奴隸就知道。他們跟白人社會最接近，就逐漸培養出文明社會「合宜而正規的特徵」，進而膚色變淺、頭髮變直、嘴唇變薄。「歐洲人，還有美國人，尤其是世界上最美的人種，因為他們的社會狀態最進步。」最後，這位同化主義者確保自己和卡姆斯法官與多元起源說撇清關係。史密斯總結說，從單獨「一對」歐洲的亞當與夏娃，「衍生出世上所有的家庭」。[21]

史密斯用歐洲的特徵當作衡量標準，判定黑人淺膚薄唇比深膚厚唇美麗。他也劃分「秀髮」愈直、愈長就愈好，和「亂髮」愈鬈、愈短就愈糟。他把黑白混血人擺在非洲人之上。

不論是奴隸或自由身，雙種族人通常是墾殖地主的子女，大都比單純的非洲人後代享有較高的社會地位，也通常遭受較低程度的歧視對待。雙種族人比較可能負責繁重操勞的家務工作，受到墾殖地主嚴密的監督。相較之下，奴隸在田裡的工作也相當粗重，還可能面臨性虐待。即使雙種族人地位較高，他們仍會害怕奴隸主，也害怕某些與非洲人聯手反抗白人優越的反種族主義雙種族人。有些雙種族人在思想上則與白人種族主義者無異，歧視深膚的黑人，並且透過自己的優越觀，合理化這種歧視和較高的位階。十八世紀晚期，查爾斯頓的雙種族人組織了棕色聯誼會（Brown Fellowship Society），把深膚色的族群排除在他們的商業網絡之外。此舉造成的結果是，這個南卡羅萊納州城鎮接著就出現了深色自由人協會（Society of Free Dark Men）。[22]

美國哲學會隨後感謝山繆．史坦霍普．史密斯「精闢博學的演說」。史密斯勾勒出氣候理論者的位置（看起來是主宰北方菁英種族思想的派系），之後又在附錄列了一長串攻擊卡姆斯法官和多元起源說的出版宣冊。種族不是固定的，而且「會適應不同氣候」，史密斯辯稱：「把哥德人（Goths）、蒙古人、非洲人放在不同的天空下，就會有大幅改善，因為就像人們說的，他們特別能適應自然。」史密斯振振有辭地宣稱，奴隸貿易，這害死了數百萬人的罪過，相當可觀地改善了非洲的處境。[23]

---

⑨約翰．摩根（John Morgan, 1735-1789），美國醫學教育之父，出生於費城的威爾斯移民家庭，曾擔任英軍和美軍的醫官。

山繆．史坦霍普．史密斯成為波士頓美國文理學院和費城美國哲學會的成員，他加入這些傑出知識份子的行列，為了打擊多元起源論者，以及在美國重振的氣候理論。他捍衛聖經的學術論述很快在費城、倫敦和卡姆斯法官故鄉後方的愛丁堡（Edinburgh）印行。等到他在一七九五年坐上普林斯頓大學校長大位時，他已經累積了國際性的學術名聲。

傑佛遜從他位於巴黎的住處密切注意（但沒有密切影響），制憲會議的事件發展。制憲會議於一七八七年五月二十五日在費城開議，幾個月前，山繆．史坦霍普．史密斯才對某些代表們發表過關於種族的演講。傑佛遜慷慨有力的《獨立宣言》開啟了多年反抗英國的激烈苦戰，接著出現的是一個脆弱無力的邦聯。面臨著空虛的國庫、變動的貿易政策、國際間的不尊重以及聯邦分崩離析的恐懼，美國的領導人們重新回到建國的會議桌商議。代表們之中有些是美國哲學會成員，如果由他們決定，史密斯的年度演說恐怕會是當年這場費城會議唯一針對種族與奴隸制的嚴肅討論。

事實上，代表們清楚決定棄而不談奴隸制。作家們標榜這部憲法是追求人類最大自由，草擬的過程中卻不得討論反奴隸制。然而，不過數週時間，奴隸制及其承載的思維偷偷鑽進了憲法的審議中。奴隸制的問題一被打開來談，就再也丟不掉了。

如何決定各州在聯邦政府立法機構中的代表性，是制憲辯論的核心議題。一七八七年七月十一日，這個陽光炙熱的一天，南卡羅萊納州代表約翰．拉特利奇（John Rutledge）從獨立廳（Independence Hall）裡的座位起身。這位南卡羅萊納州前任州長及未來的美國最高法院首席大法官再次提出動議，主張賦稅代表制（因為蓄奴州上繳的稅金高得不成比例，如此就能壟斷政治權力）。拉特利奇也再次獲得同鄉的南卡羅萊納州代表皮爾斯・巴特勒（Pierce Butler）少校附議。巴特勒私有的工人數量到一七九三年時計有五百人。後來當上最高法院法官的賓州代表詹姆士・威爾遜（James Wilson），多少預料到拉特利奇會提出這樣的動議，於是他在心裡打了個主意。拉特利奇若事先知情，或許也會贊同。

威爾遜提出一個替代方案：「人口比例代表制，包含白人和其他自由身公民與居民的總數……加上全部其他不具前述身分人數的五分之三⑩，不繳稅的印第安人不計。」唯一一位抨擊五分之三這個「折衷」數字的人是麻州代表埃爾布里奇・杰瑞（Elbridge Gerry），他是一名廢奴主義者，後來當上了副總統。「黑人是資產，而且在南方的用途……就像在北方的牛馬一樣」，杰瑞結結巴巴地說，那麼「為什麼南方各州的代表占比應隨奴隸的數量而增加，北方各州卻不能以牛馬為基礎？」

杰瑞環視四周，眾人只是沉默對望。沒人有心理準備回答這個無法回答的問題。表決在靜默中進行，以九比二的票數通過五分之三這個條款。僵持的麻州代表們棄權，只有紐澤西州和德拉瓦州投票反對威爾遜的折衷方案。[24]

把黑人奴隸打折等同於其他（白）人整體的五分之三，符合種族主義兩端陣營的意識型態。雖然雙方的前提與結論不一樣，但同化主義者與隔離主義者都認為，黑人具有人性，但又缺乏人性。同化主義者語帶尖銳地宣稱，不夠白、不夠人性的黑人，有朝一日能夠變成完整的、五分之五的白

---

⑩ 指五個黑人等同三個白人。

人。而對於隔離主義者來說，五分之三這個數字，符合黑人與生俱來、根深柢固的低劣程度。對於黑人的低劣性固著難改的原因，他們的基本推理和質疑也許分歧，但看來都欣然擁抱這個概念，而且在過程中，一起把蓄奴者的權力與種族主義觀念供奉進建國文件之中。

到了一七八七年九月十七日，聚集在費城的代表們把「奴隸」及「奴隸制」的字眼從簽署通過的美國憲法中抽出，掩飾他們的種族主義奴役政策方針。這些政策方針根本上不符合確保「我們自己和後代子孫享有自由的幸福」的宗旨。而且，還是一樣，對這些代表們來說，奴隸制為他們帶來了自由。美國憲法中的其他政策，例如賦予聯邦軍隊權力鎮壓奴隸反叛、押解奴隸如「罪犯」，都在確保奴隸制能延續。這些文字取自同年稍早發布的《西北地區法令》（*Northwest Ordinance*），其中規定禁止黑人，不論是奴隸或自由人，都不准進入俄亥俄州北部及密西西比州東部地區。經過激烈辯論，在費城開會的代表們訂定了於二十年內消滅奴隸買賣的條款。這算是個小小的勝利，因為一七八七年夏天那時，只剩喬治亞州和北卡羅萊納州允許輸入奴隸。[25]

一七八七年七月十五日，八歲的波麗．傑佛遜⑪與十四歲的莎莉．海明思⑫踏上傑佛遜巴黎住處的門階。莎莉．海明思在一七七三年來到蒙帝塞羅時還是個嬰孩，她是瑪莎．傑佛遜繼承自父親的遺產。約翰．威勒斯⑬與他的雙種族奴隸伊莉莎白．海明思⑭生了六個小孩，莎莉是最小的一個。到了一七八七年，據傳她「非常俊美，（有）一頭長及背部的直髮」，她代替一位「老奶媽」陪伴波麗到巴黎。[26]

傑佛遜的同儕們正在制定美國憲法時，他開始和莎莉．海明思展開性關係。當時，她的哥哥詹姆士在巴黎受訓當廚師，滿足傑佛遜的口腹之欲。海明思多多少少被迫接受這位四十四歲強欲男子的安排（那時傑佛遜同時在追求當地一位已婚的法國婦女）。傑佛遜跟海明思求歡期間，正準備在倫敦出版《維州筆記》。他沒有修改先前有關黑人的看法，也沒有刪除白人比黑人美的段落。[27]

傑佛遜一直想解決白女人與黑男人或雙種族男人之間的跨種族關係。到巴黎之前，他曾經遊說立法，若維吉尼亞州白人女性懷了黑人男性或雙種族男性的小孩，就要被驅逐出境（而不只是罰款），不過沒有成功。即使在提案被駁回之後，即使與海明思的關係已經開始，即使兩人的關係成熟而傑佛遜有時間反省自己的虛偽，他仍然不停宣示他的公開立場。「與另一種顏色融合會製造墮落；熱愛國家、熱愛人類優秀特質的人，都無法天真地同意。」他在一八一四年寫道，而他自己已經生了好幾個黑白混血小孩。傑佛遜和許許多多公開聲明反對「融合」、貶低黑人女性或雙種族女

---

⑪ 波麗．傑佛遜（Polly Jefferson, 1778–1804），湯瑪斯．傑佛遜與妻子瑪莎的六個小孩中排行第四，正式名字是瑪麗（Mary），小時暱名為波麗。她九歲時，妹妹露西染病去世，外駐法國的傑佛遜把她召來巴黎同住，由奴隸莎莉．海明思陪同。一家人在一七八九年返回維吉尼亞，瑪麗．傑佛遜與表親結婚，二十五歲生下第三個孩子後體弱去世。

⑫ 莎莉．海明思（Sally Hemings, c. 1773-1835），生於維吉尼亞殖民地，湯瑪斯．傑佛遜家的奴隸，據信為他生了六個小孩，陪伴直到他辭世。

⑬ 約翰．威勒斯（John Wayles, 1715-1773），英格蘭移民，湯瑪斯．傑佛遜的岳父，在維吉尼亞殖民地當律師並經營種植園和奴隸買賣，有三次婚姻，瑪莎是他與第一任妻子瑪莎．艾普斯（Martha Epps）所生。

⑭ 伊莉莎白．海明思（Elizabeth Hemings, c. 1735-1807），生於維吉尼亞殖民地，生父是英國商船船長，她和非洲奴隸母親是瑪莎．艾普斯的嫁妝。約翰．威勒斯在第三任妻子死後，納伊莉莎白為情婦，生了六個孩子，莎莉．海明思是老么。

性之美的人一樣，他們把自己真正的想法隱藏在私生活中，偷偷放在心裡和臥室裡。[28]

一七八九年，傑佛遜得以近距離目睹巴黎的反王室暴動。這場暴動後來點燃了法國大革命，他協助友人拉法葉侯爵⑮寫下《人權與公民權宣言》（*Declaration of the Rights of Man and of the Citizen*），在八月定案通過。數週後，傑佛遜離開了法國。在此期間，他出手為法國大革命稍事打底，並且為美國獨立戰爭略加收尾，但他同時得應付十六歲莎莉・海明思的叛逆。她懷了他的孩子，不願回國後恢復奴隸之身，於是打算向法國官員請願爭取自由。傑佛遜做了他能做的唯一一件事。根據海明思對她兒子麥迪遜的憶述，「他承諾她將破例享有特權，並且慎重發誓給她的孩子自由」。麥迪遜在他的日記裡寫道：「於是，她隨他返回維吉尼亞州，只能仰賴他會遵守承諾。」海明思至少為傑佛遜生了五個孩子，可能多至七個，DNA鑑定證實他是每個莎莉懷胎九個月生下的孩子的父親。有些孩子早么，但是傑佛遜遵守了承諾，活下來的子女一到成年就被解放了。[29]

傑佛遜即將從巴黎回返之際，猶豫了一陣子之後，答應擔任喬治・華盛頓開國政府的第一任國務卿。他的任期從一七九〇年三月二十二日開始，幕僚成員中有聯邦黨⑯的黨員。他們是美國第一個政黨，支持貴族統治，反共和體制。傑佛遜被所有這些人包圍，不久就覺得鬱鬱寡歡。副總統約翰・亞當斯在質疑「平等法律」的有效性，財政部長亞歷山大・漢彌爾頓暗地裡希望恢復君主政體，想把經濟掌控權交託給金融家們，並且推動與大英帝國有緊密的經濟紐帶（或者，在傑佛遜看來，是臣服的經濟紐帶）。傑佛遜看著法國大革命發展，心中稍感安慰，直到革命浪潮漫流到海地。一七九〇年，海地的奴隸主們看到《人權與公民權宣言》（第一條：「人人生來始終自由且權利平等」），視之為開啟獨立運動的信號，可以開始發展新的貿易關係、增加他們的財富。人數將近三萬（只略少於白人人口）的富裕雙種族自由人，開始積極強力要求他們的公民權。在這個世上最賺錢的歐洲殖民地，被奴役的非洲人口大約五十萬，生產的糖和咖啡幾乎占了全球產量一半。他們聽到了島上自由人那些要求權利與自由的呼聲，心生好奇並探其究竟。一七九一年八月二十二日，非洲奴隸起義了，在許多方面受到巫毒祭司杜提·卜克曼⑰激勵。在白人貴族、白人獨立人士、雙種族自由人積極份子之間，他們興起成為內戰的第四股勢力。

包括湯瑪斯·傑佛遜在內，沒有一個蓄奴者希望非洲奴隸在這場內戰中獲勝。如果這些黑人自由鬥士得以宣布他們獨立，而且是在南北美洲最富饒的土地上，地球這半邊象徵自由的國土將會是黑奴的國家，而不是傑佛遜的美國。各地被奴役的人會受到這個象徵激勵，奮起爭取自由，那麼，種族主義觀念就再也無力阻擋了。

⑮吉爾伯特·杜·莫提耶，拉法葉侯爵（Gilbert du Motier, Marquis de La Fayette, 1757-1834），法國將軍、政治家，出身貴族，參與過美國獨立革命與法國大革命，被譽為「兩個世界的英雄」，馬里蘭州在一九八九年頒給他美國公民身分。

⑯聯邦黨（Federalist Party, 1789-1824），美國已消失的政黨，是美國的開國政黨，由約翰·亞當斯和亞歷山大·漢彌爾頓創立。

⑰杜提·卜克曼（Dutty Boukman, ?-1791），出生於牙買加為奴，後來被賣到海地，他在一七九一年十一月舉行了一場宗教儀式，預言指名三位奴隸將領導奴隸造反推翻法國壓迫者，激勵了海地革命發生。

第十章 上進勸說

海地的自由人發動戰爭對抗接替西班牙的法國奴隸主，此時馬里蘭州有一位知名的自由黑人坐在桌前慎重寫了封信給湯瑪斯·傑佛遜。這名男子的外婆瑪麗·威爾許①於一六八〇年代以契約奴僕的身分來到馬里蘭省。契約工作期滿後，她買下一些土地和兩名黑人奴隸，把他們解放後，與其中一位名叫巴南卡（Bannaka）的黑人結婚。這個跨種族家庭違反了白人男性堅持白女人不得與黑男人結婚的立場。他們的雙種族女兒瑪麗②與一位名叫羅伯特的奴隸結婚。瑪麗與羅伯特於一七三一年生下自由身的兒子，取名叫班傑明。某位曾注意到班傑明的人回憶說，班傑明長大後「就只喜歡鑽在書堆裡」。親切的白人鄰居持續借書給他。這家人在繼承的農田種植菸草賺錢營生，讓班傑明·班納克③有時間閱讀、思考和寫作。[1]

在班納克那個時代，極少自由黑人有餘暇讀書、寫字。他們才剛掙脫奴隸制的鐐銬，就被歧視差別對待的枷鎖箝制住了。北方各州在美國獨立戰爭期間逐步減少了奴工，但對於終結種族歧視和種族主義觀念卻幾無對策——連一點漸進的發展也沒有。確保非洲人可以由原本的奴隸主管理，這樣的提議蓋過了廢奴的提議，好像他們天生適合當奴隸、不該獲得自由似的。在每一條解放黑奴的法律中，幾乎都有歧視的政策存在。[2]

國會與重量級知識份子熱烈辯論，討論奴隸制的未來與黑奴的特色，更升高了種族主義與歧視對待的氛圍，讓班納克這樣的自由黑人更難度日。時任賓夕法尼亞廢奴協會主席的班傑明・富蘭克林，在他生命最後的日子裡試圖解決世界上最難解的政治矛盾：美國的自由與奴隸制度。一七九〇年代初，高齡八十四歲的他蹣跚走到國會前，發表旁人所稱的「陳情」演說。基督教精神與「美國人的政治信念」都籲求移除這個「與自由國土相違之處」，富蘭克林懇求道。他認為，雖然黑人的水準大都落在「人類物種的普通標準」之下，但他呼籲同儕「充分發揚被賦予的力量」。

富蘭克林的演說和貴格會的解放奴隸請願攻勢，在第一屆美國代表會議④中點燃奴隸制討論的激烈攻防角力，在一七九〇年四月十七日富蘭克林逝世後仍延燒數月。黑人「懶散怠惰，缺乏見識，好逸惡勞；一旦解放，他們只好餓肚子或搶劫」，某位議員這樣說，他支持依賴奴隸勞力的南方墾殖地主。另一位堅稱，黑人是個「比印第安人還不如的種族」。某位北方議員認為，不打內戰

---

① 瑪麗・威爾許（Mary Welsh, ?-c. 1759），資料多記為Molly Welsh（Molly是Mary的常見暱名），據傳她是一名英格蘭酪農場女工，因弄倒牛奶被主人控告偷竊，被送到北美殖民地馬里蘭省菸草園當奴工七年做為懲罰。期滿後，她在巴爾的摩郡買下菸草田。丈夫巴南卡自稱是塞內加爾部落酋長之子，婚後改姓班納克，生了四個女兒。

② 瑪麗・班納克（Mary Banneker, c. 1700-1775），瑪麗・威爾許和巴南卡的長女，據傳是個膚色較淺的混血兒。她的丈夫羅伯特是受洗解放的西非幾內亞奴隸。

③ 班傑明・班納克（Benjamin Banneker, 1731-1806），曆書作家、測量員、農人，被認為是第一位非裔美國科學家，外婆曾用聖經教他讀書，但大部分靠自學學習數學、天文等。他在二十八歲繼承外婆的菸草園，終生未婚，晚年因酗酒、曆書銷量不佳窮困潦倒，變賣家產，死於自己的木屋。

④ 即美國國會第一次召開，任期由一七八九年三月四日至一七九一年三月四日，原在紐約市聯邦廳（現聯邦國家紀念堂）集會，後來遷到費城國會廳。

的話，南方人永遠不可能服膺全體人類解放。爭論奴隸制的同時，議員們曾暫時休戰，於一七九〇年三月二十六日一致通過了第一版《國籍法》（*Naturalization Act*），限制公民資格只授予「人格良善」的「自由白人」。[3]

國會的奴隸制辯論也一點一滴流入社會其他角落。同化主義派挑戰隔離主義派，強調如果黑人不是被踩在奴隸制蠻橫的靴子之下，他們其實承受得起平等。賓州廢奴主義者查爾斯・克勞佛⑤批評大衛・休謨，他引述山繆・史坦霍普・史密斯，並列舉從桑丘到菲利思・惠特利等一連串模範黑人，強調「黑人在每一方面都跟我們相似」。一七九一年，貴格會教徒摩西・布朗⑥提出他所在地區省級學校裡的模範黑人，證明「他們和我們一樣有能力在各個方面求進步，只要他們得到一樣的有利條件」。班傑明・若許可說是富蘭克林死後的美國廢奴主義領袖，他找到兩個成年模範黑人當例證：紐奧良市內科醫生詹姆士・德漢姆⑦和馬里蘭州「黑鬼計算師」湯瑪斯・富勒⑧。傳說富勒只需要幾分鐘，就能算出一個年齡十七歲、十七天、十二小時的人相當於活了幾秒鐘。但是，這些了不起的黑人成年人與兒童傑出模範，幾乎沒有動搖一丁點支持奴隸制的腦袋。奴隸主也許比任何人都明白自由黑人做事的能力，但他們只在乎黑人為他們賺錢的能力。[4]

班傑明・班納克可能是所有模範黑人中最傑出的一位，他真的置身於同化主義廢奴者與隔離主義奴隸主之間的那些辯論中。湯瑪斯・傑佛遜也是，因為他的立場在兩邊搖擺不定。班納克曾協助調查美國新首都華盛頓特區，幾個月後，他在一七九一年初寫信給傑佛遜。

班納克在信中開頭「自由且愉快地」問候，表明自己是「非洲種族」。班納克寫道，如果傑佛遜對天生本性保持彈性的觀點、對黑人態度友善、願意幫助他們解脫，那麼「我認為您會樂意擁抱每個機會，阻斷那輛載著荒謬錯誤觀念與看法的列車」。傑佛遜和他的蓄奴同鄉們「以欺瞞、暴力禁錮我無數同胞」，但又反抗大英帝國的壓迫，言行進退無不充滿矛盾。班納克在信末推介自己未出版的曆書，強調「由我親筆編寫」。班納克的信堅定反對種族主義，直接挑戰美國這位帶頭散播種族主義觀念的青年。[5]

將近兩週後，湯瑪斯・傑佛遜於一七九一年八月三十日回信給了班納克，裡頭是他對反奴隸制和反種族主義來信的標準答覆。他說，「沒有人比我更希望」看到偏見與奴隸制終結。他告知班納克已將其曆書寄給巴黎法國科學院（French Academy of Sciences）祕書長孔多塞⑨先生，因為「你全

---

⑤查爾斯・克勞佛（Charles Crawford, 1752-1825），生於加勒比海安地瓜島英國殖民家庭，被送回英國受教育，在美國獨立戰爭期間來到費城，曾在一七八四年出版反奴著作《奴役黑人之我見》（*Observations upon Negro-slavery*），但他生前一直擁有大量奴隸。

⑥摩西・布朗（Moses Brown, 1738-1836），美國實業家，生長於羅德島省富裕商人家庭，曾任羅德島議會議員，在美國工業革命時期利用水力興建現代化紡織廠。他和兄弟曾多次捐款捐地創校，包括英國殖民地羅德島省種植園學院，即布朗大學前身。

⑦詹姆士・德漢姆（James Derham, 1762-c. 1802），生於費城奴隸家庭，受到醫生主人鼓勵習醫。他是第一位正式執業的美國黑人醫生，但他沒有取得醫學院學歷。

⑧湯瑪斯・富勒（Thomas "Negro Calculator" Fuller, 1710-1790），十四歲從西非被帶到維吉尼亞州為奴。他不會讀書寫字，但能迅速把年、月、日換算成秒，還能做兩個九位數數字乘法的心算。

⑨孔多塞侯爵（Marie Jean Antoine Nicolas de Caritat, marquis de Condorcet, 1734-1794），法國數學家、哲學家，法國啟蒙運動代表人物，法蘭西第一共和國先鋒，起草《吉倫特憲法》。後以分裂國家的罪名被捕，死於獄中。

身的顏色有權要求他們提出存疑的理由」。傑佛遜閃避自己的矛盾，但他能說什麼呢？在傑佛遜寫給孔多塞的信中，他把班納克稱為「非常受人敬重的數學家」。而在《維州筆記》裡，他卻聲稱黑人的思考無法「高過簡單敘事的水準」。班納克改變了傑佛遜的想法嗎？是，也不是。傑佛遜給班納克貼上非凡優秀黑人的標籤。他對孔多塞說：「我很高興看到這些彰顯卓越人性道德的例子愈來愈多了。」[6]

從奴隸的角度來看，影響最深遠的崇高道德人性真實事件正在海地逐步展開。傑佛遜於一七九一年九月八日得知當地黑人造反。不到兩個月，十萬名非洲自由鬥士組成的軍隊殺了四千多位奴隸主，摧毀大約兩百座種植園，奪下整個北省（Northern Province）的控制權。如歷史學家西里爾·詹姆士⑩於一九三〇年代闡述：「他們以最明白易懂的方式追求自己的救贖，破壞他們所知造成他們磨難的人事物；如果說他們造成了多嚴重的破壞，那也正因為他們遭受到多嚴重的磨難。」[7]

傑佛遜和其他擁有非洲人的每一位主人長期以來恐懼的事情成真了。美國國會在一七九三年通過《逃亡奴隸法》（*Fugitive Slave Act*）做為回應，賦予奴隸主追回非洲逃奴的權利與法律工具，並且給窩藏者定罪。姑且不論其他人，湯瑪斯·傑佛遜對海地革命⑪的看法和美國獨立戰爭或法國大革命不同。「以人類感受而言，這麼慘烈的悲劇前所未見。」他在一七九三年七月寫道。對傑佛遜來說，奴隸造反對抗奴隸主，對人類感受來說更邪惡、更悲慘，甚於數百萬非洲人在美國種植園犧牲性命。不久後，傑佛遜就把杜桑·盧維杜爾⑫和其他海地領袖稱作「可怕共和國的食人番」。[8]

那一年，海地人起義給傑佛遜帶來的麻煩還衝擊到家園。有一兩艘載著落魄主人與奴隸的船於七月下旬從海地返抵賓州。一週後，費城開始有民眾死亡。到了一七九三年八月二十日，班傑明·若許注意到黃熱病的傳染模式，對人類命運有重大影響。但是，當時還稱不上出現疫情，所以若許在夏末時分還有時間處理其他的事情。他很可能寄了一些信給全國各地的廢奴主義人士。次年，他在費城歡迎來自美國各地廢奴社團的二十二位代表，蒞臨參加「推動廢除奴隸制暨促進非洲種族處境全美大會」。這個大會連續召開了好幾年，後來三十年間也不定期舉行，任務在於推動逐步解放奴隸、立法反制綁架行為、保障可疑逃奴公民權。

一七九〇年代，北方的自由黑人激增，黑奴的數量開始減少，種族討論從奴役的問題轉移到自由黑人的處境與能力。全美大會的代表們相信，廢奴主義未來的進展，端看黑人如何運用他們得到的自由。該大會定期為自由黑人出版及發放宣導文宣。廢奴主義者呼籲自由黑人要定期上教會、俱

---

⑩ 西里爾·萊諾·羅伯特·詹姆士（Cyril Lionel Robert James, 1901-1989），非裔千里達歷史學家、記者、社會主義者，宣揚西印度群島獨立和泛非主義。

⑪ 海地革命（Haitian Revolution），一七九一年，法國殖民地聖多明尼哥（現今海地島西半部）北部有奴隸暴動，杜桑·盧維杜爾率領千名奴隸加入，打敗西班牙和法國殖民軍，頒布海地憲法。他被捕後由尚—雅克·德薩林（Jean-Jacques Dessalines）領導革命，一八〇四年發表《海地獨立宣言》，成為加勒比海第一個獨立的地區，也是世上第一個非裔黑奴起義建國的國家。

⑫ 杜桑·盧維杜爾（Toussaint L'Ouverture, 1743-1803），海地革命領導人，出生於法屬聖多明哥種植園黑奴家庭，受過教育，一七七七年成為自由人，工作存錢買了自己的咖啡園。一七九一年他率領海地革命，一八〇二年與法軍和談時遭誘捕，押解到法國阿爾卑斯山區拘禁，隔年死於獄中。

備英文讀寫能力、學習數學、熟悉生意買賣、遠離墮落惡習、依法結婚並維持婚姻、避免法律訴訟、抗拒奢侈逸樂、戒除吵鬧失序行為、永遠保持文明端正的舉止，以及培養勤勞、節制、簡樸的習慣。廢奴主義者推論說，如果黑人的言行令人讚賞，他們就可以漸漸消解那些正當化奴隸制的理由，證明那些說黑人低劣的看法是錯的。[9]

這個策略可稱之為「上進勸說」（uplift suasion）。它的基本概念是，白人的種族主義觀念能夠被說服而改變，只要他們看到黑人的行為舉止有進步，向上提升他們在美國社會中的低下地位。種族關係的重擔被穩穩放在美國黑人的肩上了。廢奴主義策士堅決主張，正面的黑人行為能消解種族主義觀念，負面的黑人行為則會強化之。

一七九四年廢奴主義人士在費城開會時，上進勸說的想法尚未成形，還潛伏在展示菲利思．惠特利、法蘭西斯．威廉斯和其他「異常非凡」黑人的熱潮之下蠢蠢欲動。於是，全美大會提高籌碼，要求每一位自由黑人都要當個模範黑人。自一七九〇年代起，非洲人進入自由人的階級，廢奴主義者公開或私下在每一州把這個理論灌輸到非洲人的腦袋中。

這個解消種族主義觀念的策略，實際上卻奠基於種族歧視的觀念：「負面的」黑人舉止，要為種族主義觀念的存在與持久負起部分或全部的責任。認為黑人的負面行為要為種族主義觀念負責，等於認為黑人較低劣的想法有幾分真確；而認為黑人較低劣的想法有幾分真確，等於抱持種族歧視觀念。

打從一開始，上進勸說就不只帶有種族歧視，對黑人來說也根本不切實際。自由黑人無法永遠展現出正面的特質，理由與貧窮移民或富裕墾殖地主也做不到相同：自由黑人是人，而人會犯錯。

此外，上進勸說預設種族主義觀念是明理的，可以藉由明達道理來改正。但是，一般的政治欲望捍衛種族不對等，產生的是種族主義觀念，不是邏輯。上進勸說也沒有考慮到大多數人對獨特非凡黑人的看法，這個普遍認知主宰了美國同化主義和廢奴主義思想有一世紀之久。向上流動的黑人常被排擠歸類為特例，與平常的一般黑人不同。

不過，不論白人或黑人廢奴主義者，都認為上進勸說似乎在一七九〇年代起了作用，而且看來一直有用。接觸到不符刻板印象的黑人時，吸收了種族主義觀念的人偶爾會改變看法（然後，接觸到確立刻板印象的黑人時又變回來）。於是，還是一樣，向上流動的黑人製造了讚美，也可能製造厭惡。「如果你穿著體面，他們會為此羞辱你；而如果你衣衫襤褸，他們當然會為此羞辱你。」一位羅德島黑人居民在十九世紀初的回憶錄中抱怨道。這是種族主義殘酷的扭曲邏輯：當黑人出頭上進，種族主義者要不粗暴地把他們打倒，要不就視為特例而忽略之；當黑人墮落卑下，種族主義者說那是他們先天或後天該待的地方，而且還會先否定自己參與了打倒黑人的大業。[10]

⁂

上進勸說並沒有讓隔離主義奴隸主或同化主義廢奴人士遠離他們的種族主義，甚至連班傑明・若許這個廢奴主義者的後代都沒有動搖。一七九三年八月底，黃熱病患者多到讓他忙不過來，他還利用種族主義觀念騙人來當他的助手。若許九月時在費城《美國廣告日報》（*American Daily Advertiser*）刊登了一則注記，說黑人對黃熱病免疫，基於相信黑人具有動物般的身體優越性而下此結論。在若許明白自己鑄下大錯之前，已經有好幾位黑人護士病重難撐。疫情到十一月才消退，總共有五千人喪命，而聯邦官員此時才返回這個城市。[11]

疫情爆發期間，湯瑪斯・傑佛遜利用遠離費城的時候採購準備退休後用的科學器材。財政部長亞歷山大・漢彌爾頓一心追求君主政體和金融投機，讓傑佛遜心力交瘁，決定掛冠求去、打包還鄉。我們「在內閣裡每天像兩隻公雞一樣互鬥」，傑佛遜感嘆說。在他的國務卿任期尾聲，收到埃里・惠特尼（Eli Whitney）的專利申請書。這個耶魯學院校友出生於麻州，想在喬治亞州尋求致富機會。惠特尼發明了高品質的軋棉機，可以快速分離棉花纖維和棉花籽。傑佛遜很清楚國外對美國棉花的需求不斷上升，以及手工除籽的過程需要多麼密集的勞力與成本。英國出現的蒸氣動力和美國東北部出現的水力，大幅降低了把棉花紡成紗、把紗織成布的成本。傑佛遜在回覆惠特尼的信中說，送一具軋棉機來給我們，你就會「立刻」收到你的專利。惠特尼於一七九四年收到他的專利，傑佛遜也在這時退休了。[12]

這台被封為「棉花王」（King Cotton）的軋棉機讓南方土地的價值一飛沖天，米和菸草很快就被汰除了。棉花王為了穩固統治權不斷增加要求：更多非洲奴隸、更多土地、更多暴力、更多種族主義觀念。一七九〇年的年度棉花產量紀錄大約三千包，到了一八一〇年就達到十七萬八千包，在南北戰爭前夕更超過了四百萬包。⑬棉花成為美國的主要出口商品，金額超過所有的出口項目，不但讓美國人得以脫離英國銀行，也促進北方拓展工廠系統，有助於促進美國工業革命。棉花勝過任何其他人或物，在經濟上幫助美國奴隸主從英國解放，並且把非洲人與美國奴隸制的鎖鏈絞得更緊。上進勸說根本沒有一絲機會推翻棉花王。[13]

軋棉機掌權，滿足了棉花生產及不斷上升的非洲奴隸需求。在這之前，班傑明・若許在一七九六年以為自己已經找到終極的廢奴主義良方，這個好心的醫生相信他找到治療奴隸身上不正常黑色的療法。那年夏天，兩個總統候選人，分別是湯瑪斯・傑佛遜和在任的副總統約翰・亞當斯，和一位「白色黑人」一起在費城曬太陽。美國一位無名小卒亨利・莫斯（Henry Moss）患有白斑病（vitiligo），這是一種導致肌膚失去色素的皮膚疾病，會讓一個人皮膚顏色變淺。在好幾家費城酒館裡，莫斯在美國哲學會的成員面前展示自己經過四十二年白化的身體。遠在「黑臉的」白人藝人吸引美國人之前，「白臉的」黑人老早就吸引了美國相信或懷疑黑皮膚能變白的理論的人。有位觀察家說，莫斯變成「報章讀者再熟悉不過的人物，幾乎……跟……約翰・亞當斯、湯瑪斯・傑佛遜或麥迪遜相當」。差不多同時，綽號「櫻草花」的約翰・巴比⑭也在大英帝國展示他白化的身體。對某些人來說，莫斯是怪物，但對於像班傑明・若許等其他人來說，他則是種族進步的未來。歷史上沒有亨利・莫斯在一七九六年後的相關記載，直到一八〇三年，普洛威頓斯的廢奴主義者摩西・布朗仔細檢驗他，發現有「與人類本質相同的證據」。一八一四年，莫斯再次出現在《新英格蘭醫學與外科期刊》（*New England Journal of Medicine and Surgery*），他被描述為「皮膚原本的顏色幾乎消失、變成完美白色」的黑人。[14]

---

⑬ 美國規定棉花每包淨重四百八十英鎊，約兩百一十八公斤。

⑭ 約翰・巴比（John "Primrose" Boby, 1774-?），生於牙買加非洲奴隸家庭，出生時身體就有白斑，據傳母親害怕被指控與白人通姦而不願哺育他。他十二歲被送到英國利物浦受洗改名，一七九五年在倫敦等地展示白化的身體。

喬治·華盛頓總統、山繆·史坦霍普·史密斯、班傑明·若許和其他顯要人士在一七九六年夏天檢視過莫斯。「有衣物覆蓋、流汗的部位變白的速度最快，他的臉部最慢，」若許草草寫下筆記，「他的皮膚跟白人完全無異。那不是摩擦搓揉造成的。黑色皮膚不是脫落，而是改變了。」顯然湯瑪斯·傑佛遜沒有去看莫斯，他自己就有幾位「白黑人」，還在《維州筆記》裡稱他們是「違反自然」。傑佛遜說他們都是「生自沒有白人混血的父母」，小心免除了白人同胞的責任，也重申他言行不一的反跨種族性交立場。傑佛遜或許知道「白化症」這個字的英文albino來自拉丁文albus，意思是欠缺色素的動物、植物或人。傑佛遜寫道，但是他們的膚色，「一種無血色、灰如枯槁的白色」，異於常人，而且他們「鬈曲的」頭髮「是黑人的」。無怪乎傑佛遜從來不攻擊身體同化主義者，他根本不認可膚色從黑變白的價值。[15]

出乎傑佛遜意料，其他的美國知識份子倒是很認真看待皮膚變白的黑人。一七九七年二月四日，擔任美國哲學會副主席的班傑明·若許通知傑佛遜，他正在「準備一篇論文，試圖證明在黑人皮膚上的黑色……是一種疾病造成的」。若許於一七九七年七月十四日的美國哲學會特別大會上呈交他的論文。他讚賞同為同化主義者的山繆·史坦霍普·史密斯十年前發表了「文情並茂的論文」，但若許對於如何讓黑人變回白色的意見與史密斯不同。他不接受氣候理論，並宣稱非洲人都患有痲瘋病。若許對美國哲學會成員說，這種皮膚病是他們都有醜陋黑色皮膚的原因，而且他們的皮膚變得愈白，就表示他們變得愈健康。[16]

若許還分析說，這種皮膚病是飲食不良所導致，還有「較強烈高溫、較野蠻行為和膽汁熱」。然後他列出這種皮膚病對黑人造成的其他副作用：肉體發達、「滿頭鬈髮」、懶散惡勞、性欲強烈、痛覺遲鈍。「他們對手術的承受力比白人強得多，」若許引述一位醫生的說法，「我曾經為許多黑人截肢，他們可以把自己的上半身軀幹固定住。」

班傑明・若許讓自己投射出費城黑人盟友的形象，是一個種族平等主義者和廢奴主義者。他試圖在演講結尾鞏固自己的角色。「所有基於膚色宣稱白人比黑人優越的說法，其基礎都是蒙昧無知又缺乏人道的，」他強調，「如果黑人的顏色是疾病造成，我們不該因此而欺壓他們，反而該加倍施予我們的人道關懷。」若許對於黑人的能力、未來和可能療法相當樂觀，他認為大自然已經開始治療黑人了。成為著名同化主義者的若許提到亨利・莫斯，以及他「從黑色變成自然白色的皮膚」多麼美好。他滿意地宣布，莫斯的「鬈毛」也「已經變成了毛髮」。[17]

在北方的同化主義者和廢奴人士的圈子裡，班傑明・若許的瘋癲病理論和山繆・史坦霍普・史密斯的氣候理論廣受歡迎。相較之下，湯瑪斯・傑佛遜就完全相反。傑佛遜在一七九六年總統大選輸給了亞當斯，但在一八〇〇年又捲土重來。和前一次選舉一樣，聯邦黨的黨工與記者們利用傑佛遜的《維州筆記》當證據，努力說服選民相信他抱持無神論和反黑觀點。「你把黑人從上帝賦予他們的人類階層降級了！」某份聯邦黨文宣這樣寫道。有些傑佛遜的支持者在選戰期間被亞當斯的政府逮捕入獄，依據的是一七九八年制定的《煽動叛亂法案》（*Sedition Act*），例如詹姆士・卡倫德⑮，

⑮ 詹姆士・卡倫德（James Callender, 1758-1803），生於蘇格蘭，政治宣冊寫手、記者，在愛丁堡擔任文書公務員時即開始寫作攻擊名人或批評時事，後來到費城擔任國會記者，喜歡揭人醜聞而常陷入官司。他後來避居里奇蒙市，一八〇三年被發現疑似酒醉淹死在詹姆士河中。

他在一八〇〇年傑佛遜贏得總統寶座後才獲得赦免。卡倫德明白要求補償，做為他出力支持的獎賞。傑佛遜總統拒絕了。卡倫德憤怒之餘，就把傑佛遜的祕密曝光了。[18]

一八〇二年九月一日，里奇蒙市《紀事報》（*Recorder*）的讀者都知道了湯瑪斯・傑佛遜總統與莎莉・海明思之間的關係。卡倫德寫道：「莎莉這位淫婦，跟我們的總統生了好幾個孩子」，兩人的私通始於法國，「當時他卻不遺餘力地貶低非洲種族。」（諷刺的是，卡倫德自己也貶低了非洲種族。淫婦〔wench〕一詞通常意指淫亂輕佻的女子，當時通常意指追求白人的非洲女性。）[19]

如果卡倫德以為他一連串的文章能摧毀傑佛遜的政治時運，那他就錯了。卡倫德的報導對許多白人男性選民來說並不意外，在維吉尼亞州或全國各地皆然。要說有什麼作用的話，卡倫德的確讓他們不太開心，因為他們有些人也和黑人女性偷情（或強暴她們），而他們可不希望這種事情被公開散播。一八〇二年期中選舉時，全國白人男性選民幫助傑佛遜的政黨於國會再下一城，後來他一八〇四年競選連任時，更獲得他們壓倒性的支持。

傑佛遜的女兒派西（Patsy）給他看卡倫德的文章，他笑了出來。他沒有吐露隻言片語證實事件真假。約翰・亞當斯私下把傑佛遜的這個醜聞稱為一個「他的人格汙點」，以及「黑奴制度這個人性腐敗歪風，自然導致且幾乎無法避免的結果」。傑佛遜可能曾經在內心自我辯解他和莎莉・海明思的關係，反正每個人都這麼做或想這麼做。從終結自己（和受害者）童真的破處青少年，到拈花惹草的已婚男性，到長期私通的單身或鰥居男子——主奴間的強暴或性交似乎是「自然的」，而在蓄奴的美國，奴役某人的小孩也似乎是正常的。

甚至連傑佛遜以前的法律老師也不例外，他這位「最早結交的好朋友」也有一段跨種族私情。

喪妻的喬治・威思在威廉斯堡住了好一段時間，與他一起生活的包括雙種族的年輕人麥可・布朗和黑人「管家」莉蒂亞・布羅德納克斯（Lydia Broadnax）。威思在遺囑裡把他的房子留給布羅德納克斯，並要求傑佛遜督導布朗的教育。威思的白人外甥孫喬治・史威尼（George Sweeney）可能對他的安排心懷怨憤，涉嫌於一八〇六年某日毒殺了威思、布羅德納克斯及布朗。只有布羅德納克斯活了下來。連任總統期間，傑佛遜在人前避談威思的醜聞，套他的傳記作家的話來說，就是試圖盡可能製造、拉大「想像的距離」。[20]

主奴之間的性行為基本上承認黑人女性或雙種族女性的人性，但同時也把她們的人性化約到她們的性欲。在基督教世界，性欲被認為是人類身上殘留的獸性。這時期快速成為黑人女性代表形象的是《黑人婦女像》（*Portrait d'une negresse*，英文 *Portrait of a Negress*），是法國畫家瑪麗—吉爾明・布努瓦⑯一八〇〇年的作品。畫中有一名非洲女性坐著直視觀者，頭上包著頭巾，胸部袒露，白布纏裹了她的頭部和下半身，與她的黑色皮膚形成鮮明對比。這幅肖像畫被認為是第一件由歐洲女性所繪的黑人女性畫作。[21]

不意外地，傑佛遜的政治生涯安然度過了卡倫德的醜聞曝光風波。在傑佛遜擔任總統期間，許多美國人漸漸了解奴隸制（及其性政治）是他們的生活與經濟中不可改變的現實。在一八〇一年第一次就任的演說中，傑佛遜把這個國家稱為「世界的最大希望」和「地球上最強大的政府」，並不

⑯ 瑪麗—吉爾明・布努瓦（Marie-Guillemine Benoist, 1768-1862），法國新古典主義畫家，擅長歷史畫和風俗畫，先後跟隨勒布倫夫人（Madame Le Brun, 1755-1842）及雅克—路易・大衛（Jacques-Louis David, 1748-1825）學畫。

期望終結奴隸制。日耳曼鎮的請願者起初附和反奴隸制，聲音在美國獨立戰爭期間增強，但後來開始逐漸平息。殘留的廢奴主義人士，例如呼籲上進勸說的班傑明・若許及其同伴，吸引到的群眾頂多像上個世代的約翰・伍爾曼和山繆・霍普金斯一樣多。棉花王的氣勢難擋，而蓄奴的種族主義觀念製造者已經說服了大批美國人，把奴隸制視為還債與建國的必要之惡。此外他們辯稱，這似乎好過黑人解放必然會興起的可怕野蠻狀態。[22]

最重要的是，海地革命及其在南北美洲各地激起的奴隸叛亂，讓美國白人害怕種族戰爭，更讓他們擔心的是黑人可能獲勝。南方的國會議員及報社主編們盡力封鎖異議並煽動白人恐懼，宣稱公開討論奴隸制和自由黑人會刺激奴隸造反。然而，當時的自由黑人人數來到空前高點，因為戰爭期間有許多人逃跑，獨立戰爭後又有一波解放奴隸風潮。舉例來說，維吉尼亞州的自由黑人人口從一七八二年的一千八百人，跳升到一七九〇年的一萬兩千七百六十六人，然後到一八一〇年已有三萬零五百七十人。[23]

然後，一樁歷史大事讓棉花王國的版圖突然擴大了。拿破崙輸給了海地革命份子，海地的自由黑人於一八〇四年宣布獨立，這讓拿破崙必須重新想像法蘭西帝國的模樣。擁有和捍衛遙遠的殖民地，變得太花錢而且太麻煩了。廣大的路易斯安納屬地（Louisiana Territory）不適合他較精簡但更強大的新帝國。「我宣布放棄路易斯安納。」拿破崙於一八〇三年四月十一日說道。四月三十日，傑佛遜政府以一千五百萬美元從法國手中買下這塊屬地，相當於一英畝三美分。傑佛遜在獨立紀念日前夕聽說了這筆買賣，他開心寫道「這件事的意義大過全美國」。

接下來幾十年裡，奴隸主趕著他們的奴隸進入西部新國土，脅迫他們耕作新的棉花田與甘蔗田，把收成送到北方及英國工廠，推動工業革命。南方墾殖地主與北方投資者富裕了起來。有那麼多的錢要賺，反奴隸制和反種族主義觀念被鞭打到一邊去了，就像反奴隸制和反種族主義觀念的非洲人一樣。[24]

Ӂ

靠奴隸制支持的新生活與新土地，靠奴隸制獲得的新收成與新財富，在傑佛遜執政的一八一〇年代初期吸走了反奴隸制運動的活力。同化主義的觀念，尤其是單一起源說，也逐漸消退了。神學家們眼睜睜看著自己的文化影響力流失，愈來愈痛恨傑佛遜無視他們的宗教權威，其中包括普林斯頓大學校長山繆·史坦霍普·史密斯，他是當時美國最知名的種族論述學者。傑佛遜挑戰正統基督教相信全人類都是亞當與夏娃後代的說法，而主張人類物種是個別創生的人士，對史密斯來說就像吠個不停的狗一樣糾纏不放。[25]

英國醫師查爾斯·懷特（Charles White）是知名的助產專著作家，於一七九九年加入了物種辯論。與蘇格蘭的卡姆斯法官不同，懷特避談宗教，而是用新角度切入來證明不同人種的存在——比較解剖學。他不希望自己《論人類與不同動植物的規則層次》（*An Account of the Regular Gradation in Man, and in different Animals and Vegetables*）的論點，「被當作有絲毫鼓勵奴役人類之惡毒行為的意思」。他唯一的目標是「調查真相」。布豐認為跨種族的結合仍有生育能力，表示不同種族仍屬於相同物種，懷特反駁他這個著名的論點。他說，事實上曾聽說人猿「抓走黑人男孩、女孩，甚至女人」，有時還會奴役他們發洩「殘暴的激情」。在自然的階級上，歐洲人最高，非洲人最低，「比其他任何人類物種更接近野獸的起源」。黑人較優越的領域，就跟猿類比人類優越的領域一樣，包括視覺、聽覺、嗅覺、背記事物和咀嚼食物。「非洲人的陰莖比歐洲人的大。」懷特告訴讀者。歐洲大部分的解剖博物館保存有黑人陰莖，他注解說：「我自己的博物館有一根」。[26]

在伏爾泰的時代，科學變得太認真嚴謹，讓個別物種的討論無法流行起來。太多的自由與獨立革命言論，蓋過了愛德華．隆恩與卡姆斯法官的言論。到了查爾斯．懷特出書的時期，辯論已經開打。懷特的學生約翰．奧古斯丁．史密斯（John Augustine Smith）在紐約當醫師，他在一八〇八年指責山繆．史坦霍普．史密斯只是個對科學稍有涉獵的牧師。約翰．奧古斯丁．史密斯在他的巡迴演講中宣布，「我要把所有相關的事實陳諸於各位面前，以此為己責」，而其中最主要的一點就是歐洲人的「人體解剖構造」和其他種族的相比「更優越」。身為不同的物種，黑人與白人被「放在等級的兩個極端」。多元起源說的演講開啟了史密斯的學術生涯，他成為《醫學與生理學期刊》（*Medical and Physiological Journal*）主編、威廉與瑪麗學院第十任校長，以及紐約內外科醫學院（New York College of Physicians and Surgeons）校長。[27]

奴隸制的進展比卡姆斯法官、查爾斯．懷特和約翰．奧古斯丁．史密斯的論點更具說服力，讓一些長期支持單一起源說的知識份子開始改變看法。眼看基督教世界開始分歧離散，山繆．史坦霍普．史密斯為神學、同化主義和單一起源說做知識上的最後一搏。他在一八一〇年發表了「增訂擴充的」第二版〈論述人類物種多樣膚色與體態之成因〉，保證訴諸「事實證據」。他仍主張種族差異是氣候和社會狀態造成的結果，過去二十年來沒有什麼能讓他改變立場。要說有什麼改變的話，就是史密斯更強力堅持他的論點。他引用了氣候領域的「另一個事實」：亨利．莫斯的皮膚改變了，他那新生的「秀麗長髮」取代了「濃密鬈曲的物質」。在雄辯滔滔的附錄中，史密斯回應了「針對這篇論文第一版的一些苛評」，也回應了查爾斯・懷特、湯瑪斯・傑佛遜和約翰・奧古斯丁・史密斯。「讓這些異教徒現出原形吧，」他在結尾呼喊，「如果他們求戰，我們只能祈禱，像埃阿斯⑰一樣，與敵人在光天化日之下相見。」[28]

湯瑪斯・傑佛遜沒有在一八一〇年公開回應山繆・史坦霍普・史密斯。他完全拒絕公開表態。他從公職生活退休了。

⑰ 埃阿斯（Ajax），這裡是指「大埃阿斯」（Ajax the Great），荷馬《伊利亞德》中的人物，他是薩拉米斯的統治者，戴拉蒙之子，特洛伊戰爭中希臘聯軍的英雄。此處典故出自卷十七，帕特羅克洛斯穿戴好友阿基里斯的盔甲代替他作戰，特洛伊王子赫克特在太陽神阿波羅幫助下將他殺死，阿基里斯盔甲被特洛伊人搶走。大埃阿斯與斯巴達國王墨涅拉奧斯奮勇保住帕特羅克洛斯的屍體。大埃阿斯想派人回去通報阿基里斯他的好友身亡，但天神宙斯降下濃霧，讓他找不到戰友。大埃阿斯忍不住向宙斯哭喊祈禱：「天父宙斯啊，請為阿開亞人撥開迷霧／讓天空清朗，讓我們重見天日／若要我們毀滅，也讓我們毀滅在日光下。」

第十一章 豐臀偏見

不到三十年前，湯瑪斯·傑佛遜心神不寧地想離開蒙帝塞羅，逃離喪妻之慟。歷經派駐法國、擔任美國國務卿三年、副總統四年及總統八年，他想回到維吉尼亞老家了。「解脫鐐銬的囚犯，也沒人比得上我卸下權力枷鎖的感受。」他在一八〇九年三月四日告訴一位法國商人，距離他卸任總統職務只剩幾天。

在吵吵鬧鬧的華盛頓待了好幾年之後，傑佛遜渴望幽靜隱居，有私人空間讀書、寫作和思考。「我那個時期經歷的憂患險惡，」他說，「迫使我不得不參與對抗。」最重大的外憂莫過於十九世紀初英法之間的激烈戰爭。傑佛遜保持美國中立，不管國會中有議員主張與英國作戰，但他不能不管美國的中立性在公海上被侵犯。他於一八〇七年提案（且獲得國會採納）美國與英法之間全面禁運。一八〇九年三月一日，在傑佛遜總統任期的最後階段，國會廢止了這項爭議不斷的禁運措施。傑佛遜的中立政策只是延緩了無可避免的後果。在他卸任總統三年後，美國在一八一二年戰爭①中與英國正面衝突了。[1]

傑佛遜在一七九七年到一八一五年間擔任美國哲學會主席，確實也在單一起源說與多元起源說的論戰中維持中立。即使在總統選戰期間，他甚至幾乎不曾反擊聯邦黨對他《維州筆記》的攻訐。一八〇四年，印刷出版商威廉·杜安（William Duane）提議出新版，傑佛遜可在書中做回應。傑佛遜推辭了。他沒有時間。不過當他一八〇九年離開華盛頓時，就計畫要修改及擴增《維州筆記》的內容了。[2]

卸任的數週前，傑佛遜在二月二十五日感謝廢奴主義科學家翁里・格列瓦②寄來著作《黑人智力、德性及文獻之調查》（*An Enquiry Concerning the Intellectual and Moral Faculties, and Literature of Negroes*）。格列瓦提出旅行見聞為「證詞」，證明有些黑人國家相當輝煌繁盛，反駁「傑佛遜告訴我們，他們的國家沒有一個經歷過文明開化」。格列瓦以同化主義者的姿態解釋，「我們不是要假裝黑人的水準齊同於」白人，而是在挑戰某些人說「黑人無法成為一起貢獻人類知識寶庫的夥伴」。[3]

好幾年來，傑佛遜都在為美國奴隸制辯護開脫，這下也許終於可以暢所欲言回應翁里・格列瓦。他現在的位置比較適合寫信回覆這位知名廢奴主義者了。在三年前的《國情咨文》（*Annual Message to Congress*）中，傑佛遜曾經譴責奴隸貿易致使「侵害人權」，並疾呼國會禁止。國會在一八〇七年遵循傑佛遜的指示，針對如何懲罰非法奴隸販子進行了激烈辯論。他們決定，奴隸貿易商將依據一八〇七年《奴隸貿易法案》（*Slave Trade Act*）接受罰鍰，但在確保該法案落實執行方面並沒有什麼作為。

---

① 又稱為「第二次獨立戰爭」。美國獨立後持續與英國爭奪主權，企圖向北擴張解放仍由英國殖民的加拿大省，把歐洲殖民者勢力趕出美洲。雙方最後在比利時根特市簽署「根特條約」正式停戰，邊界恢復到戰前狀態。

② 翁里・格列瓦（Henri Gregoire, 1750-1831），法國天主教神父，國會議員，反奴隸制，支持普及選舉，共同創辦法蘭西學會和法國國立工藝學院。

那是個空洞且幾乎只是象徵性的法規。該法案並沒能關閉進行中的國際奴隸貿易大門，還大開國內奴隸貿易的門路。人權不斷被侵害，兒童從父母身邊被奪走，奴隸船現在沿著美國的水域往南航行，維吉尼亞州到紐奧良之間有如「中央航線」（middle passage），航程的時日與跨大西洋的「中央航線」相當。傑佛遜和其他想法相同的上南方（Upper South）墾殖地主開始刻意「繁殖」自家奴隸，以應付深南方③的需求。「我認為，女人每兩年可以生一個小孩，比農場上最優秀的男人更有賺頭。」傑佛遜曾跟朋友這樣說明。《奴隸貿易法案》頒布一年後，南卡羅萊納州法庭判決女性奴隸對她們小孩沒有法定擁有權，她們「的地位與其他牲畜相同」。[4]

終止國際奴隸貿易對那些美國奴隸大戶來說其實是一項利多，因為這提高了奴隸的需求與價值。跨國的奴隸買賣於一八〇八年一月一日正式依法終止的時候，奴隸大戶與主張逐步解放奴隸的人士一樣高興。麻州神父耶底底亞．摩爾斯④認為這是個勝利。他代表北方大多數主張廢奴的福音教派，宣稱自從基督教終於點亮「異教與穆罕默德的黑暗」非洲，以後「當地人就不需要被載運到陌生的外國土地了」。摩爾斯也相信奴隸制度會逐漸廢除。[5]

湯瑪斯．傑佛遜在一八〇九年終於重彈老調回覆翁里．格列瓦，顯然是仗著《奴隸貿易法案》受到廣大支持。他說，「如今世上沒有任何人比我更誠摯希望」看到種族平等實現。「在這方面，各國（對黑人）的觀念與日俱進，」傑佛遜寫道，「而且有希望看到進展，朝向與其他膚色的人類家庭重新建立平等互動的關係。」[6]

事實上，歐洲國家對黑人的觀念正在與日倒退。格列瓦與傑佛遜寫信交換意見不久之後，一張大幅印刷的畫像在倫敦掀起熱議。畫中是一名側身站立、面朝觀者的半裸非洲婦女，露出半邊巨大的臀部，看不見的那半身披掛著獸皮，額頭綁著一條頭巾，手中握著一支跟人等高的長棍。以前的白化黑人、模範黑人和「改信的何騰托族」（converted Hottentots），都經歷過所謂從野蠻變文明的歷程，逐年過去已漸漸不那麼引人關注。不過，倫敦人被莎拉．芭特曼（Sarah Baartman）深深吸引，或者說，是被她碩大的臀部和性器吸引。

芭特曼是非洲南部的科伊族人，一百多年一直被歸類為最下層的非洲人，最接近動物。芭特曼的肥碩臀部和性器在她的科伊族婦女中也算是異乎尋常，更不用說與非洲大陸各地的女性相比，或大西洋對岸傑佛遜墾殖園裡的女性。然而，芭特曼的碩大臀部和性器卻被當作是非洲平常且真實的例子。她在時髦的倫敦西區（West End）舞台上被宣傳是「何騰托的維納斯」（Hottentot Venus），把黑人女性與豐滿臀部這個種族刻板印象拴得更緊。至於黑人男性與碩大性器的連結，早先就已經被多元起源論者查爾斯．懷特緊緊拴在一起了。

退休的殖民地官員亞歷山大．鄧洛普（Alexander Dunlop）和芭特曼的南非主人亨德立克．西薩斯（Hendrik Cesars）於一八一〇年把她帶到倫敦。鄧洛普在一八一四年死後，展出人亨利．泰勒（Henry Taylor）把當時三十六、七歲的芭特曼帶到巴黎進行另一輪展演。報紙爭相報導她的到來。

---

③深南方（Deep South），又稱為下南方（Lower South）或棉花州（Cotton States），一般包含阿拉巴馬州、喬治亞州、路易斯安納州、密西西比州和南卡羅萊納州，有時含德克薩斯州和佛羅里達州。相對的上南方（Upper South）大致包含維吉尼亞州、西維吉尼亞、田納西州、阿肯色州、北卡羅萊納州，有時含肯塔基州、密蘇里州。

④耶底底亞．摩爾斯（Jedidiah Morse, 1761-1826），生於康乃狄克州伍茲塔克（Woodstock），他創辦女子學校，有感於地理教材缺乏親自撰寫了數本地理課本，被譽為「美國地理學之父」。

她曾到豪華的皇家宮殿（Palais-Royal）展示，還有巴黎酒色淫樂的精華地區，在這裡有妓女和出版商雜處，餐館和賭窟比鄰，喝咖啡的八卦客和酒醉的舞女、乞丐和菁英都在這裡出入。一八一四年十一月十九日，巴黎人漫步到皇家宮殿對面的雜耍劇院（Vaudeville Theater）觀賞《何騰托的維納斯，或法國女人之恨》（*La Venus Hottentote, ou Haine aux Francais*）開幕演出。這齣歌劇的故事情節中，有一名法國男人覺得他的追求者缺乏異國情調，但當她假扮成「何騰托的維納斯」現身時，他陷入了愛河。確定他被牢牢吸引之後，她卸下裝扮，這個法國男人也放下對何騰托的維納斯的荒唐迷戀，恢復了理智，然後這對愛侶就結婚了。這齣歌劇揭露了歐洲人對黑人女性的看法。終歸來說，法國男人被何騰托的維納斯勾引時，他們的行為就變得跟野獸一樣；而當法國男人被法國女人吸引時，他們的行為就變得理智了。雖然性欲旺盛的黑人女性值得性的吸引力，但無性欲的法國女人值得愛與婚姻。

一八一五年一月，動物秀團主雷奧（S. Reaux）從亨利・泰勒手中買下芭特曼。雷奧帶著她到處展示，有時還在她的脖子戴上項圈，帶到咖啡館、餐廳和一些法國菁英人士的社交場合，哪裡有錢賺就往哪裡去。一八一五年三月某日，雷奧趕著芭特曼來到巴黎自然歷史博物館（Museum of Natural History），那裡擁有全世界最了不起的龐大自然物品收藏。他們會見了歐洲地位崇高的知識份子，比較解剖學家喬治・居維葉⑤。

居維葉是極少數反對多元起源說的隔離主義者。他相信全人類都是歐洲伊甸園傳下的後代，五千年前一場毀天滅地的災難迫使倖存者逃往亞洲與非洲，接著有三個種族崛起，並開始一代代傳下無法改變的遺傳特質。根據居維葉的說法，「白種」是「全部之中最美」且「較優越」的，非洲人的身體特徵則「近似猴類」。

居維葉在自己的實驗室中要求芭特曼脫下她的長裙和披肩，她穿在身上抵擋三月的風。芭特曼拒絕了。居維葉感到吃驚。接下來的三天裡，他盡其所能在她穿著衣服的情況下做記錄，測量及描畫她的身體。

一八一五年十二月末的某個時刻，芭特曼過世了，可能死於肺炎。十九世紀間，沒有一個黑人女性比莎拉．芭特曼登上過更多家巴黎報紙的訃告。居維葉取得她的屍體，帶到他的實驗室。他脫下她的衣服，劈開她的胸壁，取出她所有的主要器官仔細研究。居維葉扒開她的雙腿，研究她的臀部，然後割下她的性器，放在一旁準備做成標本保存。居維葉和他的研究家團隊結束他們的科學強暴後，把芭特曼身體其餘的肉煮到脫落。他們把骨頭重組成一具骷髏。之後，居維葉把她的遺體加入他世界知名的收藏中。在他的報告中，他宣稱「從未看過比她的更近似於猴子的人頭」。他結論說，南非的科伊族跟猿類的物種關聯比跟人類還接近。[7]

巴黎人展示芭特曼的髏骨、性器和腦，直到一九七四年。一九九四年納爾遜．曼德拉（Nelson Mandela）總統上任後，他重申南非要芭特曼回歸故土的請求。法國在二〇〇二年把她的遺體送回她的故鄉。芭特曼在生前和死後不斷被展示，至此才終能入土為安。[8]

芭特曼在一八一〇年代初期的命運相當可怕，而居維葉關於黑人身體的結論，也被那些想找證據證明黑人低劣的人毫不遲疑地吸收，用來辯護他們在大西洋兩岸經營的生意，一門根植於黑人女

⑤ 喬治．居維葉（Georges Cuvier, 1769-1832），法國博物學家、比較解剖學家、動物學家，反對達爾文演化論。

性子宮的生意。

不論湯瑪斯．傑佛遜在一八〇九年向翁里．格列瓦說了什麼，喬克托族⑥和奇克索族⑦對黑人的觀念並沒有進步，他們開始擄有黑人（或把逃跑的奴隸抓來奴役）。雖然這些南方土著奴隸主拒斥白人優越和美國原住民低劣的想法，但他們欣然接受黑人特質與奴隸制的關聯。在傑佛遜執政時期，路易斯安納屬地的法國和美國主人對他們非洲奴隸的觀念也沒有進步。這些奴隸不願等待他們的法國和美國主人終有解放他們的想法，因為他們知道大概等到天荒地老也等不到自由。一八一一年一月八日，人稱日耳曼河岸（German Coast）地區的某座甘蔗園裡，有十五名奴隸殺傷了墾殖地主曼努爾．安德里（Manuel Andry）少校，還殺死他的兒子。他們穿著軍用制服，配戴槍枝、甘蔗刀和斧頭，擊鼓搖旗，開始前進一個個種植園，不斷增加同行的人數和奴隸主的屍體。最後，有兩百到五百名雙種族人和非洲人加入這個綿延三十五英里的自由行軍行列，一起進攻紐奧良。共同領軍的是阿散蒂族（Asante）戰士夸馬納（Quamana）及庫可（Kook），還有雙種族的哈里．肯納（Harry Kenner）及查爾斯．迪斯隆德斯（Charles Deslondes）。他們都受到海地革命激勵，這些革命份子掀起了美國歷史上規模最大的奴隸抗暴事件。⑧[9]

一八一一年一月十日，這夥武裝簡陋的自由人被打敗了。對手的武裝齊備，由四百位民兵和六十支美國陸軍部隊組成。最後，這些曾經為奴的造反份子有將近百名被殺死或處死。路易斯安納州提供墾殖地主補償金，每個被殺死的奴隸補償三百美元（在二〇一四年相當於四千兩百美元）。有關當局把他們的頭砍下，掛在紐奧良通往安德里種植園的交叉路口，讓每個人都看得見。10

為了防範未來發生造反，路易斯安納州的甘蔗園墾殖地主於一八一二年投票通過加入聯邦，希望確保聯邦政府提供保護。多加了路易斯安納州這個奴隸州，奴隸制明顯在擴展而非限縮，而且此時傑佛遜也已經卸任了。非洲奴隸的人數於二十年內暴增百分之七十，從一七九〇年首次聯邦普查的六十九萬七千八百九十七人，增加到一八一〇年的一百一十九萬一千三百五十四人，接下來五十年又增為三倍。奴隸制逐步擴張，辯護奴隸制的需求也增強，另外還要對抗歐洲反美的廢奴主義者，因而掀起獨立戰爭後最早的支持奴隸制思潮之一。即使是北方人，或北方出生、住在南方的人，也為奴隸制說話。一八一〇年，後來當上賓州國會議員的查爾斯・賈里德・英格索爾（Charles Jared Ingersoll）發表了《英奇昆，耶穌會信徒書信》（*Inchiquin, the Jesuit's Letters*），反駁「舊居民和遊客」對奴隸制的誹謗。數年後，紐約州反奴隸制小說家詹姆士・基爾克・保爾丁（James Kirke Paulding）試圖為他的國家及改變速度緩慢辯護。保爾丁寫道，解放快樂的非洲人恐怕會危害鄰

---

⑥喬克托族（Choctaw），美洲原住民族，推測於西元前一萬兩千年遷徙進入美國境內東南部地區。

⑦奇克索族（Chickasaw），美洲原住民族，原先居住於阿拉巴馬州亨茨維爾（Huntsville）西部、密西西比州與田納西州等田納西河流域一帶。

⑧這個事件被稱「一八一一日耳曼灣起義」（1811 German Coast Uprising），發生在路易斯安納屬奧爾良領地（Territory of Orleans），領導的夸馬納和庫可出身西非善戰的阿散蒂族，主人紀錄約出生於一七九〇年，一八〇六年被運到美國；哈里・肯納是維吉尼亞出生的木工，當時二十五歲；查爾斯・迪斯隆德斯出生於法屬聖多明哥，海地革命後被主人帶到奧爾良領地，在曼努爾・安德里的種植園當奴隸監工。

里、有損資產權利，而且會讓原本就已經夠不幸的他們變得「更加困苦」。[11]

費城聯邦黨的羅伯特・沃爾什（Robert Walsh）於一八一九年出版《抗告大英帝國對美利堅合眾國之判決》（*An Appeal from the Judgments of Great Britain Respecting the United States of America*）。「您的著作將成為未來每一部美國歷史書的首卷。」湯瑪斯・傑佛遜準確預言。雖然沃爾什把奴隸制歸咎於英國，卻說這個制度賦予了奴隸主人們「知情明理、正義、堅定」的優點；對非洲人來說，「膚色是卑賤出身的永久紀念」，他們承受的奴役有「正面幫助」，而且奴隸「免於承受」英國人經歷的「那些痛苦憂患焦慮」。[12]

如果傑佛遜真的想推翻他《維州筆記》中的種族主義觀念，如他對格列瓦所說，那他在總統任內並沒有任何往那個方向的行動，不論是政治上或出版上。一八〇九年時，他最迫切的個人考量是搬回老家，回到安適的蒙帝塞羅和莎莉・海明思身邊，遠離華盛頓爭權作勢的政治紛擾。

傑佛遜的好友兼門生詹姆士・麥迪遜於一八〇九年三月四日成為美國第四位總統。數週後，傑佛遜就離開了華盛頓。但是傑佛遜的總統統治，並沒有隨著他離開華盛頓而結束。一直到一八四一年，有一連串自稱是傑佛遜門徒的人擔任美國總統，唯一的例外是一八二〇年代晚期的昆西・亞當斯⑨。[13]

一八〇九年，傑佛遜估計他的資產淨值有二十二萬五千美元（在二〇一四年大約相當於三千三百萬美元），包括一萬英畝的土地、一座製造工廠、兩百名奴隸和如山高的債務。不論傑佛遜支持或反對奴隸制，他在一八〇九年實在需要奴隸制來維持他的財務還債能力和奢侈生活。在剛退休那幾年，傑佛遜那座占地一萬一千平方英尺、三十三間房的別墅終於完工，裡面展示了他所有的收藏品：

動物標本、美國原住民藝品、獎牌、地圖，以及耶穌、富蘭克林、洛克、牛頓爵士、哥倫布、伏爾泰的畫像和塑像，還有出身柯頓・馬瑟家族的波士頓畫家馬瑟・布朗（Mather Brown）為他畫的人像。[14]

傑佛遜熱愛他的退休生活，他喜歡看書勝過看報。他不需要離開蒙帝塞羅，也很少出門。他有個種植園要經營，仰賴奴隸的勞力來償還他的債務，或者說是償付他喜愛的奢侈品。他把科學當作他的事務重心，而非政治，並且在一八二〇年代成為美國名人學者。請教建議、索求資料或審閱手稿的請求似乎沒完沒了。「從日出到一兩點，常常還要從晚餐到黑夜，我都在寫字桌辛苦工作。」傑佛遜常向約翰・亞當斯這麼抱怨。不過他沒有更新《維州筆記》。到了一八一三年，他已經失去所有重寫自己想法的動力。[15]

傑佛遜也已經失去所有支持反奴隸制大業的動力。一八一四年，詹姆士・麥迪遜總統的個人祕書愛德華・科爾斯⑩請傑佛遜激勵社會大眾反對奴隸制的情緒，傑佛遜以自己年事已高推辭了。這位七十一歲的老人建議科爾斯與奴隸制妥協，只以不冒犯任何人的方式來推動奴隸解放。[16] 諷刺的是，傑佛遜在《維州筆記》中提供的不冒犯人的解決方法，也就是他當總統時曾經嘗試實施的方法，即將被新的一代採用。

---

⑨ 昆西・亞當斯（Quincy Adams, 1767-1848），美國第六任總統，還擔任過外交官、參議員和眾議員，父親是美國第二任總統約翰・亞當斯。

⑩ 愛德華・科爾斯（Edward Coles, 1786-1868），廢奴主義者，後來當上伊利諾州州長。

第十二章　殖民開拓

湯瑪斯．傑佛遜最為後人議論不輟的事蹟中，有一項是在十九世紀間推動種族關係的努力。這一切起源於一八〇〇年春天，地點是傑佛遜家鄉所在的那州，加百列．普羅索（Gabriel Prosser）和南西．普羅索（Nancy Prosser）這兩名奴隸正在組織策劃奴隸反叛行動。二十四歲的加百列身形挺拔，身高六英尺，膚色黝黑，目光如炬，渾身傷疤，到哪兒都會吸引目光。他提醒大家，海地軍隊擊退了西班牙、英國與法國的軍隊。加百列計畫召集幾百名奴隸集體在里奇蒙市內行動，搶奪四千支沒人看管的火槍，擒拿州長詹姆士．門羅，然後守住市區直到鄰近各郡的聲援到來，一起談判終結奴隸制、爭取平等權利。態度和善的循道宗教徒、貴格會教徒和法國人可以放過，有種族歧視的黑人則該死，也可以從維吉尼亞州的貧窮白人和美國原住民中找盟友。

這場造反原訂於一八〇〇年八月三十日星期六展開行動，卻在當天功虧一簣。兩名不看好的奴隸懇求他們的主人開恩，背叛了這場原本將成為史上最盛大的北美洲奴隸起義，加入的反叛份子多達五千人，甚至遠及維吉尼亞州諾福克（Norfolk）。州長詹姆士．門羅下午接獲通報，迅速調配里奇蒙市的防禦部署，並通知維吉尼亞州的每一位指揮官。此時風雨狂作，橫掃維吉尼亞州的泰德沃特地區（Tidewater），有一座橋梁傾覆，阻擋了千名武裝反叛份子挺進。解放陣營的軍隊渾身濕透，心生煩怨，成員紛紛解散離去。奴役方的軍隊整裝依舊，在接下來數週內掃蕩各個社區，逮捕反叛領袖。加百列．普羅索逃到諾福克，在當地遭人背叛，九月二十五日被捕。他被拖回里奇蒙，與同志們一起被吊死，但他們仍反抗到最後。有個目擊者說：「被控造反的人士展現出一種精神，如果這種精神普及擴散，將足以讓南方國度浴血。」[1]

一個奴隸造反只是特殊個案，雖然真實發生，但不真的有代表性。在一八〇〇年最後幾個月裡，奴隸主們猛烈抨擊「奴隸知足就會安分」這個種族主義的說法，然後假好心地要求更多武器、更有組織、更細緻的法規來控制他們。一八〇〇年十二月三十一日，維吉尼亞州議會眾議院背地裡指示州長詹姆士．門羅呼應即將上任的傑佛遜總統提議，去尋找維吉尼亞州以外的土地，「或許可以把危害社會安詳的人遷移」到那裡。傑佛遜於一八〇一年十一月二十四日要求他們闡明構想，他向維吉尼亞州的代表建議把人送到加勒比海地區或非洲殖民，表明不可能准許在美國大陸境內取得土地。[2]

維吉尼亞州的立法者於一八〇二年再次祕密集會，以回應他們這位土生土長的美國之子總統。奴隸制勢必繼續實施，而其自然副產品——反抗，務必要平息。於是，維吉尼亞州執法人接受傑佛遜的提議，要求他為該州的自由黑人尋覓一處海外家園。傑佛遜著手行動，透過中間人詢問西非的獅子山，那裡從一七九二年以來就是英國安置自由人的殖民地。英國一口回絕了傑佛遜，其他歐洲國家也一樣。傑佛遜在一八〇四年十二月二十七日告訴門羅這個壞消息，並且保證他會「持續關注此事發展」。[3]

維吉尼亞州的立法者發誓保守祕密，同意永遠不要透露他們的殖民策略；他們甚至沒有告訴下一屆的代表。不過，自一八一〇年以來就當上眾議院議員的查爾斯．芬頓．莫瑟（Charles Fenton

Mercer）在一八一六年知道了傑佛遜的計畫。他找出門羅與傑佛遜之間的通訊，傑佛遜想把黑人送到海外的思考邏輯給了他靈感。莫瑟跟傑佛遜一樣，是個反奴隸制又反廢奴的奴隸主。雖然「奴隸制是錯的」，他後來寫道，但解放奴隸「的後果弊多於利」。[4]

莫瑟希望把自己地區的農耕、奴隸勞動經濟，改造成製造、自由勞動經濟。他害怕西歐日益高漲的勞工階級造反，但相信大眾教育系統能安撫中低收入的白人。不過他也認知到，蔓延美洲的種族歧視恐怕會把自由黑人塑造成永遠反叛的勞工階級。他想把黑人驅逐出美國，以免為時已晚。

對莫瑟來說，把黑人殖民到海外有如老天恩賜的點子。對羅伯特・芬利（Robert Finley）來說也是如此，他的消息來源是妻舅埃利亞斯・考德威爾（Elias B. Caldwell）。考德威爾跟莫瑟是老朋友，多年來在美國最高法院擔任書記官。身為一名反奴隸制的牧師，芬利本來就關心低收入自由黑人的苦難，對他來說殖民似乎是解決他們困境的完美方法。結果，莫瑟、芬利和他們啟發的殖民主義者，等於結合了相厭的兩個人的意識型態：湯瑪斯・傑佛遜和山繆・史坦霍普・史密斯。史密斯在一八一九年逝世前同意了這項計畫。雖然史密斯相信黑人能變白，但傑佛遜堅決不能在美國實施，海外殖民提供了兩人都能接受的另一個選項。[5]

一八一六年，芬利坐在桌前撰寫殖民運動宣言《自由黑人殖民思想》（*Thoughts on the Colonization of Free Blacks*）。「我們該如何處理自由的有色之人？」他在宣冊開頭提問。他寫道，自由黑人必須受訓培養「自營政府」的能力，然後回到他們原初的土地，而此舉對受奴役的人來說，「奴隸制度之惡將消失，而且逐漸為白人帶來幸福進步的轉變。」[6]

帶著這顆種族主義觀念的文字炸彈，芬利在一八一六年十一月底進攻華盛頓特區。他遊說記者、政客，以及與傑佛遜的黑人看法相映的總統詹姆士・麥迪遜。芬利與他的有力夥伴於一八一六年十二月二十一日召開了一場殖民主義者的組織會議，由肯塔基州代表亨利・克雷（Henry Clay）主持。克雷的早年生活和湯瑪斯・傑佛遜相似，出生在維吉尼亞州墾殖地主的家庭，當了律師，成為肯塔基州墾殖地主，然後從政。廢奴主義雖然隨著時光式微，但初起之時他曾表示支持。克雷剛結束他的第三個眾議院議長任期，這場由他主持的組織會議催生出美國殖民協會（American Colonization Society）。本身蓄奴的最高法院大法官布希洛德・華盛頓（Bushrod Washington）被推選擔任會長，他是喬治・華盛頓的姪兒，副會長則包括芬利、克雷、安德魯・傑克森①將軍和莫瑟的普林斯頓大學同窗理查・若許（Richard Rush）。理查的父親班傑明・若許在一八一三年逝世，生前曾立誓支持殖民。

在這場創會會議上，芬利的逐步廢奴想法被蓄奴者提出的訴求排擠而遭到冷落。亨利・克雷說，協會不管廢除奴隸制的「細緻問題」，只顧著推動驅逐自由黑人出境。全國各地的新聞報紙都刊印轉述了他的話：「一心只想擺脫我國人口中無用、惡毒、甚或危險的部分，難道不能有更高尚的動機，去思考文明生活之道的散播，以及把世上蒙昧人類從無知與野蠻中救贖出來的可能？」

接著，一八一七年一月十五日在費城，至少有三千名黑人擠進伯特利修女非裔衛理公會教堂（Mother Bethel A.M.E. Church），討論美國殖民協會建立的事。長期支持海外殖民的詹姆士・佛頓（James Forten）、非裔衛理公會創始人理查・艾倫（Richard Allen）和另外兩位黑人牧師，都矢言支

---

①安德魯・傑克森（Andrew Jackson, 1767-1845），軍人出身，官拜少將，美國第七任總統，首任佛羅里達州州長，因印第安人排除政策惹爭議。

持殖民及附帶的宣教機會。演說終了，佛頓走上講道壇試探聽眾意見。「有誰贊成？」佛頓問道。沒人吭聲，沒人舉手，毫無回應。「全都反對嗎？」佛頓不安地問。一片沉默。突然間，「反對」之聲隆隆大作，振動了教堂四壁。

這些黑種男人原本就帶著怒氣走進教堂，他們的妻子、女友、姐妹和母親可能也很憤怒（但被禁止參加這個只限男性參加的會議表達意見）。出席會議的人直言譴責亨利．克雷「加諸於自由有色之人名聲」的「不當汙名」。出席者決議他們不要去「非洲蠻荒野地」，這個看法顯示他們已經吸收那些種族主義迷思。但同時，他們也表達出對受奴役者、對美國的誠摯心意，並要求認可他們在促進國家發展中所扮演的角色。這是「我們誕生的土地」，這片土地曾被他們的「鮮血與汗水」「澆灌施肥」。他們的結論是：「我們永遠不會自願與這個國家的奴隸們分離。」[7]

美國出生的非洲人後代看待這片大陸依據的標準基礎，得自說他們低劣且試圖將他們趕出美國的那些人。在美國的非洲人，從白種美國人那裡吸收了關於非洲的知識及種族主義觀念；而白種美國人的種族主義觀念，來自一群歐洲作家，包括從剖開莎拉．芭特曼的法國博物學家喬治．居維葉，到德國哲學家黑格爾②。

在美國殖民協會成立前後，歐洲各國逐漸把資金和武力從奴隸貿易轉向殖民非洲（及亞洲）大業。整個十九世紀，英國、法國、德國和葡萄牙的軍隊與非洲軍隊對戰，試圖在當地建立殖民地，好能更有系統且更有效率地剝削非洲的資源和人力。這個新的種族主義驅力需要種族主義觀念來合理化，而黑格爾的落後非洲人說法來得正是時候。為了粉飾在經濟與政治上剝削非洲人的醜陋行徑，種族主義觀念似乎永遠來得正是時候。

諷刺的是，回到一八〇七年，黑格爾在他的經典著作《精神現象學》（*Phenomenology of Spirit*）中曾表示非常反種族主義的想法，抨擊一個人「以第一眼所見來評斷內在本質與特性太過粗率」。他在十九世紀改革了許多歐洲哲學與歷史的重要層面。歐洲各地的眾多哲學學者成了黑格爾派的信徒，而受他影響的哲學家們，包括齊克果③、馬克思④和恩格斯⑤，持續列入歐洲知識份子名人錄。然而，黑格爾在一八三一年逝世前，都沒能讓自己和歐洲脫離啟蒙時代的種族主義觀念。「這是……切實、普世、自決的思想，構成了歐洲人的準則與特質。」黑格爾曾經這樣寫道。他說，「上帝化身成人，以自身示世」，相反地，非洲人是處於人類發展「初始階段」的「稚弱民族」，「黑人是全然未開化、失序無紀之野蠻人的範例」。他們可以受教化，但是他們永遠無法靠自己進步。黑格爾的基進種族主義觀念為歐洲正在進行的非洲殖民行動提供正當理由。歐洲殖民者應該能夠為非洲居民帶來進步，如同歐洲奴隸主為美洲的非洲人帶來進步一般。[8]

---

② 格奧爾格・威廉・弗里德里希・黑格爾（Georg Wilhelm Friedrich Hegel, 177-1831），德國哲學家，德國唯心主義運動的代表人物。

③ 索倫・齊克果（Søren Kierkegaard, 1813-1855），丹麥神學家、哲學家、作家，被視為存在主義之父。

④ 卡爾・馬克思（Karl Marx, 1818-1883），猶太裔德國哲學家、經濟學家、政治學家、社會主義者，論著影響後世重大，包括《共產黨宣言》和《資本論》。

⑤ 弗里德里希・恩格斯（Friedrich Engels, 1820-1895），德國哲學家，馬克思主義的創始人之一，馬克思的摯友，幫他完成未完成的《資本論》，領導國際工人運動。

費城的黑人們決議反抗美國殖民協會，批評他們「加諸於自由有色之人名聲」的「不當汙名」。羅伯特・芬利不久後於同年逝世，美國殖民協會的進展受挫，苦於爭取聯邦對蓄奴者的資助與支持，尤其在深南方。奴隸主永遠不會接受殖民的做法，除非能說服他們此舉會讓奴隸制延續下去。自由黑人也永遠不會連署同意，除非保證奴隸解放。沒有哪一方會滿意。[9]

然而，協會依舊堅持不懈。在聯邦資助方面，查爾斯・芬頓・莫瑟進入美國眾議院後發起另一波攻勢。一八一九年一月十三日，莫瑟提出《奴隸貿易法案》，規劃十萬美元把「黑奴們」送回非洲。這項法案獲得支持殖民的維吉尼亞州老州長詹姆士・門羅簽署入法，他在美國殖民協會成立前數週當選為美國總統。各方幾乎隨即開始辯論該法案是否授權門羅取得非洲的土地。一八二一年，門羅調派美國海軍軍官羅伯特・史塔克頓（Robert Stockton）擔任協會中間人到西非。史塔克頓威脅利誘，一手握槍，一手握筆，據傳以三百美元的代價侵占了獅子山南部大西洋沿岸，一塊狹長的土地，而當地的統治者可能根本無權擁有那些人民的土地。美國自此加入各國爭逐殖民非洲的行列。到了一八二四年，美國拓居者已經在當地築壘建城。他們把那塊拓居地重新命名為賴比瑞亞（Liberia），首都則以美國總統的名字取為門羅維亞（Monrovia）。在一八二〇至一八三〇年間，超過十萬人乘船移居賴比瑞亞，其中只有一百五十四人是來自美國北方的黑人。[10]

十九世紀以一場奴隸造反揭開了序幕，讓維吉尼亞州的奴隸主和傑佛遜總統認真思考要把自由或奴役的黑人送回非洲。奴隸造反事件不斷發生，而沒有什麼比實際或潛在的奴隸造反更能刺激奴隸主支持殖民運動了。

一八一八年，五十一歲的自由木工丹馬克．維斯（Denmark Vesey）開始徵召數千名奴隸，在查爾斯頓附近建立他的軍隊，據估計約有九千人。維斯在當地頗負盛名，是以馬內利非裔衛理公會教堂（Emmanuel A.M.E. Church）的創辦人之一，這是南方第一個非裔衛理公會的教會。他在一八〇〇年獲得自由之前，曾與以航海為業的主人航行大西洋，相當以非洲人的貢獻、文化和人性感到驕傲。他也受到美國、法國及海地革命啟發。維斯可能曾花時間教導、鼓舞、激勵黑人奴隸同胞，挑戰他們吸收的種族主義觀念，或許經常引述聖經裡以色列人脫離埃及奴役的故事。他計畫在一八二二年七月十四日起義行動，亦即法國大革命的週年紀念日。受信任的家奴負責在南卡羅萊納州高階官員們入睡後趁機行刺。六支步兵騎兵隊預備襲擊城市，見到白人或敵對的黑人一律格殺。縱火隊負責把城市燒成灰燼。免於一死的船長們將帶反抗份子到海地或非洲——不是當殖民者，是當移民。

其中一名家奴彼得．普魯諾洛（Peter Prioleau）在五月下旬背叛了這場密謀；他獲得自由做為獎賞，後來自己蓄奴。普魯諾洛一點都不想廢除奴隸制，而且可能並不質疑背後的種族主義觀念。在漫長的四年中，維斯號召了數千人加入反抗行列，他的隊長們沒有出過任何差錯；沒人背叛這個祕密計畫，這是個了不起的組織成就，一直到普魯諾洛洩漏了風聲。六月底，南卡羅萊納州的主管機關擊潰了維斯的軍隊，流放了三十四名維斯的軍人，絞死三十五人，包括丹馬克．維斯在內。他一直抵抗到最後。[11]

這場大規模的維斯陰謀挑起了查爾斯頓及其他地方的恐懼。蓄奴者開始認真思考終結奴隸制，而排除黑人似乎是個吸引人的選擇。有位作家寫道，「全美都（應該）加入殖民協會」。另一位支持殖民的查爾斯頓作家保證，他已經準備好協助「國家解除如此討厭的負荷」。此外，新法把黑人奴隸箝制得更緊，平撫了大眾的恐懼。官員規定奴隸黑人只能穿「黑鬼布」，那是一種廉價、粗糙的棉布，有時混紡羊毛。「白人與黑鬼之間的一切都必須做出區隔，」一名法學家說。「……讓後者能感覺到前者的優越性。」[12]

直到一八二二年，也就是丹馬克・維斯起義，大多數捍衛奴隸制的種族主義書籍和文宣都來自北方。例如查爾斯・賈里德・英格索爾、詹姆士・基爾克・保爾丁和羅伯特・沃爾什這些作家，在一八一〇年代英國砲轟奴隸制時，他們都出聲反駁。一八二二年十月二十九日，《查爾斯頓時報》（*Charleston Times*）主編艾德溫・柯里佛德・霍蘭（Edwin Clifford Holland）發表了第一份出自土生土長南方人之手的支持奴隸制論著。他說，非洲奴隸永遠無法「成功發動任何革命」，因為「他們的天賦本質整體來說較劣等」。他試圖安撫憂心忡忡的同胞。但是他們足以擾亂社會，而白人必須永遠保持警戒。他說：「我們永遠不要忘了，我們的**黑鬼**……是無政府主義者，是國內的敵人；他們是文明社會的共同敵人，將成為**摧毀我們種族**的野蠻人，**如果他們做得到**。」霍蘭發表的這個譴責並不包括「勤奮、認真、努力工作」且自由的雙種族人。霍蘭相信在反叛事件中，雙種族人會形成「我們這個顏色人種與黑人人種之間的阻隔」，因為他們「較可能加入白人旗下的陣營」。[13]

湯瑪斯・傑佛遜也許預料到會發生類似丹馬克・維斯組織的這種造反行動，也可能預料到類似彼得・普魯諾洛帶領的重大反叛，但他怎樣也預料不到會發生密蘇里問題（Missouri Question）。查爾斯．芬頓．莫瑟的《奴隸貿易法案》讓美國取得第一塊非洲殖民地，在他提案數週後，同為紐約州的代表詹姆士．塔爾梅奇（James Tallmadge Jr.）針對一個批准密蘇里加入聯邦的法案提出一項修正案，規定禁止非洲奴隸進入這個新州境內。塔爾梅奇修正案點燃的辯論煙硝延燒了兩年，最後終究被一八二〇年密蘇里妥協案⑥控制住——但並沒有撲滅。國會同意密蘇里州是奴隸州，緬因州是自由州，至於傑佛遜從法國手中買下的廣大路易斯安納購地，在北部地區禁止施行奴隸制。

湯瑪斯．傑佛遜剛開始對密蘇里問題的爭議不太了解狀況。他預料問題將會過去，「像穿過船底的風暴浪潮」。但是風暴並沒有過去，他開始擔心，不久就描述這是「有史以來威脅我聯邦最令人畏懼」的風暴。到了一八二〇年，他預先警告內戰可能會變成種族戰爭，而接著可能發展成「滅絕我們國土之非洲人的戰爭」。

密蘇里問題「像深夜裡的火警鐘」喚醒了傑佛遜，他在一八二〇年四月二十二日對麻州眾議員約翰．荷姆斯（John Holmes）這麼說。他寫道：「我曾經想過這個聯邦喪鐘響起的時候。」他對荷姆斯談起他以解放奴隸政治演說的主題：沒有人比他更想解放奴隸，但沒有人提出有效的計畫補償主人和殖民自由人。「照目前情況看來，」他說，「我們騎虎難下，不能留住牠，但放牠走又不安全。」那麼，能做什麼呢？「天平的一邊是正義，另一邊是自保。」

⑥密蘇里妥協案（Missouri Compromise），美國奴隸州和自由州在一八二〇年達成的協議，規定在路易斯安納新領地上建立的各州中，除密蘇里州外，禁止在北緯三十六點五度線以北蓄奴。這份妥協案最終在一八五七年被最高法院宣告違憲，造成南北矛盾激化，引發內戰。

湯瑪斯．傑佛遜，這位美國最知名的反奴隸制兼反廢奴主義者，非常希望他在一八〇三年買下的路易斯安納購地能變成這個聯邦共和國的醫院，治癒原本各州的疾病——最主要就是奴隸制這個惡疾。被奴役的非洲人可以四散分布到廣大的路易斯安納購地（如果不是送去非洲），他認為：「把（非洲奴隸）散布到更廣大的地表，會讓他們每個人更快樂，也應該會更有利於達成他們的解放，因為解放工作分散給大量的幫手了。」傑佛遜夢想著廣大的路易斯安納購地能把奴隸制吞掉。他以為把非洲奴隸散布出去，他們就會消散不見？[14]

傑佛遜變得堅決相信黑人的自由不應該在白人的國會殿堂裡討論，而且應該隨南方人自己的速度，以自己的方式解決奴隸制的問題。在他較年輕時，考慮過以逐步解放黑奴和殖民做為解決方法。傑佛遜的漸進主義變成了拖延，他在世的最後幾年曾說：「我已經停止思考奴隸解放這個主題，因為那不是我的時代的工作了。」對奴隸解放大業來說，奴隸制變得太好賺，對太多蓄奴者有利，傑佛遜在那個時代已處理不了了。[15]

對傑佛遜來說，密蘇里問題事關他個人。如果奴隸制度不能繼續向西擴展，他的財務狀況恐怕會受影響，因為國內奴隸市場對非洲奴隸的需求會衰退。擔憂著美國的生計和自身經濟狀況的未來，傑佛遜忍不住回想國家的過去和自己的過去，以及兩者如何走到這樣無法回頭的地步。一八二一年，傑佛遜七十七歲，決定「回憶陳述一些關於我自己的年代和真相」。《湯瑪斯．傑佛遜自傳》（*Autobiography of Thomas Jefferson*）的頁數不到百頁，最後結尾記錄到他一七九〇年當上國務卿為止。在這本書中，傑佛遜企圖確保留下他反奴隸制的證據，雖然他一輩子都被訓練當一個蓄奴者。他寫道：「這本命運之書中所述最肯定的一點，就是這些人應該獲得自由。同樣肯定的是，這兩個人種雖然一樣自由，但不能存在於同一個政府裡。本性、習慣、想法，已經在兩者間劃下難以抹滅的界線。」四十年來，什麼都沒有消磨他製造種族主義觀念的欲念——模範黑人、上進勸說、廢奴主義者的書信、莎莉・海明思、非洲奴隸的忠心或反抗，都沒有。傑佛遜在一八二一年《湯瑪斯・傑佛遜自傳》中的觀點，仍然和他一七八一年《維州筆記》的觀點一樣。他提出殖民的想法，想把自由黑人載運到非洲去，就如同黑奴當時被載運到美洲來。[16]

在一八二〇年代，美國哲學協會發展成美國著名的種族關係重建機構。傑佛遜再次為殖民背書，居心叵測的隔離主義者也開始視之為解決黑人反抗的辦法。利他主義的同化主義者則認為這是促進美洲和非洲兩地黑人進步的做法。一八二五年，二十八歲的耶魯大學校友拉夫・格里（Ralph Gurley）當上新任美國殖民協會祕書，持續在任到他一八七二年逝世為止，還曾兩度擔任眾議院的院牧。格里有個願景，他相信，要贏得美國人的人心支持殖民大業，勢必要跟新教徒運動有所連結。他的時機很恰當，因為當他在美國殖民協會走馬上任時，美國的第二次大覺醒即將到來。

美國聖經公會（American Bible Society）、美國主日學聯盟（American Sunday School Union）和美國福音宣冊協會（American Tract Society）都創設於這個時期。他們各自運用聖經、宣冊、圖片、畫卡等印刷品把全國上下團團包圍，幫助創造了堅實、團結、以耶穌為中心的國家認同。美國福音宣冊協會於一八二四年聲稱，一份好的宣冊「**應該要讓人覺得有趣**」，「一定要用什麼來引誘缺乏興趣的人閱讀」。引誘（用那些聖人的畫像）長久以來被認為是撒旦與「邪惡」天主教徒的罪惡把戲，如今不再是了。新教的組織開始大量製造、大量行銷、大量散播耶穌的形象，而且總是呈現為白人。新教徒在白耶穌身上看到所有新興美國認同的熱望，一種顯然在文化上對他們自己有利的種族主義觀念。白耶穌的圖片開始出現時，黑人與白人也開始把白人天父、祂的白人兒子和白人掌權、白人是完美的意義連結起來，不論有意識或無意識地。「我以前真的相信我的老主人是全能的上帝，」逃奴亨利．布朗（Henry Brown）承認，「而他的兒子，也就是我的少主人，就是耶穌基督。」[17]

復興的新教徒運動點燃了新英格蘭學生、教授、神職人員、商人、立法者的熱情，美國殖民協會也吸引了更多人加入他們的圈子。南方主張殖民的人士想移除自由黑人，北方人則想移除所有的黑人，不論是受奴役的或自由的。北方的種族關係從一七九〇年代開始日趨惡化，上進勸說也阻止不了。黑人往上爬的每一步只助長了敵意，而逃奴則助長了更多敵意。一八二〇年代，種族暴動把紐約市、紐哈芬、波士頓、辛辛那提和匹茲堡搞得雞犬不寧。隨著種族關係愈發緊張，美國殖民協會吸引了更多追隨者支持他們的事業。該機構的專員強力主張白人偏見與黑人奴隸制永遠不會改變，而自由黑人必須運用他們跟白人學到的才能，重返並救贖未啟蒙的非洲。一八三二年，北方各州的立法機構都通過決議支持殖民。[18]

自由黑人仍然激烈反對殖民。他們抗拒這個概念，多少導致「黑人」（Negro）這個名稱在一八二〇年代的日常用語中取代了「非洲人」（African）。自由黑人認為，如果他們自稱「非洲人」，會更讓人相信他們應該被遣返非洲。用語的轉變背後，存在著他們自己的種族歧視。他們認為非洲和非洲的文化習慣是落後的，已然接受了關於非洲大陸的種族歧視看法。有些膚色較淺的黑人選擇「染色」，和膚色較深的黑鬼或非洲人有所區隔。[19]

對許多人來說，殖民運動讓上進勸說有了新的急迫性。種族主義自由黑人認為上進勸說給了黑人一條路，證明自己跟白人菁英一樣有價值。一八二八年，波士頓傳教士荷西・伊斯頓（Hosea Easton）在感恩節時力勸羅德島的黑人民眾「脫離墮落的人生道路」，藉由提升自己上進，他們將能「贏得那些自認比你們高等之人的尊敬」。[20]

為了重新努力推廣上進勸說，一群自由黑人創辦了美國第一份黑人報紙《自由日報》（*Freedom's Journal*），總部設在紐約市。兩位編輯都是雙種族人，山繆・科爾尼希（Samuel Cornish）是個長老宗（Presbyterian）傳教士，約翰・魯斯沃（John Russwurm）是美國第三位非裔美國人大學畢業生。他們的任務是為北方的五十萬自由黑人編輯上進之道，幫助他們消滅偏見。《自由日報》在一八二七年三月十六日的創刊號中說：「把偏見降得愈低，改善我們已脫離束縛同胞的處境，絕大部分需仰賴我們自身的行為表現。我們必須以同樣水準的得體言行、事業與財力，說服世人我們值得尊敬和任命。」[21]

然而，編輯群及其介紹的菁英黑人常常聚焦在「低階級同胞」的行為，責怪他們拖累降低了整個種族。《自由日報》充斥著階級種族主義，把低收入黑人與高收入黑人相比來大做文章，而前者被描繪地比後者低劣。不過，科爾尼希和魯斯沃的確偶爾會為低收入黑人說話。紐約州計畫於一八二七年七月四日解放該州剩下的奴隸，各家主流報紙公開表示反對。《晨間紀事報》（*Morning Chronicle*）就口不擇言地批評麻薩諸塞自由的非洲人，會「增加」城市的「犯罪紀錄、貧民名單和假惺惺的登記居民」。科爾尼希和魯斯沃指責該報的攻擊「粗鄙」，但卻相當苟同其背後的推論。編輯們答辯說，那些即將被解放的非洲人是「受害的一群」，「撇下公開的編輯身分，我們認為這是把恥辱加諸於傷害」。[22]

科爾尼希和魯斯沃最後因為在殖民議題上意見不合，導致科爾尼希辭職。魯斯沃決定在一八二九年為美國殖民協會背書，在反殖民的美國黑人世界賠上了他的報社。第一家黑人報紙歇業後，魯斯沃遠走他鄉到賴比瑞亞，相信自己已經盡了全力，但在這場對抗美國種族歧視的戰爭中仍舊吃了敗仗。他從不明白自己其實是在助長種族歧視。他用第一份非裔美國人的期刊來散播階級種族主義的觀念。他曾說過，較低收入黑人的工作態度、智慧和道德都比較低劣，比不上白人或像他這樣的菁英黑人；而貧窮黑人之所以會被歧視，其中一個原因就是他們較低劣。魯斯沃用他的報紙散播上進勸說的奴役策略，這個策略迫使自由黑人擔心自己在白人面前的一言一行，就好像他們受奴役的同胞擔心自己在主人面前的一言一行。[23]

美國殖民協會的專員其實不在乎大多數自由黑人的憤怒，而且不在乎也沒關係。捐款源源流進全國各地辦公室，該協會一八二五年的年度收入是七百七十八美元（在二〇一四年相當於一萬六千美元），十年後躍升到四萬美元（在二〇一四年相當於九十萬零四千美元），據點幾乎遍布西部與東部每一州。不過，美國殖民協會一直沒有吸引到它最重要的保護聖徒，也就是湯瑪斯．傑佛遜。這位前總統只在遠處觀望美國殖民協會的發展。他對這個組織心存懷疑，因為他無法忍受在背後掌控協會的聯邦黨人士和長老宗教徒。[24]

傑佛遜也許不支持美國殖民協會，但他生前最後幾年從未動搖支持殖民的想法。在非洲建立殖民地「可望為土著們引介有教養的生活方式，以及文明與科學的恩賜」，他在一八二四年二月四日寫給歷史學家暨後來的哈佛大學校長賈里德·史帕克斯（Jared Sparks）的信中這麼說。顯然，他認為接受過美國白人教化的美國黑人，在指導下將能教化非洲大陸。傑佛遜說，這能彌補他們忍受的「長期傷害」，如此說來，美國「給予他們的好（將）多過於壞」。[25]

一八二五年，一連串疾病拖累了傑佛遜的腳步。他仍然閱讀，也可能讀了美國殖民協會三月出版的第一期《非洲典藏與殖民誌》（*African Repository and Colonial Journal*）。本期開頭是美國殖民協會的歷史，文中向傑佛遜致意，結尾提到「身在美麗孤境」的四百位賴比瑞亞拓居者。在另一篇題為〈黑人種族早期歷史之我見〉（Observations on the Early History of the Negro Race）的文章中，署名ＴＲ的作者抨擊多元起源論者說黑人是不同物種、無法教化或是「人類與猿猴之間的連結」。ＴＲ寫道，多元起源論者一定不知道，「他們誹謗的那個族群，是一千多年來……世界上文明非常先進的文明」。

ＴＲ引述傑佛遜的老友康斯坦丁·瓦爾尼伯爵，這位法國歷史學家在四十年前曾說古埃及人是非洲人後代。ＴＲ洋洋灑灑用了數頁舉證古埃及人是非洲裔，宣稱美國應該「藉由殖民團把接收自非洲的恩賜，帶回如今處於蠻荒狀態的非洲」。他說，文明可能是在非洲衰竭，但在歐洲覺醒。但是，文明起源的創造者為什麼會製造這麼一個無知、野蠻的地區呢？他們怎麼會遺忘了藝術與科學呢？這些問題並沒有被提出，也沒有被回答。身為同化主義者，像ＴＲ這樣主張殖民的人試圖強調的唯一重點是，既然非洲人在古代是文明的，他們也能再次變得文明。[26]

美國殖民協會在一八二六年春天發行了它們的第二期期刊，此時傑佛遜的健康狀況已經惡化到他無法走出家門的地步。到了六月，他已經下不了床。月底，作家亨利・李⑦（他是某位美國獨立戰爭英雄的孫子，因此和傑佛遜結識），非常想見他一面。臥病在床的傑佛遜知道李來了，命令要接見他。這位未來美利堅邦聯將軍羅伯特・李（Robert E. Lee）的同父異母兄弟，成了傑佛遜的最後一位訪客。

傑佛遜必須回絕受邀到華盛頓出席獨立宣言第五週年紀念。他捎了一封賀詞到華盛頓代替，其中寫道：「科學之光普各處，已照亮所有清晰可見的真相。人不是背著馬鞍出生，也沒有少數人得寵，一出世就穿馬靴、配馬刺、理當騎馬。奉上帝的恩典。」這是他最後的公開言論，對每個自由人來說多麼切心順耳，對那些受奴役的人卻多麼苦澀難咽。[27]

除了和莎莉・海明思生下的兒女（還有她本人），傑佛遜沒有解放過蒙帝塞羅任何其他奴僕。有位歷史學家估計，傑佛遜一生擁有超過六百名奴隸。一八二六年，他的資產包括大約兩百名奴隸，負債約十萬美元（在二〇一四年相當於兩百萬美元）。這個金額相當驚人，連他自己也知道，只要他一死，所有的東西和所有的人，都會被賣掉。

一八二六年七月二日，傑佛遜似乎仍在努力求活。七月四日，八十三歲的他在天亮前即醒，把他的家奴們喚來，一張張黑色的臉環繞在他床邊。他們可能是他生前看到的最後景象。他向他們交代了遺言，他的人生已經完滿，走回了原點。在他最早的童年回憶，與他最後的清醒時刻，傑佛遜都在奴隸制的撫慰照護中安歇。[28]

---

⑦ 亨利・李四世（Henry Lee IV, 1787-1837），美國傳記作家、歷史學家，他為湯瑪斯・傑佛遜整理作品出版 *Observations on the Writings of Thomas Jefferson*（1832）。

第三部

威廉·洛伊·蓋里森

William Lloyd Garrison, 1805-1879

第十三章　逐步平等

這是那個時代讓人津津樂道的故事——湯瑪斯．傑佛遜和約翰．亞當斯於一八二六年七月四日與世長辭，恰逢《美國獨立宣言》十五週年紀念。從來沒有一則頭條新聞讓人如此驚嘆。許多人認為，這兩人在美國獲得自由的紀念日辭世，一定是上天神聖意志的作為，顯然象徵著美國擁有萬能上帝的祝福。報紙刊印了無數關於這兩人的悼詞、軼聞、書信、聲明和生平事蹟的文章，班傑明．若許曾把他們喻為「美國獨立戰爭的北極與南極」。[1]

約翰．亞當斯逝世於昆西市（Quincy）自宅，位於飆速發展的臨海城市波士頓正南方。亞當斯逝世的時候，波士頓的人口已經成長到將近六萬人，而且完全融入新英格蘭隨著南方棉花產業運轉的工業革命。各種哲學思想、商業交易、宗教派系、利益團體和道德運動集結在此，這種妙意奇趣足以讓造訪這個海邊城市的人頭暈目眩。然而，沒有一場道德運動有意消滅這個國家最不道德的制度。獨立戰爭時代的廢奴主義運動幾已衰亡。傑佛遜以宿命論談論邪惡奴隸制的問題難解，並且慣常轉而把過錯歸咎給大英帝國，這些說法已然牢牢深入全國各地。班傑明．若許於一七九四年召集的廢奴主義社群大會仍然存在，但已經不再是什麼改變的力量。上南方和北方零星的反奴隸制社團已經被殖民主義份子及其種族主義觀念吞噬了。[2]

對新英格蘭的慈善家來說，每個道德理想事業的年度捐贈計畫似乎都有轉好運的一天。美國殖民協會把它的目標和獨立紀念日這個美國最偉大的國定假日搭在一起。一八二九年七月四日，美國殖民協會邀請了一名年輕新成員，在波士頓知名的公園街教堂（Park Street Church）發表七月四日演說。自從一八二六年來到這個城市後，現年二十三歲的威廉·洛伊·蓋里森①已經累積了名聲，被認為是個心思改革、信仰虔誠、積極熱血的編輯，這些都是擁護殖民派衝鋒份子的常見特質。

他的母親法蘭西絲·瑪利亞·洛伊（Frances Maria Lloyd）是引領他過著虔誠生活的導師。她是個單親母親，住在紐伯里波特②，撫養他和他的兩個手足長大。他們日子窮苦，但她的浸信會信仰帶領他們度過難關。那段苦日子和母親的教誨歷歷如目，他從未忘記。當他和哥哥從母親的僱主或鎮上的善心廚房拿食物回家，總得忍受街上較有錢的小孩們奚落嘲笑攻擊。但是法蘭西絲訓勉他們做人的價值：他們雖然窮，但他們身為人的價值並不低。

威廉·洛伊的哥哥是個難教養的男孩，但威廉·洛伊是個模範小孩，一心只想討母親歡喜。一八一八年，十二歲的他跟隨優秀的《紐伯里波特先鋒報》（*Newburyport Herald*）主編伊法連·艾倫（Ephraim W. Allen），展開為期七年的契約學徒生涯。除了忙著學習印刷生意或寫信給移居巴爾的摩的母親，他常常利用餘暇認真讀書自學。他大量閱讀柯頓·馬瑟的著作和政治與宗教人士撰寫的文

①威廉·洛伊·蓋里森（William Lloyd Garrison, 1805-1879），美國著名廢奴主義者、記者、女權主義者和社會改革者。是廢奴主義著名報紙《解放者報》的主編，也是美國反奴隸制度協會的創辦人。

②紐伯里波特（Newburyport），位於麻州東北方的一個城市，東臨大西洋。

冊，其中都宣稱新英格蘭擔負著教化全世界的獨特命運。他喜愛華特・史考特③爵士的小說，書中的主角靠著自己的人格力量，隨時準備為人類之正義奉獻熱血，進而改變了世界。他也欣賞英國作家費莉西亞・海曼斯（Felicia Hemans），她的作品因為道德純淨而受到讚美。

在威廉・洛伊・蓋里森的學徒契約終了之前，他的母親法蘭西絲於一八二五年過世了。她生前對兒子有一個與宗教無關的遺願，懇求他「……看在你可憐母親的份上，勿忘」那位曾經悉心照顧她的黑人婦女漢妮（Henny）。法蘭西絲寫信交代兒子，「雖然她對一般人來說是個奴隸」，但她「仍是蒙上帝恩典生而自由的靈魂」。

學徒契約到期後，蓋里森已學得一身印刷業的本領，隨後搬到波士頓，在一家宣導戒酒的報社找到編輯工作。他對戒酒運動感興趣是出於個人的理由。他那個拋家棄子的父親總是酒不離身，而他的哥哥也受到酒精誘惑。蓋里森原本可能成為當時宣導戒酒運動的重要人物，但是在為美國殖民協會發表獨立紀念日演說的一年前，他遇見了一位巡迴宣講的廢奴主義人士，因而改變了他的人生道路。[3]

蓋里森在一八二八年三月十七日初次遇見貴格派的《普遍解放精神報》（*Genius of Universal Emancipation*）創辦人暨主編。他和八位受人尊敬的波士頓神職人員一起坐在班傑明・朗迪④寄宿的旅店客廳中聽他講話，店東是當地的一位浸信會牧師。從巴爾的摩為起點，朗迪到各個城市為他的報紙募款，並爭取民眾支持奴隸解放。朗迪當晚談論奴役的罪惡，讓蓋里森的內心悲憤不已。朗迪身為一個積極運動份子的生活，無疑是受到約翰・伍爾曼⑤激勵，這也讓蓋里森感到相當興奮。這個男子有如從華特・史考特小說中活脫脫走出來——他在二十四州裡的十九個州做過演講，旅行了一萬兩千英里，曾與奴隸主們進行如馬拉松式的辯論，還曾在巴爾的摩因為自己的信念遭人毆打。主管機關試圖打壓他的報社，但他仍不斷訴說他的理念：「萬事無求……只缺意志。」他持續繪製並刊登成隊奴隸被驅趕的素描，標題名為「哥倫比亞，萬歲！」（Hail Columbia!），底下還有刺眼的訴求：「看看這個，一遍又一遍！」蓋里森幾乎坐不住，那八位牧師則意興闌珊。大家都禮貌地聆聽著，但只有一個人願意出手相助。其他人認為廢奴大業對他們沒什麼好處，還有一大堆壞處。他們擔心推動廢奴只會導致社會不安。

在這場聚會之前，蓋里森跟那些懶散坐在他身邊的牧師一樣，可能覺得無能改變奴隸制這個邪惡的制度。倒不是說他們贊成奴隸制，而是他們認為企圖廢除奴隸制是個沒有希望達成的理想。蓋里森聽了朗迪的一番話後，一切都不一樣了。蓋里森當晚上床時，熱血沸騰地想著朝向朗迪的目標努力，要促進「美國的奴隸制逐步邁向全面廢除」。朗迪造訪後不久，蓋里森辭掉戒酒報的工作，縱身投入廢除奴隸制的大業。他當時還不知道的是，經過將近四十年的漫長歲月後，他才會停下推動美國廢除奴隸制的腳步。[4]

---

③ 華特・史考特（Walter Scott, 1771-1832），十八世紀蘇格蘭著名歷史小說家和詩人，名作為《撒克遜英雄傳》（*Ivanhoe*，或譯為艾凡赫）。

④ 班傑明・朗迪（Benjamin Lundy, 1789-1839），美國貴格會廢奴主義者，創建了多份反奴隸制報刊，並不斷旅行，尋找可以重新安置被解放奴隸的殖民地。

⑤ 前文提到過的十八世紀廢奴主義者。

一八二九年，幾乎從蓋里森一開口說話，美國殖民協會就知道他們找錯人來做獨立紀念日演講了。「我厭煩了……我們那些偽善俗套的人權言論。」蓋里森怒斥著，讓教堂裡的群眾坐立難安。他說，我們應該要求「逐步廢除奴隸制」，而不是推行殖民，說自由解放對被奴役者有害，是一種「可鄙的推托之詞」；如果奴役把黑人的層次降低成「畜生」，那麼就應該「理當主張他們因此必須維持當畜生」嗎？自由與教育將能「提升（黑人）到人類等級上的一個適當位階」。[5]

十天後，蓋里森前往一個黑人浸信會教會，參加英格蘭廢止奴隸貿易的年度慶祝活動。有一位白人牧師對著大多是黑人的群眾演說，訓誨他們奴隸解放暨不明智且不安全，因為黑人長期以來缺乏自由資格的養成。群眾間傳出表示反感的紛紛議論，然後某位美國殖民協會代表跳出來為演講者辯護。

群眾的私下議論在蓋里森當晚走路回家途中傳進他的耳裡。在獨立紀念日演說中，他曾說立即解放是個「瘋狂的做法」。但是，那真的太瘋狂嗎？或許，站在罪惡的奴隸制與正義的自由之間自圓其說，還比較瘋狂？「我看不到有什麼立場該這樣。」蓋里森承認說。八月，蓋里森搬到巴爾的摩加入班傑明．朗迪的行列，一起編輯《普遍解放精神報》。[6]

一八二九年九月，蓋里森從《普遍解放精神報》的社論版呼籲立即解放奴隸。這個新的態度不只跟他自己兩個月前的看法不同，甚至比班傑明．朗迪的立場還要大膽。他寫道，「沒有任何正當理由該讓邪惡的奴隸制再延續一小時」，即使海外殖民也不是。當然，殖民也許可以用來紓解掉一些非洲奴隸，但是用在奴隸制這個問題則「完全不適用」。[7]

有一位叫丹馬克．維斯的門生贊同這個看法，並且在兩個月後於十一月出版《呼籲全世界有色公民》（*Appeal to the Colored Citizens of the World*）向全世界闡揚。反奴隸制運動人士大衛．沃克（David Walker）是波士頓黑人社群的一份子，蓋里森可能已曾經與他交會。沃克在他的宣冊中譴責，白人「用枷鎖拖拉我們」為自己賺錢，「固執相信」黑人就是被造來服侍他們到永遠。「造物者把我們造來當奴隸嗎？」他問，「除非我們努力駁倒傑佛遜先生關於我們的論點，否則我們只會深化鞏固之。」沃克呼籲黑人反駁和抗拒種族主義，他有反種族主義的先見之明，預見只有廢除奴隸制才能終結種族主義。沃克教黑奴自己動員起來，發動第二次美國獨立戰爭。

沃克的《呼籲全世界有色公民》深入人心，讀過的黑人無一不受感動。可是，沃克針對他號召反抗的那些人所做的貶斥，沖淡他的激情呼籲。他說黑人是「創世以來存在過最屈辱、最不幸、最悲慘的人類」，並列舉「沒人性的奴隸制度」、黑人無知、傳道者和殖民主義者都必須為黑人如今的苦難負責。藉此，他反推出一個奴隸制如何把黑人變得低劣的理論。沃克重複援用了「啟蒙歐洲」與不幸非洲這些流行的種族主義對比，而反覆再製這些對比的人正是他猛烈攻訐的那些蓄奴者、逐步廢奴人士和殖民主義者。不過，沃克並不苟同對手認為啟蒙歐洲把非洲變文明的想法。他另外提出，「啟蒙……歐洲」把「無知的」黑人祖先丟進「千萬倍難以承受的悲慘煉獄」。

在沃克的歷史種族主義中，非洲是古代「開化初始」之地。但是，它從那時起就已經變成「無知」境地，因為非洲人不順服於他們的造物主。黑人被上帝詛咒，故缺乏政治一體性；而正因為缺乏政治一體性，才讓他們在美洲的「天敵」能「一直用腳踩著我們的喉嚨」。大衛・沃克稱不上是第一位、當然也不是最後一位批評「政治不一體」是黑人特有問題的黑人積極份子——好像白人廢奴主義者跟白人蓄奴者是同一陣營，或白人在政治上就比較一體，因而占有政治上的優越性且較有統治能力。其實，選民的投票模式一直不支持黑人不一體而白人一體的說法。一八二〇年代晚期，東北部的黑人男性選民一向支持逐漸式微的聯邦黨，白人男性選民則分裂支持兩個主要政黨。（雖然政黨已經改變，類似的投票模式仍持續至今。）

這些種族主義觀念稀釋了沃克的訊息，但他的訊息確實強烈反對種族歧視。沃克指責美國最喜歡的種族歧視癖好：斷絕黑人的教育和工作機會，然後稱他們被迫淪落貧窮的狀態是「天生自然的」。在結語中，沃克向非洲奴隸喊話，勇敢疾呼他準備好為「真理」犧牲性命：「生命之為用，唯吾死時體現。」他要求，給我們自由，給我們權利，否則有朝一日你們將「詛咒自己誕生於世！」然後他摘錄重印了傑佛遜的《獨立宣言》，懇求美國人民「看看你們的宣言！」最後，他要求美國人民把英格蘭加諸於他們的「殘酷」與他們加諸於黑人的作為相比。8

沃克的《呼籲全世界有色公民》迅速廣為流傳，迫使像蓋里森這樣的種族評論者回應其中的論點。蓋里森的哲思信奉非暴力，故斥之為「極不明智的書刊」。但他在一八三〇年初讓步承認《呼籲全世界有色公民》包含了「許多珍貴的事實和反應時代的警語」。當時，南方掀起了一場政治和法律的頑強抗議打壓這部宣冊。北卡羅萊納州州長說《呼籲全世界有色公民》「完全推翻了我們奴隸所有的從屬性」，而這個評語讓沃克讀了大感快慰。在沃克宣冊引起的騷動中（或因騷動所致），巴爾的摩主管機關於一八三〇年四月十七日把蓋里森關入監牢。蓋里森似乎完全不在意在牢房裡待了七週。他在六月獲釋時公開表示，「必須犧牲幾個白人受難者，來打開這個國家的眼睛」，當時有一位富有的廢奴主義者幫他付了罰金。

數週後，大衛・沃克因結核病病逝，但他反對種族主義和奴隸制的力量（包括暴力反抗的部分），繼續活在他的友人筆下，被後人傳頌，尤其是煽動造反的廢奴主義暨女性主義者瑪利亞・史都華⑥。「塑造男人女人的並不是膚色，而是形塑於靈魂中的信念。」史都華對波士頓人這麼說。史都華於一八三二年和一八三三年發表了四篇公開演講，是當今所知首開先例由美國本土出生的女性向黑白男女混合的聽眾發表演說。在這個場合裡，她也是黑人女性主義者的先鋒，但有人卻批評這群混合了性別與種族的聽眾「雜處淫亂」。[9]

朗迪在此之後仍持續不定期出版《普遍解放精神報》，不過他和蓋里森分道揚鑣了。蓋里森需要新的媒體讓他擴大為反奴隸制發聲。他前往北方進行反奴隸制巡迴演講，在當地被敵手嗤詆為「第二個沃克」，遭遇到的「頑固偏見更甚」於其他任何地方。法國人托克維爾⑦曾在一八三一年遊歷美國，對這種情緒很有同感。「在已經廢除奴隸制的各州，種族偏見看來卻比還在實施奴隸制的

---

⑥ 瑪利亞・史都華（Maria Stewart, 1803-1879），本是一位黑人家庭幫傭，後來成為教師、記者、廢奴主義者和婦女權利活動家。她也是第一位在公開場合為黑人、白人演說的黑人女性。

⑦ 亞歷西斯・德・托克維爾（Alexis de Tocqueville, 1805-1859），法國思想家、歷史學家、政治家、法蘭西學術院院士，曾擔任法國第二共和時期外交部長、眾議院議員。以《民主在美國》和《舊制度與大革命》等著作聞名於世，前者就是托克維爾遊歷美國後寫下的紀錄。

那些州更嚴重，」托克維爾在他迅速成為政治科學經典的著作《民主在美國》（*Democracy in America*, 1835）中分享了這個觀察。托克維爾描繪了種族主義觀念的邪惡循環，這個循環使得人們幾乎不可能靠勸說或教育把種族歧視消滅。「為了吸引白人拋棄」跟黑人低劣性有關的看法，「黑人必須改變，」他寫道，「但是，只要這樣的看法存在，黑人就根本不可能改變。」美國面臨著兩個選擇：一是把美國的非洲人送去殖民地，二是把他們根絕或消滅——因為托克維爾認為，上進勸說永遠不可能成功。他認為殖民是「高尚的」主意，但不切實際，斬草除根仍是唯一選擇。[10]

蓋里森回到波士頓安頓的時候，心裡已打定別的主張：立即廢奴、逐步平等。一八三一年一月一日星期六，他發行了《解放者報》（*The Liberator*）創刊號，重新在美國白人之間發動廢奴運動。在發刊的編輯感言中，蓋里森「向大眾公開」做出「正式且明確的」撤銷聲明，宣布放棄「接受度高但遺害不淺的逐步廢奴信條」。[11]

蓋里森在主張廢奴的餘生中一直沒有讓步，堅持立即解放黑奴。他批評任何主張逐步廢奴的說法——讓社會和非洲奴隸做好準備，有朝一日迎接解放。但他明確表示，他認為應該逐步平等，不要立即平等，並擬定教養黑人有朝一日達到平等的過程。蓋里森和他的同化主義夥伴們犀利地疾呼逐步平等，說主張立即平等的反種族主義人士不切實際又瘋狂無理，就好像隔離主義份子說他要求立即廢奴瘋狂無理一樣。

黑人訂戶是《解放者報》初期的命脈。蓋里森在他的新聞報和紐約及費城的演講中向黑人喊話。他推促自由黑人挑戰「每一條侵犯你們身為本地自由公民權利的法律」，並「尊重自己，如果你渴望別人尊重你」。他們已經「學會」且將持續學習「白人的尊嚴、自信和施恩示惠，與你們的知識提升與道德改進成比例地增加」。蓋里森也力勸黑人賺錢，因為「金錢會產生影響力，而影響力會帶來尊敬」。

蓋里森相信，根據一位早期的生物學家說，黑人愈「接近白人的習性愈好」，「黑人在他眼中一直是個社會問題，而不單純是人」。當黑人被視為一個社會問題，解決種族主義觀念的方法似乎就簡單了。隨著黑人崛起，白人的意見也愈來愈多。當黑人被單純視為人（一群不完美的個人，就像一個由白皮膚的個人組成的不完美群體），黑人的行為舉止不完美就無關緊要了。歧視才是這其中的社會問題，這是造成兩群對等的個人之間諸多種族不對等的根本原因。[12]

蓋里森強調以黑人的自我成長來抵抗種族歧視，反映了菁英黑人積極份子的看法。他們邀他走訪所在的城市並訂閱他的報紙，諸多事例顯示，黑人積極份子視彼此為需要被矯正的社會問題。一八三一年費城第二屆自由有色人種改進年度大會（Annual Convention for the Improvement of Free People of Color）的與會者決議：「如果我們一直以來期待偏見的影響力減退，讓我輩受人尊重，這必然是蒙啟蒙教育之幸。」[13]

蓋里森為文回應他在黑人自由的北方親眼所見的種族不對等及種族歧視。他呼籲自由黑人「提升知識並改進道德」，推動上進勸說，這和第一家黑人報紙《自由報》編輯們的公開聲明大同小異。當然，近代史呈現的黑人上進與白人尊重在比例上並不相稱。即使向上流動的黑人存在，並沒有延緩殖民運動，也沒有減少非洲奴隸被帶往西南方領土，或阻卻白人平民與奴隸主在新創的反黑人民主黨裡齊心團結。一八二九年，田納西州的蓄奴者暨戰爭英雄安德魯・傑克森當上新任總統，成為白人的民主英雄和其他人的獨裁好漢。儘管那陣子黑人的處境已有進步，但此時種族主義觀念的製造與消耗似乎加快了腳步。一八三二年，肯塔基州參議員亨利・克雷組織貴族、實業家、道德家和殖民主義者加入輝格黨⑧對抗傑克森的民主黨⑨，種族主義觀念正在美國逐步擴張。

一八三〇年代早期，城市新興的一便士小報（penny press）不再把重點放在「善良」新聞，而是刊印愈來愈多吸引目光的「凶惡」新聞，渲染誇大，而且把犯罪和黑人、貧窮連結起來。自由黑人被迫住在棚屋、地下室和小巷，移入種族隔離的波士頓「黑鬼山丘」（Nigger Hill）、辛辛納提「小非洲」（Little Africa）或紐約「五點區」（Five Points）——這些地區是「美國最悲慘的地獄」，某位走訪美國的人這麼寫道。這些窮困黑人特區的成因，被歸咎於黑人自身的行為，而非條件惡劣的居住環境和歧視不公的經濟待遇。早在一七九三年，一位白人部長就抗議「黑鬼破屋」拉低了塞勒姆的房地產行情。類似的抗議也在紐哈芬和印第安納州浮現。而到了蓋里森定居波士頓的時候，這些抗議在當地已經司空見慣了。房市的惡性循環早已開始。先有種族歧視的政策傷害了黑人社區，然後又製造種族歧視的觀念，導致人們不想緊鄰黑人而居，因此壓低了黑人住宅的價值；而因為黑人社區的房地產價值低落，更讓人不想住進去。[14]

數百萬的貧窮歐洲移民於一八三〇年後湧進美國北方港口城市，更強化了當地的住屋歧視，也威脅到自由黑人握有的低層服務業工作。本地白人操著他們長期用來貶低黑人的語言工具，來打擊愛爾蘭移民，叫他們「白黑鬼」（white niggers）。有些愛爾蘭人反擊這種排外主義，其他愛爾蘭人則把他們的經濟與政治挫折導向（或其實「被」引導向）黑白種族主義觀念，使得黑人面臨更多的仇恨。

也就是在這樣種族歧視積重難返的環境下，出現了美國最早的黑臉秀（minstrel show），開始吸引大量歐洲移民和本地白人觀眾，有時甚至還有黑人觀眾。到了一八三〇年，綽號「老爹」的湯瑪斯·萊斯（Thomas “Daddy” Rice）學會模仿非裔美洲人的口說英語（現在稱為伊巴尼克語〔Ebonics〕或鳥語），在南方巡迴表演，不斷修正改進這個日後讓他享譽國際的角色：吉姆·克勞（Jim Crow）。塗著黑臉、穿著破衣破鞋、戴著寬邊帽，吉姆·克勞唱歌跳舞，像個笨呆、幼稚、歡樂的黑人農場工人。其他的黑臉角色包括「老達奇」（Old darky），是奴隸家庭的一家之主，粗心愚鈍、擅長音樂；「大媽」（Mammy），粗壯肥胖、毫不性感，勤勞顧家的管家婆；「吆樂女孩」（yaller gal），混種、美麗、性感放浪，喜歡挑逗白男人；「丹迪」（Dandy）或「奇普坤」（Zip Coon），想打進上流階級的北方黑男人，誇張地模仿白人上流人士。一般來說，黑臉秀包含歌唱、舞蹈、雜技表演和種植園短劇。在南北戰爭前的數十年，黑臉秀表演成為美國最早的劇場形式，孕育了美國的娛樂業，還輸出到海外娛樂歐洲觀眾。黑臉秀在美國成為主流，直到一九二〇年前後才沒落（此時種族歧視的影片起而代之）。[15]

種族主義觀念在十九世紀期間接連遭逢缺乏邏輯的挑戰，優越的白人特質在黑臉秀表演中找到

---

⑧輝格黨（Whig Party, 1833-1860），美國已消失的政黨，反對傑克森總統與民主黨訂立的政策，具體來說輝格黨擁護國會權力高於總統權力，黨名就源自英國反君主專權的輝格黨，反對總統專權獨斷。

⑨民主黨（Democratic Party, 1828-），美國存續至今的政黨，由傑克森總統創建，與共和黨是美國現今兩大政黨。

正當化的防護罩。在一八三五年到一八三六年間，那些不喜歡黑臉秀的人可以去看「世界上最驚人的國家自然奇人奇事」。破產的二十五歲青年巴納姆⑩開始展示喬伊絲．海斯（Joice Heth），他宣稱她已經一百六十一歲了。此外，他還說她以前是喬治．華盛頓的黑人保母。她看起來也還真像那麼回事，骨架嶙峋、手腳癱瘓、皮膚皺黑、微笑無齒、指甲如爪、雙眼幾盲。更重要的是，海斯的深色皮膚讓人更信服她能如此長壽。長壽在非洲很普遍，《晚星報》（*The Evening Star*）曾這樣告訴讀者。如人所知，巴納姆後來成了美國史上最偉大的馬戲團團長之一，展示各種「怪胎」，包括白化的黑人。肉體同化主義者一直欣然看待他們，宣稱皮膚顏色改變終將治癒這個國家的種族疾病。[16]

除了黑臉秀和「怪胎」秀，還有一大堆小說和童書製造種族主義觀念灌輸給兒童，針對的年齡層愈來愈小。約翰．潘多頓．甘迺迪（John Pendleton Kennedy）的小說《燕子穀倉》（*Swallow Barn*）開啟了種植園文類，這類迷人的小說多少重新利用了黑人秀的黑人保母和里貢小說裡的聽話奴隸山保當作角色範本。波士頓出生的南卡羅萊納州奴隸主卡若琳．吉爾曼（Caroline Gilman），把種植園文類寫在一八三二年南方第一家兒童週刊《玫瑰花蕾》（*The Rose Bud*）裡。南方的白人小孩讀了吉爾曼（但更大部分只需觀察他們的父母），然後和奴隸黑人玩伴玩遊戲時扮演主人，或更糟的是扮演工頭，命令他們、刁難他們、折磨他們。奴隸小孩在體能遊戲中智取他們的自由人玩伴，例如任何涉及跑步、跳躍或投擲的活動，從中獲得慰藉。「我們比較強壯，知道怎麼玩，白人小孩不懂。」某位曾當奴隸的人回憶說。在奴隸制裡，黑白小孩雙方都在種族歧視觀念的基礎上建立自我認知。[17]

這是《解放者報》於一八三〇年代問世時的美國。在那塊土地上，黑人同時被視為可怖的威脅、搞笑的原型和怪胎。整體來說，全部這些種族歧視觀念（發揚自「怪胎」秀、文學創作、報紙、民主黨和輝格黨），都把黑人看作社會問題。蓋里森對那些表演和文學深惡痛絕，也討厭那些政客。但是，他也把黑人形塑成社會的麻煩了。

蓋里森認為，非洲奴隸應該等待主張廢奴的白人和有教養的自由黑人，透過非暴力的勸說策略來解決問題。但有個受奴役的維吉尼亞人可不贊同。這位傳教士不接受上進勸說，他也不接受黑人行為是社會麻煩的種族歧視言論。一八三一年八月二十一日傍晚，奈特・透納（Nat Turner）和他的五名門生相信上帝賦予了他們使命，在南安普頓郡（Southampton）以猛烈的手段處理這個問題。透納殺了他的主人全家，搶走武器和馬匹，往下一個種植園攻去。二十四小時之後，大約有七十名自由人加入這場聖戰。

兩天後，這七十多名黑人戰士殺了至少五十七個奴隸主，沿途二十英里燒殺破壞，之後這場叛亂才被壓制。恐慌隨著報紙大肆報導「南安普頓慘案」血腥聳動的細節而蔓延。透納被絞死之前，和當地一位名叫湯瑪斯・蓋瑞（Thomas Gray）的律師分享他的解放神學：「我聽見天堂裡發出轟然巨響，聖靈隨即現身在我面前說，蛇被放出來了，基督已經卸下他為人類罪惡背負的枷鎖，而我應

⑩ 費尼爾司・泰勒・巴納姆（Phineas Taylor Barnum, 1810-1891），玲玲馬戲團創辦人（全名是Ringling Brothers Barnum and Bailey Circus, 1871-2017），跟紐約大蘋果馬戲團、太陽馬戲團曾合稱世界三大馬戲團，已於二〇一七年歇業。

該扛起它，與蛇對抗，因為那時刻很快就要到來，在後的將要在前、在前的將要在後了。」[11]

「你現在覺得自己被世人誤解了嗎？」蓋瑞漠然地問。「基督不是被釘上十字架了嗎？」透納回答。[18]

「我們被嚇壞了，」蓋里森撰文談論這場叛亂。在美洲「對這些叛亂份子的憤怒中」，誰還記得奴隸制的「惡行過錯」？蓋里森記得，他還條列出來，但他無法寬恕暴行造成的慘劇。可是他不知道，那些被害的奴隸主當中，就算不是全數但也有部分，寧死也不願釋出他們的財產。蓋里森誓言永遠為他的思想奉獻：「完成救贖國家的偉大工作」必須「藉道德力量來行使」，也就是道德勸說的力量。

如果黑人不暴力抵抗，他們會被鄙為天生奴性；然而每當他們反抗，北方與南方的保守派評論者都會把他們歸類成野蠻動物，需要被關進奴隸制的牢籠。有些以黑人天性溫順的迷思安慰自己的蓄奴人士，則想追捕他們認為是真正煽動者的那些人，例如蓋里森之流的廢奴主義者。喬治亞州甚至提供五千美元（今日相當約十萬九千美元）獎金，看誰能把蓋里森帶來該州就審。但是獎金並不能阻止蓋里森每週在《解放者報》上發送報導，並且在奈特．透納動亂事件引燃的熱烈辯論中發表反奴隸制的評論。

《解放者報》不久前才剛擴充增頁，多虧有新成立的新英格蘭反奴隸制協會（New England Anti-Slavery Society）資助，該機構是第一個致力推動立即解放的非白人組織。某個康乃狄克州的編輯針對《解放者報》增頁嘲諷地回應說，喬治亞州的立法人士要取蓋里森的人頭，應該「提高他們的獎金做為因應」。蓋里森反擊說，喬治亞州立法者應該頒布獎金追捕維吉尼亞州立法者，因為他們正在「認真討論截斷他們快樂忠誠的奴隸們的腳鐐」。[19]

透納動亂之後，維吉尼亞州開始認真考慮終止奴隸制。這並不是出於非暴力廢奴主義者主張的道德勸說，而是出於對奴隸造反的恐懼，或者說是某天可能害他們全數喪命的「未爆火山」。一八三一至一八三二年的冬天，臥底的廢奴主義者、有力的殖民主義者和緊張焦慮的立法人士在維吉尼亞州發聲反對奴隸制。但最後，支持奴隸制的人廢除了每一項反奴隸制的措施，結果還通過比現行版本更嚴苛的奴隸規範。支持奴隸制的立法人士要壓制每個他們宣稱溫馴的俘奴，並且限制所有他們主張不可能被教化的人接受教育。很清楚明白的是，導致制定這些奴隸規範的並非種族主義觀念，而是蓄奴的利益。種族主義觀念是被製造出來維護蓄奴利益的。[20]

蓋里森沒有領悟到這一點。但他確實明白，蓄奴的利益才是奴隸解放的最大敵人。一八三二年六月一日，蓋里森在他第一、也是唯一的著作中針對這個主題抒發己見。「吾將以爾等口出之言還治汝身。」[11] 他寫道。然後繼續在書中引述殖民主義者的言論，證明他們其實支持奴隸制；他們的目標是「完全驅逐黑人」，且否定「在這個國家提升黑人的可能性」，是「立即解放黑奴」的敵人。蓋里森在書中放入七十六頁來自「有色人民」反對被送到海外殖民地的聲明。這本書題為《殖民非洲之我見》（*Thoughts on African Colonization*），對於已然成為美國其中一個最有力的種族改革組織來說，儼然是一記力道猛烈的攻擊。有了蓋里森的書，廢奴主義者對美國殖民協會宣戰了。他們的攻擊讓協會再也無法翻身。[21]

⑪ 出自《馬太福音》二十章十六節。

這不是美國殖民協會在一八三二年遭受的唯一猛烈攻擊。威廉與瑪麗學院教授湯瑪斯·羅迪克·杜伊（Thomas Roderick Dew）代表南方的蓄奴者反對殖民，在《殖民非洲之我見》問世不到一個月後，他也出版了《一八三一年與一八三二年維吉尼亞立法機關詢辯評論》（*Review of the Debate in the Virginia Legislature of 1831 and 1832*）。杜伊是維吉尼亞州種植園主之子，受亞當·史密斯的《國富論》影響極深。他主張，「南方的種植園」應該由能夠「抗禦南方強烈日照」的非洲奴隸「耕作」，他們更能「比白人工人忍受種植稻米、棉花、菸草和甘蔗的辛苦」，因此，「驅逐我們六分之一的人口……等於是自尋死路」。杜伊提出的這個褊狹看法，其實蓋里森在《殖民非洲之我見》就寫了，而杜伊在他自己的著作中表示贊同。這些反奴隸制和支持奴隸制的倡議人士其實有許多共通的見解。和蓋里森一樣，杜伊認為殖民是個邪惡又不實際的主意。他寫道，黑人「雖然在文明的評等上相當低劣」，而且「不受逼迫」就不工作，但仍是南方經濟所需的廉價勞力。[22]

美國參議院外交委員會也用同樣的理由，回絕美國殖民協會於一八二八年最後一次的資金申請。外交委員會的成員總結說，因為黑人負責「各種低賤的勞務所需」，殖民海外將會造成沿海城市的廉價勞力空缺，導致人力成本增加。這些各種低賤的服務性勞務包括計日工人、海員、僕役、服務生、理髮師、馬車夫、擦鞋工、為男性服務的搬運工、洗衣工、裁縫師、針線工、為女性服務的家務工。「我們看到他們（黑人）做的事沒有一樣需要基本平常的能力，」某個來自賓州的評論家觀察道，「這群人見識短淺，只找最低賤的活兒來幹。」種族歧視政策迫使自由黑人從事粗賤的工作，卻被種族歧視的言論辯稱是因為黑人又懶又無能，最適合那些職務。各種種族差別對待的作為安然脫身，各城市得以確保他們的低賤人力庫，因為美國參議院認定那對經濟不可或缺。[23]

杜伊的書在支持蓄奴的圈子裡造成的影響，恰如蓋里森《殖民非洲之我見》在主張廢奴的圈子裡達到的成就。杜伊在一八三六年當上威廉與瑪麗學院校長。「杜伊當上校長之後，關於把我們殖民奴隸到海外的可行性，就無需再提半個字了。」某個南卡羅萊納州的人這麼說道。美國殖民協會盡全力反擊。一八三二年十一月，該協會祕書長拉夫・格里聲言「這些人不該擁有自由，因為他們完全沒有準備，結果只會對他們自己和他人有害」。格里在美國殖民協會會刊發表的這篇文章，是該協會針對立即廢奴人士展開惡劣反攻的第一擊。他們在巡迴演講、講壇、學院、報紙反擊，也找暴民在街頭動手。美國殖民協會仍然試圖爭取奴隸主支持他們的計畫，但會以類似手段對付湯瑪斯・羅迪克・杜伊及他代表的蓄奴者。[24]

雖然白人暴民稍微造成了一些遲疑，但有六十六位廢奴主義者只憂心社會漠不關心，他們於一八三三年十二月四日在費城聚會創建了美國反奴隸制協會（American Anti-Slavery Society）。他們秉持激進的信念，主張「立即解放黑奴，不得流放海外」。美國反奴隸制協會的領導者是名聲顯赫的紐約慈善家亞瑟・泰潘（Arthur Tappan）和他有錢的兄弟們，哥哥是未來的俄亥俄州參議員班傑明・泰潘（Benjamin Tappan），弟弟是廢奴主義者路易斯・泰潘（Lewis Tappan），最知名的事蹟是解放了阿米斯達號⑫運奴船上遭受非法奴役的非洲人。美國反奴隸制協會的章程中提到，上進勸說

---

⑫ Amistad在西班牙文是「友誼」，該事件後來改編成電影《勇者無懼》（*Amistad*），一九九七年由史蒂芬・史匹伯導演。本片取材自一八三九年非洲黑奴在阿米斯達號運奴船上發生的反抗事件，以及緊接在後的阿米斯達號運奴船叛亂案的法律審判活動，在影片的結尾，還特別說明這起法律案件影響後來出現的南北戰爭。

策略不可行，「協會應以提升有色人民之品質與處境為目標，鼓勵他們智識、道德和信仰方面的成長，並移除公眾的偏見」。[25]

蓋里森在美國反奴隸制協會獲得一個不重要的職銜，因為泰潘兄弟和他們的朋友較為審慎，想與波士頓人領導的廢奴運動爭奪主導權。泰潘兄弟比蓋里森更溫和專斷、厚顏利口，他們指示美國反奴隸制協會的人員灌輸自由黑人「家庭規矩、履行家內相對職責、培養正確習慣、控制脾氣及言行有禮的重要性」。他們的任務是提升低劣的自由黑人到「與白人相當的水準」。然而，美國反奴隸制協會的人員和支持者卻被警告大家不要收養黑人小孩、不要鼓勵跨種族婚姻或造成「有色人民驕矜作勢」；黑人應該採納「溫良德性的尊實品格」，以贏得民眾的評價。

在一八三五年五月的美國反奴隸制協會年度大會上，成員們決定採行新的技術來散播他們的福音給有潛力轉向支持廢奴的民眾。靠著利用刻板印模的大量印刷機、廉價粗紙、蒸氣平床印刷技術、新建鐵路和有效率的郵寄服務，他們一週可以在全國狂寄兩萬到五萬份廢奴主義文宣品，目標是「喚醒全國的良心，承認奴隸制是罪惡的」。很快就要出事了，而蓄奴者們還不知不覺。[26]

第十四章　野蠻化或文明化

蓄奴者們冷靜討論著獲利、損失、海外殖民、凌虐技巧和基督徒主人的責任，他們只感覺到廢奴宣傳品如春雨綿綿落下，到了一八三五年夏天卻已經變成大雨滂沱，光是七月就有兩萬份文宣，到那年年底已經超過一百萬份。這些文宣把蓄奴者呈現為惡魔，挑戰一些種族歧視觀念，例如認為黑人沒有自由的能力；但同時也製造了其他的種族歧視觀念，例如非洲人天生具有信仰靈性和寬恕精神，對於鞭笞能以愛心同情回應。這個運動的標誌上有一個銬著枷鎖的非洲人，雙膝下跪、雙臂高舉，彷彿在祈求天上看不見的上帝或盤旋高空的白人救贖者。被奴役的非洲人只能被動地期盼奴隸主人相助，任由殖民主義者驅離他們，或等待廢奴主義者解放他們。[1]

激憤的蓄奴者把美國反奴隸制協會的郵寄宣傳行動視為戰爭。白人男性暴徒怒喊著要捍衛「我們對抗廢奴主義者的姐妹州」。這些人在一八三五年夏天和秋天竄行北方黑人社區，劫掠破壞房舍、學校和教堂。他們咆哮說，自己的任務是保護象徵人性純潔美麗典範的白人婦女，以免性欲旺盛的黑臉禽獸一旦被解放會侵犯她們。事實上，一八三〇年後，年輕單身的勞工階級白人女性已開始走出家門賺錢，在經濟方面降低對男性的依賴，在性愛方面的自由也提高了。白人男性輪暴白人女性的事件開始出現，差不多同時也開始發生白人男性對黑人的集體侵犯。這兩種犯行都在迫切維持白人男性至高無上的地位。[2]

在廢奴主義的壓力之後，又出現了奴隸制的捍衛者，其中最精明無畏的當屬南卡羅萊納州參議員約翰・卡洪。他是富裕種植園之子，曾擔任昆西・亞當斯和安德魯・傑克森兩位總統的副總統。即使是對他痛恨在心的人，也不能否認他身為策士和協調人的能力優越。一八三七年二月六日，卡洪在參議院分享他為支持奴隸制最新擬定的偉大策略。早前維吉尼亞州參議員說奴隸制是「程度較低之害」（lesser evil），卡洪受激起而「踏上較高之位」。他希望能就此一了百了，把存在已久的傑佛遜反奴役思想徹底埋葬。「我認為……如今蓄奴州裡這兩個（種族）之間的關係並無害，而是有益的——是絕對有益的。」他說，從雙方面來看，這對社會來說絕對有益，對屈從的黑人來說也絕對有益。卡洪主張奴隸制是種族的進步。[3]

某方面來說，蓋里森尊敬卡洪，欣賞他和他大膽支持奴隸制的坦率，勝過例如膽怯的亨利・克雷這些堅持相信逐步廢奴和海外殖民的政治家。雖然如此，他稱卡洪是「萬惡陰獄奴隸制的戰士」，說「他的良知被燒鐵封焊了，他的心硬如堅石」。對於提倡逐步解放的人來說，蓋里森和卡洪都是激進份子，因為前者擁護立即解放，而後者支持永久奴役。這兩人視對方為狂熱的邪惡化身、美國的破壞狂，毀滅一切人類良善，捍衛所有世間邪惡。但是蓋里森必須比卡洪更勇敢。全國各地的公眾人物有如唱詩班齊聲壓制蓋里森，卡洪是其中音量最大的領唱，而在白人公眾人物之中，蓋里森幾無援手，孤身竭力嘶聲與卡洪較量。[4]

不過，即使有卡洪宣稱奴隸制是絕對善行和白人流氓幫眾流竄威脅，都無法阻擋廢奴主義愈來愈得人心。蓋里森以高尚的非暴力抵抗回應一八三五年十月的一宗波士頓暴行，他的言行推動了成千上萬北方人擁戴他的領導角色和反奴隸制理想。不到十年，多達三十萬人加入了廢奴運動。

許多人在一八三〇年代末期轉而投效廢奴運動，擴大了派系之間的分裂。蓋里森派拒絕參加「腐敗的」政黨和教會，但廢奴主義試圖把運動帶進這些政黨和教會。黑人廢奴主義者之間的派系分裂也愈發顯著。聽見人們說黑人的言行導致白人的偏見，反種族主義人士再也無法冷靜以對。彼得．保羅．西門斯（Peter Paul Simons）是最早公然攻擊上進勸說的非裔美國人之一，他的知名事蹟是批評《有色美國人》（*Colored American*）的編輯認為雙種族人「最有才能」。一八三九年四月二十三日，當著紐約市非洲克拉克森協會（African Clarkson Society）面前，西門斯說這個策略充滿了陰謀色彩，置「白人於首，即使是我們黑人自己的事也一樣」，那個「道德提升的笨主意」根本是「恫嚇人的醒目稻草人」，這位反種族主義者說，黑人本來就已是有道德的人，「一個非洲人只要站在世人眼前，就能展現道德真義」。西門斯疾呼抗議，呼籲「行動！行動！行動！」[5]

但是，反種族主義人士不只要對抗勢力強大的反奴隸制同化主義派，還有勢力更強大的挺奴隸制隔離主義派。輝格黨福音傳教士卡爾文．寇頓（Calvin Colton）在一八三九年《廢奴叛亂，從美國到英國的聲音》（*Abolition a Sedition and A Voice from America to England*）中，要求採取行動壓制反奴隸制風潮。「人類之間不存在所謂的平等，也不可能存在」，寇頓寫道，「上帝或人都不曾制定平等。」而且，科學證實了寇頓的觀點。從麻州的劍橋到英格蘭的劍橋的學者間，流傳著一個不真實的共識：種族平等不存在。一八三九年的辯論仍然繞著種族的起源打轉，爭辯著單一起源和多元起源。[6]

美國人類學之父山繆．摩頓（Samuel Morton）博士於一八三九年九月一日出版《美國人的頭顱》（*Crania Americana*），於此加入這場起源論戰。摩頓運用他費城自然科學博物館（Academy of Natural Sciences）裡赫赫有名的「美洲骷髏山」，那兒的人類頭骨收藏數量居世界之冠。摩頓想要給學者們一個客觀的工具來區別種族，也就是量化的比較解剖學。他大費周章以立方英寸為單位測量了近百顆頭骨，估算出「平均腦容量」有多少。在這個極少量的範本中，摩頓發現高加索人種的頭骨測量起來最大，並依此得出結論說，在所有的種族中，白人擁有「最高的智慧天賦」。但是，一個人的頭顱愈大就愈聰明，他依據的這個假設是錯誤的。[7]

傑出科學家和醫療期刊的評論湧進費城，對摩頓「發掘重大真相」表示仰慕。但有人例外。德國人弗里德里希・提德曼（Friedrich Tiedemann）的頭骨測量結果並不符合摩頓的排序。提德曼依此推論說，種族平等是存在的。就像十七世紀日耳曼鎮的請願者，還有十八世紀的約翰・伍爾曼，提德曼證明了種族主義者從來不只是他們當代的產物。雖然大多數學者做了簡單、受歡迎、對自己事業有益的選擇，支持種族主義，但有些人並沒有。有些人做了困難而不受歡迎的選擇，反對種族主義。[8]

美國最早的一項重大科學發現起於一個看似簡單的觀察。受過哈佛訓練的反奴隸制精神科醫師愛德華・賈維斯（Edward Jarvis）重新審閱一八四〇年的美國人口普查資料，發現北方自由黑人被列為精神錯亂的人數將近南方奴隸黑人的十倍。一八四二年九月十二日，他在至今仍是英國頂尖醫學刊物的《新英格蘭醫學期刊》（*New England Journal of Medicine*）上發表他的發現。賈維斯斷定，奴隸制必定對黑人的「道德能力和智力發展有神奇美妙的影響」。[9]

一個月後，在同一家期刊上，有人匿名發表了另一篇也應算是科學研究的文章，〈黑人和黑白混血人的生命數據〉（Vital Statistics of Negroes and Mulattoes）。這份人口普查報告還顯示，雙種族人的壽命比白人和「純種非洲人」短。作者呼籲調查「造成如此重大結果的原因」。阿拉巴馬州莫比爾市（Mobile）的約西亞・諾特（Josiah C. Nott）醫生於一八四三年在《美國醫學科學期刊》（*American Journal of Medical Science*）裡出手相助。在〈黑白混血人——雜種〉（The Mulatto—A Hybrid）一文中，這位傑出外科醫生宣稱，雙種族婦女是「劣等的種母」，因為她們是「兩種截然不同物種」的產物，就像「馬和驢子」生下的騾。諾特的主張和那份精神狀況的調查數據一樣荒謬，但科學家們卻一再複製轉述。[10]

賈維斯更進一步仔細審視一八四〇年的人口普查，發現內容錯誤百出。有些北方城鎮呈報的精神失常黑人患者還比當地黑人居民來得多。賈維斯和美國統計協會（American Statistical Association）要求美國政府更正人口普查。一八四四年二月二十六日，眾議院要求國務卿埃布爾・厄普舍（Abel Upshur）展開調查，但他沒有機會行動了。兩天後，厄普舍和其他五人在普林斯頓號戰艦上遭殺害。總統約翰・泰勒（John Tyler）提名接替厄普舍的人選不是別人，正是約翰・卡洪。卡洪在厄普舍的書桌上看到兩份文件：一是人口普查事宜，一是來自英國外交大臣亞伯丁爵士（Lord Aberdeen）表達反奴隸制的信件。這位英國人表示，他希望全世界解放黑奴，還有讓德克薩斯州自由獨立。[11]

蓄奴者希望把德州併吞下來做奴隸州，這個訴求成為一八四四年選舉的主要議題。田納西州民主黨蓄奴者詹姆士・波克（James K. Polk）以些微差距打敗輝格黨的亨利・克雷，因為克雷在中間選民的部分輸給了新的反奴隸制自由黨（Liberty Party）候選人詹姆士・伯尼（James Birney）。

蓋里森拒絕投票，美國反奴隸制協會支持採用他提出的新標語：「不與蓄奴者聯手！」他試圖

（但沒能）阻擋運動趨勢朝政治發展。反奴隸制的票源集團於一八四〇年代興起。他們把反奴隸制的眾議員送進華盛頓——從麻州的約翰・昆西・亞當斯到俄亥俄州的約書亞・瑞德・紀丁斯（Joshua Reed Giddings），很快又有賓州的賽迪斯・史蒂文斯（Thaddeus Stevens）、俄亥俄州的歐文・勒卓伊（Owen Lovejoy），以及麻州的查爾斯・桑姆納（Charles Sumner）。這些眾議員在一八四〇年之後公開辯論奴隸制度和解放黑奴，讓約翰・卡洪懼然生畏。[12]

一八四四年四月，國務卿卡洪撤回自己的總統候選資格數月後，他通知英國外交大臣併吞德州的協議已經圓滿解決，英國或美國都毋需擔心德州施行奴隸制；但美國不能解放奴隸，因為人口普查已經證明，「非洲人的狀況」在自由狀態下比在奴隸制裡更糟。

卡洪需要更多資料才能對西歐說明美國為什麼需要奴隸制，他找到有關種族的最新科學資料。他傳召喬治・葛利登（George R. Gliddon），這位率先研究埃及的學者剛好來到華盛頓，進行他關於古代「白色」埃及之神奇的全國巡迴演講。葛利登送了幾本摩頓的著作給卡洪，包括《美國人的頭顱》和廣受稱讚的最新力作《埃及人的頭顱》（*Crania Aegyptiaca*），這本書把古代埃及描繪成一個由高加索人統治的國度，住著希伯來人和黑奴。葛利登在附加的信中寫道，摩頓的研究證明了「黑人種族」一直都是「僕役與奴隸，自遠古以來就是完全不同且服從於高加索人的種族」。有了葛利登提供的「事實」佐證，卡洪可以跟反奴隸制的歐洲辯護美國國內政策的合理性了。一八四〇年人口普查的「事實」從未獲得修正，護持奴隸制的人也從未停止宣揚這個顯示奴隸制「毋庸置疑」絕對有益的證據。他們不斷強調奴隸制度帶來種族進步，但幾乎可以肯定他們自知這個證據並不可靠。「奴隸制對我們這些政客來說，好處多到無法捨棄。」據傳有位喬治亞州的參議員曾經坦承。在南北戰爭進入尾聲時，有個神體一位論（Unitarian）的教士說得極好：「有病的是那份人口普查，不是有色人民。」[13]

穩固支持奴隸制的政治與科學勢力，讓廢奴主義者在改變已然接受奴隸制「絕對有益」的人心時倍感艱辛。那麼，如果讓逃亡奴隸發聲訴說他或她自身的可怕經驗，會不會比較有說服力呢？一八四一年，蓋里森在不遠的南塔克特島①上與廢奴主義人士愉快共處了三天。八月十一日的會議即將落幕時，一名二十三歲的逃奴鼓足了勇氣，要求上前發言。這是許多白人廢奴主義者第一次聽到，逃奴分享自己千辛萬苦脫離奴役奔向自由的經歷。麻薩諸塞反奴隸制協會（Massachusetts Antislavery Society）大受感動，給了費德列克．道格拉斯（Frederick Douglass）一份旅行演說的工作。於是，道格拉斯成為美國的模範黑人新秀。在他分享奴隸制的暴虐之前，會被介紹給觀眾說他是一個「動產」、一樣「物件」、一項「南方資產」。雖然道格拉斯了解讓美國白人震驚到投入反奴隸制行列的策略，但他也愈來愈不喜歡經常不被當人看待。不論受奴役或自由，黑人都是人。雖然奴隸主試圖把他們貶低縮小成物品，但從來沒有成功。他們的人性未曾絕滅——這是讓他們和全世界人類平等的人性，即使他們戴著枷鎖。道格拉斯過去是、且永遠是個人，而他想以人的身分被介紹出場。

① 南塔克特島（Nantucket），麻薩諸塞州外南方的一個島嶼。

道格拉斯也厭倦了只是一而再、再而三訴說他的故事。他磨練了演說能力，也發展出自己的思考。每次他脫稿想講自己的想法，就會聽到有個人在他耳邊提醒：「講你的故事，道格拉斯。」然後，白人廢奴主義者會跟他說：「給我們講些真實故事，我們會負責講想法。」而當他講真實故事時，又有人會改變口氣說：「多表現出一點種植園的樣子，你沒有完全表現出你學到的樣子。」道格拉斯很清楚知道他們為什麼會這麼說。通常，他演講幾分鐘後，就會聽到群眾抱怨：「他根本沒當過奴隸吧。」這樣的回應也是可以理解的。抱持種族偏見的廢奴主義者不斷地說奴隸制把人變成了畜生，但道格拉斯顯然不是個畜生。[14]

等到道格拉斯終於能暢所欲言完整說出自己的故事和想法，他可說是抗衡一八四〇年人口調查和絕對有益理論最有說服力的反證。一八四五年六月，蓋里森的印刷行出版了《美國奴隸費德列克·道格拉斯的人生自述》（*The Narrative of the Life of Frederick Douglass, an American Slave*），五個月就賣出四千五百冊，接下來五年內賣了三萬冊。這本扣人心弦的暢銷書為道格拉斯贏得國際名聲，迫使成千上萬的讀者面對奴隸制的殘暴和黑人對自由的渴望。過去不曾有過一部反奴隸制文學作品具有這樣深遠的影響力。道格拉斯的自述打開了一系列奴隸故事的大門。對於那些有勇氣正視的人，他們證明了奴役對黑人有益的想法完全錯誤。

蓋里森為道格拉斯一八四五年出版的自述寫序，他聲言奴役「在人性等級上」把黑人「降格」了，「不遺餘力地削弱他們的智慧、汙染他們的心靈、貶抑他們的道德本性、抹滅所有他們與人性有關聯的痕跡。」雖然蓋里森的起點和思考路徑不一樣，卻一直走到和他支持奴隸制的敵手相同的目的地——黑人的劣等特質不屬於人性。不過，讓蓋里森在道格拉斯著作的前言說這番話，反奴隸制就有了「全然混雜的性質差異」。蓋里森選擇不去強調肉身對抗奴隸虐待的駭人經歷，雖然這是促使道格拉斯踏上追求自由之路的原因。蓋里森喜歡呈現兩種黑人：被貶抑的或傑出優異的。他希望這個故事引發白人的「同情」，以及努力「不懈」求取「打破每具軥軛」。道格拉斯的自述確實達到了這個目的，後續的許多奴隸故事也引出白人反奴隸制的同情心，尤其在新英格蘭和舊英格蘭。但是，這些故事引出的白人反種族歧視同情心就遠不及此。畢竟，蓋里森是用他的同化主義觀念來包裝這本書，他認為受奴役或自由的黑人實際上都是次等的，但他們「有能力學習更高的知識才能，如同有道德的知識份子一般。他需要的不過是相對來說少量的教化，讓他能為社會增光，為其種族造福」。[15]

蓋里森親筆寫的前言（雖然說服力強，不出讀者所料），其實帶有強烈的種族主義，抵消了道格拉斯自述的力道。另一個有抵消作用的有力言論是阿拉巴馬州外科醫師約西亞・諾特一八四五年的《高加索與黑人種族自然史演講二篇》（*Two Lectures on the Natural History of the Caucasian and Negro Races*）。他已經從主張種族歧視的雙種族理論變成主張多元起源說，但再次用了錯誤的人口普查資料當作證據。以個別的物種來說，「自然賦予」黑人「的生理構造比較低等，世上全部的力量也無法提升他們超越他們的天命」。某位觀察家說，諾特的多元起源說已然「不只是時代的科學」，也是「美國的科學」。廣受歡迎的北方童書也在講述「顱骨的容量」。新英格蘭暢銷作家山繆・古德里奇（Samuel Goodrich）在《世界及世界居民》（*The World and Its Inhabitants*）寫道，「衣索比亞人」排名在「智力方面最低，這點毋庸置疑」。[16]

道格拉斯的自述還必須應付變化快速的新聞媒體。一八四六年初，新成立的美聯社（Associated

Press）利用新發明的電報科技成為全國首屈一指的新聞篩選供應商。傳輸快速加上價格壟斷，讓新聞故事變短、變簡單，變得只描述事件而不著重說明——聳動渲染而不管細節，反覆報導而不在乎刻板印象或鞏固現狀。強化種族主義觀念的新聞快報正符合這些需求。一八四六年一月，紐奧良居民詹姆士．迪保（James D. B. De Bow）發行《迪保評論報》（*De Bow's Review*），滿足市場對南方在地聲音的需求。這家報社剛開始經營困難，但是到了一八五〇年代成為表現南方思想的著名報刊。它支持奴隸制和隔離主義，儼然與反奴隸制、主張同化主義的《解放者報》相敵對。[17]

固定為《迪保評論報》供稿的作家協助這份報刊擴展茁壯，例如路易斯安納州的醫生山繆．卡特懷特（Samuel A. Cartwright），他以前是班傑明．若許的學生。卡特懷特曾撰文談論健康的黑人俘奴勞動成果豐碩且樂於被奴役。他在一八五一年寫道，黑奴在種植園進行反抗，其實是得了他稱為「不悅異常感」（dysesthesia）的病症。他說，「幾乎所有的」自由黑人都患有這種疾病，因為他們缺乏「白人」來「照顧他們」。逃跑的黑人奴隸則是精神失常，患有他所謂的「漂泊癖」（drapetomania）。「他們只能被……當作小孩來對待」，卡特懷特對奴隸主說，「才能預防和治療他們」產生這種想逃跑的瘋狂欲望。[18]

南方的醫學實驗在《迪保評論報》找到了公開發表的管道。研究者例行地用黑人當研究對象。一八四五年，阿拉巴馬州的馬里恩．西姆斯（J. Marion Sims）開始進行他的可怕實驗。他在十一位奴隸女性的陰道動手術，研究治療名為膀胱陰道瘻管（vesicovaginal fistula）的生產併發症。這些手術「沒有痛到有必要動用」麻醉，他說。這是西姆斯用來辯解自己酷行的種族歧視說法，而不是他真的從實驗中得知。他後來在自己的回憶錄裡寫道：「露西的痛苦最劇烈。」這場漫長的手術實驗馬拉松一直延續到一八五〇年代初期（其中一位名叫安娜查〔Anarcha〕的女性被他動刀三十次），西姆斯的瘻管治療手術才終於大功告成。他開始並動用麻醉治療白人患者，搬到紐約開設第一家婦女醫院，成為美國婦科學之父。有一座獻給西姆斯的巨大花崗岩青銅紀念像（這是美國第一座以醫生為人物的塑像），如今仍坐落在第五大道及一〇三街交叉口，就在紐約醫學會對面。[19]

⁂

身為一個公眾知名的逃奴，費德列克・道格拉斯的前主人已經無力把他捉回，於是他在一八四五年踏上大英帝國長期巡迴演說之旅。《民主評論報》（*Democratic Review*）主編約翰・歐蘇立文（John O'Sullivan）難忍氣憤，批評這個「無業黑懶鬼道格拉斯」，竟然用「他的時間在英國散播他汙衊美國的謊言」。道格拉斯等於給了他當頭痛擊。就像其他關注美國國家政治發展的人一樣，道格拉斯應該知道歐蘇立文狂熱支持併吞德州（及其以西全部地區）。德州在一八四五年十二月二十九日已經獲准加入聯邦成為一個奴隸州。擴張主義者（尤其是奴隸制擴張主義者），持續索求無厭，叫嚷著還要併吞加利福尼亞州、新墨西哥州、奧勒岡州。費德列克・道格拉斯的自述剛出版的時候，歐蘇立文寫道，白人的「天定命運……就是要占據上天賜予我們的整片大陸」。[20]

一八四六年五月，總統詹姆士・波克派遣軍隊到紛爭不斷的德州邊界。墨西哥軍隊自衛反擊，波克就說墨西哥人是侵略者並宣布開戰。這個計謀成功了。對抗墨西哥團結了北方與南方，一起為擴張國家版圖大業努力。但是國家擴張是否等於奴隸制擴張，這個問題分裂了北方人與南方人。一八四六年，民主黨的賓州代表大衛・威爾莫特（David Wilmot）在一個撥款法案上附加了一項條款，不讓波克從美墨戰爭（Mexican-American War, 1846-1848）中獲得的任何領土實施奴隸制。威爾莫特是美國最新政治勢力的代表，他反對奴隸制、反對黑人自由土地運動（Free Soil）。波克批評「愚蠢」，歷史學家稱之為「威爾莫特但書」（Wilmot Proviso），威爾莫特稱之為「白人的但書」，最後這項條款一直沒有通過。[21]

這些年來，威廉・洛伊・蓋里森與約翰・卡洪的針鋒相對，把美國變成兩個極端對立的陣營：支持立即解放奴隸與堅持永久奴隸制。中間立場主張逐步解放的殖民主義勢力已在一八三〇年代晚期潰散。一八四六年，新起的自由土地派在北方及其他地區復興了中間立場。里奇蒙市的特雷德加煉鐵廠（Tredegar Iron Works）用黑奴擔任需要技能的職工，以節省勞力支出，結果白人工人表示抗議。在南北戰爭前夕的南方，在這場只擴及市郊的工廠罷工裡，他們要求加薪及調走擔任技術工作的「黑鬼們」。如果這些罷工的鍛鐵廠工人以為蓄奴者真的在乎種族主義勝過利潤，或者出於自利不會拋棄他們宣揚的白男人團結力量，那他們恐怕還得好好苦學一頓有關權力、利益和宣傳的教訓。里奇蒙的上層階級同聲譴責，認為這些反黑人的罷工者跟廢奴主義者沒兩樣，一如當地的報紙也嚴厲批評，因為他們試圖阻止掌權者「利用奴隸的勞力」。結果，這些罷工的白人被解僱了。[22]

✕

過去十年裡，「奴隸力量」已經衰退，導致「我們一直在批判的偏見也漸趨和緩」，蓋里森在一八四七年夏天的《解放者報》裡這樣寫道。但是，他認為仍存在一個「令人深惡痛絕的事實，就是那些不能忍受身邊或眼前出現受過教育、有教養的有色人士的人們，卻相當樂意被無知粗野的奴隸圍繞，而且從未因他們的膚色想過反對與他們有極親密的接觸！」雖然蓋里森所言「無知粗野的奴隸」實為褊狹局限之見，他以為往西拓展的奴隸力量已經衰退也是完全錯誤的觀察，但他確實說到一個重點。他寫道：「只有當黑人屬於自由的、受過教育的、啟蒙的狀態時，他們才惹人厭。」他明白上進勸說沒有用的原因了，但什麼都無法動搖他對這個策略的信念。[23]

薩克利・泰勒（Zachary Taylor）將軍在一八四九年，開始他擔任第十二任美國總統的任期，此時有自由土地派在疾呼限制奴隸制度，廢奴主義者在呼籲關閉華盛頓特區的奴隸交易市場，蓄奴者則要求擴大實施奴隸制，制定嚴格法律管制逃亡奴隸，制裁幫助奴隸逃亡的「地下鐵路」②網絡及其勇敢的主謀，例如綽號「摩西」的海莉葉特・塔布曼（Harriet "Moses" Tubman）。促成一八二〇年密蘇里妥協案的亨利・克雷已經上了年紀，他走出競選總統失利的陰霾，主導推動「聯邦再聯合」（reunion of the Union）。一八五〇年一月，亨利・克雷提議滿足蓄奴者，否決眾議院對國內奴隸貿易的管轄權，制定較嚴格的《逃亡奴隸法》；而為了滿足反奴隸制或支持自由土地的北方人，國家首府禁止奴隸買賣，加州以自由州身分加入聯邦。根據這項法律的效力，北方將能根除奴隸制。卡洪和眾多南方人不甘屈服妥協，連一步都不肯退讓。他難抑怒火，暗自召集軍隊準備脫離聯邦。[24]

一八五〇年三月，一群北方科學家踏進卡洪的地盤，參加在查爾斯頓舉行的美國科學促進會（American Association for the Advancement of Science）第三屆會議。山繆・摩頓、約西亞・諾特和哈

② 地下鐵路（Underground Railroad），十九世紀用來幫助黑人奴隸逃往自由州和加拿大的祕密路線和庇護所，該詞彙也用來代指幫助奴隸逃亡的廢奴主義者。該路線在十九世紀中達到顛峰，據估計到一八五〇年共有十萬名黑奴透過該路線出逃。

佛大學的多元起源說教授路易斯·阿格西茲（Louis Agassiz）是該協會其中幾位元老成員。查爾斯頓自豪擁有享譽全國的科學家和自然科學博物館，還有一座以珍貴醫學大體和「有趣案例」為傲的醫學院。查爾斯頓的本地人約翰·巴赫曼（John Bachman）是公認的南方路德派領袖，他在會議前數週出版了《人種團結教義》（*The Doctrine of the Unity of the Human Race*），也在備受推崇的《查爾斯頓醫學期刊》（*Charleston Medical Journal*）上發表了一篇文章。他聲稱，挪亞的兒子閃是「高加索人的起源──是我們救世者……的先祖」；含則是非洲人的起源，他們的「整個歷史」都展現出缺乏自我管理的能力。巴赫曼的單一起源說在會議上激起爭議的水花。但是在一八五〇年，不論南北方都一心支持多元起源說。[25]

路易斯·阿格西茲和約西亞·諾特於一八五〇年三月到場，提報他們有關多元起源說的報告。費城人彼得·布朗恩（Peter A. Browne）曾協助創立科學導向的富蘭克林研究院（Franklin Institute），以紀念班傑明·富蘭克林，也發表他的人類頭髮比較研究。在距離世界最龐大人類頭骨收藏不遠的地方，布朗恩驕傲展示世上最龐大的人類毛髮收藏，他以這個收藏為研究基礎撰寫了一八五〇年的《人類分類，以頭上毛髮和鬈毛區分》（*The Classification of Mankind, By the Hair and Wool of Their Heads*）。因為白人有「頭髮」而黑人有「鬈毛」，布朗恩「毫不遲疑」宣稱他們「屬於兩個截然不同的物種」。至於髮質，布朗恩表示「白人的頭髮比黑人的完美」。布朗恩把黑人視為個別的、次等的、像動物一樣的物種，根據他的研究，直髮是「好頭髮」，非洲人「糾結的」頭髮是不好的。不過，他的研究了無新意。已有許多黑人，更別說白人，吸收了同化主義觀念。有位《盎格魯非洲雜誌》（*Anglo-African Magazine*）的作家在一八五九年發文抱怨，說黑人父母教導他們的子女「他或她長得漂亮與否，要看特徵近似盎格魯—撒克遜標準的程度」。作家懇請黑人父母必須停止描述直髮是「好頭髮」，或盎格魯—撒克遜的特徵是「好特徵」。[26]

查爾斯頓以它的科學家們為傲，出資負擔美國科學促進會舉辦會議和出版會議紀錄，上流社會家族的成員都會出席各場討論。這場會議讓他們轉移注意力，暫且放下有關一八五〇年妥協案（Compromise of 1850）激烈辯論的連環電報新聞報導。在蓄奴思想大本營舉行美國科學促進會研討會，可說是美國科學與政治交會的展現。蓄奴者憤怒地追蹤北方的政治發展，查爾斯頓的科學家們也飢渴地追蹤北方的科學發展，尤其是種族科學主流的多元起源說。

美國科學促進會研討會在查爾斯頓落幕後幾天，南卡羅萊納州的「市鐘」傳響著一個沉痛的「噩耗」。與肺結核長期奮戰之後，約翰·卡洪於一八五〇年三月三十一日病逝。反對南方脫離聯邦的總統泰勒命運乖舛，也在數月後離世。直覺支持妥協的米勒德·菲爾摩（Millard Fillmore）在這兩位頑固巨頭身後的餘波中繼任總統。到了九月，亨利·克雷的一八五〇年妥協案通過了。他開心地宣布：「和平……降臨了，我相信會永存長在。」[27]

《逃亡奴隸法》是這個妥協案裡著稱的一項措施，它賦予奴隸主在各方面插手的權力，允許他們將觸角延伸到北方。這項法規把鼓勵奴隸逃亡視為教唆犯罪，獎勵北方人捕捉逃奴，而且不讓被捕的黑人接受陪審團審判，等於大開大規模綁架之門。對蓋里森來說，該法「冷血之至、沒有人性、殘酷凶暴，連撒旦也愧不敢自稱始祖」。[28]

第十五章　靈魂

有位緬因州的婦女對於一八五〇年的《逃亡奴隸法》感到非常憤怒，但是找不到例常的公開宣洩出口。這位教士的女兒也是一位知名教授的妻子，她認識立法的男人們，也認識公開回應這個法律的男人們。但是，海莉葉特・畢徹・斯托①不是男人，所以她的選擇有限。她不是唯一一位感到失望的女性。斯托的傳記作家說：「和斯托一樣，面對不公不義的法律，卻在政治方面無能為力，中產階級婦女的感受就像水壩後的水逐漸高漲。」[1]

在法案通過的兩年前，第一場婦女權利大會於一八四八年七月十九日及二十日，在紐約州塞內卡福爾斯鎮（Seneca Falls）舉行，並且發動史上第一次針對這道水壩的重大集體抗議。當地的貴格派婦女和伊莉莎白・卡迪・史坦頓（Elizabeth Cady Stanton）一起籌辦了這場大會，她擬寫了會議的《感傷宣言》（*Declaration of Sentiments*），在其中呼籲性別平等及婦女投票權。這些訴求被認為跟種族平等及立即解放黑奴一樣激進。許多早期爭取投票權的白人婦女已在廢奴運動的戰壕裡奮鬥多年，常常發覺美國的種族歧視和性別歧視具有本質上的共通性。

塞內卡福爾斯會議為後來幾年各地一連串的婦女權利大會揭開序幕，尤其是沿著北方廢奴主義地帶的地區，從新英格蘭到紐約州上州，延伸到海莉葉特遷居緬因州前居住生活的地方：俄亥俄州。婦女投票權暨廢奴運動人士法蘭西絲・達納・蓋吉（Frances Dana Gage）是最早呼籲全體公民不論性別、種族皆應擁有投票權的美國人之一。她在一八五〇年代早期協助舉辦了俄亥俄州各地的婦權會議。

一八五一年在俄亥俄州阿克倫市（Akron）某教堂舉行的婦權會議，是蓋吉最為人稱道的一場。但她不是那兒唯一的名人。有一位高瘦的五十多歲老婦，穿著灰色洋裝、戴著白色頭巾和闊邊遮陽帽，「端著有如女王穿過長廊的姿態」步入教堂，一位觀察者記錄下當時狀況。白人婦女因為索潔納・特魯思②的到來而議論紛紛、轉身離開，她則毫不畏懼地坐下，嫌惡地點頭致意。她也許回想起自己遭遇過的所有混亂場面，她在前一年由蓋里森印行的《索潔納・特魯思自述》（*The Narrative of Sojourner Truth*）中描寫過。

一八五一年五月二十九日，會議進行到第二天，男人們使盡全力斥責這場會議的決議。這場大會變成一場關於性別的激烈辯論。男性神職人員群起說教，高談男性比較有智慧、耶穌的性別、夏娃的原罪、女性的虛弱，全面反對權利平等的決議。在場的女性逐漸招架不住，此時，幾乎一直低著頭的索潔納・特魯思把頭抬了起來。她緩緩起身，開始往前面走去。「不要讓她發言！」某個女

---

① 海莉葉特・畢徹・斯托（Harriet Beecher Stowe, 1811-1896），美國廢奴主義者、作家，最著名的作品是《湯姆叔叔的小屋》，這部小說對美國奴隸制度的發展有深遠影響，甚至某種程度上激化了美國南北戰爭的地區部分衝突。

② 索潔納・特魯思（Sojourner Truth, 1797-1883），美國黑人與女權運動領袖、福音傳教士，原名為伊莎貝拉・凡・范瓦格納（Isabella Van Wagener），一八二〇年代她開始在福音內加入廢奴和女權主義的思想，積極跟社會不公抗爭。一八四三年她改名為Sojourner Truth，Sojourner是「旅居者」的意思，Truth則是「真理」，意指她要周遊全美國，向人們指明他們的罪孽，昭示神的真正旨意。

人大叫。

索潔納．特魯思走到群眾面前，她把視線投向大會籌辦人。蓋吉唱名宣布她發言，並且要求聽眾安靜。所有白人臉上的眼睛都被這張黝黑的臉鎮懾住，現場迅速安靜下來。特魯思挺直背脊，極致伸展她的身高——足足有六英尺高，鶴立在身旁的男人們之間。「我可不是女人嗎？看看我！看看我的手臂！」特魯思展示她鼓脹的肌肉。「我可不是女人嗎？我可以比任何男人工作表現得好、吃得多、撐得久！我可不是女人嗎！」特魯思讓那些起鬨的男人啞口無言，平息了他們的擾亂。

特魯思回到她的座位，她無法不注意到女人們的「眼神和心跳流露傳遞的感激」，以及男人們的混亂恍惚。特魯思的「我可不是女人嗎！」衝擊到兩方面：一方面反擊男性擾亂者的性別歧視觀念，一方面反擊試圖阻撓她的女性的種族歧視觀念。「我可不是女人嗎！」包含了她力量、權力、溫柔與智慧的全部特質。「我可不是女人嗎！」也包含了她深色皮膚的整體意義。再也沒有任何人能比她更渾然天成地結合二者，祭出反種族歧視女性主義的雙重挑戰。[2]

海莉葉特．畢徹．斯托聽說了索潔納．特魯思的發言，應該是在蓋里森的《解放者報》上看到，或是透過俄亥俄州投票權運動和廢奴支持者的通信。但是，有寫作才華的斯托關注的不是覺醒中的投票權運動，她關注的是會把逃亡者和自由黑人送回棉花田的《逃亡奴隸法》激起的公憤。斯托在她妹妹伊莎貝拉從康乃狄克州寄給她的信件裡了解這些憤怒。斯托經常在起居室裡大聲唸這些信給她的七個孩子聽。「所以說，海蒂，」伊莎貝拉在一封寫給她大姐的信裡說，「如果我提起筆能像你一樣寫作，我會寫點什麼讓這整個國家感受到奴隸制是個什麼該死的東西。」斯托從她的椅子起身。「我會寫點什麼，」她宣布，「只要我活著，我就要寫。」[3]

書名題為《湯姆叔叔的小屋》（*Uncle Tom's Cabin*），斯托這部「當今戲劇化的寫實故事」在一八五二年三月二十日進入書店。「這個故事的情節，」她在小說的前言的開頭描述，「發生在……一個異國的種族之中，其中的……人物和冷酷霸道的盎格魯—撒克遜人本性截然不同。」在黑人「卑微、溫順的心靈中，有著他們回應優越心智和依賴較高權力的習性，還有他們赤子般的單純深情和寬恕能力」。她寫道，「在這些特質中，他們將展現獨具基督教精神生活的最高形式」，只是奴隸制拖累了他們。[4]

就靠著一部小說，斯托巧妙地完成了蓋里森二十多年來在《解放者報》寫作一篇篇文章試圖達到的成果。要讓社會的態度大轉彎反對奴隸制，斯托並沒有要求美國人改變他們根深柢固的想法。他只要求人們改變含意，改變他們那些根深柢固想法的意義。斯托迎合美國人民的立場，那是如混凝土般堅固的種族歧視根基。她接受全國普遍接受蓄奴者存在的前提。天性溫順且智力較差的黑人傾向受白人奴役——而且，斯托特別強調，受上帝奴役。柯頓・馬瑟及所有在他之後的許多宣教者，花了好幾年時間努力說服墾殖地主，基督教信仰能讓黑人變成更好的奴隸，斯托將這種說法前後倒置。她聲言，既然溫順的黑人是最好的奴隸，他們也就是最好的基督徒；而既然跋扈的白人是最糟的奴隸，他們也就是最糟的基督徒。斯托把反奴隸制拿來給白人當作基督教救贖的道路。為了成為更好的基督徒，白人必須克制自己的霸道性情，並且終結這種性情衍生出的邪惡產物：奴隸制。

《湯姆叔叔的小屋》對於斯托的廢奴主義運動來說是個強力而有效的工具，因為它是一部讓人手不釋卷的精采佳作：肯德基州一位負債的蓄奴者打算賣掉信仰虔誠的奴隸首領湯姆叔叔和伊莉莎・哈里斯（Eliza Harris）的幼子。伊莉莎抱著她的兒子匆匆逃跑，在北方自由國度與逃亡的丈夫喬治・哈里斯（George Harris）重聚。湯姆留下來，被賣到南方。在搭船順流而下的路途中，湯姆救了一名墜河的白人小女孩，她是篤信上帝的伊娃（Eva）。為了表示感激，她的父親奧古斯丁・聖克萊爾（Augustine St. Clare）買下了湯姆。

湯姆和伊娃的關係是這部小說的劇情主軸。斯托創造了這一對人物——充滿基督教精神的湯姆／伊娃，來凸顯她的概念；黑人比較陰柔、「溫順、單純又深情」，這點讓基督教精神在黑人身上找到「更契合的氛圍」。在一場重要的勸信對話中，斯托安排**性靈溫厚**（soulful）的黑奴湯姆對上**理性覺知**（mindful）的非基督徒白種主人聖克萊爾。「對聰明通達的人隱藏，只對嬰孩顯露。」湯姆以聖經的話語回答。黑人在靈性上優越，因為他們在智性上低劣，斯托相信如此。而靈性的優越讓黑人擁有靈魂。[5]

斯托筆下這個性靈天賦的黑人角色廣受喜愛，很快成為非裔美國人認同的中心支柱，黑人讀者讀了這本書，並且把其中的種族主義觀念流傳下去。種族歧視的白人相信自己缺乏靈性，就把透過黑人尋找靈魂視為個人使命。種族歧視的黑人相信自己缺乏智性，就把透過白人尋找智慧視為個人使命。美國黑人幾乎立刻把湯姆叔叔當作認同黑人順服特質的代表人物，但是又接受斯托埋在她設定湯姆叔叔如此順服之下的種族歧視觀念：黑人的精神特別崇高；他們的靈魂特別有靈性。

然而，斯托也製造了雙種族人的種族歧視，這些黑人都比雙種族人低劣。小說裡只有四個成年角色逃走，都是雙種族的奴隸，「不幸的黑白混血人」。雖然他們的外貌和行為都像白人，卻很不幸地受黑人本性所困。但是，斯托把黑白混血人和「全黑的黑人」區分開來，認為他們的智慧和美貌較優越，而且描寫他們積極抵抗奴役。[6]

在小說的「尾聲」中，斯托籲請北方人教導黑人，直到他們臻於「道德與智慧的成熟水準，然後幫助他們踏上旅程」前往非洲，「他們也許可以在那裡把在美國所學的教誨付諸實行」。她的呼籲對於式微的美國殖民協會簡直是上天賜予的禮物。《湯姆叔叔的小屋》和受夠了美國的黑人們在一八五〇年代重振海外殖民運動。菲爾摩總統有意在他一八五二年的國情咨文中為殖民背書。他打算說：「不論希望改善（黑人的）道德或社會處境，都沒有完善的基礎；他們在優越種族面前會因為卑微低劣而有羞辱感，除非將他們遷移離開這樣的環境。」雖然他在演講裡把這段話刪掉了，但這些看法流傳到報紙刊登了出來。[7]

蓋里森在他一八五二年三月二十六日發表的書評中推崇《湯姆叔叔的小屋》，但也只有他一人以反種族主義的立場質疑斯托的宗教偏見。「難道說，有一套法律要求黑人順服、不要抵抗，又有另一套法律允許白人叛逆、挑起衝突？難道有兩個耶穌基督嗎？」蓋里森還為看到「有關非洲殖民的意見」表示遺憾。蓋里森堅定的反種族主義信念沒有獲得討論，絲毫不如他批評斯托為殖民背書引發的爭議。[8]

費德列克・道格拉斯對於斯托支持殖民也抱持謹慎保留的態度，雖然他沒有批評她塑造了「性靈溫厚」的湯姆叔叔這個人物。他寄了一封秉持同化主義、反印第安人的信給斯托，說明為什麼黑人永遠不可能接受殖民海外的安排。「這兒有個黑人熱愛文明教養（不像印第安人），」道格拉斯寫道，「他自己在文明教養方面不太有長進，但他喜歡置身其中。」他沒有全面批評斯托和她的小說，身為美國最有影響力的黑人，他也無法阻止社會吸納這部作品中的種族主義觀念。[9]

要說有誰把《湯姆叔叔的小屋》批評得一文不值，莫過於一位名為馬丁・迪藍尼（Martin R.

Delany）的黑人作家兼醫師。他對廢奴主義已經不抱幻想，因為廢奴人士在他一八五〇年被哈佛醫學院拒絕時沒有出面援助。他本來和其他兩名黑人學生都已經獲准入學，但是他們到校時，白人學生要求把他們開除。一八五二年，迪藍尼出版了他以批評種族主義為主題的著作，《美國有色人種之處境、提升、移民和命運的政治思考》（*The Condition, Elevation, Emigration, and Destiny of the Colored People of the United States, Politically Considered*）。迪藍尼譴責說，反奴隸制的社團「自以為為有色人種著想、奉獻心力，比他們更了解他們自己」，但黑人只面臨兩個選擇：在美國繼續屈居劣等的地位，或去別的地方建立繁榮社區，後者是黑人對殖民的說法。而即使用黑人的說法，大多數黑人仍然反對海外殖民。[10]

雖然男性黑人積極份子在一八五〇年代對於殖民議題的意見分歧，他們似乎齊心一致厭惡《湯姆叔叔的小屋》，因為它宣揚黑人男性軟弱的刻板印象。有時候，有種族歧視的父權黑人長者會覺得白人男性掌控大權，用白人表現出的男性氣概來衡量自己，然後發現黑人的男性氣概有所不足。於是他們要求掌控黑人女性、家庭、社群，來彌補他們的男性氣概，想擺脫「黑人男性軟弱」的刻板印象。反奴隸制的父權黑人男性於一七七三年在麻薩諸塞提出請願，他們說，如果黑人繼續受奴役，「要妻子如何能對（她們的）丈夫百依百順」？接著，男性掌控的全國有色人種大會（National Convention of Colored Citizens）於一八六四年在雪城（Syracuse）舉行，他們抱怨「我們被剝奪了自己的身體、妻子、家園、孩子和勞動成果的所有權」。這些黑人男性決心「維護自己的男人本色」，好像這需要什麼證明似的。一八五〇年代和一八六〇年代初期，當索潔納·特魯思這樣的女性主張她們應有性別平等的權利，黑人（與白人）男性也在主張他們統治女人的權利，這並不是巧合。[11]

性別歧視的反動勢力似乎被包裝在支持奴隸制的反動勢力中，尤其在一個女人寫了《湯姆叔叔的小屋》之後。在後續蕩漾的餘波中，有二十多部種植園類型小說出版，其中最著名的是卡若琳・李・亨茲（Caroline Lee Hentz）的《種植園主的北方新娘》（*The Planter's Northern Bride*）和威廉・吉爾摩・西姆斯（William Gilmore Simms）的《劍與紡錘》（*The Sword and the Distaff*），都受到南方人大力推崇。這些書中包含有著學者風範的種植園主和他們單純拘謹的妻子，在家族農場上教化像動物或孩童般的快樂奴隸。種植園類型小說家的細節描寫可能有虛構之嫌。雖然《湯姆叔叔的小屋》在南方人之間的普及程度可能不如種植園類型小說，但確實有許多人拿到了這本書。「斯托女士說……在惡劣對待黑鬼的罪行目錄中，最主要的錯是階級偏見、種族憎惡，還有我們對他們靈魂的迷戀情感，而他們『只不過是生為黑人』。」一位喬治亞州的「夫人」在《迪保評論報》上寫道。但是她說斯托女士忘了，「事實是，他們的造物者也把他們創造成『只不過是生為黑人』罷了。」[12]

❧

《逃亡奴隸法》和《湯姆叔叔的小屋》掀起了自由土地風潮或反奴隸制風潮，但在一八五二年的總統大選中，兩者都不敵政黨鋪天蓋地的文宣攻勢或蓄奴地區的壓力。出身新罕布夏州的美墨戰爭將軍富蘭克林・皮爾斯（Franklin Pierce）作風浮誇，他準備好要把全國的注意力從奴隸制度轉移到國土擴張，為民主黨贏了一場大勝仗。「問題已經平息。」皮爾斯在他一八五三年的第一次就職演說中這麼說。但是四十七歲的蓋里森反擊說，廢奴主義者不會停下歇息，直到奴隸制度「永遠廢除」。[13]

富蘭克林・皮爾斯在一八五三年勝選後，美國反奴隸制協會不願敗退。成員們讚揚蓋里森來慶祝創立十二週年，讓他盡量曝光在更多人眼前。與此對映的是國際間努力讓世人認識，同年剛辭世不久的賓州大學多元起源說教授山繆・摩頓，歌頌他是先驅楷模。約西亞・諾特和喬治・葛利登在一八五三年四月一日出版八百頁的多元起源說紀念巨作《人的種類》（*Types of Mankind*），特別題獻「紀念摩頓」。為了看圖學習的讀者們，他們放了一張人臉與頭骨兩欄並排對照的插圖：「希臘人」在上，「猿類」在下，「黑人」居中。關於「種族之原始起源」的辯論是「科學與教義派之間的最後一場大論戰」。誰會獲勝？書中寫道：「科學必定再次且終將獲勝！」[14]

《人的種類》在紛紛擾擾的一八五三年問世，這是至關重要的一年；隔離主義思想提供了充分的理由證明黑人永遠低劣，但秉持同化主義的廢奴人士也有進展。民主黨人樂見紐約州編輯約翰・范艾弗里（John H. Van Evrie）的《黑人與黑奴制度》（*Negroes and Negro Slavery*）出版。北方支持奴隸制的勢力在一八五〇年代蜂擁而出，支持白人的宣冊作者追著廢奴運動猛攻，由范艾弗里在前打先鋒。「上帝不是把大部分的黑人打造成低劣的人，而是全部的黑人。」范艾弗里宣稱，而「同一個全能的創世者把所有的白人造成平等」。一八五三年，貴族保皇派阿爾蒂爾・德・高比諾③在法國各地出版他全套四冊的《論人種不平等》（*An Essay on the Inequality of the Human Races*，法文書名 *Essai sur l'inégalité des races humaines*）。高比諾要求法國重返貴族政治，其中並以多元起源說分析了種族階級的「驚人真相」。聰明而熱愛自由的白人在最頂端；黃色人種是「中間階級」；貪婪又縱欲的黑人墊底。高比諾寫道，黑人發展出不正常的身體特徵彌補他們的愚蠢；而在白人的物種之中，雅利安人種至高無上，也是世界各地歷史上所有偉大文明至高無上的創造者。德國人敞開雙臂歡迎高比諾，尤其因為他說雅利安人種就是「日耳曼種族」（la race germanique）。一八五六年，約西亞・諾特安排好把高比諾的著作翻譯成英文。[15]

雖然這本書很貴，而且有其他相匹敵的作品爭相吸引讀者的注意，《人的種類》仍迅速銷售一空。這本書在歐洲「獲得熱烈歡迎」、廣受讚譽，例如《紐約先鋒報》（*New York Herald*）評之為優秀「卓越超群的……美國科學」多元起源說論述。《普特南月刊》（*Putnam's Monthly*）的評論也接受多元起源說，闡述說「各國的血脈同源，但不是基因上的，而是精神上的」。柯頓・馬瑟過去提出靈魂平等（及肉體不平等）的說法來應和奴隸制與基督教，如今則用來應和多元起源說和基督教。《普特南月刊》的競爭者《哈潑雜誌》（*Harper's Magazine*）刊行了，剛寫完《白鯨記》（*Moby-Dick*）的作家赫爾曼・梅爾維爾（Herman Melville）的《吉國人》（*The 'Gees*）。這篇反種族主義的諷刺小說毫不留情嘲笑多元起源說的矛盾。虛構的吉國人「在不文明方面的排名相當高，但在水準和道德方面相當低」。吉國人「的食欲極佳，但想像貧乏；眼睛很大，但見識短小。他會嘎吱吱地啃嚼餅乾，卻懶絲絲地排斥運用心思」。此外，《白鯨記》裡的人物魁魁格（Queequeg）也讓梅爾維爾有機會挑戰種族刻板印象。[16]

《人的種類》非常受歡迎，影響力大到讓一位非裔美國人對多元起源說做出最初的重大回應。

③阿爾蒂爾・德・高比諾（Arthur de Gobineau, 1816-1882），法國貴族、小說家。因在《論人種不平等》發表「雅利安人是主宰種族」理論而知名，他認為包括古埃及、中國、墨西哥和秘魯文明都是由雅利安人建立，也只有白人才是人類始祖亞當的後代。

羅徹斯特大學（University of Rochester）首任校長馬丁．安德森（Martin Anderson）牧師把這本書借給他的朋友費德列克．道格拉斯，還借給他諾特、葛利登和摩頓的著作。一八五四年七月十二日，在克里夫蘭的凱斯西儲大學（Case Western Reserve University），道格拉斯在一群學院聽眾面前首度發表正式演說，提出強勁猛烈的反駁。羅徹斯特大學在同年出版了這篇演說，後來道格拉斯有好幾年在其他演講中重述其中的想法。[17]

「在諾特、葛利登、阿格西茲、摩頓及他們的追隨者做出重大發現之前」，道格拉斯「以科學之名」說道，人類相信的是單一起源說。幾乎所有宣揚多元起源說的人都「認為奴役和壓迫非洲人是盎格魯—撒克遜人的特權」。他繼續說：「當人類壓迫他們的同類，這些壓迫者總是會在被壓迫者的特質中，為自己的壓迫行為找到完全正當的理由。」相當不可思議地，道格拉斯用一個句子就總結了種族主義觀念的歷史。

道格拉斯輕輕鬆鬆證明了古代埃及人是黑人，然後把《人的種類》稱為有史以來最「簡明扼要且厚顏無恥」的嘗試，企圖「把黑人烙上天生低劣的標記」，把全部的人類差異歸因於環境使然。然而，在此之後，道格拉斯卻從他的最佳反種族主義論點，轉向他的最糟種族主義論點。他引用詹姆士．麥康恩．史密斯（James McCune Smith）的著作，這位紐約雙種族醫生對道格拉斯人生的影響無人能比，還甚於蓋里森。一八三〇年代間，史密斯在蘇格蘭格拉斯哥大學取得學士、碩士和醫學士學位，是第一位有此成就的非裔美國人。黑人的頭髮「長得愈來愈直了」，史密斯開心地說，「這些影響，包括氣候和文化，終將製造出同於」白膚、直髮的美國人的外貌。[18]

道格拉斯倒向史密斯的氣候理論及文化種族主義，問克里夫蘭的學生說：「我們是否需要跟在原始野蠻的詭譎多變後面，來解釋某些血統純正黑人枯槁、精瘦、猿猴般的外表？我們是否需要看得比高掛天上的太陽還高，或比（西非）黎黑潮濕的土地還低……來解釋黑人的膚色？」道格拉斯把原始野蠻的詭譎多變與非洲混為一談，還把「文明世界的核心要地」劃歸給英格蘭。他現身成為美國最有名的黑人男性廢奴主義者暨同化主義者。[19]

高比諾在《人的種類》中對聖經「根與枝」的批評，也沒獲得最有名的白人男性廢奴主義者暨同化主義者青睞。蓋里森在一八五四年十月十三日發表針對這本隔離主義著作的評論，這也是他與多元起源說第一次交手。蓋里森尤其把砲火瞄準約西亞·諾特，他曾說自己「二十年來遍尋不著一個可靠範例，不符合」傑佛遜論斷說，從未發現「黑人說出高過簡單敘事程度的思想」。然而蓋里森諷刺地說，「傑佛遜能生下這麼多愚蠢的子女」，還「真是世間難得一見」。[20]

⁂

雖然道格拉斯和蓋里森站在同一陣線批評《人的種類》、駁斥隔離主義觀念、反對奴隸制度，但兩人最後終究分道揚鑣。道格拉斯抨擊白人廢奴主義者抱持的父權主義，領悟到有必要把黑人組織起來，但引起各種族的組織領袖譴責，蓋里森也在譴責行列之內。到了一八五三年的夏季和秋季，《道格拉斯報》（*Frederick Douglass' Paper*）和《解放者報》充斥著叫囂謾罵。蓋里森在一八五三年九月二十三日的《解放者報》上發表他批評最嚴厲的評論：「以一個階級來說，承受美國奴隸制與偏見折磨的人們」，沒有能力「搞懂」廢奴運動的要求，或「理解那些事務運作內含的哲學思想」。[21]

從頭到尾，雙方共同的朋友就在嘗試調停爭執。那年快結束時，斯托介入道格拉斯和蓋里森之間。她做到了其他人做不到的事。畢竟，暢銷的《湯姆叔叔的小屋》把斯托一舉衝上了廢奴主義運動頂端，位置高過道格拉斯和蓋里森兩人。她的小說比道格拉斯和蓋里森的文章及演講吸引了更多北方人投入運動，尤其至為重要的是那些為爭取自身權利在全國點燃熱火的婦女。這場尖酸惡鬥逐漸緩和而後平息。他們原諒了彼此，但並沒有釋懷。一八五四年，雙方各自把注意力轉向銷蝕皮爾斯政府「終結」宣言的爭議。[22]

第十六章　風雨欲來

美國伊利諾州參議員史帝芬・道格拉斯（Stephen A. Douglas）亟欲讓內布拉斯加和堪薩斯領地擁有行政州的地位，目的是要穿越這些州、修建橫跨大陸的鐵路。道格拉斯和他的贊助者期待這條鐵路能把蓬勃發展的密西西比河谷變成全國中心。為了鞏固極為重要的南方支持勢力，一八五四年的《堪薩斯—內布拉斯加法案》（*Kansas-Nebraska Act*）把奴隸制的問題留給拓荒者去解決，因此抵消了密蘇里妥協案的影響力。

史帝芬・道格拉斯知道這個法案將製造「混亂風暴」，但他的預測低估了北方的怒潮。奴隸制似乎在全國正正當當地大行其道，而自由土地卻在倒數末日。北方人憂心這樣的未來，極力表示反對發展奴隸制，其中包括一位富有政治野心的伊利諾州律師，他在一八四七年到一八四九年間擔任過一屆伊利諾州眾議員。亞伯拉罕・林肯（Abraham Lincoln）選擇採取反奴隸制的立場，於一八五四年與史帝芬・道格拉斯敵對競爭伊利諾州的第二個參議院席次，也因此重振了他消沉的政治生涯。一八五四年十月十六日，他在伊利諾州皮奧里亞市（Peoria）發表長篇演說，嚴厲斥責「蠻橫的不公不義」。但是，「對於現存的處境」，他並不知道如何處理。林肯說：「我最先想到的是解放所有的奴隸，把他們送到賴比瑞亞。」但那是不可能的。「不然能怎麼做呢？把他們全數解放，留在我們之中當下人嗎？……把他們全數解放，讓他們在政治和社會上與我們平起平坐嗎？我個人的感覺是無法接受；就算我能接受，我們都很清楚那些廣大的白人群眾無法接受。」[1]

在政界提攜林肯的恩師正是「偉大的妥協者」（Great Compromiser）亨利・克雷，他精心推動完成一八二〇年和一八五〇年的妥協案。克雷政治生涯中的其中一項重大計畫是把黑人移民到海外。他在美洲殖民協會的創立大會上致詞，並且在一八三六年到一八四九年間主掌這個機構。亨利・克雷在一八五二年逝世，成為第一位在美國首都供人瞻仰遺容的美洲人。參加悼念的廢奴主義者並不多。蓋里森說，黑人的敵對陣營中沒有比他更重大的人物。林肯則稱克雷是「我理想的偉人模範」。[2]

一八五二年，林肯在伊利諾州首府為克雷訟唸悼詞，也是首次公開背書支持送返自由及被解放的黑人，回到他們非洲「失落已久的祖國」。林肯和克雷一樣來自肯塔基州，他的一些親屬擁有人力資產。她的父母沒有蓄奴，而且對奴隸制表示反感。林肯不喜歡國內的奴隸買賣，但在他擔任伊利諾州議員的職涯初期，也毫不遲疑表示反對黑人投票權。一八五二年，當時四十三歲的他已經安排好當執業律師，認定自己在輝格黨的政治生涯已然告終，但後來在一八五四年捲土重來角逐參議員席位。[3]

《堪薩斯—內布拉斯加法案》沿著地區鐵路線分裂了林肯所屬的輝格黨，也扼殺了亨利・克雷的心血結晶。有兩個新政黨趕在一八五六年總統大選前竄起：一無所知黨（Know-Nothings）視移民和天主教徒為敵，還有共和黨（Republican Party）視擴大的「奴隸力量」為敵。這兩個政黨與團結一致反對廢奴主義的民主黨決鬥皆落敗。一八五七年三月四日，民主黨的詹姆士·布坎南（James Buchanan）宣誓就任成為美國第十五任總統。他宣布，國會和全國人民對於奴隸制擴張的「不同意見」，應該且將由美國最高法院「迅速達成最終決議」。布坎南早已獲得最高法院的內線消息，知道他們將延宕針對歧見做出決定的時間，但他假裝不知情。布坎南說，「所有的好公民」都應該和他一起「欣然」接受法院的決議。4

短短兩天後，一八五七年三月六日，最高法院遞交了最終決議，但是並沒有多少反奴隸制的北方人欣然接受。在「德雷德·史考特訴訟史丹佛案」①中，法院駁回了德雷德·史考特的自由訴願，雖然他被帶往的地方是自由州和自由領地。五名南方人（民主黨和輝格黨）及兩名北方人（都是民主黨）判決密蘇里妥協案違憲，質疑北方廢奴不合乎憲法，剝奪了國會在領地規範奴隸制的權力，並表示黑人不能成為公民。一名俄亥俄州共和黨人及一名新英格蘭輝格黨人提出異議。

首席大法官羅傑·托尼（Roger B. Taney）發布了極富尖銳爭議的主要意見書。②這位來自馬里

---

① 德雷德·史考特訴訟史丹佛案（Dred Scott v. Sandford, 1857），可簡稱為史考特案（Dred Scott case），是美國最高法院在一八五七年關於一起奴隸案件的判決，該案嚴重損害最高法院的威望。黑人奴隸德雷德·史考特隨主人住過自由州伊利諾和準自由州威斯康辛兩年。主人死後，史考特提起訴訟要求自由，被地方法院和聯邦法院駁回，判定他仍是其主人遺孀的哥哥史丹佛的奴隸（因此本案是史考特和史丹佛兩造訴訟的案子）。史考特後來又上訴至最高法院，仍維持原判。

② 羅傑·托尼是史考特案的首席大法官，他以五十五頁的判決意見書維持原判，可歸納為以下三點：一、即便自由的黑人也不是美國憲法中所指的公民，所以史考特無權在聯邦法院提起訴訟；二、史考特不能因為到過準自由州威斯康辛就獲得自由，因為在威斯康辛排除奴隸制的是「密蘇里妥協案」，但制定「密蘇里妥協案」超出了國會的憲法權力；三、史考特不能因為到過自由州伊利諾就獲得自由，因為他一旦回到密蘇里州（奴隸州），他的身分就只受密蘇里法律支配。

蘭州的堅貞傑克森派民主黨人很久以前就解放了他的俘奴，但他維護蓄奴者的財產權、他個人的解放奴隸權，以及他友人們實施奴隸制的權利，藉此建立了自己的職業生涯。托尼即將年滿八十歲的時候，仍不願埋葬奴隸制（但結果他在一八六四年馬里蘭州廢除奴隸制那天過世）。完成那份五十五頁的主要意見書時，托尼希望黑人、自由土地派和廢奴主義者不會有精力訴諸憲法來強固他們的自由權並反抗蓄奴者。他推論說，既然黑人在國家創建之時就已經被排除在美國政治之外，美國如今也不能擴張他們的權利。他指出：「他們百餘年來被視為次等階級人類，整體來說不適合與白人種族交涉往來；不論在社會或政治關係上，他們根本不適合擁有讓白人受尊重的權利。」[5]

開國元老把黑人當作次等人，這點托尼說的並沒有錯；但是關於黑人從一開始就被排除在美國政治之外，這點他就完全搞錯了。大法官班傑明・柯提斯（enjamin Curtis）抱持不同看法，他揭示美國建國初期至少有五個州的黑人擁有投票權（占全國半數），駁倒了托尼反對黑人公民權的論點。

但是柯提斯的歷史訓示對托尼、其他的法院同仁，或白宮及美國首都的官員都沒有進一步的影響，他們欣然支持史考特案的判決。他們應該早就知道那段史實，但他們似乎不在意法院做出種族歧視判決的後果有害。他們關心的似乎只有維護自己國家經濟利益的繁榮富強。而在一八五七年，能讓北方投資人、工廠老闆和南方地主與蓄奴者繁榮富強的關鍵，莫過於該國的主要輸出品：棉花。[6]

民主黨參議員史帝芬・道格拉斯對於托尼的判決非常滿意，因為它一併為蓄奴者和他們的北方支持者提出辯護。一八五八年參選爭奪道格拉斯參議院席位的林肯則反對這項判決，他挺身支持自由土地派和新興共和黨裡的廢奴主義者。林肯和道格拉斯同意，從一八五八年八月底到十月中在伊利諾州進行一系列七場公開辯論會。成千上萬人曾參加目睹，數百萬人閱覽過辯論會的文字紀錄，兩位候選人成為家喻戶曉的人物。林肯高瘦嶙峋、穿著簡樸、行事低調，安安靜靜獨自來到辯論會場，準備接招防禦。道格拉斯矮胖結實、西裝筆挺、態度傲慢，攜著他的年輕妻子艾黛兒搭乘私家鐵路車，在響砲迎接下抵達，準備出招攻擊。視聽科技當時還尚未問世，就有這樣刻意量身打造的視覺與聽覺排場對比。

「如果你們渴望黑人有公民資格，」道格拉斯說，「那就支持林肯和黑色共和黨。」道格拉斯持續發動種族歧視攻擊，操縱選民的種族主義觀念，讓他們對共和黨產生反感。在南北戰爭幾十年前，種族攻擊已然變成重要的選戰策略，對占優勢的民主黨更是如此。道格拉斯繼續說，美國「是由白人組成的，要照顧白人和他們子子孫孫永世的利益」，並警告林肯當總統會促成社會種族融合。隨著道格拉斯的種族攻擊火力加劇，湧入勸告林肯把共和黨和種族平等劃清界線的信件數量也愈來愈多。第四場辯論在伊利諾州中部查爾斯頓舉行，林肯到此時已經受夠了。他表態說，「我並不、且從未贊成讓（黑人）成為選民或陪審員」，也不贊成他們成為從政者或配偶。他堅決表示：「白人和黑人種族之間存在著生理差異，我認為會永遠阻礙這兩個種族在社會和政治上平等共存。他們因此之故將無法生活，但既然他們會繼續共存，就必須有優越與低劣的位置之別。而我與任何其他人一樣，支持把優越位置分派給白人種族。」

林肯的攻勢刺激道格拉斯展開反擊。道格拉斯指控林肯為了應和群眾喜好而改變自己的立場：在支持廢奴主義的伊利諾州北部就「黑得發亮」；在反奴隸制但反廢奴主義的中部就變成「端正的黑白混血中間色」；而在支持奴隸制的南部就「幾近白色」。道格拉斯想把討論繼續聚焦在種族上，但林肯把種族問題拋開，在最後三場辯論會上主動出擊，主導往奴隸制的方向討論。最後一場辯論在伊利諾州奧爾頓（Alton）舉行，也就是被暗殺的廢奴主義主編埃利亞・勒卓伊（Elijah P. Lovejoy）的家鄉。林肯在這裡宣稱，投票支持道格拉斯就等於支持奴隸制，以及反對「自由白人」西進尋找土地、建立家園、改善生活。[7]

伊利諾州民主黨在參、眾議院皆勝選，掌握代表權，然後在一八五八年期中選舉時改選讓道格拉斯重返席位。伊利諾州的共和黨人學到教訓，在政治上被貼上支持黑人的標籤，比被貼上支持奴隸制的標籤更具殺傷力。但是在北方其他地區，共和黨的表現就好得多，勝選的包括伊利諾州春田市（Springfield）的林肯，以及一千英里外波士頓的蓋里森。其他的美國政治觀察家也看到一樣明顯的選舉結果。除了攻下紐約州、賓州和印第安納州這些搖擺州，共和黨還在支持廢奴的地區大勝：小地方新英格蘭、「北方人西部」（the Yankee West）和五大湖區周邊的北方各郡。林肯和蓋里森各自擁有的優勢不同、意識型態不同、對個人及國家的抱負也不同，所以他們對同樣的結果有不同想法，倒也不令人意外。[8]

將近三十年來，蓋里森首度軟化對主要政黨的批評，承認美國反奴隸制的選民已經群聚到共和黨的欄圈。他預期這個「組成份子不協調」的同盟在一八六〇年選舉後會解散，然後由真正反對奴隸制的政治家取代掌權。同時，他的任務（也就是這個運動的任務）是負責「把共和黨政見的缺失與共和黨對選民的承諾區隔開來」，也就是說，說服這群擁護者他們對奴隸制並沒有讓步，也不會與蓄奴者聯手。蓋里森傳記的作者把這個新策略稱為「政治勸說」（political suasion）。致力於把這個運動與政治保持距離的老朋友們對他提出告誡，引發一八五〇年代晚期廢奴主義會議上的激烈辯論。[9]

相反地，林肯背棄反對奴隸制擴張的共和黨群眾基礎，去接觸無立場的中間族群。類似伊利諾州這樣的搖擺州，共和黨人開始把焦點放在較受歡迎的「自由勞力權」（free labor），這個話題的靈感出自北卡羅萊納州作家辛頓．羅文．海爾博（Hinton Rowan Helper）一八五七年出版的暢銷書《風雨欲來的南方危機》（*The Impending Crisis of the South*）。奴隸制必須終結，因為它妨礙了南方的經濟發展和未蓄奴白人的機會，他們被有錢的奴隸主壓迫著。海爾博並不「相信種族統一」，但他不願意拿多元起源說的信條當作延續奴隸制的正當理由。他寫道，被解放的非洲人應該被送回非洲。[10]

享譽全國的報社主編何瑞斯．葛雷利（Horace Greeley），在美國大報《紐約論壇報》（*New York Tribune*）上宣傳海爾博的著作。兩人合作爭取資金和共和黨的背書，製作了較簡短、價格較低的《風雨欲來的南方危機簡明版》，在不久後的選舉中發送。廣獲推薦的《簡明版》在一八五九年七月出版，立刻在共和黨的圈子裡大為暢銷，但也立刻成為蓄奴界裡的攻擊標靶。海爾博提出自由白人勞力、反對奴隸制度，這樣的主張正好符合共和黨人士（以及林肯）的期待：一個反對奴隸制但不會被歸類為支持黑人的路線。[11]

海爾博著作裡的暗示激怒了蓄奴者，這本書實際上就是在號召自由土地者、廢奴主義者和過去曾經為奴的人組成聯合陣線。這個惡逆難赦的聯盟在一八五九年十月真的現形於世，廢奴主義者約翰．布朗（John Brown）帶領混合各種族的十九人軍團，占領了西維吉尼亞州哈潑斯碼頭（Harpers Ferry）的聯邦軍火庫，位在華盛頓特區西北方六十英里處。「將軍」海莉葉特．塔布曼無法如計畫到場，可能是她一再復發的熱病又發作了，否則布朗原本可以借用她的足智多謀。他選擇的地區裡有的主要是小規模的農場，而不是如幫派般大規模的種植園，不然他就可以擁有數千人的戰力，然後策劃造反的下個階段。但事與願違，羅伯特・李上校帶領的海軍攻潰了這場叛亂，布朗遭到逮捕，十七人喪命。

雖然奴隸主人們在整個動亂不安的一八五〇年代，擊退了幾場規模較大的黑奴造反事件，布朗的起義行動對他們的影響卻相當深刻。白人的團結逐漸出現裂痕，讓他們動搖不安、胡言亂語。蓋里森原本描述這場造反是一次「瘋狂」但「出於好意」的嘗試。但是，在衝突發生數週後，他加入了廢奴主義者的行列，以反奴隸制北方人的角度看待約翰・布朗，把他從瘋子轉變成「殉道者」。無數美國人表示欣賞布朗擁有如大衛一樣的勇氣，敢起身攻擊如歌利亞般令人痛恨的強大奴役勢力。然而，在讚揚約翰・布朗的言語背後，鄙斥黑人暴力革命的情緒也在暗處蠢蠢欲動。叛逆的黑奴從未變成殉道者，一直都只是瘋男瘋女。過去從來沒有一位重大奴隸起義的領袖如此受到推崇。自從培根叛亂以來，沒有一位重大的反奴隸制起義領袖是白人。

數百萬人讀了約翰・布朗最後的法庭陳述。布朗表示，自己就像正直的基督教牧者，願意遵從黃金律——他願意帶領依賴的羔羊走出奴隸制。一八五九年十二月二日，他踏上絞刑台那天，北方的白人與黑人在教堂鐘聲伴奏下哀悼了好幾個小時。[12]

𝕏

一八六〇年二月二日，密西西比州參議員傑佛遜・戴維斯向國會上呈南方政治綱領，主張州權完全自主不受限和奴隸主蓄奴權。南方需要這些法案通過，才能繼續留在史帝芬・道格拉斯領導的民主黨陣營及聯邦裡。戴維斯很可能在裡面提到，南方人相信聯邦政府應該不會利用其資源在任何方面幫助黑人。一八六〇年四月十二日，戴維斯反對撥出資金教育華盛頓特區的黑人。「美國政府不是由黑人創建，也不是為黑人創建」，他說，而是「由白人創建、為白人創建」。他聲明，這個提案奠基於種族平等這個錯誤主張，他認為「白人與黑人種族之間的不平等」這個標籤，從「黑人誕生前就被貼上了」。

戴維斯向參議員們演講，說亞當趕走了第一位白人罪犯，也就是他的兒子該隱，因為該隱「不再適合擔任被創造來統轄世界的那些人的夥伴」。該隱在「挪德之地」（Land of Nod）找到「他的犯罪把他降級為同等的那些人」。顯然，在人類被創造出來之前，黑人就已經和上帝創造的「生物」混居在挪德之地。黑人後來跟其他動物一起被帶上挪亞方舟，而他們的看管人是含。[13]

在這位美國政治名人口中，多元起源說看來似乎終於變成主流了。但實際上，人種是個別創造而出的這種想法已來日無幾。另一個遺害後世的人種理論即將得勢，在接下來的一百年裡，將被種族主義的辯護士所用。

一八六〇年八月，多元起源說論者約西亞．諾特正忙著籌建阿拉巴馬州第一所醫學院（如今在伯明罕），他抽空瀏覽了前一年十一月在英格蘭出版的一本巨著。這本書的書名很長，《論處在生存競爭中的物種之起源》（*On the Origin of Species by Means of Natural Selection, or the Preservation of Favoured Races in the Struggle for Life*，簡稱《物種起源》）。諾特應該知道這本書的作者，就是赫赫有名、反奴隸制的英國海洋博物學家，查爾斯．達爾文（Charles Darwin）。

「大多數博物學者仍然相信每個物種是被個別創造出來的，我過去也這麼認為，但這並不正確。我現在完全相信，物種並非恆不變異。」達爾文的這段宣告相當有名。他解釋說，近來的發現顯示，人類起源的時間遠遠不只在數千年前。達爾文成功向聖經年代及多元起源說的準則概念宣戰，並提供一個新的準則觀念：天擇。在「永不止息的生存競爭中，」他寫道，「肉體與智力的天賦都會朝著完美演化。」

達爾文並未明白宣稱白人種族在天擇下朝著完美演化。他在《物種起源》裡鮮少花時間討論人類。他的目標更為宏大：證明世界上所有生物都在演化、競生、擴散，演化若不完美將面臨滅絕。不過，達爾文確實開了大門，讓抱持固執偏見的人用他的理論來指稱「開化」之州、「野蠻之人種」和「半開化之人」，並且把非洲南部的原住民及其後代稱為「最低級的野蠻人」。[14]

在一八六〇年代間，西方對達爾文的反應從反對懷疑轉變成支持讚賞。敏感、孤僻、體弱的達爾文任由許多朋友發展他的論點或引用他的評語。學識淵博的英國博學家赫伯特．史賓塞（Herbert Spencer）致力於孕育培養達爾文的觀念，他在文章中擴大運用，發展成後來所知的社會達爾文主義（Social Darwinism）。在一八六四年的《生物學原理》（*Principles of Biology*）中，史賓塞打造了知名的「適者生存」（survival of the fittest）一詞。他深深相信人類行為是遺傳來的；優越的遺傳特徵讓「優勢種族」比「低劣種族」更適合生存。史賓塞後來終其一生都在呼籲政府不要干預生存競爭。他要求限制政府權力，也不管條件差異，也許他知道這些差異能操縱生存競爭。美國的菁英人士正渴望有什麼想法能用來辯護國內日漸增加的種種不平等，他們大力擁戴查爾斯．達爾文，並且為赫伯特．史賓塞瘋狂傾倒。[15]

達爾文的學術圈在一八六〇年代無限擴張，涵蓋了整個西方世界。《物種起源》甚至改變了達爾文的表弟法蘭西斯．高爾頓爵士（Sir Francis Galton）的人生。高爾頓是現代統計學之父，他創造了相關與迴歸求平均數的概念，也創先利用問卷調查來蒐集資料。在《遺傳的天才》（*Hereditary Genius*, 1869）裡，他用他取得的資料推廣了一個遺傳迷思，認為父母會把聰明之類的遺傳特質傳給下一代，而這是環境無法改變的。「黑人種族的平均智力水準比我們種族的平均智力低了約莫兩級。」高爾頓寫道。他打造了「先天與後天」（nature versus nurture）一語，宣稱先天素質無法撼動。高爾頓呼籲政府清除所有先天不適的人類族群，或至少阻止他們繼續繁殖，也就是他在一八八三年提出的「優生學」（eugenics）社會政策。[16]

達爾文沒有阻止他的擁護者應用天擇的原則來討論人類。然而，另一位大多數人不認識的天擇理論共同發現者出手了。一八六九年，英國博物學家，阿爾弗雷德・羅素・華萊士（Alfred Russel Wallace）公開表示，人類的精神層面和容量相同的健康大腦，讓人類脫離了自然競爭。然後，華萊士又為自己贏得名聲，被譽為同代間最具平等主義精神的英國科學家，但他也宣稱歐洲文學的水準高於其他地區的文學。[17]

達爾文企圖在一八七一年出版的《人類源流》（*Descent of Man*）中證明，天擇理論也適用於人類，但書中理路不清地牽扯人種與智力的關係。他談到「差異最大的人類種族間的心智相似程度」，然後宣稱「美國原住民、黑人和歐洲人之間的心智差異，與任何叫得出名的三個種族之間相當」。他注明說自己被一些非裔美國人「連連震驚」，還認識一個「血統純正的黑人」，讓他讚嘆「他們的心智與我們的多麼相似」。關於種族演化，他說「文明種族」已經「擴大了範圍，如今更延伸各處，在較低等的種族裡也出現了」；未來，「文明的白人」和「某些猿猴」之間將出現演化上的斷裂，但不同於當前「黑人或澳大利亞人與大猩猩之間」的那種斷裂。同化主義者和隔離主義者都熱烈擁抱《人類源流》。同化主義者讀了達爾文的論著，認為他說黑人有一天將演化到白人文明的程度；隔離主義者讀了達爾文的論著，認為他說黑人注定滅亡。[18]

✗

一八六〇年四月，《迪保評論報》刊印了「自由黑人道德和樂、勤奮自發社群研究調查」。記者在牙買加、海地、千里達、英屬蓋亞那、安地列斯群島、馬丁尼克島（Martinique）、瓜德羅普島（Guadeloupe）、聖湯瑪斯島（St. Thomas）、聖約翰島（St. John）、安地瓜（Antigua）、秘魯、墨西哥、巴拿馬、模里西斯、英格蘭、加拿大、獅子山、賴比瑞亞這些地區做了普查，但是發現「地球表面上沒有這樣的社區存在」。[19]

這本支持奴隸制的刊物在一八六〇年四月這篇專題報導中提出，「承襲南方、建立新同盟，對於保存立憲自由和社會道德是不可或缺的」。南方的民主黨人還沒準備好從聯邦合眾國出走，但他們先與民主黨分裂，派出出身肯塔基州的副總統約翰・布雷肯里奇（John C. Breckinridge）當他們一八六〇年總統大選的候選人。[20]

北方和南方的民主黨人出席提名大會時，為了勝出只能不甘不願地協調各自的主張，但是共和黨提名大會協調的首要重點則是贏得選戰。出席的代表們準備好一舉從此掃除「黑人共和黨」的標籤。他們的人選出身寒微，能吸引工人階級選民；他堅持原則反對奴隸制，能吸引激進人士；他不支持黑人投票權和種族平等，能吸引反黑的自由土地派。共和黨為他們意圖操作的政綱鋪路，要宣示自由乃「正規常態，所有領土一概皆然」。

費德列克・道格拉斯曾經稱讚林肯是「堅毅勇敢之人」，卻拒絕投票給他，因為他知道林肯在伊利諾州關於黑人權利的紀錄有多糟。威廉・洛伊・蓋里森也不認真看待宣傳操弄林肯反奴隸制的證明，嘲諷說林肯「不會做任何讓南方不高興的事」。[21]

一八六〇年十一月大選前幾天，三萬名民主黨人高舉火把、字牌，遊行穿越紐約市，旗幟上寫著「黑人不平等」（No Negro Equality）和「愛自由、黑人自由、女人自由」（Free Love, Free Niggers, and Free Women）。但是，共和黨人想辦法說服了足夠的北方人，說共和黨反對奴隸制擴張及黑人公民權。蓋里森說出許多人的心聲，他希望林肯當選第十六任美國總統在北方象徵著「更深遠的情操」，然後「隨著時間推移，將成熟發展為更具決定性的行動」來對付奴隸制。而這正是蓄奴者害怕發生的。[22]

在一八六〇年十二月十五日一封寫給南方人的公開信中，林肯試圖阻止南方退出聯邦。林肯寫道，北方與南方只有一項「基本的歧異」：「你們認為奴隸制是對的，應該加以拓展延續；我們認為那是錯的，應該加以限制禁止。」一支持奴隸制的南方人在這個問題上不可能聽從林肯。他們從傳教士、教會組織、通訊、政治人物那裡聽到分離派的主張（尤其是在南卡羅萊納州，唯一黑人人口占多數的州）。奴隸主知道廢奴主義意味著喪失聯邦權力、喪失支持奴隸制的白人勢力、喪失擴大奴隸人口的能力，這會損害他們的管制能力，令他們難以對付到一八六〇年仍紛起未歇的奴隸反抗。南卡羅萊納州分離主義者只消說一個字：海地，就足以挑起恐懼，它的意義不證自明。蓋里森認為退出聯邦是自尋死路，但一些奴隸主認為留在聯邦裡才是死路一條。到了一八六〇年最後一週，南卡羅萊納州的蓄奴者為了保全自身，終於採取了激烈的行動。[23]

第十七章　歷史的解放者

一八六〇年十二月二十四日，南卡羅萊納州立法人士宣布退出聯邦時提到了《獨立宣言》。廢奴主義者「煽動」知足的俘奴發動「奴隸叛亂」，並且把憲法上認定「無法成為公民」的黑人，「抬升到公民的地位」。南卡羅萊納州退出聯邦，不只意味著合眾國喪失一個州，還很快會變成喪失一整個地區，以及喪失那一個地區的土地與財富。南方擁有數百萬英畝的土地，單純從一八六〇年的經濟來看，價值遠超過在南方種植園做苦工的將近四百萬奴隸。北方的債權人及製造商的投資建制了奴隸制，仰賴奴隸的生產力，是奴隸制不可或缺的贊助者。因此，他們向自己的國會議員施壓，要他們妥協恢復統整聯邦。一八六〇年十二月到一八六一年一月的「拯救聯邦行動」，被蓋里森批評為「簡直愚蠢」。不論聰明或愚蠢，他們失敗了。深南方的其他地區在一八六一年一月和二月相繼退出聯邦。佛羅里達州分離派人士發表了《目標宣言》（*Declaration of Causes*），延續強調黑人必須被奴役，因為不論在何處，「他們天性傾向」就是會「怠惰懶散、飄忽遊蕩及違法犯罪」。1

一八六一年二月，傑佛遜．戴維斯在阿拉巴馬州蒙哥馬利市（Montgomery）宣示就任新成立的美利堅聯盟國（Confederate States of America，簡稱「邦聯」）的總統。三月，林肯在他的就職演說中，並沒有申明反對憲法《第十三條修正案》（*Thirteenth Amendment*）的提案。該修正案將奠定奴隸制不可動搖的地位，也就意味著共和國統一的可能，但他誓言不容許奴隸制擴張。三月二十一日，南方邦聯副總統亞歷山大．史蒂芬斯（Alexander Stephens）在一次即席演說中回應林肯的誓言。史蒂芬斯宣示，邦聯政府奠基「於偉大真理之上，相信黑人與白人不平等，奴隸順服於優越種族是自然常態。我們這個新政府是全世界歷史上第一個以此偉大生理、哲學、道德真理為基礎的政府」。這個「偉大的……真理」，他說，乃邦聯的「基石」。這個演說後來成為他知名的「基石演說」（Cornerstone Speech）。[2]

支持邦聯的人為南方的老老少少準備了新的文學故事，或者說是政令宣導，在其中以此基石打造出兩個慣用的角色：領悟奴隸制比自由更好而知返的逃奴，以及捍衛奴隸制的邦聯黑人英雄。每個普遍的種族歧視謊言，都會有個別的事實為例證。確實，如果支持邦聯的訴求、讓奴隸制延續，有些黑人投機份子有利可圖。確實，有些飢貧的自由黑人為了活命的物資支持造反派。確實，認為黑人被奴役比較好的黑人種族歧視者有時會支持邦聯。但是，真正自願支持邦聯的黑人有多少呢？也許不多，但也沒人能確定。[3]

亞歷山大．史蒂芬斯奠定基石三週後，南方邦聯在薩姆特堡①開火了。一八六一年四月十五日，林肯為殲滅「叛亂」召集聯邦軍（Union Army），到了五月底，響應號召的有維吉尼亞州、北卡羅萊納州、田納西州和阿肯色州。不論林肯避談奴隸制有什麼問題，也不論民主黨歸咎廢奴主義者有什麼責任，對黑人和廢奴人士來說，南北戰爭的嚴重性超過奴隸制，而且蓄奴者該為此負責。七月四日，在麻州弗雷明翰（Framingham）舉行的年度廢奴野餐大會上，蓋里森譴責「膚色恐懼

①薩姆特堡（Fort Sumter），是位在南卡羅萊納州查爾斯頓港的一處防禦工事。

症」（colorphobia）阻礙了北方人支持黑奴解放之戰。「讓我們在每個奴隸身上，看到耶穌體現。」蓋里森疾呼。[4]《盎格魯非洲週報》（*Weekly Anglo-African*）預料，為數百萬的非洲奴隸不會只當個「被動的旁觀者」。林肯也許把內戰視為「白人的戰爭」，但被奴役的非洲人「相當清楚且下定決心他們要什麼——自由」。[5]

《盎格魯非洲週報》的預料果真成為事實。剛開始只有數十人，接著數百人，然後到了一八六一年夏天，已有數千人脫逃加入北方聯邦軍。但是，根據一家馬里蘭州報紙的報導，聯邦軍強硬執行《逃亡奴隸法》，戰爭開打三個月後，被遣返的逃奴人數「比整個布坎南先生總統任期期間」還多。這些關於遣返逃奴的報導，加上南方黑人被迫為邦聯軍隊工作的新聞，北方人聽在耳中，心裡惴惴不安。[6]

一八六一年七月二十一日的第一次奔牛河戰役（First Battle of Bull Run）②，南方邦聯在維吉尼亞州北部把北方聯邦軍隊打得潰不成軍，國會及林肯政府中紛紛議論著加以利用非洲人作戰潛力的提案。國會起初通過一個決議，斷然宣告這場戰爭「的目的不是推翻或干預這些州的權利或現行體制」，但是作戰的迫切需要很快改變了他們的盤算。八月初，因戰況吃緊，占國會多數的共和黨壓下民主黨和邊境州聯邦派的反對，通過了《充公法案》（*Confiscation Act*）。林肯勉為其難簽署了法案，該法案准許褫奪蓄奴者供邦聯軍隊所用的一切資產，包括他們的非洲奴隸。北方聯邦得以把這些黑奴當作「違禁品」來沒收。法律上來說，他們已不再受奴役；但他們也並非自由。不過，他們為聯邦軍工作可以賺錢，住在環境惡劣的走私管制營區。營區中收容了一百一十萬名男性、女性與兒童，後來其中四分之一死於美國史上最嚴重的其中一場公共衛生災難。被指派去照顧他們的醫師只有一百三十八人。有些醫師把這些非法之人稱為「動物」，把他們的大規模死亡歸咎於黑人的遺傳虛弱體質，而非極端不足的衛生設施、食物及醫療照顧。[7]

儘管條件惡劣不堪，加入北方軍隊的黑奴人數仍逐月成長。尤其在北方聯邦軍挺進人口更密集的深南方後，奴隸紛紛逃離苛刻折磨的種植園。《紐約時報》在一八六一年底報導，受奴役的非洲人「衷心渴望自由」。逃奴人數增加證明了南方邦聯報導中知足常樂的奴隸，不過是政治宣導的故事。黑人反抗（而非勸說），終於開始拔除北方人心中那個溫順易馴黑人的形象。林肯總統在他一八六一年三月的國情咨文中並不鼓勵奴隸逃跑，但他明確要求撥款用在逃奴殖民海外及補償北方廢奴者，以確保戰爭不會「惡化」成一場「無休止的革命奮鬥」。蓋里森怒不可抑，在一封信中痛批林肯「的血管裡沒有一滴反奴隸制度的血」。[8]

一八六二年春天，每週都有數千名逃亡者穿越叢林來到聯邦軍的南方戰線，從荒廢的種植園和日益分裂的南方邦聯出走。有些邦聯軍士兵叛離，有些邦聯人士倒戈，與非洲奴隸聯手揭竿起義對抗他們共同的敵人：富裕的南方種植園主。有些沒有蓄奴的純樸白人，對於打這場蓄奴者的仗早已不抱幻想。北卡羅萊納州東部的亞歷山大．瓊斯（Alexander H. Jones）協助召集了一萬人的「美國英雄」組織（Heroes of America），鋪設「地下鐵路」讓南方邦聯地盤裡支持北方聯邦的白人逃亡。「事實上，」瓊斯在一份反種族主義的祕密通訊中評論那些富裕的種植園主，「這些夸夸其談、裝模

② 又稱為第一次馬納薩斯戰役（First Battle of Manassas）

作樣的笨蛋上流階級一直都習慣使喚黑人和窮困白人，為了讓他們認為……自己比較優越，（而）嫌惡、不齒、懷疑窮人」。[9]

在北方，共和黨激進派大力推動通過了一大堆南方人及其北方支持者，反對多年的反奴隸制度措施。到了一八六二年夏季，北方聯邦各州禁止實施奴隸制，殘存的跨大西洋奴隸貿易被查禁，美國承認海地和賴比瑞亞為獨立國家，華盛頓特區廢奴，聯邦軍不得遣返南方的逃亡者。《逃亡奴隸法》的廢止業已生效，接著是關鍵的要舉：《第二充公法案》（*Second Confiscation Act*）於六月十七日通過並送交林肯。該法案聲明，原屬邦聯的非洲人，若逃至聯邦戰線或居於聯邦占領之領土，皆即「永遠脫離奴役」。《春田共和報》（*Springfield Republican*）知道這個法案的影響力，表明說受奴役的非洲人能獲得自由了，「就等軍隊殺進南方地區的時候」。但是，聯邦軍殺進南方的速度不夠快，他們的傷亡人數正在增加。南方邦聯的將軍羅伯特・李和「石牆」傑克森③明白朝著防禦薄弱的華盛頓特區而來，嚇得林肯寢食難安。

《第二充公法案》是個轉捩點，為聯邦走向解放黑奴的施政方向鋪路。除了南北戰爭，加上無法說服邊境州接受補貼、支持逐步解放黑奴，讓林肯和國會耗盡了耐性。林肯最後同意接受宣布解放黑奴這個主意，是為了解救北方聯邦（而不是為了解救黑人）。戰爭中，支持聯邦的種植園主要求挽回奴隸制的呼聲讓他愈來愈難以忍耐。他怒口回應某位路易斯安納州的種植園主說：「破蛋無法復原。」

一八六二年七月二十二日，林肯簽署《第二充公法案》後過了五天，他向內閣提出一項命令草案，訂於一八六三年一月一日生效。「（受控於叛亂者之）任何州內凡被據為奴隸者，皆應於之後獲得終生自由。」林肯的幕僚大為震驚，很快因為這份《解放黑奴宣言》（*Emancipation Proclamation*）初稿而意見分裂。內閣沒有立刻做出決議，消息傳了開來，但沒有太多美國人把這份宣言認真當一回事。[10]

一八六二年春季與夏季，討論逃奴、加入北方軍隊的南方奴隸和解放黑奴時，難免一定會導向討論海外殖民。北方的種族主義者開始把殖民視為自由黑人的唯一可能選擇。他們擔憂黑人會快速湧進北方，入侵他們的社區，變成《芝加哥論壇報》所說「遊蕩、墮落的流浪漢」。殖民條款隨附於《第二充公法案》，以及一八六二年頒布廢除國家首都奴隸制度的行政命令。同年，美國與海地及賴比瑞亞公開建立外交關係，背後暗藏著殖民非洲的計畫。在一八六二年的預算分配評估中，國會準備了六十萬美元（現在約相當於一千四百萬美元）要把黑人驅逐出國。

一八六二年夏天，黑人反對殖民的聲浪既清楚又響亮。渴望贏得黑人支持的林肯於一八六二年八月十四日邀請五位黑人到總統府會談。這個代表團由牧師約瑟夫．米契爾（Joseph Mitchell）帶領，他是內政部的移民委員。這場討論很快變成林肯單方面的訓話。林肯自承，黑人種族永遠不可能「被放在和白人種族平等的地位」。他還說，這件事「是對或錯，我不需要討論」。林肯接著把內戰歸咎於黑人的存在。他宣稱，如果黑人離開，就天下太平了。林肯建議「犧牲一點你們現有的舒適」，要求這組人推促他們的黑人同胞移居到賴比瑞亞展開新生活。他們若不肯，就是「自私自

③「石牆」傑克森（Stonewall Jackson, 1824-1863），美國內戰期間，南方邦聯軍的重要將領，隸屬羅伯特．李將軍麾下。他的本名是湯瑪斯．喬納森．傑克森（Thomas Jonathan Jackson），因在戰場上堅不可摧、屹立不搖而有「石牆」的美譽。

利、不知感恩」。

雖然這五位黑人似乎覺得林肯的看法頗具說服力，但林肯可說服不了那些在全國報紙上讀到他的訓詞的男男女女。蓋里森怒氣難消，把林肯的話刊登到《解放者報》的「壓迫避難所」版上，他經常在這裡刊登蓄奴者的言論。蓋里森聲明，讓「（黑人）他們無法見容於此地」的不是他們擁有的膚色，而是「他們擁有的自由！」而對費德列克・道格拉斯來說，林肯展現了「他對黑人的輕蔑，還有他的偽善假義」。[11]

✠

與黑人代表團會面六天後，林肯有個機會得以明確表明他對戰爭、解放奴隸及黑人的看法。美國舉足輕重的編輯巨擘何瑞斯・葛雷利於一八六二年八月二十日，在他領導的《紐約論壇報》上刊載了一封致總統的公開信。葛雷利和眾人一樣促成了林肯勝選。他呼籲林肯落實實踐《第二充公法案》的「解放奴隸條款」。[12]

「我奮鬥的最高目標是拯救聯邦，而非保存或破壞奴隸制度。」林肯在葛雷利的敵對報社、華盛頓《國家情報員》上回應：「如果我不用解放任何奴隸就能救聯邦，我樂意為之；如果我要解放全體奴隸才能救聯邦，我也樂意為之。我對奴隸制、對有色人種的所為，都是因為我相信有助於拯救聯邦而為。」後起的廢奴人士溫德爾・菲利普斯（Wendell Phillips）在《紐約論壇報》上抨擊林肯的言論，說那是「有史以來出自自由人腦袋最可恥的文獻」。[13]

這場內戰看似一條無止境的公路，隨著期中選舉接近，叛逃者打擊南方邦聯的速度更勝過北方聯邦的子彈，林肯於是在一八六二年九月二十二日召集內閣。數月來，他板著一張冷峻撲克臉面對美國民眾，現在終於翻開他的底牌——這是蓋里森從來不相信他握有的底牌。林肯發布了《解放黑奴宣言》初稿。對於蓄奴的聯邦州和希望重回聯邦的反叛州，林肯再度提出逐步補貼解放黑奴及殖民海外方案。而對於那些留在反叛陣營的各州，林肯在一八六三年一月一日宣布：「所有被蓄為奴者……皆應於此時、就此之後、永遠自由。」[14]

「感謝老天！」《匹茲堡郵報》（*Pittsburgh Gazette*）高呼。「我們該停止當偽善者和冒牌貨了。」拉夫．沃爾多．愛默生④表示。蓋里森很欣慰聽到「永遠自由」這幾個字，但對其他部分不予肯定。他私下批評，林肯「對於解放沒有直接的貢獻，他所做的只是迂迴推諉、拖遲延宕」。[15]

在一八六二年十二月一日的《國情咨文》中，林肯給逐步補貼解放黑奴及殖民海外方案擬了較詳細的計畫。任何蓄奴州，只要在一九〇〇年一月一日前宣示效忠且願意廢除奴隸制，就可以留在或重回美利堅合眾國。美國政府會補貼這些州解放了它們的人類資產，但如果它們決定重新建制或容許奴役，就必須償還解放奴隸的補償金。林肯呼籲，「及早採行」逐步補貼解放黑奴及殖民海外方案，「能帶來改革重建」。南方邦聯領袖絕大多數拒絕林肯的提議，因為他們十二月中在戰事上取得重大勝利，更加強他們拒絕的勇氣。[16]

林肯在一八六三年一月一日下午卸下總統職務。他重閱《解放黑奴宣言》，稱之為「為壓制前述叛亂之恰當且必要的戰爭手段」，解放了「所有被蓄為奴的人」，讓黑人能加入聯邦軍。林肯審

---

④ 拉夫．沃爾多．愛默生（Ralph Waldo Emerson），美國思想家、作家。

閱最後的聲明時，他那位主張廢奴的財政部長薩蒙．蔡斯（Salmon B. Chase）建議他添加一點道德訴求。林肯暗自接受了他的建議，補充寫道：「這項行動被誠心視為正義之舉，受憲法保證，且基於軍事需要，我懇求普天下人審慎判斷，並召請全能上帝賜予恩典。」

接下來的兩年裡，林肯敞開雙臂歡迎作家、藝術家、攝影師和雕塑家，紀念他是歷史上的「偉大解放者」（Great Emancipator）。在那個一月裡，林肯依據他的宣言在聯邦軍攻下的南方邦聯領土上解放了五萬名黑人。但他繼續保留邊境州裡將近五十萬名非洲奴隸，以維護他們主人對聯邦效忠。他也保留了剛獲赦免的前邦聯領土上將近三十萬名非洲奴隸，以建立他們的主人對聯邦效忠。南方邦聯領土上的種植園裡，有超過兩百萬名非洲人仍繼續為奴，因為林肯沒有權力解放他們。民主黨人諷刺林肯，說他「故意」讓「這個宣言在所有……接觸得到奴隸的地方無效」，又如《紐約世界報》（*New York World*）所言，「只在眾所皆知他沒有權力實施的地方」有效。

不過，非洲奴隸現在有權力解放自己了。到了一八六三年末，逃離種植園的黑人有四十萬人，他們找到北方聯邦的陣線，奔向解放宣言所保障的自由。[17]

有些黑人基督徒祈求偉大的解放者出現已久，他們相信亞伯拉罕．林肯就是化身。林肯簽署宣言的消息在一八六三年一月一日下午，傳到波士頓音樂廳的歡慶新禧音樂會時，波士頓的上流社會人士一片狂喜歡騰。一陣丟帽、揮舞手帕、擁抱、大叫、頓足、哭號、微笑、親吻之後，與會者開始自己的歡慶音樂會。「為蓋里森歡呼三聲！」某人大叫。六千隻眼睛轉向搜尋這位五十七歲的編輯，他祈求這一天到來已經不知多少次了。他傾身探出包廂圍欄，揮手，臉上散發著足以溫暖整個新英格蘭的微笑。

蓋里森讚譽《解放黑奴宣言》是一個「轉捩點」。從那一天開始，蓋里森就成了「支持北方聯邦的強硬派」，他支持擁戴林肯的熱烈程度不輸任何共和黨人。比起之前抨擊林肯猶豫怠惰、優柔寡斷，蓋里森如今開始稱讚林肯的態度「審慎」且「思慮周全」。[18]

但有些人在那天晚上並沒有大力推崇林肯，他們尤其批評的正是蓋里森稱讚的審慎態度。黑人經營的舊金山《太平洋呼聲報》（*Pacific Appeal*）對這個「折衷的措施」表示反感，堅持「每個奴隸」都要解放，「每道枷鎖都……要剪斷」。[19]

第十八章　奔向自由？

一八六三年四月下旬，編輯威廉．蓋里森的次子威利（Willie Garrison）帶了一個剛認識的友人回家。亨利．維拉德（Henry Villard）是德國移民，他是南北戰爭中最有才華的年輕記者之一。維拉德剛從南卡羅萊納州的大西洋諸島（Sea Islands）回來，他在那裡觀察過南北戰爭解放的第一批人和第一支黑人軍隊組成的軍團。

維拉德和蓋里森分享了他對於南卡羅萊納州沿海地區「半未開化黑人」的種族歧視觀察。他在其中批評黑人「野蠻迷信」及描述他們「拜物崇拜」的說法，顯示他不了解非洲人的宗教信仰，或不了解他們如何重塑基督教以適用於他們的文化之中。維拉德嘲笑說他們的古拉語（Gullah）是「粗野的胡言」，並且鄙視他們不懂「我們的英語」。若以同理推之，大西洋諸島的黑人可能也會說維拉德的語言是「粗野的胡言」或宗教信仰「野蠻」，並且鄙視他不理解他們的古拉語或他們的神靈。儘管如此，維拉德的觀察證實了蓋里森長久以來的想法。正如維拉德所言，「對於那些以往已被保留在畜生狀態的生物，真的，沒有其他什麼可以期待」。[1]

多年來，北方的種族主義者近乎篤信般一致同意非洲奴隸就跟畜生一樣。他們之間意見不同的部分是黑人應付自由、獨立和文明的能力。北方的種族主義者激辯著：隔離主義者堅稱黑人畜生沒有能力，同化主義者如蓋里森和維拉德則堅稱黑人畜生有能力，這些緊接著在解放黑奴之後變成主要對話。掌權者幾乎沒有任何人，無論是經濟菁英、政治菁英、文化菁英或知識菁英皆然，把黑人平等的反種族主義思想帶進這個對話中。[2]

在波士頓停留期間，維拉德陪同蓋里森南行約十三英里，去觀看麻州第五十四志願步兵團的演習訓練。林肯曾在一八六三年一月要求麻州州長組織黑人軍團。「有色男子從軍去！」成為黑人男性領袖的集會重點。黑人男性被說服相信，透過從軍打仗可以讓他們贏得換取公民身分的權利，好像黑人男性必須（或能夠）贏得權利似的。黑人男性領袖不停談論當兵證明了黑人的男性氣概，但這論點本身卻建立在黑人男性氣概真有什麼不足的前提，而只能透過與邦聯軍拚生死來改進。與此同時，一些白人聯邦份子提出，被迫「與激動、烏黑的黑人並肩」作戰，威脅到了他們優越的男性氣概。紐約市的民主黨眾議員詹姆士．布魯克斯（James Brooks）就曾為此抱怨。在黑人與白人男性雙方面，這個種族歧視和性別歧視思想的結合都相當可鄙。到了南北戰爭結束時，將近二十萬名黑人曾經服役作戰。他們殺死了成千上萬的邦聯軍，也有成千上萬被邦聯軍所殺。儘管這麼多的人戰死沙場，軟弱黑人男性的刻板印象依然存在。[3]

印第安納州州長讚許黑人軍隊把配備帶了回來，白人軍隊卻沒有，印第安納波利斯的《印第安納州前哨報》（*Indiana State Sentinel*）於是正式全力推動「白兵降級、黑兵升等」。白兵從不向黑人軍官報告，白兵面對的戰鬥較多，被捕時鮮少被奴役或殺害，而且領得薪餉較多。然而，指責偏袒黑人的聲音卻從未休止。

種族歧視觀念很容易加以修改，尤其是順應歧視者的需求而改變。民主黨人修改他們的種族歧視觀念來抨擊黑兵。內戰之前，他們為奴隸制辯護時強調黑人男性的身體優勢；內戰期間，他們卻頌揚白兵、強調白人男性的身體優勢。內戰之前，他們為奴隸制辯護時認為黑人天性溫馴、完全適合接受使喚；內戰期間，他們卻強調黑人是無法控制的畜生，與聲稱天性溫馴的黑人是偉大士兵的共和黨人唱反調。共和黨人經常把黑人在戰場上的優異表現歸功於黑人優異的服從性，以及他們傑出的白人指揮官。雙方其實是異口同調，在不同的地方操弄同樣的種族歧視觀念來支撐自己的論據，用戰場上看似有理的例子來強化種族歧視的論調和觀念。[4]

一八六三年七月初，北方聯邦軍在蓋茨堡①獲勝而興奮不已，接著又成功攻下維克斯堡（Vicksburg），讓南方邦聯分裂為二，但之後從南卡羅萊納州傳來令人沮喪的戰爭消息。一八六三年七月十八日，麻州第五十四步兵團幾乎有半數喪命、被俘或受傷，攻打華格納堡（Fort Wagner）失敗。南方的灘頭防禦工事守住了通往南卡羅萊納州查爾斯頓要塞的通道。六百名又累又餓的黑人在槍林彈雨的暮色中，衝向「憤怒發狂的」邦聯士兵，陷入凶猛的肉搏戰。這場戰爭故事在北方迅速傳開，幾乎可比南方邦聯殺死俘虜的速度。《紐約論壇報》準確預測到這場戰役將是北方辯論黑人戰鬥能力的決定性轉捩點。結果證明，這場戰役不單在某一方面具有決定性的影響。[5]

天主教的時事評論家奧里斯特斯．布朗森（Orestes A. Brownson），是諸多提倡以解放為戰爭手段、以殖民為戰後措施的美國有力人士之一，他曾在一八六二年如是建議林肯。在華格納堡戰役之後，布朗森不得不承認：「黑人，為了保衛這個國家而流血，應有權利將之視為自己的國家。因此，驅逐黑人出境或強迫殖民自此之後就不應再討論了。」[6]

林肯總統在一八六三年初仍然對海外殖民抱持希望。他提供資金給一位黑人部長在賴比瑞亞建立拓居地，並曾向某位俄亥俄州議員抱怨說，他不「知道我們在和平到來之後，該如何處置這些黑人」。戰爭需要身強體壯的士兵，戰後需要身強體壯且忠誠的南方勞工與選民，這些需求已經開始把公眾輿論的焦點轉離殖民議題。林肯政府的殖民計畫瓦解，確定了這場運動的命運。到了一八六三年七月，林肯開始談論殖民「失敗」。一八六四年，國會凍結了對殖民地的撥款。

林肯也放棄殖民做為可能實施的戰後政策。《芝加哥論壇報》（*Chicago Tribune*）信心十足地宣布「終結海外殖民」。但這可不是種族主義的終結。林肯政府在種族主義的進展，意味著將這些忠誠的黑人選民和勞工限制在南方，遠離北方和西部的白色自由土地。[7]

每個人似乎都一心想著重建聯邦，包括廢奴主義者。一八六四年一月下旬，蓋里森在麻薩諸塞反奴隸制協會的會議上，針對一份反林肯的決議書提出質疑。與蓋里森熟識多年的溫德爾・菲利普斯，繼他的老友暨導師之後，很稱職地為廢奴主義掌舵。菲利普斯給林肯貼上標籤，說他是「半改信、試圖成為一個廢奴主義者的西部輝格黨老實人」。蓋里森緊盯黑奴解放的發展，菲利普斯的目光則越過黑奴解放，關注美國的重建。早在一八六三年十二月，林肯就宣布了他的《大赦重建宣言》（*Proclamation of Amnesty and Reconstruction*），讓所有宣示效忠的邦聯人士恢復權利（蓄奴權除外）。林肯提議，等到宣示效忠的人數達百分之十，各州就能建立限縮黑人居民之公民權的政府。菲利普斯痛批這個提議「解放了奴隸卻排除了黑人」。規模相當大的紐奧良雙種族自由社群也怒氣

① 蓋茨堡戰役（Battle of Gettysburg），美國內戰史上最血腥的一場戰役，在賓州蓋茨堡附近爆發，北方聯邦軍擋住了由李將軍率領的南方邦聯軍。

沖天，要求擁有投票權。某位觀察家說，這些雙種族運動份子把「他們的抗爭和黑人的抗爭區隔開來」，「在他們眼中，他們比較接近白人；他們在各方面都比奴隸進步。」但是，雙種族運動份子向路易斯安納州白人所做的提議不被接受，他們別無選擇，只能吞下自己的種族歧視驕傲，於一八六四年底和被解放的黑人結盟。[8]

蓋里森的堅持與勇氣使他成為傳奇，奴隸解放一度看似遙不可及，到了一八六四年卻已被奴隸解放成真的恐懼所取代。蓋里森擔心民主黨掌握了厭倦戰爭及反對黑奴解放的選民，人數足以讓他們掌握總統大權、斡旋戰爭談判及維持奴隸制度。「讓我們耐心保守自己的靈魂。」他寫道。威廉·洛伊·蓋里森，這位長期支持立即解放的傳教士，竟然勸大家耐心等待。[9]

馬里蘭州的聯邦份子逕自進行他們重建廢奴州的計畫。為了鼓勵他們，林肯到巴爾的摩做了簡短的參訪，並發表他自一八六四年四月十八日從政以來，頗具洞見的其中一個廢奴主義演說。他回答了一個美國懸而未決的矛盾：這塊自由的土地怎麼又是奴役的土地？「對某些人來說，『自由』這個字眼可能意味著每個人都可以隨己之意對待自己，以及處置自己的勞動成果，」他說，「但對其他人來說，同一個字眼可能意味著某些人可以隨己之意對待他人，以及處置他人的勞動成果。」林肯舉了個例子來類比說明：「牧羊人把咬住綿羊喉嚨的狼趕跑，綿羊感謝牧羊人解放了牠，但狼則為了同樣的行為譴責牧羊人損害牠的自由，特別因為那綿羊是黑色的。」他接著說：「由此可見，我們看著成千上萬人在枷鎖束縛下一天一天經歷的過程，有些人稱讚那是自由的進步，其他人哀號那是全部自由的崩毀。」林肯的自由類比，生動地召喚他做為偉大解放者的自我認同，改寫了當下發生的事件。大多數非洲奴隸算不上是綿羊，等著聯邦牧羊人來到他們的種植園、帶領他們奔向自由。聯邦的戰線，如果放在這個類比中，應該說是自由的畜棚。雖然林肯解放了少數綿羊，但大多數的綿羊逃離種植園，是靠自己拚戰或掙脫邦聯的狼口，靠自己奔向自由，靠自己進入聯邦軍，然後消滅邦聯的狼。[10]

林肯發布《解放黑奴宣言》之後，開始想像自己（如蓋里森想像已久）是解放黑人的牧羊人，而這些黑人需要文明教養的指導。一八六四年十一月一日，當天是馬里蘭州的解放日，被解放的人民遊行到總統宅邸。林肯向他們致詞，一邊敦促他們「在道德和智力雙方面自我提升」，一邊卻支持阻礙他們提升社會經濟地位的馬里蘭州新憲法。馬里蘭州的州憲法禁止黑人投票和就讀公立學校，還把數千名黑人兒童送回前任奴隸主人手中履行長期契約，不顧他們的父母反對。林肯似乎跟隨湯瑪斯・傑佛遜的腳步，對於提升黑人處境的大業只是嘴上說說，同時卻支持確保黑人覆滅的種族主義政策。[11]

麻州參議員查爾斯・桑姆納曾要求戰爭部門授權美國自由民調查委員會（American Freedmen's Inquiry Commission）提出建議，但馬里蘭州（和路易斯安納州）在闡述解放條款時並未採納。在一八六四年五月一份廣為宣傳的最終報告中，該委員會呼籲權力平等、法律平等，允許黑人買地，並創立一個暫時的黑奴解放局，輔導自由人自力更生。波士頓廢奴主義者詹姆士・麥卡耶（James McKaye）是委員之一，主張將被沒收的邦聯土地重新分配給沒有土地的白人和自由人。

在促進權利平等方面，麥卡耶和另外兩位委員，印第安納州改革者羅伯特・戴爾・歐文（Robert Dale Owen）和新英格蘭州廢奴主義者山繆・格里德利・豪威（Samuel Gridley Howe）博士，卻從未接受黑人和白人真的平等的想法。他們曾經被命令回答關於黑人應付自由和自由勞動之「條件與能力」的種種問題，這個任務的真正目的是為了安撫擔心解放效應的白人。黑人是天生懶惰嗎？黑人會不會侵略毀滅北方？黑人的自由勞動獲利會比實施奴隸制高嗎？豪威在他為美國自由民調查委員會所做的加拿大逃奴報告中預測，黑人「將與北方的白人有力合作，重整南方的工業」。但是，「他們會逐漸式微」，這位社會達爾文主義者肯定指出，「並逐漸從這個大陸的族群消失」。在美國自由民調查委員會的最終報告裡，傳教士歐文強調非裔美國人的可能貢獻，藉此安撫北方人的憂慮。他說，黑人的「柔性影響力」來自於他們「女性化」的性情，有朝一日將有助改進我們強硬的「國家性格」。盎格魯—撒克遜人「的頭腦駕馭心靈」，他寫道，「但非洲種族在許多方面正好相反」。斯托寫了《湯姆叔叔的小屋》十年後，廢奴主義者仍然透過種族主義的鏡片看待黑人。[12]

討論黑人未來的奴隸解放文章突然大量出現，其中尤屬美國自由民調查委員會的報告最受歡迎。觀察指出，奴隸制並沒有把黑人變成野獸，這些論點在解放後的報告中得以奠定基礎，讓任何願意抗拒種族歧視言論的人取得。一位名叫懷爾德（C. B. Wilder）的聯邦陸軍上尉承認，在監管維吉尼亞州的違禁品前，「我不認為（黑人）這麼有腦袋」。他的經驗讓他學到，「他們跟你我一樣相當有腦袋，雖然他們表現的方式怪異」。到一八六四年底，懷爾德監督的違禁品中，百分之八十七「獨立而不需援助」。密西西比河谷的一名違禁品主管描述，黑人的智力程度「與任何地方、任何膚色不識字的男女和兒童相當」。[13]

蓋里森不在那些質疑前奴隸帶有獸性的行列。三十年來，蓋里森推動北方人往廢奴主義前進，靠的是大肆宣揚奴隸制致人如畜生。像任何種族主義者一樣，他駁斥不利他的理論的證據，並強化支持他的理論的證據。一八六四年七月，蓋里森為林肯辯護，支持他立法限制黑人的公民權。蓋里森表示，給未發展的黑人選票，「根據發展和進步的法則，並不可行」。[14]

✕

一八六四年夏天，蓋里森為林肯辯護得很辛苦。民主黨的編輯和政界人士猛烈抨擊種種潛在危險，例如戰事綿延、解放的黑人入侵北方、共和黨支持種族融合。作戰的士氣已經降到了谷底。邦聯軍團逼近華盛頓特區，而聯邦軍隊幾乎沒打勝仗。戰況的消息惡劣，以致於到了一八六四年八月二十二日，共和黨全國委員會（Republican National Committee）認定林肯無法當選連任。沒人認為有必要把這個決定告訴林肯本人。

「我是個敗將，除非我們能取得一些重大的勝利。」據說林肯在八月三十一日這樣說。兩天後，威廉・薛曼（William T. Sherman）將軍攻下亞特蘭大。隨後的勝利提振了選民對於共和黨的支持，而且他們的支持因為民主黨的反黑情緒而更加鞏固。受挫的美國黑人十年來首度集會召開全國大會。他們抨擊共和黨人仍然「在很大程度上蔑視有色人種的性格和權利」。但儘管美國黑人對共和黨嚴詞譴責，仍有大約百分之五十五的聯邦美國人投票支持林肯，而他所屬的政黨還拿下四分之三的國會席次。百分之四十五的聯邦美國人投票支持民主黨，支持與蓄奴者一起重建一個聯盟國。[15]

林肯當選連任一週後，薛曼將軍離開已攻下的亞特蘭大，帶領六萬名聯邦士兵展開流傳後世的向大海進軍（March to the Sea）。薛曼全面施展他的作戰策略。士兵把邦聯的土地燒成焦土，包含軍事設施、通信網絡和種植園，他們途經的一草一木都難逃一劫。兩萬名逃亡者加入向大海進軍的行列。記者把他成功勝利的訊息用電報回傳給樂不可抑的北方聯邦。到了聖誕節，薛曼和他的數萬名士兵與逃亡者攻下薩凡納（Savannah）——也攻下數百萬人民心。

戰爭部長艾德溫・麥克馬斯特・史坦頓（Edwin McMasters Stanton）在新年過後抵達薩凡納，要求薛曼將軍與當地的黑人見面，商討他們的未來。一八六五年一月十二日，薛曼將軍會見了二十位領導人，他們大多是浸信會和衛理會的牧師，給他快速惡補了他們對奴隸制和自由的定義。奴隸制意味著「被不可抗拒的權力強迫接受他人的工作，而非出於本人同意」，那群人的代表蓋里森・弗雷澤（Garrison Frazier）（到處可見《解放者報》編輯的名字）解釋道；自由則是「把我們放在能夠收穫自己勞動成果的地方」。他說，為了實現「真正的自由」，我們必須「擁有土地」。當被問到他們想不想生活在跨種族的社區，弗雷澤表示他們偏好「跟自己人生活」，因為「南方存在著對我們的偏見，那需要好幾年才能克服」。

整個南方的黑人都對聯邦官員說：不要在廢除奴隸制後讓我們落得沒有土地；不要強迫我們為前任主人工作還稱之為自由。南方黑人對於廢除奴隸制和解放人民的認知不同。他們說，你們唯有提供我們土地才能讓我們自由，「直到……我們能靠自己的勞力」。在提議戰後政策時，黑人改寫了自由解放的意義。而且，基於反種族主義的意義，他們拒絕把種族融合當作改善種族關係的策略，這等於要黑人向白人展示他們有平等的人性。他們拒絕向上勸說，拒絕擔負以不展現刻板印象來消除白人種族歧視觀念的工作。他們說，種族歧視觀念只存在有此觀念的人們眼中，而只有這些抱持種族歧視觀念的人該負責將之消除。[16]

薩凡納的黑人沒有提到這一點，但數百萬白人拓居者多年來占領從反叛原住民地區沒入的西部土地，並不曾受到處置。這些薩凡納黑人，這些白人在南方的同袍，只是提出要求比照辦理，讓他們擁有反叛邦聯地區的土地。然而，種族歧視觀念合理化了種族歧視政策。居住在政府提供的土地上，白人接受的被認為是美國的自由；而黑人接受的卻是美國的施捨。在戰爭早期，每當談及分配土地給黑人，美國人會表示尊重敵對南方邦聯的土地擁有權，但卻不尊重友好美國原住民族的土地擁有權。自聯邦政府於一八六三年開始出售充公和被棄的南方私人土地以來，在南方當地黑人廣泛的抗議聲浪中，有超過百分之九十的土地落入北方白人手裡。[17]

與薩凡納的黑人會面四天後，薛曼將軍發布了《第十五號特殊領域令》（*Special Field Order No. 15*），來解決他陣營中逃奴的安置問題，並懲罰邦聯份子。他為黑人家庭在四十英畝的土地上開闢拓居點，分布於大西洋諸島、南卡羅萊納州，以及喬治亞州沿海地區的一大塊土地。到了一八六五年六月，已經有四萬人定居在這些土地上，還被配給了軍隊淘汰的騾子。薛曼的領域令並非首例。占用傑佛遜．戴維斯家族密西西比州土地生活的黑人自行組織政府，靠棉花賺取了十六萬美元收益。「戴維斯河灣地」（Davis Bend）成為支持當時薩凡納黑人主張的例證：黑人需要的只是自處，安穩擁有自己的土地，並且保障擁有自己的權利。

然而，對於許許多多帶有種族歧視的美國人來說，卻難以相信黑人沒有被奴隸制傷害：黑人怎麼可能就這麼流暢順利地躍入自由的狀態？約翰．羅賓遜（John C. Robinson）將軍擔憂擁有土地的「遲鈍」黑人，會害「北方的能源和工業」不能充分利用寶貴的好幾英畝土地。同化主義者費德列克．道格拉斯和何瑞斯．葛雷利批評薛曼的諭令，呼籲建立跨種族社區，不要管當地黑人的期望。

一八六五年一月三十日，葛雷利在他的《紐約論壇報》上寫道，南方的黑人「就像他們在北方的同胞一樣」，必須「透過與白人文明接觸，來幫助他們成為良好公民及有智慧的人」。[18]

林肯總統沒有反對薛曼的領域令，也沒有公開表示支持與否。當時，林肯正忙著在眾議院裡擴展他的政治能量。辛苦有了代價。一八六五年一月三十一日，眾議院通過廢除奴隸制的《第十三條修正案》。共和黨在眾議院裡爆出一陣歡呼，眾人擁抱、手舞足蹈、哭號落淚、笑容滿面、興奮呼喊，為當晚及後續好幾個夜晚美國各地的奴隸解放慶宴與會議揭開序幕。

對於那些致力於奴隸解放而心力交瘁的積極人士，《第十三條修正案》帶來了安慰，他們當時正在和推動黑人民權的廢奴主義者爭吵不休。修正案通過前幾天，費德列克·道格拉斯和溫德爾·菲利普斯曾在麻薩諸塞反奴隸制協會的會議上，強烈反對重新接納路易斯安納州。道格拉斯沉穩地說，不給路易斯安納州的黑人投票權，等於是「給我們烙上低劣的汙名」。蓋里森支持重新接納路易斯安納州，他並且為林肯辯護，回應反駁說選舉權是一種「傳統權利……不要跟」自由這個「自然權利混為一談」。政治平等有一天必然會到來，他解釋說，但必須等到黑人在「工業和教育方面有進步」之後。[19]

一八六五年三月三日，國會成立了難民、自由民與棄地處理局（Bureau of Refugees, Freedmen, and Abandoned Lands），或簡稱自由民局（Freedmen's Bureau），接受於美國自由民調查委員會的重大建議指示。這個單位所承接最困難的工作，大概是在立法之前建立種族平等。有位聯邦上校曾經觀察描述：「殺死一名黑人，他們認為不是謀殺；侮辱一名黑人婦女，他們認為不是姦淫；搶走一名黑人的資產，他們認為不是搶劫。」自由民局由另一位名叫奧利佛·奧提斯·霍華德（Oliver Otis

Howard）的聯邦將軍主管。新英格蘭的本地人相信，被解放的黑人希望依賴政府，因為他們過去習慣依賴他們的主人。該局於一八六九年解散時，霍華德將軍吹噓說，他這個機構不是「救濟機構」，因為只有「少數人」得到了扶助。一個扶助機構的官員們吹噓他們沒有扶助人民？這道理只有在種族歧視觀念的脈絡下才成立。但是，該局事實上確實幫助了一些人，並創造了一些看似平等的機會，但這對於抱持種族隔離主義的約西亞．諾特博士來說都已經太過分了。在一封一八六六年寫給霍華德的公開信中，諾特迂迴地寫道，「自由民局，或『地獄之門』的全部權力，都不得凌駕於」不讓黑人創造文明的永恆自然法則。[20]

ꕤ

一八六五年四月三日，羅伯特．李的軍隊撤下里奇蒙的軍事防禦。第二天，林肯總統走在相同的那些街道上。解放了自己的黑人們跑到他身邊，跪下、親吻他的手，把林肯當作他們的「彌賽亞」抬起來。麻州參議員查爾斯．桑姆納希望他們熱烈蜂擁的讚美最終能說服林肯支持黑人選舉權。黑人的目標更高。「一切平等，」有人說，「所有的土地現在都屬於北方人了，而且將平均分配給有色之人。」[21]

四月九日，李的軍隊投降，南北戰爭結束。「奴隸制死了，」《辛辛那提詢問報》（*Cincinnati Enquirer*）宣布，「但黑人沒有，這是我們的不幸。」四月十一日，林肯在總統府前的廣大群眾面前宣布他的重建計畫。總統支持重新接納路易斯安納州，承認「不給有色人種公民選舉權讓某些人不滿」。他表示，他傾向給「非常聰明的」黑人和黑人「士兵」投票權。[22]

從來沒有一位美國總統表示有意授予黑人選舉權，即使是有限的也沒有。「這等於讓黑人當公民了。」一位來自馬里蘭州知名悲劇戲劇家族的二十六歲演員喃喃說道。約翰・威爾克斯・布斯（John Wilkes Booth）和他的邦聯同謀計畫綁架林肯，要求他釋放邦聯軍隊。「現在，以上帝之旨意，」據報導，布斯惡狠狠地盯著林肯說，「我會讓他承受後果。」四月十四日，瑪麗和亞伯拉罕・林肯從他的福特劇院總統包廂觀賞戲劇《我們的美國表兄》（*Our American Cousin*）。林肯的保鏢在晚上十點後某刻走開了，布斯在此時爬到林肯身後，把一顆子彈射進林肯的腦袋。[23]

那天是一八六五年聖週五耶穌受難日，林肯在隔天早上逝世，成為被釘在十字架上的偉大解放者。「林肯為我們而死，」一位南卡羅萊納州的黑人感嘆，「基督為我們而死，我相信此人也一樣。」[24]

奴隸解放已底定，蓋里森在林肯辭世三週後功成身退。「我身為廢奴主義者之志業，感謝上帝，結束了。」他說。其他廢奴主義者不願和他一起退休。美國反奴隸制協會的成員拒絕蓋里森要求他們解散，把他的主席位交棒給溫德爾・菲利普斯，並打造他們新口號：「沒有黑人投票權就沒有重建。」美國反奴隸制協會對接替林肯的人選期望很高。他是一名出身貧寒的田納西州民主黨人，曾經向黑人釋放訊息表示「我必定會成為你們的摩西」，也曾經對種植園主吞吞吐吐地說「高大的罌粟花必須倒下」。[25]

第十九章　重建奴隸制

總統安德魯．詹森（Andrew Johnson）於一八六五年五月二十九日發布了他的重建公告，讓民權運動人士的大失所望。詹森大赦所有的南方邦聯高階官員，並給他們財產權和選舉權（大多數在一年後獲赦）。邦聯人士感覺獲得總統詹森賦予權力，便阻撓黑人投票，推選邦聯自家的人從政，在一八六五年夏天和秋天的立法大會上，訂定一連串歧視黑人的規範來重建自身地位。《第十三條修正案》禁止實施奴隸制，但「做為犯罪懲罰例外」。主人的位置由法律取而代之，除了名稱，戰後的南方跟戰前的南方根本如出一轍。

當然，立法者會用種族主義觀念來證明這些種族歧視新政策的正當性。他們宣稱特別針對黑人的規範，諸如勞動契約、限制行動、管制居家生活，用意在於控管黑人，因為他們天性懶散怠惰、無法無天、放浪縱欲。「如果你說這叫自由，」一位黑人退伍軍人問，「那什麼叫奴役？」

在這場恢復奴役的戰爭中，南方黑人挺身捍衛自己。他們要求擁有權利和土地，針對流行的種族歧視觀念發出鏗鏘有力的反駁。維吉尼亞州彼得斯堡一場群眾大會的決議文說，如果有哪個族群該被標上「懶散怠惰」的特徵，那也應該是種植園主們，他們「一輩子無所事事、倚賴偷來的勞力生活」，靠著椅背閒坐、啜飲檸檬水、望向自家的田地，然後罵那些彎腰採收作物的人懶惰；看在受奴役的人眼中，這實在匪夷所思。帶有種族歧視的預測認為黑人沒有能力照顧自己，針對這點，有位被解放的人回應：「從前我們還是奴隸的時候，已經習慣了維持自己的生計，還要維持主人的生計，我相信現在我們可以照顧好自己。」一八六五年夏天和秋天，詹森總統在黑人據有的四十英畝土地上展開驅逐行動，黑人們堅守抗議。「我們有權擁有我們所在的土地，」維吉尼亞州的貝利・懷亞特（Bayley Wyatt）連聲駁斥：「我們的妻子、我們的孩子、我們的丈夫，已經被賣了一次又一次，夠用來抵我們現今所在的土地了。」[1]

賓州眾議員賽迪斯・史蒂文斯可說是支持民權的「激進共和黨人」中，最強烈反對種族歧視的一位。他在一八六五年九月提案（但未獲通過），重新分配前百分之十最有錢南方人持有的四億英畝土地，每個成年的自由人將被授予四十英畝土地，全部剩下的百分之九十土地則分割成小塊競標出售給「最高出價者」，用以應付戰爭開支及償還國債。國會只強迫一群蓄奴者提供土地給他們以前的俘奴——南方邦聯的美國原住民盟友。

反對土地重新分配的理由中，最流行的是認為此舉將「破壞自由」，讓黑人以為他們可以「不努力」就能「獲得土地」，例如反奴隸制的棉花製造商愛德華・艾金森（Edward Atkinson）就曾這麼說。但艾金森真的相信他自己的論點嗎？這位富有的企業家應該比任何人都更了解，許多有錢人「不努力」就繼承了土地，可沒有什麼因此被破壞了。大多數共和黨人希望政府在法律之前創造平等，人人都有相同的立法和選舉權。他們相信，如此一來，政府的任務就大功告成了。「消除白人對黑人的偏見，幾乎必須完全靠黑人自己，」《國家》（*The Nation*）雜誌宣稱。這本致力於平等權利的期刊成立於一八六五年七月，由蓋里森的三子溫德爾（Wendell Garrison）擔任助理編輯。[2]

蓋里森和許多受他啟發的廢奴主義者，選擇不涉入反種族歧視的政治鬥爭。蓋里森沒有意識到，正是他的才華睿智，把廢奴主義從一個複合議題、戰線模糊、目標不明、複雜的政治問題，轉變成一個單一議題、簡單的道德問題：奴隸制是邪惡的，那些支持或無視奴隸制的種族主義者都是邪惡的，消除邪惡的奴隸制是美國的道德責任。蓋里森沒有再次利用他的才華睿智來反對種族主義；他沒有宣稱種族不對等是邪惡的，那些支持或無視種族不對等的種族主義者都是邪惡的，也沒有說消除邪惡的種族不對等是美國的道德責任。他陷入同化主義觀念的泥沼太深，認為黑人需要由北方人協助開化。在《解放者報》的最後幾個月裡，蓋里森分配了大量版面讚美北方傳教士為自由人在南方建立學校的計畫，更別說北方傳教士不只負責蓋校舍和籌款，也負責計畫校務管理、人事安排及「教化」學生。

反種族主義的南方黑人可不是坐等著北方同化主義者出手相助。「整個南方，有色人種都在努力教育自己。」自由民局的督學約翰·阿爾沃德（John W. Alvord），在一八六六年初走訪南方之後的報告中說。這些自由人既沒把白人傳教士看得較高等，也沒把他們當救星。例如喬治亞州的黑人教育工作者在一八六六年二月表示，他們希望白人老師在南方不會「自負仰仗白人的優越條件……或愚蠢自信，以為自己在這個辦公室裡有特殊使命，或具備滿足學校需求的特殊天分」。[3]

一八六五年十二月十八日，美國憲法正式增修了《第十三條修正案》。「終於，陳腐的『死亡立約』（covenant with death）被廢除了。」蓋里森在為廢奴主義發聲的倒數第二期期刊中寫道。一八六五年十二月二十九日，他在最後一期中說，《解放者報》的創立是為了摧毀把人當作資產的奴隸制，如今奴隸制既已死亡、埋葬，就讓《解放者報》的「存在時期涵蓋這偉大奮鬥的歷史階段」，似乎再適合不過了。[4]

《解放者報》停刊後不久，蓋里森感覺自己「像一隻拔了毛的母雞」。一八六六年初兩度慘痛失利讓他退出委員會之後，他大致上就只能旁觀看著重建的進展。他看著費德列克·道格拉斯在一八六六年二月七日帶領爭取黑人男性選舉權的代表團走進總統府。這場會面很快演變成唇槍舌戰，因為安德魯·詹森總統認為各州的選舉權交由各州多數決。有人反駁說黑人在南卡羅萊納州是多數，惱羞成怒的詹森說出了他真正的恐懼：黑人選民瞧不起貧窮白人，恐怕會和種植園主形成政治聯盟來統治他們。而當道格拉斯提出「貧民籌組……政黨」，詹森卻又不感興趣。[5]

不論道格拉斯承認與否，有些（也許是大多數）黑人的確瞧不起貧窮白人。他們詆毀那些沒有奴役他們的白人是「白垃圾」（White trash）。事實上，一些未經證實的報導說是被奴役的黑人創造了這個詞。黑人看過貧窮白人幫主人幹盡骯髒事，當奴隸監督或奴隸巡捕員，同時又緊抓著荒謬言論說，最低階的白人仍然比最高階的黑人優秀。但如果貧窮白人是「白垃圾」，那麼菁英白人又是什麼？吸收了種族主義觀念的黑人把「白色」和財富、權力、教育及蓄奴連結在一起了。透過建立「白垃圾」的概念，白人優越的觀念得以保存延續，因為「白垃圾」意味著這些人不是一般常例的白人，因此忽視了占大多數的白人其實是為數百萬的窮人。同理，向上流動的黑人並不是真正的黑人，他們是非凡的特例。在某個時刻，種族主義和階級主義的白人菁英也開始擁抱這個貶低低收入白人的稱呼。「白垃圾」一詞傳達的含意是，菁英白人才是代表白色的一般常例。[6]

⩥

就這樣，黑人不再需要安德魯·詹森來保障他們的某些戰後權利了。伊利諾州共和黨參議員萊曼·特朗布爾（Lyman Trumbull），堅持他在一八六二年發表的自由土地言論：「我們的人民不想跟黑人有任何關係。」他感受到那股騷動恐慌，擔憂暴力、黑人規範和一八六五年邦聯州改選將引發黑人大批湧入北方。為了把黑人留在南方，參議員特朗布爾和他的反黑共和黨同志與激進共和黨人聯手，於一八六六年二月展延自由民局的服務期間。「巨額的資助」將阻礙自由黑人的「人格」和「前途」，他們因為渴望過著「懶惰的生活」而造成了南方的問題——詹森總統在一八六六年二月十九日出人意料否決自由民局案，當時他提出這樣的論點（但國會在夏天推翻了他的否決）。[7]

特朗布爾參議員及夥伴們繼續推進，在一八六六年三月通過《民權法案》（*Civil Rights Act*）。該法案賦予所有在美國出生的人公民權，禁止因個人的「膚色或種族」而「剝奪任何受此法案保障或保護之權利」。但國會並不認為投票是美國公民的基本權利。雖然這個法案針對的是南方的黑人規範，但也讓北方數十年來歧視黑人的黑人規範失去效力。然而，該法案有其限制，因為它沒有針對私人的、地方上的或隱含了種族暗示的種族歧視法規。歧視性的種族主義語言（不是種族不平等對待）對聯邦法院來說是種族歧視的證明，而這個機構擔負著促進平等對待的重責大任。這就像立法制裁有預謀的謀殺案，卻不立法訂定一般殺人罪來制裁國家無法證明有預謀的謀殺案。狡猾精明的歧視者轉換戰術，只消避免使用種族歧視語言、掩蓋歧視性的意圖，就能逃過種族歧視謀殺罪。

儘管一八六六年的《民權法案》溫和又有其限制，詹森總統仍提出否決。如果有人不願承認諸多種族不對等的歧視，並希望維持差別對待的白人特權與權力，從他們的角度來看，才會如詹森所言認為這個法案「對有色人種有利、對白色人種有害」。詹森所屬的民主黨當時忙著叫喊說，給黑人選舉權會導致「黑鬼」統治。這些種族主義者認為，如果有任何近乎平等的機會，黑人會成為統治者，那白人就慘了。這在當時是（現在仍是）民間流傳的反向種族主義歧視。安德魯・詹森打造了這種形式的種族主義。他被國會彈劾之後，過了很長一段時間，仍然多次在美國最糟總統排名上名列前茅。[8]

一八六六年四月初，國會推翻了總統的否決，轉身大步邁向南方激進重建。①南方黑人遭遇的暴力事件促使國會議員更加快努力阻擋黑人到北方來。一八六六年五月初，曼菲斯市（Memphis）的白人暴民殺害了至少四十八名黑人、輪姦了至少五名黑人婦女，並搶劫或破壞了價值十萬美元的黑人財產。聯邦當局趁機指責附近的黑人軍隊挑釁引發暴力事件，再以他們編織的謊言為根據，重新部署他們到西部當「水牛城士兵」②。在接下來幾十年裡，南方的黑人公民不斷遭殺害，為吉姆・克勞法③開路；水牛城士兵則在西部殺害原住民部落，為白人拓居者開路。[9]

這個諷刺相當殘酷，但殘酷的還有黑人菁英份子，他們指責鄉下來的黑人引起種族暴動，強烈要求他們遷出曼菲斯市。南方各地的農村黑人在戰時和戰後逃到南方的城市裡，卻聽到種族歧視的南方人，其中包括許多菁英黑人，議論說這些外地遷入的居民放肆墮落、游手好閒、作奸犯科。據說，上帝是創造黑人去耕耘土地（其實菁英黑人不認同這點）。城市黑人，無論新到或久居，都在反抗著歧視，他們創建學校、教會和協會，成就了小小的經濟安定。然而他們的上進提升並沒有改善種族關係，他們的上進提升，還有積極活動和遷徙，只助長了曼菲斯市及其他各地的暴力。[10]

隨著南方的白人暴力蔓延，民主黨的報社發文主張奴隸主喪失控制權正在助長黑人犯罪浪潮。南方人也會讀到白人在牙買加被「謀殺傷害」的報導，描寫說「狂怒的黑人野蠻人一心想要摧毀包圍困擾他們的文明」。事實上，除了名稱之外，一八六五年的牙買加造反完全是一場反抗英國奴隸制的自由抗爭。所以，那些試圖打壓自由黑人再度為奴的人，會害怕美國變成另一個牙買加，也就不難理解了。他們利用任何機會攻擊黑人社群，以避免落入同樣的下場，也利用每個種族歧視觀念，做為他們攻擊的正當理由。11

※

曼菲斯暴動發生之前幾天，有一個折衷提案送交到了國會跟前，案中把所有意見分歧的戰後問題納入單一個憲法修正案，包括不承認邦聯州有能力出任公職，以及把邦聯的戰爭債發配給南方地區承擔。這個《第十四條修正案》的第一款讓激進共和黨人相當開心：「各州不得制定或執行任何法律限制美國公民之特權或豁免權；未經適當法律程序，各州亦不得剝奪任何人之生命、自由或財產，或否決其管轄範圍內任何人平等擁有法律之保護。」為了讓修正案通過，大多數共和黨人拒絕界定這個條款的用語。共和黨人並不否認民主黨指控這個修正案「存在著語意含糊……及結構矛盾

①美國在一八六五至一八七七年間進入所謂「重建時期」（Reconstruction Era），試圖解決內戰遺留的問題。「重建」提出了南方分離各州如何重返聯邦，南方邦聯領導人的公民地位，以及自由黑人的法律地位等課題的解決方式。應如何處理這些問題引起了激烈的討論。

②水牛城士兵（Buffalo Soldiers），又可音譯為布法羅士兵。這是印第安戰爭中，印第安人對黑人騎兵取的綽號。

③吉姆．克勞法（Jim Crow），指施行於一八七六至一九六五年間，美國南部各州跟邊境諸州對有色人種施行的種族隔離法。以公共設施而言，法律強制要求各種族應隔離使用公共設施（例如公車、公廁），但有色人種能使用的設施卻往往比白人來得差或來得少。直到一九六〇年代民權運動興起，才讓吉姆．克勞法在法律層面上走入歷史。

的疑慮」。語意含糊勢必會讓反種族主義者和種族主義者雙方爭奪這個修正案的權力。果然，《第十四條修正案》於一八六六年一月十三日通過（一八六八年正式批准）後，支持機會平等和支持白人享有「特權或豁免權」的兩方陣營，為了修正案的豐厚利益開始展開爭奪戰。[12]

因為《第十四條修正案》沒有保障黑人男性的選舉權，溫德爾・菲利普斯痛批這等於「無可挽回的徹底投降」。共和黨人主張，不提選舉權在戰略上是必要的做法。他們對黑人男性選舉權運動人士說「黑人必須投票」，但目前必須避免這個議題，以便「保持在國會掌握三分之二席次的權力」。[13]

婦女選舉權運動人士蘇珊・安東尼（Susan B. Anthony）和伊莉莎白・卡迪・史坦頓深信女人也必須投票，他們與黑人男性選舉權運動的勢力結盟，在一八六六年創立了美國平等權利協會（American Equal Rights Association）。「我不會把自己的權利託付出去（給黑人男性）；他們自己曾被貶低、壓迫，因而變得專制霸道，更甚於……我們以往的撒克遜統治者。」史坦頓在一八六七年美國平等權利協會第一次舉辦的年會上這樣說。她補充說「婦女提升」，就可能讓「撒克遜種族的生活發展得更高等且更高尚，而且根據吸引力法則，因此提升所有的種族」。史坦頓提出的推理相當禁得起考驗。她的分析指出，極端性別歧視的黑人男性不但有種族歧視觀念，而且黑人男性的性別歧視還比白人男性**更嚴重**——被剝削者變成了壓迫者，這是他們受到種族壓迫的結果。[14]

索潔納・特魯思挺身支持史坦頓反對《第十四條修正案》。「白人婦女聰明得多，」特魯思說，「不過有色婦女幾乎什麼都不懂。」貶低了有色婦女之後，這位高齡八十歲的傳奇人物把她的種族歧視觀念轉而用在有色男性身上。有色婦女「外出幫人洗衣……她們的男人外出游手好閒」，她說，「女人一回家，他們就伸手要錢全部拿走，然後生氣抱怨沒有飯吃。」[15]

一八六六年期中選舉送回國會的共和黨人占了三分之二多數，達到推翻總統否決權所需的人數，但是民主黨的詹森總統並不以為意。某位詹森的助手說，如果共和黨把黑人男性選舉權的議題擺在美國人民面前，那「我們在下次總統選舉就可以擊敗他們」。共和黨國會議員和他們的選民是一群烏合之眾，其中包括了種族隔離主義者，試圖透過消弭種族差別對待，把黑人「畜生們」限制在南方；同化主義者，想把「被變得野蠻的」黑人教化成人，並消弭種族差別對待；還有一小撮反種族主義者，希望消弭種族差別對待，並提供黑人平等機會。[16]

工作方面的機會尤其不平等。農村黑人渴望獲得保障擁有土地，城市黑人渴望獲得保障有份職業，但政治圈的討論幾乎不會出現這些主題。在新成立的全國工會（National Labor Union）一八六七年大會上，勞工編輯安德魯・卡爾・卡麥隆（Andrew Carr Cameron）主張，每個工會都應該宣導認識「一條分界線——那是將人類分成兩大階級的分界線」。卡麥隆在美國史上首開先例的全國勞工會議中模糊了人種膚色的界線。自那時起，這種忽略種族主義的做法讓種族歧視的工人與種族歧視的資本家得以聯手，壓低黑人的工資、逼迫黑人工人做爛工作、增加黑人的失業率，然後把他們催生出來的諸多種族不對等現況歸咎於黑人愚蠢又懶惰。[17]

一八六〇年代晚期，非裔美國人和盟友創辦了數十所傳統黑人大專院校（Historically black colleges and universities），企圖藉此為他們同胞創造機會。認為南方黑人學生和白人學生一樣聰明的反種族主義教育者和慈善家幾乎都投入其中，但他們的人數和影響力不及同化主義教育者和慈善家。這些同化主義者通常認為黑人院校「教化了……少數黑人」，然後如一位慈善家所言，「派他們去改造」曾被奴隸制壓迫的墮落同胞。黑人院校的黑人和白人創辦人都認為新英格蘭的拉丁和希臘課程最好，而他們只想給自己的學生最好的。許多創辦人相信「白人教師最優秀」，誠如紐約全國自由人救濟協會（National Freedman's Relief Association）在一八六五至一八六六年的年度報告也曾如此宣稱。黑人院校的師生勤勉教導、努力學習，好向隔離主義者證明黑人能夠掌握希臘—拉丁教育的「高級文化」。但那些少數「有教養的」黑人院校畢業生通常是混血兒，而且往往被認為是白人血統所致，或者他們是非凡特例的黑人，這相對於平凡常例、「沒教養的」貧窮黑人。

在南北戰爭結束後成立的傳統黑人大專院校並非全數採用了歐洲人文學程。一八六八年，前聯邦軍軍官暨自由民局官員山繆．查普曼．阿姆斯壯（Samuel Chapman Armstrong）創辦了維吉尼亞漢普頓學院（Hampton Institute）。他說非裔美國人「經歷過三個世紀的集體墮落，背後還有異教信仰」。他提供教學和職業培訓，教導學生接受白人政治至上的觀念，黑人在資本主義經濟中則隸屬於工人階級。考量到利益交換，漢普頓學院鼓勵有抱負的老師認真工作，如此一來，他們會欣賞辛勤勞動的尊嚴，進而鞏固這種尊嚴（而不是抵抗），還會在學校所在的勞苦社區加以推廣。[18]

漢普頓學院類型的黑人院校提供順服教育，因此比較不像希臘羅馬導向的黑人院校會阻止黑色皮膚的申請人。到了該世紀末，有種顏色分野出現了：膚色淡的黑人傾向就讀希臘羅馬學程的學校、培訓領導能力，而膚色深的黑人最後會就讀工業學校、培訓順服能力。一九一六年的一項統計發現，希臘羅馬教育黑人院校的學生有百分之八十是淺膚色或雙種族的。這種區別黑人院校的種族膚色歧視也反映在黑人的社交俱樂部、住居和建造中的個別教堂。南北戰爭後，美國各地開始有黑人教會針對深膚訪客進行紙袋測試，或把大門塗成淺棕色以進行比對。膚色比紙袋或門更深的人不得入內，就像淺膚色的黑人不得進入白人的空間。[19]

一八六七年三月二日，美國國會通過了四個重建法案，並於一八六八年三月十一日為新的州憲法奠定基礎，並重新接納南部十一州中的十州加入聯邦。這些邦聯州被強制接受黑人男性選舉權，而北方的自由土地人士卻在一八六七年秋天投票堅決抵制黑人選舉權。邦聯州怒斥這些北方人虛偽，「想盡辦法保全他們自己批判的東西，根本就是憎惡南方那些不幸的人民」。一八六七年十二月三日，詹森總統在他的第三次年度國情咨文曾說，共和黨人把「可敬的」南方白人的選票奪走，交到「可鄙的」南方黑人手中，說此舉「瘋狂荒唐都還太輕描淡寫了」。他補充說，「從來沒有任何形式的獨立政府在（黑人）手中能成功運作」，黑人擁有選舉權，會導致「這個大陸上前所未見的暴政」誕生。詹森試圖展開辯論，而結局從一開始就注定了。因為，黑人的存在和暴虐畫上了等號，無論黑人選民和從政者在未來幾年達成什麼成就，在種族主義者眼中都只看到暴政。[20]

一八六八年的選舉期間，民主黨人承諾把南方白人從「半野蠻」的黑人男性選民手中解放出來。副總統候選人法蘭西斯·布萊爾（Francis P. Blair Jr.），是狂熱的密蘇里州政治家暨北方聯邦將軍，他說黑人渴望「制伏白人女性任他們放肆逞欲」。民主黨的選舉政見批評共和黨，說他們逼迫南方「在這個承平時代屈從於軍事專制和黑人至上」。一八六五年成立的三K黨（Ku Klux Klan），最初是田納西州的一個交誼俱樂部，裝腔作勢藉口說要維持「和平安定」。詹森的軍事任命秉持反黑立場，於是睜一隻眼閉一隻眼，任三K黨展開「恐怖統治」暗殺共和黨人並阻撓黑人投票。

數百萬黑人在武裝部署的南方黑人郡裡首次投票選舉總統。三K黨不敢進入這些地區，一八六八年的總統選舉選情轉向，共和黨戰爭英雄尤利西斯·格蘭特（Ulysses S. Grant）勝出。黑人為自己的生活著想投票選出黑人政治家，接下來隔離主義者將不遺餘力除之為快。「黑鬼投票、擔任公職、坐在陪審席中，這一切都太過分，」某位密西西比州哥倫布市的民主黨人怒斥，「接下來的發展不難預料，這些玷汙正義和良善政府的邪魔歪道很快就會被消滅的。」[21]

許多共和黨國會議員，例如俄亥俄州的詹姆士·加菲爾（James A. Garfield），私底下對於黑人「在政治上變得與我們平等」表達強烈反感。但是，掂量過搖擺州裡的「忠貞」黑人選票能帶來多麼可觀的優勢之後，這些種族歧視的共和黨人終究還是支持黑人選舉權了。雖然有第十三條和第十四條修正案，但在道德層面上，這些掌握權力的國會議員並不甘願接納黑人擁有各種權利。他們只是為了自身利益。一八六九年二月二十七日，共和黨主導的國會通過美國憲法《第十五條修正案》，禁止美國和各州「基於種族、膚色或曾被奴役之故」否定或拒絕給予公民投票權。國會賦予自身「透過適當立法落實此條款」的權力，但不願繼續往前推進。遺憾的是，保護黑人政治家、統一投票資格等這些做法都沒有被納入考量，也沒有禁止以帶有種族色彩的措施排除黑人。[22]

女性選舉權也同樣未被納入考量，不曾被認真討論。國會通過《第十五條修正案》後過了幾週，美國平等權利協會於一八六九年五月十二日舉行會議，這個議題在會中造成白人和黑人婦女參政權運動人士意見分歧。這件事刺激婦女參政權運動領袖蘇珊·安東尼思考，憲法「認可」黑人男性「在政治上比所有高尚的女士優越」，但他們「才剛從奴隸制中脫離出來」，而且「不僅完全不識字，對每個公共問題也一無所知」。諷刺的是，性別歧視的男人也正在用類似的說法談論女人不識字、女人不懂公共問題，及高尚的男士在政治上自然比所有女性優越，來反對安東尼推動婦女選舉權。[23]

例如喬治・唐寧（George Downing），這位黑人運動人士暨商人在會議上談論女性服從是上帝的旨意。這場美國平等權利協會的會議變得愈來愈糟，女性主義者們挑戰他。同年稍後，在全國有色工會（Colored National Labor Union）的創立大會上，唐寧和其他的組織者再次因秉持這個觀點飽受抨擊。來自唐寧家鄉羅德島州的一名黑人女子表示失望，因為「可憐的女人們的利益沒有被提及」。最後，全國有色工會承認自身「錯誤」。如果該工會不談性別差別對待，那可是徹頭徹尾地虛偽了。於是，我們再次看到，虛偽在美國各種改革運動中已成常態。種族、性別、民族和勞工運動人士對於加諸於自己族群的普遍偏見憤怒反抗攻擊，同時卻樂於複製攻擊其他族群的普遍偏見。他們沒有意識到，種族主義、性別歧視、民族優越和階級歧視等種種觀念，都一樣是由某些掌權者的腦袋製造出來的。一八六九年的全國工會大會歡迎黑人代表出席，大會表示「不明白勞工權利議題有什麼膚色和性別的問題」。對於反種族主義者和女性主義者來說，他們寧願全國工會表明不接受勞工權利議題有種族和性別歧視，但這有如緣木求魚。[24]

喬治・唐寧潰敗後，費德列克・道格拉斯試圖平息不滿，於是建議美國平等權利協會成員支持任何擴張「選舉權及於之前無公民權的任何階級，以此做為慶祝我們整體想法獲勝的部分行動」。伊莉莎白・卡迪・史坦頓和蘇珊・安東尼拒絕了這項決議。詩人法蘭西絲・哈潑（Frances Harper）

是黑人女性主義的代表人物之一，她批評「白人女性」只看「性別，任種族問題居次」。索潔納·特魯思也支持哈潑和道格拉斯，她提出也許只有她有資格說的批評：「如果你在選舉權魚鉤上用女人當餌，肯定會釣到黑人男人。」《第十五條修正案》的歧見導致美國平等權利協會瓦解星散，選舉權運動也戛然中斷。婦女選舉權的運動一路跛行進入一八七〇年代，要等到將近半個世紀後，辛苦奮鬥才終於有了回報。

如果婦女選舉權這個問題是由第一代的黑人男性政治家做決定，女性可能在一八七〇年代就能投票了。舉例來看，麻州六位黑人立法人士全體，加上南卡羅萊納州七位黑人美國眾議員中的六位，都支持婦女選舉權。蘇珊·安東尼私下應該知道黑人男子並非「對每個公共議題愚鈍無知」，包括對她的投票權並非一無所知。[25]

民主黨人試圖阻止批准《第十五條修正案》，貶斥它是個「黑鬼優勢法案」，意圖建立恐怖又野蠻的黑人霸權。他們的運氣不好，這個修正案終究在一八七〇年二月三日獲得批准。從波士頓、里奇蒙到密西西比州維克斯堡，黑人在修正案批准後計畫舉行盛大的慶祝活動。至於活動致詞的主講人，好幾個社群邀請到一位活生生的傳奇人物。[26]

第二十章　重建譴責

威廉．洛伊．蓋里森決定待在家裡見證盛大壯觀的兩小時遊行，其中尤以麻州第五十四和第五十五軍團的老兵們最引人矚目。慶祝《第十五條修正案》通過的活動走進尾聲時，蓋里森走上法尼爾廳①的講台，六十四歲的他看起來比實際年齡來得老，一副體衰力槁的模樣，顯然已準備好全面退出社會公共生活。他認為《第十五條修正案》是個「奇蹟」。與此同時，美國反奴隸制協會認為他們的大業已成，於一八七〇年四月九日正式解散。

「《第十五條修正案》授命非洲種族照顧自己的命運，也把財富交到他們自己手中。」俄亥俄州眾議員詹姆士．加菲爾認為理當如是。某家伊利諾州的報紙則聲稱：「黑人現在是選民和公民了。從此以後，讓他們掌控自己在人生戰鬥中的命運。」[1]

《第十五條修正案》的通過造成共和黨人背棄反種族歧視抗爭。他們拒絕重新分配土地、不讓無土地的黑人選擇自己的主人，說這就是自由；他們只把平等權利聲明交給可憐的黑人，讓他們可以在代價高昂的法院中使用，說這就是平等；他們把選票放在黑人男性的手中，說這就是保障。

---

①法尼爾廳（Faneuil Hall）是位在波士頓的一棟歷史建物，興建於一七四二年。此處是一個市場和會議廳，曾有多位重要歷史人物在此發表演說，有時被稱為「自由的搖籃」。

「選票是守護有色之人安全的堡壘，」一位南方黑人模仿嘲諷說，「保障他的自由、保護他的權利、保住他的豁免權和特權，是他辛勞成果的救贖、他的攻防武器、他的和談籌碼，也是日夜以不眠之眼看守監視著他的復仇女神②。」這位南方黑人很清楚，事實上，選票從來沒能阻擋所有那些在夜裡戴著帽兜上門的騎士。[2]

三K黨必須用暴力「讓黑鬼安分守己」，南方邦聯將軍奈森・貝德福特・弗瑞斯特（Nathan Bedford Forrest）說道，他是三K黨第一位榮譽「大巫師」（Grand Wizard）。對三K黨來說，唯一比黑鬼更糟的是「激進派白人」，但最不可饒恕的罪人是強姦白人婦女的黑人疑犯。三K黨頌揚白人女性氣質，奉之為榮譽和純潔（和無性）的象徵，然後貶抑黑人女性氣質，鄙之為敗德和汙穢（和性欲）的象徵。「上帝啊，主啊！」一名富有的堪薩斯州黑人曾說，「您不覺得我娶了一個黑鬼淫婦嗎？」三K黨虔誠相信黑人女性擁有超自然的性能力，這種信念加強了黑人對他們的性吸引力，以及他們害怕白人女性被黑人男性吸引的恐懼。為了捍衛白人婦女的純潔、維持南方白人的至高無上地位有其必要，這幾乎成了辯護三K黨恐怖主義的標準作業程序。相反地，黑人婦女的身體被認為是白人男性的「練習場」，或是穩定白人男子「性能量」的「安全閥」，讓純潔無性的白人女性氣質得以繼續受人敬奉。[3]

白人男性統治的另一個威脅來源是向上流動的黑人。三K黨恐怖主義顯示出上進勸說策略的矯情。有個密西西比白人坦言，三K黨「不喜歡看到黑鬼超前」。沒有土地的黑人會遭受地主恐怖威脅，擁有土地的黑人則會遭受三K黨恐怖威脅。一八七〇年三月，格蘭特總統送交國會登記有案的白人恐怖攻擊案就超過五千件。一八七〇年五月到一八七一年四月之間，國會通過了三項寒酸的

《強制法案》（*Enforcement Acts*）：派遣選舉監督員到南方、明定妨礙黑人投票有罪、修法把諸多三K黨類型的恐怖行動納為聯邦罪行。結果，三K黨在一八七一年「名義上解散了」，但恐怖主義列車換了新名字後仍繼續在軌道上衝來衝去。就像某位北方移民所言，大家都明白只有「來自外部的穩固堅定力量」能保障南方共和主義和平存續。來自內部的穩固堅定黑人力量或許也能達到相同目的，但共和黨人還不願意用水牛城士兵和土地來強化黑人勢力。[4]

選票本來應該有望創造奇蹟，在某些方面也確實不假。一八六七至一八六九年的南方制憲大會景象前所未見。與會者包括北方移民、南方共和黨人和南方黑人，大約半數皆出生為奴。儘管缺乏政治經驗、財富資產和學校教育，或者更確切說，正是因為缺乏，這些與會代表們卻生出了相當迷人的民主憲法。他們制定南方的第一個公立教育系統、監獄、孤兒院和精神病院；擴大婦女權利及保障黑人權利；減少犯罪數量；重組地方政府以消除獨裁統治。不過，剛開始的時候，黑人政治家通常在分派掌權位置時會閃避推辭，因為他們不想為民主黨不斷指控的「黑人霸權」背書，好像這個指控有什麼道理似的。

雖然黑人很少從重建的經濟政策中獲益，但成長中的公司行號確實蒙受其利。面對飽受戰爭摧殘的社區和財政，重建時期的政客不願發配土地和援助給無土地的黑人，認為此舉會讓黑人墮落，但他們倒是給了好幾家鐵路公司數百萬美元，期待鐵路能促進南方開發、帶來新的就業機會、促進工廠和城鎮興起，未開發的礦產得以輸出，農業生產規模能夠擴大。但是到了一八七二年，南方大

② 涅墨西斯（Nemesis）在希臘神話中是冷酷無情的復仇女神。

部分地區擁有的只是債務和貧困，凸顯出鐵路公司獲得的金援補助有多麼驚人。受賄的政客們欣然分配這些資金。與白人政客相比，黑人政客位居掌權高位者極少，因此在貪汙中獲得的分贓也相形見絀。[5]

從南方國庫中取走的每一美元都加深了南方對廉價勞動力的依賴。格蘭特總統心想，如果黑人有別的地方可去，也許種植園主會更加珍惜黑人勞動力的價值。（實際上，種植園主確實珍惜廉價勞力，而且他們操著槍彈和種族主義，讓黑人勞動力盡可能維持廉價。）一八七〇年初，格蘭特開始推動吞併多明尼加共和國（Dominican Republic），好提供一個安身之處給「美國全體有色人口，或許他們會選擇移民」。他任命費德列克．道格拉斯在一八七一年進行實地考察。道格拉斯對當地的感覺非常好，回報說多明尼加共和國不只能成為黑人的安身之所，藉由「在這熱帶國境中移植（美國）光榮的建制」，移居該地的黑人將能提升窮困落後的多明尼加人民。道格拉斯似乎沒有察覺，他正在重新利用非裔美國人所受的種族歧視觀念，然後原封不動地施加在多明尼加人身上。而如果美國的建制如此「光榮」，非裔美國人又何需一個外國的安身之所呢？[6]

道格拉斯之流的同化主義者鼓勵美國擴張，種族隔離主義者和反種族主義者則加以阻撓，這兩股勢力將種族爭議帶進了外交政策。美國參議院在一八七一年六月投票否決吞併多明尼加共和國的相關條約。格蘭特一心一意要併吞多明尼加，而且開放利用聯邦權力來保護南方黑人的性命，讓共和黨內意見不同的人士失望透頂而脫黨。一八七二年五月，身為推動《重建修正案》（*Reconstruction Amendments*）核心人物的《紐約論壇報》主編何瑞斯．葛雷利，和伊利諾州參議員萊曼．特朗布爾，在辛辛那提舉行的一場「共和黨自由派」集會上擔綱主角。「我們必須處理重建事業和奴隸制度。」《國家》雜誌主編高德金（E. L. Godkin）代表共和黨自由派宣告。他們呼籲大赦前邦聯人士、給他們投票權、終結聯邦對南方的干預、富人享有減稅福利；至於窮人，什麼都不給。[7]

葛雷利成為共和黨自由派的總統候選人。南方邦聯的頭號敵人成了南方邦聯的頭號盟友，這和費德列克・道格拉斯諷刺稱為「寬恕之使徒」的那位傳教士類似。亨利・沃德・畢徹（Henry Ward Beecher）的名聲響徹全國，他在一八七一年出版了美國第一部耶穌傳記《耶穌基督的一生》（*The Life of Jesus, the Christ*），企圖透過基督教白人精神把北方與南方的白人團結起來。身為海莉葉特・畢徹・斯托的弟弟，他在書中寫道：「耶穌的個人形象無法判定。」但他卻在書中放了五個名叫耶穌的完美神人，而且都描繪成白人。亨利・沃德・畢徹給了美國白人一個範本，悄悄把白人精神嵌入他們與耶穌基督有關的宗教世界觀中，就像南方和北方白人對他們政治世界觀的做法一樣。對於種族主義者來說，在白人天父與天子的引導下，白人具備最完美的能力與條件來統治美國，這點是毋庸置疑的。[8]

何瑞斯・葛雷利長期關注解放與平等運動，但他因為代表民主黨出馬於一八七二年競選總統而收手。「不要奢求政治平等，」他對黑人演講說，「社會平等仍將永遠遙不可及。不要期待免費獲贈土地。把你們自己隔離起來，僱用彼此。誰是你們最好的朋友？——穩當、保守、世故達理的南方白人。」這些「世故達理的南方白人」讓黑人明白一個道理，引述某位南卡羅萊納人的評論：「不照白人僱主和鄰居的意願投票恐怕性命難保。」國會在一八七二年春天發布了一份報告譴責南方暴力事件，但僅止於此，其中甚至採納了種族隔離主義的立場，主張黑人是肇因。那份報告闡述說，這些暴力是對「惡劣法律、官員失職和黑人政客腐敗」的回應。雖然占據了腐敗掌權位置的政客絕大多數是南方白人，但這一點都不重要。這些種族歧視觀念的製造者一心捍衛限縮黑人政治力量的種族歧視政策，真相如何對他們來說一點都不重要。格蘭特的前內政部長雅各布・考克斯（Jacob Cox）曾說，南方人「只能由有智慧和資本的部分社群來治理」。《國家》雜誌更直言：重建已經「完全失敗了」。[9]

為數足夠的黑人和共和黨白人冒死在多數南方州投票獲勝，讓格蘭特總統在一八七二年獲得連任。共和黨人必須在南方的街頭武裝保護連任的政治家。在路易斯安納州科爾法克斯市（Colfax），有六十一名武裝黑人於一八七三年復活節星期日那天，占領了法院。民主黨人用大砲轟擊法院，搶救出三十七名倖存者，並在城市廣場處決了這些黑人。科爾法克斯屠殺案（Colfax Massacre）次日，美國最高法院（包括格蘭特總統任命的四人律師團），在屠宰場案（Slaughterhouse Cases）中大肆宰割保護民權的《第十四條修正案》。紐奧良的白人屠戶認為，一八六九年受賄制定的一條路易斯安納州法令，要求他們必須在屠宰場公司③做生意，此舉正在剝奪他們的經濟「特權和豁免權」。山繆・米勒（Samuel Miller）法官於一八七三年四月十四日為多數判決撰文支持維持壟斷。他在其中區別國民和州民的公民身分，並引用大法官羅傑・托尼在德雷德・史考特案的判決意見書。米勒說，《第十四條修正案》保護的國民權利相對較少。三年後，這個分裂國民和州民公民身分的教條，讓最高法院無異議撤銷科爾法克斯屠殺案行凶者的定罪（謀殺起訴「留給國家處理」），放任路易斯安納州自行放他們脫罪。法院還廢除了《強制法案》，鼓勵白人恐怖份子集會結社，及時趕上一八七六年的選舉。[10]

四名在屠宰場公司案中提出異議的法官裡，沒有人能反對米勒法官多數判決意見書中影響最深遠的部分：「我們非常懷疑，一州之治理若非以階級或種族歧視黑人為本，其任何作為是否屬於這條規定的範圍。」直到今日，最高法院仍然使用米勒的原則來包庇私下和隱含有種族歧視的人，那些遮掩政策、企圖不用種族歧視語言來歧視黑人的人。[11]

不論是前邦聯人士的重新投票或屠宰場公司案的裁決，都比不上一八七三年恐慌（Panic of 1873）的破壞力道。這是美國工業資本主義首次遭逢重大經濟蕭條，而且持續了整個一八七〇年代。南方的民主黨人展現出他們恢復秩序的能力，例如石油大亨約翰・洛克斐勒（John D. Rockefeller）和鋼鐵鉅子安德魯・卡內基（Andrew Carnegie）展現出他們操控所屬產業的能力。到了該世紀末，洛克菲勒和卡內基的工業壟斷也反映了控制著南方的白人政治壟斷。

身為窮人中之最窮者，南方黑人是一八七三年恐慌受害者中受害最深的人。這場經濟恐慌止住了黑人地主在戰後微幅改善的境況，也奪走他們的土地與自由。大批白人小地主也失去了土地，感覺像是同時失去了白人本色與自由。白人「必須擁有一些小塊土地，」一位種植園主抱怨說，「而且寧願照料土地，即使回饋也許無幾，也不願受僱於他人；他們認為這會貶低自己的尊嚴。」[12]

南方的農村黑人盡可能繼續對重新分配土地抱持希望，於是選擇走回頭路當佃農，也就是說他們會給地主一部分收成做為報償，才能在那塊地上耕種。奸詐的地主要手段誘騙佃農負債，而法律又禁止佃農離開他們欠債的地主。有能力脫離惡劣處境的黑人四處流浪，不斷尋找有道德的地主。地主們則說黑人每年這樣搬遷是他們好逸惡勞的徵候。佃農在種族歧視的政策和觀點夾殺之下動輒

③ 指克雷森特城牲畜裝運及屠宰公司（Crescent City Live-Stock Landing and Slaughter-House Company）。

得咎，根本沒有勝算。留下往往意味著繼續忍受奴役，離開則得承擔好逸惡勞的惡名。[13]似乎沒有什麼能削弱種族歧視觀念，甚至連向上流動的城市黑人也動搖不了。一八七四年，由納許維爾市（Nashville）白人經營的《共和旗幟報》（*Republican Banner*），一面讚許那些「節儉又乾淨」的黑人，一面評論說但是他們不能「用來代表懶散怠惰、好逸惡勞的成千上萬人」。他們只是非凡的特例。[14]

到了一八七〇年代初，由於黑人的公民權被剝奪了，蓋里森別無選擇，只能再次親上火線發聲。他在《獨立報》（*The Independent*）撰寫一篇又一篇文章，在《波士頓日報》（*Boston Journal*）發表一封又一封公開信，諷刺批評《重建修正案》變成了重建廢除案。副總統亨利・威爾遜（Henry Wilson）向蓋里森沉重表示，「反動」的聲浪壓過了重建的聲音。「我們的反奴隸制老戰友們必須再站出來說話。」威爾遜敦促道。其中有些人不表意見，因為他們忙著把重建失敗歸咎於黑人。他們怎麼可能不這麼做呢？北方的新聞報導經常描寫黑人選民和政治人物有多麼愚蠢腐敗、自棄自毀。美聯社依賴反黑人、反重建的南方報紙提供每日發送的新聞。《紐約論壇報》記者詹姆士・派克（James S. Pike）用種族歧視的天方夜譚蒙蔽了北方人，描述腐敗、無能、懶惰的黑人政治人物在重建「悲劇」中，霸道剝奪南卡羅萊納州白人的權益。這些說法發表在他一八七三年廣為流傳的報紙文章裡，接著在一八七四年集結出版為《屈伏之州：黑人掌政下的南卡羅萊納》（*The Prostrate State, South Carolina Under Negro Government*）。派克的民主黨消息來源欣然把南方的腐敗推到黑人頭上，因為這樣能轉移注意力，忽略他們自己才是政治腐敗的主力。派克文情並茂的小說被當成親眼目擊的新聞報導。「在這個悠久貴族社會的所在地，立著人類所見過最愚昧粗暴的民主型態。」派克寫道。

「野蠻壓倒了文明」，而且「奴隸在主人的廳堂裡胡鬧撒野，逼迫主人屈伏下跪」。[15]《屈伏之州》一書促使支持重建的期刊，包括《斯克里布納》雜誌（*Scribner's*）、《哈潑》雜誌、《國家》雜誌及《大西洋月刊》（*The Atlantic Monthly*），更進一步抨擊黑人從政者，並呼籲全國團結、由白人統治。有個紐約州民主黨人在眾議院朗讀《屈伏之州》。「描寫你的紐約州腐敗狀況的書在哪兒呢？」南卡羅萊納州的黑人眾議員羅伯特·史莫（Robert Small）質問。

雖然行賄者和受賄者心知肚明腐敗是全國性的問題，而且主要是白人政治人物，種族歧視觀念卻從沒真的採納反映真實的報導。黑人貪腐是個現成的理由，可以用來廢止愈來愈困難、花錢、失序且分裂的重建政策。每次格蘭特政府出手保護黑人的生計，他就拉遠了南北方白人和共和黨之間的距離。一八七四年的期中選舉，民主黨奪下原本共和黨掌控的眾議院和共和黨掌權的南方各州，除了密西西比州、路易斯安納州、南卡羅萊納州和佛羅里達州。白人恐怖組織在南方各地攻擊黑人選民，不論他們是否武裝攜械。一八七四年九月，格蘭特總統不得不派兵去對付一支由三千五百名民主黨人組成的軍隊，不讓他們強迫紐奧良的共和黨當選人讓位。溫德爾·菲利普斯在波士頓為格蘭特講話時被轟下台。《紐約時報》報導說：「溫德爾·菲利普斯和威廉·洛伊·蓋里森還沒完全退出美國政治圈，但是他們代表的南方議題見解已被大多數共和黨人捨棄。」[16]

激進重建時期最後的法案於一八七五年初在眾議院通過，趕在新的民主黨勢力上台之前。一八七五年《民權法案》的建立像是在紀念參議員查爾斯·桑姆納，他在反奴隸制和支持民權的戰壕中死守數十年，於一八七四年辭世。該法案明訂，在陪審團選任、公共交通和公共設施方面不得有種族差別對待，但黑人必須付出高昂代價，上充滿敵意的法庭申訴求償。一八七五年秋天，為了讓民主黨取得密西西比州的控制權，該州的黑人選民成為恐怖攻擊的目標，《民權法案》勉強阻止了這場行動。處境艱辛的共和黨密西西比州州長阿德爾伯特·艾莫斯（Adelbert Ames）宣布「一場劇變正透過武力發生，有個種族被剝奪了公民權，他們將被回復到一種農奴的狀態，這是第二奴役時代」。一家南方報紙公開表示，《第十四條修正案》和《第十五條修正案》「也許會永遠存在；但我們打算……讓它們形同虛設、徒留具文」。[17]

一八七六年五月到十一月間，大約有五分之一的美國人參觀第一屆官方的「世界博覽會」，也就是費城百年紀念博覽會。「昔日種植園『黑仔們』組成的樂團」在南方餐廳唱歌，這博覽會展示中唯一跟黑人有關的形象。在波士頓，蓋里森發表了一場經典的獨立紀念日演說。他說，重建不再是輿論關注的焦點，這是因為解放黑人起初只是一個軍事上的必要手段，而非「一個普遍悔改的行動」。蓋里森在他上一次的重大公開演說中承認，問題的核心在於種族主義觀念。「我們必須揚棄膚色階級的心念，」蓋里森宣告，「或揚棄基督教精神。」[18]

在南卡羅萊納州漢堡市（Hamburg），當地的黑人民兵部隊遊行慶祝七月四日百週年紀念。該地區的種族主義者痛恨民兵部隊的存在，讓黑人保有能力掌控這個黑人占大多數的城鎮。遊行間，有位當地白人農民命令民兵的遊行隊伍讓路給他的馬車通過，雙方惡言相向，發生激烈口角。這位農民向前邦聯將軍馬修·巴特勒（Matthew C. Butler）投訴，他是該地區最有權勢的民主黨人。七月八日，巴特勒和人數不多的一個民防團命令民兵領袖、退役聯邦軍人達克·亞當斯（Dock Adams）解除漢堡市民兵部隊的武裝。亞當斯拒絕，雙方就開打了。民兵成員退守到他們的軍火庫。巴特勒匆匆趕往附近的奧古斯塔（Augusta），帶了數百名救兵和大砲回來增援。巴特勒的特遣隊處決了五名民兵，在漢堡市四處劫掠，搗毀無力抵禦的民宅和商店。

南方人因為喪權失勢、今非昔比而忿忿不平，總統格蘭特在震驚之餘領悟到他們不滿的是失去了「追殺黑人與共和黨人但無受罰、喪失階級名聲之虞」的自由。巴特勒將軍嘲笑國會對他們展開調查，還反過來利用他得到的關注在一八七七年當選躋身美國參議院。他將那場屠殺歸咎於黑人與生俱來的犯罪特質。他說黑人「甚少擁有對人命的關懷」。[19]

巴特勒將軍訴諸黑人天生具有暴力及犯罪傾向的說法，來逃避他發動屠殺應受的懲罰。然而，幾乎沒有任何國會調查人員質疑他表達這些種族歧視觀念的動機，而且當時義大利有一名獄醫正在編纂這個理論。切薩雷・隆布羅索（Cesare Lombroso）在一八七六年「證明」，非白人的男人嗜殺成性，喜歡「毀人屍，撕其肉，飲其血」。他在一八七六年出版的《罪犯》（*Criminal Man*）一書催生了犯罪學這個學門。隆布羅索說，犯罪份子是天生的，不是被養成的。他相信天生的罪犯會散發出可以研究、測量和量化的生理特徵，而且「缺乏臉紅的能力」（因為他們膚色黑），已然「一直被認為是犯罪的附屬徵狀」。他又在一八九五年的《女罪犯》（*The Female Offender*）中宣稱，黑人女性「與黑人男性的差異程度」相近，是典型的女性罪犯。當時的白人恐怖份子在黑人世界的社群裡到處施暴虐待、強姦殺害，但西方世界的第一批犯罪學家卻試圖給犯罪份子一張黑臉、給乖巧公民一張白臉。隆布羅索的學生、義大利法學教授拉斐爾・加羅法洛（Raffaele Garofalo）在一八八五年發明了「犯罪學」（criminologia，英文 criminology）一詞。英國內科醫生哈維洛克・艾利斯（Havelock Ellis）把隆布羅索的理論推廣到英語世界，於一八九〇年集結他的著作成書出版。[20]

漢堡屠殺事件的凶犯不斷叫囂：「這是南方救贖的開始！」後來也的確如此。一八七六年十一月的選舉戰況激烈，民主黨支持者擠爆了南方各地的投票所。十一月八日早晨，民主黨紐約州州長山繆・提爾登（Samuel J. Tilden），和共和黨俄亥俄州州長拉塞弗德・海斯（Rutherford B. Hayes）在選舉人團的投票中幾乎打成平手。這場總統大選的輸贏最後靠路易斯安納州和南卡羅萊納州的爭議投票結果決定。十五人選舉委員會把總統大位交給共和黨時，民主黨怒火難平。一八七七年初，兩黨和南北雙方都在籌劃著另一場內戰。

但是兩黨和南北雙方在某個議題上依舊齊心一致。黑人必須平息他們「被點燃的新興野心」，並覺悟他們缺乏白人「遺傳的自治能力」，前俄亥俄州州長雅各布・考克斯表示。即將卸任的總統格蘭特私下對他的內閣說，給黑人選票是一個錯誤，共和黨總統候選人拉塞弗德・海斯也這麼想。雖然兩黨對於南方該給什麼人治理有共識，但對於華盛頓特區該由什麼黨掌政的看法則愈加分歧。

國家瀕臨分裂，海斯的代表和民主黨人在沃姆里飯店（Wormly House）會面，這家飯店的店東是首都裡最有錢的非裔美國人。從未有人透露「一八七七年協議」（Bargain of 1877）確切的條約內容，但民主黨人把總統大位讓給了共和黨的拉塞弗德・海斯，然後海斯替民主黨結束了重建，並且承認民主黨趁機拿下的路易斯安納州和南卡羅萊納州執政權。他把聯邦軍隊撤出南方，利用這些軍隊鎮壓一八七七年大罷工（Great Strike of 1877）。首都試圖重新掌控勞工的同時，主要的全國勞工組織勞動騎士團（Knights of Labor）成立了。騎士團團長泰倫斯・普德利（Terence V. Powderly）要求工會取消種族隔離措施以管控市場競爭。他認為黑人是一個「省事方便」的儲備「廉價勞動力」，可以簡單用來和白人勞動力競爭。[21]

《國家》雜誌把一八七七年協議講得很直接明白。「黑人從國家政治圈消失的時機已到，」這家新聞雜誌寫道，「從此以後，本國之為一個國家，將棄絕黑人不顧。」同時，蓋里森則說這個協議是個「齷齪卑鄙的東西」，和舊時「與死亡立約」無異。部隊離開路易斯安納州什里夫波特（Shreveport）的時候，某位黑人男子相當失望難過，因為他的同胞將重回「把（他們）當奴隸的那些人手下」，如此一來，「世上再沒有他們能改善（自身）處境的辦法了」。[22]

「任何一項有色人種享有的權利都不該被拿走。」新任的民主黨南卡羅萊納州州長韋德．漢普頓（Wade Hampton）承諾。「黑人變得愈來愈聰明，」漢普頓補充道，「他自然會跟比較自持自重的白人聯合，因為他的觀察和經驗都讓他看到，他和這裡的白人利害關係一致。」漢普頓為後重建時期的南卡羅萊納州黑人開了兩扇門：一是自然聰明順從之門，二是自然愚蠢叛逆之門。[23]

在這內戰於一六五五年結束後數十年的重建時期間，對韋德．漢普頓這樣的南方白種男人來說是個可怕的時期，因為他們習慣了統治黑人和女人。面對著不堪面對的民權運動及黑人賦權運動（還有沒能登上太多新聞頭條的強大婦女運動），他們以暴力和暴力思想反擊。但在重建垮台後，他們所謂的運動爪牙們並沒有停止反抗。為了恐嚇叛逆的黑人和白人女性，重申自身的掌控權力，白人男性採行一八八〇年代的私刑來挽救局面。一八八九年到一九二九年間，平均每四天就有一人遭受私刑而喪命。這種儀式般的虐殺通常以捏造的謠言為正當理由，說這個私刑受害者強姦了白人婦女，然後白人男女老少會聚集在一起看著人類被凌虐、殺害、肢解——從頭到尾叫罵這些受害者是野蠻人。仇恨助長了私刑時代的殘酷，但在這股仇恨背後，其實是在每個階段不斷演化、忌疑黑人自由的種族主義觀念。而在這些種族主義觀念背後，則有位高權重的白人男性，努力藉由文字與契約，奪回南方政治、經濟和文化的絕對掌控。[24]

艱苦走過奴役、戰爭、解放、激進重建、黑人救贖到白人救贖的漫長過程，南方黑人歷經了人世間的千情百苦。他們的感受可比父母興奮生產、期待長大卻痛失心愛子女的各種情緒。有些黑人對重建告終感到憤怒，覺得有必要逃離他們再度被奴役的狀態。「我們不可能忍受這些南方的奴隸主。」某位路易斯安納州的組織者這麼說，他代表著渴望逃離南方的六萬多名「苦勞」。移居到非洲、美國北部或遙遠西部重新開始的主意，在一八七〇年代後期遠不像「出走」（Exodus）堪薩斯州那麼受歡迎。「出走者」（Exoduster）不顧費德列克・道格拉斯的反對，讓堪薩斯州的黑人人口增加了百分之一百五十。北方的盟友努力為出走者募集資金，高齡七十四歲的蓋里森也賣命為數百名逃離密西西比州和路易斯安納州的黑人出走者籌款。

一八七九年四月二十四日，蓋里森原本希望到波士頓法尼爾廳為一場出走者的集會演說，卻因為身體太虛弱無法出席，不過他還是把書面致詞送到會場，確保他的聲音被聽見，如洪鐘般遠傳迴盪：

> 讓法令走上前來，大聲呼籲，該迅速結束這場血腥暴政了；現在，南方數百萬忠誠的有色公民被禁令管制、被褫奪權利，他們應能安然享有自身權利，應能自由投票並獲得公平的代表占比——就在他們所在之地。讓全國各地，從大西洋岸到太平洋岸，都聽見這個號召：「人人享有自由與平等權利，全體一律，直到永遠，無論此人在我們的廣大領土上命定何處！」

曾經，當一切希望落空，他期望立即解放；如今，當一切希望落空，他期望立即平等。一八七九年四月二十四日的這個致詞，結果成為威廉．洛伊．蓋里森最後的遺願和遺言。四週後，他就與世長辭了。[25]

第四部

杜波依斯

W. E. B. Du Bois, 1868-1963

第二十一章 新南方

「讓奴隸自由，在陽光下站一會兒，然後再重建奴隸制。」這是杜波依斯①即將滿七十歲時，為重建時期做出的經典總結。他出生於一八六八年二月二十三日，也是詹森總統遭到彈劾的前一天。蓋里森在麻州東部響應了彈劾詹森的行動，小名「威利」（Willie）的杜波依斯則降生於麻州西部的大巴靈頓小鎮（Great Barrington）。他的家鄉被兩條山脈環繞，分別是東邊的波克夏爾山脈（Berkshire）和西邊的塔科尼克山脈（Taconic），就像是北方的同化主義思想及南方的種族主義思想。[1]

威利的法裔海地父親阿爾弗雷德．杜波依斯（Alfred Duboise）在一八七〇年拋妻棄子，去了康乃狄克州，瑪麗．西爾維娜．伯格哈特（Mary Silvina Burghardt）則含辛茹苦地拉拔威利長大。此前，她還生下了家族近年來唯一的非婚生子女，也就是威利的同母異父哥哥阿德爾伯特（Adelbert）。於是，伯格哈特成為了兩個男孩的單親媽媽。在某種程度上，伯格哈特就跟蓋里森的母親法蘭西絲．瑪利亞．洛伊一樣，公然反抗家庭，生活在社會邊緣，與流浪者結婚，在遭到遺棄和蹂躪之後，將自己僅存的一切投注在孩子身上，而她們最珍貴的小兒子只想讓憂傷的母親快樂。

一八七八年，十歲的威利在一個跨種族的遊戲場合，第一次感受到種族間的差異。他後來寫道：「交換漂亮的名片遊戲……很歡樂，直到一個新來的高個兒女孩拒絕了我的名片。她只看了一眼就斷然拒絕，然後我突然意識到自己跟其他人不同。」從那以後，杜波依斯在上進勸說的遊戲中，與他的白人同伴展開激烈的競爭，試圖向世人證明：黑人就跟其他人一樣。他會繼續前行，並且到達歐洲知識份子世界的頂峰。然而，他並不喜歡他來到頂峰之所見。[2]

ж

在一八七〇與一八八〇年代，無論威利和其他年輕的黑人在學校和生活中取得什麼樣的成就，都改變不了歧視者的想法。歧視者贊同社會達爾文主義，也相信黑人無法在種族平等的努力中獲得進展。多年來，奴役者把黑人描繪得身強體壯，足以忍受南方奴隸制度的壓力。隨著黑奴解放，種族主義思想在這個新世界應運而生。歧視者開始把黑人描繪成弱者，軟弱到無法在自由中生存，在沒有主人和政府的援助下，對學著堅強這件事感到迫切。[3]

一八八三年，美國最高法院宣布一八七五年的《民權法案》違憲。民權運動人士大聲抗議重建時代的結束，但是對於大巴靈頓的這個十五歲小伙子來說，那樣的聲音並不夠大。杜波依斯開始了自己的出版生涯，他在湯瑪斯．福圖（T. Thomas Fortune）名下，一份極受歡迎的黑人報紙《紐約環球報》（*New York Globe*）上發表議論，抱怨當地人對法院的裁決漠不關心。[4]

---

① 威廉．愛德華．伯格哈特．杜波依斯（William Edward Burghardt Du Bois, 1868-1963），社會學家、歷史學家、民權運動者、泛非主義者，同時也是作家跟編輯。杜波依斯是第一位取得哈佛大學博士學位的非裔美國人，也是美國全國有色人種協進會的創辦人之一。杜波依斯畢生追求種族平權，支持黑人的自由與民權，此外也推動泛非主義，呼籲非洲在政治上團結一致。杜波依斯在一九〇三年出版《黑人的靈魂》（*The Souls of Black Folk*），是非裔文學中的開創性作品，中譯本由聯經於二〇一八年出版。

一八八三年，統一的北方和南方，聲勢蓋過了年輕的威利和年長的福圖，贊成撤銷一八七五年《民權法案》的決定。《紐約時報》稱讚最高法院：「有效致力於……取消國會的決議。」和多數人意見一致的大法官約瑟夫．布拉德利（Joseph Bradley）寫道，第十三和第十四修正案並未賦予國會任何禁止在公共場所中私下歧視的權力，只能禁止國家拒絕給予法律平等保護的「國家行為」。「當一個人擺脫奴隸制度，在良善的立法幫助下，從該州無法擺脫的身分烙印中解放。」布拉德利總結，「那是他提升過程中某個必然的階段，讓他僅僅是個公民，不再受法律的特殊關照，而他的權力……像其他人一樣，在一般狀態下會受到保護。」僅僅是個公民，在一般狀態下不受法律的特殊關照？布拉德利法官難道不明白，黑人只想成為單純的公民嗎？布拉德利法官難道不明白，他們的權利並沒有受到保護，他們仍舊被種植園主人和三K黨所侵犯嗎？[5]

也許出生在紐約的布拉德利真的不明白，特別是如果他相信那些「新南方」（New South）人士所推廣的樂觀宣傳。《亞特蘭大憲法報》（*Atlanta Constitution*）主編亨利．葛雷迪（Henry W. Grady）是一八八〇年代「新南方」的主要宣傳人員，他的想像是：「主人和奴隸間的友好關係……在戰爭、衝突與政治運動中仍舊存在。」衛理公會會督（bishop）暨埃默里學院（Emory College）校長阿提克斯．海古德（Atticus Haygood）也在全國各地的演講，以及在他一八八一年出版的著作《我們的黑人弟兄》（*Our Brother in Black*）中推銷「新南方」，他假設：「絕大多數的奴隸其實深愛白人。」奴隸的白種主人教他們勞動習慣、英語、自由制度的規範和基督教。海古德指出，白人必須在一個種族隔離良好的自由勞動社會中，繼續精進奴隸制的傳統。但是，如果種族隔離了，有智慧的白人如何能教導愚笨的黑人呢？海古德無視此一矛盾。[6]

一位名為湯瑪斯．達德利（Thomas U. Dudley）的主教持不同看法。他反對種族「分離」，因為這意味著黑人「持續且日益嚴重的退化和衰敗」。達德利強調，黑人獲得救贖的希望必須來自於他們與白人的聯繫。一位描寫戰前克里奧人②生活的知名紐奧良小說家喬治．華盛頓．卡伯爾（George Washington Cable），也挑戰這些「新南方」種族隔離主義者，引起他們的憤怒。一八八五年四月，葛雷迪在《世紀雜誌》（*Century Magazine*）上發表他對卡伯爾和其他同化主義者，以及反種族主義批評者的「官方」答覆：「分離各色種族是明智且恰當的舉措，他們適合處在為各種族所設置，平等但隔離的平台上。」葛雷迪用這份聲明，催生了「新南方」的種族隔離辯護。隔離制度已然建立，確保了種族的不平等，葛雷迪卻宣傳這是為了確保種族平等、為了讓種族進步。真相從來無法阻止圖謀種族主義思想的人們，葛雷迪樹立起一面平等但隔離的旗幟，加以捍衛並說服美國人接受。在一八八〇年代，有數百萬的美國人都吃這一套。[7]

美國人接受「新南方」觀念的同時，也採用了新方法來譴責黑人的種族差異，那是一種對種族進步的信念，卻忽視了同步發展中的種族主義。例如有人說，美國的奴隸制讓那些從非洲荒野來的落後民族得以向上發展。據說，北方的傳教士和「新南方」的忠實擁護者，就正在「培養」那些從奴隸制的荒野中獲得自由的落後民族。「新南方」的擁護者聲稱，重建修正案確實減少了種族歧視並帶來了平等的機會。所有這些種族主義宣傳，都融入了戰後對種族進步不可磨滅的信念中，特別是「對膚色的偏見雖然消失得很緩慢，但肯定會消失」，正如一家費城報紙在一八八八年報導的那

② 克里奧人（Creole）指泛稱在殖民地出生的歐洲人後裔。

樣。「新南方」的人士認為，造成種族間社會經濟差異的主因，是黑人背離了「勤勉和節約」，而非白人對他們的歧視。「種族進步」成為種族主義者對反種族主義者最強而有力的反駁，指稱後者仍舊充滿歧視和差異，而「新南方」觀念則會讓美國真正成為種族進步的新美國。[8]

社會達爾文主義者召喚黑人回歸奴隸制，經歷「舊南方」的邦聯成員則抗拒「新南方」樹立起的種族進步旗幟，和「隔離但平等」的構想。牧師羅伯特．達布尼（Robert L. Dabney）是南方長老宗最有影響力的知識份子之一，也是之前南北戰爭時南方軍隊的牧師。他認為只有奴隸制度才能為黑人提供文明教育。由律師轉職作家的湯瑪斯．尼爾森．佩奇（Thomas Nelson Page）投入了寫作的生涯，將他所認為無情、工業化的資本主義和「新南方」不聽話的非洲人，拿來跟寬厚、農業化的資本主義和「老南方」恭順的非洲人形成鮮明對比。佩奇透過短篇故事集《老維吉尼亞，或馬爾斯．尚及其他》（*In Ole Virginia, or Marse Chan and Others*, 1887），開創了戰後種植園類型小說（跟戰前田園詩般的種植園小說非常相像），重新想像了他在維吉尼亞種植園中，被快樂奴隸環繞的可愛童年時代。然後在一八八九年，出現了最受歡迎的「反新南方」書籍《自由的種植園黑人》（*The Plantation Negro as a Freeman*）。哈佛校友，也是佩奇的姐夫菲利普．亞歷山大．布魯斯（Philip Alexander Bruce）宣稱，如果切斷黑人跟教化他們的白種主人的聯繫，會讓黑人退化到「非洲型態」（African type），導致「大膽並放肆」的黑人女性勾引白人男性、黑人男性罪犯強姦白人女性（迫使白人男性對他們處以私刑）、黑人父母生出「不太願意工作」的問題兒童。[9]

青少年時期的杜波依斯懷著上哈佛大學的夢想。由於當地樂善好施的白人，不願意將他們鎮上優秀的黑人孩子送到全國最好、但一直以來都只有白人學生的大學，於是在一八八五年籌集資金，將杜波依斯送到全國最好的黑人學院：納許維爾的菲斯克大學（Fisk University）。在白人慈善家和教師的掌控下，菲斯克大學成為美國國內最善於傳遞上進勸說和同化思想的工廠。杜波依斯像他的同學一樣吸收了這些思想，並在成為菲斯克學生報紙《先驅報》（*The Herald*）的編輯期間，就開始複製這些思想。在他發表的一篇文章中，他熱切地評論了第一本完整描述非裔美國人歷史的書，也就是喬治・華盛頓・威廉斯（George Washington Williams）的《一六一九至一八八〇年的美國黑人種族史》（*History of the Negro Race in America from 1619 to 1880*）。杜波依斯欣喜地說：「終於，黑人有歷史學家了！」[10]

這本一八八三年初版的書獲得了許多好評，但《美國歷史雜誌》（*Magazine of American History*）的一篇評論卻說威廉斯的研究「不夠嚴謹」，預示了許多黑人修正主義學者在未來幾十年將面臨到的難題。當黑人修正主義者選擇不修正過往的謬誤時，他們似乎就是認同排除或詆毀黑人的種族主義研究代表著真理；但當他們改正種族主義者的學術研究時，卻又被批評不夠客觀。顯然，只有白人學者才能「嚴謹地」書寫種族議題，只有種族主義者的研究反映了學術真理。[11]

威廉斯的反種族主義（但有性別歧視）重要歷史修正表明了，美國黑人（男性）在美國歷史中扮演了不可或缺的角色。威廉斯用他「柔弱黑人男性」和「堅強黑人女性」的種族主義思想，挑戰學者的種族主義思想，後者認為黑人從遭受奴役以來就持續退步。威廉斯引用了一八六四年出版的小冊子《野蠻非洲》（*Savage Africa*），他寫道：「如果非洲女性是粗野的，那非洲男性就是陰柔的。」根據威廉斯以同化主義者角度對歷史的解讀，自由促進了黑人採用文明價值觀和規範，養成「更好、更純潔的品格特質」。黑人女性「已經在社會中占據一席之地」，黑人男性再次變得「在情感中忍耐，並且對錯誤保持厚道的態度」。[12]

杜波依斯認同威廉斯的這本史書，看來就是受到該書的同化主義思想和性別種族歧視的影響。杜波依斯在一八八八年六月的菲斯克學院畢業生演講中，提到了德國國父兼首任首相奧托・馮・俾斯麥（Otto von Bismark），認為他能夠做為黑人領導力的典範。俾斯麥因為在一八七一年將數十個群體聚集在一起，組成強大的德國而聞名。杜波依斯說俾斯麥的第二帝國「應該成為非裔美國人在訓練有素的領導下以力量和決心前進的典範」。俾斯麥於一八八五年主持柏林會議，在會議中，歐洲殖民者用他們為非洲大陸帶來文明這種不公不義的藉口，瓜分了非洲。但杜波依斯對此並不介意，他後來承認「自己完全不明白，我的歷史所學也沒讓我理解」，縱使殖民主義非常惡毒地剝削非洲的原料和勞動力，但「我卻漫不經心地在觀點上偏向歐洲和帝國主義」。[13]

從菲斯克畢業之後，杜波依斯得以追求他就讀哈佛大學的夢想。一八八八年，抱持種族主義的南方人正冷靜地討論兩條處置黑人的對策，是該謹慎地教化黑人，還是嚴格地隔離黑人跟白人呢？就在此時，他前往北方。當時正值共和黨在一八八八年的選舉中，重新贏回總統府跟國會，而擁護「新南方」的民主黨人也正試圖阻撓推行吉姆・克勞法的民主黨人。一八八九年，班傑明・哈里森（Benjamin Harrison）總統在首次國會演講中提問：「黑人究竟什麼時候才能擁有那些，長期以來在法律中一直屬於他們的完整公民權利呢？」[14]

對那些支持吉姆・克勞法的種族隔離主義者而言，黑人想都別想。

第二十二章　南方恐怖

一八九〇年一月七日，南卡羅萊納州參議員馬修・巴特勒（Matthew Butler），和綽號大龍（Grand Dragon）的阿拉巴馬州參議員暨前三K黨成員約翰・泰勒・摩根（John Tyler Morgan），提出了一項國會法案，要資助黑人移民到非洲。這是巧妙解決南方大地主種族和階級問題的方案。前者因許多白人「自耕農」在南方的農業蕭條中一蹶不振，於是把氣出在黑人農民身上；後者則是因為有些人在不斷加溫的跨種族、反種族主義的民粹主義運動中，與黑人聯手對抗白人地主。殖民法案是一種強化偏見的手段，這將會讓白人農民認為，南方農業蕭條的主要原因是南方黑人，而非富裕的白人地主。白人農民很容易就會發現，大規模驅逐南方黑人會增加他們自己的勞動價值。[1]

自從內戰期間林肯的強烈主張之後，一八九〇年的美國人對殖民可能比任何時候都更加開放。出生於加勒比海地區的賴比瑞亞外交官愛德華・威爾莫特・布萊登（Edward Wilmot Blyden）當時正在美國各地拜訪，宣稱非裔美國人因為身負拯救非洲的神聖任務，而受到奴隸制度的教育和保護。布萊登於一八九〇年美國殖民協會的期刊上寫道：「上帝總是有辦法用鹽和火淨化。」十九世紀最著名的非洲英語探險家亨利・摩頓・史坦利（Henry Morton Stanley）是暢銷作家。幾乎所有會說英語並對非洲感興趣的人都讀過史坦利的著作《穿越黑暗大陸》（*Through the Dark Continent*, 1878），而且幾乎所有讀過史坦利的人都視非洲人為野蠻人，包括小說家約瑟夫・康拉德（Joseph Conrad），他在一八九九年撰寫了經典著作《黑暗之心》（*Heart of Darkness*）。白人角色在剛果河上的旅程「就像回到世界上最初的蠻荒」，這不是在時間上回到過去，而是在發展的進程上回到了過去。[2]

摩根在一八九〇年一月於參議院推動殖民法案的演講中，朗讀了一段史坦利的文章。摩根說，在白人的指導下，非裔美國人已經得到一定程度的文明，可以藉此將非洲拉出野蠻的深淵。他希望潛在的黑人移民能夠「像我們（南方白人）對他們一樣善良、耐心和慷慨」。儘管有數百萬美國公民支持這項法案，但是嚴厲的反對派在當天占了上風，因此這項提案並未通過。[3]

看著這場殖民化辯論，讓內布拉斯加州奧馬哈（Omaha）一位熱心的民主黨員鼓起勇氣。這位阿拉巴馬州奴隸主人的兒子華特・沃恩（Walter Vaughan）相信，他的計畫將有利於那些在奴隸期間得到良好照顧，獲得自由後卻「衣衫襤褸」的人們。企業主向聯邦政府提議，撥一筆退休金給獲得自由的奴隸，他們就會花錢向困境中的南方白人企業購買商品。沃恩說服了他的國會議員，共和黨的威廉・康奈爾（William J. Connell），在一八九〇年提出前奴隸退休金法案。費德列克・道格拉斯是少數支持這條法案的黑人菁英，但該法案最後無疾而終。

然而，沃恩繼續提出給予前奴隸退休金的要求。他出版了一萬本名為《自由人的退休金法案：為了美國自由的懇求》（*Freedmen's Pension Bill: A Plea for American Freedmen*）的小冊子，很快就在南方和中西部的貧窮黑人族群中大量傳閱。卡莉・豪斯（Callie House）是田納西州的前奴隸和洗衣女，她在一八九一年看到這本小冊子，然後在田納西州的納許維爾協助建立了「國家前奴隸互助救濟金、補助金和退休金協會」（National Ex-Slave Mutual Relief, Bounty and Pension Association）。該組織宣稱擁有數十萬成員，催生了一八九〇年代的賠償運動，要求政府賠償美國奴隸制度中未獲得報償的勞動者。該運動得到了反種族主義貧窮黑人的強烈支持，並且遭到同階級種族主義者的激烈反對，這些人阻卻國會在內戰後發給每位黑人四十英畝土地和一頭騾子。在黑人菁英的圈子，他們大多和他們的白人同儕一起忽視或譴責賠償金。黑人菁英認為教育和投票的不公平，遠比經濟上的不公義對低收入黑人的影響還要來得重要。因此豪斯痛罵那些「最有學問的黑人」，說他們「對自己種族的關注，遠低於其他的黑人，因為他們當中有許多人都在反對自身種族的福利」。[4]

一八九〇年六月二十五日，杜波依斯在哈佛大學畢業典禮發表演說。現在的他已經出類拔萃，畢業於美國歷史上最負盛名的黑人大學和白人大學。他覺得自己在炫耀他的種族多麼有能力。根據記者所說，杜波依斯「精采而雄辯的演講」主題是關於「做為文明代表的傑佛遜・戴維斯」。在杜波依斯的演繹中，前一年去世的傑佛遜・戴維斯代表了堅實的個人主義和霸道的歐洲文明，這與非洲文明的「順從」和無私背道而馳。杜波依斯總結道，「歐洲人遇見了文明並粉碎了它，黑人也碰上了文明並被它粉碎。」杜波依斯的傳記作者表示，這位哈佛大學的畢業生讓文明歐洲「強人」，與文明非洲「順從的人」呈現出鮮明的對比。[5]

杜波依斯顯然受到了海莉葉特・畢徹・斯托所描述的戰後新英格蘭的影響。在新英格蘭，對於種族的想法似乎僅限於《湯姆叔叔的小屋》中的描述。在哈佛大學，杜波依斯同樣受到了歷史學家艾伯特・哈特（Albert Hart）的影響。哈特教授是強硬的道德家，認為品格（「內在的人而非外在的人」）是社會變遷的關鍵。杜波依斯從哈特和其他同化主義者那裡學習了種族主義觀念，即非裔美國人在社會和道德上受到奴隸制度（和非洲）的殘害。杜波依斯對未來的發展比他的教授更有信心。哈特在他一九一〇年的遊記《南方的南方》（*The Southern South*）中聲稱：「黑人比較低等，而黑人在非洲和美國的歷史導致他們相信自己將繼續保持低等。」但是特別提到杜波依斯時，哈特卻認為他的天賦來自他的歐洲血統。杜波依斯是「活生生的證據」，哈特私下寫道：「黑白混血兒可能擁有和白人一樣多的力量和激情。」[6]

一八九〇年秋天，杜波依斯開始研修哈佛大學歷史博士課程，跟隨哈特學習並繼續證明黑人的能力。不久，他將有機會提供更好的證據。在他進入研究所的那段時間裡，主管斯萊特自由人教育基金會（Slater Fund for the Education of Freedom）的前總統拉塞弗德．海斯，同意讓有足夠天賦的「任何年輕有色人種」接受歐洲教育，如果有這樣的人存在的話。海斯曾對約翰霍普金斯大學的觀眾說：「迄今為止，他們主要且幾乎是唯一的天賦就是演說。」但是杜波依斯站出來接受了智識的挑戰。兩年後，他前往柏林大學就讀。在當時，柏林大學是歐洲世界最傑出的大學。[7]

在杜波依斯的哈佛畢業典禮演說之前，一位年輕的麻州議員亨利．卡博特．洛奇（Henry Cabot Lodge）提出了聯邦選舉法案。與賠償法案不同，這項法案獲得黑人菁英的支持。這項法案的目的是在當地選民向華盛頓提出選舉舞弊的請願時，要求聯邦監督選舉。這項擬議的法案被稱為《強制法案》（*Force Bill*），激怒了正在國會大廈聆聽洛奇演講的南方種族隔離主義者。洛奇質疑《第十五條修正案》的看法，但表示「聯邦仍要負起保護的責任」。他說：「如果有哪一州認為哪個階層的公民因為無知不適合投票，可以取消他們的資格。」眾議院內共和黨員拍手叫好，掌聲一路伴隨洛奇回到他的座位，讓他感到喜悅。眾議院的民主黨員則保持沉默，有些人可能記下了他的最後陳述。《亞特蘭大憲法報》抨擊提議的投票權法案是「仇恨胎死腹中！」（stillborn child of hate!）種族隔離主義者顯然已經將對抗種族歧視的法案歸類為可憎的法案。

密西西比州民主黨員在一八九〇年八月十二日為了他們的憲法會議而聚會時，想起了洛奇最後的陳述。讓洛奇感到驚訝的是，密西西比州民主黨員為了他們的第四部憲法，採用了北方的反貧困讀寫能力測試，將其重新制定為反黑人和反貧困的讀寫能力測試。①此外，帶有高度主觀性的「理解條款」（understanding clause），讓密西西比州憲法中的某些內容需要加以詮釋，造成帶有種族主義思想的戶籍管理員，可以決定讓無知的白人有投票權，知識淵博的黑人卻沒有投票權。當密西西比州新憲法於一八九〇年十一月一日生效時，反種族主義的白人律師和運動人士阿爾比翁・圖格（Albion Tourgee），立刻認為這是自南卡羅萊納州脫離聯邦以來，美國歷史上「最重要的事件」。在接下來的十年中，所有前邦聯州甚至幾個邊境州在種族主義上都有所發展。他們遵循了密西西比州的先例，制定帶有種族歧視的投票限制，從讀寫能力測試到投票稅，如此一來，不必說出種族歧視的話語就取消了剩餘黑人（以及許多貧窮白人）選民的投票權。南方各州再一次違背了美國憲法。而這一次，兩方沒有開火，北方也沒有報復。8

① 反貧困或反黑人讀寫能力測試（Literacy test），是指藉由考試來排除平均教育水準較低的窮人或黑人族群，以阻止他們擁有投票權。

由於受到民主黨參議員的阻撓，《強制法案》從未通過，這激怒了費德列克．道格拉斯。但杜波依斯仍保持冷靜，專注上進勸說的道德努力。「當你擁有合適的黑人選民時，你將不需要選舉法。」杜波依斯在報紙《紐約時代》（*New York Age*）中寫道：「我等族群的戰鬥必須是道德上的，而非法律或身體上的。」美國黑人幾乎沒有在道德或文化戰鬥中失敗，但他們在政治和經濟鬥爭中卻遭受暴力和非暴力的打擊，杜波依斯很快就會了解這點。[9]

《強制法案》的失敗，讓共和黨為執行《第十三條修正案》（解放）、《第十四條修正案》（民權）和《第十五條修正案》（投票）所做的努力劃下休止符。如果聯邦不干預的協議在一八七六年完成，那麼在北方和南方多年的緘默之後，這個協議就成為一八九〇年代和二十世紀前十年中無可爭辯的國家政策。一系列獨立但（不）平等的法律制定完成，幾乎將南方黑人與白人的日常生活，從飲水、企業到交通運輸等各方面都加以隔離，以確保白人團結和黑人服從，以及廉價的黑人勞動力。這些隔離且品質較差的黑人設施，讓黑白雙方都有著類似的隔離主義思想，認為黑人基本上就是孤立而劣等的種族。

種族主義思想和組織在美國生活中隨處可見，例如婦女運動中，創立於一八九〇年的全美婦女投票權協會（National American Woman Suffrage Association），就很歡迎抱持著種族隔離主義的婦女加入，而美國最新的勞工領袖組織美國勞工聯合會（American Federation of Labor），更是歧視者的溫床。美國勞工聯合會會長山繆．岡普斯（Samuel Gompers）就曾向黑人勞工講授，工會並非「對有色人種懷有敵意」。他聲稱只知道「在少數情況中……有色人種會遭到歧視」。岡普斯愈來愈常將問題歸咎於黑人勞工的經濟狀況不佳，以免除他的工會出現的歧視行為所應負的責任。[10]

在種族隔離主義者所組織的團體中，黑人並未袖手旁觀。在一九九〇年代早期，黑人因抵抗而遭受私刑處死的頻率飆升。然而，動私刑的白人卻辯解是因為黑人犯罪率飆升，才造成私刑處死的頻率也跟著飆升。包含年輕的杜波依斯、中年且雄心壯志的阿拉巴馬州塔斯基吉學院（Tuskegge Institute）校長布克・華盛頓②，以及垂垂老矣的費德列克・道格拉斯，都接受了以上的辯解。一位反對種族歧視的年輕女性讓這些種族主義者了解到事實的真相。出生於密西西比州的孟菲斯記者艾達・威爾斯（Ida B. Wells）恐懼於朋友因私刑而死，且私刑的數量在一八九二年達到該時代的高峰，當時在全國因私刑而死的黑人數量達到驚人的兩百五十五人。她在一八九二年出版一本受人矚目的小冊子，名為《南方恐怖：各時期的私刑法》（*Southern Horros: Lynch Law in All its Phases*）。威爾斯根據近年七百二十八份私刑報告的取樣，發現只有大約三分之一的私刑受害者「曾經被控強姦罪，更不用說那些無罪的人」。威爾斯憤怒地表示，白人會謊報黑人強姦白人婦女，卻隱而不談自己對黑人女性的攻擊。[11]

威爾斯了解到，關於黑人女性天性不道德的說法，阻礙她們全心投入一八九〇年代風行的新興女性俱樂部道德運動。例如《獨立報》上就有一位匿名的「南方白人女性」寫道：「我有時會聽說有善良的黑人女性，但這個想法對我來說完全不可思議。」歐伯林大學（Oberlin College）的校友兼教師安娜・茱莉亞・庫珀（Anna Julia Cooper），曾在一八九二年自願採取行動去捍衛黑人女性，並

②布克・華盛頓（Booker T. Washington, 1856-1915），美國黑人政治家、教育家和作家，在一八九〇到一九一五年間是美國黑人政治、社會運動的重要人物。

在其著作《南方之聲》（*A Voice from the South*）中鼓勵黑人女性接受教育。像威爾斯一樣，庫珀以反種族主義、女權主義的傳統書寫。「人們可能會說，今日的有色人種女性在這個國家占有獨特地位。」庫珀解釋，「她們同時面對了女性問題和種族問題，而兩者都是未知或未被認可的因素。」然而，庫珀也確實支持某種程度的階級種族主義。例如，她讚揚了新教聖公會的「安靜、貞潔的尊嚴和高雅的莊嚴」，卻同時貶低低收入南方黑人的「半文明宗教主義」（semi-civilized religionism）。[12]

✗

威爾斯在《南方恐怖》中提到，南方的白人男性會「躲入」透過私刑「來捍衛（他們女人的）榮譽的合理帷幕之後」，以掩飾他們的仇恨和暴力紀錄。一八九三年，威爾斯在英格蘭的反私刑巡迴演講中仍持續這種說法，她的演講讓美國白人感到十分尷尬。威爾斯也曾在演說中或多或少譴責「上進勸說」，並支持黑人武裝自衛來阻卻私刑。她宣稱：「當非裔美國人愈是屈服、退縮和乞求，當他愈是必須這樣做，他就愈受到侮辱、憤怒和私刑。」[13]

支持私刑的密蘇里州新聞協會主席詹姆士．傑克斯（James Jacks），發表了一封公開信抨擊威爾斯和所有黑人女性，他認為這些女性只不過是小偷和妓女。如果傑克斯是希望讓威爾斯和她的姐妹閉嘴，那麼他的計畫適得其反。一八九六年夏天，憤怒的黑人俱樂部女性團結起來，組成全國有色人種女性協會（National Association of Colored Women）以捍衛黑人女性，對抗歧視，並為尋求自助者提供力量。但是，這些尋求自助者中有大多數人是更加鼓勵與白人女性同化的菁英改革人士。這些同化的想法來自於同樣古老的歷史種族主義，即低收入的黑人女性在道德和文化上遭到奴隸制度毀壞。「當我們攀登，同時也提升」（Lifting As We Climb）成為全國有色人種女性協會的座右銘。[14]

※

杜波依斯在德國留學兩年後，於一八九四年回到美國。斯萊特基金會官員拒絕繼續為他的海外學習提供資金，讓他無法完成經濟學博士的論文。雖然他打算向斯萊特基金會官員證明黑人的受教能力，但他看起來像是一位追求物理學博士學位的特殊教育教師。無論杜波依斯做了什麼，都無法戰勝種族主義思想。海斯曾在一八九〇年說過，如果黑人想要追求歐洲世界最負盛名的學位，他們看起來會很愚蠢；但如果他們不追求，那代表他們沒有天賦。這些話激怒了杜波依斯。甚至連杜波依斯準備在一八九五年成為第一位獲得哈佛大學歷史博士學位的非裔美國人，這件事也引來了種族主義者的嘲笑。白人菁英圈稱杜波依斯成為哈佛「讓一個人脫離半禽獸狀態」的「六位黑人」之一，此時正值紐約人富蘭克林．德拉諾．羅斯福③成為哈佛大學新生的一九〇三年。[15]

雖然杜波依斯在德國的教育成功，卻沒有為美國製造和接受種族主義思想的人帶來什麼啟示，但杜波依斯確實向自己證明了些什麼。他已經習慣於會見「不是白人，而是人們」。他在德國提升了心理層面，與白人站在同一高度。但是，他新形成的那種認為自己不比白人差的反種族主義思想，並沒有阻止他看輕那些被認為低等的黑人。杜波依斯需要花更長的時間才能不去認為某些黑人

---

③富蘭克林．德拉諾．羅斯福（Franklin Delano Roosevelt, 1882-1945），美國第三十二任總統，是經濟大蕭條跟二次大戰時期美國重要人物，中文世界為區別他跟狄奧多．羅斯福（Theodore Roosevelt, 1858-1919），多稱他為「小羅斯福」。

比較低等，而是把他們當作與他和其他（白）人站在同等高度的人。[16]

一八九四年，杜波依斯接受了非洲衛理公會教會在俄亥俄州衛柏佛斯（Wilberforce）的知名學院，教授希臘語和拉丁語的職位。他決心「開始一生職志，讓美國黑人得以解放」。但是不知何故，在某種程度上他依舊堅持認為，可以藉由勸說和教育來消除美國的種族主義。他認為，「最大的邪惡就是大多數美國白人對於種族的愚蠢念頭」，而「解方就是基於科學研究的知識」。[17]

儘管杜波依斯想要教育美國黑人有能力往上追求，但三十八歲的塔斯基吉校長布克・華盛頓，仍慎重希望黑人公開專注在較低階的追求，這是許多美國白人比較容易接受的情況。華盛頓聲稱，在一八九五年費德列克・道格拉斯去世後，種族領導人的位置已經空了出來。威爾斯原本是比較好的替代者，但她是女性，且大多數美國人認為她太過反種族主義。在私底下，華盛頓終其職涯都支持南方的民權和賦權運動。在公開場合，他的談話要點也反映了菁英們喜歡聽的「新南方」種族主義。[18]

一八九五年九月十八日舉行的棉花州和國際博覽會（Cotton States International Exposition）開幕式上，華盛頓發表了「亞特蘭大妥協方案」（Atlanta Compromise）。他要求南方白人不要再試圖將黑人趕出美國這間房子，而是允許他們舒適地住在地下室。要幫助他們提升，並了解當他們提升時，整間房子都會跟著提升。亞特蘭大的群眾中有許多地主一生都在努力說服他們的黑人佃農，「讓共同的勞動變得有尊嚴且光采」。所以當華盛頓用以下的話語向他們招手時：「我們必須從生活的最底層開始，而非頂層。」他們高興極了。華盛頓說，請放心，「我種族中最聰明的人都明白，在社會平等問題上有所騷動是最極端的愚蠢行為。」[19]

當華盛頓完成演講時，數千名觀眾激動地鼓掌，揮舞著手帕，白人婦女向他獻花，《亞特蘭大憲法報》的「新南方」主編克拉克．哈維爾（Clark Howell）衝向演講者的講台高喊：「那個人的演講開啟了美國的道德革命！」華盛頓的話語發送到全國各大報，編輯們也發表了熱烈的評論。民主黨總統格羅弗．克里夫蘭（Grover Cleveland）抵達亞特蘭大，並稱華盛頓是黑人的「新希望」。「讓我衷心地祝賀你在亞特蘭大取得的巨大成功。」一八九五年九月二十四日，杜波依斯在電報中興高采烈地說：「這句話恰到好處。」[20]

然而，並非所有黑人評論家都像杜波依斯一樣為華盛頓鼓掌。《華盛頓蜜蜂》（*Washington Bee*）週刊的卡爾文．蔡斯（Calvin Chase）並未看到黑白雙方的和解，只看到「美國黑人的死亡和白人的抬頭」。但無論死亡與否，華盛頓都獲得了全國的讚譽，吸引了像安德魯．卡內基這樣的慈善家，並建立了「塔斯基吉機制」（Tuskegee Machine）這個在未來十年，管理黑人學院、企業、報紙和政治贊助的機構。在華盛頓與南方種族隔離主義者大聲發布「亞特蘭大妥協方案」的隔一年，美國最高法院也悄悄地跟進仿效了。[21]

多年來，美國最高法院一直充斥著北方出生的企業律師，他們興高采烈地揮舞《第十四條修正案》，以削減違反「自由權」和「公民權利」的法律，來決定勞動的工資和工作條件。但法院沒有對勞工、婦女、移民和黑人的自由和公民權利提供此類保護。一八九六年五月十八日，法院在「普萊西訴訟弗格森案」（Plessy v. Ferguson）中，以七比一裁定《路易斯安納州隔離車廂法》（*Louisiana Separate Car Act*）和其他新的吉姆．克勞法都沒有違反《第十三條修正案》和《第十四條修正案》。在這起案件中，黑白混血的荷馬．普萊西（Homer Plessy）挑戰法律，要求路易斯安納州的鐵路公司為白人和黑人乘客提供「平等但隔離的座位」。但紐奧良的法官約翰．弗格森（John H. Ferguson）卻聲稱，「近距離時黑人發出的惡臭」使這條法律變得合理。路易斯安納州最高法院和美國最高法院維持了弗格森的裁決。

最高法院大法官亨利．畢林斯．布朗（Henry Billings Brown）在多數意見中，依靠種族主義思想來支持明顯具有歧視意圖的政策，他的工作是掩蓋這些意圖。布朗法官迴避了《路易斯安納州隔離車廂法》中的政治意涵，迴避了歧視性意圖，並迴避了提供給黑人的鐵路車廂的品質，明顯比較低劣，取而代之的是在語義上將其歸類為僅僅承認種族之間社會「區別」的「社會法則」（social law）。這位前底特律企業律師寫道：「如果一個種族在社會上不如另一個種族，那麼美國憲法就不能讓他們同在一架飛機上。」普萊西裁決中唯一的反對聲音也不算是反種族主義者的聲音。肯塔基州的約翰．哈倫（John Harlan）大法官寫道，雖然他並不懷疑白人將永遠成為「這個國家的主導種族」，「但從憲法的角度來看，在法律的眼中，這個國家並沒有比較優越，占支配地位、統治階級的公民。我們的憲法是不分膚色的，既不知道也不容忍公民有不同階級」。

一八九六年五月十八日，《紐約時報》將普萊西的裁決隱沒在把焦點放在鐵路新聞的第三頁專欄中，反映了該案件的不受重視以及美國如何忽略其重要性。普萊西裁決使得「新南方」和美國已經採取的措施被合法化，也就是：隔離但不平等，並且使得法院和良知同時阻止反種族主義的抵抗。在此期間，美國的社會良知是一個重要的政治因素。這是進步時代④的開始。[22]

雖然人們普遍認為這是一個帶有真誠的社會關注和覺醒的時代，但實際上，進步時代被白種菁英男性和女性所操縱。至少從菁英資助者和組織者的角度來看，進步時代的主導力量希望結束一八八〇年代和一八九〇年代，由工業化、都市化、移民和不平等引起的社會衝突。這些年來，柯頓・馬瑟牧師期盼透過善行達到有序社會的祝福，仍然讓從波士頓到亞特蘭大的慈善家謹記在心。普萊西裁決和亞特蘭大和解中所投射出的善意似乎終結了「黑人問題」的失序。但事實上，十九世紀末「黑人問題」的終結，意味著美國決心低調處理種族歧視的南方恐怖，並強調黑人的不正當之處。[23]

④ 進步時代（Progressive era）是指美國一八九〇至一九二〇年代期間，社會進步運動和政治改良紛紛湧現的時代。

第二十三章 黑皮膚的猶大

在報導聲稱普萊西案解決了「黑人問題」之後，英國醫生哈維洛克・艾利斯宣稱出現了新問題。「性的問題。」他說，「包括其中存在的種族問題。這個問題在未來幾個世代裡，會成為需要解決的重大問題。」這是有關於同性戀的第一本醫學專著《性心理學研究》（*Studies in the Psychology of Sex*, 1897）中一個過於雄心勃勃的預測，西方國家仍然沒有準備好充分應對多重性傾向的現實，至少在公開場合依舊如此，但艾利斯仍試圖將性傾向置於進步時代的議程上。這位對尚未正名為同性戀、雙性戀和跨性別者的族群友好的學者推廣了「同性戀」一詞，將其歸類為先天性生理異常（或「性倒錯」）。艾利斯旨在捍衛同性戀，反對十九世紀末的英語世界將同性戀者視為犯罪份子的「法律和公眾輿論」。[1]

同樣地，種族主義學者長期以來一直認為黑人是罪犯，黑人種族是生理上的異常，一直在爭論這是否屬於先天性問題。「性學者」受種族學者啟發，使用了女性身體的比較解剖學來編造世紀交替時期，性傾向之間的生物學差異。雖然種族主義學者正試著區別「黑人女性」的「自由」和突出的陰蒂，以及「雅利安裔美國女性受到禁錮」的陰蒂，但恐同學者卻聲稱，「幾乎在每一個女同性戀者的案例中，都會發現異常突出的陰蒂」，在有色女性中尤其如此。[2]

對於十九世紀後期的性別歧視思想家來說，陰蒂愈突出，女人愈不純潔，而女人愈不純潔，在女性的階層就愈低。因此，融合種族主義、性別歧視和恐同的觀念認為，白人同性戀女性和黑人異性戀女性比黑人同性戀女性更為貞潔，女性階層更高。而據報導，黑人同性戀女性擁有最大的陰蒂。當男性、黑人異性戀女性或白人同性戀女性認為，黑人同性戀女性、雙性戀者或變性女性在生理上或社會上處於低等狀態、不那麼貞潔時，他們的發言就涵蓋了種族主義、性別歧視和恐同觀念，他們清楚表達出同性戀種族主義。

但很難找到一個願意研究性傾向的學者，更別說是性傾向和種族了，而這種情況愈來愈嚴重，甚至連研究種族的學者都很難尋得。杜波依斯開始嘗試將職業生涯，投入向白人知識份子提出解決「黑人問題」的方法。但是現在許多知識份子認為普萊西案已經解決了這個問題，又或者將會透過演化或滅絕這樣的天擇來解決。保德信人壽（Prudential Insurance Company）有一位統計員，他根據一八九〇年人口普查數據所撰寫的巨著中，預測了黑人即將瀕臨滅絕。然而，與普萊西裁決不同，費德列克・霍夫曼（Frederick Hoffman）的《美國黑人的種族特徵和傾向》（*Race Traits and Tendencies of the American Negro*）在一八九六年受到了很多關注。這本由美國經濟協會（American Economic Association）出版的書中滿是統計圖表，是美國醫學研究的一項開創性工作成果，並讓霍夫曼成為西方世界的科學名人，被譽為美國公共衛生的預言之父。在「解放時期」，他寫道，南方黑人「身體健康，心靈愉快」。但「三十年後的情況是什麼」？嗯，他認為「以事實為根據簡單地說」，自由的黑人朝向「逐漸滅絕」的方向走去，因為天生不道德、違法和疾病而沒落。霍夫曼的說法，為僱主拒絕幫黑人投保壽險提供了一個藉口，這涉及到非裔美國人的歧視性政策。白人壽險公司會拒絕為據說即將瀕臨滅絕的種族投保，甚至製造出另一種種族主義思想來捍衛種族主義政策。[3]

杜波依斯在一篇重要的書評中表示，霍夫曼操縱統計數據以呈現他對黑人滅絕的預測。杜波依斯指出，霍夫曼的祖國德國，其人民的死亡率與非裔美國人的死亡率相當甚至超過，那麼德國人就會走向滅亡嗎？杜波依斯嘲諷地問，然後不同意霍夫曼假設黑人較高的死亡率會讓黑人瀕臨滅絕。但是杜波依斯卻無法否認霍夫曼另一個假設，即黑人的遭逮捕和監禁的頻率更高，表示黑人實際上犯下較多罪行。不管是霍夫曼或是杜波依斯，沒有人真正知道實際的犯罪率（無論是否遭到逮捕，所有美國人實際的違法情況）。但是黑人遭逮捕和監禁的頻率，證實了種族主義者所認為的，有更多黑人犯罪的想法。這些種族主義思想加深了刑事司法系統中種族歧視的循環，因為更加懷疑黑人會犯罪，於是在黑人社區設置了更多的警察，黑人有更多機會遭到逮捕和入監，因此更加受到懷疑，如此循環下去。

儘管杜波依斯在智識上表現傑出，他也沒能阻止種族貌相①、犯罪統計，以及種族主義思想的循環。他透過反種族主義（「頑固的盎格魯—撒克遜偏見使黑人和白人受到不同的司法標準審視」）和種族主義解釋（「茫然的自由人」缺乏道德基礎），證實逮捕和入監率的差異。不過，杜波依斯並不孤單。第一個全國黑人知識份子團體，美國黑人學院（American Negro Academy）於一八九七年成立，所有參與其中的學者都無法否認這些統計數據，或反駁這些數據無法做為更嚴重的黑人犯罪指標。相反地，他們承認這些數字為事實，並試圖透過教育和說服來顛覆黑人為罪犯的刻板印象，從而複製了他們正在努力消除的種族主義思想。[4]

舉例來說，杜波依斯在一八九七年美國黑人學院首次會議中，一席名為「種族保護」的演講，提出了在生物學上不同種族具有不同歷史、特徵和命運的論點。他說，非裔美國人「屬於一個歷史悠久的種族，來自其非洲祖國的黑暗森林中，萬物創造之初半睡半醒的狀態」。他說，「解決目前種族之間摩擦的第一步也是最重要的一步」，就是朝著社會平衡，「在於糾正黑人本身的不道德、犯罪和懶惰，這仍然是奴隸制度所遺留下來的特質」。這場演講很快就受到發表、傳播和讚譽。杜波依斯和美國黑人學院希望這本小冊子能夠反駁在後普萊西時代、後霍夫曼時代，那些認為非洲人具破壞性、衰落與即將滅亡的流行觀念。但這本小冊子也充斥著種族主義思想，談到「血腥」種族、種族特徵、落後的非洲、令人變得野蠻的奴役、有犯罪思想和柔弱的非裔美國人、強大的歐洲人，以及非裔美國人優於非洲人的想法，杜波依斯強化的種族主義和他去除的一樣多。[5]

然而，杜波依斯還在撰寫一部更加反種族主義的作品。他於一八九六和一八九七年在賓州大學擔任客座研究員時，撰寫了《費城黑人》（*The Philadelphia Negro*）一書。本書是徹底的反種族主義「社會研究」，主題是關於「進入並使所有黑人社會問題複雜化的精神」的種族主義。然而，他仍舊毫無保留地對窮人、黑人罪犯和婦女進行道德攻擊，例如，說「解決」黑人女性「不貞」的問題是「黑人的責任」。儘管這本書現在被當作一部經典的社會學文本，但是在一八九九年，只有少數學術期刊在其發表時進行了評論。一位匿名評論家在具領導地位的期刊《美國歷史評論》（*American Historical Review*）中稱讚杜波依斯，「對其人民的弱點施加一切必要的壓力」，然後嘲笑他相信這些假設的弱點可以治癒。杜波依斯閱讀這篇評論時，應該猜想到，當他試圖在種族主義與反種族主義

---

① 種族貌相（racial profiling），指執法機關在判斷某一類特定的犯罪或違法行為的犯罪嫌疑人時，將種族或族群特徵列入考慮範圍，進而可能導致在破案過程中更多地懷疑某一族群的作案嫌疑。

思想的十字路口指引他的讀者時，他們往往無法達到他想要的反種族主義目的地。然後，杜波依斯和他的菁英黑人同僚一樣，幾乎不認為他們對貧窮黑人和黑人女性的攻擊是種族主義。[6]

無論杜波依斯取得了什麼成就，無論他發表了什麼，他都未能獲得布克．華盛頓所享有的北方慈善家追隨者或財務支持。華盛頓在他的募款旅行中，有一個讓白人觀眾放心的訣竅，那就是分享他有趣又知名的（或惡名昭彰地冒犯）南方式「貶抑黑人」笑話。華盛頓給了富裕的白人他們想要的東西：一場單人的黑人劇團表演；而白人也給了他想要的東西：一張捐錢給塔斯基吉學院的支票。華盛頓以某種方式花了一個小時將黑人貶低為愚蠢的種族，然後將收到的捐款用來教育那些愚蠢的人。[7]

布克．華盛頓巧妙地玩弄種族遊戲，但在十九世紀末，這麼做很危險。從一八九八年在北卡羅萊納州，到一八九九年在喬治亞州，一連串種族主義暴力事件傷害了黑人經濟和政治力量。杜波依斯在喬治亞州目睹了一些暴力事件，他於一八九七年在亞特蘭大大學擔任教授，並開始領導南方黑人生活各方面的年度科學研究。但是在一八九九年四月，杜波依斯顯得傷心欲絕，因為他無法制止人住在亞特蘭大附近的山姆．豪斯（Sam Hose），遭惡名昭彰的私刑處死。這一切只因為豪斯在自衛時殺死了一名欺壓人的白人僱主。八月，在喬治亞州沿海地區的麥金托什郡（McIntosh），武裝黑人驅逐了一個私刑暴民。杜波依斯後來寫道：「當黑人受到私刑、謀殺和飢餓時，我無法成為冷靜、自持和獨立的科學家。其次，雖然我如此堅信，但是對於我所做的那種科學工作所產生的需求，也不會輕易地馬上就發生。」杜波依斯堅信「大多數美國人都會急於捍衛民主……如果他們意識到種族偏見對民主的威脅」，他更積極地承諾會進行教育勸說。[8]

一九〇〇年七月，他參加了由布克・華盛頓贊助的倫敦第一屆泛非會議（First Pan-African Conference）。「可以肯定的是，根據歐洲標準，黑人種族目前是文化最不發達的種族。」杜波依斯以同化主義的態度表示，但認為他們有能力在某一天達到那些「崇高理想」。因此，杜波依斯宣稱，非洲和加勒比海地區都應該「盡快」實行去殖民化。[9]

杜波依斯之所以認為要漸進實行去殖民化，是覺得黑人國家還沒有做好獨立的準備，這跟過往種族主義者逐漸解放奴隸的理論相呼應，他們也認為黑人尚未做好自由的準備。一八九九年，杜波依斯附和政府宣稱包括古巴、關島、波多黎各和菲律賓，這些美國在一八九八年贏得美西戰爭後所獲得的殖民地，並未準備好獨立的說法。隔離主義者和反種族主義者表示反對，同化主義者表示支持，正式啟動了美利堅帝國。英國帝國主義的文學提倡者魯德亞德・吉卜林（Rudyard Kipling），曾在一八九九年《麥克盧爾雜誌》（*McClure's Magazine*）上發表的一首詩中，敦促美國人「挑起白人的負擔，送出最優秀的品種，把你的兒子送去流亡，為你的俘虜服務，讓他們背著沉重的馬轡，伺候焦急和未開化的人，你那新捕獲、陰鬱的人民，是一半魔鬼，一半孩子」。[10]

威廉・麥金利（William McKinley）總統在一九〇〇年成功連任，似乎代表著帝國同化主義者得到大多數白人男性選民的信服。他的競選夥伴狄奧多・羅斯福（Theodore Roosevelt）在一九〇一年宣稱：「我們有義務讓過著野蠻生活的人，看到自己從鎖鏈中解脫，我們只能透過摧毀野蠻行為來解放他們。」美國領導人公開辯論殖民地人民的文明和同化能力，他們私下辯論的卻是軍事基地、傀儡政治、自然資源、外國市場和戰爭成本。這場公開的人道主義辯論，也是私下的政治經濟辯論，成為二十世紀的主要議題，因為美利堅帝國公開和私下都以戰爭擴大其勢力範圍。在國內外，全面的政治種族主義讓非白人無法自治，或者有一天能夠自治，以證明他們的服從和由此產生的社會經濟差異。一些黑人報紙主編看到隱藏的真相，將美國的外國種族政策與其國內種族政策連結起來。一八九九年，他們引用鹽湖城的《大斧頭》（*Broad Ax*）週刊，抨擊指稱聯邦政府是「劫匪、殺人犯和無恥的獨占者」，認為他們「無法公正對待黑皮膚的人民」；另一篇文章則指責說，「證據就是政府在家鄉什麼也沒做」。[11]

在這個新的美利堅帝國中，美國種族主義思想的歷程看似非常像旋轉門，經常走進殖民世界，然後在調整了一九〇〇年初期抵達美國的人們的移民思想後，回到這個國家。當美國的愛爾蘭人、猶太人、義大利人、亞洲人、墨西哥裔人和拉丁裔人被冠上反黑人（anti-Black）的種族稱號，如用greaser稱呼墨西哥或西班牙裔人，用guinea稱呼義大利人，或是用white nigger稱呼愛爾蘭人②，有些人對此抵制並加入了與黑人團結一致的行列，但大部分的人接受了種族主義思想，並讓自己與黑人保持距離。二十世紀初的黑人會開玩笑說，移民學到的第一個英文單詞就是「黑鬼」（nigger）。[12]

一九〇一年一月二十九日，北卡羅萊納州唯一的黑人代表喬治．懷特（George White）向國會發表了告別演說。全國約有百分之九十的黑人居住在南方，但他們在州立法機構和國會中，不再有黑人政治家代表他們。他們的公民權遭到大規模剝奪，而白人指控黑人政治家的無能，確認了這個事實。「主席先生，這可能是黑人暫時告別美國的國會。」懷特說，「但我認為，我們就像鳳凰一樣，有一天將會浴火重生。」可惜沒有多少人相信他。當懷特走出大廳，美國著名歷史學家和政治學家將他視為重建時代在國家首都的最後瑕疵品。[13]

當時，威廉・阿奇博・鄧寧（William Archibald Dunning）在哥倫比亞大學卓越的鄧寧重建歷史學院（Dunning School）擔任院長。學校站在學術革命的最前鋒，強調科學方法在人文科學的「客觀」使用。「這是有史以來第一次細緻而徹底的研究，以確定真相，而非只是證明理論。」一位歷史學家於一九四〇年在《美國歷史評論》期刊中如此描述鄧寧學派帶來的影響。然而，「真相」意味著重建時代的鄧寧學派歷史學家，將白人當家的南方，標記為腐敗無能黑人政治家下的受害者，而北方在迅速自我改正前，錯誤地強迫重建，並讓高貴的南方白人自己解決問題。「所有為文明做出的努力，都被大批獲得自由的野蠻奴隸主宰了。」鄧寧在其一九〇七年的經典著作《重建：政治與經濟，從一八六五年到一八七七年》（*Reconstruction: Political and Economic, 1865-1877*）中如此認為。[14]

鄧寧訓練了一代有影響力的南方歷史學家，他們在二十世紀成為系主任並主掌了幾十年的歷史學科。他最著名的學生是在喬治亞州土生土長的烏立克・邦納爾・菲利普斯（Ulrich Bonnell Phillips）。在《美國黑人奴隸制度》（*American Negro Slavery*, 1918）以及另外八本書和許多文章中，菲利普斯抹除奴隸制度的真相。原本是由種植園主人主宰的高利潤企業，不斷透過恐怖、操縱和種族主義思想來強迫非自願的人民勞動。相反地，他夢想一個無利可圖的商業，由仁慈、家長作風的種植園主人

② greaser 是指修理汽車或機械的「黑手」，而從事這類工作的多半是窮苦的黑人下層階級；guinea 指非洲的幾內亞；white nigger 則指「白黑鬼」。以上三個詞彙都跟黑人有關，卻被拿來做為貶抑其他民族的歧視稱呼。

主導，教化並照顧「強健、友善、順從和滿足的」野蠻人。菲利普斯首創使用種植園文件，使他的種族主義夢想合法化，使整件事看起來像客觀現實。直到二十世紀中葉，菲利普斯仍然是研究奴隸制度中最受尊敬的學者。[15]

一直到二十世紀中之前，鄧寧學派關於奴隸制度和重建時期的寓言被收錄到教科書中，或者至少被收錄到那些提及黑人的教科書中。大多數教科書作者都故意將黑人從教科書中排除，就像南方民主黨員故意將他們排除在民意調查之外一樣。但鄧寧的重建時期故事中最偉大的普及者正是小說家湯瑪斯・狄克森（Thomas Dixon Jr.）。狄克森記得幼時目睹了他在北卡羅萊納州城鎮的家鄉所發生的私刑。「三K黨……保護我們免受傷害。」那天晚上他的母親告訴他，向他灌輸白人恐怖主義的種族主義說詞。當他成年後，狄克森在看到劇場版的《湯姆叔叔的小屋》時，悲嘆於北方人強加的「南方人的不實陳述」。他誓言要分享「真實的故事」，於是創作了成為暢銷小說的「重建三部曲」《豹的斑點：白人負擔的浪漫，從一八六五到一九〇〇》（*The Leopard's Spots: A Romance of the White Man's Burden—1865-1900, 1902*）、《家族成員：三K黨的浪漫歷史》（*The Clansman: An Historical Romance of the Ku Klux Klan,* 1905）和《叛徒：看不見的帝國的覆滅》（*The Traitor: A Story of the Fall of the Invisible Empire,* 1907）。他的目標是「教導北方……從來沒有人知道的事。在可怕的重建時期，白人的可怕苦難……（並且）向全世界證明，白人必須且應該是至高無上的」。在被數百萬人視為歷史事實的虛構三部曲中，狄克森將重建時期視為腐敗、無能的北方人和黑人立法者統治、製造恐怖、剝奪公民權，並強姦南方白人的時期，直到南方白人被三K黨的力量和美德所救贖。在黑人投票的危害中並沒有什麼遏止了國家的思想，沒有任何正當理由採取無所作為的態度，無論如何都比這種重建的種族主義小說更好，不管其作者是小說家還是學者。[16]

一九〇一年，美國國會成員全為白人男性，這些白人能夠平復他們在閱讀布克・華盛頓的暢銷自傳《超越奴役》（*Up from Slavery*）時，可能感受到的任何內疚。華盛頓表達了他對上帝的信仰，承擔了個人的責任，努力工作，克服令人難以置信的困難，總是會看見種族進步和「白人救世主」。「白人救世主」的故事迅速成為美國回憶錄、小說和戲劇作品的一部分。各種族的美國人都欣喜地認為這是種族進步充滿希望的跡象。不同的故事反映或偏離了共同的現實。不同的白色救世主故事巧妙地轉移了現實其實是白人救世主為少，白人歧視者為多；以及種族進步為少，推遲的進展為多。[17]

一九〇一年二月出版的《超越奴役》一書讓布克・華盛頓得以站在職涯的最高峰。杜波依斯看到華盛頓的回憶錄獲得全國的讚賞。隨著這樣的讚賞持續到一九〇一年夏天，也隨著杜波依斯抬頭仰望華盛頓的黑人領導力受到白人肯定，杜波依斯開始覺得他無法繼續保持沉默。一九〇一年七月十六日，杜波依斯在對《超越奴役》一書所發表的評論中，開啟了布克・華盛頓的塔斯基吉機制和杜波依斯的菁英民權運動人士之間的內戰。

除了責罵華盛頓的「和解」之外，杜波依斯還譴責那些「代表反抗和復仇的舊觀念」的領導人，他們「視移民為黑人唯一的出路」。非洲衛理公會主教亨利・麥克尼爾・特納（Henry McNeal Turner）多年來一直鼓吹上帝是「黑人」，但他敦促非裔美國人移民到非洲，這樣他們就可以將所有的歧視性政策拋在腦後。杜波依斯把所有讓黑人回到非洲的努力，以及針對奴役別人的人和重新奴役別人的人所做的暴力抗議活動，都歸因為報復和仇恨。他說，反種族主義者並未像艾達・威爾斯如此雄辯滔滔地提倡捍衛黑人的人性和自由。同化主義者習慣指控反種族主義者和種族隔離主義者都是一個樣，都充滿仇恨又非理性。這些捏造的標籤在整個二十世紀都會邊緣化反種族主義者，有一天甚至會邊緣化年長的反種族主義者杜波依斯。但是，在一九〇一年，杜波依斯開始批評調解人及反種族主義者，部分原因是為了他自己的目的：為他反對塔斯基吉機制所組成的「大而重要的團體」奠定基礎，該團體成員是尋求「人類盡可能努力自我發展和自我實現」的改革派同化主義者，以便能讓黑人最終能夠與其他種族的人平起平坐。[18]

布克・華盛頓的《超越奴役》一書仍是美國的經典之作。然而在一九〇一年，有另一本著作《美國黑人：從前、現在以及未來的身分定位》（*The American Negro: What He Was, What He Is, and What He May Become*）比《超越奴役》還早幾週發行，得到了更多的讚揚。作者威廉・漢尼拔・湯瑪斯（William Hannibal Thomas）多年來嘗試廢除白人制度的種族隔離，他曾為黑人講道，以教導和書寫來提升黑人，消除種族不對等，並打造一個黑人受白人接納的世界。然而根據《紐約時報》一篇新書預告所說，湯瑪斯提出「他的主題時，一點也不感性」。

湯瑪斯把黑人描述得「無法無天，只讓衝動和激情帶領自己」，特別不道德和愚蠢。他說，百分之九十的黑人女性「本能地淫蕩，並且受身體愉悅所控制」，且她們過著「現代文明中不會出現的」骯髒生活。

湯瑪斯思考同化主義和種族主義思想之間的交匯點。他認為，少數黑人（他的意思是他自己和與他同類的黑人）已經克服他們的劣等生物遺傳，這些非凡的黑人表明「透過美國文明的思想和理想徹底的同化，黑人的救贖……可行並能夠加以保證」。湯瑪斯主張限制天生墮落的黑人的投票權，監管天生有犯罪傾向的黑人，將黑人兒童交由白人監護，並追求上進勸說。他建議，黑人應該表現出「非常值得解除種族對立」的行為。[19]

儘管湯瑪斯試圖以《美國黑人》一書區隔自己與黑人，但具有諷刺意味的是，正是他的黑人身分使得美國白人對他傾注他所希望的崇拜。由於種族主義思想認為每個黑人都充分代表了該種族，像湯瑪斯這樣的黑人一直被證明是種族主義思想的完美執行者，他們的黑膚色讓他們的話更加可信。但他們的黑膚色並沒有啟動防禦機制，來防範他們關於黑人比較劣等的種族主義觀點。

從美國最傑出的社會學家到普通讀者，所有抱持著種族主義的美國人，都稱讚《美國黑人》是該主題最權威、最可信和最全面的專著，比杜波依斯的《費城黑人》還要好。《紐約時報》稱湯瑪斯「和布克．華盛頓先生一樣」，是「在研究黑人議題上最好的美國權威人士」。然而，美國的黑人卻把湯瑪斯稱為「黑皮膚的猶大」。事實上，民權運動人士艾迪．亨頓（Addie Hunton）在她所撰寫的文章〈保護黑人女性〉（Negro Womanhood Defended）中，將湯瑪斯歸類為「加略人猶大」那一類的人。華盛頓和杜波依斯討厭這本書。杜波依斯在他的評論中指控，「湯瑪斯先生的書」，是那個時代「邪惡的症狀」，對於「黑人」沒有什麼要求，只要他們「好心地變得墮落，並持續保持」，以便讓「美國人的良心可以證明他們在這三個世紀的可恥歷史中並無罪過」。在黑人領袖挖出湯瑪斯的醜聞並摧毀他的可信度後，他變得沒沒無聞。他於一九三五年以黑人身分去世，從未真正成為白人。[20]

一九〇一年十月十六日，剛宣誓就職的總統狄奧多・羅斯福聽聞布克・華盛頓在鎮上，於是就邀請「在該種族中世界上最傑出的成員」到總統官邸吃晚飯。羅斯福對此邀請並未多做考量，顯然沒有意識到種族隔離主義者的情緒。當羅斯福的新聞發言人在華盛頓拜訪隔天，隨意地告知美國人這件事時，立刻引起強烈的社會反響。美國黑人高興地不能自已，很多人因此愛上了羅斯福。但是對於種族隔離主義者來說，羅斯福已經跨越了膚色界限。「當羅斯福先生坐下來與黑人共進晚餐時，他宣稱黑人和白人在社會上平等。」一家克制的紐奧良報紙結結巴巴地說。綽號「乾草叉」的南卡羅萊納州參議員班・提爾曼（Ben "Pitchfork" Tillman）則毫不克制地說：「當羅斯福總統在招待那個黑鬼時，我們就需要殺死南方的一千名黑人，才能讓黑人再次學會他們該處在什麼地位。」提爾曼這句話表達出私刑的真正目的：如果種族主義思想不能壓制黑人，那麼暴力做得到。羅斯福吸取了教訓，他再也沒有邀請黑人到總統府。但是他正式將總統官邸命名為「白宮」，也未能安撫種族隔離主義者。黑人是野獸，種族隔離主義的書籍在二十世紀初，就已經透過密西西比大學教授查爾斯・卡羅爾（Charles Carroll）的《黑人是野獸》（*The Negro a Beast*, 1900）如此宣布，那麼野獸就不應該在「白宮」用餐。[21]

在這種壓倒性的種族隔離主義論述中，杜波依斯大膽發表了他職業生涯中最受好評的書。這本書出版於一九〇三年四月十八日，書名表現出深刻的反種族主義，宣告黑人不是沒有靈魂的野獸。黑人民族完全是人類，而杜波依斯讓美國人「傾聽黑人民族靈魂中的抗爭」。幾十年後，《黑色國歌》（Black National Anthem）作曲家詹姆士·魏爾頓·強森（James Weldon Johnson），透過歌曲讚揚了杜波依斯的《黑人的靈魂》（*The Souls of Black Folk*），認為這本書「對黑人種族的影響，超過《湯姆叔叔的小屋》以來，在這個國家出版的其他書籍」。這個比較再好不過，如同《湯姆叔叔的小屋》，杜波依斯的十四篇文章更深入探討了美國人的思想中，以種族主義建構的互補生物種族特徵，謙遜、熱情的非洲人，與堅毅、理性的歐洲人互補，黑人應該培養並發展「黑人的特質和才能」。杜波依斯認為，這麼做「以便某一天在美國的土地上，兩個在這世界上的種族可能會將那些特質提供給如此悲慘缺乏的對方」。黑人「在缺乏金錢和聰明才智的沙漠中，是單純信心和敬畏的唯一綠洲」。[22]

種族主義者會假設各個種族群體並不平等，且種族群體會缺乏特定的人性特徵。一九〇三年，白人並不缺乏「單純的信心和敬畏」，而黑人也不缺乏物質主義和「聰明」。諷刺的是，北方有許多捍衛廢除奴隸制度的人和當時的吉姆·克勞法與《民權法案》，都證明了謙卑黑人的「單純的信心」和強大白人的「聰明」。在《黑人的靈魂》書中，杜波依斯試圖讓各自的種族理念產生革命性變化，成為「統一的種族理念」。[23]

他認為，這種「統一的種族理念」不僅能治癒美國，還能治癒黑人的靈魂。在這本書中最令人難忘的段落裡，他進一步解釋：

> 這個美國世界……讓黑人沒有真正的自我意識，只能透過看見另一個世界來看待自己。這是一種奇特的感覺，這種雙重意識，這種透過別人的眼睛看著自己的感覺，或以一種可笑的輕

蔑與同情的目光，用世界的尺度丈量自己的靈魂。一個人總是感受到自己的雙重性——美國人，一個黑人；兩個靈魂，兩種思維，兩股不能和解的力量。一個黑色身體存在兩個交鋒的理念，只有自身頑強的力量才讓自己不至於被撕裂。

因此，黑人必須認識到「美國黑人的歷史就是這場衝突的歷史，這種渴望獲得自我意識的氣概，將他的雙重自我融入更好更真實的自我」。杜波依斯寫道，「他只是希望能夠同時成為黑人和美國人」。

彷彿這些年來他的許多黑人讀者一直殷切盼望能夠成為他所描述的那樣，杜波依斯的雙重意識理論終於給予他們中的許多人所需要的眼鏡，能看到自己，看到自己內心的掙扎。就像斯托的書打動了許多在隔離主義和同化主義思想交戰的白人一樣，杜波依斯也打動了許多在同化主義和反種族主義思想交戰的黑人。杜波依斯相信文化相對論的反種族主義概念，每個人都能從自己群體的眼中看到自我，也相信黑人從白人的角度看到自我的同化主義觀念。在杜波依斯心目中，以及對這麼多志同道合的人來說，這種雙重欲望或雙重意識產生了一種內心衝突，那就是應該為自己身為平等的黑人而感到驕傲，或是想要同化為優越的白人。

雖然杜波依斯這本書的序言永不過時，但他當時反對「布克．華盛頓先生和其他人」的論點卻在一九〇三年讓這本書引起了爭議。杜波依斯在兩年前開始批評塔斯基吉機制，到現在仍舊持相同看法。杜波依斯再次貶低華盛頓的調解人以及單一意識的反種族主義者之後，確立了他的雙重意識群體的地位。這個群體他稱之為「十分之一幹才」，也就是前百分之十的美國黑人。他們知道「種族群體的低社會水準導致了他人的歧視」，但他們也和全國人民一樣知道，「無情的膚色偏見比較，是黑人低人一等的原因，而非結果」。十分之一幹才希望能夠「減少這種野蠻的遺俗，而不是有計畫地加以鼓勵」。[24]

杜波依斯在另一本一九〇三年出版，充滿更多同化主義思想和階級種族主義的著作中，確認了有才能的那十分之一者。「這片土地上有一百萬個黑人……達到了最佳歐洲文化的標準。」杜波依斯認為，這種「具有才能和品格的菁英」，他們的責任是引導群眾，使其變得文明，過濾「向下沉淪的」文化，並表現出「黑人血統的能力」。然而，他抱怨說：「當我提出這個十分之一幹才，一般的盲目崇拜者卻驚恐地喊道：『這些都是例外，看看死亡、疾病和犯罪，這些都是幸福的規則。』這些當然是規則，因為一個愚蠢的國家使這些成為規則。」杜波依斯氣憤這種對於非凡黑人的觀念，這種對上進勸說的「愚蠢」認知漏洞。但是不知何故，他一直相信上進勸說的愚蠢策略可能會有的潛力。[25]

杜波依斯在《黑人的靈魂》中號召大家打擊那些同意吉姆・克勞法的人，就像蓋里森號召打擊同意奴隸制度的殖民主義者，一樣富有洞察力和慷慨激昂（和種族主義）。隔離主義者和調解人立刻了解這個情況。《納許維爾美國人報》（*Nashville American*）承認：「黑人閱讀這本書確實很危險。」一非常準確地說，《瞭望》（*The Outlook*）週刊指責杜波依斯「因為成為黑人而感到有些羞恥」。然後，非常不準確地說，書評家認為布克・華盛頓不感到羞恥。塔斯基吉機制試圖查禁這本書，但無濟於事。不受華盛頓控制的黑人報紙多數大力發表同樣的看法：「每個人都應該可以閱讀和研究（本書），無論是白人或黑人。」《俄亥俄州企業報》以此為標題。賓州大學社會學家卡爾・

凱爾西（Carl Kelsey）為種族主義的白人學者發聲，責備杜波依斯強調「壞的一面」，也就是歧視。凱爾西寫道，「當黑人能夠得到白人的尊重和同情時」，偏見「將會停止」。[26]

在《黑人的靈魂》和杜波依斯關於「十分之一幹才」的文章出版之後，種族改革者和種族學者，無論是白人或黑人，無論贊同或批評杜波依斯，似乎已經就解決「黑人問題」達成了共識。他們談到，需要更加尖銳的上進勸說，讓向上流動、有才能的十分之一黑人，去說服白人打消種族主義的念頭。但該策略仍然存在嚴重的種族主義，因為很顯然，黑人有責任改變白人種族主義者的思想，白人則不必對自己的種族主義心態負責。如果白人抱持種族主義並歧視黑人，那麼黑人就因為他們沒有得到白人的尊重而應該受指責嗎？到了一九〇三年，已經推行一個多世紀的上進勸說，發揮了什麼樣的影響？該時期可說是美國有史以來種族主義最嚴重的時期。但不管是上進勸說根深柢固的種族主義思想，或是其歷史上的失敗，還是對黑人不尋常的解讀讓其持續失敗，都並未減少改革者的信心。上進勸說一直是並依舊是種族主義美國中，眾多偉大的白人希望之一。

第二十四章 偉大的白人希望

一九〇六年五月，杜波依斯邀請哥倫比亞大學教授法蘭茲・鮑亞士①到亞特蘭大大學。鮑亞士是全美最傑出的人類學家，非常質疑將黑人當成野獸的種族主義思想。鮑亞士於一八八六年從德國移民到美國，當時美國的種族分類幾乎一致標識了他所屬的猶太族群「機體自卑感」或黑人血統。一位人類學家認為，「一些猶太人的嘴部突出」是「因為有黑人血統的關係」。鮑亞士自己的反猶太主義經驗，形成了他對生物學上不同的種族（和種族特點）的種族隔離主義思想的敵意，而這樣的種族隔離主義是分出種族和民族的自然人類等級，也就是將白人置於黑人之上的思想，並進一步將盎格魯—撒克遜人這類純粹的白人，定位在半白人的猶太人之上。[1]

鮑亞士參加了杜波依斯的亞特蘭大大學所舉辦，「美國黑人的健康與體質」會議。學者質疑或否認人們普遍認為以生物學來看，不同的種族看起來將會截然不同的印象，諸如心臟病醫生真的可以區分出「黑人的血」，而醫生和科學家在皮膚和毛髮之下，真的可以辨認出黑人的身體或「黑人的疾病」。杜波依斯發表了演說，但他也了解到他一直以來抱持的生物種族概念缺乏科學證據。[2]

① 法蘭茲・鮑亞士（Franz Boaz, 1858-1942），德裔美籍人類學家，現代人類學的先驅之一，被譽為「美國人類學之父」，他開創了人類學的四大分支：體質人類學、語言人類學、考古人類學與文化人類學。

在一九〇六年五月的會議後兩天，鮑亞士在亞特蘭大大學的畢業典禮發表演說。「對於那些堅定地相信黑人種族確實劣等的人來說，」他宣稱，「你的種族的過往歷史並不能支撐這種說法。」鮑亞士接著講述了在遭到殖民之前的西非王國迦納、馬利和桑海帝國的榮耀，震驚了杜波依斯和他的許多黑人學生。鮑亞士將杜波依斯從他對歷史種族主義的無知中喚醒，或者正如杜波依斯所解釋的那樣，「讓我從高中和世界上兩所知名大學教給我的普遍判斷的無知中醒來」，他一直以為非洲人「沒有歷史」。[3]

杜波依斯在五月達到的智識高峰，卻在當年年底與黑色美國一起崩潰。共和黨在一九〇六年期中選舉中，利用黑人的選票重新獲得眾議院的第二天，羅斯福總統卻下令讓第二十五步兵團的一百六十七名士兵不光榮的退役（也沒有退休金），而這支黑人部隊一向是黑人的驕傲。該團的十幾名成員被誣告，在一九〇六年八月十三日於德州布朗斯維爾（Brownsville），一個種族主義極為猖狂的城鎮，謀殺了一名調酒師並傷害一名警察。一夜之間，自林肯以來最受黑人族群歡迎的美國總統變得最不受歡迎。「曾經像摩西一樣銘刻在我們心中，」哈林的亞當·克萊頓·鮑威爾（Adam Clayton Powell Sr.）牧師喊道，羅斯福「現在如同猶大一樣，被我們的蔑視所環繞」。在一九〇六年的最後幾天，幾乎所有非裔美國人都很唾棄羅斯福政府。羅斯福想要在新的黑人聯邦任命中重新獲得黑人支持的努力失敗了。《紐約時報》道出了觀察力敏銳的新聞界的憤慨，報導說「沒有任何證據」證明這些人有罪。羅斯福在一九〇六年十二月三日對國會的年度致詞中目空一切（他大膽而粗暴地試圖爭取南方白人選民）。他警告說「有尊嚴的有色人種……不要窩藏罪犯」，這裡指的是布朗斯維爾的罪犯。然後他把話題轉向私刑：「造成私刑最大的原因是黑人犯下了可怕的強姦罪。」[4]

羅斯福總統正與全國和他意見相同的學者交談。在《純粹的社會學》（*Pure Sociology*, 1903）一書中，任職於布朗大學的社會學家和前廢奴主義者萊斯特・沃德（Lester Ward）曾聲稱，黑人男子貪戀並強姦白人婦女，以及為了報復而動用私刑的白人暴徒，兩者都是因為他們的種族天性才會如此。在《私刑法》（*Lynch Law*, 1905）一書中，衛斯理學院的經濟學家詹姆士・艾伯特・卡特勒（James Elbert Cutler）認為，在私刑處決罪犯時，白人暴徒「只是依他們的主權範圍行事」。連杜波依斯都曾在一九〇四年亞特蘭大大學的一項研究中抱怨（名為「關於黑人犯罪的一些紀錄，特別是在喬治亞州」），已經有「夠多經過證明的黑人男性殘酷攻擊案件，這會讓每個黑人羞愧地低頭」，他也說，他們必須要知道，且負起「黑人名列人類最差階級」的責任。[5]

羅斯福總統建議，只要黑人停止犯罪，私刑就會歇止，黑人犯罪問題可以透過「漢普頓和塔斯基吉等學校」的教育來平息。雖然在過去的幾年裡，布克・華盛頓很高興羅斯福宣傳他的計畫，但這次他可能感到不安。華盛頓由於事前知情，了解塔斯基吉機制也會感受到黑人美國的憤怒，曾請求羅斯福重新考慮執行面。隨著華盛頓與羅斯福的聲勢一同下跌，杜波依斯的「十分之一幹才」的主張有了更多影響力。[6]

羅斯福在白人族群的聲勢並未低落。一九〇八年十二月二十六日，非裔美國人讚揚了自身種族的勝利，而在幾週前，羅斯福的總統接班人威廉・霍華德・塔虎脫（William Howard Taft）贏得了選舉。十二月二十六日這場勝利的主角是德州出生的有色人種，他贏得了重量級的拳擊手冠軍，是這項格鬥比賽中第一位回擊成功的選手。他的名字是傑克・強森（Jack Johnson），他在澳洲雪梨擊敗了湯米・伯恩斯（Tommy Burns），成為重量級拳擊手冠軍。「四十年來沒有任何事比傑克・強森這場獨具意義的勝利，更讓這個國家的有色人種歡欣了。」《里奇蒙星球》（*Richmond Planet*）週報如此報導。幾乎同時，「偉大的白人希望」（Great White Hope）的呼聲高漲，白人想要重新獲取屬於他們的榮耀。眾人所有的目光都轉向退役的重量級拳擊冠軍詹姆士・傑福瑞斯（James J. Jeffries）身上。

一九〇九年三月九日，當興高采烈的傑克・強森步出從澳洲開往加拿大的郵輪，走上溫哥華碼頭時，美國記者問他是否會跟傑福瑞斯作戰。然後他們注意到種族主義美國中最具報導價值的元素：冠軍的「白人妻子，與他同甘共苦的前費城女人」，正如報紙讀者在美聯社的報導中所看到的那樣。

強森早期與兩名黑人女性的「心痛經驗」，導致他大多與白人女性交往。但強森厭惡這樣的說法，他說，「無論有色人種女性對一個男人有什麼感覺，她們都不會寵壞他、縱容他，並讓他變得自大。」在強森的性別種族歧視版本中，白人女性會這麼做，因此她們是較優秀的伴侶。實際上，一些白人女性拒絕讓男人變得自大，而一些黑人女性則迎合了男人的自我。但到了一九〇九年，順從的白人女性和強悍的黑人女性的性別種族歧視，讓握有父權的黑人男性受到白人女性吸引，這正如軟弱的黑人男性無法掌握黑人女性的性別種族歧視，讓一些黑人女性受到強壯的白人男性吸引；正如擁有大陰莖或臀部的性欲極強黑人的性別種族歧視，讓一些白人受到黑人吸引；正如同化主義者認為擁有更白皮膚和更直頭髮的人就更美麗，讓黑人受到比他膚色更淺的人吸引。所有這些種族主義神話只會在下個世紀變得更加深植人心，讓美國人更能夠在公共場合對他們的跨種族吸引力採取行動。人與人相愛跟那些基於種族主義思想的跨種族吸引力有什麼關係呢？這只有伴侶才知道。有許多跨種族的伴侶不是建立在種族主義的思想之上。但是多少人有？多少人沒有？這只有伴侶才會知道。

美國最知名的黑人男性很快就成為最令人討厭的黑人。到一九〇八年，強森贏得了父權制白人男性四大最有價值事物的其中三項：財富、重量級拳擊手冠軍和白人女性。塔虎脫贏得了白宮大位還是難以平息白人的憤怒，特別是當強森繼續炫耀他的白人女性、財富和頭銜時。7

《紐約時報》一位作家曾在一九一〇年七月四日，美國史上最大的體育大事上演前的幾個月預測道，「如果黑人獲勝了，那會有成千上萬無知的黑人兄弟會把（強森）的勝利，誤解為證明他們不僅僅在生理上與白人族群平等。」這是第一個利用無線電報技術直播的賽事。前重量級拳擊手冠軍，名為「偉大的白人希望」的巨人傑福瑞斯在退役復出後，為白人尋求重量級拳擊手冠軍，從美國人最討厭和最喜愛的強森手中奪回冠軍。這場比賽在內華達州里諾市（Reno）舉行，現場有一萬兩千名狂熱的白人觀眾。強森在第十五回合擊敗了傑福瑞斯，引起了黑色美國的一陣激動，也讓美國的種族主義者狂怒不已。種族主義暴民試圖擊倒黑人的身軀，種族主義作家則試圖擊敗黑人的思想。「不要太過驕傲，」《洛杉磯時報》（*Los Angeles Times*）警告說，「沒有人會因為你的膚色跟那位在里諾獲得冠軍的人一樣，就對你有比較高的評價。」之後，在《指關節與拳擊手套》（*Knuckles and Gloves*, 1922）一書中，倫敦拳擊愛好者約翰・吉爾伯特（John Gilbert）就為白人的失敗開脫，因為白人在拳擊比賽中「處於劣勢」，因為他們的「生理不平等」。美國政府很快就完成了白人拳擊手未能做到的事情，政府擊倒了強森，儘管只是在隱喻的意義上如此。強森被羅織罪名，指控他運送妓女（或更確切地說是白人婦女）跨越州界而遭逮捕。他在交保後逃走，之後在國外生活了七年才回國投案，然後坐了一年的牢。[8]

在傑克．強森擊倒了美國種族主義者的優越白人男子氣概之後，這些人十分渴望能夠恢復榮光，而庸俗小說作家為他們提供了所需。德加．萊斯．博洛斯（Edgar Rice Burroughs）人住在芝加哥，鄰近強森經常造訪的地方。博洛斯被十九世紀時史坦利關於非洲野蠻人的作品所感動。在一九一二年十月的《通俗雜誌》（*All-Story Magazine*）中，博洛斯發表了小說《人猿泰山》（*Tarzan of the Apes*）。

《人猿泰山》講述一個被白人父母遺棄在中非的孤兒，由一群人猿中的一隻母猿卡拉扶養長大。這名叫做約翰．克萊頓（John Clayton）的孤兒被人猿命名為「泰山」，在人猿的語言中意為「白色皮膚」。泰山長大後成為族群中最厲害的獵人和戰士，勝過附近所有的非洲人猿。他最終找到了他父母的小屋，並自學閱讀。在隨後的故事中，泰山保護了一位名叫珍的白人女子，使她免受周圍的黑人男子和人猿欺負。泰山繼續教育他的孩子，也就是非洲人，如何戰鬥和種植食物。

泰山是二十世紀最著名的虛構角色，而博洛斯在泰山冒險系列書中所寫的故事也最具種族主義色彩，他持續寫作和出版該系列書，直到他於一九五〇年去世。這個情節成了好萊塢的主流，一次又一次重現，最近一次是在二〇〇九年的賣座大片《阿凡達》（*Avatar*）。博洛斯讓美國人永遠都會把動物、野蠻人和非洲聯想在一起。泰山系列想要傳達的訊息很明確：無論是在華爾街，還是在中非的森林裡，在希臘文學中搖擺，或從樹上搖擺，白人都會做得比像人猿般的非洲孩子更好。也就是說，在世界各地，白人總會成為非洲人的老師。忘了強森的重量級拳擊手冠軍吧，白種男人現在有更好的表現。他們有能夠立即觸動觀眾的泰山，並成為歷代的文化偶像。這個角色激發出漫畫、商品、二十七部續集和四十五部電影，電影第一次播出是在一九一八年。[9]

在一九〇九年，杜波依斯最關心的就是強森和拳擊。他擔心他為反奴隸制運動人士約翰．布朗所寫的傳記。而白人自由主義美國中的寵兒，也是《晚郵報》（*Evening Post*）和《國家》雜誌的發行人以及蓋里森的外孫，奧斯華．蓋里森．維拉德（Oswald Garrison Villard），當年也出版了布朗的傳記。維拉德所寫的傳記被大眾稱為最終版本，並且成為暢銷書。杜波依斯的著作的銷售額和評論一樣令人失望。白人媒體和白人讀者經常忽視黑人學者，即使杜波依斯是如此全國知名的學者。「我們僅被評價為研究黑人的黑人，」杜波依斯回憶道，「畢竟，黑人跟美國或科學有什麼關係？」科學跟塔斯基吉機制和吉姆．克勞法造成的隔離所產生的激烈鬥爭有什麼關係呢？「我的夢想、學習與教學和這場激烈戰鬥有什麼關係？」杜波依斯問道。由於杜波依斯對用科學進行勸說失去了信心，他決心要「領導、啟發並決定」。他於一九一〇年夏天離開亞特蘭大，並搬到紐約成為《危機》（*The Crisis*）雜誌的創始總編輯，《危機》是最近成立的美國全國有色人種協進會（National Association for the Advancement of Colored People）的發聲管道。[10]

在全國有色人種協進會中，這個新組織的聯合創始人杜波依斯與維拉德針鋒相對。維拉德像他的外祖父一樣，比較像是同化主義者，而非反種族主義者，他把黑人視為社會問題。再說，雖然他的祖父喜歡侵略性的反種族主義黑人，例如早期的黑人女權主義者瑪利亞・史都華，但維拉德「天生就期待」非裔美國人「變得謙虛和感恩，肯定不是自信和咄咄逼人」，杜波依斯準確地指出這一點。例如，維拉德試圖將艾達・威爾斯趕出負責組織該協進會的四十人委員會之外。[11]

同化主義者和反種族主義者在關鍵時刻發起了全國有色人種協進會。種族隔離主義者剛剛發起他們的優生運動（eugenics movement），展現了他們的種族主義政策的進展和種族主義思想，以證明其作為合情合理。社會達爾文主義完全轉移到美國。一九一〇年，前芝加哥大學生物學家查爾斯・達文波特（Charles Davenport）獲得了一位鐵路公司繼承人的財政支持，在該國第一個致力於改善國家基因原種的中心，紐約冷泉港實驗室（Cold Spring Harbor Laboratory），建立了優生學檔案局（Eugenics Record Office）。達文波特是廢奴主義者的兒子，在杜波依斯任職哈佛大學期間曾於該校學習。達文波特試圖證明人類想像中最具壓迫性的虛構概念：人格和心理特徵是遺傳來的，優越的種族群體會繼承優越的人格特質。

「所以你看到你播種的種子仍然在遙遠的國家萌芽。」達文波特在一九一〇年寫信給英國具開創性的優生學家法蘭西斯・高爾頓，他是達爾文的表弟。優生學在一九一〇年以後萌芽，由達文波特和他訓練的兩百五十位優生學家不斷澆灌。他在象徵此運動的宣言《與優生學有關的遺傳》（*Heredity in Relation to Eugenics*, 1911）一書中寫道，「永久的進步」只能透過「確保最好的血統」來實現。優生學運動迅速湧入美國流行文化：在較好的寶寶比賽、雜誌、大學課程、流行講座，以及評估大人物和罪犯有好或壞基因、好或壞的「血統」的社會中展現出來。就算人們在輸血後沒有改變也沒有關係，優生學家從來沒有發現任何足以證明遺傳塑造行為的證據也沒關係。優生運動創造的是信徒，而不是證據。美國人想要相信美國的種族、民族、階級和性別等級是自然和正常的。他們想要相信他們將自己的特質遺傳給了孩子。[12]

隨著優生學的發展，杜波依斯利用《危機》雜誌來對抗這場運動，並宣傳「那些顯示種族偏見有多危險的事實和論據」。他利用該雜誌刊出了鮑亞士的一篇文章，讓讀者能夠預讀鮑亞士於一九一一年出版的巨著《原始人的心靈》（*The Mind of Primitive Man*）。鮑亞士在《原始人的心靈》中附和了同化主義者的舊信條：反對種族隔離主義者的「劣等由遺傳而來的理論」，並相信讓黑人低人一等是因為他們「完全喪失」了非洲文化，以及奴隸制和歧視帶來的壓力。「總之，有充分的理由相信，當黑人擁有能力和機會時，他們將完全能夠和他的白人鄰居一樣履行公民責任，」鮑亞士寫道，「或許黑人沒辦法像白人一樣產生那麼多偉人，平均成就也無法達到白人的平均水準，但是會有無數的人能夠超越他們的白人競爭對手。」[13]

「在文化和語言方面……北美黑人，」鮑亞士說，「基本上是歐洲人。」鮑亞士「絕對反對各種促進單一種族團結的企圖」，包括他自己所屬的猶太人。他和其他同化主義者一樣，將美國視為一個融合所有文化色彩的大熔爐（都融入了美國白人）。但具有諷刺意味的是，像鮑亞士這樣的同化主義者討厭種族團結，但卻繼續以種族團結為基礎產出種族主義思想。[14]

一九二六年，鮑亞士為全國有色人種協進會聯合創始人兼學者，瑪麗・懷特・奧文頓（Mary White Ovington）的暢銷書撰寫序言，該書名為《半人：紐約黑人的地位》（*Half a Man: The Status of the Negro in New York*）。在指出一些種族歧視的同時，奧文頓對這種黑人女性就是性欲過剩、不負責任的舊種族主義刻板印象，進行了新的統計詮釋。她說，如果黑人女性對比黑人男性的比例愈高，這些「過多的女性」就容易賣淫，並且容易「擾亂鄰居的兒子，甚至是鄰居的丈夫」。同樣地，社會工作先驅珍·亞當斯（Jane Addams）也在《危機》雜誌中聲稱，黑人母親不如義大利母親能夠控制女孩的性行為。對此，艾達·威爾斯展開反擊，不能讓白人女性胡亂攻擊，她寫道，黑人女性「和白人女性一樣愛丈夫和孩子，也有同樣的企圖來維持良好秩序的家庭」。[15]

為了擴大讀者群並展示黑人民族的能力，杜波依斯在一九一一年六月的《危機》雜誌中，揭露了關於優秀黑人這個受歡迎的主題，介紹那些突破種族障礙的黑人專業人士。隨著美國在下個世紀廢除種族隔離，優秀黑人受到了許多讚賞，例如最先成為黑人百萬富翁的美髮大亨沃克夫人（Madame C. J. Walker）和《芝加哥衛報》（*Chicago Defender*）創始人羅伯特·阿伯特（Robert Abbott）。在反種族主義的全盛時期，對優秀黑人的讚美變成了反種族歧視的宣示活動，以及對於那些沒這麼優秀的黑人的強烈要求。在美國人的種族主義最式微的時期，他們將那些優秀的黑人視為非凡的黑人或是種族進步的象徵。當愈來愈多黑人擺脫歧視的障礙，社會可以找到更多方法來忽視障礙本身，甚至可以爭辯說是其他東西限制了黑人。因為有優秀黑人的存在，責任就可以轉移到那些未能擺脫障礙的黑人。杜波依斯的《危機》雜誌試圖將責任歸咎於較貧窮的黑人以及歧視性障礙。但是，善於適應環境的優秀黑人卻擁護以更好的黑人職業道德做為較佳的社會政策，而不是採取反對歧視性障礙的舉措。他們的邏輯是，如果一些人可以擺脫障礙，那麼只要大家努力工作，所有人都可以擺脫。種族主義者的邏輯不一定合乎邏輯，只需要合乎常識。於是，就像優秀的黑人打破種族障礙一樣，那些圍繞著優秀黑人的關注即使不是大多時候，有時也會強化種族主義思想去指責黑人本身，而非譴責那些留存的歧視性障礙。[16]

※

到了一九一三年，《危機》雜誌已經積累了一群著迷的觀眾，這些觀眾受到「十分之一幹才」和全國有色人種協進會的領導所吸引，受到該雜誌受歡迎的部分所吸引，例如說優秀黑人。最重要的是，受到杜波依斯極精采的文筆所吸引。三月時，杜波依斯與其他出版單位一起報導華盛頓特區舉行的第一次大型選舉遊行，該遊行是由實行種族隔離的全美婦女投票權協會所組織。五千名女權主義者在沿著賓夕法尼亞大道行進的過程中，面臨著白人男警察和擾亂份子的壓迫。杜波依斯在《危機》中報導了令人討厭的白人男性反對派，和據稱令人尊敬的黑人男性觀察者之間的「顯著」對比。他以咬住反同化主義者的諷刺口吻問他的黑人男性讀者：「當文明領導者做出如此強有力的行動時，難道單純身為黑人男性不會讓你感到羞愧嗎？不會讓你『為你的種族感到羞恥』嗎？不會讓你『想要變白』嗎？」[17]

幾年後，杜波依斯發表了一個關於女性選舉權的論壇，特別是對於黑人女性。其實沒有多少黑人作者提出支持女性選舉權議題中，白人流行的（和性別歧視的）論點：女性天生（孩子氣的）品行賦予她們投票權。但教育家南妮．博洛斯（Nannie H. Burroughs）接受了此一論點並加以改造。她是該時代更善於表達和強硬的領導人之一。早在一九〇四年，博洛斯就控訴了「不是膚色而是性格」中的種族主義色彩。博洛斯指責道，有些黑人男性「寧願為了女人的膚色而非性格娶她為妻」。因此，黑人女性試圖改變自己的外表，拉直頭髮，讓自己的皮膚看起來像白人女性。「每個……把頭髮變直的女人需要的，不是外表的改變，而是心智的改變，」博洛斯譴責道，「如果黑人女性把花在試圖變白的一半時間拿去改善自己，這個種族就能變得更好。」[18]

在《危機》論壇的選舉權議題上，博洛斯直接帶入種族主義思想，特別是針對弱勢黑人男性出賣了投票權（和強勢的黑人女性不出賣投票權）的想法。從安娜·茱莉亞·庫珀到法蘭西絲·哈潑、杜波依斯、南方種族隔離主義者詹姆士·瓦爾達曼（James Vardaman）和提爾曼都曾清楚表達這種性別種族歧視。博洛斯認為，不道德、腐敗和軟弱的黑人男性「交換並賣掉」了投票權。「黑人女性……需要選票來回到原本的地位，她們會明智地使用選票，而黑人男子卻因誤用而失去選票。」博洛斯爭論道。在宣稱黑人女性不會出賣投票權的同時，博洛斯同時改寫歷史，視黑人女性在政治上優於黑人男性。她無視黑人男性和女性過去曾經對抗那些強行偷走黑人男性投票權的歷史，而在法律、暴力和經濟恐嚇上所做的伏擊。[19]

然而在一九一二年總統大選，博洛斯可能仍舊對支持民主黨的那些強烈表達意見的少數黑人男性選民，感到不安。儘管出生於維吉尼亞州，曾就職於普林斯頓大學的政治學家暨民主黨員伍德羅·威爾遜（Woodrow Wilson），因為試圖重現重建時代的黑色恐怖並捍衛想要再度施行奴隸制度的南方白人而出名，但他也透過保證在種族政策上會有所節制，而讓杜波依斯和數千名黑人男性投票給他。威爾遜上任後讓南方種族隔離主義者主導了他的政府，同時鼓勵黑人專注於上進勸說。杜波依斯感覺受騙。一位美國政治家再次玩弄了黑人選民，迫使他們接受華盛頓特區和南方各地的聯邦辦事處的隔離政策。[20]

威爾遜在第一個總統任期內，有史以來首次在白宮放映電影，選擇這部電影清楚表現出他的種族觀念。這部一九一五年的電影是由好萊塢第一家長篇影片的工作室所製作：格里菲斯（D. W. Griffith）的《一個國家的誕生》（*The Birth of a Nation*），由湯瑪斯・狄克森的暢銷小說《同族人》（*The Clansmen*）改編而成。這部電影標誌著好萊塢和美國電影業的誕生。它成為傳播種族主義思想的最新視覺媒體，使衰退的吟遊詩人節目黯然失色。這部默片描繪了重建時期是腐敗的黑人至上主義者玷汙無辜白人的時代。電影進入高潮時，一名黑人男性強姦犯（由白人演員塗黑臉扮演）追著一名白人女性進入樹林，逼她於死地。「對他用私刑！對他用私刑！」休斯頓的電影觀眾大喊，而一九一五年真的有近百名黑人遭到私刑處死。電影的最後，受害者的兄弟組織了三K黨重新控制南方社會。當電影結束時，棕色頭髮、棕色眼睛、穿著白色長袍的白人耶穌出現，賜福白人至高無上的勝利。[21]

「就如同用閃電寫歷史一樣，」據報導威爾遜在看完電影之後說，「而我唯一的遺憾就是這一切都非常真實。」從一九一五年二月八日開始，數以百萬計北方和南方的白人擠滿了電影院，觀看這個重建時代普遍相信的真相。到了一九一六年一月，僅在紐約就有超過三百萬人觀看了這部電影。這是美國二十年來票房收入最高的電影，它讓數百萬美國人在其私刑和隔離政策中感覺得到救贖。影片重振了三K黨，在一九二〇年代吸引了數百萬美國人進入這讓移民、社會主義者、天主教徒和黑人感到驚恐不安的俱樂部。

各地的黑人社群都對《一個國家的誕生》所訴說的可怕謊言感到憤怒並加以抗議。布克・華盛頓在其生命中的最後日子裡，曾試圖在私底下完成全國有色人種協進會和其他民權組織試圖公開做的事情：阻止這部電影上映。但他們失敗了。杜波依斯採取了不同的方法，他在一九一五年出版一本關於黑人歷史的書《黑人》（*The Negro*），挑戰電影中的歷史種族主義。他打破了古埃及不屬於非洲的童話故事、高度發展的前現代非洲國家並不存在、重建時期的恐怖，諸如此類的錯誤觀念。他似乎放棄了他對於種族的生物學概念，但他沒有放棄他對黑人特質的種族主義觀念，他稱黑人為「最可愛的人類」。[22]

儘管北方黑人運動人士努力阻止《一個國家的誕生》播映，或者重寫該電影所描繪的歷史，或者挑戰其認可的大規模剝奪黑人男性的權利，但南方黑人運動人士卻做得更多。他們用雙腳抗議南方的種族隔離主義者。當他們完成時，他們確實讓一個新的國家誕生。

第二十五章　一個國家的誕生

「每個黑人都知道，戰爭像地獄，但有些事比地獄來得更糟。」杜波依斯很擅長將黑人民族的複雜情感化為文字。打從第一次世界大戰切斷了從歐洲而來的移民來源之後，來自北方產業的勞工招聘人員就開始前往南部城鎮尋找新的勞動力。即使《一個國家的誕生》未曾出現在激動的南方觀眾面前，南方黑人還是可能會對北方產業的招聘人員感到興趣。[1]

但事實上，南方的黑人並不需要這些招募人員，來誘使他們逃離一個在某些方面比地獄更糟的地方。在第一次世界大戰期間，黑人再次利用他們的雙腿實踐行動主義，從農村城鎮逃到南方城市，從南方城市逃到邊境城市，再從邊境城市逃到北方城市。這場行動稱之為「大遷徙」（Great Migration）。在二十世紀第一次大規模反種族主義運動中，移民不再相信「新南方」的種族進步、吉姆．克勞法比奴隸制度更好的看法，也不相信黑人的政治經濟困境是他們的錯的說法。隔離主義者試圖透過種族主義思想來減緩移民，將這些想法付諸實現，因此他們會恐嚇來自北方的勞工招聘人員、逮捕移民，甚至試圖改善勞動條件。但沒有人能阻止這場「大遷徙」運動。

當移民到達北方城市時，他們仍會面臨自認已經拋諸腦後的種種歧視，他們會聽到同樣的種族主義思想。北方城市的黑人和白人都瞧不起移民，也瞧不起因文化背景不同所帶來的南方或鄉村文化。他們認為這些移民的家庭功能失調，他們說這些跋涉數百英里來尋找工作和更好生活的移民懶惰成性。

一九一八年，哈佛大學訓練出來的歷史學家卡特．伍德森（Carter G. Woodson）剛剛創立了第一個黑人歷史期刊和專業協會，他正確地預言「粗暴地對待黑人將會成為國家政策」。記者伊莎貝爾．威爾克森（Isabel Wilkerson）在二〇一〇年提到，移民會在北方的「接收站」中面臨隔離處境。例如，帶有種族主義的紐約哈林人①組織起來打擊他們所謂的，「黑人群眾日益增長的威脅」，並最終將他們的社區隔離開來。在六十年的時間裡，大約有六百萬南方黑人離開家園，讓美國黑人從原本主要集中於南方，轉變成遍布全美的城市，而隔離主義思想在這個過程中也變成存在於全國各地。[2]

但大遷徙的說法讓人忽略了從加勒比海和非洲遷徙到美國的人口，雖然數量較少。一九一六年三月，有一位博學多聞又有魅力的牙買加年輕人來到紐約，為牙買加的一所學校籌集資金。這位年輕的非洲人充滿熱情也了解什麼是種族主義。為了和杜波依斯見上一面，黑皮膚、身材勻稱的馬科斯．摩賽亞．加維②參觀了全國有色人種協進會的紐約辦公室。因為杜波依斯不在辦公室裡，這讓加維一時之間「無法判斷自己是在白人的辦公室，還是在全國有色人種協進會的辦公室」，這是因為全國有色人種協進會的工作人員中，以白人和混血同化者居多，並且在黑人區塊中擔任領導職務的多是混血同化者。加維因此毫不猶豫決定留在哈林，並在那裡成立世界黑人進步協會（Universal Negro Improvement Association）。他的組織原則是全世界非洲人的團結、宣傳黑膚色和非裔美國文化之美，以及呼籲全世界非洲人民族自決。「非洲，是非洲人的非洲。」他常這麼說。他的世界黑人進步協會很快就吸引了反種族主義者、黑人勞工以及黑人移民，還有不喜歡全國有色人種協進會和「十分之一幹才」的膚色主義、階級種族主義、同化主義和本土主義的移民。[3]

加維和他的支持者並不是唯一有在觀察不斷增長的美國混血兒人口和權力的人。學者們正在留意這個現象。在加維對全國有色人種協進會總部所做的惱人訪問兩年後，社會學家和優生學家愛德華・拜倫・路特（Edward Bryon Reuter）完成了《在美國的黑白混血兒》（*The Mulatto in the United States*, 1918）一書。路特提出一個論點，認為黑人所成就的一切，其實都是混血兒的成就，這個論點讓他在愛荷華大學闖出了名聲。路特將混血兒視為一種種族中產階級，低於優越的白人，但高於劣等的「全部黑人」。（混血兒雖然經常反對種族主義者認為他們比白人低劣的論點，但裡頭卻有些混血兒消費並複製了他們比黑人優越的種族主義觀念。）路特忽略了混血兒的成就，而將他們標記為「特殊族群」，而大約同時間，同性戀者也被標記為「特殊族群」。[4]

路特強化了混血兒是異常的這種根本的種族主義觀點。同性戀者像混血兒一樣，也被認為是種異常，而這兩者有時被認為就是處於中間狀態的「特殊族群」。「在最白的男人和最黑的黑人之間延伸出大量的中間種族。」早期的同性戀權利倡導者之一澤維爾・緬恩（Xavier Mayne）在《雙性人》一書（*The Intersexes*, 1908）中如此宣稱。「大自然以半音和介於之間的存在……來表達它對絕對和滿足的憎惡。」雙性戀和混血兒悄然破壞了異性戀和種族純潔所謂的正常。[5]

---

① 哈林（Harlem）是美國紐約市曼哈頓的一個社區，哈林在十七世紀原是荷蘭人的殖民地，哈林這個地名就是源自荷蘭城市哈勒姆（Haarlem）。二十世紀之後有大量黑人遷入哈林，才逐漸成為黑人的文化中心，但也同時是貧困和犯罪的溫床。

② 馬科斯・摩賽亞・加維（Marcus Mosiah Garvey, 1887-1940），牙買加政治家、記者、演說家，創辦世界黑人進步協會，被認為是黑人民族主義的開創者。

優生學者無休止地譴責不同種族間的繁殖，為的就是促進保有純粹的白種人。一九一六年第一次世界大戰期間，有一本名為《偉大種族的消失》（*The Passing of the Great Race*）的爆炸性書籍出版，紐約律師麥迪遜．格蘭特（Madison Grant）建構了一個種族—民族梯階，最頂端是白色人種（盎格魯—撒克遜人的新說法），而猶太人、義大利人、愛爾蘭人、俄羅斯人和所有非白人在較低的梯階。他根據「每個國家的白色人種血統數量」，重建了世界歷史中提升和倒退的文明。「種族在智力和道德上的變化，與他們的生理一樣，」格蘭特如是說，「我們花了五十年的時間才學會說英語，穿好衣服、上學，而教堂不會把黑人變成白人。」這位種族隔離主義者熱切地告訴同化主義者，他們的努力必然會失敗。黑人沒有發展能力，不能成為白人。格蘭特的書在五年內修訂並重新再版了三次，並翻譯成幾種外語。出版商幾乎無法滿足人們對種族隔離主義思想的貪婪索求，以及白人理論家試圖使社會不公的現象正常化的活躍優生學運動。[6]

一次大戰結束後德國投降，有一位憤怒的奧地利士兵加入德國政壇，他因為對馬克思主義和猶太人口出惡言而獲得眾人掌聲。一九二四年，阿道夫．希特勒（Adolf Hitler）因革命未遂被判入獄，他利用服刑期間研讀格蘭特的書，寫下他的巨著《我的奮鬥》（*Mein Kampf*），留下這句知名的句子，「人類存在的最高目標是……保存種族」。這位納粹獨裁者後來感謝格蘭特寫下《偉大種族的消失》，他稱這本書是「我的聖經」。[7]

優生學思想也成為剛起步的心理學學科的一部分，也是新興標準化智力測驗的基礎。許多人認為這些測試將一勞永逸地證明種族在先天上就存在著等級。一九一六年，史丹佛大學優生學家路易斯．特曼（Lewis Terman）和他的同事「完善」了基於可疑理論的智力測驗，該理論認為標準化測驗實際上可以量化和客觀地測量複雜和主觀的東西，而這種測驗在不同的經驗群體中會測出不同的智力。一般智能③這種概念是不存在的，當學者們試圖指出這種海市蜃樓時，它似乎跟旁觀者眼中的普通美女（general beauty）一樣，是另一種不存在的現象。但特曼設法使美國人相信，本質上具有主觀性的東西實際上是客觀和可衡量的。特曼預測，智力測驗將顯示「一般智能方面存在著巨大的種族差異，這些差異無法透過任何心理文化方案消除」。標準化測驗成為證明黑人智力低下並且為歧視找到正當理由的最新「客觀」方法，而價值數百萬美元的測驗行業很快就在學校和工作場域發展起來。[8]

在一九一七年和一九一八年，有一百七十五萬名士兵接受了智力測驗。美國心理學會（American Psychological Association）主席，暨普林斯頓大學心理學家卡爾・布林漢姆（Carl C. Brigham），利用軍隊智力測驗的結果來劃分遺傳的種族智力等級，幾年後，他發展出學術能力測驗（Scholastic Aptitude Test, SAT）做為錄取大學的標準。白人士兵得分較高，布林漢姆認為是因為白人的血統較優異。北方的非裔美國人得分高於南方的非裔美國人，布林漢姆認為這是因為北方黑人的血統中有濃度較高的白人血統，而這些具有遺傳優勢的非裔美國人因為智力更高而到北方尋求更好的機會。[9]

③英國心理學家查爾斯・斯皮曼（Charles Spearman, 1863-1945）在一九二七年提出智力二因論（two-factor theory of intelligence），認為人類智力是由一個普通因素（general factor）和特殊因素（specific factor）所組成，普通因素即是個體所有心智活動所必須的能力，以此可以學習多種普通課程；特殊因素則是學習如音樂、美術、機械等才藝方面特殊能力，是某種特殊心智活動所必須的。智力測驗多半是針對普通因素的檢測，可得出個體的一般智能（general intelligence）。

一九一八年十一月十一日簽署的停戰協議結束了第一次世界大戰。在巴黎和會上，殖民霸權國家進行了六個月的談判，以凡爾賽條約達成協議。杜波依斯在一九一八年大膽前進巴黎，為《危機》雜誌發表扣人心弦的信件和社論。他分享了黑人士兵所面臨的種族主義，並在戰時新聞報導中加入了黑人英雄主義的故事。但是，當絕大比例是白人和南方人的軍官回到美國，並開始向記者講述他們自己的戰爭故事時，黑色英雄主義的故事情節，在白人報紙上變成了滿是黑人缺陷的故事情節。總的來說，杜波依斯的巴黎新聞稿和活動展示了他對同化和反殖民主義的雙重意識，他目睹了巴黎和會的勝利者激烈反對殖民地人民爭取獨立。杜波依斯在一九一九年二月《危機》雜誌上發表的〈重建與非洲〉（Reconstruction and Africa）一文中，他以反種族主義的方法否定了歐洲是「讓非洲變得文明的仁慈殖民主」的觀念。他宣稱，「當白人宣稱歐洲退出非洲，將會讓非洲大陸陷入混亂時，他們只是在用話語欺瞞眾人——又或者更糟的情況。」就同化主義者的另一方面而言，杜波依斯協助組織了當月在巴黎舉行的第一次泛非大會（Pan-African Congress），該大會呼籲巴黎和會採取「漸進式」去殖民化和給予民權。杜波依斯希望能「有機會和平加速黑人族群的發展」。[10]

最後，各方於一九一九年六月二十八日簽署了凡爾賽條約。龐大的德國被迫支付賠償金。法國、比利時、南非、葡萄牙和英國獲得了德國珍貴的非洲殖民地。各國組成了一個國際聯盟（League of Nations）來管理世界，但威爾遜政府與英國和澳洲一起拒絕了日本的提議，即聯盟的憲章中提到承認所有人民都平等的承諾。至少威爾遜總統是誠實的，因為他擔心黑人士兵在法國獲得的相對良好待遇，會「讓他們變得自負」。對於像威爾遜這樣美國種族主義者來說，最危險的莫過於期望能立即獲得平等的有自尊的黑人，而非同化主義者期盼的漸進平等，又或者種族隔離主義者的永久不平等。一九一九年，許多黑人士兵帶著反種族主義者的期盼回到自己的家鄉，成為「新黑人」（New Negroes）。他們也受到新黑人的歡迎。11

這些新黑人聽從了杜波依斯的請求。杜波依斯在一九一九年五月的《危機》雜誌〈我們回歸戰鬥〉（We Return Fighting）一文中這樣寫道：「天堂的神哪，如果現在戰爭已經結束，我們就是懦夫和傻瓜，我們沒有集中我們的所有腦力和體力，去對抗我們自己的土地上那地獄般的力量，進行更嚴峻、更不屈不撓的長期鬥爭。」但數十年來一直負責投遞熄滅私刑火種的白人報紙的美國郵局，卻拒絕投遞《危機》雜誌，因為他們認為杜波依斯的言論「無疑是種暴力，極有可能激起相當多的種族偏見（如果在黑人中尚未達到最大限度的話）」。杜波依斯在一九〇一年曾對反種族主義有著錯誤的解讀，認為那充滿了對白人的報復和憤怒，而不是對種族主義思想和歧視的憤怒，如今終於回過頭來反噬他。他早年一直在敦促黑人冷靜地把精力集中在自己的道德提升和上進勸說上，去改變種族主義思想。他試圖提供美國白人與黑人間具有種族差異的科學事實，同時也相信可以透過理性勸說來說服那些製造種族主義思想和政策的人們，可以停止他們的行為。他早年曾嘲笑像艾達・威爾斯和特納主教這樣的領導人既不明智又暴力，認為當他們熱情地呼籲黑人戰鬥時充滿了偏見。但隨著年復一年在教育、勸說和黑人自我提升的失敗，杜波依斯也愈來愈強烈、愈來愈激昂地敦促黑人要出來抗議和鬥爭。然而，他不得不面對他在職業生涯早期曾向其他人所拋出同樣的批評和審查。經過一星期的拖延，郵政官員終於願意投遞《危機》雜誌。但他們也發現新黑人正在編輯更危險的反種族主義和社會主義刊物，包括馬科斯・加維的《黑人世界》（*The Negro World*）。

那些還在湧入電影院觀看《泰山》和《一個國家的誕生》的美國人，他們仍然花整個下午閱讀《偉大種族的消失》，或參加三K黨的活動，或試圖隔離黑人移民，他們如何回應新黑人呢？詹姆士・魏爾頓・強森將他們在一九一九年的反應稱之為「血色之夏」（Red Summer），那是自重建時期以來白人入侵黑人社區中最致命的一系列流血衝突。由於種族主義思想對新黑人沒有作用，因此至少有二十五個美國城市發生了暴力衝突，好像是為了提醒滿懷自信的新黑人，白人才是老大。「如果我們必須死，就讓我們不要死得像豬玀一樣。」克勞德・麥凱伊（Claude Mckay）在七月以喊叫的方式寫下了大受歡迎的自衛詩。「像男人一樣，我們將面對凶悍、卑劣的群眾，雖然被壓在牆上，垂死著，但我們會反擊！」[12]

和今天一樣，當時的種族主義白人報紙慣常傾向將黑人受害者描繪成罪犯，將白人罪犯描繪為受害者，而黑人報紙在戲劇性的自我防衛表演之後，也慣常強調黑人男子氣概的救贖。「最後，我們的男人像男人一樣站起來，加以反擊，不再是傻傻地被牽著鼻子走的牛。」一位黑人女性在《危機》中歡欣地說。對種族主義白人評論家來說，據傳煽動起「血色之夏」的黑人男性是野蠻的牛；而對種族主義黑人評論家而言，這些從前野蠻的牛，則透過反擊證明了自己畢竟是個男人。在「血色之夏」事件中，兩邊的種族主義思想都很激昂，但性別種族歧視也浮上了檯面，特別是關於那些保護自己的男人、孩子和族群的勇敢黑人女性強忍住的可怕沉默。[13]

威爾遜政府以某種方式將血色之夏與戰後的紅色恐慌混為一談，認為要為屠殺負責的是反資本主義者，而非暴力的白人種族主義者。一九一九年九月二十七日，有一百二十八名不合群的白人社會主義者受到近期俄國革命的鼓舞，齊聚在芝加哥組成了美國共產黨（Communist Party of the United States of America）。美國共產黨的綱領指出，「黑人遭受的種族壓迫只是表現出他們在經濟上的束縛和壓迫，每一種都加劇了另一種。」這聽起來像一九〇三年美國社會黨（Socialist Party of America）的創始種族綱領。美國社會黨的領導人，例如該黨的五屆總統候選人尤金·德布斯（Eugene V. Debs）經常會說，「黑人問題不過就是勞動問題」。和美國社會黨的前輩一樣，美國共產黨的黨工也會繼續提出資本主義對種族歧視的剝削，而不是立刻同時平衡和挑戰兩者。在他們對世界政治經濟的不完整解讀中，種族主義是從資本主義衍生而來，因此資本主義問題出現在種族主義問題之前。共產黨認為，如果他們扼死資本主義，種族主義也跟著消亡。然而他們並不知道，資本主義和種族主義在同一個漫長的十五世紀都出現過，而且從那時起，這兩種思想在分開發展的過程中彼此增強。共產黨的專刊《共產黨人》（*The Communist*）在血色之夏期間曾提醒黑人（和白人），「我們要意識到他們的痛苦不是源自於種族對抗，而是因為大企業與勞動者之間的階級對抗。」14

大企業當然是在製造和複製種族主義政策和思想，以分裂和征服工人階級，降低勞動成本，增加政治權力。然而，美國共產黨淡化或忽視了白人勞工和工會以歧視和侮辱黑人勞工來增加自己的工資、改善自己的工作條件，並增強他們自己的政治權力。如果美國勞工在美國獲得對資本的政治和經濟控制，為什麼他們不繼續統治黑人勞工呢？共產黨沒有說明，他們也沒有在建黨的這幾年中說明自己的種族主義思想，而是在反種族主義黑人加入了他們的行列時才指出來。為了聯合工人階級，美國共產黨領導人早期將招募工作專注在帶有種族主義的白人勞工身上。一九一九年，他們拒絕補充有關卡爾·馬克思（Karl Marx）的信條最新資訊，來解釋他們這個嚴重以種族劃分階級的國家。如果共產主義革命不同時支持反種族主義的革命，那麼美國共產黨人士通常就會對種族主義的未來代表著什麼意義，保持沉默。[15]

杜波依斯受到這個前所未有的炎熱血色之夏所啟發，不僅僅是因為他對「新黑人」感到興奮，也不是因為他開始仔細閱讀（和更新）馬克思的理論。一九二〇年二月，他推出了《黑水：面紗內的聲音》（*Darkwater: Voices from Within the Veil*）一書，收有許多尖銳的文章。杜波依斯厭倦地了解到，種族隔離主義者「之所以相信黑人是次等人種」，並不是因為他們缺乏知識，而是因為這種「熱切而根深柢固的傳承思想，無論用什麼論證或事實，都無法加以動搖」。一直以來用教育勸說來移除這些種族主義思想的杜波依斯，終於開始轉向為單一的反種族主義思想。但杜波依斯最終仍沒有達到那個境界，相反地，他仍寫下「歐洲文化難道不比在非洲或亞洲出現的任何文化更好嗎？歐洲文化是比較好的」。[16]

在貶低現代非洲和亞洲文化之後，杜波依斯發表了〈被詛咒的女性〉（The Damnation of Women）一文。在《黑水》中，杜波依斯做了一件很少為黑人女性做的事情：為了「她們的價值」、「她們的美麗」、「她們的承諾，以及她們艱難的過去，我尊重我的種族的女性」。但是他在尊重黑人女性的同時，卻也羞辱了非黑人女性和黑人男性，特別羞辱他們身為母親和父親的身分。杜波依斯描述了一個不快樂的世界家庭，「亞洲是他的父親和崇拜，歐洲是一個早熟、自我中心、奮力向前的孩子，但母親的土地卻是非洲。」沒有一個地方的母親的愛比非洲更強大、更深刻。杜波依斯這位單親媽媽的兒子毫不令人意外地宣稱：「母親和母親的母親看來很重要，而父親則是陰暗的回憶。」[17]

在種族主義貶低黑人的同時，杜波依斯跟隨著那一長列誇大黑人重要性的改革者，而他的情況是，他將全世界把黑人女性視為不道德的反母親（anti-mother）、反女性（anti-woman）例子，轉變為把黑人視為有道德的超級母親（super-mother）、超級女性（super-woman）。但無論是抬高或貶低黑人女性，這樣的視角都扼殺了現實、將不道德的個人或慈母般的個人行為混為一談，並在此過程中傳播種族主義思想。這種對於黑人女性的反種族主義素描，將描繪出可以在所有同樣不完美的女性種族群體中，發現的相同多樣性的母性和非母性行為。

數十年來，對於黑人女性行為的各種描繪在輕鬆愉快的娛樂場中搖擺了頭部和臀部、思想和心靈。杜波依斯發表《黑水》幾個月後，瑪蜜・羅賓森（Mamie Robinson）發行了一九二〇年代以來首張表現偉大的反種族主義藝術形式的專輯。〈瘋狂藍調〉（Crazy Blues）成為暢銷歌曲。唱片公司從黑人和白人聽眾對藍調的熱潮中獲利。瑪蜜・羅賓森、瑪・萊尼（“Ma” Rainey）、艾達・考克斯（Ida Cox）和貝西・史密斯（Bessie Smith）唱起了黑人女性的沮喪和快樂、對男人的愛與恨、易受騙和擺布人、在性事上的自由與遵循、決斷與被動、遷移與停留、像天使和「狂野女人」。藍調女人和她們的男性同伴接受了非裔美國人的文化方式，鄙視試圖說服白人「黑人很不錯」的策略，因此被信奉「十分之一幹才」的同化者所鄙夷。[18]

對種族主義讀者的清淡口味而言，杜波依斯《黑水》的所有同化主義思想，仍然添加了太多反種族主義的調味。正如倫敦經濟學院（London School of Economics）的社會主義者哈羅德・拉斯基（Harold Laski）所言，不管是北方、南方還是國外的種族主義評論家都一致譴責這本書，是一個苦澀的瘋子所寫的「種族仇恨的聖歌」，或者是「如果南方人變成黑人，他會寫些什麼……」。與此同時，《華盛頓蜜蜂》週刊表示，包括大批的一般佃農和幫傭等黑人讀者的壓倒性反應，可說是「黑人種族史上的里程碑」，但也有部分反種族主義的新黑人不喜歡《黑水》中一些平淡的道德化和階級種族主義。耶魯校友威廉·費里斯（William Ferris）是加維的《黑人世界》的總編輯，他說杜波依斯「從他自身的偉大高度」，而瞧不起黑人群眾和他們的病痛。[19]

任何人都不能否認這個指控，尤其是在大家知道杜波依斯對加維的看法之後。據稱，杜波依斯說，加維的運動將在「短時間內」崩潰，「他的追隨者是最低等的黑人，主要來自西印度群島。」記者可能是在一九二〇年八月訪問陷入愁雲慘霧的杜波依斯，因此才寫出這種表現出階級和種族歧視言談的報導。有整整一個月，杜波依斯不得不觀看和聽取加維的世界黑人進步協會，舉辦的第一次國際大會的大規模遊行和會議。一九二〇年八月二日，世界黑人進步協會在麥迪遜廣場花園舉行大會，有兩萬五千名狂熱的代表參加。「我們現在將把世界上四億黑人組織成一個龐大的組織，在非洲大陸上立下自由的旗幟。」加維在大會上高聲地說。這個夸夸其談的會議讓非洲世界的運動份子保持了好幾個月的高度敬畏。然而，杜波依斯和他的「十分之一幹才」，卻因為加維揭露出淺膚色人種擁有特權這個棘手的現實而深感威脅。「加維是非凡的男性領袖。」杜波依斯一九二〇年底在《危機》中承認，但他錯在試圖將加勒比的膚色政治帶到美國。「美國黑人知道，在種族內外並沒有膚色的界線，」杜波依斯說，「而他們最終會懲罰試圖建立這條線的人。」[20]

這可能是杜波依斯嚴肅職業生涯中最愚蠢的陳述。他聽起來像種族主義者一樣的無知，後者數十年來都因為忽視種族界線的存在而激怒了他。在杜波依斯否認膚色界線的同時，也忽視了種族歧視的存在，其實是為了黑人不成比例的貧困而指責他們。杜波依斯有眼睛，他明白淺膚色的人主宰了黑人最渴望的政治和經濟地位。一九〇三年，他在自己提出的「十分之一幹才」文章中，提到了二十一位現任和過去的黑人領袖，而他們之中除了菲利思．惠特利之外，其他人都是混血兒。杜波依斯的文中並未提到艾達．威爾斯或卡莉．豪斯。他可能聽過流傳的黑人兒歌：「如果你的皮膚是白的，你就是對的；如果你的皮膚是黃的，你就很圓滑；如果你的皮膚是棕的，堅持下去；如果你的皮膚是黑的，那就回去吧。」杜波依斯知道那些淺膚色的菁英仍然使用棕色紙袋和尺，來把深膚色的人困在教堂、工作、民間團體、歷史悠久的黑人學院、黑人兄弟會和姐妹會，甚至社區和其他類型的聚會中。④ [21]

杜波依斯可能並未明顯表現出種族主義。更有可能的是，他和他的淺膚色同僚認為他們因膚色享有的特權，受到膚色主義（colorism）和膚色平等討論的威脅，這與那些認為他們的種族特權受到種族主義和種族平等討論威脅的白人沒有什麼不同。因此，杜波依斯抄襲了他的敵人：他利用種族主義思想和他費力抵抗的力量，來解消反種族主義者對膚色歧視的挑戰。

一九二〇年代早期，杜波依斯和馬科斯．加維在跨種族關係問題上之間爭執不休，彼此之間的

---

④ 在當時，以上這些團體會用棕色紙袋和尺來測試申請人，如果申請人的膚色淺於紙袋的顏色，或是頭髮和尺一樣直，就能獲得入會資格；反之，則會被拒之門外。

衝突達到了顛峰。一九二一年十月，總統沃倫・哈定（Warren G. Harding）前往伯明罕爭取南方的支持，他堅持認為「不可能有種族融合」。當《危機》雜誌譴責哈定否定種族間關係時，加維卻歡呼著總統支持種族分離主義。麥迪遜・格蘭特這票優生學家擁護白人種族的純潔，並且反對因為較低等的黑人血統的入侵而造成的種族繁殖；但相反地，加維也提倡黑人種族的純潔，反對因為不同的白人血統的入侵所導致的種族間繁殖。同化主義者經常混淆了種族隔離主義和加維的分離主義。加維實際上相信隔離但平等，但這並不等同於種族隔離主義者所相信的不平等所以要隔離。反對加維的同化主義者將黑人融入白人空間視為進步，而這些同化主義者也將加維以分離主義角度所做的種族團結努力，與種族隔離主義者排斥劣等民族以保持種族純粹的努力混為一談。反對加維的同化主義者沒有意識到，不管美國人自願隔離自身或融入自身，都和內在的寬容或不寬容無關。美國人經常根據宗教、性別、種族淵源，性向、職業、階級，種族和社會利益，自願地隔離和融入自身。如果重點是放在排除劣等民族，那麼分離主義組織就可能是種族主義者（如果是這樣，就變成種族隔離）；但如果重點是透過將黑人放置在優越白人的主導下來提升劣等黑人，那跨種族間的混合也可以是種族主義（如果是這樣，就會變成同化）。這是加維對全國有色人種協進會跨種族計畫的錯誤印象。[22]

杜波依斯和加維代表了黑人美國裡的同化主義者、反種族主義者和分離主義者中，在階級之間、當地人和西印度人之間、民族主義者和泛非主義者之間，以及淺膚色和深膚色之間更大、更惡劣的爭鬥。但加維有個更大的敵人試圖讓他沉默，那就是美國政府。一九二三年六月，他被判犯有詐欺罪。交保釋放後，他冒險跑到賴比瑞亞（杜波依斯也是如此）。杜波依斯回到美國時，他的憤怒和特權感戰勝了他，而他在一九二四年五月稱加維是「美國和世界黑人種族中最危險的敵人」。當加維自由的日子屈指可數，他在八月份主持世界黑人進步協會大會時，回擊了杜波依斯和「十分之一幹才」。他的反種族主義肯定已經變成了極端種族主義的嘲弄，加維在麥迪遜廣場花園向成千上萬的人如此宣告，黑人是「世界上最粗心、最冷漠的人」。一再上訴的六個月後，加維走進聯邦監獄，三年後才被驅逐出境。[23]

在加維召開最後一次世界黑人進步協會大會之前的幾個星期，民主黨代表們為了一九二四年的民主黨全國代表大會而聚集在同一個麥迪遜廣場花園裡。民主黨員投票支持強大的三K黨發布的反黑人、反天主教、反猶太主義的宣言。如果國會在今年早些時候的兩黨投票中沒有通過《移民法案》，那麼該宣言也會反移民。上述的《移民法案》由華盛頓州共和黨人艾伯特．強森（Albert Johnson）撰寫，他精通反亞洲種族主義思想，與格蘭特關係密切。政治家們利用有高度影響力的優生學家，限制西北歐以外的所有國家移民來美國。接替在一九二三年驟逝的哈定總統的共和黨總統卡爾文．柯立芝（Calvin Coolidge），他在連任前愉快地簽署了立法。「生物法則告訴我們，某些不同的人不會混居或混血，」柯立芝於一九二一年擔任副總統時寫道，「白種人自我繁殖地相當成功。如果跟其他種族混在一起，結果顯示對雙方都不是好事。」[24]

一九二四年《移民法案》通過後，優生學家迅速轉為關注美國非白種人的隔離問題。具有諷刺意味的是，該法案的副作用減緩了優生議程的腳步。該法案減少了白種人對非白種人占領該國的擔憂，並激發同化主義者在智力上努力使非白人能夠遵守想讓美國變得同質化的白人理想。隸屬天主教、支持移民的哥倫布騎士歷史委員會（Knights of Columbus Historical Commission）甚至資助出版了幾本關注不同種族和民族群體貢獻的書籍。其中包括《締造美國的德國人》（*The Germans in the Making of America*）、《締造美國的猶太人》（*The Jews in the Making of America*），以及杜波依斯的《黑人民族的禮物：締造美國的黑人》（*The Gift of Black Folk: The Negros in the Making of America*）。

杜波依斯與優生學家和同化主義者不同，他渴望一種多種族多元主義，在這種多元主義中，差異以反種族主義的方式受到承認、接受並獲得平等待遇，而不是遭受分級、壓抑和忽視。但杜波依斯不是單純分享非裔美國人的靈性、藝術和音樂的文化差異，而是附和芝加哥大學的國家知名城市社會學家羅伯特·帕克（Robert Park）的觀點，以種族主義的方式將黑人分級。黑人「基本上是藝術家，因為本身的緣故而熱愛生活」，帕克寫道，「可以說黑人是種族中的淑女」，並且比起「對主觀的狀態和內省的對象」而言，對「物質事物」比較感興趣。杜波依斯也說黑人對「聲音和色彩」有一種無可比擬的感受，伴隨著「謙卑」和「某種精神上的愉悅：對生活的感性、熱情的愛，與冷酷而謹慎的新英格蘭理性有著鮮明的對比」。經過這麼多年，杜波依斯還在協助強化斯托關於柔軟的黑人靈魂和強硬的白人心靈的想法，看來已絕無可能從杜波依斯的思想中抹去這種全心信仰的種族主義思想。當他在一九二四年三月參加一個歷史性活動時，杜波依斯可能覺得他長期倡導黑人的優秀藝術天賦終於得到了回報。他曾希望黑人藝術家可以利用媒體和他們的創造力來說服大家拋開種族主義思想。然而，另一個試著勸說的卑微希望即將在另一個考驗中失敗。[25]

第二十六章　媒體勸說

一九二四年三月二十一日晚間，杜波依斯走進曼哈頓市民俱樂部一個令人炫目的藝術聚會，霍華德大學的哲學家阿蘭・勒羅伊・洛克（Alaine LeRoy Locke）是活動主持人。洛克在這個時代的權威選集《新黑人》（*The New Negro*, 1925）一書中預言，文化進步將「證明重新評估黑人的關鍵，而這必須先於或伴隨著種族關係的進一步改善」。他提議以「我們才華橫溢的團體」進行媒體勸說，以消弭人們的種族主義思想。二十多歲的紐約大學學生兼詩人科特・庫倫（Countee Cullen）同時也致力於媒體勸說，是出席的十幾名黑人藝術家之一，其中最知名的是小說家傑西・佛塞特（Jessie Fauset），他們與當晚到場的「十分之一幹才」和白人出版社會面並聽取建議。庫倫當時正與杜波依斯的女兒約蘭德（Yolander）交往，他以一連串的詩歌和歡呼聲結束了即將展開哈林文藝復興①的派對。[1]

杜波依斯協助喚起了哈林文藝復興的藝術運動，並在激發新黑人學生的活動方面發揮了更大的

① 哈林文藝復興（Harlem Renaissance）是一九二〇發生於美國的黑人文化運動，內容主要反對種族歧視，批判順服溫馴的舊黑人形象，鼓勵黑人在創作中歌頌新黑人的精神。該運動的領銜者是黑人學者阿蘭・勒羅伊・洛克，代表作就是《新黑人》。

作用。他們抗議仍舊持續的塔斯基吉教育方法，並反對所有歷史悠久的黑人學院都努力發揮「訓練僕人和溫順的廉價勞動力」的功能設定，正如杜波依斯在一九二四年十月發表於《美國信使》（*The American Mercury*）雜誌的評論中所說的那樣。一九二三年在佛羅里達農工大學，接著是一九二四年在菲斯克大學，一九二五年在霍華德大學，一九二七年在漢普頓大學，及這段期間在其他數十間傳統黑人大學，新黑人校園運動人士對學院為了約束並教化所謂野蠻、縱欲、無紀律的黑人學生，所制定的道德規範提出抗議（並使他們遠離三K黨的危害）。一九二五年二月四日，超過一百名的菲斯克大學抗議學生不顧宵禁，怒氣沖沖地在校園裡高呼：「杜波依斯！杜波依斯！」「在我成為奴隸之前，我將被埋葬在墳墓裡！」當這段抗議熱潮在一九二〇年代末期消退時，許多規定已遭移除，而傳統黑人大學課程，除了少數黑人研究課程外，幾乎都跟歷史悠久的白人學院、白人大學的課程沒什麼不同。調解人和反種族主義者感到不安，但同化主義者卻感到高興。[2]

⁂

有一群核心的年輕有才華的哈林黑人藝術家拒絕接受杜波依斯的指導。他們在一九二六年自稱為黑鬼文人（Niggerati），顯然對同化或媒體勸說幾乎沒有興趣。這些藝術家包括小說家華萊士・圖爾曼（Wallace Thurman），他最出名的著作是《黑莓果》（*The Blacker the Berry*, 1929），是他以虛構故事對黑人美女的致敬；以及在佛羅里達土生土長的柔拉・涅爾・賀絲頓（Zora Neale Hurston），她將與法蘭茲・鮑亞士一起學習，反對他的同化主義，並成為倒數第二個南方農村黑人文化的反種族主義喉舌。這些年輕人正在制定一個文化和社會空間，對文化、膚色、階級、性別、種族和性的差異抱持全面的藝術自由和寬容。他們很可能是美國歷史上第一個完全由反種族主義者組成的知識份子和藝術團體。其成員反對階級種族主義、文化種族主義、歷史種族主義、性別歧視，甚至同性戀種族主義，因為有些成員是同性戀或雙性戀。但這也不是說他們膽敢以上述身分面對世人，諸如阿蘭．勒羅伊．洛克、貝西．史密斯和瑪．萊尼已是眾多哈林文藝復興運動的知名成員，他們在恐懼同性戀的封閉美國中過著雙重生活，一方面他們公開肯定黑人遭到否定的藝術能力，另方面私下肯定黑人遭到否定的性傾向。[3]

在一九二六年六月號的《國家》雜誌中，有一位二十四歲的詩人在〈黑人藝術家和種族之山〉一文中，闡述了黑鬼文人的反種族主義哲學。蘭斯登．休斯（Langston Hughes，他很可能是另一個未揭露自己性傾向的知名人士）寫道，「在這個種族中朝向白人的想望……以及盡可能少的黑人和盡可能多的美國人」，是「擋在邁向真正黑人藝術的道路中的一座山」。休斯這番話是在回應另一位詩人，那位詩人曾告訴他，「我想成為詩人，而不是黑人詩人」，可能是指杜波依斯未來的女婿科特．庫倫。休斯接著描述了典型的中等收入黑人家庭中「年輕詩人」的成長經歷，母親經常告訴行為不端的孩子，「不要像黑鬼一樣」，父親娶了他能找到的「膚色最淺的女人」，並告訴他們「看看白人把事情做得多好。」在家裡，他們讀白人報紙；他們上白人的劇院和學校；他們喜歡淺膚色黑人去的教堂。他們渴望「白色人種的禮儀、白色人種的面孔、白色人種的髮型、白色人種的藝術，」休斯說，「『我想要成為白種人』的耳語悄悄地占據他們的腦海。」這「對於那些想要成為種族藝術家的人來說真是一座非常高的山峰，他們攀登這座山是為了探索自己」。它阻止黑人藝術家看到「自己族群的美麗」，休斯補充道。

在那些「不特別關心自己是否像白人的低等人」的生活中，有「足以滋養黑人藝術家的事情」，而這一點可以從他的朋友柔拉・賀絲頓的職業生涯看出。黑人藝術家不必觸及「黑人和白人之間的關係」。休斯丟給「年輕的黑人藝術家」唯一的責任就是「透過他的藝術力量，改變之前隱藏在他的族群中關於『我想成為白種人』的耳語，而改為『為什麼我要成為白種人？我是黑人，既漂亮且醜陋』」。[4]

如果休斯把他的反種族主義創作能量集中在說服黑人拋開同化主義思想上，而如果庫倫把他的同化主義創作能量集中在說服白人拋開種族主義思想，那麼杜波依斯就仍然同時關注兩者。但在一九二六年，杜波依斯把更多注意力轉向說服白人。因此，杜波依斯對於休斯的文章，以及休斯對卡爾・范維滕（Carl Van Vechten）於一九二六年八月出版的《黑鬼天堂》（*Nigger Heaven*）表達的支持，視為完全的背叛。

范維滕是哈林文藝復興運動中幾乎無處不在的白人贊助人，他充滿好奇又熱情，像個動物園管理員一樣出現，炫耀園中具有異國情調的寵物一樣，到處炫耀黑人。在過去的幾年裡，抵達紐約的歐洲藝術家一直請求范維滕帶他們參觀哈林的「野生動物園」，因為遊客和導遊或多或少都知道這個地方。現在，范維滕直接在一本名為《黑鬼天堂》的書中為他們提供導覽。

范維滕的小說是一個男孩遇見女孩如傳奇般的悲劇愛情故事，但包含了這種類型所有的情感、誘惑、阻撓、背叛和死亡，都交織在種族歧視的陷阱中。它描繪了黑人平民的爵士俱樂部和歌舞表演中活潑迷人又豔麗的放蕩生活；受過良好教育及同化的光采黑人菁英家庭的莊嚴自命不凡；以及那些辯論「種族問題」的政治正確知識份子。負面的黑人評論和正面的白人評論因為種族而令人憤怒地界線分明。《黑鬼天堂》，從其駭人的書名到其描繪的黑人的墮落和自大這兩個怪異的極端，對杜波依斯和「十分之一幹才」來說就像是「一記耳光」。這記耳光幾乎與威廉．湯瑪斯於一九〇一年出版的《美國黑人》一樣強烈。《黑鬼天堂》中一個黑人教授角色在媒體勸說的挖苦中聲稱，在白人圈子中，黑人藝術家的進步不會改變白人的看法：「因為他們遇到的白人會將他們視為天才，換句話說，就是黑人中的例外。」[5]

在《黑鬼天堂》中，最糟糕的就是范維滕宣稱受同化黑人已遭到毀壞這種肆無忌憚的不實指控，這樣的思路就如同遊歷世界的種族主義者喜歡宣稱熱帶「具異國情調」的土地，已遭到白人開發者破壞。例如，范維滕在《黑鬼天堂》中描寫，像處女般純潔（和同化）的福音歌手瑪麗．樂福（Mary Love），「失去或喪失了她與生俱來的權利，這種原始的與生俱來的權利……是所有文明的種族都在努力想要回復的。」她哀悼著這個損失，並渴望重新發現，「這種對鼓的、對令人興奮節奏的喜愛……這種溫暖的性感……我們都是野蠻人，她對自己重複了一遍，顯然大家都是，除了我以外！」[6]

范維滕把黑人藝術家的天賦描述成該種族的天性，等於在暗示黑人不需要聰明的智力、或不斷地排練、或對於音感無止境地精進，以便掌握藍調和爵士樂中複雜的音樂和舞蹈表演。黑人是天生的歌手、舞者和音樂家（所有那些不能唱歌、跳舞和玩耍的黑人顯然不是真正的黑人）。這是後來由約翰．馬丁（John Martin）強化的一個想法，馬丁在一九二七年加入《紐約時報》時，成為美國第一位重要的舞蹈評論家。他認為，黑人的舞蹈能力是「內在」且「天生」的。他們天生就有「種族韻律」，但學習更有技巧的舞蹈風格會比較辛苦，例如芭蕾舞。范維滕和馬丁所提出的同化黑人的悲慘困境，實際上是一種尖酸的種族主義，他們認為同化黑人無法達到白人文明的偉大，但卻在逃避自己天生野性的偉大。[7]

范維滕讓哈林這地方看似十分令人興奮和充滿異國情調，以致於《黑鬼天堂》十分受到白人讀者喜愛。白人開始湧入哈林這個黑人美國，想要看到、聽到和接觸黑人藝術和性能力中所謂與生俱來就比較優越的成分。他們湧入哈林中像「叢林」（Jungle）這樣的俱樂部，或者去觀看新成立的哈林籃球隊的表現。一九二七年，這些黑人表演開始以「自然的韻律」在籃球場上跑來跑去，發出叢林般的聲音和瘋狂的笑聲，就像需要「成熟的白人處理」的輕浮、不誠實、懶惰的孩子一樣。他們找到那個可以處理的人，也就是哈林籃球隊創始人阿貝．塞波斯丁（Abe Saperstein）。[8]

在《黑鬼天堂》和一般的藍調藝術形式中，黑人平民在美國白人面前，有時會被描繪出與性有關、未受過教育、懶惰、粗暴、不道德並涉及犯罪的形象。此一形象引發了關於提升和媒體勸說的更多爭論。許多黑人菁英每次在媒體上看到「負面」的描述時都會感到痛苦，他們確信這些寫照正在加強刻板印象，並且成為種族主義思想的重要養分。他們十分相信，唯有讓白人看到更多「正面的」黑人寫照，也就是那些貞潔、受過教育、優雅、有道德和遵紀守法的人，種族主義思想才會枯萎死亡。雖然黑人菁英並不希望白人看到媒體中對於黑人平民的負面描述，認為這不能代表他們這樣的黑人菁英，但他們自己卻經常將這種寫照視為黑人平民的典型。[9]

相比之下，黑人平民及其反種族主義菁英守護者在這些表演及其藝術性中，看到了黑人的不同真實。他們不太關注種族主義思想的影響，喜歡《黑鬼天堂》和藍調，而他們本來就不應該關注。那些在《黑鬼天堂》中的黑人角色或藍調中推斷出「負面」行為的美國人，早就表明他們抱持著種族主義思想。「十分之一幹才」的那群人嘗試的媒體勸說，從一開始就是失敗的目標。而且關於黑人的「負面」描寫雖然經常強化種族主義思想，但「正面」的描寫也不一定會削弱種族主義思想。因為「正面」的描寫可能會被指涉為非凡例外的黑人，而「負面」的描寫可能會被概括為典型的黑人。即便這些種族改革者有一天能把主流媒體中的「負面」的描繪，統統替代為「正面」的描述，但種族主義者就像藥物成癮者一樣，還是會轉向其他的供應源。以科學角度來看，在《黑鬼天堂》和藍調之前，種族主義者就在黑臉藝團表演中找到強固種族主義的藥物，以推論出他們跟所有黑人的互動中所看到的任何負面特質。

一九二〇年代出現許多跨界、跨代、跨意識型態的爭論，並且集中在對於藍調和爵士樂的描繪、《黑鬼天堂》的書寫，以及在一九二八年克勞德．麥凱伊所撰寫的《哈林之家》（*Home to Harlem*）一書中。這是第一本作者為黑人的暢銷書，讓杜波依斯感覺「無疑像是洗了個澡」。憤怒的杜波依斯在同年出版了自己的著作《黑色公主：羅曼史》（*Dark Princess: A Romance*），描繪了強大、聰明的女性和敏感、聰明的男人，就如同他的小說一貫的風格，似乎並未意識到他也在強化種族主義思想。[10]

杜波依斯正在強化同化主義思想，而在一九二〇年代，這些思想正在美國北方人的心中發展，尤其是知識份子。北方人會接受這些想法似乎是源自黑人從隔離的南方進行的「大遷徙」、新黑人對於北方和北方獎學金廢除種族隔離持續的抗議活動，以及黑人民族的不斷再製，所附帶產生的結果。這個發展並非是因為「十分之一幹才」運動人士成功說服美國的種族主義者，黑人家庭和農民可以在工業北方生活和工作，所附帶產生的結果。來到北方的移民強行擺脫了隔離的南方農業和家庭勞動的限制，因此種族主義思想也為這些限制找到正當性。一九二八年，一些重要的種族學者齊聚一堂，以「黑人」為主題，在著名的《美國政治和社會科學學會年刊》（*Annals of the American Academy of Political and Social Science*）上發表了具有里程碑意義的特刊。該年刊總編輯寫道，在過去的十五年裡，「種族的研究者和外行人一樣，不得不放棄甚至扭轉他們的許多理論。」大遷徙「顛覆」了隔離具有「熱帶天性」的黑人，將能解決黑人問題這個「受到大眾接受的理論」。「兩性」黑人都證明了他們能夠應付在從前被認為非能力所及的工作。總編輯說，認為黑人的健康不佳會導致「墮落滅絕」的理論「遭受了嚴重的衝擊」。「關於透過生物同化合併的舊理論已無法以其原始形式承受研究的考驗。」此外，「黑人的倫理和道德標準正在發展。」編輯以同化主義的口吻說道。簡而言之，美國學術界最負盛名的社會科學期刊象徵性地宣布了種族主義思想的退卻。自內戰以前山繆・摩頓和多元主義者的理論盛行以來，種族隔離主義者一直統治著美國學術界。[11]

這集特刊的陣容包括星光熠熠的黑人和白人男性學者，像是杜波依斯、羅伯特・帕克和賓州大學知名社會學家索斯頓・雪林（Thorsten Sellin）。雪林披露了用於評估實際犯罪水準的種族犯罪統計數據「並不可靠」。「有色人種罪犯通常會被辨識出來，而白人的罪行則容易遭到掩蓋，」雪林寫道，「將他的膚色標記在他身上，他的個體性在某種意義上就消失了，他不僅僅是小偷、強盜或凶手，而是成為其種族的代表。」然而，雪林無法更進一步成為反種族主義的新黑人犯罪學家，並承認「黑人實際上的犯罪情況低於白人或和白人一樣低」。[12]

一九二〇年代，華特・懷特（Walter White）曾多次勇敢地「透過」引導傑出的全國有色人種協進會，去調查那些執行私刑的南方黨派，他認為「膚色界線」不僅存在於美國，也存在於歐洲和南非，而且「比例大致相同」。或許是為了保持政治正確，他沒有提到奉行共產主義的俄羅斯，在那裡，國家對種族的看法與其他殖民地歐洲國家不同。一九二八年夏天，蘇聯的共產國際第六次代表大會宣布：「黨必須公開且毫無保留地為南方各州的黑人達到民族自決爭取權利，黑人在這些州占人口的大多數。」[13]

美國共產黨員受到激勵而發起行動。《共產黨人》大聲呼籲，該黨的「中心口號」應該是「廢除整個種族歧視制度」。對於黑人勞工運動人士來說，共產國際在一九二八年的聲明（以及一九三〇年的擴充版本）聽起來像是投給溺水黑人勞工的救命索。當美國勞工聯合會會長山繆・岡普斯在一九二四年去世時，威廉・格林（William Green）延續他的政策，宣稱黑人受到美國勞工聯合會的歡迎，並否認工會各階層存在種族歧視。藉此，格林能有效地將黑人被隔離於工會之外，以及他們被不成比例地安置在勞動力資源底層等問題，都歸咎在黑人自己身上。[14]

克勞德・包威斯（Claude G. Bowers）可能沒有讀過特刊中的文章。一九二八年十一月時，他的注意力放在別處，也就是選舉報告。包威斯是《紐約郵報》（*New York Post*）的總編輯，也是撰寫湯瑪斯・傑佛遜傳記的知名作家，同時是民主黨的忠誠黨員。他憤怒地看著共和黨在總統選舉中搶走南方各州，因此決定提醒南方的白人，共和黨應該對重建時期的南方恐怖負起責任。他最暢銷的著作於一九二九年出版，書名是《悲劇時代：林肯之後的革命》（*The Tragic Era: The Revolution After Lincoln*）。他提到，「歷史學家害怕向我們展示酷刑室的這些痛苦工作。」在那些酷刑室裡，無辜的南方白人「真的」被邪惡的黑人共和黨員折磨。我們永遠不會知道有多少美國人讀過《悲劇時代》，然後又進了當地劇院觀看《一個國家的誕生》，接著承諾永遠不再投票給共和黨，永遠不錯過私刑，永遠不考慮廢除種族隔離。簡而言之，永遠不做任何可能重啟黑人大規模投票，並讓白人受到折磨的事情。但這樣的人有很多。《悲劇時代》比一九二〇年代後期的任何一本書，都更能幫助民主黨讓隔離主義者繼續掌權。[15]

「在我看來，《悲劇時代》這本書應該得到充分、完整、出色和最終的回覆，而且我認為你就是最適合的人選！」傳奇黑人教育家安娜・茱莉亞・庫珀如此鼓勵杜波依斯去回應這本書。杜波依斯深入研究後，寫成他認為的最好的著作，甚至比《黑人的靈魂》更好。杜波依斯在一九三五年出版的《美國的黑人重建：一八六〇到一八八〇年》（*Black Reconstruction in American: 1860-1880*）中做出結論：「除非我們的大學中出現那些視真理比捍衛白人種族更為重要的人」，否則美國永遠無法擁有真實的歷史。杜波依斯認為，重建時期絕對不是悲劇時代，而是美國第一次也是唯一真正嚐到民主的時期。內戰結束後，黑人和白人平民聚集在一起，建立為南方大眾提供公共資源的民主州政府。白人菁英藉由確保白人平民的忠誠來推翻這些政府，而回報這些白人選民的方式是透過有利可圖的「公眾和心理報償」（public and psychological wage），而非提供他們更高的工資所得。也因為杜波依斯，歷史學家現在將這些回報稱為「白人報償」（wages of whiteness），也就是透過利用種族主義思想和種族隔離為白人帶來的特權。為了得到這些報償，白人勞工只需要跟白人菁英並肩作戰，一起私刑、強姦和剝削黑人的身體。[16]

對於《紐約客》（*New Yorker*）的評論員來說，他認為杜波依斯採取了「奇怪的觀點，與以前大多數作者所提出黑人為人的觀點不同」。此外《時代雜誌》的評論員寫道，杜波依斯的重建歷史「改變或消除了」我們「熟悉的場景和地標」。但杜波依斯並未削弱《悲劇時代》對南方種族隔離主義者的吸引力。黑人學者不太可能改變種族主義讀者的想法。事實上，白人歷史學家和本土南方人，同時也是北卡羅萊納大學教堂山分校的歷史學家霍華德・比爾（Howard K. Beale），將於一九四〇年以其觀點的合理性打破哥倫比亞大學鄧寧學院的共識。[17]

⁂

雖然包威斯的書確實有所幫助，但他並不一定要寫《悲劇時代》才能破除共和黨的支持。一九二九年十月二十九日，股市崩盤，結束了親商界的共和黨長達數十年的統治。經濟大蕭條（The Great Depression）對南方和黑人的影響特別嚴重。「除非每個白人都有工作，否則就沒有黑人的工作」成為了美國深南方的口號。在北方，經常有黑人移民和當地人站在北方城市稱為「奴隸市場」的街角，白人僱主會過來選擇最便宜的一日工人。性和財政上的剝削十分猖獗。[18]

在經濟大蕭條時期，由於有很多的美國人受苦，這讓優生學變得更加難以風行，因為我們很難將一個人的經濟困境歸咎在遺傳因素。同化主義者也善加利用這種暫時的平靜，繼續控制科學界。一九三一年，鮑亞士在美國科學促進會的主席任職演講中抨擊了種族隔離主義者。普林斯頓大學心理學家布林漢姆也在一九三二年承認，他早期對於智力測驗中確定黑人在遺傳上較低等的研究結果「沒有根據」（儘管使用布林漢姆發明的ＳＡＴ學術能力測驗只是擴展了這個結果）。科學學科分裂成派系之間的爭吵，遺傳學家與優生學家保持距離。同時間，納粹德國和瑪格麗特・桑格

（Margaret Sanger）手下的美國生育控制聯盟（American Birth Control League），他們的活動讓優生學得以繼續維持下去。[19]

體質人類學是一門研究生物種族差異的學科，它與研究文化差異的文化人類學路線並不相同。鮑亞士是文化人類學的掌舵人，而主導體質人類學領域的人類學家是哈佛大學的恩斯特・虎頓（Earnest A. Hooton）和卡爾頓・庫恩（Carleton S. Coon）。一九三一年，虎頓撰寫了《從猿到人》（*Up from the Ape*）一書，該書在接下來的幾十年裡成為體質人類學課程的主要內容。「決定種族的體質特徵，」虎頓解釋說，「基本上與特定的無形且不可測量，但真實且重要的氣質和心理變異相關聯。」[20]

虎頓的許多學生進入了醫療保健領域，在該領域，生物種族的種族隔離主義思想猖獗，從業人員仍然依據不同種族，而以相應的方式治療疾病。一九一〇年，梅毒「專家」湯瑪斯・穆瑞爾（Thomas Murrell）在《美國醫學會雜誌》（*Journal of the American Medical Association*）中表示，梅毒對黑人的傷害遠遠超過白人。但這一理論從未得到明確證實。因此，在一九三二年，美國公共衛生局（US Public Health Service）開始了「未經治療的黑人男性中的梅毒研究」。政府研究人員承諾向阿拉巴馬州塔斯基吉附近六百名受梅毒感染的佃農提供免費醫療服務。但他們其實並未治療這些男人，只是等著他們病死，好來進行屍體解剖。研究人員希望證實他們的假設，即梅毒會損害白人的神經系統，同時繞過黑人「不發達的」大腦並破壞他們的心血管系統。該研究一直到媒體在一九七二年揭露後才終止。[21]

一九三三年，《金剛》（*King Kong*）這部電影出現在大銀幕上時，為虎頓的《從猿到人》做了補充說明。這部電影說的是一隻居住在島嶼上巨大而原始的猿人的冒險故事，他企圖將一位年輕漂亮的白種女人占為己有。美國人湊出身上僅有的零錢，讓自己能暫時從大蕭條的苦惱中解脫，最終這部電影的票房非常出色。評論家對此很感興趣。《芝加哥論壇報》透露，「這是電影製片廠所產出的最原始、最令人興奮和最龐大的其中一項新奇事物」。實際上，金剛只不過是翻拍了《一個國家的誕生》，先是把場景設在《泰山》的島嶼風景中，然後來到紐約。但《金剛》並未像《一個國家的誕生》一樣引起爭議。電影製作人只是將身強體壯的黑人掩飾成身強體壯的猿人。在這兩部電影中，黑人（人猿）恐嚇白人，試圖摧毀白人文明，並追求白種女性，接著最後迎來黑人（人猿）受到私刑這個戲劇性高潮。《金剛》這部電影在一字不提黑人的狀況下，赤裸裸地展示了種族主義思想的形象，就像那些南方的祖父條款（grandfather clauses，又稱作不可回溯條款）、投票稅以及剝奪黑人權利的理解條款一樣。[22]

黑人評論家掙扎著譴責《金剛》，但他們同時輕鬆地發動了對NBC廣播喜劇節目《阿莫斯與安迪秀》（*Amos'n'Andy*）的攻擊。在一九三〇年代，每天晚上有超過四千萬的白人和黑人聽眾，先是收聽《一個國家的誕生》中的配樂〈完美的歌〉（The Perfect Song），接著是《阿莫斯與安迪秀》。在節目中，符合大眾刻板印象的角色包括黑鬼、公貓、黑人保母，甚至是一個嘮叨、自信、使男人失去男子氣概的角色莎菲兒，後者是媒體中最常見的憤怒黑人女性典型。反種族主義聽眾和種族主義聽眾一起嘲笑這些角色，特別是兩位曾經是黑臉藝團表演者的白人所扮演的無比討喜和不完美人性的主角，他們分享了大蕭條時期居住在城市的黑人生活中相似的煩惱、恐懼、挫折和限制。那些對《阿莫斯與安迪秀》嗤之以鼻的非裔美國人通常也鄙視好萊塢的第一位黑人名人：斯特平・費奇特（Stepin Fetchit）。他扮演了一系列角色，描繪了「世界上最懶惰的人」。費奇特在《迪克西的心》（*Hearts in Dixie*, 1929）這部電影中出演過，是第一部吹噓有多數黑人演員的影片。費奇特很聰明，但因為他非常懶惰，他的角色幾乎從未做過任何工作，都是讓被激怒的白人角色被迫自己完成工作。反種族主義的黑人喜歡費奇特的角色。他是種族主義者的騙子，和奴隸制度的騙子很相似。[23]

在經濟上窘迫的黑人不得不找一些謀生的方式，讓他們可以減輕在最惡劣和最繁重的工作中讓人喘不過氣來的工作量，即使這意味著假裝懶惰。他們沒有從政府那裡得到太多幫助，卻持續接受種族歧視的相同舊政（Old Deal）。全國有色人種協進會的地方分會試圖提供幫助，但他們的成員和資源數量都急劇下降。該協進會的總會正在忙著和杜波依斯分道揚鑣，並讓貧窮黑人族群不再痛苦掙扎。

第二十七章　舊政

一九三三年，杜波依斯抱持的願景，和全國有色人種協進會新執行祕書華特．懷特不盡相同。杜波依斯設想的是像斯科茨伯勒男孩（Scottsboro Boys）這樣的普通人也能進入的協會，這些黑人青少年於一九三一年被指控在一列火車上強姦兩名年輕的白人女性，而全白人組成的阿拉巴馬州陪審團錯誤地將他們定罪。這些世界各地的運動人士團結起來呼籲釋放貧窮、深膚色、未受教育、未經同化的青少年，卻不一定符合懷特的願景。懷特希望將全國有色人種協進會轉變為一個由上而下的訴訟和遊說組織，在法官和政治家面前呈現像他這樣的「受教化」人士，來說服白人法官和立法者停止種族歧視。有些時候這位像白人的懷特心裡所設想的，其實和杜波依斯年輕時抱持著雙重意識所設想的是一樣的。但是在一九三三年，六十五歲的杜波依斯幾乎完全轉向反種族主義。[1]

杜波依斯脫離了全國有色人種協進會辦公室的內部鬥爭，在他熟悉的亞特蘭大大學擔任為期五個月的客座教授。大蕭條讓幾乎所有思想家都把焦點轉移到經濟問題，而杜波依斯在一九三三年春季學期，教授了兩門課程，並將兩篇關於馬克思主義和黑人主題的文章寄給《危機》雜誌。霍華德大學的正統馬克思主義經濟學家阿布拉姆．哈里斯（Abram Harris），懇求杜波依斯重新思考他對馬克思主義和反種族主義思想的糾結關係，並認為馬克思並未完全解決種族問題，儘管他的知名宣言提到，「只要黑人的勞動受到汙名化，白人的勞動就永遠不會獲得自由。」但如今令人沮喪的現實，而不是舊理論，使杜波依斯確信是時候打破反種族主義的社會主義意識型態了。杜波依斯在一九三三年的一篇文章中，將美國描述為白人「工人階級貴族」的「後馬克思主義現象」。在一九三〇年代結束時，杜波依斯將在《薄霧晨光》（*Dusk of Dawn*, 1940）中闡述他的反種族社會主義。「社會階級不是橫向劃分，而是有個垂直的裂縫，依種族完全分開階級，穿過經濟層面切出個方形。」杜波依斯說道。垂直切割的那把刀是由幾個世紀以來的種族主義思想所構成的。「這個肯定而無可爭辯的事實，但從國外輸入的俄國共產黨卻忽略了這點，不去討論它。」[2]

杜波依斯的反種族社會主義反映出他對資本主義以及同化主義思想的除魅。一九三三年六月，杜波依斯在他的母校費斯克大學的畢業典禮發表演講時，挑戰了那些複製白人大學課程的傳統黑人大學教育工作者。例如瑟古德·馬歇爾（Thurgood Marshall）在一九二九年於賓州林肯大學教學的課程上，就有絕大多數人投票反對聘請黑人教授和開設「黑人研究」，杜波依斯知道了這件事，並透過種族主義思想解釋了他們的投票行為。反種族主義者也呼籲黑人學院的黑人研究持續採用杜波依斯、蘭斯登·休斯，以及一九二六年黑人歷史週中受歡迎的設計者卡特·伍德森的思想。伍德森在其於一九三三年出版的《黑人的錯誤教育》（*The Mis-Education of the Negro*）一書中，呼籲大家注意這個問題。「人們很清楚……透過歷史教學，白人可以進一步確保其優越，」伍德森寫道，「如果你可以控制一個人的想法，就不必擔心他的行為……如果你讓一個人覺得自己低等，你就不必強迫他接受低等的地位，因為他自己會找到這樣的位置。」而且，「如果沒有後門（back door），他的本性將需要一個。」因此，同化主義的黑人學者要求有後門，這減緩了一九三〇年代黑人研究的進展。[3]

當杜波依斯愈來愈抱持反種族主義，他就更加意識到要試圖說服強大的種族主義者，不過是浪費時間，也愈發覺得黑人必須彼此團結。對杜波依斯來說，最有可能強化黑人團結的必要性的，是研究華盛頓當局推行的大蕭條補救措施。富蘭克林・羅斯福總統上任後，透過他所謂的「新政」（New Deal），推動了政府救濟計畫、工作計畫、勞工權利法案和拯救資本主義的法案，這些法案於一九三三至一九三八年通過。為確保南方民主黨員的國會選票，羅斯福和北方民主黨員在制定這些法案時，卻讓南方黑人覺得它們看起來更像「舊政」。就像在羅斯福就任之前的舊時代一樣，種族主義者被賦予了由聯邦救濟計畫提供，管理當地和施行種族歧視的權力。種族隔離主義者可確保黑人的主要職業如農務和家務，不受法律的新工作福利如最低工資、社會保障、失業保險和工會權利所保障。我們不可否認南方黑人也祕密加入由美國共產黨內外所組織的佃農和工人聯盟，以便在一九三〇年代爭取他們自己的新政。大蕭條時期的阿拉巴馬州黑人曾將他們原生的反種族主義，和基督教的神學，融合在一個流行的說法中：「當有一天欄杆的底部來到頂部，頂部來到頂部時，衣索比亞人將伸出雙臂，在陽光下找到自己的位置。」[4]

北方黑人參加了一個一九三五年創立的產業工會聯合會（Congress of Industrial Organizations）。一些工會也支持他們反對資本主義和種族主義。其他工會則提供舊政給黑人工人。為了加入工會，「黑人不得不忘記自己是黑人」，並且不再談論種族問題。這些種族主義工會拒絕做那些可能會造成消除種族歧視的事情。[5]

除了就業以外，可能沒有比居住更具毀滅性的歧視區塊了。羅斯福政府新創立的屋主貸款公司（Home Owners Loan Corporation）和聯邦住宅管理局（Federal Housing Administration）向黑人居民提供舊政，而這些機構繪製「膚色編碼」地圖（color-coded maps），將黑人街區著上紅色，標示為不受歡迎的區域。這些地圖導致房屋仲介拒絕提供黑人居民新的三十年房貸，並阻止黑人租客購買房屋並獲得財富。但是人們當然都忽略，或不把這樣的歧視當一回事，政策造成日益嚴重的財政不平等和種族隔離，卻都歸咎於黑人的財務習慣。大眾通常都支持政府對黑人的歧視和對白人的援助。[6]

雖然美國黑人，特別是北方的黑人，所得到的比白人少得多，但他們受惠在新政的地方，確實比他們近期記憶中的任何其他聯邦政府計畫都來得多。感恩的黑人共和黨員蜂擁加入羅斯福的民主黨。羅斯福政府中包含四十五名黑人的著名「黑人內閣」也吸引了黑人。但是要說到羅斯福政府和民主黨歡迎黑人，不如說是沒有人比羅斯福的妻子埃莉諾・羅斯福（Eleanor Roosevelt）更喜歡美國黑人。一九三四年，第一夫人公開支持國會遲遲未通過的反私刑措施。她和「黑人內閣」中唯一的女性，瑪麗・麥克勞德・貝圖（Mary McLeod Bethune），以及全國有色人種協進會的華特・懷特成為朋友，並為黑人的「藝術、音樂和韻律」天賦感到欣喜，認為「他們中有許多人天生就如此」。[7]

羅斯福總統讓一九三三年成為美國經濟史上關鍵的一年，在他就職的頭一百天內推行了一系列推動經濟法案。這可能也是美國種族歷史上關鍵的一年，但羅斯福虧欠其黨內的種族隔離主義者太多了。與此同時，因為杜波依斯為了引發反種族主義運動所寫的撩撥文章，有權力的黑人對於同化主義者或勸說策略也虧欠太多了。在一九三三年九月的《危機》雜誌中，杜波依斯發表了〈關於羞恥〉（On Being Ashamed）這篇文章，回顧了自己一路走來思想的變化過程，他認為美國黑人的思想也大致如此。他說，從黑奴解放到一九〇〇年左右，「美國有色人種的上流階級」一直在努力「融入美國大眾」，同時對於那些沒有同化的人「感到羞恥」。但從那以後，「美國有色人種發現了自我」，而杜波依斯發現了自我和他獨特的反種族主義意識。在十一月的《危機》雜誌中，杜波依斯再次告誡那些「在所有基本資料中都認為自己屬於白人種族的大多數美國黑人」。然後，在一九三四年一月，他透過發表〈種族隔離〉（Segregation）這篇文章，讓那些習慣於他的融合主義政治的讀者感到驚訝。繼馬科斯．加維之後，杜波依斯區分出自願且非歧視性的種族隔離，以及非自願且歧視性的種族隔離。他堅持，對於自願種族隔離的黑人的敵對不應該來自種族主義思想，或來自「厭惡或不願意和有色人種一起工作、相互合作、共同生活」。[8]

大量的黑人報紙報導了對這些作品的反應，同意有之，混亂有之，憤怒亦有之。包括一些終於感覺到廢除美國北方白人的種族隔離取得一些進展的同化主義者、虔誠信仰上進勸說的人，以及那些頑固相信黑人的進步只能來自白人幫助的政治種族主義者，都將杜波依斯視為叛徒。「美國絕大多數黑人出生在有色人種家庭，在不同的有色人種學校接受教育，參加各自的有色人種教堂，與有色人種結婚，並在有色人種基督教青年會和基督教女青年會找到他們的娛樂活動。」杜波依斯於一九三四年繼續爭論。與其用我們的精力去打破白人制度的磚牆，為何不用我們的精力去整修我們自己的磚牆呢？但杜波依斯在全國有色人種協進會的上司，和美國有色人種婦女協會的主管幹事們都不同意他的想法。在《費城論壇報》的社論中，「十分之一幹才」中較年長或更富有、更受到同化、更教條主義的成員認為，杜波依斯「犯了錯誤」。[9]

但隨著每篇文章的發表，杜波依斯都贏得了新一代的尊重。卡特．伍德森、柔拉．賀絲頓、瑪麗．貝圖和蘭斯登．休斯都贊同他的評估。而對於工會化的南方佃農、在《阿莫斯與安迪秀》及費奇特的表演中得到樂趣的移民，以及準備組織全國黑人大會和其青年分會，南方黑人青年大會的工人和學生來說，現在的杜波依斯可說是再好不過。在這種支持下，杜波依斯回擊那些認為同化和「黑人成就（可以）打破偏見」的批評者。「這是寓言。」杜波依斯在一九三四年四月出刊的《危機》中大聲疾呼。「我曾經熱情地相信它。它可能在兩百五十年或一千年內成為現實。但現在情況並非如此。」杜波依斯自此再也沒有認真推動過上進勸說。[10]

當杜波依斯搭乘的火車於一九三六年六月三十日駛入柏林時，他知道自己「正要進入現代其中一個最致命的政治風暴中心」。這位新任的亞特蘭大大學教授之前因為提倡黑人賦權而非融合和同化，被全國有色人種協進會驅逐，正在進行一趟研究之旅。沒過多久，杜波依斯就對家鄉發表了猶太人就是黑人的文章，而當時正是希特勒擔任德國總理的第二年。[11]

就在杜波依斯抵達柏林的前十一天，德國出生的拳擊手麥克斯・施梅林（Max Schmeling），在洋基體育場對抗非裔美國人的驕傲和美國種族隔離主義者的蔑視對象，也就是不敗的褐色轟炸機喬・路易斯（Joe Louis）。自從強森的時代以來，美國白人不僅透過《泰山》這樣的電影來挽回自己的男子氣概，也會將像路易斯這樣的黑人拳擊手歸類為「驚人的動物」，正如《紐約每日新聞報》（*New York Daily*）在賽前所稱的那樣。令人驚訝的是，施梅林擊敗了路易斯，激起從布魯克林到柏林的白人至上主義者的歡呼聲。但兩年後，路易斯報了在種族「世紀之戰」中的一箭之仇。[12]

希特勒透過舉辦一九三六年的夏季奧運會來表現出雅利安人運動能力的高超程度。八月的大部分時間，冷漠的杜波依斯仍然遠離柏林，但是阿拉巴馬州黑人佃農沒沒無聞的兒子傑西・歐文斯（Jesse Owens）在比賽中創造了歷史。他奪取了四面金牌，包括納粹在內的觀眾有好幾次為他起立鼓掌，震動了整個體育場。當歐文斯回到美國接受民眾的盛大歡迎時，他希望自己也能夠改變美國人的種族主義思想。那是他無法贏得的一場比賽。很快地，歐文斯為了擺脫貧困，參加了跟馬、跟狗賽跑的比賽，提到納粹還比美國人對他來得更好。[13]

歐文斯的賽跑成績加深了膚色界線，尤其是認為黑人擁有像動物般的運動優勢的種族主義想法。美國的種族主義者拒絕承認黑人在拳擊和田徑等體育運動中，擁有令人意想不到的可能性，他們認為黑人僅僅擁有健壯的體格，而不承認他們的紀律嚴明、好勝心強，且擁有聰明的頭腦，是最偉大且與眾不同的運動員。相反地，運動種族主義者還為一九三二年和一九三六年奧運中，黑人短跑、跳高、跳遠運動員的成功，就身體、行為和歷史層面，提供了怪異的解釋。「不久前，在叢林中衝刺和跳躍的能力對他來說還是生死攸關的事情。」南加州大學傳奇人物歐文斯的奧運賽道教練迪恩・克羅威爾（Dean Cromwell）解釋道。但是霍華德大學的人類學家威廉・孟塔古・科布（W. Montague Cobb）也在一九三六年發現，歐文斯並沒有據說能提供黑人速度優勢的「那種黑人類型的小腿、腳和跟骨」，事實上一些黑人賽道明星和白人沒什麼兩樣，「沒有一個包括膚色在內的單一物理特徵，是所有黑人運動明星所共有的，而這些特徵可以確實將他們歸類為黑人。」不過因為美國人普遍相信黑人天生享有運動能力和生物差別上的優勢，所以科布在美國沒有多少追隨者。幾乎每個人都認為不同的膚色實際上不只代表著不同的膚色。[14]

Ｘ

杜波依斯六個月來了解德國、日本、中國和俄羅斯的政治經濟的文化觀光已經結束。一九三七年一月的第二週，杜波依斯從龍田丸郵輪的甲板上盯著舊金山灣。他再次入境美國，在那裡，羅斯福與自由主義者、勞工、獲得選舉權的北方黑人，以及南方種族隔離主義者組成了一個指揮聯盟，贏得了歷史上最失衡的總統選舉。由於害怕疏遠種族隔離主義者，羅斯福並沒有利用權力通過國會提出反私刑的法案，該法案仍然命懸一線。「如果成功通過反私刑法案，」密西西比州參議員狄奧多·比爾博（Theodore Bilbo）於一九三八年一月二十一日抱持反對意見回應，那麼「強姦、幫派滋事、私刑、種族暴動和犯罪將增加千倍；而你的衣服上……將會有被強姦和被私刑的血液」。比爾博提議送黑人到國外進行殖民，並稱讚納粹德國的信條。但正是這些非常納粹的信條，以及一九三八年開始的德國猶太人的大規模屠殺，激怒了白人知識份子，讓他們捨棄吉姆·克勞法。一九三八年十二月，美國人類學協會一致決議譴責生物種族主義。[15]

在譴責種族主義時，學者首先必須對其進行定義。從一九四〇年左右開始，哥倫比亞大學人類學家露思·潘乃德（Ruth Benedict），同時也是鮑亞士的學生，將「種族主義」一詞放入國家詞彙中。她在《種族：科學與政治》（*Race: Science and Politics*, 1940）一書中寫道：「種族主義是指一個人類群體在未經證實的假設下，持續地對另一個群體抱持著生物上的優越感。」然而，在她的定義中，排除了她的同化主義者類型，也就是所有那些認為一個人類群體的男性和女性比另一個群體擁有文化和暫時的優勢。當同化主義者抱持種族思想時，他們的種族主義思想就成了上帝的法律、自然法則、科學法則，就像上個世紀的種族隔離主義思想一樣。同化主義者貶低和駁斥了非洲人的行為，並以某種方式認為他們不是種族主義者，因為他們沒有將這些行為植根於生物學，不認為這些行為是持續的，他們談論歷史和環境原因，並認為黑人有能力發展和變得文明。[16]

除了潘乃德的《種族：科學與政治》一書之外，這個時代最具影響力的同化主義科學文本來自同化學家羅伯特・帕克之前的學生富蘭克林・弗雷澤（E. Franklin Frazier）。一九三九年，這位霍華德大學的社會學家發表了題為《美國黑人家庭》（*The Negro Family in the United States*）的權威性研究。在該書的序論中，弗雷澤表達出受益於三十年前杜波依斯在亞特蘭大大學針對美國黑人家庭的研究，當時杜波依斯得出的結論是「性淫亂可能是美國黑人最大的汙點」。杜波依斯以讚揚弗雷澤是位優秀的黑人社會學家做為回覆，表現出他仍舊保有一些同化主義思想。[17]

弗雷澤大致將居住在城市的非菁英黑人家族描繪成醜陋、失調、母系的大包袱。他描述了缺席的父親和因為工作留下孩子單獨在家的單親媽媽，兒子成長為犯罪份子，女兒則學會模仿「母親的不道德行為」，並將「道德墮落」從一代傳到下一代。在弗雷澤的性別歧視觀點中，由男性主導、有雙親的核心家庭才是理想典型。在他的種族主義觀點中，黑人家庭在統計上不如白人家庭能塑造這種理想。黑人社群這種「混亂的家庭生活」是由種族歧視、貧困、文化病理以及在奴隸制期間引入母系黑人家庭所造成的。弗雷澤認為，由於「其文化遺產完全受到剝奪」，奴隸變成了粗野的人。奴隸之所以會表現得「像個人」，是因為受到其主人文化的「同化才能達成」。弗雷澤總結，現在在城市地區，黑人「受到白人文明更多正式的層面……所同化」，而「在未來，同化主要來自於通婚」。[18]

不只弗雷澤有著成為白人的同化主義傾向。心理學家瑪蜜・克拉克（Mamie Clark）和肯尼斯・克拉克（Kenneth Clark）在他們於一九四〇年和一九四一年所做的研究中發現，兩百五十三名黑人兒童中，大多數喜歡白娃娃勝過黑娃娃。一些國中學生將淺膚色聯想到有智慧和有教養，並將深膚色聯想到卑賤和體力。膚色愈淺愈好，就像同化主義思想認為的頭髮愈直愈好。自從一九二〇年代以來，黑人男性開始加入黑人女性把頭髮燙直的熱潮。一九四一年或一九四二年，一位綽號為「矮子」的青少年讓他從密西根來到波士頓的朋友第一次嘗試了燙直頭髮。「我們倆又笑又出汗。」麥爾坎·利特爾①回憶道。他站在那裡照著鏡子，「欣賞著我現在看起來像『白人』的頭髮。」二十年後，麥爾坎·X反思他「朝向自我退化的第一步：我忍受所有的痛苦，燒灼著我的頭髮，讓它看起來像是白人男性的頭髮」。麥爾坎·X後來意識到自己「和美國眾多黑人男女一樣，受到洗腦，相信黑人是『劣等』的，而白人很『優越』，甚至會侵犯並毀壞上帝為自己創造的身體，試圖以白人標準來看起來『漂亮』」。[19]

⚜

一時興起想要命名和定義種族主義，也未能加以消除，特別是在流行文化中。一九三九年，米高梅公司（Metro-Goldwyn-Mayer, Inc., MGM）翻拍瑪格麗特·米契爾（Margaret Mitchell）於一九三六年出版並獲得普利茲獎的小說《亂世佳人》（*Gone with the Wind*）。《亂世佳人》訴說著喬治亞州一位奴隸主意志堅定的女兒，追求已婚男子的故事。郝思嘉缺乏道德感，白人奴隸主被描繪成高尚而深思熟慮，奴隸則是忠誠但得過且過，毫無面對自由的準備。

即使非裔美國人群起抗議，這部電影仍舊十分賣座。白人電影評論家幾乎普遍讚揚其精湛的演員陣容，如此真實的人物描述，讓觀眾彷彿親眼見到古老的喬治亞州農莊。儘管這部電影的描述毫不符合奴隸制度的真相，它仍打破了票房紀錄，並獲得十項奧斯卡獎。它取代了《一個國家的誕生》成為票房冠軍，成為好萊塢歷史上票房最成功的電影。就像《泰山》成為美國人了解非洲的主要媒介一樣，《亂世佳人》成為他們了解奴隸制度的主要媒介。唯一的問題是，這兩部電影所描繪的內容都不正確到可悲的程度。[20]

《亂世佳人》中忠誠又可愛的黑人保母可說是好萊塢史上最受喜愛的角色之一，由女演員哈蒂・麥克丹尼爾（Hattie McDaniel）所飾演。二〇一一年，政治學家梅麗莎・哈里斯—佩里（Melissa Harris-Perry）在對這部電影的分析中解釋說：「透過享受自己受到奴役的狀態，這位黑人保母可以療癒一個因種族主義罪行而不和的國家。」麥克丹尼爾成為第一位獲頒奧斯卡最佳女配角獎的黑人。繼麥克丹尼爾之後，好萊塢製片人在二十世紀中葉一連串的電影中很愛為粗壯的黑人保母包裹頭巾。這種刻板印象讓黑人的女性氣質變得男性化，凸顯了銀幕中和她們對戲的白人演員的超級女性氣質。淺膚色的黑人女性在電影銀幕上看到的，不是異國情調，就是悲慘的黑白混血兒。這些人物未能被同化為白人女性，也未能吸引白人男性。[21]

面對這些種族主義者的誇張模仿，杜波依斯仍舊堅信他於一九四〇年在芝加哥遇到的一群年輕黑人作家的承諾。「遇到未來這樣結實的棟梁，會讓人感到放鬆和有信心。」杜波依斯對《紐約阿姆斯特丹新聞》（*New York Amsterdam News*）的讀者們表達出興奮之情。這是他第一次見到如此堅定的黑人棟梁。這位三十一歲的黑人青年理查・萊特（Richard Wright），在密西西比州出生長大，先是搬到孟菲斯，後來又去了芝加哥，在那裡熟悉了同化主義者羅伯特・帕克的工作和學生。在他的

---

① 麥爾坎・利特爾（Malcolm Little, 1925-1965）是麥爾坎・X的本名，美國黑人民權運動者，也是穆斯林組織「伊斯蘭國度」的領導者。一九六五年他在一場演講中被槍殺身亡。

自傳《黑人男孩》中沉思關於「黑人生活的文化貧瘠」的萊特，被認為是跟社會學家富蘭克林·弗雷澤齊名的小說家。兩人都為美國展示了嚴重的歧視。兩人都受益於北方在大蕭條期間進入同化主義大道的知識份子。[22]

一九四五年，萊特跟某位朋友提起，他附和弗雷澤關於種族主義的歷史解釋，弗雷澤認為被奴役的非洲人被剝奪文化，並且「在隨機的衝動、飢餓，恐懼和性這些層面上逐漸失去人性」。西北大學人類學家梅爾維爾·赫爾斯科維茨（Melville Herskovits）在一九四一年出版的《黑人過去的神話》（*The Myth of the Negro Past*）對此理論提出質疑，引起了弗雷澤憤怒地批評。但赫爾斯科維茨堅持認為，非洲文化的韌性不亞於歐洲文化，而此兩種文化互相交流。他具有洞見地論證，非裔美國人創造了一種強大而複雜的歐洲「外向」形式的文化，「同時保留了內在的（非洲）價值觀」。而那些認同黑人過去神話的人正在遭受「種族偏見」所擾。[23]

人類學家柔拉·賀絲頓是少數沒有受到這種種族偏見影響，而進行大眾創作的黑人知識份子，而這種文化同化主義在一九三〇年代和一九四〇年代席捲了學術界。自從賀絲頓在哈林的黑鬼文人族群裡度過了青春歲月以來，她一直努力以女性作家為生，並且是一位黑人女作家。她曾參與旨在讓作家重新開始工作的新政工作計畫，但收到的補償卻少於不那麼符合資格的白人作家。她繼續努力，出版了《騾子與男人》（*Mules and Men*, 1935），這是有史以來收錄內容最好的黑人民間傳說選集。《騾子與男人》不符合媒體宣傳作品的標準，這些作品表現出的黑人生活，不是過得很嚴酷，就是違反一般人的刻板印象，因此惹怒了霍華德大學的文學學者斯特林·布朗（Sterling Brown）。相反地，賀絲頓的選集表現出南方黑人民族獨特、多樣和不完美的人性。[24]

《騾子與男人》幾乎就像是賀絲頓於一九三七年發行的小說的非虛構前菜。這本新書有個令人難忘的書名：《他們眼望上蒼》（*Their Eyes Were Watching God*）。在這本書中，賀絲頓透過主角珍妮引導讀者進入佛羅里達鄉村黑人文化的深處。珍妮在逃離了兩個富裕而又惡霸的男人所控管的範圍之後，和更年輕、更謙卑的茶凱哥結婚並找到了愛情，終於感覺到「靈魂從藏身之處爬出」。《他們眼望上蒼》一書探索了一位異性戀黑人女性在性別歧視和種族主義的雙重壓迫下，愛情生活如何岌岌可危。「心肝寶貝，自我識代誌以來，白人就是萬物的主宰，」珍妮的外婆告訴她，「所以，白人把重物丟在地上叫黑人去抬，黑人不敢不抬。他不得不聽話，但是他不自己擔。他叫他的女人擔。在偶看來，黑人女人就是世間的騾仔。」②

賀絲頓選擇既不讚美也不詆毀男方黑人的文化，她也可能知道媒體勸說者和同化主義者會不滿她的選擇。但賀絲頓不太在乎。相反地，她透過建構珍妮的朋友透納夫人這個角色，揭露了黑人同化主義者有多瘋狂。「依她的標準，任何一位看起來比她白的人的條件都比她優秀，」賀絲頓說，「就像其他所有信徒一樣，透納太太替那高不可攀的東西——白人特質，建造祭壇。她信的神會擊打她，將她自峰頂拋下，使她在沙漠中迷失方向，但她永不會離棄祂的祭壇。」[25]

儘管白人書評家提出了大量正面（和種族主義）的評論，但這本書賣得並不好。《紐約時報》的一篇書評認為，這部小說反映了「正常的」南方黑人生活，「有著奴隸時代遺留的社會艱難處境、幼稚的興奮和無盡的充沛情感」。《紐約先驅論壇報》的書評則驚嘆，《他們眼望上蒼》充滿了

② 此處譯文引自《他們眼望上蒼》（台北：聯合文學，二〇一七年）。

「無限的幽默感和狂野、怪異的悲傷」。雖然白人種族主義者喜歡賀絲頓描繪的每一個「不是那麼文明以致於失去了榮耀能力的黑人」，但是媒體勸說教父阿蘭．洛克卻引用《紐約先驅論壇報》的評論，要求賀絲頓不要再創造「這些閱讀大眾仍舊喜愛隨之而笑、哭泣和嫉妒的偽原始人」。而沉浸在其文化種族主義的理查．萊特，無法且不願意看到賀絲頓的反種族主義女權主義的文字，也無法去看她的愛情故事中的政治意涵，表示這部小說「沒有主題，沒有要傳達的訊息，沒有思想」。認為本書只利用了黑人生活中「奇特而有趣」的面向。萊特堅持，這就像是在一本書中看了黑臉秀，滿足白人讀者的口味。[26]

賀絲頓並不需要回應這些黑人男性批評者。「我不是悲慘的有色人種」，她已經告訴全世界，「我的靈魂中沒有巨大的悲傷，思想中也沒有。我一點也不在意。我不屬於那種哀憐身世的黑人，他們認為大自然不知何故讓他們活得卑微又骯髒，他們的感情都因此受到了傷害。」但是哀憐身世的人才賣得了書。當一九三〇年代結束時，《他們眼望上蒼》已經絕版，賀絲頓必須另謀女傭的工作。[27]

賀絲頓走在時代前面。在她去世很久之後，她的價值在一九七〇年代得到肯定，反殖民主義的女權主義者重新發現《他們眼望上蒼》，他們就像珍妮一樣，恰如其分地參與了自己定義的愛情。他們在一個否定這部小說的世界裡，自我定義了小說的偉大價值，不怕批評地提出，這部曾被否定的小說可能是有史以來最好的其中一部美國小說。[28]

理查・萊特以批評兩次世界大戰之間最偉大的反種族主義小說家來為自己開路。當杜波依斯於一九四〇年首次將目光投向萊特時，他注意到的是他所欣賞的小說《土生子》（*Native Son*）的作者。《土生子》獲得了每月一書俱樂部書獎，使萊特在一九四〇年代成為文學界極受歡迎的人物。這部小說的主人公，那位感到困惑（又令人困惑）的比格・湯瑪斯（Bigger Thomas），代表了「許多已經疏遠其種族和民間文化」的黑人，並且生活得「非常靠近那些試圖將他們拒之門外的文明」，萊特解釋道。湯瑪斯「徘徊在兩個世界之間，不受歡迎」。湯瑪斯最終殺死了這兩個世界，這體現在他預謀強姦和謀殺的黑人女友，以及過失殺害一名白人女孩這兩件事上。萊特透過湯瑪斯，在《土生子》一書中提出了同化主義者扣人心弦的最終結論：如果非裔美國人不被允許進入白人文明，他們就會變得暴力。[29]

到了一九四〇年三月底，《土生子》已售出二十五萬冊，在白人和黑人之間好評如潮，遠比柔拉・賀絲頓和蘭斯登・休斯二十年來賣出更多的量、得到更多的好評。萊特一直保持著無人可及的地位，直到一九四九年，一位二十四歲的新興哈林作家以一篇名為〈每個人的抗爭小說〉（Everybody's Protest Novel）開始他的文學政變。這一道文學的晴天霹靂擊中了媒體勸說和「社會抗議小說」的同化主義者支持，這類小說原始的基石是斯托的《湯姆叔叔的小屋》，最近的基石則是《土生子》。這些抗議小說為了勸說，「忽略、否認、躲避」黑人人性的「複雜性」，是「幻想，與現實無關」，詹姆士・鮑德溫（James Baldwin）在發表其最棒的小說《向蒼天呼籲》（*Go Tell It on the Mountain*）的五年前如此寫道。就像斯托的湯姆叔叔一樣，萊特的湯瑪斯悲慘地「承認他可能是次等人，因而感到受限制，並為他的人性而戰」。黑人需要做的事「極其艱難」，因為他們不得不接受他們不完全平等的人性，鮑德溫宣稱：「這是社會特別的勝利，但也是損失，能夠說服那些接受這種天命的現實所給予的低劣地位的人。」[30]

所有這些文學戰爭都在第二次世界大戰期間和之後發生。這場戰爭以美國力量在全球所獲得的勝利而告終。這場戰爭的結束是靠著讓去殖民化世界相信美國擁有新天命的現實，相信美國應該成為自由世界的領導者。

第二十八章　自由的品牌

杜波依斯像許多運動人士一樣，對納粹針對猶太人和其他非雅利安人的大屠殺嚴重程度感到恐慌。在美國一九四二年參戰第二次世界大戰之後，美國黑人的「雙重勝利運動」讓杜波依斯再度感到充滿活力：一是在國內反種族主義的勝利，二是在國外反法西斯主義的勝利。雙重勝利讓民權運動得以高速發展，尤其是北方；而由卡內基基金會所資助對黑人的長期全面研究，將民權運動推入了另一種速度中，特別是在南方。

一九三六年，克里夫蘭市長牛頓・貝克（Newton Baker）曾提議卡內基基金會主席費德列克・保羅・凱普爾（Frederick P. Keppel），贊助一項關於「嬰兒種族」的研究，而凱普爾在決定時曾短暫地考慮了一些美國白人學者，但幾乎沒有考慮過柔拉・賀絲頓或較年長的政治家杜波依斯和卡特・伍德森。雖然白人同化主義者和慈善家掌控了學術界中的種族討論，但是他們習慣性地因為黑人學者在研究黑人時過於主觀且具有偏見傾向而加以排除。令人驚訝的是，同樣的學者和慈善家卻不認為白人學者研究白人會有問題，不會出現黑人學者研究黑人有所偏見的抱怨。然而，種族主義思想怎麼可能沒有矛盾。[1]

卡內基基金會主管編擬了一份歐洲學者和駐在歐洲殖民地的白人官員的名單，認為這些人可以「以完全客觀和冷靜的方式完成研究」。他們最終選擇了瑞典的諾貝爾經濟學獎得主岡納・米爾道爾，並在一九三八年邀請他來到美國。卡內基基金會捐款三十萬美元，讓米爾道爾聘請一群傑出的黑人和白人學者，其中包括富蘭克林．弗雷澤和梅爾維爾．赫爾斯科維茨，可說是除了賀絲頓、杜波依斯和伍德森之外的所有人。[2]

米爾道爾在一九四四年發表了兩卷近一千五百頁的研究，書名為《美國的困境》（*An American Deilemma*）。他在其中對他所謂的美國困境表達了樂觀的看法。他將種族問題定位為「道德問題」，就像蓋里森時代以來的同化主義者一樣。米爾道爾認為，美國白人看起來「對黑人無知得驚人」。白人無知地認為黑人是「罪犯」、「性道德隨便」、「有宗教信仰」、有「跳舞和唱歌的天賦」，並且是「大自然樂天知命的寵兒」。米爾道爾和他的許多讀者相信，這種無知造就了種族主義思想，而種族主義思想造就了種族主義政策，因此「美國絕大多數白人如果知道事實，就會準備好在實質上對黑人更好」。杜波依斯讀這篇文章時可能搖了搖頭。「美國人其實知道事實。」杜波依斯可能這麼想，正如他曾經寫過的那樣。近五十年來他一直在傳遞這個事實，但卻徒勞無功。[3]

杜波依斯確實喜歡這兩卷中的大部分內容，包括對種族隔離主義理論的毀滅性攻擊、對種族歧視的百科全書式分析，以及南方人隔離但平等的謬論。「在美國歷史上從來沒有一位學者，」杜波依斯承認，「能如此完全涵蓋此一領域。這項工作具有歷史意義。」弗雷澤在他的兩篇評論中表示同意。他讚揚了米爾道爾的「客觀性」，並願意描述「黑人社區在美國生活中的病態現象」。[4]

然而，米爾道爾對白人種族主義的解決方案之一仍然是黑人的同化。「在幾乎所有的分歧中，美國黑人文化都是……美國一般文化的扭曲發展或病態情況，」岡納．米爾道爾推測，「美國黑人個人和群體的優勢就是融入美國文化。」《美國的困境》對文化同化主義者造成的影響，就是達爾文的《物種起源》對社會達爾文主義者所造成的影響，也是斯托的《湯姆叔叔的小屋》之於廢奴主義者，山繆・摩頓的《美國人的頭顱》之於多元主義者，以及羅伯特・芬利的《關於殖民化的思考》（*Thoughts on Colonization*）之於殖民主義者。這本書啟發了一批重要的政治家、律師、法官、傳教士、學者、資本家、記者和運動人士，以支持下一代種族主義思想和民權運動的同化派。對於米爾道爾來說，任何「對黑人固有的自卑感有先入之見」的種族主義學者，以及「基本上都在表達黑人的抗議」的反種族主義學者，都不能像他和新的同化主義者那樣客觀。[5]

隨著第二次世界大戰於一九四五年四月接近尾聲，杜波依斯與五十個國家的代表一起參加了在舊金山舉行的聯合國國際組織會議，但他未能成功推動新的聯合國憲章成為反對殖民政治種族主義的緩衝。然後在該年稍晚，杜波依斯出席了在英國曼徹斯特舉行的第五屆泛非會議，並且恰如其分地被稱為「泛非主義之父」。第五屆會議中瀰漫著決心。出席會議的有兩百名男女，其中一些將繼續領導非洲去殖民化運動，如迦納的夸梅・恩克魯瑪（Kwame Nkrumah）和肯亞的喬莫・甘耶達（Jomo Kenyatta）。這些代表沒有提出過去泛非會議中逐步去殖民化的政治種族主義要求，彷彿非洲人還沒有準備好統治非洲人。「挑戰殖民大國」的反種族主義者要求立即從歐洲殖民統治中獨立出來。[6]

美國從第二次世界大戰中崛起，縱觀受到蹂躪的歐洲和東亞世界，並以新的全球領導者之姿展現其無與倫比的資本、工業力量和軍事武器。唯一可以與之抗衡的似乎只有共產主義的蘇聯。資本主義和共產主義之間的冷戰已經開始，雙方爭奪去殖民化國家的市場和資源，以及其經濟和政治的忠誠。一九四六年三月，迪安・艾奇遜（Dean Acheson）警告說：「這個國家對少數群體存在的歧視，對我們與其他國家的關係有不利影響。」艾奇遜的話其來有自。他曾在一九四四年旨在重建國際資本主義制度的布雷頓森林會議（Bretton Woods Conference）上，領導國務院代表團。一九四五年，羅斯福去世後接任的總統哈里・杜魯門（Harry S. Truman）聽取了艾奇遜的警告，說明受到俄國媒體煽動所引發全球流傳的歧視報導，正在傷害美國的外交政策，並嚴重影響美國商人的生計，特別是正在進行去殖民化的非白人國家。[7]

杜魯門總統準備進行改革，但是南方的種族隔離主義者為了維持種族現狀而奮力抗爭著。其中一位挑動政治爭端的是密西西比州參議員狄奧多・比爾博，他沒有聽取艾奇遜的警告。比爾博在一九四六年的連任競選活動中說：「我呼籲每個精力充沛的白人都要採取任何手段讓黑人遠離選舉。」比爾博號召白人參與戰鬥，點燃了這樣一場風暴，當他贏得大選時，新當選的共和黨中多數人都阻止他在一九四七年重新進入參議院。（他那些宣揚以「國家權利」來阻止黑人參加選舉的南方同僚卻得以占有一席。）不願意保持沉默的比爾博退休到他在密西西比州南部的莊園，並自行出版《做出你的選擇：種族隔離或種族混雜》（*Take Your Choice: Separation or Mongrelization*），號召軍隊來對抗平等主義者。比爾博宣稱，「黑人不如白人這件事，已經透過六千年全世界範圍的實驗加以證明。」[8]

在一九四七年這個具有里程碑意義的出版年度中，《做出你的選擇》成為南方書店的暢銷書。霍華德大學歷史學家約翰・霍普・富蘭克林（John Hope Franklin）關於黑人民族全面歷史的著作《從奴役到自由》（*From Slavery to Freedom*），是一個里程碑，並且奮力反對比爾博和哥倫比亞大學已經不再熱門的鄧寧學派推動的種族主義歷史版本。然而，《從奴役到自由》並不完全反種族主義。富蘭克林一開始描述了種族主義的歷史觀念，即奴隸制導致了黑人的低等。這種說法至少對抗了吉姆・克勞法歷史學家關於奴役是「文明力量」的說法。但這兩個歷史描述都是錯誤的：一方種族主義者認為黑人在引進奴隸制之前就很低等，而另一方則認為引進奴隸制之後讓黑人變得低等。富蘭克林認為黑人女性和窮人是黑人在「為實現自由而奮鬥」時無能為力的觀眾。受到黑人女權主義歷史學家如瑪麗・法蘭西絲・貝瑞（Mary Frances Berry）、內爾・艾爾文・潘特（Nell Irvin Painter）、達琳・克拉克・漢恩（Darlene Clark Hine）和黛博拉・蓋瑞・懷特（Deborah Gray White）所啟發，再加上非裔美國人的歷史一向以男性為中心，富蘭克林在本世紀剩下的時間裡試圖在後續版本和書籍中改正這些錯誤。[9]

隨著富蘭克林於一九四七年設定黑人（男性）史學的新路線（比黑人女性的歷史設定新路線早數十年），哥倫比亞演化生物學家狄奧多西・多布然斯基（Theodosius Dobzhansky）和人類學家艾希利・孟塔古（Ashley Montagu）則設定了社會達爾文主義的新路線——遠離優生學。出生於烏克蘭的多布然斯基透過將演化定義為「基因庫中等位基因頻率的變化」，而成為演化和遺傳學領域的知名人士。出生於英格蘭的孟塔古則是在他的導師鮑亞士於一九四二年去世時，接替他成為美國反對種族隔離最傑出的人類學者。孟塔古的《人類最危險的神話：種族謬誤》（*Man's Most Dangerous Myth: The Fallacy of Race*）在當年的暢銷書排行榜上名列前茅，而大屠殺的消息仍舊讓美國人感到震驚。孟塔古揭露了生物種族階級的危險神話，並分享了反種族主義的概念：「所有文化的評價都必須與自身的歷史有關……並且絕對不是根據任何單一文化的任意標準。」然而，孟塔古有時會和自己的論點相矛盾。在他所舉的「文化相對論的例子」中，他認為在過去的五千年裡，歐洲文化有所發展，但是「非洲王國的變化相對較小」。[10]

一九四七年六月六日，這兩位傑出學者在極負盛名的《科學》（*Science*）期刊上發表了他們的開創性文章。「種族差異，」多布然斯基和孟塔古寫道，「主要是因為地理上隔離的種群在自然選擇下，所產生的不同作用導致的結果。」他們否定對於固定種族、固定種族特徵和固定種族等級的優生思想。他們認為，人口（或種族）正在演化，並透過生物學和文化的演化過程在遺傳上發生變化。讓人類有所區別的不是自然或培育其中之一，而是兩者共同的作用。這種表述被稱為雙重演化理論（dual-evolution），或現代演化共識（modern evolutionary consensus）。這個演化生物學的共識在本世紀獲得發展。這是一個增長的領域，有時補充了分子生物學的發展，特別是在美國的詹姆士・華生（James Watson）、布里茲・法蘭西斯・克里克（Brits Francis Crick）和羅莎琳德・富蘭克林（Rosalind Franklin）於一九五三年發現了去氧核糖核酸（DNA）的結構之後。

種族隔離主義者和同化主義者仍然找到方法，可以用雙重演化理論來解釋他們對黑人的看法。種族隔離主義者可能會爭辯說非洲人中的「好」基因最低。同化主義者可以說歐洲人創造了最複雜的社會，並且是文化上演化得最好的族群。多布然斯基和孟塔古最終推翻了科學中的優生學家，但卻推崇新的種族主義思想，這反映在一九五〇年和一九五一年全球報導的聯合國教科文組織關於種族的聲明中。[11]

教科文組織官員於一九五〇年召集了一個由巴黎學者組成的國際夢幻小組，以便對全世界的納粹主義和優生學家進行最後的反駁。幾乎所有的學者，包括孟塔古、多布然斯基、弗雷澤和米爾道爾，都表達了同化主義思想，證明即使科學機構將種族隔離主義思想視為種族主義，他們仍然確保同化主義能夠容忍和支配種族論述。雖然這些同化主義者聲稱沒有人類有任何生物演化成就，但他們卻在一九五〇年聯合國教科文組織種族聲明中談到了某些族群的「文化成就」。然後，在一九五一年，遺傳學家和物理人類學家在修訂後的聲明中指出：「雖然未經證明，但某種類型的先天智力和情緒反應能力，有可能在一個人類群體中比在另一個群體中更為普遍。」種族隔離學者於是開始證明這些種族間的天生智力差異。[12]

甚至在教科文組織的聲明出現在從紐約到巴黎的報紙頭版之前，杜魯門總統就已主動改善美國的種族關係。種族改革是他於一九四七年三月十二日提交給國會的「杜魯門主義」中，一個重要但相對未受到重視的面向。他將美國定位為自由世界的領導者，蘇聯則是不自由世界的領導者。杜魯門宣稱：「世界各地的自由人民都希望我們能夠協助維護他們的自由。」美國將自己定位成自由世界的領導者，卻迎來了無數針對美國不自由種族政策的批評（更不用說不自由的階級、性別和性政策）。對非白種外國人的嚴厲待遇、戰後一系列加諸於回歸士兵的齷齪私刑、國際知名藝術家保羅・羅伯遜（Paul Robeson）的反私刑行動、全國有色人種協進會向聯合國提出侵犯人權的指控——這些不自由的種族政策和行動突然成為美國身上的責任。對於北方政治家而言，保護美國自由的這個牌子，比跨部門團結和確保種族隔離主義者的選票更為重要。此外，對北方大亨來說，開發外國資源比開採南方資源更為重要。冷戰的考量和發展快速的行動主義突然迫使民權討論進入國家議程。但想當然地，針對上述這些關於經濟和政治考量的論述，並不是杜魯門政府想要人民買帳的種族關係故事或歷史。岡納・米爾道爾就認為，種族關係是道德問題，需要基於道德、有說服力的解決方案。[13]

一九四七年十月，杜魯門的民權委員會發布了一百七十八頁名為《保護這些權利》（*To Secure These Rights*）的報告。該委員會讚揚了米爾道爾的《美國的困境》，並譴責美國核心的「道德腐敗」，並提出民權立法。委員會引用現任國務卿迪安・艾奇遜為消息來源表示，「我們國內的民權缺陷嚴重阻礙」了美國的外交政策。但是，蓋洛普民意調查人員發現，只有百分之六的美國白人認為這些權利應立即得到保障。顯然在一九四七年，只有百分之六的人是反歧視的。[14]

一九四八年二月二日，杜魯門敦促國會落實總統民權委員會的建議，儘管美國白人並不支持。杜魯門強調，「美國在當今世界的地位」使民權「特別緊迫」。此舉遭到極大的反彈。德州的一位代表，名為林登・貝恩斯・詹森（Lyndon Baines Johnson），他在奧斯汀（Austin）召集一萬名支持者，將杜魯門的民權提案視為「一場鬧劇和騙局，是以自由為幌子，試圖建立警察國家勢力」，開啟了詹森競選美國參議員的勝選之路。然而，詹森並未加入狂熱的狄西黨，該黨因杜魯門的民權議程而選擇脫離民主黨。狄西黨推選南卡羅萊納州的史壯・瑟蒙（Strom Thurmond）出來競選總統，發表了一席種族隔離主義者的演說，該演說讀來就像南非於一九四八年執政，施行種族隔離的國民黨（Nationalist Party）一樣令人毛骨悚然。[15]

杜魯門總統在當年的選舉中擊敗了瑟蒙和相當成功的共和黨員湯瑪斯・杜威（Thomas E. Dewey），其中一部分原因是由於黑人選民的支持。黑人選民和民權運動人士在投給杜魯門時，特別滿意他在一九四八年使用行政權來廢除武裝部隊和聯邦勞動力的種族隔離。在那一年，民權運動人士還有其他理由感到充滿希望。棒球員傑基・羅賓遜（Jackie Robinson）讓美國職棒大聯盟

（Major League Baseball, MLB）廢除了種族隔離，同時，國家美式足球聯盟（National Football League, NFL）和國家籃球協會（National Basketball Association, NBA）也廢除了種族隔離。此後數十年，職業棒球、足球和籃球的黑人運動員總是被提到，他們享有如自然動物一般的速度和力量優勢（言下之意是非運動員的黑人就不是真正的黑人）。[16]

當杜魯門的司法部門為「謝利訴訟克雷默案」（Shelley v. Kramer）提交簡報時，民權運動人士也感到高興。此案於一九四八年五月三日裁決，最高法院認為，法院不得執行僅限於白人買賣的房地產契約（這類契約在北方城市中激增，目的是為了阻止有色人種遷移和停止廢除住宅上的種族隔離）。司法部的簡報指出，「美國因為在國內發生歧視行為，而讓國家在外交關係上感到困窘」。這是美國政府首次介入維護黑人公民權利的案件。但這不會是最後一次。杜魯門的司法部門在一九四〇年代和一九五〇年代初期，成功地為了高等教育中其他廢除種族隔離的案件提交了類似的簡報，不斷提醒法官們歧視對國外的影響。[17]

但謝利訴訟克雷默案的裁決結果並不受到人民歡迎。一九四二年，百分之八十四的美國白人在民意調查中表示，希望在自己的城鎮中有獨立的黑人社區。他們顯然對那些過度擁擠的黑人社區漠不關心。但一九四八年的裁決結果確實激發了戰後美國各個城市中，黑人與白人自由混居的運動，並且讓白人開始反對廢除種族隔離。黑人與白人自由混居運動中有各式各樣的群體，有向社會上層流動的黑人，以及反種族主義的住房運動人士，他們都正在努力爭取更好的住房選擇。也有抱持種族主義的黑人，他們憎恨生活在跟黑人一樣的社區，並夢想住在較優越的白人附近。還有同化主義者，他們認為黑白綜合社區可以推動上進勸說、改善種族關係，並解決國家的種族問題。白人房地產經紀人和投資客會透過街區的房地產欺騙消費者，他們利用了每個人心中的種族主義思想。也就是說，他們會在白人住宅區放出即將有黑人搬入的消息，讓白人屋主因為擔心房地產價值會因黑人搬入而急遽下跌，而先以較低的價格出售房屋。經紀人和投資客再以高於市場價值的方式，轉售給渴望獲得更好住房的黑人買家。房地產經紀人和投資客很輕易就可以讓白人屋主提心吊膽，黑人入住的後果會是「犯罪和暴力立即攀升……還有賣淫、賭博和吸毒」，一名底特律最著名的反開放住房運動人士如此說道。白人社區變得人種混合，最後幾乎全是黑人，而從白人到黑人的人口結構變化很快導致人們對同一社區的觀感變糟。（到二十世紀末，相反的情況發生在白人「優化」了都市裡的黑人社區。例如黑人社區變得人種混合，最終幾乎全是白人，人口結構從黑人迅速變化為白人，從而改善了人們對同一社區的觀感。顯然，看到白人代表有好鄰居，而同一地方看到黑人則標誌著是壞社區，從而展現出種族主義思想的力量。）[18]

在一九四〇、五〇和六〇年代中，若是種族主義思想和政策沒有迫使黑人搬離，那居住在城市的白人有時會轉向暴力。然而，大多數的城市白人寧可「逃離而非爭鬥」。房地產經紀人、投資客和開發商也因為出售白人遷離的新郊區住宅而獲益。美國戰後因為白人家庭搬到郊區，通勤距離因此增加，而在住宅和新公路建設方面經歷了前所未有的繁榮。為了購買新房，美國人使用戰時的儲蓄和一九四四年通過的《美國退伍軍人權利法案》①的補貼。這個法案是聯邦政府在單一法案中所提供最廣泛的福利待遇。超過二十萬名退伍軍人使用該法案的補貼來購買農場或做生意；五百萬人購買了新房；近千萬人上了大學。一九四四至一九七一年間，聯邦政府在這個「模範福利體系」提供給退伍軍人的開支總額超過九百五十億美元。然而，與「新政」的福利計畫一樣，黑人退伍軍人面臨歧視，其福利遭到減少或剝奪。《退伍軍人權利法案》結合新政和郊區住房建設（在發展中找到合法途徑下不讓黑人入住），催生了白人中產階級，擴大了種族之間的經濟差距，但種族主義者卻將此擴大的差異，歸咎於貧窮黑人的財務習慣。[19]

戰後美國城市的黑人社區成為全國貧窮和犯罪的象徵，郊區的白人社區，包括郊區白人居住的房子，用白色柵欄圍住，住著幸福的白人家庭，卻成為全國繁榮和安全的象徵。所有在媒體、科學和流行文化中的同化主義者喋喋不休地勸說，都難以控制種族隔離主義者強烈反對開放住房運動，但它確實成功將歷史上被壓迫的歐洲民族，聚集在郊區的白人社區。城市中的民族聚居地移轉到多民族的郊區，在那裡，義大利人、猶太人、愛爾蘭人和其他非北歐人最終獲得了白人的全部特權。「在學校或社區裡，宗教和種族都沒有把我們分開。」加州大學洛杉磯分校的人類學家凱倫・布羅德金（Karen Brodkin）如此回憶，他的猶太家庭於一九四九年搬到紐約長島。[20]

雖然全國有色人種協進會分會表態支持開放住房運動，但是在戰後的美國，涉入激烈的行動就像走鋼索一樣。一九五〇年，威斯康辛州參議員約瑟夫・麥卡錫（Joseph McCarthy）開始對「共產黨員」進行獵巫，這裡提到的共產黨員幾乎包含任何批評當時主流思想的人，例如資本主義、美國在國外的親殖民政策、北方的同化和南方的種族隔離。華特・懷特和他的得力助手羅伊・威金斯（Roy Wilkins）必須在反共和同化的現狀中，謹慎地持續全國有色人種協進會的法律行動和上進勸

---

① 為了安置二次大戰後的退伍軍人，美國國會在一九四四年通過《美國退伍軍人權利法案》（*G.I. Bill*，退伍軍人稱為G.I.），給予退伍軍人各種福利，包括經濟補貼和各項貸款。

說。威金斯在一九五一年十二月出刊的《危機》雜誌中寫道：「黑人希望改變，以便能符合美國標準。」同時，反種族主義者和社會主義者，當然還有反種族主義的社會主義者，正遭到威脅、解僱、逮捕，並且因為捏造的罪名受到監禁。八十二歲的杜波依斯於一九五一年遭到逮捕（後來無罪釋放）。美國國務院取消了杜波依斯的護照，就像保羅・羅伯遜一樣，試圖讓在聖路易斯出生、當時人在法國的黑人舞蹈家約瑟芬・貝克（Josephine Baker）噤聲，一切都是為了管理美國號稱自由的品牌。[21]

但國務院無法阻止民權大會（Civil Rights Congress）的短命主席威廉・派特森（William Patterson），在一九五一年悄悄來到日內瓦，並親自向聯合國人權委員會提交一份名為《我們控訴種族滅絕》（*We Charge Genocide*）的請願書。這份請願書由杜波依斯、羅伯遜、千里達記者克勞迪亞・瓊斯（Claudia Jones，英格蘭第一家黑人報紙的創始人）和近百名其他人連署，記錄在一九四〇年代後期針對非裔美國人的近五百起野蠻罪行，並抨擊自詡為自由世界領導者的信用。真正「考驗外交政策基本目標的是政府對待自己國民的固有態度」，從瑞士到史瓦濟蘭的反種族主義者發展聲勢壯大。[22]

急忙進行損害控制的美國國務院找來一些反共、種族主義、無條件愛國的黑人進行巡迴演講，例如麥克斯・葉根（Max Yergan），就直言不諱地捍衛種族隔離的南非。一九五〇年或一九五一年，美國外交公關機構，也就是美國新聞署的一位優秀的宣傳幹部，起草並在全世界發行了一本名為《美國生活中的黑人》（*The Negro in American Life*）的小冊子。這本小冊子承認奴隸制和種族主義過去的失敗，並宣稱美國民主的力量當然是讓種族和解及救贖變成可能的原因。新美國的這些品牌推手，巧妙地把焦點放在種族進步的歷史（而不是種族主義的存在）和黑人菁英（而不是黑人群眾），以做為衡量美國種族關係的標準。問題不在於美國是否已經消除種族不對等，這被認為是不可能的，正如消除奴隸制曾被認為是不可能的那樣。問題在於，「十分之一幹才」在今日所受到的歧視是否比從前少？「正是在這種背景下，必須衡量黑人所取得的進步，以及衡量全面解決其問題所需的步驟。」小冊子上如此寫道。在過去的五十年裡，出現了更多的黑人「大地主」、成功的商人和大學生。《美國生活中的黑人》設想，行動主義並沒有為種族進步帶來如此「了不起的進展」，但是向上提升和媒體勸說喚起了岡納．米爾道爾的想像力。五十年前，「大多數白人，無論是北方人還是南方人，他們都毫不掩飾地認為黑人比較低等」，但愈來愈多「受過教育的黑人及其記者和小說家，都讓白人族群敏銳地意識到這份偏見的殘酷不公」。《美國生活中的黑人》向全世界宣告，「但在今天，幾乎沒有一個族群沒有大幅改變這個觀念。」

事實上在一九五〇年代早期，幾乎每個社區的白人都帶著偏見去反對開放住房運動、廢除種族隔離教育、平等就業機會和公民權利運動。《美國生活中的黑人》中曾展示了一個廢除種族隔離的班級和社區的照片，但很少有美國人會認可這個情況，並且承認「仍有許多工作要做」。這本小冊子問道，鑑於情況有多糟糕，我們努力了這麼久難道並不令人感到驚嘆嗎？隨著每一次民權的勝利和挫敗，這種推論成為了同化主義者從過去到未來的標準宣言：我們已經走過漫長的道路，接下來還有很長的路要走。但他們有目的地迴避了當前的種族主義現實。[23]

《美國生活中的黑人》試圖贏得去殖民化非白人世界的心和思想、市場與資源。美國駐印度大使切斯特．鮑爾斯（Chester Bowles）於一九五二年在耶魯大學表示，「美國的種族和諧」對我們在亞洲的利益是很重要的。然而，傑出的二次大戰將領德懷特・艾森豪（Dwight D. Eisenhower）在一九五三年入主白宮之後，卻停止了杜魯門主義在公民權利上的努力。艾森豪表示，種族歧視不是社會問題，而是個人情感的失敗。他並補充說，解決方案不是武力，而是「誠實地極力施加勸說」和「恰到好處地激起良心」。這個妄想讓精明的艾森豪能夠安撫《美國的困境》的北方讀者，以及《做出你的選擇》的南方讀者。[24]

在杜魯門卸任之前，他的司法部已經向美國最高法院提交另一份廢除種族隔離案的訴狀。這是全國有色人種協進會針對堪薩斯州、南卡羅萊納州、維吉尼亞州、德拉瓦州和華盛頓特區的種族隔離學校，提起的五件訴訟所結合而成的案子。「正是在當前世界自由與暴政之間鬥爭的背景下，才必須看待種族歧視問題。」此一訴狀表明支持廢除種族隔離。一九五三年十二月八日，法院第二度在「布朗訴訟托皮卡教育局案」（*Brown v. Board of Education of Topeka*）聽取了口頭辯論。在白宮的一次晚宴上，艾森豪邀請他新任命的首席大法官厄爾・華倫（Earl Warren），並在捍衛種族隔離主義者的知名律師約翰・戴維斯（John Davis）旁抓了張椅子坐下。總統曾多次稱讚戴維斯是「很棒的人」。艾森豪在漫步走向咖啡桌時，告訴華倫他能理解為什麼南方人想要確保「他們可愛的小女孩，不需要在學校裡坐在一些高大的黑人男性旁邊」。[25]

一九五四年五月十七日，首席大法官華倫在他對最高法院全體一致的決定所表達的看法中，不知為何地同意下級法院的調查結果，即南方學校「已經平等，或者正要平等」。因此，對於最高法院來說，布朗訴訟教育局案是關於各個學校對黑人兒童的心理影響。華倫在資料中找到了答案，最近遽增的社會科學研究試圖弄清楚為什麼黑人沒有同化？為什麼種族不對等仍然存在？隨著奴隸制扭曲黑人的理論在一九五〇年代初期不再為人所接受，同化主義者又想出了種族隔離扭曲黑人的理論。他們引用心理學家肯尼斯．克拉克和瑪蜜．克拉克的知名娃娃測試，以及關於這一主題的暢銷書籍，如兩位精神分析師所撰寫的《壓迫的標記》（*The Mark of Oppression*, 1951）。同化主義者認為，歧視和種族隔離對黑人人格和自尊產生了可怕的影響。[26]

首席大法官華倫在他對於布朗案所表達的意見中表示，著名的娃娃測試就是種族隔離對黑人造成負面影響的證據。他相當確信地指出：「僅僅因為種族，就將（有色兒童）與其他年齡和資歷相似的人分開，讓他們對自己在社區中的地位產生了自卑感，並以幾乎難以復原的方式影響他們的心靈和思想。」簡而言之，「在公立學校中隔離白人和有色兒童，對有色兒童產生了不利影響。」這種影響可能會阻礙他們的「教育和心理發展」，並剝奪他們「在一個種族（融合）學校系統中原本可以得到的益處，」華倫推測，「我們的結論是，在公共教育領域，『隔離但平等』的學說站不住腳。分離的教育設施本質上並不平等。」[27]

在這個具有里程碑意義的案例中，華倫在本質上提出了一種種族主義觀點：黑人教育設施本身就不平等且劣等，因為黑人學生並沒有接觸到白人學生。華倫的同化主義問題導致了未來十年為了廢除美國學校的種族隔離所使用的同化解決方案：強迫將黑人學校的孩子送到天生優秀的白人學校，白人孩子則幾乎不去黑人學校。到了一九七〇年代，從波士頓到洛杉磯的隔離主義白人父母反對學校規定學生要搭乘校車上學，輕蔑地向改革者說出各種種族歧視的尖刻話語，而反種族主義的黑人父母則要求來回都有校車，或從資源過剩的白人學校重新分配資源到資源不足的黑人學校。這些反種族主義的計畫遭到同化主義者和種族隔離主義者的反對，他們似乎像法院一樣認為，主要為黑人而設的學校永遠不能跟主要為白人而設的學校相提並論。

沒有多少美國人立即發覺布朗裁決背後的同化主義理論。但柔拉・賀絲頓發現了。當年六十四歲的她住在佛羅里達州，儘管她當時的文學聲望衰退，但她仍然一如既往地犀利。「如果在佛羅里達州沒有合適的黑人學校，而白人學校中有一些殘留、一些固有的和不可改變的特性，不可能在其他任何地方加以複製，那麼我第一個站出來堅持佛羅里達州的黑人孩子可以分享這個恩惠。」賀絲頓在《奧蘭多守望報》（*Orlando Sentinel*）上寫道，「但如果有合適的黑人學校和足以勝任的教師和教學，那麼除了有白人在之外沒有什麼不同。出於這個原因，我認為美國最高法院的裁決是侮辱而不是尊重我的種族。」她呼籲民權領袖，認為這個說法很矛盾，因為在高喊種族自豪感和平等的同時，卻輕蔑地摒棄「黑人教師和自我認同」。賀絲頓廣泛轉載的文字，受到種族隔離主義者和反種族主義者的讚揚，但獨獨引起同化主義者的憤怒。[28]

儘管華倫的觀點以種族主義理論為基礎，但對許多人來說（當然很多人並沒有真正讀過華倫的觀點），推翻「普萊西訴訟弗格森案」的具有里程碑意義的裁決讓黑人感到光榮。②「我看到了不可能的事情發生。」杜波依斯寫道。美國新聞署的宣傳和黑人一樣興高采烈。裁決發布後一小時內，美國之音（Voice of America）廣播網就將這則新聞傳播到東歐。新聞稿以多種語言撰寫而成。因為艾森豪總統拒絕支持布朗案，共和黨全國委員會必須在一九五四年五月二十一日宣布，這一決定「適當切合艾森豪政府對全球共產主義的許多正面攻擊」。

在援用吉姆・克勞法的南方，密西西比州參議員詹姆士・伊斯特蘭（James Eastland）召集群眾，宣誓南方「不會配合或遵守一個政治化的法院所做的立法決定」。而且種族隔離主義的阻力來得如此之快、如此強大，以致於一九五五年，到了最高法院實施布朗裁決的時候，美國歷史上第一次出現法院最終維護憲法權利，並且「推遲行使到更適宜的時間」，讓杜波依斯和其他運動人士感到憤怒。但儘管如此，南方的種族隔離主義者還是透過暴力和種族主義思想，攜手合作，組織「大規模抵抗」。顯然，比起在世界各國面前捍衛美國自由的招牌，他們更關心的是在美國面前捍衛他們隔離但平等的招牌。[29]

② 一八九六年的普萊西訴訟弗格森案維護了種族隔離政策的合法性。

第二十九章　大規模抵抗

一九五五年八月二十八日，十四歲的埃米特・帝爾（Emmett Till），成為因反對廢除種族隔離而起的「大規模抵抗」下，最為人所知的受害者。帝爾因為對密西西比的白人女子發出噓聲，遭到了流氓極度殘忍地毒打。憤怒的黑人圈中流傳著一張令人毛骨悚然的照片，在帝爾家鄉芝加哥舉辦的開棺葬禮中，他的臉甚至無法辨識。一九五六年三月十二日，十九名美國參議員和七十七名眾議院代表簽署了一份南方宣言，反對布朗訴訟教育局案的裁決，認為該裁決「在迄今為止的友誼和諒解上種下了仇恨和懷疑」。三K黨組織了新成員，和菁英隔離主義者建立起白人公民委員會；南方學校則確保他們的教科書讓學生有「晚安故事」可讀，正如歷史學家范・伍德沃德（C. Vann Woodward）所說的那樣，像《亂世佳人》這樣的故事。

但民權運動不斷湧現。在一九五六年大選年期間，不斷展開的聯合抵制蒙哥馬利公車運動①讓杜波依斯感到瞠目結舌。令他詫異的，不是最初動員抵制的阿拉巴馬州立大學教授喬・安・羅賓森（Jo Ann Robinson），也不是推動抵制的那些上街步行的黑人家庭主婦。任何一位認真研究黑人激進主義的歷史學生都知道，黑人女性經常是推動的力量。杜波依斯對於這位二十七歲的抵制運動名義上的領袖感到十分驚訝。浸信會傳教士竟然成為激進主義活動份子？杜波依斯從來沒有想到活了八十八歲的他會看到像馬丁・路德・金恩（Martin Luther King Jr.）這樣的傳教士。杜波依斯表達了鼓勵，而金恩回以感激。金恩讀過杜波依斯的書，後來將他描述為「知識份子巨人」，看穿了「將黑人描述為低等的謊言毒霧」。杜波依斯還向印度期刊《甘地園地》（*Gandhi Marg*）發了一份宣言。認為以金恩對於非暴力公民不服從的堅定承諾，他會是美國的聖雄甘地。[1]

金恩另一位非常喜歡的學者寫了一九五七年，甚至可能是近十年來，最具爭議的黑皮書。富蘭克林・弗雷澤在《黑人資產階級》（*Black Bourgeoisie*）中表現出性別種族歧視，描繪白人女性比黑人女性更美麗、更精緻，黑人妻子控制欲強，黑人丈夫「身體上和社交上無能」，這與他的歷史種族主義一樣明顯。弗雷澤說：「奴隸制是一種殘忍而野蠻的制度，讓黑人變得不像人。」這個理論類似於歷史學家史坦利・艾爾金斯（Stanley Elkins）在他引起熱烈討論的著作《奴隸制：美國制度和知識生活中的問題》（*Slavery: A Problem in American Institutional and Intellectual Life*, 1959）中的種族主義論點。然而弗雷澤已經克服了他的文化種族主義。影響並決定布朗裁決的那本廣為流傳有關歧視的心理影響的社會科學文獻，重新塑造弗雷澤將同化視為心理進步的舊觀念，而他現在相信同化是一種退步。弗雷澤認為，最堅定相信同化主義思想的黑人就是資產階級的黑人，他們試圖「摒棄一切……讓人想起自己黑人血統的事物」。[2]

弗雷澤聽起來像是埃利亞・穆罕默德（Elijah Muhammad）在一九五〇年代後期，於芝加哥所建立發展迅速的伊斯蘭國度（Nation of Islam,NOI）的部長。「他們不會讓你成為白人，你也不想當

① 聯合抵制蒙哥馬利公車運動（Montgomery Bus Boycott），美國一場大規模反種族隔離的社會運動，起因是黑人羅莎・帕克斯（Rosa Parks）拒絕聽從蒙哥馬利公車司機的命令，讓位給一名白人乘客而引起。

黑人。」前囚犯馬科斯・加維的兒子和伊斯蘭國度的新哈林部長常常這麼說。「你不想成為非洲人，也不能成為美國人……你一切都不順利！」哥倫比亞廣播公司的麥克・華萊士（Mike Wallace）以一九五九年熱映的五集電視劇《由恨生恨：黑人種族主義和黑人至上主義的崛起研究》（*The Hate That Hate Produced: A Study of the Rise of Black Racism and Black Supremacy*），將麥爾坎・X和伊斯蘭國度介紹給數百萬位觀眾。穆罕默德和他的傳道人反對同化主義者；相反地，他們鼓吹種族分離（而不是黑人至上），認為白人是惡魔的劣等種族。具有諷刺意味的是，黑人和白人的同化主義者，抱持著種族主義並仇恨黑人的一切，卻因為伊斯蘭國度的種族主義和仇恨白人的一切而譴責他們。[3]

在《黑人資產階級》一書中，弗雷澤對美國黑人中產階級進行了史上最為尖刻的攻擊，將新階級種族主義商業化，認為黑人資產階級不如白人資產階級，他們比較沒有社會責任，是更愛炫耀的消費者，在政治上更腐敗，更會剝削別人。並且以歷史學家伊芙琳・布魯克斯・希金保桑（Evelyn Brooks Higginbotham）最近的說法，在他們所謂的「體面政治」中更為愚蠢。儘管，或者應該說，由於弗雷澤過度延伸到階級種族主義，《黑人資產階級》一書對民權運動產生了重大影響，激勵馬丁・路德・金恩這一代的中產階級年輕人擺脫弗雷澤所謂冷漠的「虛假世界」。[4]

而這些年輕人的強大勇氣，日復一日變得更加強大，而被拿來抵抗似乎逐日變得規模更大的種族隔離主義。種族隔離主義者讓一九五七年的《民權法案》無法付諸執行，使其在一九五七年八月二十九日通過時幾乎成了一紙空文。九月四日，阿肯色州州長奧瓦爾・福布斯（Orval Faubus）無視聯邦法院的命令，部署了美國國民兵，以阻止小石城九人進入廢除種族隔離的小岩城中央中學。全世界都看到政府軍隊捍衛那些叫囂著的種族隔離暴徒，小岩城傷害了美國的自由招牌。

「我們的敵人正幸災樂禍地旁觀這次事件，」艾森豪在一次全國性的電視演講中說道，「並且在各處利用該事件來歪曲我們整個國家。」艾森豪和他的助手痛苦了兩個星期，尋求能夠讓他在南方的政治形象和美國在國外的形象完好無損的解決方案，結果卻徒勞無功。九月二十四日，艾森豪做出之後被稱為「入主白宮八年來最令人反感的行為」的決定，派出聯邦軍隊保護小岩城學生進入學校。一些民權運動人士了解，冷戰的算計帶給他們令人難以置信的權力，讓美國因為感到左右為難而廢除種族隔離。還有一些人相信並希望岡納．米爾道爾的格言成真，民權運動正在說服人們放棄種族主義思想。[5]

九十歲的杜波依斯也以另一種方式抱持著希望。「今天，美國正在與世界進步對抗，而世界進步必須走向社會主義和反殖民主義。」他於一九五八年四月向霍華德大學的七百名學生和教師演講時說道。今年稍晚，杜波依斯拿回護照，訪問了東歐、蘇聯和共產黨統治的中國，在那裡他與毛澤東主席有過愉快的會面。當毛澤東開始若有所思地提到非裔美國人的「患病心理」，表明他了解最新的種族主義社會科學時，杜波依斯插話。杜波依斯解釋說黑人在心理上並未生病，他們只是缺乏收入，激起毛澤東提出辯論和問題。當杜波依斯分享他身為運動人士的失敗經驗時，毛澤東插話，他說只有在停止奮鬥時，才能說運動人士失敗。「關於這件事，我猜，」毛澤東說，「你從未停歇。」[6]

馬丁．路德．金恩也不曾停止奮鬥。但杜波依斯對金恩感到不滿，在一九五九年底時認定他終究不是美國的甘地。「甘地投入（非暴力），但他也遵循積極的（經濟）計畫，以抵消他拒絕使用暴力。」杜波依斯說。當時，黑人評論家們正在大力吹噓金恩的非暴力哲學，但也有一些人因為他的一些揮之不去的種族主義思想而責備他是民權運動的傀儡。一九五七年，金恩因為他在《烏木》（*Ebony*）雜誌所寫的「生活建議」專欄而收到一封信。「世界上大多數人都不是白人，為什麼上帝讓耶穌成為白人？」金恩回應道，「如果耶穌的皮膚是黑色的話，祂的地位就不會那麼重要了」，「因為祂的皮膚是白色的，祂也沒那麼遜色。」這位全美最著名的黑人傳教士和運動人士向白人耶穌祈禱？一位「不安」的讀者寫了一封信給《烏木》。讀者說，「我和你一樣相信，膚色應該不重要，但我不相信耶穌是白人」，「你認為他是白人的假設基礎是什麼？」金恩沒有回應，但這個假設基礎只有可能是種族主義思想。[7]

杜波依斯和金恩沒有停止奮鬥的腳步，大學生也沒有。北卡羅萊納農業與技術州立大學（North Carolina A&T）的四名新鮮人，在一九六〇年二月一日快步進入格林斯博羅（Greensboro）的一間沃爾沃斯超市。他們坐在限白人結帳的櫃檯，一直待到商店關門。幾天之內，來自地區學院和高中的數百名學生「加入靜坐」。這些非暴力靜坐的新聞報導在全國各地的螢光幕中出現，引發了一場廢除南方企業種族隔離的靜坐浪潮。「學生終於加入救援。」杜波依斯高興地鼓勵他們。到四月，學生們在七十八個南方和邊境社區進行靜坐，並建立了學生非暴力協調委員會（Student Non-Violent Coordinating Committee）。[8]

如果民權運動人士希望他們所獲得的關注會影響總統候選人，他們會感到失望。民主黨總統候選人，約翰·甘迺迪（John F. Kennedy），這位瀟灑的麻州參議員，在競選活動和有史以來第一次電視轉播的總統辯論中都盡可能少談民權。甘迺迪支持民主黨的民權政策要點讓運動人士受到激勵，但當他提名可能反對民權的德州參議員林登·詹森當他的副總統候選人時，又讓他們感到失望。

甘迺迪和他的共和黨對手理查・尼克森（Richard Nixon）都試圖不偏袒任何一方。民權和大規模抵抗運動在學術界和藝術界在內的許多論壇上都激起了爭論，而這些論壇又進一步激起了民權和抵抗運動。紐約一家航空公司的票務訂位專員哈潑・李（Harper Lee），在業餘時間寫小說，用一本精心撰寫的小說觸動了民權運動人士和支持者之間的共鳴。但哈潑・李並沒有想到，一個年輕女孩在南方與種族關係達成妥協的故事會成為經年的暢銷書，或是在一九六一年贏得普利茲的小說獎。《梅岡城故事》（*To Kill a Mockingbird*）的內容說的是一位白人律師，成功捍衛了一名被誤指控強姦白人婦女的黑人男子，這本書成為民權運動的《湯姆叔叔的小屋》，透過種族主義思想的驚人力量激起數百萬讀者對種族鬥爭的感知。這部小說最著名的說教，讓人讚頌其反種族主義，但實際上表現出小說潛藏的種族主義。一位鄰居告訴律師意志堅定的女兒絲考特，「反舌鳥什麼也不做，只為了讓我們享受而創造出美好的音樂。這就是為什麼殺死反舌鳥是一種罪惡。」反舌鳥是非裔美國人的隱喻。儘管《梅岡城故事》的背景設定於一九三〇年代，但是那個時代充滿活力的黑人運動並沒有在這部小說中出現。非裔美國人以旁觀者身分出現，等待、盼望並為白人救世主謳歌，並對律師阿提克斯・芬奇（Atticus Finch）講道德的英雄主義充滿感激。奴隸時期的種族主義遺風帶給黑人觀念，認為自由只能來自白人的給予。[9]

發起靜坐的民權運動人士並未等待白人救世主出現。然而，這些學生中許多人都期待他們非暴力抵抗的高尚運動，能夠觸及美國白人的道德良知，從而拯救南方黑人於種族隔離政策。這個策略澆熄了杜波依斯對民權運動的喜悅之情。而就杜波依斯看來，那些主張針對低收入黑人難以進入的南方企業廢除種族隔離的運動人士，似乎也不算種族進步，他不願意用黑人菁英的收益來衡量種族進步。杜波依斯一直在等待政治經濟計畫的出現。他一直在等待像是學者麥可・哈靈頓（Michael Harrington）於一九六二年所出版，令人震驚的反貧困暢銷書《另一個美國》（*The Other America*）這樣的理念。哈靈頓寫道：「一道偏見之牆豎立，阻止了黑人的進步。」「黑人所受的教育愈多，他面臨的經濟歧視就愈多。」哈靈頓用統計數據表明，上進勸說並不奏效。此外，他指出，「反對膚色的法律可以廢除，但這將留下因為膚色的歷史和制度化後果所造成的貧窮。」當哈靈頓在民主黨的議程上發起一場對抗貧困的戰爭時，杜波依斯離開了這個國家。[10]

一九六一年二月十五日，距離他九十三歲生日還有幾天，杜波依斯收到了迦納總統夸梅・恩克魯瑪的一封信，告訴他迦納學院將在資金上支持他一直以來想要完成的《非洲百科全書》（*Encyclopedia Africana*）。到該年年底，杜波依斯抵達迦納。但他不到幾個月就遭受前列腺感染所苦。恩克魯瑪後來於一九六二年來到杜波依斯家中，參加他的九十四歲生日晚宴。當恩克魯瑪起身離開時，杜波依斯把手伸向總統，並誠摯感謝總統讓他能夠在非洲土地上度過餘生。杜波依斯變得悶悶不樂。「我讓你失望了。我還未能將百科全書計畫付諸實現，就已氣力放盡。請原諒我這個老人吧。」杜波依斯說。恩克魯瑪拒絕。杜波依斯堅持。杜波依斯的笑容打破了陰鬱的沉默，恩克魯瑪帶著眼淚離開。[11]

恩克魯瑪這位去殖民化國家的領導者，對蘇聯友好，不滿意美國的資本主義和種族主義，美國外交官曾試圖拉攏他（如果不是暗中破壞的話）。但是，美國南方對於民權抗議活動的惡毒暴力反應，卻也讓被非白人世界圍繞的美國感到困窘。一九六一年，甘迺迪總統試圖將運動的能量從羞辱人的直接行動抗議轉移到選民登記。他還建立了和平工作團（Peace Corps），報導指出，是為了「向來自新興國家持懷疑態度的觀察者表明，美國人不是怪物」。北方的大學試圖透過逐漸向黑人學生敞開大門，表明他們也不是怪物。在南方，甘迺迪政府派遣部隊去廢除密西西比大學的種族隔離，得到國際社會對甘迺迪的讚譽。[12]

大多數美國人認為同化主義者不是種族主義者。他們認為北方的種族隔離和種族不對等不代表種族主義政策；而且，一九六三年從波士頓到洛杉磯，針對就業、住房、教育和司法的大量反種族主義抗議活動也難以改變他們對此事的看法。國家、世界和美國歷史的眼睛仍然停留在所謂的真正種族主義地區——美國南方。一九六三年一月十四日，喬治・華萊士（George Wallace）宣布成為阿拉巴馬州第四十五任州長。在他於一九五八年的州長選舉中輸給了三K黨認可的候選人之前，他反對三K黨擔任政治家和法官。「各位，」華萊士在失敗後向支持者說道，「沒有其他的混蛋會再次戰勝我。」華萊士加入了雄心勃勃的政治家祕密聯誼會，他們採用了他們私下可能也不相信的流行種族主義言論。[13]

《紐約時報》、《時代雜誌》、《新聞週刊》（*Newsweek*）等主要報刊，以及眾多媒體都報導了記者所期待的那種極端偏見的言論。華萊士沒有讓他們失望，展示了他的新公開意識型態。「從南方聯盟的這個搖籃，從這個偉大的盎格魯—撒克遜的南方地區，我們今天響起自由的鼓聲，就像我們之前好幾代的祖先在歷史中一次又一次響起地那樣，是非常恰當的。」華萊士正發出兩個陳舊的美國自由鼓聲之一：不是要求免於壓迫的鼓聲，而是要求能自由壓迫的鼓聲。「以有史以來最偉大的人的名義，」他吟誦道，「……我說現在隔離，明天隔離，永遠隔離。」[14]

華萊士成了美國種族主義的代表人物，但當時他應該只是種族隔離的代表人物。哈潑．李應該只是文學世界的同化主義代表人物，而社會學家奈森．格雷澤（Nathan Glazer）和丹尼爾．派屈克．莫尼漢（Daniel Patrick Moynihan）應該成為學術界的同化主義代表人物。一九六三年，他們出版了暢銷書《熔爐之外：黑人、波多黎各人、猶太人、義大利人和紐約市的愛爾蘭人》（*Beyond the Melting Pot: The Negroes, Puerto Ricans, Jews, Italians, and Irish of New York City*）。獲頒普利茲獎的哈佛大學歷史學家奧斯卡．漢德林（Oscar Handlin）在《紐約時報》所撰寫的書評中，稱讚該書對黑人的處理「十分優秀」，並且「對許多鬆散的歸納做出急需的糾正」。這一評論代表了該書從北方學者所獲得的廣泛肯定。[15]

格雷澤和莫尼漢同為在戰後同化社會科學方面受過訓練的土生土長紐約人，他們在甘迺迪政府中處理貧困問題工作時認識彼此。《熔爐之外》傳播了種族主義的梯階，即種族等級內的種族群體等級，將勤勞和聰明的猶太人置於愛爾蘭人、義大利人和波多黎各人之上，並將西印度移民置於「南方」黑人之上，因為西印度人強調「儲蓄、辛勤工作、投資和教育」。格雷澤在關於黑人的章節一開始就說，「抗議的時期」必須由「一段時期的自我檢視和自助」完成。他聲稱，「偏見、低收入和低程度的教育只能解釋困擾這麼多黑人的問題。」身為同化主義者，格雷澤引用富蘭克林．弗雷澤的話，將問題歸咎於歧視和黑人的低等，特別是「弱勢的」黑人家庭，奴隸制「最嚴重的遺風」。格雷澤從歷史的種族主義轉向弗雷澤在《黑人資產階級》書中的階級種族主義。與其他中產階級不同，「黑人中產階級對解決黑人社會問題……貢獻極少。」他寫道。他並且從歷史上的種族主義和階級種族主義轉向文化種族主義和政治種族主義，來解釋為什麼黑人社區中的問題持續存在。「黑人，」他說，「只是美國人，僅此而已。他沒有任何要守衛和保護的價值觀和文化。」他批評黑人堅持「要白人世界處理他的問題，因為他是美國的產物」。在格雷澤生動的想像中，黑人堅持認為「他們的問題不是自己的，而是每個人的」。而且他說這是「黑人世界中很多事情的關鍵」，黑人對自己的問題沒有負起足夠的責任。[16]

具有諷刺意味的是，實際上「黑人世界中很多事情的關鍵」可能與格雷澤構想的完全相反——黑人可能對黑人的問題承擔了太多的責任，因此做得不夠去強迫「白人世界」結束問題的歧視性來源。菁英黑人在上進勸說的策略下成長，並相信每個黑人都代表其種族，因此每個黑人的部分（或完全）行為都代表了種族主義思想，彼此長期相互監管。他們還監督群眾和媒體對黑人的描述，以確保每個黑人在美國白人面前表現得非常令人欽佩。他們奉行的假設是，在美國白人面前的每一次行動如果不是「驗證」或「違背」了刻板印象，對黑人種族來說就是「有益」或「有害」。

《熔爐之外》向全國城市聯盟（National Urban League）、全國有色人種協進會、種族平等大會（Congress of Racial Equality）的領導階層所做的遊說和法律行動表示敬意。而對於一九六三年在街頭激烈對抗種族隔離主義者的許多在地團體，格雷澤和莫尼漢既未表示敬意，也未提到他們。這兩位也沒有提到密西西比州學生非暴力協調委員會的年輕人、哈林的麥爾坎．X或金恩。

一九六三年四月三日，金恩在伯明罕協助舉行了一系列示威活動，引發該市頑固的種族隔離主義警察局長，綽號「公牛」的康納（"Bull" Conner）的憤怒。九天後的耶穌受難日，八名反種族隔離主義的白種阿拉巴馬神職人員簽署了一份公開聲明，要求這些「不明智且不合時宜」的街頭示威活動停止，並「受到法院強制執行」。金恩當天被判入獄，在牢房裡閱讀起訴書。激動的他做起他很少做的事情。他在那年夏天廣為流通的〈伯明罕獄中書信〉（Letter from the Birmingham Jail）中回應了批評者。金恩不僅抨擊了那些阿拉巴馬的傳教士，還抨擊《熔爐之外》的讀者。他承認自己「幾乎已經達成了令人遺憾的結論，即黑人邁向自由的巨大絆腳石」，並不是種族隔離主義者，「而是白人溫和主義者……他們經常說：『我同意你所追求的目標，但我不同意你直接行動的方式。』他們帶著家長作風，認為自己可以為別人的自由設定時間表。」金恩解釋說，「任何地方的不公正都是對全世界正義的威脅。」[17]

沒有人知道病中的杜波依斯是否讀過金恩在獄中寫的信。但正如杜波依斯在一九〇三年所做但後來又後悔的事，金恩在他的信中，錯誤地將兩個對立的群體混為一談：痛恨種族歧視的反種族主義者和仇視白人的黑人分離主義者（像伊斯蘭國度這樣的團體）。金恩提到民權運動中日益嚴重的分裂，後來和這兩個團體都保持距離。愈來愈多身經百戰的年輕運動人士開始批評金恩的非暴力，也不喜歡他費神說服白人放棄種族主義思想。他們愈來愈多人聽麥爾坎．X關於自我防衛、關於說服黑人放棄同化主義思想、關於動員反種族主義者迫使改變的講道。一九六三年五月三日，這些年輕人在電視上看到公牛康納的惡毒獵犬將伯明罕的黑人兒童和青少年撕成碎片，用他的消防水帶打傷四肢、除去身體上的衣服，並讓屍體重重撞上店面。而他下屬的警官也棍棒擊打遊行民眾。

世界也觀察著這一切，美國新聞署向華盛頓報告了世界各地「用狗和消防水帶造成民眾傷害的圖片……日益嚴重的負面反應」。甘迺迪會見了他的高級顧問，討論這個「國家議題和國際關注的問題」。他派遣助手柏克．馬歇爾（Burke Marshall）前往伯明罕協助協商出停止抗議活動的廢除種族隔離協議。甘迺迪還派遣士兵確保阿拉巴馬大學的安全，讓後者能在一九六三年五月二十一日那天廢除種族隔離政策。州長華萊士為他的選民搏命演出。他站在校舍門口，痛罵「中央政府……是不受歡迎、不被需要和強力的入侵」。

一九六三年五月二十二日，批評美國的焦躁非洲領導人在衣索比亞召開會議，組成非洲統一組織（Organization of African Unity），國務院官員因此必須申請加班。國務卿迪安・魯斯克（Dean Rusk）向美國外交官發出公告，向他們保證，甘迺迪「敏銳地意識到（國內）種族問題對美國海外形象，以及實現美國外交政策目標的影響」。魯斯克說甘迺迪將採取「果斷行動」。

六月十一日，甘迺迪向全國或說全世界發表演講，而且召集國會通過民權立法。甘迺迪說：「今天，我們致力於在世界範圍內努力促進和保護所有希望獲得自由的人的權利。我們在全世界宣揚自由，我們真心如此。」美國和世界的目光轉向華盛頓中一直關注著這個世界的立法者。當新的《民權法案》提交到參議院商務委員會時，甘迺迪要求魯斯克國務卿著手討論。種族歧視「對世界看待美國的方式產生了深遠的影響，也因此影響了我們的對外關係」。魯斯克表明。新近獨立的非白人國家「很有決心」，他說，「要徹底根除白種人因種族而感到優越，或認為自己有權獲得特權的觀念。」到了一九六三年八月，百分之七十八的美國白人認為種族歧視損害了美國在國外的聲譽。但甘迺迪政府內部（或外部）並不是很多人願意承認，華盛頓對強有力的民權立法日益增加的支持，這與美國為了在非洲和亞洲贏得冷戰有關，而不是為了要幫助非裔美國人。南方種族隔離主義者將這些外國利益關係列為反對的一方。南卡羅萊納州參議員史壯・瑟蒙就向魯斯克開砲，反對「因為如果我們不這樣做，就會受到共產黨宣傳的威脅，而採取一些特定的措施」。[18]

甘迺迪提出的民權立法並沒有阻止人們期待已久的「為工作和自由向華盛頓進軍」的勢頭。雖然該集會是由民權組織發起的，但在甘迺迪政府控制之中，排除了公民不服從。甘迺迪助手批准了發言人和演講，其中不包括一名黑人女性、詹姆士．鮑德溫或麥爾坎．X。八月二十八日，來自世界各地大約兩百五十名運動人士和記者，遊行到林肯紀念堂和華盛頓紀念碑之間的區域。甘迺迪政府官員愉快地閱讀美國新聞署的報告，提到有許多外國報紙會拿美國「經自由社會同意」的遊行機會，跟「蘇聯進行的專制鎮壓」相比；金恩結束了他獲批准的演講，內容提到他震撼人心並令人難忘的反種族主義夢想，希望有一天孩子們可以生活在「一個不會因為皮膚的顏色，而是以其品格來評判人們」的國家；還有瑪哈莉雅．傑克森（Mahalia Jackson），對著獲得許可的標語牌和電視節目的攝影機開唱。在這一切發生前，全國有色人種協進會的羅伊．威金斯帶著悲傷的消息來到這裡。

威金斯宣布，前一天在迦納，杜波依斯在睡夢中去世。「儘管杜波依斯博士在其晚年選擇了另一條道路，」威金斯吟誦道，「無可爭議的是，在二十世紀初，他就是召喚眾人今天來到這裡的聲音。」受過良好訓練的全國有色人種協進會的記者主管報導了事實真相。的確，年輕的杜波依斯曾經召集這樣一個聚會，希望能說服和憐憫數百萬黑人民族的卑微靈魂。是的，年長的杜波依斯選擇了另一條道路，一條比較少人走的反種族主義道路，朝向迫使數百萬人接受黑人民族的平等靈魂。學生非暴力協調委員會和種族平等會議的年輕遊行者們，想要選擇在華盛頓遊行的這條公民不服從的道路，而來自伯明罕的炸藥山丘的年輕女子已經在這條路上前進，且永遠不會離開。威金斯並未沉湎於其他的道路。看著華盛頓熱鬧的遊行，威金斯莊嚴地要求大家向一個男人九十五年以來的運動致敬，並默哀片刻。[19]

第五部

安吉拉·戴維斯

Angela Davis, 1944-

第三十章　民權法案

當她來到當地進行「大三在法國計畫」（Junior Year in France Program），夏季觀光客都已經離開了比亞里茨（Biarritz）那些華麗的海濱賭場。她是從家鄉伯明罕和波士頓郊外的布蘭戴斯大學（Brandeis University）校園遠道而來。一九六三年九月十六日，安吉拉．戴維斯①跟同學們在比亞里茨散步，還瀏覽了一份《先驅論壇報》（*Herald Tribune*）。她注意到有個頭條講到四個女孩死於教堂爆炸。一開始她還沒反應過來。然後，突然間她想起來了。她停了下來，閉上眼睛，不敢相信，而她那些困惑的同伴則是在旁觀望。她指向那篇文章。「我認識她們，」她急促地說著。「她們是我的朋友。」戴維斯避開那些同學和他們的敷衍哀悼，整個人又悲又怒，一直盯著那幾個熟悉的名字。辛西婭．衛斯理（CynthiaWesley）、卡蘿爾．羅伯森（Carole Robertson）、卡蘿．丹妮絲．麥克奈爾（Carol Denise McNair）和艾迪．梅．柯林斯（Addie Mae Collins）。

在死者當中，安吉拉．戴維斯唯一沒有親身認識的就只有艾迪．梅。安吉拉的母親薩萊伊（Sallye）在一年級教過丹妮絲。羅伯森和戴維斯兩家從她有記憶以來一直都很親密。衛斯理一家則是住在安吉拉成長的伯明罕山丘鄰里的街區附近。[1]

一九四八年安吉拉四歲的時候，她的父母薩萊伊和法蘭克．戴維斯（B. Frank Davis）就將那處鄰里給解隔離了。隨著黑人家庭遷入，白人家庭開始遷出。有些人留了下來，而且激烈反抗。由於反抗的白人用炸彈攻擊黑人住家，因此該處鄰里經常被稱為「炸藥山丘」（Dynamite Hill）。

但是，那些爆炸事件並未嚇阻安吉拉的父母，尤其是她母親。薩萊伊・戴維斯是南方黑人青年大會（Southern Negro Youth Congress）的領導人之一，那個反種族主義的馬克思主義組織曾在一九三〇年代末和一九四〇年代抗議經濟剝削和種族歧視，因而贏得了杜波依斯的讚賞。在炸藥山丘上，薩萊伊和丈夫持續灌輸安吉拉反資本主義和反種族主義的思想。所以，當安吉拉開始上一年級，她就震驚於午飯時間的不平等現象，那些沒有足夠食物的飢餓孩子只得坐在那裡看著別的孩子吃飯。如同她母親，她也會施予食物給那些飢餓的孩子。她從小就厭惡周遭的貧困。而且，她也從小就厭惡周遭那些同化主義觀念的貧乏，「我很早就確定，我永遠都不會（而且我對此很明確），永遠都不會懷有或表示想當白人的渴望。」[2]

她在一九五九年秋天勇敢北上就讀曼哈頓一所融合制中學，那裡的歷史老師灌輸她社會主義。她加入了一個叫作「前進」（Advance）的青年組織，還糾察過一家沃爾沃斯超市，以示她與一九六〇年春天湧現的南方靜坐活動團結一致。戴維斯留在北方上大學，她在一九六一年成為布蘭戴斯大學為數不多的黑人學生之一。她想要繼續她的社會運動，但布蘭戴斯那些白人校園運動人士卻疏遠她。「那就好像他們決心幫助那些『貧窮、可憐的黑人』趕上他們，而我就是不覺得他們有什麼值得趕上的。」她回憶道。[3]

戴維斯找到了其他出路。一九六二年夏天，她參加辦在芬蘭赫爾辛基的第八屆世界青年與學生

---

① 安吉拉・戴維斯（Angela Davis, 1944-），美國黑人民權運動人士、學者、作家，也是美國共產黨和黑豹黨的領導人。

聯歡節（World Festival for Youth and Students）。一九六二年十月，當她最愛的其中一位作家來到布蘭戴斯演講，戴維斯搶占了前排的座位。詹姆士．鮑德溫即將在一九六三年出版一部啟發之作，獻給那些批評民權運動的融合主義、勸說和非暴力要旨的運動人士。他將那份宣言命名為《下回是火》（*The Fire Next Time*），並以引用一首非裔美國人的靈歌來將書名置於脈絡中：「上帝與諾亞以彩虹為信約／下回是火，不再是水！」[4]

古巴飛彈危機的消息提早終止了鮑德溫的演講。但是，後來他在布蘭戴斯校園裡一場匆匆組織的反戰集會上發表了有力的演說。戴維斯在那裡專注聆聽鮑德溫，然後是布蘭戴斯老練的馬克思主義哲學家赫伯特．馬庫色②，此人將會成為她的智識導師，而且很快就成為迅速組織起來的「新左派」的智識導師。當一九六〇年代青年的另一位導師來到布蘭戴斯演講，戴維斯再次專注聆聽。戴維斯無法認同麥爾坎．X在宗教上蔑視白人。但是據她後來說，讓她「很著迷的是，他描述黑人如何內化了白人至上社會強加給我們的種族自卑」。[5]

到了大三，戴維斯赴法求學，卻被那四個女孩的命案給慘痛地推回炸藥山丘。戴維斯並不認為一九六三年九月十五日伯明罕教堂爆炸案，是一起由南方白人極端份子發動的孤立事件。用戴維斯的話說，「這起驚人、激烈的事件，像這樣四名小女孩的悽慘解體，是爆發自日常的、有時甚至是沉悶的種族主義壓迫慣習。」但是，戴維斯在法國的同學，卻被灌輸了反種族主義的北方和種族主義南方的神話，拒絕接受她關於「何以他們國家的整個統治階層，因為有咎於種族主義，所以也有咎於這起命案」的持續分析。[6]

時年十九歲的安吉拉．戴維斯在她對美國種族關係的分析上絕非孤單於世。伯明罕命案象徵著民權運動所受到的大規模反抗以及美國種族主義的赤裸醜陋。由於這般暴行令人在去殖民中的世界裡負面看待美國，因此導致必須以民權立法再次確保美國的自由品牌，結果迫使甘迺迪出手。甘迺迪總統表示他對伯明罕爆炸案「深感憤怒和悲痛」。他發動調查，這導致他在南方支持率微跌。甘迺迪試著在兩週後的達拉斯之行提振自己的支持率。結果他再也沒能回到華府。[7]

一九六三年十一月二十七日，亦即甘迺迪下葬兩天後，美國第三十六任總統也埋葬掉世人還認為民權立法將隨甘迺迪而逝的擔憂。詹森總統向國會宣告：「沒有任何紀念致詞或悼詞會比儘早通過他爭取已久的《民權法案》，更能清楚有力地向他致敬了。」公民權利不算是甘迺迪的首要議題，但那些運動人士和外交官都感到寬慰。[8]

一九六四年三月二十六日，馬丁．路德．金恩和麥爾坎．X前來觀看關於《民權法案》的辯論，兩人在美國國會大廈進行首次也是已知唯一一次的會面。麥爾坎．X當時剛被趕出腐敗的伊斯蘭國度。離開華府的時候，他開始警告美國種族主義者當心「選票還是子彈」（ballot or the bullet）。一九六四年四月十二日，在底特律一所教堂裡，麥爾坎．X提出他要支持投票而非子彈的計畫：向聯合國指控美國侵犯非裔美國人的人權。「現在你們告訴我，這個地球上每個人的困境要怎樣才能送達聯合國的殿堂，」麥爾坎．X說，他的聲音上揚，「你們有兩千兩百萬非裔美國人，他們的教堂被炸，他們的小女孩遇害，他們的領袖在光天化日下被槍殺！」而美國竟然還能「厚顏

② 赫伯特．馬庫色（Herbert Marcuse, 1898-1979），德裔美籍哲學家、社會學家和政治理論家，也是法蘭克福學派的一員，主要研究資本主義和科學對人的異化。

無恥，挺身自居為自由世界的領袖……手上沾著你我父母的血——那血就從他狼一般的血盆大口滴下來」。[9]

就在底特律演講的隔天，身為穆斯林的麥爾坎・X登上飛機，展開他到麥加的義務朝覲。麥爾坎・X一生處在那座始於父親受到私刑的美國種族主義戰場，他在這次旅程中首次看見「各色人種，從藍眼睛的金髮女郎，到黑皮膚的非洲人」，全都平等互動。這次經歷改變了他。他說：「真正的伊斯蘭教讓我看到，全面指控所有白人就跟白人全面指控黑人，一樣是錯的。」從此以後，他卯上了那些種族主義的狼和惡魔，無論其膚色如何。儘管美國媒體報導過他的改變，但那種說麥爾坎・X仇恨白人的敘述還是留傳下去。[10]

麥爾坎・X在五月二十一日返抵美國，適逢參議院史上最長的冗長辯論（filibuster）——長達五十七天。那些推動這場冗長辯論的參議員試圖阻止一九六四年《民權法案》。在幕後，該法案的支持者有共識要立法禁止未來的歧視，但在如何處理過去的歧視上有分歧。反種族主義者要求該法的公平就業條款消除白人勞工的既有年資權利。同化主義者對此想法有所猶豫，而隔離主義者則試圖將此要求變成一項分化議題。隔離主義者知道美國白人普遍拒絕承認得自過去歧視的累積利益，因為在勞動市場上沒有什麼要比年資更能體現那些利益了。但是，該法案強大的同化派支持者堅持不要動到白人的年資。美國勞工聯合會暨產業工會聯合會（AFL-CIO）的律師湯瑪斯・哈里斯（Thomas E. Harris）就曾說過：「我們並不認為某種不正義可以、或應該藉由創造另一種不正義來改正」。把彌合不正義的手段和造成不正義的手段等同起來？其荒謬就像是把有害的罪行和有害的懲罰等同起來。[11]

哈里斯認為，剝奪白人的年資對於那些多年來在工作中累積年資的「白人勞工是不正義的」。然而，不這麼做的話對於在同樣長時間內受歧視的黑人勞工也是不正義的。種族平等會議法務主任卡爾．拉赫林（Carl Rachlin）認為，不解決年資問題（以及過去的歧視）將會「像是要求黑人從起跑線後方四十碼參加一百碼賽跑」。但是，那就是一九六四年《民權法案》諸位起草人在很大程度上要求黑人做的事情。然後，當黑人輸掉賽跑，而種族不對等也持續存在，種族主義者就能怪罪黑人就是跑得慢，而不是白人累積特權的先跑優勢。[12]

所以，儘管《民權法案》足以建立一道水壩來防堵吉姆．克勞法政策，但該法案卻也開了水閘讓新的種族主義思想灌入，包括迄今最種族主義的觀念：那種觀念無視白人的先跑優勢，認定歧視已經消除，認定機會平等已經到來，而且認為既然黑人還是輸掉比賽，那麼種族不對等及其持續落敗一定是他們的錯。黑人一定是低劣的，平等化政策，諸如消除或削減白人年資，或制定積極平權措施政策，都會是不正義且無效的。一九六四年《民權法案》一面帶來種族進步，一面也帶來種族主義的進展。

一九六四年法案中最具轉化意義的措辭是關於立法禁止明確「歧視意圖」，例如像是南方的「白人限定」（Whites only）的公開方針。但那些以非公開方針長期將黑人拒絕在外的北方歧視者又怎樣呢？那些仍在北方城市進行街區房地產詐欺和隔離的人又怎麼樣呢？那些仍在財富、住房和教育方面製造、維持和加劇種族不平等的人又怎麼樣呢？如果該法在北方的支持者是用公開結果而非公開意圖來界定某些方針是否帶有種族歧視，那麼他們就會難以維持那種「反種族主義的北方」和「種族主義的南方」的迷思。藉由不要主要聚焦於結果，歧視者就只需要將其公開方針給非公開化，如此就能規避《民權法案》。而他們正是那麼做的。

雖然國會議員意識到這些非公開化的力量，但他們選擇不明確禁止那些看似種族中性，卻透過種族不對等產生歧視性公開結果的方針。事實上，在隔離主義者的強烈要求下，國會實際上為種族主義的發展提供了手段。例如第七條第七〇三款（h）項允許僱主「依據任何以專業開發的能力測試的結果來給予和行事」。雖然優生學家在美國主流心中被打了折扣，但國會議員及其選民都徹底相信他們的標準化心理測試能夠評量某種不存在的東西：一般智能。在產業、教育和社會其他許多部門，官員可以藉由指出測驗成績並聲稱他們無意歧視，來合理化那些種族不對等。而對於美國種族主義者來說，種族上的分數落差（所謂的成就落差），就代表說黑人受試者有問題，而不是測驗有問題。[13]

一九六四年《民權法案》是從一八七五年《民權法案》以來第一部重要的民權立法。該法禁止在政府機關和場所、公共設施、教育和就業中，基於種族、膚色、宗教、性別或原始國籍進行公開、有意的歧視，建立聯邦執法架構，授權歧視受害者提告並授權政府撤回對違法者的聯邦補助。一九六四年七月二日，詹森總統簽署通過該法，幾小時後，他出現在電視攝影機前，向洛杉磯、拉哥斯和拉薩的諷世者宣揚美國人的「自由理想」。「今天在遠方大陸的偏遠角落，」他表示，「那些美國愛國者的各項理想仍然形塑著渴望自由之人的奮鬥。」

麥爾坎・X對《民權法案》另有看法，呼應了安吉拉・戴維斯之類反種族主義青年的想法。他質問一九六四年的非洲統一組織大會，如果說政府都不能執行現有法律了，「怎麼會有人天真到覺得《民權法案》帶來的所有新增法律都會被執行呢？」[14]

✗

一九六四年《民權法案》的通過，幾乎沒有動搖詹森在那個選舉年裡競選連任的絕對領先地位。然而，詹森在爭取民主黨提名的過程中的確碰上意外挑戰，挑戰者正是阿拉巴馬州州長喬治·華萊士。在前一年公開力挺隔離主義之後，華萊士收到超過十萬封支持信，其中大部分來自北方。華萊士認識到，正如他告訴NBC的道格拉斯·凱克（Douglas Kiker）的：「他們都討厭黑人。就是這樣！……整個美國都是南方！」[15]

在競選期間，喬治，華萊士聽起來更像一九六四年的共和黨提名人，而不像詹森。亞利桑納州參議員貝利·高華德（Barry Goldwater）獲得提名參選總統一事，顯示他籠罩美國政壇漸升的保守運動的明星實力，該運動的動能來自他在一九六〇年出版的暢銷作品《一個保守派的良心》（*The Conscience of a Conservative*）。高華德那本冊子驅使數以百萬計的民主黨人轉為共和黨人，其中包括好萊塢影星隆納·雷根（Ronald Reagan），該書大大討好那些已經壯大到不需要（或從未需要）政府援助的美國人。高華德在沒有任何證據的情況下寫道，福利「將個人從有尊嚴、勤勞、自立的屬靈存在轉化為依賴的動物而不自知」。許多自豪、有尊嚴、勤奮、自立的白人中產階級成員，他們的財富源自遺產、新政或《退伍軍人權利法案》的福利，卻認為高華德的定見是真理，即便政府或父母的援助並未將他們或其父母轉化為依賴的動物。這些高華德保守派在過去幾十年來都將依靠福利的白人媽媽看作是「應得的」，如今卻將愈來愈多依靠福利的黑人媽媽看作是「不應得的」，將他們看作是依賴的動物。[16]

高華德和他那萌芽中的保守運動幾乎沒有煩擾到，在一九六四年八月於大西洋城海灘參加民主黨全國大會的詹森。但是，詹森煩心的是從哈林區到芝加哥各地，那些在城市夏季造反（summer rebellion）中激烈抗議警察暴行和經濟剝削的北方運動人士。在南方，學生非暴力協調委員會的現場人員頂住三K黨的暴行，舉辦「密西西比自由之夏」（Mississippi Freedom Summer），該活動帶來數百名北方大學生，他們到反種族主義的「自由學校」（Freedom School）任教，並協助組織密西西比州自由民主黨（Mississippi Freedom Democratic Party）。跨種族的自由民主黨來到大西洋城，要求取代正規的密西西比州代表團出席，眾所皆知該代表團是靠詭計和暴力獲選的。自由民主黨那位激動人心的副主席芬妮・露・哈默（Fannie Lou Hamer）在大會發表電視直播的證言，吸引了全國矚目。「如果自由民主黨現在不能出席，我要質問美國。這是美國嗎？這是那片自由人的土地和勇者的家園嗎？我們要把話筒拿起來才能睡覺，因為我們的生命天天受到威脅，而原因就只是我們想要活得像個像樣的人。」

詹森總統召開緊急記者會，要讓各家新聞網將注意力移開哈默的驚人證言，然後他向自由民主黨提出一項「妥協」：陪同隔離派代表團的兩個無表決權席位。「我們不是大老遠過來拿兩個席位的！」芬妮・露・哈默吼道。自由民主黨和非暴力協調委員會的運動人士帶著關於權力政治的寶貴一課回家。勸導是行不通的。「事情再也不會像從前那樣了」，非暴力協調委員會的克里夫蘭・塞勒斯（Cleveland Sellers）回憶道。「我們再也沒有受騙相信，我們的任務是揭露不正義，以便美國的

『好』人能夠消除不正義……在大西洋城之後，我們的奮鬥不是在追求公民權利，而是在追求解放。」麥爾坎．X關於國內和國際黑人團結、自決、自衛和文化自豪感的培力哲學，開始讓非暴力協調委員會的青年覺得動聽。一九六四年底，麥爾坎．X從一趟漫長的非洲之旅回來，等待他的是愈來愈多的非暴力協調委員會仰慕者和愈來愈多的敵人。[17]

一九六五年二月二十一日，麥爾坎．X在一場哈林區集會上被一些敵視他的人槍殺。當詹姆士．鮑德溫在倫敦聽到這個消息，他激動失控。「都是因為你們，」他對倫敦的記者吼道，「你們這些創造白人霸權的人，這個人才會死的！」在阿拉巴馬州塞爾瑪（Selma）那場全國觀看的投票登記活動中，馬丁．路德．金恩沉思謹言。「雖然我們在解決種族問題的方法上並非總是觀點一致，但是我對麥爾坎總是有很深的情感，覺得他有很強的能力能指出問題的存在和根源。」一九六五年二月二十二日，《紐約時報》的大字標題寫著：「仇恨的使徒死了」。[18]

演員奧西．戴維斯（Ossie Davis）幾天後，在哈林區基督神的教會信心聖殿（Faith Temple of the Church of God in Christ.）發表動人的悼詞，將麥爾坎．X稱作「我們閃亮的黑人王子」。「很多人會說……他是屬於仇恨的——是個狂熱者，是個種族主義者。」戴維斯說。但其回應是，「你真的聽過他講的嗎？因為如果你聽過，你就會了解他。如果你了解他，你就會知道為什麼我們必須尊敬他。」[19]

美國反種族主義者的確尊敬他，尤其是在他演講的錄音和逐字稿開始流傳，還有葛羅夫出版社（Grove Press）發行《麥爾坎．X自傳》（*The Autobiography of Malcolm X*）之後。新聞記者亞歷克斯．哈利（Alex Haley）跟麥爾坎．X合作撰寫那部自傳，該書在一九六五年十一月發行時被《紐約時報》的艾略特·弗萊蒙—史密斯（Eliot Fremont-Smith），捧為「一部精采、痛苦、重要的著作」。麥爾坎·X的意識型態轉變——從同化主義，到反白人分離主義，再到反種族主義，啟發了數以百萬計的人。或許沒有哪部美國自傳能比《麥爾坎·X自傳》開啟更多反種族主義的心靈。麥爾坎·X譴責種族進步的片面真相，怒吼說你不會把刀插進某人背上九吋，再拔出來六吋，然後說你有進步。「黑人應該要感謝嗎？為什麼要感謝呀？就算白人把刀抽出來，還是會留下傷疤啊！」他認為，白人並非生來就是種族主義者，而是「美國的政治、經濟和社會氛圍自動在白人身上培養一種種族主義心理」。他鼓勵逃離種族主義的白人反種族主義者，「在美國種族主義真正所在的戰線上，也就是在他們自家社區」奮戰。他猛烈攻擊「白人的傀儡黑人領袖」，稱其剝削了「他們的黑人窮弟兄」，而且不想要隔離或融合，只想要「活在一個開放、自由的社會裡，讓他們可以昂首前進，就像是男人，還有女人！」但是，最有說服力的莫過於麥爾坎·X那慷慨的人道主義了：「我支持真理，不管說的人是誰。我支持正義，不管那支持或反對誰。我首先是個人，所以我支持任何有益於整體人類的人事物。」[20]

⁂

一九六五年三月七日，成百上千名遊行者在塞爾瑪外圍一座橋上遭受棍棒攻擊，國會在那之後開始處理投票權法案，這讓美國人有理由期待正義。然而，即便有了投票權法案，美國也不會就此了事，這是詹森總統六月到霍華德大學做畢業演講大膽宣告的。「你不會找來一個被鐵鍊綁腳多年的人，接著解放他，將他帶到賽跑的起跑線上，然後說『你可以自由跟其他所有人競爭』，卻仍合理相信你是完全公平的。」這很可能是歷來美國總統說過最反種族主義的聲明。而詹森才剛剛開始。「我們追求的不僅有自由，還有機會，」他說，「我們不僅追求法律平衡，而且追求人的能力，不僅追求做為權利和理論的平等，也追求事實平等和結果平等。」種族進步主要是惠及「一個成長中的中產階級少數群體」，至於貧窮的黑人，詹森則說：「圍牆正在升高，鴻溝正在擴寬。」

在詹森的時代，在民權立法之際，失業方面的種族不對等擴大了，收入差距擴大了，而貧窮、嬰兒死亡率和都市隔離的差距也全都擴大了——正如他在霍華德大學所指出的。為什麼這一切會發生呢？詹森提出兩個「廣泛的基本理由」：一個是反種族主義的（「承繼來的貧窮」和歧視的「破壞性」遺留），另一個是種族主義的（「黑人家庭結構崩潰造成的破壞」）。21

詹森在霍華德大學那場演講給那些民權領袖帶來期望，這讓詹森的勞工部助理部長丹尼爾·派屈克·莫尼漢很高興，他的《熔爐之外》在都市社會學中仍廣受閱讀。莫尼漢在替詹森撰寫講詞的時候，其實還清楚記得他剛完成，但未發表的那篇政府報告。莫尼漢的《黑人家庭：全國行動的理由》（*The Negro Family: The Case for National Action*）在一九六五年五月前送到詹森的辦公桌上，該報告以統計證明，過去十年的民權立法並未改善大多數非裔美國人的生活條件。但是，在所有這些關於種族主義進展的反種族主義揭示之後，莫尼漢卻隨筆寫向同化主義觀念。他認為，歧視迫使黑人家庭變成「母權結構，由於那跟美國社會其他部分如此不一致，因此嚴重阻礙了那整個群體的進步，而且重重加壓在黑人男性身上，從而也加壓在許多黑人女性身上」。莫尼漢最終跟著富蘭克林·弗雷澤（他的主要學術根源），認定女性戶長家庭較為低劣（此為性別歧視），並認定黑人家庭為「一團亂的病態」（此為種族歧視）。他把黑人男性描繪成被歧視給去勢了。由於黑人男性承擔戶長的社會角色而不堪重負，因此他們要比黑人女性更受壓迫。莫尼漢懇求說，他們需要國家行動。[22]

一九六五年八月六日，大約就在莫尼漢報告被洩漏給媒體的時候，詹森簽署了重大的《投票權法》。那些試圖繞過一九六四年《民權法案》的歧視者，原本可以輕鬆從投票歧視者那學到一課，那些人在六、七十年間一直都將其意圖藏在讀寫能力測試、投票稅和祖父條款，而這裡頭全都沒有種族歧視語言。一九六五年《投票權法》不僅禁止這些看似種族中立、但幾乎完全剝奪南方黑人投票權的政策，還要求現在對南方投票法律的所有修改都要經過一位聯邦官員批准，此人將確保那些修改不會「以種族或膚色為由否定或限制投票權」。著重意圖的一九六四年《民權法案》遠遠不如著重結果的一九六五年《投票權法》來得有效。光是在密西西比州，黑人選民投票率就從一九六四年的百分之六增加到一九六九年的百分之五十九。《投票權法》最終成為美國國會歷來通過的最有效的反種族主義立法。但是，該法並非沒有漏洞。「我們認識到，增加的投票力度可能會促使歧視策略發生轉變，」司法部長尼可拉斯・卡岑巴赫（Nicholas Katzenbach）在國會作證說道。「一旦有大量黑人能投票，一個個社群仍可以拋出障礙，藉以阻礙那些選民，或讓黑人難以贏得民選職位。」卡岑巴赫對於種族主義政策能在種族進步之下仍然取得進展此一事實的認識，在事後證明是有先見之明的。[23]

第三十一章 黑人權力

過不了多久，種族主義的重新進展就會顯現出來。一九六五年八月九日，就在詹森簽署《投票權法》三天後，《新聞週刊》驚動全美，披露了外流的《莫尼漢報告》（*Moynihan report*）的調查結果：「非白人非婚生子女的比率上升」、「兒童福利案件的曲線失控」和「美國種族困境」的「社會根源」，全都來自「破裂的黑人家庭」。有一張哈林區孩子扔瓶子的照片上寫著，「隔都①裡的定時炸彈」。那顆定時炸彈兩天後就在洛杉磯的瓦茨社區（Watts）爆炸了，當時一起警察事件引發了六天的暴亂，這是史上最致命、最具破壞性的城市造反。在那之後，在過去幾年裡吸引這麼多家長式同情的受害仿聲鳥，就成了需要被控制的好鬥豹。[1]

正當瓦茨著火燃燒之際，安吉拉．戴維斯搭上一艘開往德國的船。當時的她已經自法國返美，在哲學家馬庫色底下學習過，也從布蘭戴斯畢業了。現在，她要前往馬庫色的智識家園法蘭克福，繼續攻讀哲學研究學位。正如她後來所說，她「再次感受到雅努斯頭像的兩難②——在那個時間離

---

① 隔都（ghetto），一開始是古代威尼斯人用來描述城內的猶太人聚集區，現代則常用來指稱城市中弱勢族群居住、擁擠不堪且缺乏規劃的街區。

② 雅努斯（Janus）是羅馬神話中的門神，掌管開門鑰匙，黎明時會打開大門讓陽光灑落大地，傍晚時則關上大門讓黑夜降臨

開美國對我來說很難」。不過，反種族主義鬥爭正在全球化，正如她已在法國認識到、也將在德國再次認識到的。在她抵達後不久，就在一九六五年九月，一群國際學者聚在正北方的哥本哈根參加種族與膚色會議（Race and Colour Conference）。戴維斯顯然並未與會。但是，要是她去了，她就會聽到有些演講談論語言象徵的種族主義作用。諸位學者指出，black sheep（害群之馬）、blackballing（投反對票）、blackmail（勒索）之類的日常用語長期以來都將黑色和負面關聯起來。[2]

語言象徵同樣明顯可以於兩個新的美國標籤：「少數群體」（minority）和「隔都」。幾個世紀以來，種族主義者一直都將黑人理解為相對於白種成年人（major）的未成年人（minor），而那段歷史可以很容易被灌進他們關於心目中次等族群的最新身分標籤：少數群體。這個稱呼只有在做為數量用語的時候才講得通，就算做為數量用語，也只有在表示全國人口或權力動態的時候才講得通。但是，該詞很快就成了非裔美國人（和其他非白人）的種族標籤——甚至在無涉全國議題的討論中亦然。該詞做為黑人的別稱是講不通的，因為大多數黑人生活、就學、工作、社會化、過世都在黑人居多的空間裡。該詞只有從白人和黑人菁英的觀點來看才講得通：白人通常在其白人居多的空間裡把黑人看作數量上的少數，而黑人菁英則更有可能做為數量上的少數而存在白人居多的空間裡。因此，階級種族主義，意味貶低黑人居多空間中那些黑人平民的生活，變成包在「少數群體」一詞，這有點類似心理學家肯尼斯·克拉克在撇開棕色和淺色娃娃後推廣的一個用語。

一九六五年，克拉克發表他的開創之作《黑暗隔都》（*Dark Ghetto*）。眾所皆知，「隔都」一詞做為標籤指的是在納粹德國被無情隔離的猶太人社區。儘管克拉克之類的社會科學家希望這個詞能夠宣傳城市黑人所面臨的無情隔離和貧困，但該詞很快就取得了自己的種族主義生命。到了該世紀末，「黑暗」和「隔都」將會在種族主義者心中變得就像「少數」和「黑人」那樣相通，也像「隔都」和「劣等」、「少數」和「劣等」、「隔都」和「低級」、「隔都」和「粗俗」那樣相通。這些「黑暗隔都」裡住著表現「隔都文化」的「隔都民」，他們「太隔都了」（so ghetto）——這意味著，那些社區、人民和文化都是劣等、低級和粗俗的。階級種族主義者和一些郊區美國人覺得，貧窮的黑人城市鄰里、黑人勞動階層的城市鄰里，和黑人中產階級的城市鄰里沒什麼區別。那些地方都是隔都，裡頭淨是些危險的黑人小混混，只會鬧事爭取更多福利。[3]

一九六六年一月九日，《紐約時報雜誌》（*New York Times Magazine*）拿了「模範少數」（model minority）的亞裔人，對比鬧事的「隔都」黑人。有些亞裔美國人接受帶有種族主義的「模範少數」稱號，該詞遮蔽了亞裔美國人社群裡普遍的歧視和貧困，並認為亞裔美國人（在其同化力量上）優於拉丁裔、美國原住民和非裔美國人。美國亞裔反種族主義者拒絕「模範少數」的概念，並在一九六〇年代末醞釀亞裔美國人運動。[4]

一九六六年，同化主義者負面地將種族主義聯想灌進「模範少數」和「隔都」這兩個詞。同時間，反種族主義者正在迅速地將負面聯想抽出「黑人」（black）這個標籤，其中最重要的一員就是史托克利·卡麥可（Stokely Carmichael）。卡麥可出生於一九四一年的千里達，他在一九五二年搬到布朗克斯（Bronx），同年，他的偶像麥爾坎·X假釋出獄。一九六四年，卡麥可從霍華德大學畢

人間，因此雅努斯掌管時間的開始與結束，每年元旦羅馬人都要祭拜雅努斯，拉丁語（Januarius）跟英語（January）的一月也都是源自雅努斯。由於雅努斯掌管開始與結束，因而有兩張臉孔，引申有「對立」、「矛盾」、「兩面性」的意思。

業。在當時，包括卡麥可在內的麥爾坎信徒正將容納和同化灌進「尼格羅」這個舊標籤，也同時將醜陋和邪惡移出「黑人」這個舊標籤。他們如今熱情擁抱「黑人」一詞，這震驚了馬丁・路德・金恩的「尼格羅」信徒，還有他們自己的同化主義者父母和祖父母，這些人寧可被稱為「尼哥」（nigger），也不要被叫作「黑人」。5

身為學生非暴力協調委員會新任主席的卡麥可，也是一九六六年夏天密西西比州「反恐懼遊行」（March Against Fear）的領導人之一，跟他並肩的還有種族平等會議的金恩和佛洛伊德・麥基西克（Floyd McKissick）。這場遊行前進密西西比州各地城鎮，對抗隔離派反抗者，動員並組織當地人，而且為當地人做投票登記。一九六六年六月十六日，「反恐懼遊行」停在密西西比州的格林伍德（Greenwood），在一連串黑人占多數、卻仍由武裝白人治理的南方郡份中，該城是其中一處樞紐。「我們喊自由都喊了六年，結果什麼都沒得到。」卡麥可在格林伍德一場集會上喊道。「我們現在開始要喊的是黑人權力！」「你們想要什麼？」卡麥可高喊。「黑人權力！」那失權（disempowered）的格林伍德黑人高喊回去。6

這句口號被美國媒體迅速傳播，橫掃所有黑人居多，卻被同化派和隔離派白人在政治上控制、在經濟剝削、在文化詆毀的大都市地區和鄉下郡份。即將讀到麥爾坎自傳的反種族主義者一直都在尋找一個概念，來囊括他們對於黑人控制黑人社區的要求。他們在北方也像在南方一樣抓住黑人權力，而馬丁・路德・金恩在夏末就明白了緣由。一九六六年八月五日，芝加哥有一場開放住房遊行穿越憤怒的白人社區，事後金恩告訴記者，他「從沒見過這麼多人身上有著這麼多仇恨和敵意」。7

世上最民主的事情，莫過於說多數群體（在這裡就是失權的黑人多數）應該治理自己的當地社區，應該擁有黑人權力。但是，就像性別歧視者只能設想男性或女性霸權，北方和南方的種族主義者也只能設想白人或黑人霸權。而且，一九六六年夏天的二十起都市造反只是讓許多種族主義者更堅信黑人權力就意味著黑人以暴力建立黑人霸權並屠殺白人。《時代雜誌》、《週六晚郵報》（*Saturday EveningPost*）、《美國新聞與世界報導》（*U.S. News and World Report*）、《紐約郵報》（*New York Post*）和《進步》（*The Progressive*）和其他許多報刊都在譴責黑人權力運動的開展。[8]

就連重要的黑人領導人也批評黑人權力。全國有色人種協進會的羅伊・威金斯跟同化派齊聲反駁反種族主義想法：他將反種族主義思想重新定義為是隔離主義的，然後攻擊他自己的新定義。「無論他們再怎麼沒完沒了地試圖解釋它，『黑人權力』一詞就是意味著反白人權力。」威金斯在一九六六年七月五日的全國有色人種協進會年會上指控道。「這是一種反向的密西西比、反向的希特勒、反向的三K黨。」副總統休伯特・韓福瑞（Hubert Humphrey）在會中也來鞭兩下。「是的，種族主義就是種族主義——而美國容不下任何顏色的種族主義。」乘著對黑人權力的反對，高華德派共和黨人在一九六六年期中選舉大有斬獲。[9]

不過，卡麥可並未停止推動黑人權力。他在一九六六年最後幾個月巡迴全國各地去發展這場運動。十月份，他在加州大學柏克萊分校的黑權會議上發表了主題演講。當月，在附近的奧克蘭，兩名社區大學學生不滿同儕沒有實踐麥爾坎・X的訓令，於是組織了他們自己的兩人黑權會議。休伊・牛頓（Huey P. Newton）和鮑比・瑟爾（Bobby Seale）為他們新成立的自衛黑豹黨（Black Panther Party）擬定十點綱領，要求「決定我們黑人社區命運的權力」、「充分就業」、「像樣的住房」、賠償、「立即終止警察暴行和殺害黑人、所有黑人囚犯的自由」、還有「和平」——這引用了傑佛遜的

《獨立宣言》。在往後幾年裡，黑豹黨在全國各地成立分部，吸引了成千上萬既投入又有魅力的年輕社區志工。他們監督警察，提供免費早餐給兒童，並組織醫療服務和政治教育計畫等一連串行動。[10]

黑豹黨和其他黑權組織在一九六七年的成長反映了這樣的事實，亦即黑人年輕人認識到民權勸說和遊說策略未能鬆開警方施暴者、貧民窟惡房東、怠慢的學校董事會、剝削的商人的窒息箝制。但是，最能反映那項認識和那般解開箝制的努力的，莫過於當年三月到九月間全美近一百三十起的激烈黑人造反。然而，那些種族主義的精神科醫生卻宣稱這些「鬧事者」患有思覺失調症，該症被他們定義為一種會在大怒中顯現的「黑人病」。對於那些讀了《莫尼漢報告》的社會學家來說，男性鬧事者之所以大怒是因為被去勢。與此同時，種族主義的犯罪學家認為，鬧事者流露都市黑人的「暴力次文化」，該用語在一九六七年被馬爾文・沃夫岡（Marvin Wolfgang）用在他的經典犯罪學教科書裡。[11]

一幫狡猾的高華德派政治人物宣稱，「懶惰」的鬧事者顯示出有必要削減福利名冊並附上工作義務。但是，那些福利媽媽抵制。九月份，新成立的全國福利權利協會（National Welfare Rights Association）在參議院財政委員會的會場上演靜坐，促使路易斯安納州參議員羅素・隆恩（Russell Long）大罵該協會是「黑色母種馬公司」（Black Brood Mares, Inc.）。結果，國會還是通過了第一項關於福利領受人的強制性工作義務。[12]

安吉拉・戴維斯在德國法蘭克福愈來愈焦躁，她讀到湧現中的黑權運動，「被迫只能間接體驗那一切」。戴維斯決定在一九六七年夏天返回美國。她安排好要在加州大學聖地牙哥分校完成博士學位，被排擠離開布蘭戴斯的哲學家馬庫色正在那裡教書。七月下旬，她在返鄉途中到倫敦參加「解放的辯證法」（Dialectics of Liberation）研討會，馬庫色和卡麥可都是會中的主題講者。她的天然髮型就像路標般顯眼，而她很快就投靠進這個小型黑權代表團了。[13]

戴維斯一到南加州就很渴望參與黑權運動。如同各地的黑權運動人士，她也將該運動帶到自家後院，例如她協助成立了加州大學聖地牙哥分校的黑人學生聯合會（Black Student Union）。那年秋天，哪裡有黑人學生，他們就在哪裡成立黑人學生聯合會或接管學生自治會，要求傳統黑人大學和傳統白人大學要有反種族主義和相關的教育。據《芝加哥衛報》（*Chicago Defender*）報導，「黑人學生要求……從根本徹底改造他們的大學。」[14]

十一月，戴維斯前往不遠的瓦茨參加黑人青年會議（Black Youth Conference）。走進第二浸信會教堂（Second Baptist Church），她注意到多彩多色的非洲布料穿在活力微笑的年輕男女身上，那些人彼此都以「姐妹」和「弟兄」相稱。這是她在美國第一場真正的黑權聚會。看見黑人如此美麗讓她很振奮。

在各場工作坊中，戴維斯認識到與會者的想法就跟他們的服飾一樣多彩多樣。有些運動人士清楚表述杜波依斯那種老派、反種族主義的社會主義，這讓戴維斯很欣喜。其他運動人士則是談論他們那種重返非洲（back-to-Africa）、分離主義、反白人、社區服務或革命的熱望。一些裝扮成運動人士的聯邦調查局（Federal Bureau of Investigation, FBI）幹員，熱衷於蒐集筆記和擴大思想分歧。一些運動人士熱衷於醞釀一場文化革命、消滅同化觀念、振興非洲或非美文化。黑人權力吸引了各種思想派別的運動人士。[15]

黑人權力甚至吸引了民權運動的臉面人物。事實上，民權運動最晚在一九六七年就轉化為黑權運動。「沒有哪項林肯式的解放宣言，也沒有哪項詹森式的《民權法案》」能夠帶來完全的「心理自由」。馬丁・路德・金恩在八月十六日的南方基督教領袖會議（Southern Christian Leadership Conference）年會上低沉有力地說道。黑人必須「對自己和世人說……『我是黑人，而我又黑又美』」。金恩引起南方基督教領袖會議運動人士發出一陣驚人喝采，他們揮著標語，上面寫著「黑就是美，身為黑人太美好了」。[16]

金恩在那年離開同化主義美國的寵愛。同化主義者仍想把他留在一九六三年的雙重意識夢想裡，就像他們曾經也想把杜波依斯留在一九〇三年的雙重意識靈魂裡。但是，金恩再也看不到有任何實在的策略效用存在於同化派所喜愛的勸說技巧，或是他們所擁護的解隔離努力。他現在認識到，解隔離主要是有益於黑人菁英，卻讓數以百萬計的人打滾於致使他們在都市造反的苦貧。金恩於是改弦易轍，開始計畫南方基督教領袖會議的「窮人運動」（Poor People's Campaign）。他的目標是將窮人帶到首都，以迫使聯邦政府通過一項「經濟權利法案」來保證充分就業、保障收入和可負擔住房，這樣的法案聽起來出奇類似黑豹黨十點綱領的經濟提議。

金恩在南方基督教領袖會議大會上的演講題目，就是他在一九六七年秋天發行的著作書名：《我們將何去何從？》（*Where Do We Go from Here?*）「當一個民族深陷壓迫中，他們要先聚積實施改變的權力，才能實現解脫，」金恩寫道，「權力不是白人的出生權利；它不會被立法授予我們，然後放在整齊的政府包裹裡送過來。」金恩主張，通往持續進步的道路是公民不服從，而不是勸說。

他大膽批評強而有力的《莫尼漢報告》，警告恐怕「種種問題都將被歸因於天生的黑人弱點，而且被用來為忽視辯解、替壓迫找藉口」。莫尼漢派同化主義者就像對待隔離主義者那樣斷然回應金恩，將南方基督教領袖會議的「窮人運動」和金恩歸為極端份子。他們說，金恩成了無政府主義者。他本人四年前在〈伯明罕獄中書信〉將反種族主義者指為極端份子和無政府主義者，那項批評如今回過頭來傷到他自己。

金恩那部著作似乎補足了卡麥可與他人合著的《黑色力量：美國的解放政治》（*Black Power: The Politics of Liberation in America*），該書是在《我們將何去何從？》之後不久出版的。卡麥可和學者查爾斯・漢彌爾頓（Charles Hamilton）給兩種種族主義取了創新的新名稱。他們命名並比較了「個體種族主義」（individual racism）和「制度性種族主義」（institutional racism），前者被同化主義者認為是主要問題，而且可以藉由勸說和教育來導正，後者則是制度性政策和個人偏見的集合，這被反種族主義份子認為是主要問題，而且只有權力才能導正。[17]

而美國白人的權力似乎不能勝任這項任務。一九六八年一月十七日，詹森總統向國會提交國情咨文。參眾議員及其選民都在發怒，怒的不是歧視，而是所有反對暴力、越戰、種族主義、剝削和不平等的抗議，無論那是非暴力還是暴力的。當詹森怒喊「美國人民受夠了高漲的犯罪和違法亂紀」，掌聲可是震耳欲聾。經過連續三個夏天的都市造反，在國會大廈和全國各地為這場演講鼓掌的其中一些人，其實擔憂一場激烈的黑人革命可能即將到來。而他們的擔憂也反映在一部新的賣座大片，該片就在詹森演講的幾週後打破票房紀錄。[18]

片中描述有一群白人太空人在經過兩千年航行後降落在一顆行星上，結果卻遭到猩猩奴役。其中一名太空人逃了出來，然後在好萊塢史上一大招牌場景中，他在劇末碰見一座生鏽的自由女神像。那位太空人查爾登・希斯頓（Charlton Heston）和觀眾詫然發現，他並非離家以光年計，而是回到地球。《人猿星球》（*Planet of the Apes*）在種族主義流行文化中取代《泰山》，激發了一九七〇至一九七三年間的四部續集、二十一世紀的另外三部、一部電視劇，還有大量的漫畫、電玩遊戲和其他商品——你想得到的都有人生產。《泰山》搬上美國銀幕的背景是二十世紀上半葉盛行，那種征服黑暗世界的種族主義信心，而《人猿星球》則是以全彩上映二十世紀下半葉，那種害怕原先被征服的黑暗世界崛起，進而奴役白人征服者的種族主義恐慌。

到了一九六八年，民主黨和共和黨都在宣傳要求「法律和秩序」的呼籲。那成了捍衛白人星球的標語。「法律與秩序」話術被用來辯護警察暴行，那些話術和暴行觸發都市造反，而都市造反又觸發更多語術和暴行。在一九六八年初，最能解釋這一切的人莫過於埃德里奇・柯利佛（Eldridge Cleaver），這位巨擘、思想家兼作家是個成為麥爾坎・X信徒的前科犯，如今他當上黑豹黨的資訊部長。「警方是社會秩序的武裝衛士。黑人是社會秩序的主要國內受害者，」柯利佛解釋道，「因此，有種利益衝突存在於黑人和警方之間。」

柯利佛的這些話語，似乎成了該時代對那場動員式的法律和秩序運動最受讚揚的文字回應。在極其狂暴、搞笑、令人作嘔且深具洞見的細節中，柯利佛描述「有個黑人靈魂被壓迫性的白人社會給殖民了」。一九六八年二月發行的《冰上靈魂》（*Soul on Ice*）很快就賣了一百萬本。《紐約時報》將這部半自傳、半社會評論的著作列入年度十大書籍。《冰上靈魂》引發的爭議既及時又冰冷。柯利佛在書中若有所思地講述他那般令人寒顫的轉化：從強姦黑人女性的「實習」強姦犯，變成強姦白人女性的「造反」強姦犯，最終變成樂觀的人權革命家。「如果一個像麥爾坎・X這樣的男人都能改變，而且棄絕種族主義，如果說我本身和其他前穆斯林也能改變，如果年輕白人也能改變，那麼美國就有希望。」他如此斷言。

柯利佛的著作成了黑人權力雄風的宣言，旨在救贖悲慘的被殖民男性，他們的靈魂是「在冰上」，而他們的存在是「黑人閹人」。該書顯示，黑權雄風其實接受了關於去勢黑人的種族主義想法，該想法是被一直流行的一九六五年《莫尼漢報告》推廣的。儘管他站在反種族主義立場打擊同化主義觀念、監獄和警務，儘管他站在反種族主義立場拿著馬克思主義打擊白人至上資本主義和黑人資產階級，但柯利佛的酷兒種族主義和性別種族歧視都很驚人。柯利佛認為，黑人同性戀者受到雙重去勢（因此劣於單一去勢的白人同性戀者）：他們做為黑人男子受到去勢，而且經由同性戀的「病態」受到去勢。在柯利佛的性別種族歧視中，黑人女性和白人男性是「沉默」的盟友；白人男性置白人女性於「台座上」並轉化「黑人女性為強壯自立的亞馬遜」。然而，柯利佛卻以一封熱切情書〈所有黑人男性致所有黑人女性〉（*To All Black Women, from All Black Men*）結束《冰上靈魂》。「越過那消去雄風、四百年失去我卵蛋的赤裸深淵，我們今天面對彼此，我的女王，」柯利佛寫道，「我從死裡回來了。」[19]

儘管柯利佛抱持性別種族歧視，但他有一點還是尤為反種族主義的，那就是他迷戀他心目中王者般的黑人女性，尤其是他的新婚妻子、黑豹黨的全國通訊幹事凱薩琳・柯利佛（Kathleen Cleaver）。凱薩琳出身跑遍全球的軍人家庭、民權運動和學生非暴力協調委員會，她是第一位進入黑豹黨中央委員會的女性。對於所有那些拒絕交往或欣賞黑人女性、並視白人女性為優越的黑人男性，凱薩琳明確表示不屑。那些新一代的傑克・強森③被出生在馬丁尼克的精神醫生法蘭茲・法農（Franz Fanon）看穿了，他在娶了一個法國女人之後藉著創作《大地上的受苦者》（*The Wretched of the Earth*, 1961）這部反殖民主義的震撼之作，成為黑權雄風的教父之一。「藉由愛我，（白人女性）證明我值得白人的愛。」法農在《黑皮膚，白面具》（*Black Skin, White Masks*, 1952）寫道。「我像個白人被愛。我是個白人。當我躁動的雙手撫弄著那些白色乳房，它們就抓握住白人文明。」而這些同化派黑人男性，他們渴望成為白人男性，並且不斷透過想像黑人女性的錯誤來辯解那種渴望，在一九六〇年代末黑權運動裡外都是為數眾多。黑人精神科醫師威廉・格里爾（William Grier，喜劇演員大衛・艾倫・格里爾〔David Alan Grier〕的父親）和普萊斯・科布斯（Price Cobbs）在《黑怒》（*Black Rage*）這部有影響力的一九六八年文本裡主張，黑人男性之所以找上白人女性，是因為黑人女性的強烈自棄造成她們停止尋求男性關注並放任自己。[20]

相信黑人女性特質和男性特質有病的看法，影響了相信黑人家庭有病的看法，這又影響了相信非美文化有病的看法。這些看法就像椅腳般支撐著美國種族主義觀念的座位。社會學家安德魯・畢林斯利（Andrew Billingsley）是最早攻擊這些椅腳的其中一位學者。他的開創性研究《黑人家庭在白人美國》（*Black Families in White America*）在一九六八年開闢了反種族主義的黑人家庭研究。他拒絕從白人家庭的標準來分析黑人家庭。「不同於莫尼漢和其他人，我們不把黑人看作是一『團亂病態』的因果聯繫，這一團亂是自我滋長的。」他寫道。他反倒把黑人家庭看作是「一種具有吸收力、適應力和驚人韌性的兒童社會化機制」。畢林斯利對非裔美國人的文化也提出同樣充分的理由。「說一個民族沒有文化，就是說他們沒有形塑和教育他們的共同歷史，」畢林斯利主張，「而否認一個民族的歷史，就是否認他們的人性。」[21]

※

一九六八年二月二十九日，當美國人正在閱讀《冰上靈魂》，全國民間失序諮詢委員會（National Advisory Commission on Civil Disorders）發布了該會關於一九六七年都市造反的最終報告。早在七月份，詹森就成立該委員會來回答以下問題：「發生了什麼事？為什麼會發生？可以做些什麼來防止其一再發生？」由於包含九位白人和兩位黑人的調查者代表各個敵視黑人權力的團體，並鼓吹「法律和秩序」這個新的現狀標語，因此反種族主義者對克納委員會（得名自委員會主席、伊利諾州州長奧托・克納〔Otto Kerner Jr.〕）期望不大。

克納委員會的結論震驚美國的程度就像其所調查的叛亂一樣。委員會成員勇敢指責種族主義造成都市造反。報告上說：「美國白人所未曾甚解的（但黑人所永遠難忘的），是白人社會深深涉入隔都。白人體制創造它，白人體制維護它，白人社會縱容它。」帶有種族主義的主流媒體辜負了美國，該報告斷言：「新聞界太久以來都窩在白人世界裡，用白人的眼睛和白人的觀點往外看，如果真的有在看的話。」在《民權法案》和《投票權法》的餘暉中，正當美國在宣揚種族進步，克納委員會在其最著名的段落中宣揚種族主義的進展：「我們的國家正在走向兩個社會，一個是黑的，一個是白的，隔離且不平等。」[22]

③ 即第二十四章提到的重量級拳擊手冠軍傑克・強森。

每個人似乎都對這份四百二十六頁的文件有看法，有超過兩百萬美國人去買。尼克森抨擊這份報告為鬧事者開脫，那些被尼克森吸引到其總統競選的種族主義者也是如此。金恩在組織他的「窮人運動」之際將該報告稱作「醫師對於死期將至的警告，並附有活命的處方」。詹森總統認為那些醫師誇大了白人的種族主義，而他很可能擔心該報告會對種族進步的片面真相產生破壞性影響，也擔心那份活命處方的花費。該報告建議撥款數十億美元來把美國警務多樣化，為貧窮的黑人社區提供新工作、更好學校和更多福利，消除住房歧視，並為數以百萬計被迫住在鼠多為患的衰敗房屋和高樓的黑人居民，建造可負擔、嶄新而寬敞的住房單元。詹森和他的兩黨同行拿花費太高做為藉口，儘管當時花了更多錢出兵到越南去打那場引起反感的戰爭。話說回來，詹森的確通過一項建議：創設更多的警察情報單位來刺探黑權組織。這位總統在當年稍後成立了另一個民間失序總統諮詢委員會，不過這一次他更加慎選委員。該委員會建議大幅增加關於警察武器、訓練和防暴準備的聯邦支出。華府毫無問題地順勢推動。[23]

Ж

一九六八年四月四日上午，安吉拉．戴維斯待在學生非暴力協調委員會洛杉磯分會的新辦公室。這處剛成立的委員會分會是她往返洛城，和她在聖地牙哥加大的博士學業之際的全新運動基地。四月四日下午，她做了一回印刷工作。那天晚上，她聽到有人叫嚷：「馬丁．路德．金恩中槍了！」起初她並不相信，但在確認消息後感到無比內疚。如同其他黑權運動人士，她也把金恩當作一位無害的領袖擱在一旁（其無害在於他那宗教性的非暴力哲學）。「我想，當時我們並沒有認識到，他的全新鬥爭理念，諸如拉進各種膚色的窮人，拉進全世界受壓迫的人民，可能會對我們的敵人構成更大的威脅，」戴維斯回憶道，「但我們誰都料不到他會被刺客的子彈擊倒。」看樣子，金恩是知道的。前一晚，他在曼菲斯的梅森教堂（Mason Temple）發表他傳奇演說生涯中最寒冷徹骨、最激發希望、最喚起勇氣的演講。他講到「人權革命」，亦即世上貧困的「各色人種」奮起要求，「要自由地」活在應許之地上。「我也許不能跟你們一起到那裡，」他用動人的聲音說道，「但是今晚我想讓你們知道，我們做為一個民族，必將抵達應許之地！」[24]

震驚於這起刺殺的戴維斯跟其他當地黑權團體領袖一起組織一場大規模集會，會場就在洛杉磯的第二浸信會教堂。與會者被敦促重啟並升高他們對種族主義的鬥爭。正如戴維斯所見，「種族主義是暗殺馬丁·路德·金恩的刺客，該被攻擊的是種族主義。她和其他集會召集人決心要將洛杉磯的怒火疏導避開跟裝備精良的洛城警局（LAPD）身體對抗，該局有許多員警都募自深南方。他們成功了。但是這回的火是在別的地方。在金恩遇刺後的那一週裡，超過一百二十五座城市經歷另一波都市造反，導致美國種族主義者發出另一次法律和秩序的反擊。包括喬治·華萊士和理查·尼克森在內的總統角逐者都乘上這股反衝。馬里蘭州州長斯皮羅·安格紐（Spiro T. Agnew）對黑人領袖嘲諷道：「我懇請你們公開棄絕所有黑人種族主義者。這件事，到現在你們都不願意做。」安格紐變得出名到讓尼克森挑他來當競選搭檔。[25]

金恩之死將無數雙重意識的運動人士化為單一意識的反種族主義者，而黑人權力突然成長為內戰後重建時期（當年的主要議題是爭取土地）以來最大的反種族主義總動員。「靈魂樂教父」（Godfather of Soul）注意到美國黑人的全新處境。聽到隔離主義者說他們不該自豪、聽到同化主義者說他們不是黑人，詹姆士・布朗（James Brown）就在一九六八年八月開始帶領數以百萬計的人高唱〈大聲說吧——我是黑人，我很自豪〉（Say It Loud—I'm Black and I'm Proud），這首轟動金曲在R&B單曲排行榜稱霸六週。所有這些黑權口號使得一些非裔美國人丟棄他們黑人屬性內在的種族主義膚色等級（愈淺愈好）。有些運動人士令人驚愕地倒轉膚色等級，認定個人的黑人屬性是基於膚色的深度、頭髮的捲度、阿福羅頭（Afro）的大小、烏語的流利度，或者是（淺膚黑人）願意跟深膚黑人約會的程度，或是基於某人是否穿著黑皮衣或非洲服裝，或能否引述麥爾坎・X。反種族主義的黑權運動人士正在投入發掘和丟棄所有根深柢固的同化主義白人標準。他們是在阻止黑人繼續透過杜波依斯所謂的「他人的眼睛」，以及克納委員會所謂的「白人觀點」，來看待自己和世界。反種族主義的黑權運動激發一場有爭議的追尋，所追尋的是新的標準、黑人觀點、還有讓黑人透過自己的眼睛看看自己。

對於黑人觀點的追尋尤其發生在學校和大學，那些地方的黑人學運人士、教育工作者和家長都在爭取「黑人研究」這個最新的學科。「當這些教室裡的焦點幾乎完全都是……白人的，而且幾乎從來都不是黑人的，」芭芭拉・史密斯（Barbara Smith）對曼荷蓮學院（Mount Holyoke College）的教職員說道，「那些擁有非白人和非歐洲歷史和文化根源的學生就難免感到不滿。」從一九六七年到一九七〇年，黑人學生和他們成千上萬的非黑人盟友迫使幾乎遍布美國各州的近千所學院和大學，引進「黑人研究」學系、學程和課程。對「黑人研究」的需求也往下滲進幼小中學，那些地方的教科書之前都把非裔美國人講成「次人類，不能獲致文化、樂於被奴役、是被動的局外人……以此灌輸數百萬計的包括黑人和白人在內的孩子」。就像希勒爾・布萊克（Hillel Black）在《美國教科書》（*The American Schoolbook*）中說明的。早期的黑人研究智識份子跑去編寫新的反種族主義教科書。他們頂著各種族同化主義和隔離主義智識份子的批評，這些人看不起黑人研究，視之為帶有分離主義，或低於傳統白人學科。這些人之所以看不起這個新領域的種族主義理由，就跟他們看不起傳統黑人大學、機構、企業、團體、鄰里和國家一樣。他們認為，任何由黑人創造、由黑人經營、由黑人填滿的組織必定都很低劣。而如果那些組織掙扎著追求成功，那必定是黑人的錯。種族主義觀念不僅支持歧視黑人，而且支持歧視由黑人建制和歧視由黑人運動人士提倡的觀念，像是黑人研究。[26]

但儘管如此，黑人研究和大部分黑權觀念開始在非黑人之間激起反種族主義的轉化。反戰組織「學生爭取民主社會」（Students for a Democratic Society）的白人成員和嬉皮團體變得同情黑權，並開始誓言「燒掉美國白人身上的種族主義影響」，就像美國共產黨某位白人領袖在一九六八年呼籲的。波多黎各反種族主義者在一九六八年創建青年領袖黨（Young Lords Party），他們認識到「高度的種族主義存在於波多黎各人和黑人之間，以及淺膚和深膚波多黎各人之間」，正如別稱「約魯巴」的紐約分部共同創辦人巴勃羅・古茲曼（Pablo "Yoruba" Guzmán）所言，有種種族主義顏色等級存在於所有多膚色的拉美裔和齊卡諾人④族群中。崛起的新棕權（Brown Power）運動挑戰所有這些膚

④齊卡諾人（Chicano）是指墨西哥裔的美國人。

色等級，就像崛起的黑權運動也挑戰所有多膚色黑人族群內部的膚色等級。[27]

在金恩遇刺後，學生非暴力協調委員會洛杉磯分會撐過了自家辦公室被洛城警局徹底搜索，卻撐不過困擾許多男女共存組織的性別內鬥。黑人組織都得對付出自《莫尼漢報告》而流行的去勢黑人理論。每當安吉拉．戴維斯和另外兩位女性堅持己見，該組織那些種族主義家父長免不了都會開始呼應關於黑人女性特質的迷思，說她們過於跋扈，而且在給他們去勢。凱薩琳．柯利佛在黑豹黨面臨類似問題，法蘭西絲．比爾（Frances Beal）在學生非暴力協調委員會紐約分會的辦公室也是。

比爾先是在大學裡參與民權和社會主義運動，然後在一九六〇年代初才到法國生活。到了一九六八年十二月，她回到美國，協助在學生非暴力協調委員會裡設立黑人婦女解放委員會（Black Women's Liberation Committee）。這是黑權運動第一個正式的黑人女權主義組織。比爾黑人女權主義者提供了其中一份主要的意識型態宣言，那就是〈雙重危險：身為黑人和女性〉（Double Jeopardy: To Be Black and Female），這份一九六九年的立場書在隔年進一步流傳，出現在童妮．凱德．卞蓓拉（Toni Cade Bambara）那部獨一無二的選集《黑人婦女》（*The Black Woman*）中。「自從黑人權力出現以來，黑人男性一直都說，他們被社會去勢了，但黑人女性不知怎的躲過這種迫害。」比爾指出。實際上，「美國的黑人女性大可被描述為『奴隸的奴隸』——受害於種族和性別歧視的雙重危險。」比爾援引的勞工統計資料顯示，非白人女性獲得的工資低於白人女性、黑人男性和白人男性，這些統計資料顛覆了弗雷澤—莫尼漢認為黑人男性最受壓迫的論點，該轟動的論點動員運動人士來捍衛黑人男性。比爾認為黑人女性才是最慘的論點也同樣有效動員運動人士來捍衛黑人女性。黑人女權主義和黑人父權制的興起導致黑權組織內外都爆發意識型態攤牌，相互爭論誰是才最慘的。[28]

在學生非暴力協調委員會洛杉磯分會，性別衝突（接著還有獵共）在一九六八年變得太嚴重，以致於該分會在夏末就關門大吉。安吉拉．戴維斯隨後開始認真考慮加入共產黨，她覺得該黨沒有「充分關注黑人所受壓迫的民族和種族面向」。但是，美國共產黨全新的切—盧蒙巴會（Che-Lumumba Club）那麼做了。這個有色人種的共黨團體成為管道，讓戴維斯先在一九六八年進入共產黨，而後又投入美國首位黑人女性總統候選人的選戰，那位候選人正是代表美國共產黨的夏琳．米契爾（Charlene Mitchell）。[29]

在一九六八年的總統選舉中，米契爾對上詹森的副總統韓福瑞。在民主黨人對面，出馬的是共和黨總統角逐者理查．尼克森。他的創新選戰揭示了種族主義思想的未來。

第三十二章　法律和秩序

尼克森和他的助手團隊仔細研究過喬治・華萊士的總統選戰。他們認識到，華萊士的隔離主義談笑，讓他只能吸引到「那些氣得口沫橫飛的隔離主義者」。尼克森決定除了召喚這些華萊士隔離主義者，同時也吸引美國人裡所有那些拒絕住在「危險」黑人社區的、拒絕相信黑人學校可以是平等的、拒絕接受學童混合就讀接送計畫的、拒絕個別處理黑人負面性的、拒絕相信黑人福利媽媽是應得的、拒絕擁護黑人權力支配黑人居多郡市的——也就是一九六八年所有那些拒絕相信自己是種族主義者的種族主義者。正如一位親近顧問所說明的，尼克森將其選戰塑造成讓潛在支援者「避免自承是被種族主義訴求所吸引」。他要怎麼辦到呢？很簡單，貶低黑人、讚美白人，但不提到**黑人**或**白人**。[1]

歷史學家稱之為「南方戰略」（southern strategy）。事實上，那在當時是（在往後五十年也都是）共和黨全國戰略，因為該黨試圖團結北方和南方反黑人（和反拉美裔）種族主義者、戰爭鷹派以及財政和社會保守派。該戰略來得及時；在一九六八年一項蓋洛普民調中，有百分之八十一的受訪者表示，他們相信尼克森的競選口號：「法律和秩序已在全國瓦解」。有一則尼克森的電視廣告尖聲播放駭人的音樂和駭人的畫面，來呈現暴力且染血的運動人士。一個深沉的旁白說：「我向你們保證，我們將在美國擁有秩序」。該廣告「命中紅心。那全都關於外邊那些該死的黑人——波多黎各團體」，尼克森據傳私下這麼說。面對大眾，整個旋律也是一樣的，只是少了種族歌詞。一九六八年九月六日，當著三萬名鼓掌的德州人面前，尼克森抨擊最高法院「在增強犯罪勢力上做得太過分了」。如果是三十年前，狄奧多．比爾博就會說是增強「黑鬼勢力」。競選種族主義取得進展，而尼克森也贏了選舉。[2]

一九六九年秋天，隨著夏琳．米契爾的競選已成過去，安吉拉．戴維斯打算悄悄安頓於她在加州大學洛杉磯分校的第一個教職。然而，聯邦調查局卻有別的打算。約翰．埃德加．胡佛（John Edgar Hoover）的幹員在那年發動了一場全力出擊、理直氣壯的戰爭，要來摧毀黑權運動。聯邦調查局在《舊金山觀察家報》（*San Francisco Examiner*）的報信者舉報戴維斯入了共產黨（以及「學生爭取民主社會」和「黑豹黨」）。在隨後的一片喧譁中，加州州長雷根急切想從反紅、反學生、反黑人的法律和秩序選民那裡得分，於是動用一項舊時的反共法規，然後開除了二十五歲的安吉拉．戴維斯。她上訴到加州法院，結果引發該州種族主義者和反種族主義者、共黨人士和反共人士、學術解放者和學術奴役者相互對抗。戴維斯進入公眾目光。詆毀她的人把她講成仇恨滿滿又有偏見，仇恨郵件開始塞滿她的郵箱，她還接到恐嚇電話，而員警也開始騷擾她。一九六九年十月二十日，加州高等法院法官傑利．帕赫特（Jerry Pacht）裁定該項反共條例違憲。戴維斯恢復了教職，而雷根則開始尋找別的方法來開除她。[3]

一九七〇年二月某時，戴維斯的切—盧蒙巴會收到消息說，有活動要解放聖荷西（San Jose）附近，索萊達州立監獄（Soledad State Prison）的三名黑人囚犯。在只有證據顯示他們是黑權運動者的情況下，喬治．傑克森（George Jackson）、約翰．克魯切特（John Clutchette）和佛萊塔．德朗哥

（Fleeta Drumgo）就被控在一場充滿種族意味的監獄打鬥中，殺害一名獄警。在一九六一年時，十八歲的喬治・傑克森曾因持械搶劫被判處一年至終身監禁；據稱他是持槍從加油站竊取七十美元。他經歷過類似麥爾坎・X和柯利佛的政治變化，然後在一九六九年被轉送到索萊達，但他在獄中的行動參與將其七十美元定罪變成了終身監禁。戴維斯跟喬治・傑克森和他那嚴肅的弟弟喬納森變得非常親近，而後者拚了命要解放哥哥。[4]

一九七〇年六月十九日，安吉拉・戴維斯在洛杉磯一場名為「解放索萊達兄弟」的熱烈集會上發言，地點就在加州矯正署的視野之內。就在同一天裡，雷根的校董會再次將戴維斯從洛杉磯加大開除，這次的理由是她的政治言論「不適合大學教授」。戴維斯的終結者所引的其中一項證據，就是她駁斥了柏克萊加大教育心理學家亞瑟・簡森（Arthur Jensen），此人代表的是一九六〇年代末隔離派學者的復興。他說，心理學界「愈來愈認識到」，黑人智力分數較低不能「完全或直接歸因於教育方面的歧視或不平等」，簡森在一九六九年的《哈佛教育評論》（*Harvard Educational Review*）上這麼寫道：「似乎不是不能合理……假設，遺傳因素可能在此局面中有其作用……。」諸位校董責備戴維斯在大力批評簡森時，並未踐行「行使學術自由之際的適當克制」，根據諸位校董所述，簡森在發表那份「長篇論文」之前做過「多年研究」。顯然，學者只有在支持種族主義思想時才有真正的自由。[5]

當記者紛紛在集會上逼著戴維斯回應她被解僱一事，她將自己所受學術奴役連結到政治犯所受的司法奴役。一名攝影師拍攝到戴維斯拿著一個標牌。上面寫著：「將索萊達兄弟從合法私刑中解救出來」。喬納森・傑克森站在她身後，手裡拿著另一個標牌：「終結獄中政治迫害」。[6]

一九七〇年八月七日，喬納森・傑克森拿著三把槍走進加州馬林郡（Marin）一處法庭，將法官、檢察官和三名陪審員扣為人質。喬治・傑克森這十七歲的弟弟在法庭上釋放了三名囚犯，並在他們協助下將槍口下的人質帶往停在外面的廂型車。接著，警方開火。這場槍戰奪走了傑克森、法官和兩名囚犯的性命。警方追查到傑克森其中一把槍的所有人是安吉拉・戴維斯。一週後，戴維斯就被控謀殺、挾持和共謀，對她的逮捕令也發了下來。還在哀悼傑克森之死的她看見了將至的政治迫害——一旦定罪就是死刑。她逃避大規模追緝，這名逃犯試圖躲避奴役或更糟情況，就像她許多政治同儕和祖先在她之前所做的一樣。在胡佛去世前幾個月，他將「危險」的戴維斯放上美國聯邦調查局的十大通緝要犯名單。聯邦調查局通緝海報上的兩張照片：一張有戴墨鏡，一張沒戴，展示了這位成為黑權運動招牌女運動家的女性。[7]

這張照片也展現了她著名的阿福羅頭。不過該時代最火紅的阿福羅頭，真正將該髮型從反同化的政治聲明化為時尚聲明的女性，卻是一位最猛、最敢、最壞、最黑的女人，也就是《騷狐狸》（*Foxy Brown*, 1974）和《科菲》（*Coffy*, 1973）的電影明星潘・葛瑞兒（Pam Grier）。在一九七〇年代初期，非裔美國人愈是任其阿福羅頭像葛瑞兒那樣爆長，愈是引來同化派父母親、講道者和僱主的怒火，這些人都說阿福羅頭很醜、「很丟臉」，就像「回到叢林」一樣。非裔美國人之所以成為同化主義者，不是當他們燙直頭髮，而是當他們將天生的髮型評為不專業或在審美上不如燙直髮型。[8]

阿福羅頭始終存在於好萊塢的「黑人剝削」（Blaxploitation）電影類型，這類黑人動作冒險片在一九六九至一九七四年間盛極一時。面對一九六〇年代末期的經濟崩潰，再加上一九六〇年代融合主義電影敘事流行的薛尼・鮑迪（Sidney Poitier）式角色，受到愈來愈多的反種族主義批評，好萊塢決定剝削黑人特質的人氣來解決自身的經濟和政治困難。黑人剝削電影的主要人物就是梅爾文・范・皮布爾斯（Melvin Van Peebles）。他的一九七一年電影《壞胚子之歌》（*Sweet Sweetback's Baadasssss Song*）講的是有個超壞的黑人好色男激烈反抗警方迫害，這人用上所有能用的武器（包括他的那話兒）來逃離警方大規模追捕，最終逃入墨西哥的落日中。一路上，他得助於黑人兒童、講道者、賭徒、皮條客和妓女。過去幾年銀幕外爆發的警察迫害，以及關於超強性欲、不再被去勢的黑人男性的流行種族主義觀念，無疑都是有助於該片在非裔美國人之間大受歡迎的因素。

但是，並不是所有黑人都喜歡這部電影。在《烏木》雜誌一篇文字發洩裡，公共智識份子勒內・班尼特（Lerone Bennett Jr.）將其評為「既不革新，也不黑人」，因為該片美化了黑人都市美國的貧窮和悲慘。班尼特說得有道理。每當黑人藝人將經濟上被剝削的黑人定為黑人最純正的代表，他們就是從後門走進種族主義觀念。他們太常將貧窮、拉客、賣淫、賭博和犯罪的世界看作黑人世界，彷彿非黑人不會以類似比例的速度拉客、賣淫、販毒、賭博和犯罪。然而，每當這些藝人對皮條客、歹徒、罪犯賦予人性，他們就已經是很反種族主義的了。但是，那些反對黑人剝削電影的民權人士（在其對於媒體勸說的一貫確信上），幾乎沒去尋找這種人性區別。他們只是看到討厭的刻板模式強化了銀幕外的黑人角色。「銀幕上從刻板化的費奇特①到超級黑鬼（Super Nigger）的轉化，不過是另一種文化種族滅絕。」民權派的黑人剝削電影聯盟（Coalition of Blaxploitation）在一九七二年如此指控。[9]

一九七〇年十月十三日，安吉拉．戴維斯在紐約被捕。戴維斯被關在紐約女子拘留所。正是在那裡，就在在監的黑膚和棕膚婦女中間，戴維斯開始發展她所謂「萌生中的黑人女性主義意識」。正是在一九七〇年那年，婦女運動終於進入美國主流意識。諾瑪．麥考維（Norma L. McCorvey，化名為珍．羅〔Jane Roe〕）已在德州提起訴訟，要求終止妊娠。三年後，當最高法院在「羅訴訟韋德案」（Roe v. Wade）中將墮胎合法化，尼克森總統聲稱只有兩種「時候墮胎是必要的」：「你有一個黑人和一個白人，或是被強姦。」[10]

一九七〇年八月二十五日，法蘭西絲．比爾和她剛改名的第三世界婦女聯盟裡的那些姐妹，拿著她們的標語牌：「別碰安吉拉．戴維斯」現身，一起在紐約加入全國婦女組織（National Organization for Women）「爭取平等罷工」那超過兩萬人的女權活動。一看到比爾的海報，就有一位全國婦女組織的幹事衝過來大罵：「安吉拉．戴維斯跟婦女解放完全無關。」比爾回罵：「這跟你們講的那種解放完全無關，但這跟我們講的那種解放完全有關。」正如小說家童妮．摩里森（Toni Morrison）幾個月後在《紐約時報雜誌》上說明的，黑人女性「看著白人女性，看到的是敵人，因為她們知道，種族主義並不限於白人男性，而美國的白人女性比男性還多」。童妮．摩里森剛剛推出《最藍的眼睛》（*The Bluest Eye*），這是一部反同化主義的故事，講述一個黑人女孩對「美麗」藍眼睛的熱切追求。摩里森這部小說出道作之動人，就像《我知道為什麼籠中鳥高歌》（*I Know Why the Cage Bird Sings*, 1969）這部真實生活記述，馬雅．安傑洛（Maya Angelou）這部得獎自傳是從種族主義觀

---

① 費奇特是第一位在好萊塢出名的黑人，請見本書第二十六章。

念的荊棘林（在那裡她希望自己能從「又黑又醜的夢裡」醒來），一路走到反種族主義尊嚴和抵抗的開闊地。[11]

一九七〇年十二月，安吉拉・戴維斯被移送回加州。她在獄中大多時間都是在單人囚室裡等候審判，在裡頭她閱讀並回覆成千上萬名支持者的來信，研究她的案子，還思索著美國。她有時候會聽到「釋放安吉拉」、「釋放所有政治犯」的呼聲。美國的兩百個辯護委員會和國外的六十七個辯護委員會都在呼喊著同樣的話。所有的辯護委員會組成一個廣泛的跨種族聯盟，裡頭的支持者都認為尼克森的美國做得過頭了，其過頭之處在於騷擾、監禁和殺害一大群一大群反種族主義、反資本主義、反性別歧視和反帝國主義運動人士，並譴責他們的觀念。那些觀念在這一刻全都包進戴維斯的身心裡，那是尼克森和雷根的法律和秩序美國希望她死的一副身心。[12]

在警方將戴維斯帶回加州的前後，她所體現的反種族主義觀念在最高法院審理的另一起案件裡被主張出來。在一九五〇年代，杜克電力（Duke Power）位於北卡羅萊納州的丹河電廠（Dan River plant），公開強迫黑人員工接受該公司的最低薪工作。在《民權法案》通過後，杜克電力採行非公開歧視，例如要求高中文憑和智力測驗，這些歧視產生了相同的結果：白人獲得該公司大部分高薪工作。一九七一年三月八日，最高法院在「格里格斯訴訟杜克電力公司案」（Griggs v. Duke Power Co.）中裁定，杜克電力的新要求跟工作表現無關。

首席大法官華倫・柏格（Warren E. Burger）認為，《民權法案》「禁止的不只有公然歧視」，

「還有在形式上公平、但在實施上具有歧視性的做法。」如果說格里格斯案的判決對反種族主義者來說聽起來太好了，那的確沒那麼好。該判決不一定禁止造成種族不對等的做法和方針。雖然杜克電力在《民權法案》生效那天更改了方針，但令人驚訝的是，最高法院維持上訴法院關於不存在「歧視意圖」的見解。首席大法官柏格給了僱主一個通往種族主義進展的漏洞。「判準就是營運有其必要（business necessity）。若某項用以排除黑人的僱用做法不能證明關乎工作表現，則該項做法即被禁止。」種族主義的僱主於是可以只要確保其歧視性招募和晉升做法關乎工作表現，從而關乎營運之必要。[13]

格里格斯案的裁決幾乎不影響黑權運動人士。他們完全不相信美國最高法院會禁止制度性種族主義的最新進展。他們的注意力轉向他們當地的鬥爭、戴維斯案，以及美國歷史上最大的黑人大會。一九七二年三月十日，約有八千人在印第安納州蓋瑞（Gary）參加邁入第六年的黑權運動的最大集會。史上最大的黑人中產階級現身於那幫群眾——新美國黑人（New Black America）。這些黑人菁英的出現源自於民權運動和黑權運動的行動和改革，以及一九六〇年代的強勁經濟。到了一九七三年，黑人貧窮率將掉到美國史上最低水準。黑人收入水準持續上升，而政經方面種族不對等也持續縮小，直到一九七三年經濟衰退來襲為止。[14]

到了蓋瑞大會開幕之際，黑人已在許多黑人居多的市郡取得政治控制權。但是，某些黑人選民必須吃過一番苦頭才弄懂，賦權給政府裡的一名黑人並未自動賦權給一名反種族主義者。所以，蓋瑞大會上那些獨立派的主要要求，例如想要一個獨立的黑人政黨，也不會自動在以民主黨同化主義者為特色的現狀之上帶來反種族主義的提升。但是，那些追逐私利的黑人政客還是在往後幾年裡壓碎該計畫。[15]

ж

在盛大的蓋瑞大會開幕的幾天前，安吉拉・戴維斯的審判終於在加州開庭了。「相關證據將顯示，」檢察官艾伯特・哈里斯（Albert Harris）說道，「她的基本動機不是釋放那些政治犯，而是釋放她所愛的那一個囚犯。」那把槍的主人身分、戴維斯的逃跑，以及在她日記和給喬治・傑克森的信裡那些示愛話語，應該會讓她被判犯下一級謀殺、綁架和共謀罪。而此前全白人陪審團曾經根據更輕的情節判出死刑。但是，這個陪審團沒有那麼做，他們在一九七二年六月四日無罪開釋戴維斯；她走出美國刑罰制度的魔掌。但是，她是倒退著走出來的，眼裡看著被她留在監獄的男男女女，並誓言用餘生將他們從奴役中解救出來。[16]

儘管出現針對運動人士的法律和秩序運動，但在一九七二年時仍有少於三十五萬人被關在全國各級監獄。這對戴維斯和美國最受尊敬的犯罪學家來說實在太多了，那些犯罪學家裡有許多人都預言監獄系統會逐漸消失。正當的反監獄運動和觀念正在發揮作用。一九七三年，全國刑事司法標準暨目標諮詢委員會稱監獄體制為一場「失敗」，是創造犯罪，而非預防犯罪。該委員會建議，「不應新建任何成人機構，並應關閉現有少年機構。」[17]

在戴維斯被無罪開釋後，兩百五十多個解放安吉拉辯護委員會收到戴維斯的公報。「請繼續支持我們，直到種族主義和政治壓迫不再」把人類關在「牢裡」。到了一九七三年五月，那些辯護委員會已經組成「全國反對種族主義暨政治壓迫聯盟」（National Alliance Against Racist and Political

Repression）。尼克森總統的水門醜聞加劇了關於犯罪和監獄的矛盾。所有那些美國人都在服刑，其中許多人是因為他們的政治活動和觀點而入獄，但擁護法律和秩序的尼克森卻未因為水門醜聞而在監獄裡待過一天。傑拉德・福特（Gerald Ford）在尼克森辭職後接任總統，他特赦並豁免尼克森。[18]

一九七五年秋天，戴維斯重返學術界。這已經是五年後了，但她仍是爭議的中心。當她加入南加州克萊蒙特學院聯盟（Claremont Colleges）黑人研究中心的教師群，那些校友都很生氣。她發現整個觀念市場跟她離開時是一個樣子：隔離主義者還是想像著種族之間的基因差異，同化主義者還是試著查明為何他們提升黑人的唯一希望（也就是融合）會失敗。同化主義社會學家查爾斯・史坦伯（Charles Stember）在《性種族主義》（*Sexual Racism*, 1976）中主張，白人對性欲亢進的黑人在性方面的嫉妒是融合失敗的主因。他斷言，性種族主義，也就是種族主義的核心，「主要聚焦」在黑人男性身上。[19]

同時間，史坦伯小看了黑人女性所面臨的性別種族歧視，而且幾乎忽視了黑人多元性別族群所面臨的性別種族歧視。但是，多元性別族群才沒指望史坦伯。自從一九六九年曼哈頓格林威治村（Greenwich Village）那場種族混雜的石牆暴動（Stonewall rebellion）開啟了同志解放運動，黑人多元性別族群已經兩步跳開婦女解放、黑人權力和白人同性戀解放這些運動的邊緣，而在一九七〇年代開創他們自己全新的酷兒反種族主義綜合舞步。原籍紐約的女同志作家奧卓・蘿德（Audre Lorde）在其詩歌、散文和演講中精采「命名」這些「無名」的生活之舞。非白人、女性和多元性別族群「被期待去教育」白人、男性和異性戀者，學會領會「我們的人性」。蘿德在她一次著名演講中說道。「那些壓迫者維持他們的立場，逃避為自己的行動負責。那些經常流失掉的力氣大可用來重新定義我們自己，以及設計逼真劇本來改變現在並建構未來。」[20]

黑人女權主義者安投扎克．宋蓋（Ntozake Shange），利用她那富有創造力的反種族主義能量創作出一齣劇本，那就是《給那些當彩虹出現，就要考慮自殺的有色女孩》（*For Colored Girls Who Have Considered Suicide/When the Rainbow Is Enuf*），該劇在一九七六年九月十五日首演於百老匯。七位黑人女性分別以彩虹的其中一個顏色為名，她們如詩般激烈表達她們的受虐、喜悅、心碎、堅強、軟弱、愛戀和渴望愛情。《有色女孩》做為一種藝術現象，在往後四十年一再出現在舞台和螢幕上，還被賓州大學教授薩拉米沙．蒂萊（Salamishah Tillet）稱作「黑人女權主義聖經」。在每一站，宋蓋都堅強頂著那些黑人刻畫相關爭論的天真側風。有些人大聲表達他們擔心該劇會強化對於黑人女性的種族主義想像；其他人則擔心那會強化對於黑人男性的種族主義想像。[21]

關於《有色女孩》的爭論延續到那個十年結束。同樣的老調接著又開始被重彈，而且彈得大聲得多，那是在一九八二年當愛麗絲．沃克（Alice Walker）寫出小說《紫色姐妹花》（*The Color Purple*）（還有在一九八五年針對史蒂芬．史匹柏〔Steven Spielberg〕那部賣座的改編電影，以及在一九九五年針對《等待夢醒時分》〔*Waiting to Exhale*〕這部關於四位非裔美國女性的電影）。沃克的《紫色姐妹花》把場景設在喬治亞州鄉下，內容談到一名黑人女性穿越種種崎嶇，包括摧殘人的黑人家父長、摧殘人的南方貧窮境況和摧殘人的白人種族主義者，終於走出（和找到）她的路。當這部暢銷小說傳過成千上萬人之手，有些讀者（或許還有更多的非讀者）很生氣黑人男性被描繪成那樣。但是，如果那些看了宋蓋的戲劇或沃克的小說（或史匹柏的電影）的人在走出劇院或闔上書本後認為，黑人男性全都是施虐者，那麼錯的是他們，而不是戲劇、小說或電影。在描繪黑人負面性的種族主義者和描繪黑人不完美人性的反種族主義者之間，總有一道很細的界線。當消費者將刻板的黑人形象看作代表黑人行為，而非代表這些個別角色，那麼整個種族主義問題就出在那些以偏概全的消費者，而非進行描繪的種族主義者或反種族主義者。但是，這項複雜的區別，或是靠著正面描繪黑人幾乎動搖不了種族主義的這回事，永遠無法完全終結那些無意義的媒體形象爭論，而那般爭論又被一九八〇年代和一九九〇年代的嘻哈影片，以及二十一世紀的黑人真人實境節目給火上加油。[22]

「觀看《有色女孩》的演出，你會看到人們對黑人男性鮮血的集體渴求。」社會學家羅伯特．史代普斯（Robert Staples）在一九七九年的〈黑人大男人的迷思：回應憤怒的黑人女權主義者〉（The Myth of Black Macho: A Response to Angry Black Feminists）中如此寫道。然而，該時代最憤怒的黑人女權主義者就是時年二十七歲的蜜雪兒．華萊士（Michele Wallace）。《女士》（Ms.）雜誌在一九七九年一月號的封面上放上年輕的華萊士，宣傳她那部激烈的《黑人大男人和女超人迷思》（*Black Macho and the Myth of the Superwoman*）將會形塑一九八〇年代。該書確實形塑了黑人性別爭論。有些人很討厭她，有些人則是很喜歡她，因為她把性別歧視講成比種族主義需要關切，而且揭露那種帶有種族主義的「黑人男性被閹迷思」，以及那種認為黑人婦女是擁有「過度力量的女人」的種族主義迷思。華萊士表示：「就連我也是，我還是很難放開那個迷思」，那也就是黑人女超人的迷思。[23]

但是就在這裡，她的反種族主義打住了，而她針對黑人女性和黑人男性的種族主義攻擊接手了。在拋出黑人女超人描繪之後，華萊士為讀者畫出一幅相反的描繪，那幅描繪所畫的是一九六〇年代一位黑人女性「強迫自己變得順從且被動」，這番宣示被詩人瓊．喬丹（June Jordan）在《紐約時報》上嚴厲批評為「沒有根據、自我貶低」和「非歷史的」。安吉拉．戴維斯在《自由之路》（*Freedomways*）雜誌上釐清一九六〇年代黑人女性和黑人男性這場有意義且進取的運動。戴維斯之所以在此列入男性，是因為華萊士說：「一九六〇年代的黑人（男性）革命者只會讓人覺得像個孩子，純粹滿足於用行動來刺激和惹惱他的父親」，也就是「白人」。在十一年後的新版前言中，華萊士勇敢承認一些錯誤，而且收回了她的論點，亦即黑人大男人主義就是那「摧毀黑權運動的關鍵因素」。華萊士值得稱道的是，她還是讓人意識到父權黑色雄風是黑權消亡的一項關鍵因素。[24]

一九七九年這年裡只有一個女人要比蜜雪兒．華萊士在黑人社群引起更多爭論，那是一位白人女性，而且是許多同化主義者眼中的世界第一美女。在電影《十全十美》（*10*）中，波．德瑞克（Bo Derek）頂著一頭串珠玉米辮，引起菁英白人女性瘋狂衝向沙龍去做「波辮」（Bo Braid）。非裔美國人讀了媒體關於這股熱潮的報導都很生氣。各大媒體宣告玉米辮來了，講得好像只有白人才能承載文化。大約在同時間，美國航空公司開除了售票員蕾妮．羅傑斯（Renee Rogers），就只因為她綁著玉米辮。美國種族主義者認為阿福羅頭、玉米辮、髒辮和其他「天然」髮型都是不專業的。當羅傑斯提起歧視告訴，法官援引「波辮」來否決她主張該髮型反映她的文化傳承的訴求。[25]

在這股對波辮的狂怒之中，很可能最為激情的部分就是很多人都覺得，波．德瑞克和她的分身侵占了非裔美國人文化的庫藏，這般感覺可能源自於塵封的種族主義觀念：歐洲文化可以壓倒非洲文化。這整場喧囂，以及幾十年後同樣喊著阿姆（Eminem）（饒舌音樂）和金．卡戴珊（Kim Kardashian）（身材）這些白人是在侵占黑人文化的喧囂，最驚人的部分是某些黑人的虛偽。那些燙直了頭髮的黑人（他們侵占了歐洲文化）裡頭，有些人如今卻來奚落波．德瑞克和其他白人女性綁了玉米辮，侵占了非洲文化。

波．德瑞克和她綁了玉米辮的分身在一九八〇年代初期似乎隨處可見，這可惹惱了黑人。但是，這股時尚潮流的持續力遠遠比不上主流「白人雄風」的最新再生。如果說《人猿星球》體現了種族主義者在一九六八年的挫敗感，那麼一九七六年最賣座電影《洛基》（Rocky，後來得了奧斯卡最佳影片獎），則體現了他們當年的鬥志。《洛基》描述一位貧窮、和善、說話慢、出拳慢、謙遜、勤奮、硬頸的義大利裔拳擊老手，對上不和善、說話快、出拳快、狂妄的非裔美籍重量級世界拳王。洛基的對手阿波羅．克里德（Apollo Creed）以其勢如排山的驚人出拳象徵著賦權運動、興起中的黑人中產階級，以及現實生活中一九七六年的重量級世界拳王、黑權雄風之光——穆罕默德．阿里（Muhammad Ali）。洛基．巴波亞（Rocky Balboa）就像席維斯．史特龍（Sylvester Stallone）演的那樣，象徵著白人至上雄風的驕傲，拒絕被排山而來的黑權抗議和政策給擊倒。[26]

然而，就在美國人跑去觀看《洛基》的幾星期前，他們先跑去買了亞歷克斯．哈利的《根：一個美國家族的史詩》（*Roots: The Saga of an American Family*）。而那些不想辛苦讀完這部拿過《紐約時報》銷售書榜首的七百四十頁大書的人，則是看了更受歡迎的電視改編版，那部連續劇是在一九七七年一月開始在美國廣播公司ＡＢＣ播出，並成為美國電視史上最多人收看的節目。《根》講到昆塔．金特（Kunta Kinte）那懾人、悲慘且動盪的故事，他的故事始於在甘比亞被綁架，始於他被殘忍致殘，而那終結了他在維吉尼亞州持續不斷的逃亡嘗試。哈利宣稱金特是他真實的祖先，他在美國歷史上追蹤金特及其後代的人生，一直追到他自己。有些非裔美國人沐浴在黑權往反種族主義泛非思想的擴大轉向，而且渴望了解他們在奴隸制之前和當中的生活，對於他們來說，《根》是巨大的轟動，是二十世紀最具影響力的作品之一。《根》發掘出眾多種族主義思想，像是非洲很落後、美國奴隸制帶來文明、奴隸很滿意、奴隸既愚蠢又野蠻、女性奴隸很放蕩，以及非裔美國人根植於奴隸制。快樂的黑人保母和黑仔的種植園體裁已經隨風而逝。[27]

但是，懶惰黑人暴民摧毀白人生計的新版種植園體裁，諸如窮人是透過福利，向上流動者是透過積極平權措施，卻仍留在一九七〇年代末的風中。於是，就像美國黑人反種族主義者熱愛尋根，美國白人種族主義者也熱愛他們的另一位洛基在幕前幕後的表現，熱愛他不懈爭取種族主義的法律和秩序。然後在一九七六年，他們心中的洛基出馬競選總統。

第三十三章　雷根的毒品

諷刺的是，竟然是一位前好萊塢明星在現實生活中具現了洛基・巴波亞；而他同時在政治上具現了對於黑權的種族主義反衝。這位現實生活中的洛基在一九七六年決定挑戰現任總統福特的共和黨候選人席位。雷根壓下所有在他自家加州和全國各地醞釀的賦權運動。幾乎沒有其他共和黨政治人物比得上他的法律和秩序資歷，也幾乎沒有其他共和黨政治人物比他更受反種族主義者鄙視。當雷根在一九六六年首次競選加州州長，他曾誓言「要送那些福利乞丐回去工作」。到了一九七六年，他已經推進那虛構的福利問題到足以吸引尼克森的低調種族主義者，在削減幫助窮人的社會專案這方面獲得他們的支持。在總統競選系列活動中，雷根分享了芝加哥的琳達・泰勒（Linda Taylor）的故事，那位黑人婦女被控詐領福利金。「她的免稅現金收入超過十五萬美元。」雷根很愛這麼講。但實際上，泰勒被控詐取州政府八千美元，且那是一件特例。但是，對於雷根陣營來說，真相並不如煽動白人對黑權反彈來得重要。[1]

福特用上現任總統的每分權力，在一九七六年共和黨全國代表大會上驚險擊退雷根的挑戰。但是，特赦尼克森又面臨經濟蕭條的他卻輸給「無汙點」、沒名氣的民主黨籍前喬治亞州州長吉米・卡特（Jimmy Carter）。黑人原本期望很高，結果節約的卡特政府卻為了提振經濟，在增加軍事開支的同時，開始空前削減社福、醫療和教育計畫。一九七三年適逢美國史上最低的黑人貧窮率，接下來的十年卻是創紀錄的失業率、通貨膨脹、工資下降、黑人貧窮率上升和不平等加劇。在地方層級，掙扎中的運動人士和居民將日益加劇的貧窮，部分或全部怪罪在親商的黑人政治人物。黑人政治人物被認為是有哪裡不對。但不令人意外的是，卻沒有人發現任何證據來證實黑人政治人物的這種政治種族主義。黑人政治人物和他們主要服務的黑人菁英幾乎無異於其他種族的政治人物和菁英，都是賣給出價最高者，或堅守他們的反種族主義和／或種族主義原則。[2]

黑人種族主義者怪罪黑人政治人物，而且也愈來愈怪罪黑人資本家，造成他們在社會經濟上的掙扎，而白人種族主義者則是怪罪黑人和積極平權措施造成他們在一九七〇年代的掙扎。種族主義思想讓所有這些美國人跟現實脫節，就像某位想當醫師的白人男性航太工程師那樣。一九七三年，年過三十三歲的艾倫・巴基（Allan Bakke）再度被加州大學戴維斯分校醫學院回絕，拒絕信上舉出的主要因素是他的「年紀」和疲軟的面試分數。到了當時，其他十多所醫學院也回絕了他，通常都是因為他的年紀。一九七四年六月，巴基狀告加大校董會（該機構在四年前開除安吉拉・戴維斯）。巴基並未指控校方年齡歧視，而聲稱他申請醫學院遭拒是因為「他是白人」，因為戴維斯分校會從一百個招生名額中挪出十六個名額給「弱勢」的非白人。加州法院表示認可，於是推翻該「配額」，並下令錄取他。

美國最高法院決定受理「校董會訴訟巴基案」。巴基的律師團主張，配額制迫使他只能競爭八十四個名額，而非全部一百個名額，從而減少他的入學機會。校董會的律師團則主張，加州在增加非白人醫師的極低比例上有著「迫切……重要性」。由於非白人普遍受到較差的幼小中學教育，所以非白人的大學成績平均積點（grade point averages, GPA）和考試成績往往低於白人，因此需要挪出十六個名額。校董會的律師團說，儘管這些非白人學生的分數較低，但他們確實是夠格的。其中百分之九十都能畢業並通過執照考試，這個比例僅略低於白人。

「校董會訴訟巴基案」以及隨後的積極平權措施案件，最大的諷刺和悲哀並不在於巴基不願正視自己的年齡和面試表現，而是在於沒人質疑校方所使用的招生要素：最初造成並加劇招生中種族不對等的標準化測驗和GPA分數。舉例來說，加州大學戴維斯分校的非白人醫科生的醫學院入學測驗（Medical College Admission Test, MCAT）分數和大學的GPA遠低於白人醫科生同學，但在畢業和通過執照考試的比例上幾乎等於他們，這暴露了該校招生標準的無用。自從隔離主義者在二十世紀初發明後，標準化測驗（從MCAT到SAT和IQ測驗）就一再沒能預測大學和職涯的成功，甚至也沒能真正衡量智力。但是，這些標準化測驗還是達成最初的使命，想出一種「客觀」方法來判定非白人（以及婦女和窮人）智力低落，並證明有理由在招生過程中加以歧視。那已變得極為有力「客觀」，從而讓非白人、婦女和窮人都會接受拒絕信，而不質疑錄取決定。

真要說的話，標準化測驗預測了學生的社經階級，或許還有學生在大學或專業學程第一年的成功——這表示那些測驗能在學生入學之後幫到他們，可以評估誰需要額外協助。所以，在一九七七年十月十二日，是一名白人男性坐在全體大法官面前要求加州大學戴維斯分校稍微修改招生方針，以求開放那十六個名額給他，而不是一名貧窮的黑人婦女要求停止以標準化測驗做為錄取標準，以求開放那八十四個名額給她。這又是一件反種族主義無從獲勝的種族主義者訴訟種族主義者案。[3]

在四位大法官堅定支持校董會、四位法官支持巴基的情況下，那位原先所屬事務所曾在「布朗案」①中，為維吉尼亞州隔離主義者辯護的維州公司律師，就決定了校董會訴訟巴基案。一九七八年六月二十八日，大法官路易斯・鮑威爾（Lewis F. Powell）站在其中四名大法官這邊，將加州大學戴維斯分校的挪出名額看成是「歧視白人『多數群體』」，而讓巴基被錄取。鮑威爾也站在另外四位名法官那邊，讓大學能在選擇學生時「將種族納入考量」，只要那在決定中不是「決定性的」。最重要的是，鮑威爾將積極平權措施講成「具有種族意識」（race-conscious）的政策，而標準化測驗的分數卻不是，即便一般皆知那些分數中的種族不對等。[4]

在一九五〇年代末帶頭支持「種族意識」政策以求維持種族不對等現狀的那些人，到了一九七〇年代末卻轉而帶頭反對「種族意識」政策以求維持種族不對等現狀。「不計代價」捍衛歧視者一直都是種族主義觀念產製者的出發點。艾倫・巴基、他的法律團隊、他們背後那些組織、那些力挺他的大法官，以及支持他的數以百萬計美國人都一心想要證明地球是平的、美國在一九七八年已經跨越種族主義。這些種族主義者欣然消費當年最突出且最受好評的種族關係社會學文本《種族重要性之式微》（*The Declining Significance of Race*），並扭曲威廉・朱利斯・威爾遜（William Julius Wilson）的論點來宣稱種族不再重要。這位芝加哥大學社會學家試圖解決一九七〇年代末的種族悖論：黑人中產階級的興起和黑人窮人的消落。威爾遜將二戰後時代描述為「從種族不平等逐步過渡到階級不平等的時期」。限制「整個黑人族群」的那些種族歧視「舊障礙」已經化為限制黑人窮人的「新障礙」。「階級變得比種族更能決定黑人通往特權和權力的門路。」威爾遜寫道。

威爾遜部分否認種族進步並全盤否認種族主義的進展。正如批評威爾遜的反種族主義者所指出的，他忽略有證據顯示上升的中等收入黑人面臨上升的歧視，例如麥可・哈靈頓的《另一個美國》

在一九六二年就談過這一點。威爾遜將其學術目光聚焦在創造都市黑人「下層階級」的經濟動態，該階級因其貧苦而變得行為低劣。[5]

一九七〇年代末和一九八〇年代初的同化派下層階級學術研究則望向「隔都民族誌」，亦即重建想像中非菁英都市黑人未達到文化世界標準的同化派人類學家。「我覺得這種人類學只是在換個方式叫我黑鬼。」某位工廠工人如此訴說該時代經典的反種族主義民族誌《德雷隆索》（*Drylongso*, 1980）。雪城人類學家約翰·蘭斯登·格瓦特尼（John Langston Gwaltney，他是位盲人）讓他的黑人受訪者建構他們自己的文化世界。《紐約時報》將《德雷隆索》描述為「迄今對當代主流黑人心態最廣泛、最切實的公開闡述」。[6]

在《種族重要性之式微》出版三十三週年之際，當眾家學者又把階級置於種族之上以解釋種族不平等，威爾遜做了只有最優秀的學者才有勇氣做的事情：他承認了這本書的缺點，並坦言他當年應該提出「基於種族和階級的解決辦法來處理有色人種的生活機會」。[7]

瑟古德·馬歇爾大法官在其對「校董會訴訟巴基案」的個別不同意見書中，試圖實現的正是這些基於種族和階級的解決辦法。「羅訴訟韋德案」的決定者哈里·布萊克蒙（Harry Blackmun）的不同意見書居後。布萊克蒙給了美國一個超越時代的教訓：「為了超越種族主義，我們必須先考慮種族，沒有其他辦法。為了平等對待某些人，我們必須差別對待他們。我們不能、也不敢讓《第十四條修正案》令種族霸權長存。」但是，那正是種族主義者打算要做的。耶魯法學教授、前檢察總長

---

① 布朗訴訟托皮卡教育局案可見本書第二十八章。

羅伯特・博克（Robert Bork）認為，積極平權措施的支持者是「反向歧視的鐵桿種族主義者」。在《華爾街日報》上，博克嘲諷最高法院保留有限形式的積極平權措施的決定。博克和其他像他一樣的人利用《第十四條修正案》在往後幾十年間攻擊各項反種族主義措施，所留下的只有種族不對等愈來愈大的遺害。在校董會訴訟巴基案的四年後，白人學生進入高門檻大學的可能性是黑人學生的二點五倍。到了二〇〇四年，這項種族不對等已經加倍了。[8]

在一九七〇年代末，隨著一九六〇年代的得益被破壞，加上貧窮蔓延，有愈來愈多的黑人逐漸疏離美國的政治體制。隨著他們的疏離加劇，關於他們的種族主義想法也跟著加劇。投票的黑人看不起不投票的黑人，視其為低人一等。他們認為，那些不投票的人漠視為了黑人投票權流的血，傻傻放棄他們的政治權力，因此是不道德且冷漠的。而不投票的黑人，或者像安吉拉・戴維斯這種投票給第三黨派的黑人，顯然並未因為害怕共和黨獲勝而前去投票所。他們似乎只願意投票**支持**政治人物，正如安吉拉・戴維斯所開始意識到的。[9]

一九七九年十一月十九日，共產黨宣布了一九八〇年大選的總統候選人名單。時年六十九歲的格斯・霍爾（Gus Hall）長年領導美國共產黨，這回他再度競選總統。他的最新競選搭檔是在一月二十六日達到憲法規定三十五歲的安吉拉・戴維斯。她才剛加入了舊金山州立大學的教職員團隊，那裡正是十三年前黑人研究誕生的歷史性校園。戴維斯同意參加她的第一次公職競選。但是，那並不代表戴維斯和其他非白人成員完全滿意美國共產黨。在一九八〇年代，美國共產黨領導階層的缺乏多樣性仍然是黨內衝突的一大來源。[10]

戴維斯也不樂見反種族主義運動的式微，那場運動的趨緩是源自一九七〇年代末種族主義觀念的產製和消費漸增的情況下。「在一個種族主義社會裡，光是僅僅當個非種族主義者是不夠的，我們必須當個反種族主義者。」安吉拉．戴維斯在一九七九年九月於奧克蘭會堂裡怒喊道。她跟灣區的政治人物和運動人士一起鼓動抗議即將在附近舉行的納粹集會。在這整整十年裡，戴維斯的「全國反對種族主義暨政治壓迫聯盟」不斷挑戰持續成長的三K黨和納粹團體。三K黨的全國黨員數在一九七一至一九八〇年間幾乎增長三倍，並在一百多個城鎮發動持槍恐嚇，試圖摧毀一九六〇年代的成果。私刑仍在發生，例如一九八〇年在密西西比州至少有十二起，一九七九年到一九八二年間在亞特蘭大有二十八名黑人青少年遇害，一九八〇年在水牛城也發生隨機的街頭處決。但是，三K黨的暴力和平民的私刑仍遜色於全國各地警察幫夥所犯下的恐怖行為，從脫衣搜查和性侵害黑人婦女，到以手槍把手擊打黑人男性。到了一九八〇年代初有一項研究顯示，每有一個白人被警察殺害，警方就殺了二十二名黑人。[11]

一九八〇年，戴維斯在宣傳競選集會的海報上呼喊：「那些將利益擺在人民前面的人造成這般種族主義、性別歧視、失業和通貨膨脹的惡性循環，我們有辦法打破這種循環。」共產黨的政治活動者得把各場競選的消息散布出去，因為他們政黨得到的媒體關注遠遠少於競選連任的總統卡特和最終獲得共和黨提名的雷根。一九八〇年八月初，安吉拉．戴維斯將其「人民先於利益」活動帶回她開始公眾生活的地方：加州大學洛杉磯分校。她感嘆媒體的出席率之低。「這是某種共謀的一部分，整個目的是要阻止我們將訊息傳給人民。」她坐在桌子前說，身旁都是發不出去的新聞資料袋。「如果是雷根在這裡開記者會，幾個街區內你什麼都沒辦法看到，這裡就是會有這麼多記者。」[12]

幾天前，就在一九八〇年八月三日，媒體確實是全員出動，見證這位前加州州長在尼肖巴郡（Neshoba）博覽會上差不多算是展開了總統競選。那場活動的幾英里外就是密西西比州費城，當地在一九六四年有三名民權運動人士遇害。這項巧妙的戰略超越了先前尼克森精通的戰術。雷根望向一些奴隸主和隔離主義者的後代，絕口不提種族，這些人在近兩個世紀以來都擁護「州權」以求維持白人霸權，這是打從另一座費城那些炎熱日子就開始的，那座費城即是美國憲法寫成之地。雷根承諾「恢復各州和地方政府理當擁有的權力」。他接著閃躲卡特的種族主義指控。在某種程度上多虧了南方的支持，雷根最終輕鬆贏得總統大位。[13]

雷根幾乎立刻推翻中低收入者在過去四十年間掙得的財政得益。似乎是用上國會所允許且疲弱經濟所合理化的最大速度和深度，雷根削減了富人的賦稅和中低收入家戶的社會方案，同時增加了軍事預算。雷根似乎在銀幕外做了史特龍在銀幕上所做的事，首先擊倒黑人菁英，就像洛基在《洛基二》（1979）擊倒對手阿波羅．克里德那樣。接著，驚人的是，雷根結交這些克里德（他在先前對抗中擊倒的黑人種族主義者或菁英），然後利用他們來打倒那些可怕的低收入黑人，就像洛基在《洛基三》（1982）的對手大棒槌（Clubber Lang，亦即一般所知的T先生）所代表的。[14]

在雷根在職第一年裡，黑人家戶的收入中位數下降了百分之五點二，美國窮人的人數總的來說增加了兩百二十萬。《紐約時報》觀察到，在一年之內，「一九六〇年代和一九七〇年代在抗貧方面取得的進展有很多」都被「抹去了」。[15]

隨著一九七〇年代末和一九八〇年代初經濟和種族不對等擴大，中產階級的收入也變得更加不穩定，那些傳統的隔離主義領域，像是宣揚遺傳智力等級的演化心理學，還有宣揚生物性種族區別的體質人類學，以及社會生物學之類的新領域似乎都愈來愈受歡迎。畢竟，需要有新的種族主義思想來合理解釋新近擴大的差距。哈佛生物學家愛德華・奧斯本・威爾遜（Edward Osborne Wilson）在一九七五年發表了《社會生物學：新綜合》（*Sociobiology: The New Synthesis*）。威爾遜主要是在呼籲美國學者尋找「包括人類在內各種生物中各種社會行為的生物學基礎」。雖然大多數社會生物學家並未將社會生物學直接應用於種族，但是社會生物學中的未證實學說已讓信徒將該領域的原則應用於種族不對等，並得出黑人的困境肇因其社會行為的種族主義觀念。這是一九六〇年代裡第一個試著避免「種族主義」標籤的重大學術理論。智識份子和政治人物正在製造各種理論，諸如福利領受人都很懶惰，或是內城區都很危險，或是窮人都很無知，或是單親家庭是不道德的，好讓美國人不用講出「黑人」就能把黑人講成懶惰、危險和不道德，從而能避開種族主義的指控。[16]

同化主義者和反種族主義者認識到社會生物學的意涵，紛紛發起激烈指摘，導致學界和大眾在一九七〇年代末和一九八〇年代初就其優點和政治意義激烈爭論。哈佛演化生物學家史蒂芬・傑伊・古爾德（Stephen Jay Gould）在一九八一年發表了《對人的不當衡量》（*The Mismeasure of Man*），他帶頭反對了生物科學中的隔離主義觀念。但威爾遜沒被嚇住，反倒出頭成為一位公共智識份子。他無疑很樂意聽到美國人講著未經證明的說法來顯示他的理論變得多麼受歡迎，例如當有人俏皮地說某種特定的行為「就在我的DNA裡」。他無疑也很樂意拿回兩座普利茲著作獎，還有一枚卡特總統頒發的國家科學獎章。威爾遜的社會生物學宣揚存在著諸如卑劣、侵犯、從眾、同性戀，甚至仇外和種族歧視等行為的基因，但從未加以證明。[17]

安吉拉．戴維斯跟著其他反種族主義學者一起反擊這些學界內（外）的隔離主義主張。她最具影響力的學術論文《女人、種族和階級》（*Women, Race & Class*）出現於一九八一年。這部修正歷史認為黑人婦女是積極的歷史能動者（historical agent），即便她們碰過普遍的性別歧視和剝削，即便她們在選舉權鬥爭與晚近的生育和反強姦鬥爭碰過白人女權主義者的種族歧視。戴維斯指出，一九七〇年代最流行的幾部反強姦文獻，例如蘇珊．布朗米勒（Susan Brownmiller）的《違背我們的意願》（*Against Our Will*）、珍．麥克凱勒（Jean MacKeller）的《強姦：誘餌與陷阱》（*Rape: The Bait and the Trap*）和戴安娜．羅素（Diana Russell）的《強姦的政治》（*Politics of Rape*），都很諷刺地重振了「黑人強姦犯的迷思」。戴維斯說，這項迷思增強了「種族主義那種公然吸引白人男性在性方面取用黑人女性身體的誘惑。黑人男性被看作強姦犯的虛構形象一直強化著與其密不可分的對應物：黑人婦女被看作長年淫亂的形象」。戴維斯對黑人女性運動人士的廣泛描述強力回應了蜜雪兒．華萊士以及父權歷史學家，將黑人女性看作在種族和性別鬥爭中處於「被動」的種族主義描繪。跟著同為一九八一年出版的貝爾．霍克斯（Bell hook）著作《我不是女人嗎：黑人女性與女性主義》（*Ain't I a Woman: Black Women and Feminism*）一起，戴維斯的《女人、種族和階級》也協助在美國學術界打造一門新的研究方法，那是一種整合式的種族、性別和階級分析。正如霍克斯所深刻寫下的，「種族主義一直都是一股隔離黑人男性和白人男性的分裂力量，而性別歧視則一直是一股團結這兩個群體的力量。」[18]

但是，沒有一部反種族主義的女權主義學術大作（《我不是女人嗎》和《女人、種族和階級》都是即時經典），有任何機會阻止某些人產製隔離主義觀念來辯護雷根的種族主義和階級主義政策。一九八二年，雷根發布了二十世紀最具破壞性其中一道行政命令。「我們必須動員我們所有力量來阻止毒品流入這個國家」，並「將大麻等毒品如實標示——標示為危險的」，雷根在宣布其反毒戰時如是說。犯罪學家幾乎毫不擔心這場新的戰爭會不成比例地逮捕和監禁非裔美國人。許多犯罪學家正在發表童話故事，來支持那些發現刑事司法系統再也不存在種族歧視的研究。

「我們可以對抗毒品問題，而且我們可以獲勝。」雷根宣布。此舉令人驚訝；當時毒品犯罪正在減少，只有百分之二的美國人認為毒品是全國最迫切的問題。很少有人認為大麻是一種特別危險的毒品，尤其是跟更致癮的海洛因相比。藥物濫用治療師都很訝異雷根毫無根據就宣稱，美國可以「透過更強力的執法來打敗藥物濫用」。[19]

受到這番宣告的衝擊，安吉拉．戴維斯在一九八四年再次代表美國共產黨競選副總統。「讓我們成功擊敗雷根」，這位「美國史上最具性別歧視……最具種族主義、最反勞工階級……最好戰的總統」，在八月份一場黑人婦女會議上指控道。但是，一九八四年大選的種族故事是馬丁．路德．金恩的前助手、迷人的演說家兼民權領袖傑西．傑克遜（Jesse Jackson）牧師，在初選中的驚人成功。傑克遜和戴維斯皆未獲得足夠選票。太多美國人相信雷根所推銷關於經濟變好的美好「美國早晨」（morning in America）神話。[20]

美國早晨很可能已經再次降臨某些又富又白的社區，這些社區多年來一再醒來看見繁榮。但是在一九八五年，美國早晨並未再次降臨那些被中情局所支持的尼加拉瓜康特拉叛軍（Contra rebels），開始偷運古柯鹼過去的社區。在一九八五年，美國早晨也沒有降臨在黑人青年身上。他們的失業率是一九五四年的四倍，即便白人青年的就業率也只是略微上升。當這些失業青年之中有些人開始將昂貴的古柯鹼再製為廉價的快克（crack）來販賣謀生，那代表美國早晨亦未降臨在他們身上。雷根政府想要確保人人皆知的是，美國早晨並未降臨黑人都市鄰里，而毒品（尤其是快克）還有毒販和毒蟲消費者應當接受懲罰。

一九八五年十月，美國緝毒局（Drug Enforcement Administration）責成該局的紐約分局探員羅伯特·史塔曼（Robert Stutman）吸引媒體關注快克的蔓延（以及隨著毒販爭相控制和穩定毒品市場而來的暴力行為）。史塔曼引來的關注之多，給了雷根那場犯睏的反毒戰一陣強烈快感。一九八六年，成千上萬極為種族主義的故事淹沒了廣播和報攤，其內容描述「掠奪成性的」快克販子提供這種「惡魔毒品」，給上癮到無可救藥的「快克頭」和「快克婊」（她們在可怕的水泥都市叢林裡生下在生物學上低劣的「快克寶寶」）。沒有多少故事是在報導可憐的白人快克賣家和用戶。一九八六年八月，《時代雜誌》將快克定為「年度議題」。但在實際上，快克已經成為讓美國人種族主義觀念上癮的最新毒品。[21]

如果說雷根對毒品的反應是當年度最過度報導的種族主義議題，那麼解放南非運動（Free South Africa Movement）就使得南非種族隔離（以及雷根對其的財政和軍事支援），成為當年度報導最不足的反種族主義議題。解放南非運動揭開了非裔美國人和非洲裔移民之間長久的族群種族主義，該族群種族主義被艾迪·墨菲（Eddie Murphy）呈現在他的一九八八年票房大片，成了史上最受觀眾喜愛的黑人喜劇之一。《來去美國》（*Coming to America*）講的是有位富有的非洲王子來到皇后區想找個老婆，這個愛情故事歡鬧嘲笑非裔美國人對泛靈信仰、未開化、腐敗和好戰的非洲人有著荒謬不實的種族主義觀念，這些種族主義觀念是《根》沒能完全清除的。

在通過這十年中最為反種族主義的法案《全面反種族隔離法案》（*Comprehensive Anti-Apartheid Act*）及其嚴格的經濟制裁後幾週，國會也通過了這十年中最為種族主義的法案。一九八六年十月二十七日，雷根「欣然」簽署共和黨人和民主黨人都支持的《反毒品濫用法》（*Anti-Drug Abuse Act*）。「美國人民希望政府強硬起來並採取攻勢。」雷根評論道。透過簽署該法案，他將總統鈐記蓋在如今按說會嚇阻藥物濫用的「向毒品說不」（*Just say no*）運動和那些「嚴厲法律」（tough laws）。《反毒品濫用法》規定，被抓到持有五公克快克的毒販或毒蟲最低處以五年徒刑，這正是黑人和窮人通常經手的份量，反觀以白人和富人為主的粉狀古柯鹼販子和用戶（他們活動於警察較少的鄰里），要被抓到持有五百公克才會面臨相同的五年最低刑期。種族主義觀念接著捍衛這種兼具種族主義和菁英主義的政策。[22]

這部獲得兩黨支持的法案導致美國人大量被關。監獄人口在一九八〇至二〇〇〇年間漲到四倍，而原因完全就是更嚴的量刑政策，而非更多的犯罪。在一九八五至二〇〇〇年間，毒品犯罪占了囚犯人數激增部分的三分之二。到了二〇〇〇年，州立監獄所有毒品罪犯裡有百分之六十二點七是黑人、百分之三十六點七是白人，而這不是因為黑人賣了或用了更多毒品。當年，全國藥物濫用家戶調查（National Household Survey on Drug Abuse）報告顯示，各有百分之六點四的黑人與白人正在使用非法藥物。那些關於毒販的種族研究通常也發現類似比率。全國吸毒與健康調查（National Survey on Drug Use and Health）這項二〇一二年的分析發現，白人青年（6.6%）販毒的可能性要比黑人青年（5%）高出**百分之三十二**。但是，黑人青年因而被逮的可能性遠遠更大。[23]

在一九八〇年代末、一九九〇年代初的快克熱潮中，情況也是如此。白人和黑人以類似比例在販售和消費非法毒品，但黑人毒蟲和毒販被逮捕和定罪的人數要多得多。一九九六年，當三分之二的快克使用者都是白人或拉美裔，被判持有快克的被告裡卻有百分之八十四點五是黑人。就算沒有警察用種族貌相判定黑人是毒販和毒蟲的這項關鍵因素，有一項至今還在作用的法則仍在當時起了作用：哪裡有更多警察，那裡就會有更多人被捕，哪裡有更多人被捕，大家就會覺得那裡有更多的犯罪，而這就解釋了更多的警力、更多的逮捕，還有按說更多的犯罪。[24]

由於受到警方嚴管的內城區黑人在一九九〇年代要比白人更可能被逮捕和監禁（因為他們的鄰里發生更多的殺人案件），所以種族主義者認為黑人真的要比白人用了更多毒品、買賣更多毒品、犯下更多各種罪行。這些錯誤設想固著了人們心目中黑人內城區鄰里很危險的印象，也固著了白人郊區鄰里很安全的對比印象，這種種族主義觀念影響太多美國人的太多決定，從住房選擇，到禁毒警務，再到政治，多到無法計量。「黑人鄰里很危險」這種概念是基於種族主義思想，而非基於現實。然而，確有其事的是，「失業鄰里」很危險。例如，一項根據全國縱貫性青年調查（Longitudinal Youth Survey），在一九七六至一九八九年間收得資料所做的研究發現，年輕的黑人男性要比年輕的白人男性更有可能從事嚴重的暴力犯罪。但是，當研究人員只比較**在職的**年輕男性，暴力行為的種族差異就消失了。某些暴力犯罪的比率之所以在黑人鄰里較高，就只是因為失業者集中在黑人鄰里。[25]

但是，雷根那些嚴打犯罪派的共和黨人無意在金主面前犯下政治自殺，把暴力犯罪的責任從犯法者轉到雷根經濟學上。他們也不願為了試著在一場反失業戰爭裡創造數百萬新工作而失去席位，即便那麼做肯定會減少暴力犯罪。實際上，如此將法律和秩序運動化為反毒戰爭的轉變在往後二十年裡促使許多政治生命終結，那使得數以百萬計貧困的非白人、非暴力毒蟲和毒販被拖進監獄而無法投票，接著在假釋之後也沒有投票權。如果重罪犯沒有被剝奪選舉權，那麼有許多結果接近的選舉就會有不同結局，這至少包括一九八〇至二〇〇〇年間的七次參議院選舉，以及二〇〇〇年的總統選舉。如此悄悄搶走你政治對手的投票力量，真是巧妙的殘忍手段。[26]

就連那些顯示有更多暴力犯罪（尤其是傷及無辜受害者）發生在都市黑人社區的統計數字，也是基於種族主義的統計方法，而非基於現實。經常要比暴力都市黑人害死更多人的酒駕司機，在這類研究中卻不被視為暴力罪犯，如在一九九〇年被捕的酒駕司機就有百分之七十八是白人男性。在一九八六年，有一千零九十二人死於「古柯鹼相關」的死亡，另有兩萬零六百一十件殺人案。那加起來是兩萬一千七百零二人，仍然低於當年兩萬三千九百九十個酒精相關的交通死亡人數（還不提酒駕司機造成的未致死重傷人數）。毒販和匪徒主要在內城區相互殘殺，而酒駕司機的受害者往往是無辜的旁人。因此，在一九八六年以及其後一直有個未決問題，那就是美國人是在內城區街道或在郊區公路才比較不會受到致命傷害。不過，美國白人遠遠更可能害怕電視螢幕後面那些遙遠的黑人入案照，甚於自家社區那些更常害死他們的白人酒駕司機。[27]

由於雷根從未下令發動反酒駕戰爭，所以全靠「反酒駕媽媽」（Mothers Against Drunk Driving）在一九八〇年代推動的那場長久而堅定的草根運動，以及無數可怕的事故，諸如一九八八年害死二十七名校車乘客的酒駕司機，逼得那些不情願的政治人物制定更嚴厲的處罰。但是，這些針對酒駕的新處罰仍然遠遠輕於初次持有五公克快克被捕必定獲判的五年重罪。

看樣子，一九八六年裡媒體的關注並非放在酒駕司機身上，而是完全聚焦在聳動的快克犯罪故事和黑人家庭受到的後續影響。在《消失的家庭：美國黑人的危機》（*The Vanishing Family: Crisis in Black America*）這部CBS特別報導中，該新聞網呈現了紐華克一棟公寓大樓裡年輕福利媽媽和分居父親的形像，也就是黑人女性很放蕩、黑人男性很懶惰和黑人不好好育兒的刻板印象——表現出病態的黑人家庭。正是這些類型的故事促使惱火的安吉拉．戴維斯在一九八六年春天寫了一篇關於黑人家庭的論文。戴維斯說，單身黑人女性所生子女的比例從一九六〇年的百分之二十一，升至一九八五年的百分之五十五。黑人青少年生育率無法解釋這種增長（這些數字從一九二〇年到一九九〇年**幾乎沒變**）。戴維斯解釋，「未婚青少年的生育數之所以高得不成比例」，是因為年長、已婚的黑人女性在一九六〇年代和一九七〇年代開始生得比較少。因此真正劇烈上升的，是年輕和單身黑人媽媽所生嬰兒對上已婚媽媽所生嬰兒的整體比例，而不是單身黑人媽媽所生嬰兒的絕對數量。[28]

但是對雷根的宣傳人員來說，是福利導致了那根本不存在的黑人單身媽媽激增，而那根本不存在的激增使得黑人家庭消失了。「統計證據並未證明這些推測（福利給付是生育的一項誘因）。」雷根的首席內政顧問蓋瑞．鮑爾（Gary Bauer）在《家庭：維護美國的未來》（*The Family: Preserving America's Future*, 1986）中坦言。「然而，就連不太注意公共援助方案的人也知道，福利之可得性和許多年輕女性生下父不詳子女的趨勢之間確實存在一定的關係。」當時幾乎不需要證據就可以說服美國人相信黑人福利媽媽有問題——因此黑人家庭也有問題。[29]

就連受人敬重的民權律師埃莉諾・荷姆斯・諾頓（Eleanor Holmes Norton）在一九八五年也覺得有必要敦促恢復「傳統黑人家庭」。「補救方法並不是像提供必需品和機會那麼簡單，」諾頓在《紐約時報》上解釋道，「要讓家庭回復到歷史性的效能，就要推翻複雜的掠奪性隔都次文化。」諾頓並未提供證據支持她那種階級種族主義，亦即相較於黑人菁英或任何其他種族階級，「隔都」黑人欠缺「努力工作、教育、尊重黑人家庭和……為了自家孩子達致更好生活」的價值觀。[30]

這劑談論黑人家庭衰敗的種族主義毒品對於各種族消費者就像快克那樣致癮——就像談論黑人社區很危險那樣致癮。但是，許多黑人消費者幾乎沒意識到他們已經染上毒癮。而且，他們也幾乎沒意識到，在他們眼中如此善於對抗黑人不佳形象的全新電視節目不過是另一劑種族主義毒品。

第三十四章　新民主黨人

那些堅信提升和媒體勸說的人，指望首映於一九八四年九月二十日的NBC節目《天才老爹》（*The Cosby Show*），可以救贖美國白人眼中的黑人家庭。雖然許多觀眾都很喜歡比爾・考斯比（Bill Cosby）的精采喜劇和該劇迷人的故事情節，而且許多黑人觀眾也都樂於在八季的時間裡觀看一套黑人卡司出現在電視黃金時段，但是讓《天才老爹》在一九八五至一九八九年間成為美國第一名節目（還有種族隔離時期南非的熱門節目之一）的，卻是考斯比的種族願景。考斯比設想出一個終極的上進勸說節目，內容是有個抗拒成見的家庭，憑藉著努力來提升超越受歧視的黑人屬性。考斯比認為他正在向非裔美國人展示，他們只要夠努力並停止反種族主義活動就有可能得到的回報。考斯比和他那數以百萬計的忠實觀眾真的相信《天才老爹》以及其續集，正在勸說消除數以百萬計白人觀眾的種族主義觀念。對於某些白人來說，情況確實如此。對於其他白人來說，考斯比虛構的哈克斯塔博一家是非凡的黑人，而該劇只是印證了他們的確信（當然還有雷根的確信、黑人種族主義者的確信），亦即種族主義只見於歷史課本。當時就有一些評論家明白這點。在一九八九年《天才老爹》紅極一時之際，文學學者亨利・路易斯・蓋茨（Henry Louis Gates Jr.）就在《紐約時報》上批評該節目暗示，「黑人的社會處境完全是他們自己的責任，而不承認大多數黑人面臨的極為局限的生活機會」。[1]

如同之前每次上進勸說的嘗試，《天才老爹》沒做什麼去阻止雷根那場種族主義反毒戰爭的產製和消費。那篇極可能是該時代最聳動的種族主義快克故事出自得過普利茲獎、擁有哈佛醫學學位的《華盛頓郵報》專欄作家，查爾斯·克勞賽默（Charles Krauthammer）：「內城區的快克流行現正產下最新的恐怖：一種生物性下層階級、一整代身體受損的快克寶寶。」他在一九八九年七月三十日如此寫道。他接著說，「這些寶寶很可能是某種異常的（次等）廢人種族」，其「生理缺陷一出生就已烙下」且是「永久的」，「那些死掉的寶寶可能是幸運的了。」[2]

這篇專欄觸發了第二輪可怕的快克故事。《紐約時報》講述了「全國各地的產房都有神經受損的快克寶寶發出尖聲的『貓叫』」。《聖路易郵報》（*St. Louis Post-Dispatch*）有條標題警告，「形成中的災難：快克寶寶開始長大。」醫學研究人員認可這些報導，也同時認可激發這些報導的種族主義觀念。而同樣予以認可的還有加州大學洛杉磯分校的裘蒂·霍華德（Judy Howard）之類的兒科醫生，她說快克寶寶欠缺「使我們為人的」腦部功能。費城兒童醫院新生兒科醫師哈藍·赫特（Hallam Hurt）開始追蹤兩百二十四名在一九八九至一九九二年間，出生在費城的「快克寶寶」的人生，而她完全預期「會看到一大堆問題」。在二〇一三年，她以一項簡單發現結束她的研究：對孩子來說，貧窮要比快克還糟。醫學研究者最終必須承認，「快克寶寶」就像那種支持種族主義思想的科學，同樣未曾存在過。[3]

無論是否得到科學支持，種族主義思想還是存留在美國人心中，雷根的副總統在一九八八年競選總統時沒忘了操弄那些思想。喬治・布希（George H. W. Bush，以下簡稱老布希）在民調中一直輸給代表民主黨的麻州州長，麥可・杜卡奇（Michael Dukakis），直到他發表了一支電視廣告主打威利・霍頓（Willie Horton）這名殺害並強姦白人的黑人。「雖然被判了終身監禁，」那可怕的旁白說，「霍頓還是從監獄那裡得到十次週末離監。霍頓逃跑了，他綁架一對年輕男女，刺殺那個男的，還反覆強姦他女友。週末離監，這就是杜卡奇的犯罪對策。」[4]

老布希在犯罪問題上標榜自己不同於「軟弱的」杜卡奇，「強硬的」老布希贊同死刑及激烈的政策。一九八七年，最高法院在「麥克里斯奇訴訟坎普案」（McCleskey v. Kemp）中裁定，雖然喬治亞州死刑「對各種族的影響不成比例」（黑人被判處死刑的頻率是白人的四倍），但並不能證成應該推翻華倫・麥克里斯奇（Warren McCleskey）這名黑人的死刑，除非能證明存在某種「種族歧視目的」。如果法院選擇做出有利於麥克里斯奇的判決，那就會開路給反種族主義案件，也會讓在種族主義裡腐壞的刑事司法系統有機會被翻修。但是，諸位大法官反倒是斷開種族不對等和種族主義，認為種族不對等是刑事司法體制的正常部分，並將這些不對等怪在黑人罪犯身上，從而再一次產製種族主義觀念來辯解種族主義政策。正如紐約大學律師安東尼・阿姆斯特丹（Anthony G. Amsterdam）所預測的，「麥克里斯奇訴訟坎普案」結果變成「我們這時代的史考特案①判決」。那種過激的貌相助長了被處決黑人和被奴役監獄人口的不人道增長，卻被最高法院宣告合憲。[5]

如同他們的祖先，年輕的都市黑人也反抗將其逼入二十世紀奴隸制的執法官員。而且，他們有時也會跟著節拍反抗。嘻哈和饒舌原先是從南布朗克斯的水泥地生長出來，經過十年後終於在一九八八年綻放。BET和MTV開始播出各自的熱門嘻哈節目。《源頭》（*The Source*）在那年登上報攤，展開其做為世上經營最久的饒舌期刊的霸業。該雜誌報導了「全民公敵組合」（Public Enemy）的甩頭音樂，以及「尼哥有態度」（Niggaz Wit Attitudes, N.W.A.）那張《衝出康普頓》專輯的爆紅單曲〈警察去死〉（Fuck tha Police）。[6]

嘻哈音樂和黑人研究學程在一九八八年一起綻放。那一年，莫萊菲．凱特．阿桑特（Molefi Kete Asante）教授在費城天普大學（Temple University），建立世上第一個黑人研究博士學程。阿桑特是世界領先的非洲中心理論家，他支持一種深切的文化反種族主義理論，藉以對抗在黑權消逝後繼續上升的同化觀念。他在《非洲中心觀》（*The Afrocentric Idea*, 1987）中指出，有太多的黑人，還有太多的黑人研究學者，都從歐洲人的中心和標準「向外看著」自己、世界，以及他們的黑人研究主題。歐洲人將他們的中心裝扮成最好的、有時是唯一的觀點。對於阿桑特來說，有種種方式可以看待世界、置身世界、論述世界和研究世界，而非只有以歐洲為中心的世界觀、文化、理論和方法論。他呼籲要有「非洲中心性」（Afrocentricity），他的意思是非裔人民要有一種基於「非洲願景、眼界和概念」的文化暨哲學中心點。[7]

一九八九年，全民公敵組合錄製了嘻哈史上最受歡迎的歌曲之一，〈鬥強權〉（Fight the Power）。史派克．李（Spike Lee）在一九八九年推出備受好評的都市造反電影《為所應為》（*Do the Right Thing*），上述歌曲即為該片原聲帶首曲。〈鬥強權〉將嘻哈和黑人電影製片開始有社會意識的時代跟學術研究聯繫起來。《為所應為》是李的第三部劇情片。他的第二部劇情片《學校萬花筒》

① 德雷德．史考特訴訟史丹佛案可見本書第十六章。

（*School Daze*, 1988）討論有關皮膚、眼睛顏色（愈淡愈好）和髮質（愈直愈好）的同化主義觀念，該主題表現在黑權的阿福羅頭被剪掉或燙直。有些黑人甚至把皮膚漂白了。一九八〇年代末、一九九〇年代初最為人知或被懷疑漂白皮膚的人，可以說是美國最著名的非裔美國人，也就是歌手麥可・傑克遜（Michael Jackson）。據謠傳，傑克遜弄淡了他的膚色，也弄窄了他的鼻子和嘴唇，藉以推升他的職涯。確實，淺膚者仍然獲得較高收入，而且在收養中更受歡迎，而深膚者則在公共住房和監獄中占了多數，而且更有可能舉報種族歧視。種族主義者將這些差距怪在深膚者。反種族主義者則是怪罪膚色歧視。「膚色愈淺，判得愈輕」是一句流行的反種族主義說法。[8]

一九八九年七月八日，好幾十位法律學者相聚在威斯康辛州，麥迪森城（Madison）外一所女修院，當時適逢全民公敵組合的〈鬥強權〉在告示牌榜單登頂。那些學者聚在一起打造出一種叫作「批判種族理論」（critical race theory）的反種族主義智識方法。時年三十歲的加州大學洛杉磯分校法律學者，坎貝爾・威廉斯・克倫蕭（Kimberlé Williams Crenshaw）在組織那場暑期靜修的同一年裡，寫出〈去邊緣化種族和性的交織性〉（Demarginalizing the Intersection of Race and Sex）。這篇論文呼籲要有「交織性理論」，亦即要批判地意識到性別種族歧視（乃至於其他交織性，像是酷兒種族主義、族群種族主義和階級種族主義）。三年後，克倫蕭在另一篇刊在《史丹佛法律評論》（*Stanford Law Review*）的開拓性文章中寫道：「雖然種族主義和性別歧視在真實人們的生活中很容易交織，但在女權主義和反種族主義實務中卻很少如此。」最早在法學院裡構思批判種族理論的德瑞克・貝爾（Derrick Bell）、艾倫・費里曼（Alan Freeman）和理查・德爾加多（Richard Delgado）也出席了一九八九年夏季的批評種族理論發布會。該理論的一大分支就是批判白人屬性研究（critical Whiteness studies）所調查的是白人屬性的結構、種族主義想法、白人特權，以及歐洲移民朝向白人屬性的過渡。那些所謂的批判種族理論家跟著反種族主義的黑人研究學者，一起帶頭揭露種族主義在一九九〇年代的進展。[9]

安吉拉・戴維斯這位舊金山州立大學教授從同樣的反種族主義智識傳統努力，她也呼籲大家關注種族主義的進展。「非裔美國人正在承受從奴隸制以來最嚴重的壓迫。」戴維斯在一九九〇年在加州大學北嶺分校怒道。她的言論激怒了那些相信種族進步的人。畢竟，非裔美國人早先在一八六五年只擁有全國財富的百分之零點五，如今在一九九〇年卻已擁有百分之一，即便在此期間黑人人口都維持在百分之十到十四左右。「我們國家現在充斥著高居名位和權位的黑人」，這「肯定遠遠不是『奴隸制以來最嚴重的壓迫』」，某人在給《洛杉磯時報》總編的抱怨信上如此寫道。並不是外在社會力量「讓未婚女孩懷孕」、逼著「年輕黑人輟學去販毒、加入黑幫和殺人」。沒有人強迫烏干達人「殺戮和壓迫彼此」，也沒有人致使衣索比亞「搞砸自家經濟」，弄得該國公民「得靠資本家的施捨才能生存」。顯然，在美國和非洲，種族主義者都想像都是黑人對黑人的族群戰爭和腐敗，再加上福利救濟，才造成全球黑人貧窮和政治不穩定，以及美國白人與黑人之間和歐洲與非洲之間持久的社會經濟差距。雷根以一種較友善的方式呼應該信作者對全球非裔無能的心理投射，那可見於一九九一年十二月蘇聯解體後他在英國的談話。冷戰的結束「讓大部分西方世界失去許多振奮人心的共同目標」。雷根如此宣告。美國人和他們的盟友應該團結起來，把「為人得體的開化標準加諸於」世上其他地方。[10]

在美國，正是貧窮的年輕黑人女性讓各種族的種族主義者認為，需要在最大程度上被加諸為人得體的開化標準。那些產製和再製種族主義思想的人說，都是她們放蕩的性行為（而不理會已婚黑人夫婦所生黑人孩童的數量實際下降），導致黑人單身母親所生孩童的百分比上升。同化主義者認為這些年輕黑人女性有一天能學會像白人女性那樣，約束自己的性欲。隔離主義者則認為她們不能，因而提倡絕育政策或長期避孕品。一九九〇年十二月，美國食品藥品監督管理局批准了長期植入式避孕器諾普蘭（Norplant），不顧那有可怕的副作用。《費城詢問報》（*Philadelphia Inquirer*）刊了一篇社論加以支持，題為〈貧窮與諾普蘭：避孕能減少下層階級嗎？〉該報主張用諾普蘭，而非都市就業法案，來解決黑人兒童貧窮問題。

正當反種族主義者都對那篇社論發火，安吉拉．戴維斯卻挺身譴責持續否認黑人年輕女性的性能動性（sexual agency）。但是，黑人和白人種族主義者紛紛替《費城詢問報》辯護。路易斯安納州議員、曾任三K黨大巫師的大衛．杜克（David Duke）藉此機會出馬參選。他在一九九一年競選路易斯安納州州長，保證透過補助植入諾普蘭來減少黑人福利領受人的數量。杜克的計畫很狡猾。儘管大多數有資格領受福利的黑人並未加以利用，但是有一項研究發現百分之七十八的美國白人認為黑人偏好靠福利過活。杜克輸了選舉，即便路易斯安納州大多數白人都投給他。隔天，《紐約時報》刊出一張照片，照片上是一位貧窮的白人福利領受人，她說她之所以把票投給杜克，是因為黑人「只會生孩子和吃福利」。這張圖片象徵著種族主義觀念的力量。低收入白人可以被操弄得去投給那些打算削減他們福利的政客，就像中等收入白人也正被操弄得去投給那些，用政策增加中層和上層階級之間社經不平等的政客。[11]

受到社會學家派翠西亞・希爾・科林斯（Patricia Hill Collins）一九九〇年著作《黑人女權主義思想》（*Black Feminist Thought*）的啟發，黑人女權主義者引領了禁用諾普蘭運動。諾普蘭爭論中對黑人年輕女性的負面描述沒有哪次不惹怒她們的。有些黑人女權主義者沒那麼憤恨嘻哈音樂中對女性的性別歧視描繪，認為「饒舌中的性別歧視是種必要之惡」，或反映了美國社會中的性別歧視，正如一九九〇年七月二十九日蜜雪兒・華萊士在《紐約時報》的報導所述。華萊士披露了女性饒舌歌手最近的崛起，像是胡椒鹽姐妹（Salt-n-Pepa）、恩西・萊特（M. C. Lyte），以及「深諳政治」的拉蒂法女王（Queen Latifah）。[12]

女性饒舌歌手過得要比她們在好萊塢的姐妹來得好，因為至少她們的音樂廣為流通。除了茱莉・黛許（Julie Dash）那部開拓性的電影《塵埃的女兒》（*Daughters of the Dust*）之外，在一九九一年就只有黑人男性製作主要的黑人電影。其中包括以下著名電影：馬力歐・范・畢柏斯（Mario Van Peebles）的《萬惡城市》（*New Jack City*）、約翰・辛格頓（John Singleton）的首部反種族主義悲劇《街區男孩》（*Boyz N the Hood*），以及史派克・李備受好評的《叢林熱》（*Jungle Fever*）。《叢林熱》讓大家爭論黑人男性背著黑人女性搞上白人女性，爭論跨種族關係是「叢林熱」而不是愛，爭論跨種族夫妻所面臨的歧視，爭論黑人女性是否哪裡有問題（導致黑人男性去跟白人女性約會），還有爭論怎麼「外頭沒有好黑男」，只因所有黑男都像片中某個角色所說，全是「毒蟲、基佬」或

「狗」。有些觀影人擁護以下的反種族主義真相：黑人女性或黑人男性做為群體都沒有問題。有些人把史派克．李的諷刺當真，他們很可能沒意識到，沒有好的黑女，加上沒有好黑男，就等於沒有好黑人——也等於種族主義觀念。[13]

黑人男性在一九九一年製作的影片多於整個一九八〇年代。但是，有個叫作喬治．哈勒戴（George Holliday）的白人在三月三日從洛杉磯自家公寓陽台，拍了當年最具影響力的種族影片。他拍到洛城警局四名員警凶狠地痛打黑人計程車司機羅德尼．金恩（Rodney King），全長九十秒鐘。哈勒戴將那段影片送交各電視台，而各電視台開始將其播送全國各地，從多年來承受「攻勢警政」（aggressive policing）使出警棍的都市社區，到多年來都歡迎在內城區社區實施攻勢警政的郊區和鄉村社區。那四名洛城警局員警很快就被控告以致命武器攻擊和使用過度武力。在這場情緒擺盪裡，「尼哥有態度」的〈警察去死〉隨著汽車音響和電視機上的社會仇恨重新浮現。老布希總統譴責這起毆打事件，但他並未放棄他賴以入主白宮的「嚴打犯罪」口號。關於這項政治性任務，洛城警局就跟全國任何警局一樣，很有效率地執行在那些被踐踏和監禁的黑人身上。政治人物創造了法律和秩序的美國，但員警才是實現那些政策的棋子。[14]

隨著春去夏來，老布希在金恩被毆事件上的政治獨舞激怒了反種族主義者。一九九一年七月一日，他提名黑人法學家克拉倫斯．湯瑪斯（Clarence Thomas）接替民權偶像瑟古德．馬歇爾進入最高法院，結果激起眾怒。湯瑪斯自認是個自立的典範，即便他要靠反種族主義運動和政策才進得了聖十字學院和耶魯法學院，即便他要靠他的種族主義黑人特質才能在一九八一年進入雷根政府，先是擔任負責民權辦公室的助理教育部長。他在整個職涯裡都只是在反種族主義和種族主義勢力後面出一張嘴。而今，老布希卻要湯瑪斯進入最高法院，還稱之為「此時最適任的」，這項判斷聽起來荒謬得就像那些試圖為毆打羅德尼・金恩辯解的員警。時年四十三歲的湯瑪斯這位「最適任者」總共只當過十五個月的法官。[15]

在湯瑪斯那年秋天的正式參議院同意權聽證會期間，曾在教育部和公平就業機會委員會（Equal Employment Opportunity Commission）當過他助理的安妮塔・希爾（Anita Hill）出面作證。她指控湯瑪斯在兩人任職政府期間犯了性騷擾和性別歧視。湯瑪斯否認那些指控，稱這是用「高科技私刑對付那些以任何方式屈尊為他們自己著想、做事的高傲黑人」。隨後狂亂的參議院同意權爭論外溢到整個美國，使得夏季那些關於《叢林熱》的爭論相形顯得溫和。一次又一次，希爾的聲援者大聲主張，黑人女性受到的中傷和大眾對性騷擾的認識不足，讓美國人無法相信她的證詞。與此同時，湯瑪斯的擁護者認為，這是另一件黑人被砍倒的案例。性別種族歧視者從湯瑪斯和希爾往外推論，藉以參與討論黑人男性或黑人女性哪裡錯了。最終，湯瑪斯在一九九一年十月十五日驚險獲得同意。但是，希爾和黑人女性的擁護者並未悄悄走進黑夜。「我們不能容忍這樣忽視任何一位黑人婦女的經歷。」數百名黑人婦女在一個月後《紐約時報》的抗議廣告如此寫道。[16]

湯瑪斯所加入的那個美國最高法院掏空了一九六四年《民權法案》，迫使國會推翻雷根和布希的否決來通過《民權重整法案》（*Civil Rights Restoration Act*）。該法案的利齒咬在可證明的「有意歧視」，幾乎未觸及過去三十年間歧視這隻怪物在私領域長出的諸多手腕，那些手腕造成整個就業市場從上到下都是非常公開的種族不對等，從黑人專業人士拿到少於白人同行的薪酬，到黑人勞工被迫進入沒出路的服務業。白人勞工和專業人士逐漸普遍相信，他們必須在就業市場上偷偷幫助其他白人，因為他們誤以為政府的政策幫助黑人多過白人。歧視白人的講法抽換了「黑人的低劣導致需要將其排斥在外的舊理論」，靠的是積極平權措施導致需要排斥黑人的高明理論。這是一種用來辯解舊的工作歧視的全新種族主義理論。至於失業率上的種族差異，最新的種族主義理論認為，非裔美國人「拒絕降低他們的要求，這促使他們一直失業」，正如紐約大學政治學家勞倫斯・米德（Lawrence Mead）所述。種族主義者巧妙地迴避了失業白人是否更願意降低要求的問題，反而使出族群種族主義，認為非裔美國人比起非白人移民就是沒那麼勤奮、更依賴福利，而且更不願意降低工作要求。[17]

非裔美國人在娛樂產業賺進數以百萬計的金錢，但那裡也不是一切都好。一九九一年十一月七日，ＨＩＶ陽性的「魔術」厄文・強森（Ervin “Magic” Johnson）突然從洛杉磯湖人隊退役。誓言「對抗這種致命疾病」的他在一夜之間，成了那種想像中白人同性戀疾病的異性戀臉孔。經過一九八〇年代這漫長、磨人且狠狠壓迫的十年，ＨＩＶ陽性的男男女女到了一九九〇年代初終於開始被看作某種疾病的無辜受害者。但是，強森的公開宣告、他的臉孔和他承認擁有多重性伴侶的話語，使得人們對ＨＩＶ和愛滋病的觀感有所改變。那種影響無辜受害者，從而需要保護性政策的「白人同性戀疾病」，變成某種影響無知、性欲亢進、冷酷掠奪者，從而需要懲罰性政策來控制他們的「黑人疾病」。[18]

對於安吉拉・戴維斯來說，一九九一年始於憤慨羅德尼・金恩受到的肉體鞭笞，終於憤慨安妮塔．希爾受到的言詞鞭笞。在這年年終，戴維斯也進入一個陌生處境。她接受了加州大學聖塔克魯茲分校的教授新職，還在二十三年來身為全球資本主義心臟地帶最知名的共產主義者之後，離開了共產黨。在一九九一年十二月，辦在克里夫蘭的第二十五屆美國共產黨全國大會前夕，戴維斯跟大約八百名其他黨員一起起草，並簽署一項倡議來批評該黨的種族主義、菁英主義和性別歧視。在一陣懲罰回應中，沒有哪個簽署人再次當選職位。他們全都脫離了美國共產黨。[19]

雖然戴維斯正在積極物色新政黨，但她並未加入民主黨，或者說得準確點是美國政壇的最新勢力——新民主黨人。這個群體支持自由派財政政策，卻在福利和犯罪問題上接受共和黨式的強硬。有位耀眼、能言、精於算計的阿肯色州州長如今自我標榜為終極的新民主黨人。一九九二年一月二十四日，就在民主黨初選開始的幾週前，比爾．柯林頓（Bill Clinton）返回阿肯色州。這個國家經歷過尼克森的法律和秩序、雷根的福利女王和老布希的威利．霍頓事件——如今柯林頓把將處決瑞奇．雷．雷克托（Ricky Ray Rector）這名心智受損黑人一事，化為選戰奇觀以求拿到種族主義選票。柯林頓事後對記者說：「我可以被大肆攻擊，但誰都不能說我對犯罪手軟。」[20]

一九九二年四月二十九日，全白人陪審團宣告四名毆打羅德尼．金恩的洛城員警無罪，這時候柯林頓也輕鬆贏取民主黨提名。數以百萬計目睹這場毆打的觀眾被告知這些員警沒做錯事。既然在法院裡得不到正義，這些黑種人和棕種人居民就衝到洛杉磯街頭討公道。他們做出了自己的判決：他們控訴刑事司法系統、當地企業主和雷根—布希的經濟政策，確實搶劫了窮人的生計，還用種族主義的致命武器攻擊他們。一九九二年四月三十日，比爾．考斯比懇求造反者停止暴力並觀賞《天才老爹》最後一集。羅德尼．金恩本人則在隔天流淚懇求道：「我們大家可以好好相處嗎？」結果最終需要兩萬兵力來平息六天的暴動，並在洛杉磯恢復種族主義和貧窮的秩序。[21]

有些開明的美國人試著了解造反的種族主義根源和種族主義的進展，就去閱讀安德魯・哈克（Andrew Hacker）的一九九二年《紐約時報》暢銷書，《兩個國族：隔離、敵對而不平等的黑人與白人》（*Two Nations: Black & White, Separate, Hostile, Unequal*），以及德瑞克・貝爾的《井底之臉：種族主義的持久》（*Faces at the Bottom of the Well: The Permanence of Racism*），或可在兩年後閱讀柯內爾・衛斯特（Cornel West）的《種族議題》（*Race Matters*）。或者他們進到戲院觀看史派克・李歷來最好的聯合創作，那部電影被羅傑・伊伯特（Roger Ebert）評為一九九二年的最佳影片。在《麥爾坎・X》（*Malcolm X*）的開場片段，史派克・李擺出羅德尼・金恩被打和美國國旗被燒的情景。[22]

「如果你稱之為騷亂，那聽起來就只是有一群瘋子無緣無故跑出去做壞事。」洛杉磯中南區新的反種族主義女議員、精力充沛的瑪克辛・華特斯（Maxine Waters）表示。她說，這次造反「是一場對於很多不正義的自發反應……即使不可接受、但是可以理解」。然而，對副總統丹・奎爾（Dan Quayle）來說，那些造反者之所以造反，原因不是經濟貧乏，而是「價值貧乏」。柯林頓這位新民主黨人指責兩大黨辜負了美國都市人，然後抨擊那些「不法暴徒」的「野蠻行為」，還說他們「不認同我們的價值觀」，他們的「孩子成長於一種異於我們的文化，沒有家庭、沒有鄰里、沒有教堂、沒有扶持」。有鑑於柯林頓的種族主義，哥倫比亞大學的研究人員在紐約展開一項為期五年的研究，調查對象只有黑人和拉美裔男孩，要來尋找基因跟育兒不當和暴力的關聯。（最終他們沒有發現任何關聯。）[23]

洛杉磯暴動的大約一個月後，比爾・柯林頓將其競選帶到傑西・傑克遜的彩虹聯盟（Rainbow

Coalition）的全國大會。雖然傑克遜在柯林頓試著吸引到的新民主黨人（某些白人種族主義者）間，普遍不受歡迎，但當傑克遜邀請蘇亞修女（Sister Souljah）這位嘻哈歌手在大會上演講，柯林頓團隊看到了政治機會。這位二十八歲的布朗克斯窮人家小孩才剛發行了《三百六十度的權力》（*360 Degrees of Power*），這張反種族主義專輯極為挑釁，使得史派克·李的電影和冰塊酷巴（Ice Cube）的專輯相形顯得謹慎。美國白人仍然不滿她在《華盛頓郵報》上為洛杉磯暴動所做的辯解：「我的意思是，如果黑人天天都在殺黑人，為何不拿一個星期來殺白人呢？」這段話被剪下來流傳，可是很少有美國種族主義者聽到或理解，抑或想要理解她的重點：她所批評的種族主義觀念，是指偶爾發生的黑人殺白人致死事件，在政府眼中遠比黑人天天殺黑人還嚴重。[24]

一九九二年六月十三日，柯林頓在彩虹聯盟大會上登上講台。「如果你把『白人』和『黑人』這兩個詞對調過來，你可能會以為是大衛·杜克②在演講。」柯林頓如此回擊蘇亞修女關於那場暴動的評論。這種將反種族主義者等同於隔離主義者的輕蔑同化主義操弄，這種有計畫的政治噱頭，讓種族主義選民大感興奮，效果幾乎就像柯林頓說要「終結我們所知道的福利」的競選承諾。柯林頓在民調中取得領先，而且一路保持優勢。[25]

到了一九九三年耶誕季，眾家嘻哈歌手聽到的批評來自各色種族主義者，而非只是來自比爾·柯林頓。六十六歲的民權老將迪勞樂斯·塔克（C. Delores Tucker）和她的全國黑人婦女政治大會（National Political Congress of Black Women），在其禁止「幫派饒舌」（Gangsta rap）的強力運動中，

② 大衛·杜克是前文提到的路易斯安納州議員、三K黨人。

將媒體形象的爭論拉到全新的種族主義高度。幫派饒舌不僅讓黑人在白人面前看起來很糟糕，而且還加深他們的種族主義觀念，她如此說道。幫派饒舌的歌詞和音樂影片真的是在傷害黑人，讓他們更為暴力、更具性欲、更會性別歧視、更會犯罪、更偏物質主義（在此她發出一段聳人聽聞的和絃，那將在多年後被重彈來回應黑人實境節目）。總而言之，幫派饒舌讓都市黑人聽眾變得低劣（更不用說為數更多的郊區白人聽眾了）。時機對這場出自好意的運動來說很微妙，而這不只是因為拉蒂法女王剛發表將會贏得葛萊美獎的女權主義國歌〈一心一意〉（U.N.I.T.Y.），這首曲子拽著男人吼道：「你在叫誰婊子?!」（Who you callin' a bitch?!）政治學家查爾斯．莫瑞（Charles Murray）正在再製種族主義觀念來供應眼前的一九九四年期中選舉，他錯誤地把「福利制度」和「非婚生子女」的上升連結起來，正如他在十月二十九日的《華爾街日報》上所言，那「已經達到百分之六十八新生兒來自（單身）黑人婦女」。他在一九九三年最後幾星期裡在電視節目中重述這項說法。[26]

迪勞樂斯．塔克當時原本可以號召大家反對查爾斯．莫瑞那些反福利的胡言亂語，那些話對貧窮黑人（尤其是女性），在實質上和社會上傷害遠甚於幫派饒舌的歌詞。但結果，她卻成了眾家嘻哈歌手的鏢靶，這些射鏢的人之中最主要的就是幫派饒舌的新國王、黑豹黨之子，二十二歲的圖帕克．夏庫爾（Tupac Shakur）。一九九三年，圖帕克鼓勵他的歌迷〈抬起頭來〉（Keep Ya Head Up），並用唱詞連接上他們，像是「我試著把十五分錢變成一塊／很難又要合法又能付租金」。[27]

正當塔克仍然聚焦在幫派饒舌的禍害，麻省理工歷史學家伊芙琳．韓蒙茲（Evelyn Hammonds）動員大家抵抗對黑人女性身分所受的中傷。一九九四年一月十三日，有超過兩千名來自全國各地的黑人女性學者前往麻省理工校園參加「學界中的黑人女性：捍衛我輩名聲」（Black Women in the

Academy: Defending Our Name）會議。這是歷來第一場全國黑人女性學者會議，她們的學術生活和學術成就經常被性別種族歧視者棄之不顧。在波士頓地區的寒冬裡，這些女性過來宣傳黑人福利媽媽、安妮塔・希爾、蘇亞修女、柯林頓的三次失敗任命（瓊納塔・科爾斯〔Johnetta Cole〕、拉妮・吉尼爾〔Lani Guinier〕和喬絲琳・埃德斯〔Joycelyn Elders〕）所受的公開羞辱。這些出席者裡有些人曾在一九九一年十一月連署捍衛安妮塔・希爾的《紐約時報》廣告。

安吉拉・戴維斯被尊為該會議的閉幕主題講者。她當然是美國最知名的非裔美籍女性學者。但是，更重要的是，她整個生涯都一貫地、突出地、理直氣壯地辯護黑人女性，甚至包括某部分黑人女性都不想辯護的黑人女性。她稱得上是此前二十年間美國最堅定的反種族主義聲音，一直不動搖地尋求反種族主義的解釋，即便別人都用更簡單的種族主義方法擺脫黑人罵名。在一九七〇年被關在紐約的時候，戴維斯直視那些在監年輕黑膚和棕膚女性的眼睛、思想和經歷，而她不曾停止直視她們的生活，也不曾停止捍衛她們。她的職涯體現了該會議的標題，就如同在當天聽她演講的高成就智識份子中許多人的生涯。

戴維斯在演講一開始先把聽眾帶回「捍衛我輩名聲」這個會議標題的起源。她將她們帶回一八九〇年代看看黑人交際花所受的道德管制，那就跟今天的「反對少女懷孕」運動一樣，否認「年輕黑人女性有性自主權」。戴維斯指責那種被兩大黨和各種族認可的「當代法律和秩序論述」。黑人政治人物正在倡議「一項有害的反犯罪法案」，而黑人民眾「愈來愈要求增加警察和監獄」，渾然不知非裔美國人只占了吸毒者人數的百分之十二，卻占了因毒被捕人數的百分之三十六。戴維斯呼籲她的姐妹們設想「一種新的廢奴主義」，以及「監獄以外的機構來對付那些導致監禁的社會問題」。28

十天後，柯林頓總統在他首次國情咨文中要求跟「新廢奴主義」背道而馳。他說，國會應該「擱置黨派分歧，通過一項有力、聰明、強硬的犯罪法案」。這位總統支持一項聯邦的「三振出局」法案，引發民主黨人和共和黨人的熱烈掌聲。共和黨人和新民主黨人聽從柯林頓的促請，在一九九四年八月送上一項三百億美元的犯罪法案讓他簽署。新民主黨人盛讚該法案是一大勝利，因為那「能夠從共和黨手中將犯罪議題搶過來，使其成為他們自己的」。美國歷史上最大的犯罪法案《暴力犯罪控制暨執行法》（*Violent Crime Control and Law Enforcement Act*）創設數十項新的聯邦死刑罪，規定某些三次累犯判處無期徒刑，並提供數以十億計的美元來擴張警力和監獄，其淨影響將是美國歷史上監獄人口最大的增長，主要都是涉及非暴力的毒品犯罪。柯林頓實現他的競選誓言，亦即沒有哪個共和黨人會比他更強硬對付犯罪——美國的犯罪被染成黑人的顏色。正如圖帕克・夏庫爾在〈改變〉（Changes）一曲中所唱的，「他們沒對貧窮宣戰，反而對毒品宣戰，這樣警察就能來煩我了。」（大約二十年後，希拉蕊・柯林頓〔Hillary Clinton〕在競選總統的複雜局勢中，棄絕了她先生那部招牌反犯罪法案的效應，要求「終結大規模監禁時代」。）29

正如那些誇大福利問題的論述主要是在中傷黑人女性，一九九四年那些誇大犯罪問題的論述主要是誹謗黑人男性。媒體評論家厄爾・奧法里・哈欽森（Earl Ofari Hutchinson）在其一九九四年熱作《誹謗黑人男性形象》（*The Assassination of the Black Male Image*）中激昂指責那些中傷者。出生於皇后區的饒舌歌手納斯（Nas）在他的首張專輯《超屌理論》（*Illmatic*）中，發表〈一份愛〉（One Love），這首單曲立刻成為經典，受崇敬的程度在那年裡（還有在歷史上），就像大個子小子

（Biggie Smalls）這位布魯克林出生歌手的出道單曲〈多汁〉（Juicy）一樣。在大個子小子的音樂影片中，有一段歌詞搭著某個黑人男子坐牢的畫面：「曾被當作傻瓜，因為我從高中輟學／黑人男性被誤解的種種刻板印象／可是一切都還不錯」。[30]

大個子小子根本沒想到在他發行出道單曲過後不久，就將發生現代史上關於黑人是天生或被養成傻子的最激烈學術爭論。這場學術爭論在政治上深深影響柯林頓那些強硬對待黑人的新民主黨人，還有美國政壇的最新勢力，那股勢力誓言將會更加強硬。

第三十五章　新共和黨人

到了大個子小子的〈多汁〉在一九九四年發行的時候，愈來愈多學者都在接受這樣的事實：「智力」是這麼的虛幻、多面、相對，從而沒人能加以準確測量而不帶某種偏誤。而這些披露從根本動搖教育中的種族主義觀念（以及教育中的性別歧視和菁英主義觀念）。這些披露正危及那種認為傳統白人學校和大學是最佳知性環境的種族主義觀念、人造的成就落差（和實際的補助落差）、那些讓白人進入經費充裕的學校／大學、工作和經濟生活的特權管道，以及維持這些管道主要屬於白人的標準化測驗。哈佛實驗心理學家理查．赫恩斯坦（Richard Herrnstein）和政治學家查爾斯．莫瑞在一九八〇年代和一九九〇年代初目睹這些危險思想的發展。做為回應，他們發表了《鐘形曲線：美國社會中的智力與階層結構》（*The Bell Curve: Intelligence and Class Structure in American Life*），這部標誌性著作給了標準化測試，以及支撐那些測試的種族主義思想，一個新的生命。

在開頭第一句裡，赫恩斯坦和莫瑞就瞄準那項愈發普遍的認識：一般智能並不存在，因此在人與人之間不可能存在能以標準化測試之類的單一量表，來衡量彼此的差異。「**智力**一詞描述某種因人而異的真實東西，這件事就像任何關於人之為人的理解一樣普遍而古老。」赫恩斯坦和莫瑞在導言一開始就如此寫道。他們接著談到那些不接受標準化測驗成績可以指出智力，乃至於種族成就差距之存在的反種族主義者，將那些人斥為「激進」又「天真」。對於赫恩斯坦和莫瑞來說，那就剩下兩個合理的「選項」：一、黑人和白人的認知差異來自基因（正如隔離主義者所認為的）；二、黑人和白人的認知差異來自環境（正如同化主義者所認為的）。實際上，赫恩斯坦和莫瑞推論：「在我們看來，基因和環境都很有可能關係到種族差異。」他們如此聲稱：「認知能力在很大程度上是可遺傳的，那顯然不低於百分之四十，而不超過百分之八十。」

基因低劣的「下層階級」人數日增，他們正生下最多的孩子，由於他們生的孩子最多，所以偉大的白人和富人「認知菁英」正逐漸被湮沒。「包括智力在內的天賦的不平等是一項現實，」赫恩斯坦和莫瑞如此斷言，「試著以人為結果消除不平等的做法已經導致災難。」[1]

但事實上，真正導致災難的是那些得益於不平等的權勢者，以及赫恩斯坦和莫瑞之類為其產製種族主義思想的人，這兩者對平等措施的抵制。上述著作銷售極佳，最初的評論也相當正面。該書的到來是在一九九四年期中選舉的直線衝刺階段，適逢新共和黨人發布極其強硬的《與美國訂約》（*Contract with America*），企圖從柯林頓那些新民主黨人手中奪回福利和犯罪議題。查爾斯．莫瑞在期中選舉週期之初煽動大家去反感「非婚生子女的上升」，並在最終辯護《與美國訂約》，尤其是新共和黨人嚴打犯罪的《收回我們的街道法》（*Taking Back Our Streets Act*），以及嚴打福利的《個人責任法》（*Personal Responsibility Act*）。[2]

「個人責任」一詞已在好些時間裡扮演著次要角色。一九九四年，喬治亞州聯邦眾議員紐特．金瑞契（Newt Gingrich）和德州聯邦眾議員理查．阿爾梅（Richard Armey），這兩位《與美國訂約》的主要作者將「個人責任」帶進了黃金時段，也帶進了數以百萬計美國種族主義者使用的詞彙，但他們的目標不只是黑皮膚的福利領受人。相關的訴求很簡單：黑人，尤其是貧窮的黑人，需要為自己的社經困境和種族差距負起「個人責任」，而且不要再將自己的問題怪罪到種族歧視，然後仰賴政府來解決。「個人責任」這項種族主義訴求，說服了新一代的美國人相信造成種族不平等的是不負責任的黑人，而非歧視，從而說服新一代的美國種族主義者對抗不負責任的黑人。

鼓勵**個別黑人**（或者個別的非黑人）為自己的生活負起更多責任是合理的，但要**全體黑人**為自己的生活和國內的種族差距負起更多的個人責任，則是合乎種族主義，因為個別黑人的不負責任總是被種族主義者推及到全體黑人身上。按照這種種族主義邏輯，黑人較高的貧窮率、失業率和低度就業率都怪他們自己不負責任，講得好像愛依賴又懶惰的黑人個人，多於愛依賴又懶惰的白人個人。過往蓄奴者那種認為非裔美國人更愛依賴的種族主義理論，又再次被除塵翻新來因應一九九〇年代，讓種族主義者得以進入某種空洞心態，認為非裔美國人沒有充分負起個人責任，而那就是為什麼會有這麼多人依賴政府福利，就像他們過去依賴主人的福利那樣。

這種種族主義想法很流行，甚至也流行於那些拿周遭某人的個人行為，來推論全體的黑人之間。在一九九四年的期中選舉中，選民將國會控制權交給共和黨人和他們關於個人責任的定見。在新民主黨人藉著通過史上最強硬的犯罪法案來變得比新共和黨人更強硬之後，新共和黨人也誓言要比新民主黨人還更強硬。雙方都打算贏取最古老的其中一個利益群體，即種族主義選民，這個群體很可能不曾像一九九四年般這麼多種族主義。

隨著一九九五年開始，對於《鐘形曲線》的批評和肯定開始交火。很難想像有哪本書曾引發如此激烈的學術戰爭，這可能是因為在智庫裡的隔離主義者、在大學和學會裡的同化主義者、在熱門的黑人研究和批判種族理論組織裡的反種族主義者，這三方全都如此有力。在《對人的不當衡量》

的一九九六年增訂版中，史蒂芬·傑伊·古爾德堅稱，誰都不該訝異《鐘形曲線》的出版「就適逢一個社會卑劣的新時代」。古爾德說，《鐘形曲線》「肯定……記錄了政治鐘擺向一個可悲的位置，需要某種理論來肯認社會不平等為生物學所支配」。他批評那些支持這種新卑劣的人們，因為他們呼籲「砍掉每位真正窮困之人所需要的社會服務計畫……但卻天殺的不動一毛軍費……還提供租稅減免給有錢人」。英國心理學家理查·林恩（Richard Lynn）為那種社會卑劣和《鐘形曲線》辯護，他在一篇文章的標題問道：「人類正將自己培育回猿類時代嗎？」（Is Man Breeding Himself Back to the Age of the Apes?）林恩說，「下層階級」只「善」於「生孩子」，而「這些孩子往往繼承父母的低下智力，並採取他們那種反社會的生活方式，從而重演剝奪的循環」。代表標準化智力測驗的發起者和推廣者的美國心理學會，召集了一個智力工作小組以因應《鐘形曲線》。「黑人和白人在智力測驗平均分數上的差距，並非源自測驗建構和施作中的任何明顯偏差，也非僅僅反映社經地位的差異。」那份帶有同化主義和辯護意味的心理學會報告在一九九六年聲明。「基於階層制和文化這些因素的解釋可能是恰當的，但迄今很少有直接實證加以支持，也當然沒有證據支持某種基因詮釋。在這時候，沒有人了解是什麼造成了那般差異。」沒有人會了解本來就是不存在的東西。[3]

在恭賀和讚揚赫恩斯坦和莫瑞發表《鐘形曲線》的同時，共和黨政治人物試著把安吉拉·戴維斯弄下她在一九九五年一月，被聖塔克魯茲加大全體教員授予的主席講座教授職位。「我很氣憤，」加州州參議員比爾·雷納德（Bill Leonard）告訴記者，「當整個大學任命一名像戴維斯女士這樣以種族主義、暴力和共產主義著稱的人，其誠信就岌岌可危了。」他說戴維斯「試著製造一場白人和黑人之間的內戰」。南方的隔離主義者曾說，北方的融合主義者在一九五〇年代試著引發種族內戰；奴隸主也曾說，廢奴主義者在一八〇〇年代試著引發種族內戰。北方和南方的隔離主義者都認為吉姆·克勞法和奴隸制非常好，並聲稱歧視已經終結或未曾存在。儘管隔離主義理論多年來有所改變，但卻還是那個老樣子。自從一九六〇年代，隔離主義理論家就像他們的前輩那樣，都是全心想要說服美國人相信種族主義不存在，因為他們知道只有當美國人確信種族主義時代已經結束，反種族主義者才會停止抵抗種族主義，而種族主義也才會得到保障。[4]

一九九五年，就在赫恩斯坦和莫瑞判定種族不平等的原因不是歧視而是基因之後，莫瑞在美國企業研究所（American Enterprise Institute）的同儕恰好在其爭議性的著作判定了「種族主義的終結」（the end of racism），這個講法就是這本書的書名。「為什麼擁有不同膚色、頭形和其他明顯特徵的各個群體，在推理能力或建構先進文明的能力上要是相同的呢？」曾任雷根助理的戴蘇隆（Dinesh D'Souza）問道。「如果說黑人擁有的某些遺傳能力，像是臨場決策，可以解釋為什麼他們稱霸某些領域，像是爵士樂、饒舌和籃球，而非其他領域，像是古典音樂、西洋棋和天文學。」這些種族主義觀念對戴蘇隆來說並不是種族主義觀念，他在該書首頁就把自己包進他的印度出身裡，藉以宣告他的「傾向」是「強烈反種族主義的，而且是同情少數群體的」。自認是反種族主義者的戴蘇隆排斥以下這些反種族主義觀念：種族主義是「非裔美國人今日面對的主要障礙，也是黑人問題的主要解釋」。實際上，他認為「自由派反種族主義」（liberal antiracism）是非裔美國人的主要障礙，因為它將「非裔美國人的病狀歸咎於白人種族主義，而且反對所有施加文明標準的措施」。[5]

戴蘇隆驚人的寫作、演講和行銷天賦（以及他強大的支持者），讓他成功令許多美國人思考《種族主義的終結》中討論的問題。但是在一九九五年，對於那些願意睜眼細看周圍那些政策、差距和話術的人來說，歧視到處都是。在美國歷史上最充滿種族色彩的其中一個年份裡，正當種族主義思想在媒體關於世紀刑事審判的報導中像乒乓球般飛來飛去之際，怎麼會有人宣告種族主義的終結呢？從一月二十四日的開場陳述到一九九五年十月三日的直播判決，辛普森謀殺案（O. J. Simpson murder case）的審判和開釋，在那些怒氣滿盈的美國種族主義者心中成為姑息犯罪的縮影。[6]

戴蘇隆巧妙略去一些顯示種族主義進展的證據，而辛普森案只是其中一項而已。佛羅里達州的唐．布雷克（Don Black）在一九九五年創設最早的其中一個白人至上主義網站 Stormfront.org。形塑這一批全新「網路種族主義者」（cyber racists，出自記者傑西．丹尼爾斯〔Jessie Daniels〕）的觀點的，是加拿大心理學家菲利普．拉許頓（J. Phillippe Ruston）之類的隔離主義者，他們認為演化給了黑人不同於白人的大腦和生殖器尺寸。「這是一種取捨：多點腦子，還是多點老二。你不能全都要。」拉許頓在一九九五年一月這麼告訴滾石（Rolling Stone）的讀者。到了三月，荷莉．貝瑞（Halle Berry）主演的《生母養母的戰爭》（*Losing Isaiah*）將愈演愈烈的跨種族收養爭論帶到電影院。那部電影講述有個吸食快克的黑人母親的孩子，被白人女性收養。儘管黑人父母收養白人孩童的這種概念超乎種族主義者的想像，但同化主義者不僅鼓勵白人伸出援手幫助黑人父母、收養黑人孩子，甚至聲稱黑人孩童在白人家裡會過得比在黑人家裡更好。[7]

一九九五年有個調查要求「你閉上眼睛，想像一個吸毒者，然後向我描述那個人」，結果有百分之九十五的受訪者都描述一張黑人臉孔，即便黑人臉孔只占了那年吸毒者裡的百分之十五。但是，美國種族主義者卻都閉眼無視這些研究，同時睜眼閱讀在一九九五年十一月二十七日刊於《旗幟週刊》（*Weekly Standard*），〈超級掠奪者的到來〉（The Coming of the Super Predators）之類的報導。普林斯頓大學的約翰・狄琉爾（John J. DiIulio，曼哈頓研究所〔Manhattan Institute〕的研究員，查爾斯・莫瑞在一九八〇年代也曾待過這裡），揭露在一九八五至一九九二年間，十四至十七歲黑人的謀殺率增加了百分之三百，這個增加率是白人的六倍。狄琉爾對這種暴力飆升的解釋，並不是去揭露黑人年輕男性失業率在同時間內的飆升，也不是去揭露緝毒單位不成比例地大規模監禁年輕的黑人毒販，而且在某些個案下我們可以清楚地看到，瓦解販毒集團的後果會是各方激烈爭搶控制原先穩定的市場。狄琉爾對這種暴力飆升的解釋，是去大肆渲染那種成長於「虐待、暴力、無父、無神、無業環境」的「道德貧乏」。他說，當我們目視「前方」，就會看見「成千上萬在道德上極為貧乏的青少年超級掠奪者」，他們「會做出**順其自然**的事：謀殺、強姦、搶劫、攻擊、撬竊、買賣致命毒品，還有吸毒」。狄琉爾對付「超級掠奪者」的解決辦法是什麼呢？「那就叫宗教。」[8]

在狄琉爾眼中，還有在數以百萬計所有種族的人眼中，穿著寬鬆衣服、飆罵著黑人英語髒話、分享著嘻哈音樂、宣告著「警察去死」的年輕黑人男性在一九九五年萬聖節上根本不用變裝。他已經是個嚇人角色，是個「對社會的威脅」，就像一九九三年有部電影所描繪的（《社會的威脅》〔Menace II Society〕）。而他那年輕的母親因為生下他，所以也是個威脅。掠奪性種族主義的主要男性和女性獵物形同被烙印為「超級掠奪者」。正如《社會的威脅》片中有位反種族主義教師告訴年輕黑人男性的，「獵捕開始了，而你們就是獵物！」[9]

在一九九五年這一片關於種族主義終結的宣告聲中，非裔美國人開始投入他們歷史上最大的政治動員，亦即大膽的華府「百萬人大遊行」（Million Man March）。那是在一九九四年期中選舉塵埃落定後由路易斯・法拉堪（Louis Farrakhan）提議的。遊行熱很快就讓美國黑人欣喜若狂。包括安吉拉．戴維斯在內的反種族主義女權主義者，揶揄這場遊行的非官方組織原則裡所含的性別種族歧視：「黑人男性必須從被去勢的弱化狀態中奮起，領導家庭和社區並提振整個種族。利用某種認為男人站得『比女人高一度』的狹隘性別歧視眼界，來對抗某種對於黑人男性的種族主義扭曲看法，這樣是無法伸張正義的。」戴維斯在遊行前夕一場辦在曼哈頓中城的記者會上如是說。但是，有些批評者做得過頭了。正當某些黑人女權主義者因為遊行組織者只動員**黑人男性**，而錯誤地稱其為性別歧視者，某些白人同化主義則因為遊行組織者只動員**男性黑人**，而錯誤地稱其為種族主義者。[10]

有些對百萬人大遊行有歧見中的運動人士，確實在一九九五年夏天合力捍衛穆米亞．阿布—賈馬爾（Mumia Abu-Jamal）的生命。這位世上最著名的黑人男性政治犯在一九八二年被判在費城殺害一名白人警員。「這些就是美國的死刑囚犯，一群走在要死不活之間那把剃刀邊緣上的男男女女。」穆米亞在《死亡直播》（*Live from Death Row*）這部評論集中如此陳述。「你將在死牢裡發現一個比任何地方更黑的世界。非裔美國人只占了全國人口的百分之十一，卻構成死牢人口的百分之四十左右。在那裡，你也將發現本作者。」[11]

在《死亡直播》於一九九五年五月面世接受廣泛評論的幾週後，也是在穆米亞的律師團訴請再審判的幾天前，共和黨籍的賓州州長湯瑪斯．瑞吉（Thomas Ridge）簽署了穆米亞的死刑執行令。他的處決訂在一九九五年八月十七日。那年夏天，全世界都爆發抗議要求讓穆米亞活命、讓死刑去死。那些抗議者之中有一些是頭髮灰白的運動人士，他們有的人曾在幾十年前呼喊著「放了安吉拉」，另外一些則是年輕的運動人士，他們有的人協助動員了百萬人大遊行。但是，就在原訂辦在八月十二日的全國抗議日（National Day of Protest）之前，穆米亞獲得無限期緩刑。[12]

到了那個猛烈夏季的結尾，絕大多數非裔美國人都支持雙重意識的百萬人大遊行，其雙重意識到的是種族主義和反種族主義觀念。可以這麼說，該遊行最普遍流行的組織原則就是個人責任，也就是呼籲黑人男性為他們的生活、家庭、鄰里和黑人民族負起更多的個人責任。一九九五年十月十六日現身國家廣場（National Mall）的大約百萬名黑人男子裡，有許多人都相信認為黑人男子、黑人青少年、黑人男孩、黑人父親、黑人丈夫有錯的種族主義觀點。但是，許多站在那裡聆聽五十位講者發言的遊行者，也都相信認為歧視有錯的反種族主義的觀點。正如法拉堪在其兩個半小時演說的高潮中吼道的，「美國裡頭真正的罪惡不在於白人或黑人。美國裡頭真正的罪惡就是支撐西方世界局面的那種觀念，那種觀念叫作白人至上。」[13]

十月十六日這天，比爾．柯林頓並未迎接那百萬黑人男性，亦未聽見他們力陳種族主義還延續著的呼喊。實際上，他到德州大學發表一場種族進步演講，在美國福音派的心臟地帶懇求種族和解，鼓動了一九九六和一九九七年的大規模福音派種族和解運動。參與運動的福音派人士會接著鼓吹說，所謂的種族互恨問題可由上帝所帶來的互愛解決。柯林頓至少確實在其德州演講中肯認「我們必須清掉美國白人家裡的種族主義」。但是，他在總統任內最具反種族主義色彩的其中一項主張，卻被他包上了他在總統任內最具種族主義色彩的其中兩項言論。柯林頓並未轉述白人通常是被白人施暴的統計資料，反倒承認「美國白人恐懼的根源」，直言「暴力對於……白人來說往往有張黑色臉孔」。然後，他採取守勢：「白人宣稱除非首先有更多的個人責任，否則社會計畫無法打破依賴福利、婚外懷孕和父親缺席的文化，他們這麼說不是種族歧視。」[14]

一九九六年八月二十二日，正當總統選舉就在眼前，柯林頓簽署通過《個人責任與工作機會調和法》（*Personal Responsibility and Work Opportunity Reconciliation Act*），正式宣告他支持個人責任這項種族主義觀念。該法案是金瑞契的新共和黨人和柯林頓的新民主黨人雙方之間的妥協。其內容限制聯邦的福利方案，要求必須工作才能領補助，並加上福利時限。雖然濟貧方案只占非國防預算的百分之二十三，並在過去兩年中削減了百分之五十的支出，但福利改革對大多數美國白人來說仍是主要的內政議題。從高華德的「依賴的動物」到雷根的「福利女王」，種族主義思想的產製者已經成功影響美國非黑人。共和黨籍佛州聯邦眾議員約翰．米卡（John L. Mica）舉起一面標語，其內容在國會辯論該法案期間說明了一切：「不要餵食鱷魚／我們貼出這些警告，是因為非自然餵食和人工照料會造成依賴。」[15]

同樣那群種族主義觀念的產製者也成功影響美國黑人，不僅防止一場反福利改革的遊行，而且使得某些非裔美國人就像非黑人種族主義者那樣痛恨不負責任、愛依賴、暴力的「黑鬼」。一九九六年六月一日，克里斯．洛克（Chris Rock）這位名氣不高的黑人喜劇演員，就在ＨＢＯ的《帶來痛苦》（*Bring the Pain*）中譏諷：「我喜歡黑人，但我討厭黑鬼。」這場難忘的表演一開始就是一連串反種族主義譏諷，所針對的是黑人和白人對辛普森案判決的回應，結果將洛克拋進美國喜劇的萬神殿。這標誌了黑人喜劇革命的開始，並為新一代介紹了三個喜劇主題：情愛關係、白人的種族主義，以及黑人錯在哪裡。從《帶來痛苦》開始，雙重意識的黑人喜劇成為反種族主義和種族主義觀念最有活力的舞台之一，聽眾嘲笑那些喜劇演員，或是跟著他們一起笑。[16]

一九九六年大選夜，反種族主義者在加州慘敗。加州選民禁止積極平權措施（亦即「優惠性待遇」）用於公共僱用、合約和教育。公立大學和幼小中學的經費分配政策和標準化測驗都沒有被禁止，而兩者都優待富有的白人男學生。加大校園裡非裔美國人的比例開始下降。

這場推動加州第二〇九號公投提案的運動顯示種族主義觀念的全力進展：其支援者將反種族主義的積極平權指為歧視，又將該運動和公投稱為「民權行動」，並在一部廣告裡召喚馬丁・路德・金恩的「夢」，還為整場運動擺上一張黑人臉孔，那就是加州大學校董沃德・康納利（Ward Connerly）。康納利會帶著這份藍圖到別州消滅積極平權措施，不過他得先受到六十九歲的科麗塔・史考特・金恩（Coretta Scott King）的公開指責。「馬丁・路德・金恩其實支持積極平權措施的概念，」她說，「那些說他不支持積極平權措施的人是在扭曲他的信念和畢生事業。」[17]

一九九六年十一月六日，就在該提案通過、柯林頓贏得連任而共和黨保住國會多數的隔天，很可能是那十年間最複雜、最全面反種族主義的驚悚片在戲院上映。該片由已因《星期五》（*Friday*）出名的二十七歲導演蓋瑞・葛雷（F. Gary Gray）執導，由凱特・拉尼爾（Kate Lanier）和塔凱西・巴佛德（Takashi Bufford）編劇，並由潔達・蘋姫（Jada Pinkett）、拉蒂法女王、薇薇卡・福克斯（Vivica A. Fox）和金柏莉・艾莉絲（Kimberly Elise）演出的《辣姐妹》（*Set It Off*）。這部片展現四名獨特的黑人婦女如何又為何會迫於洛杉磯的工作、婚姻和性別歧視、階級和性剝削，以及種族主義的警察暴力，而犯下暴力犯罪（在她們的個案中，是精心策劃的武裝銀行搶案），以求改善她們的生活並報復那些試圖摧毀她們的人。《辣姐妹》做了「法律和秩序」和「嚴打犯罪」種族主義不做的事：該片讓內城區黑人犯罪者有了人性，並在整個過程中逼著觀眾重新想像真正的美國罪犯是誰。蘋姬的角色在男性情人和施虐者之間當個博學、獨立、性賦權的正常異性戀女性，而拉蒂法的角色則是在窮黑人之間當個強大、男人似的正常女同性戀者。最終，其中三個女人死了，但精明的蘋姬帶著贓款逃進夕照裡，遠離美國的種族主義。

評論家和觀眾愛上了《辣姐妹》的悲劇和勝利。就連影評人羅傑・伊伯特「也很驚訝我開始這麼關心這些角色」。但願「法律和秩序」美國看到這種結構性種族主義就開始關心真實人物。但是，種族主義思想的產製者似乎決心確保那種情況永遠不會發生。[18]

ꟿ

柯林頓不幸誤解了「種族問題」的根源，這可見於他在一九九七年六月十四日就該問題發表的驚人宣告。柯林頓到安吉拉・戴維斯的母校聖地牙哥加大發表畢典演講，他誓言領導「美國人民參與一場盛大空前的種族對話」。種族改革者稱讚柯林頓願意譴責偏見和歧視，也稱讚他想要建立「世上第一個真正的多種族民主國家」的反種族主義企圖。[19]

超過百萬名黑人婦女決定要將她們的想法注入這場談話，而在一九九七年十月二十五日齊聚費城。國會議員瑪克辛・華特斯、蘇亞修女、溫妮・曼德拉（Winnie Mandela）、阿塔拉・沙巴茲（Attallah Shabazz）和伊利亞薩・沙巴茲（Ilyasah Shabazz）（以上兩人為麥爾坎・X的女兒）、多蘿西・海特（Dorothy Height）輪番向「百萬女人大遊行」（Million Woman March）講話。有一度，一架直升機飛低下來，蓋過她們的話語。成千上萬人舉起手臂，試著趕走那部直升機，就像是在趕蒼蠅。結果成功了。「看到我們一起努力就能做到些什麼了吧！」密西根州的布蘭達・伯吉斯

（Brenda Burgess）這位激動的司儀緩慢而嚴肅地說道。

要求黑人團結的呼聲回蕩於費城，相同呼聲在兩年前也回蕩於華府那百萬男人之間——就好像黑人真的有團結問題，就好像這種不團結真的促成該種族的困境，就好像其他種族真的沒有叛徒和背刺者。全美國最團結於單一政黨背後的種族從來都不是在政治上最分歧的種族。但是，一如往常，種族主義觀念從不需要考慮現實。[20]

「種族主義不會因為聚焦於種族就消失。」眾議院議長紐特・金瑞契在柯林頓的全國種族對話之後如此主張。對柯林頓種族對話的這種反應綜合成一個新流行的術語：色盲。「色盲」話術，那種想靠忽略種族來解決種族問題的主意，開始普遍在沒邏輯的人心裡顯得很有邏輯。「色盲」隔離主義者跟隨吉姆・克勞法和奴隸主的腳步，譴責不該公開討論種族主義。但是，這些按說是「色盲」的隔離主義者要比他們的種族主義前輩前進得多，他們宣告，任何以任何反種族主義方式參與柯林頓那場全國討論的人其實都是種族主義者。在一九九七年著作《自由派種族主義》（*Liberal Racism*）中，記者吉姆・史利普（Jim Sleeper）主張任何不是色盲（或「跨越種族」）的人都是種族主義者。在同年的爆紅大作《黑白美國》（*America in Black & White*）中，曼哈頓研究所研究員艾比蓋兒・瑟斯托姆（Abigail Thernstrom）和哈佛歷史學者史蒂芬・瑟斯托姆（Stephan Thernstrom）則說，「具有種族意識」的政策引發更多種族意識，那些政策會帶著美國社會倒退。「現在很少有白人是種族主義者」，如今主導種族關係的是「黑人憤怒」和「白人屈服」，瑟斯托姆夫婦如此寫道，這呼應了《種族牌》（*The Race Card*）裡的那些論文，這部具有影響力的一九九七年選集係由彼得・科利爾（Peter Collier）和大衛・霍洛維茨（David Horowitz）主編。那些大喊種族歧視的人都在打著假的「種族牌」，而之所以會贏，是因為自由派的「白人內疚感」（white guilt）。[21]

這一切色盲話術似乎產生預期效果。在最高法院判決支持「隔離但平等」那項產物的近一世紀後，輿論公審似乎開始支持色盲這項產物。千禧年即將到來，人們仍被膚色蒙蔽而看不見人人平等。

第三十六章　百分之九十九相同

色盲理想被美國多元文化主義到來的宣傳給強化了。「比起以往，我們現在更了解我們的種族、語言和文化多樣性的好處。」柯林頓在聖地牙哥加大的演講中如是說。傳統的同化主義理想，亦即所有美國人，無論其文化傳承為何，都要接納歐美文化確實在學校（尤其是在大學）受到猛攻，砲火來自新設的族群研究系所、大量的非白人移民，以及那些獲悉自身本土和外國祖先根源的美國人。奈森．格雷澤（該作者與他人合著的《熔爐之外》詳述一九六〇年代的同化主義標準）沮喪地承認情況變了。他的一九九七年著作題為《如今我們都是多元文化主義者了》（*We Are All Multiculturalists Now*）。這本書成了同化主義者的沙包，他們在那十年裡不斷揮拳打向那些愈來愈流行的黑人研究學程和學系。[1]

但是，格雷澤這次又在文化上搞錯了。一個由多元文化主義者統治的真正多元文化國家，不會以基督教做為非官方的標準宗教，不會以西裝做為標準的正式服裝，不會以英語做為其標準語言，也不會用標準化測驗加以評量。族群研究不會被看作教學課程所不需要的，講授各種文化觀點的非洲中心論學者和其他多元文化理論家不會被看作有爭議的。沒有哪個文化群體會被直接和間接要求學習其他群體的文化規範，並在公開場合遵守以求出頭。一個國民外觀相異的國家並不會自動擁有多元文化或多樣化，如果說其中大多數人都在實踐或學著實踐相同文化的話。一九九七年的時候，在住家裡、在閉門中，美國也許是個多元文化國家，但在公開場合肯定不是。美國的種族主義者只是在名義上擁抱多樣性和多元文化主義，但實際上他們正在強推文化標準。

而這般維持現狀明顯可見於安吉拉・戴維斯那部一九九八年劃時代新作，《藍調遺產與黑人女性主義》（*Blues Legacies and Black Feminism*）所收到的批判評論。她花了好幾年時間才謄寫完瑪・萊尼和貝西・史密斯所有找得到的藍調錄音，亦即其分析的物質基礎。以性別、種族和階級整合分析聞名的戴維斯悄悄擴充分析因素，納入性和文化。她從女同性戀和雙性戀的角度來檢視歌詞，並考察藍調裡的非洲文化遺留。沒有多少美國人性別、種族、階級、性和文化這五個主要分析範疇表露反種族主義思想。所以，相關批評來自這所有五個方面，尤其是文化方面。《紐約時報》評論家指責戴維斯的文化反種族主義是「徹底的文化民族主義」，而《華盛頓郵報》則奚落她那「浮誇的學術用語和僵化的意識型態」。顯然，像戴維斯這樣在名義之外發現、研究和闡述的文化差異的學者是理論家和文化民族主義者。[2]

在新千年到來之際，戴維斯繼續她對黑人女性的革新整合研究，並繼續聚焦在復興廢奴運動。「第兩百萬名囚犯在二〇〇〇年二月十五日這天在美國進入那體制，那些囚犯有一半是黑人。」她在二〇〇〇年初在科羅拉多大學如是說。戴維斯知道這些囚犯其中大多數都是被判處毒品罪。她也知道白人比黑人更有可能販毒，就像「人權觀察」（Human Rights Watch）所報導的。因此，戴維斯走遍全國，將美國人的注意力導向不公的刑事司法制度，她認為那是新的奴隸制。戴維斯在幾年後提出合乎常情的廢奴主義解方，她在二〇〇三年用新書《監獄過時了嗎？》（*Are Prisons Obsolete?*）的標題問出當代的反種族主義問題。她在這部一百一十五頁的廢除監獄宣言中，想像一個「沒有監獄的世界」。「由於種族主義的持久力量，『罪犯』和『作惡者』在集體想像中被幻像成有色人種。」戴維斯寫道。而「監獄」讓美國不用「負起責任去思考那些出產超量囚犯的社區所面對的真正問題」。[3]

柏克萊加大有位著名黑人語言學家並不贊同戴維斯的評估。監獄人口中的黑人比例「恰好反映了他們的犯罪率」。約翰・麥克沃特（John McWhorter）在沒有證據的情況下，在他的著作《輸掉比賽：美國黑人的自毀》（*Losing the Race: Self-Sabotage in Black America*）中如此堅稱。這部二〇〇〇年的暢銷書將他拋進大眾目光，讓他成為美國最有名的黑人保守派智識份子。身為語言學家，麥克沃特當然得花個一章談談烏語爭論，那場爭論的觸發是在四年前有消息傳出，奧克蘭聯合校區（Oakland Unified School District）肯認烏語是一種起源於西非的語言。除了內容有句話說非裔美國人對烏語有基因傾向（genetic predisposition，這句話在後來另一版決議中被抽掉），一九九六年的奧克蘭決議是非常反種族主義且有同情心的，將烏語跟更被接受的各種英語等量齊觀。該校區委員會承認那些學生烏語流利，希望維護「這種語言的正當性和豐富性」並「促進他們習得且精通各項英語語言技能」。他們想要確保這些學生通雙語。[4]

社會心理學家羅伯特・威廉斯（Robert Williams）早在一九七三年就創造Ebonics（烏語）一詞來取代所有的種族主義標籤，像是「不標準黑人英語」。「我們知道ebony意為黑色，而phonics指的是語音或語音科學，」他在當時解釋道，「因此，我們其實是在談黑人語音或語言的科學。」烏語原本一直是個鮮為人知的語言學術語，而這種情況的改變是因為一九九〇年代末奧克蘭校區委員會的決議，引發同化主義者的憤怒和反種族主義者的辯護。麥克沃特便是以身為少數反對奧克蘭決議的黑人語言學家之一而聞名。[5]

傑西・傑克遜在該決議的幾天後，在ＮＢＣ的《會晤新聞界》（*Meet the Press days*）節目上憤怒表示：「我了解想要伸手幫助這些孩子的意圖，但這是不可接受的讓步，近乎恥辱。這是教低了我們的孩子。」另一方面，美國語言學會（Linguistic Society of America）在一九九七年發表一份支持聲明：「將烏語描述為『俚語』、『變體』、『懶散』、『有缺陷』、『不合語法』或『破英語』是不正確的，也是貶損的。」有證據顯示，人們可以「靠著肯認某種語言其他變體有其正當性的教學方法，來學習該語言的標準體。從這個觀點來看，奧克蘭學區委員會的決定，也就是在教授標準英語之中肯認非裔美籍學生的方言，這在語言學和教學法上都是正確的」。當傑西・傑克遜得知奧克蘭計畫用烏語來教授他所謂的「標準英語」，他便不再反對。但傑克遜最初的反對，更不用說那些繼續反對擁抱烏語的各族人民的反對，顯示雖然許多美國人大施口惠，但他們還是看不起多元文化。[6]

那些轉而支持用烏語教「標準英語」的同化主義者，並未轉而放棄將「標準」或「正統」英語置於烏語之上的種族主義階級。而這種語言階級存在於整個西方世界。所有由被奴役的非洲人在西屬、法屬、荷屬、葡屬和英屬殖民地發展出來的新語言，都同樣被以種族主義的方式詆毀為拙劣的「方言」，或是標準歐洲語言的劣等變體，在美國的標準歐洲語言就是「標準英語」。烏語是從非洲各語言和現代英語的語系形成出來的，就像現代英語也是從拉丁和日耳曼語系形成出來的。烏語不是「破爛」英語或「非標準」英語，就像英語也不是「破爛」或「非標準」的德語或拉丁語。[7]

對約翰・麥克沃特來說，那些擁護奧克蘭為當地烏語使用者提供雙語教育的決定的人，又是一個美國黑人自毀的例子。他在《輸掉比賽：美國黑人的自毀》中主張，白人之所以比黑人更好，而且過得更好，是因為他們沒那麼會自毀。麥克沃特認為，由於「白人種族主義……幾已廢棄」，黑人的主要障礙就是黑人，他們的「受害者學」（或種族牌）、他們的分離主義（或反同化主義觀念），以及他們的「黑人反智主義」，這可見於「烏語運動」和黑人菁英所怒斥的那種在校園裡罵人「裝白」的奚落語。麥克沃特就像其他許多人一樣提供了他的軼事，但是他並未提供證據證明那些譴責其他黑人兒童「裝白」的黑人兒童，總是把求學精神連結到「裝白」。這些被罵「裝白」的高分學生其中有一些有可能確實看不起低分的同學，這從政治觀點來看會是在「裝白」（如果說「裝白」就是看不起黑人的話）。其中有一些學生有可能確實是在「裝白」，因為他們不禁做出自家父母一直告訴他們的：他們跟那些別的黑人孩子不一樣；又或者因為他們並不嫻熟黑人文化形式（如果說從某種文化立場來看，裝黑就是嫻熟黑人文化形式的話）。[8]

在《輸掉比賽》出版三年後，麥克沃特交出他的《黑人沉默多數論文集》（*Essays for the Black Silent Majority*）。根據這部二〇〇三年著作，沉默的黑人多數認為，非裔美國人自家的「文化內部的意識型態」阻礙該群體「利用成功的途徑」。麥克沃特從種族進步的一半真相出發，寫下《黑人沉默多數論文集》，而忽視種族主義進展的另一半真相。「今天，黑人的成功故事，」他寫道，都是「立基於老派的勤奮、才智和內在心力量」。而「殘餘的種族主義……只是他們靠著注視大獎所克服的一件小麻煩」。[9]

麥克沃特的「沉默的黑人多數」既不沉默，也不居多數。但是，他正在動員一群喧噪的黑人少數，而這群人關於文化種族主義、階級種族主義、困苦黑人需要負起個人責任並更努力工作的種種言論可能是極為個人的。有些黑人不願承認他們利用自己的菁英或卑微背景的非凡機會，而且某些極其勤奮的窮人從來沒有相同機會。如同白人種族主義者，黑人種族主義者相信他們的「成功」源自他們非凡的神賜特質和／或他們非凡的工作倫理；也相信如果他們「辦得到」，那麼任何黑人只要夠努力也可以辦到。對於這些黑人種族主義者裡的許多人來說，其言論可能是極為政治的：他們可能是很奸詐地在引述種族主義論據，藉以獲得金錢上和職業上的好處，無論他們是否真的相信這些種族主義思想。在二十一世紀裡，政府機關、智庫和新聞媒體有愈來愈多機會留給那些願意看不起非裔美國人的黑人種族主義者。二〇〇三年，麥克沃特離開學術界去曼哈頓研究所擔任高級研究員。但是，要是科學比私利更重要，那麼盛產種族主義觀念的曼哈頓研究所早在麥克沃特到來的三年之前就停產了。

※

二〇〇〇年六月二十六日，柯林頓在記者鼓掌聲中走進白宮東廳。他正準備回答現代世界的一大古老問題：各個可辨別的種族之間是否存在某些固有的生物區別。總統講台兩側架著兩個大大的螢幕，上面的大字寫著：「破譯生命之書／人類的里程碑」。

「我們在此慶祝對整個人類基因組的第一次調查已經完成，」柯林頓向在場記者和攝影機欣喜道，「毫無疑問，這是人類所製作過最重要、最奇妙的一份圖譜。」這份圖譜將會藉由提供科學家關於疾病「基因根源」的資訊而「徹底革新」醫學。那也將徹底革新種族科學，柯林頓如此宣告。該圖譜告訴我們，「所有人類不分種族，都有超過百分九十九的基因是相同的。」

負責人類基因組定序的其中一位科學家克萊格．凡特（Craig Venter）對記者講得更坦白。「種族的概念中並沒有基因或科學基因。」凡特說道。他在塞雷拉基因組公司（Celera Genomics）的研究團隊測定了五個人的「基因密碼」，他們的外表分別被辨識為「西班牙裔、亞裔、高加索人或非裔美國人」，但科學家無法透過基因區分他們的種族。[10]

當記者會結束、眾家記者紛紛散播報導，那句古老的種族主義說法，亦即一本人類之書可從封面判讀，就該停止了。「白人的血」和「黑人的病」這類老調就該停止了，那般述說人人生而不平等的隔離主義合唱也該在上演五個世紀之後停止了。不過，這種吟唱不是由科學起頭的，也不會由科學喊停。隔離主義者有太多種族主義政策要掩蓋、有太多種族差距要辯解、有太多科學和政治職涯要維持、還有太多錢要賺。柯林頓那份百分之九十九宣告的種族進步帶來下一個隔離主義理論：人類之間那百分之零點一的基因差異，一定跟種族有關。最先是詛咒理論，再來是天然奴隸理論，接著是多元起源說，然後是社會達爾文主義，如今則是基因——隔離主義者一再產出新想法來解釋每個時代的不平等。「那些計畫下一階段人類基因組計畫的科學家被迫面對一項凶險的問題：人類種族之間的基因差異。」科學記者尼可拉斯．韋德（Nicholas Wade）在柯林頓記者會後在《紐約時報》上這麼告訴大家。[11]

隔離主義基因學家紛紛白費力氣想要找出一樣不存在的東西：各種族在基因上的不同。二〇〇五年，芝加哥大學基因學家布魯斯．拉恩（Bruce Lahn）推測有兩個超級智力基因，還說那最不可能存在於漠南非洲人身上。當科學家要求提供證據，拉恩卻拿不出來。還是沒有人證明基因跟智力有任何關聯，至於基因和種族就更不用說了。賓州大學生物倫理學學者多蘿西．羅伯茨（Dorothy Roberts）在其二〇一一年著作《致命發明》（*Fatal Invention*）中說明，「根本沒有哪一組基因是完全屬於某個（種族）群體，而不屬於另一個群體的」。她在該書中揭露生物性種族、種族特有基因和種族特有疾病專用藥的不科學根據。「種族並非一項充滿政治色彩的生物性分類，」她接著說，「那是個被裝成生物分類的政治性分類。」但是，那些生物性概念舒舒服服活下去。到了二〇一四年，尼可拉斯．韋德已經從《紐約時報》退休，並發表他對生物性種族主義的辯護：《麻煩的傳承：基因、種族和人類歷史》（*A Troublesome Inheritance: Genes, Race, and Human History*）。「這裡提出的論點認為……人類的社會行為具有遺傳成分，」韋德寫道，「跟多元文化主義者的核心信念相反的是，西方文化在許多重要領域的成就遠勝於其他文化。」韋德認為這是因為歐洲人的基因優勢。另一方面，參與基因組地圖繪製的基因學家凡特，在二〇一四年再次撰文向讀者保證，「過去十三年的基因組序列結果只是更清楚證明我的論點」：「同一『種族』群體內的個體之間的基因差異，要比不同群體的個體之間的還大。」[12]

⋈

就在柯林頓召喚「百分之九十九相同」這個跨時代說法的幾個月後，《美國致聯合國消除種族歧視委員會報告書》（*United States Report to the United Nations Committee on the Elimination of Racial Discrimination*）指出此時已被打破的美國種族紀錄：已有「種種巨大成功」，但仍有「一些重大障礙」。那是二〇〇〇年九月，德州州長喬治．布希（George W. Bush，以下簡稱小布希）正誓言恢復白宮的「榮譽和尊嚴」，而副總統高爾則是正試著跟柯林頓的陸文斯基（Monica Lewinsky）醜聞保持距離。該報告關於整個美國的歧視和不對等的發現並未成為競選話題，因為那些發現讓柯林頓政府和共和黨人的色盲美國都顯得很糟糕。

「美國法律保障平等參加選舉的權利。」美國國務院向聯合國如此保證。但是在二〇〇〇年十一月七日，傑布．布希（Jeb Bush）州長的佛州有幾萬名黑人選民被禁止投票或所投的票被破壞，使得小布希以不到五百票差距贏得他弟弟那州，驚險拿下選舉人團。這似乎是種很諷刺的常態。在向聯合國得意宣告他們保證消除種族主義的承諾後，地方官員、州級官員、最高法院和美國參議院執行或批准打贏那一場總統選舉的種族主義。「戰術是變了，但目標卻仍是令人沮喪地不變。」《紐約時報》專欄作家鮑伯．赫伯特（Bob Herbert）推斷，「別讓他們投票！如果你能找到方法阻止他們，那就阻止他們。」[13]

資助福音派種族和解者和提倡個人責任的小布希總統，一上任就試著慢下一九九〇年代末期那股反種族主義勢頭，但卻未能成功。泛非洲組織（Trans-Africa）執行總監藍道．羅賓森（Randall Robinson）在二〇〇〇年加速了那股勢頭，靠的是他那部暢銷的索賠宣言：《債：美國所欠黑人的》（*The Debt: What America Owes to Blacks*）。羅賓森的賠償要求是緊接著在非洲國家要求歐洲豁免債務和賠償之後提出的。同時間，反種族主義世界正在準備史上最盛大、最重要、最協作的其中一場會議。將近一萬兩千名男男女女勇赴美麗的南非德爾班（Durban），參加在二〇〇一年八月三十一日至九月七日舉行的，聯合國「反對種族主義、種族歧視、仇外情結及相關不寬容世界大會」（World Conference Against Racism, Racial Discrimination, Xenophobia and Related Intolerance）。代表們傳閱一份由安吉拉．戴維斯與他人合著關於監獄—產業綜合體和有色女性的報告。他們也指出網路是傳播種族主義觀念的最新機制，所引證的是大約六萬個白人至上網站，以及黑人相關線上報導底下留言區很常見的種族主義言論。美國派出最大的代表團，而美國反種族主義者跟來自全世界的運動人士建立了很有益的聯繫，那些運動人士裡有許多人都希望確保該會開啟一場全球反種族主義運動。當與會者在二〇〇一年九月七日左右開始返回塞內加爾、美國、日本、巴西和法國，他們就將這股反種族主義的勢頭帶往全世界。[14]

接著，這整股反種族主義的勢頭在二〇〇一年九月十一日之後撞上一面磚牆。超過三千名美國人令人心碎地命喪於世界貿易中心和五角大廈遇襲，小布希總統譴責那些「作惡者」、失心瘋的「恐怖份子」，同時助長反伊斯蘭和反阿拉伯情緒。色盲種族主義者利用後九一一時刻的赤裸感受，大肆宣揚一個團結、愛國的美國，在那裡頭國防壓過種族分歧，而反種族主義者和反戰運動人士威脅到國家安全。但是，他們無法利用這些感覺太久。在二〇〇三年，贊成入侵伊拉克的非裔美國人只有百分之四十四，遠遠少於白人的百分之七十三和拉美裔的百分之六十六。[15]

到了那時，反種族主義者已經重新站穩腳步，其信心來自「加州新聞短片」（California Newsreel）在二〇〇三年四月發布的權威性三部曲教育紀錄片，《種族：某種幻影的力量》（*Race: The Power of an Illusion*）。幾個月前，一位以主演《半生不熟》（*Half Baked*, 1998）而聞名的喜劇演員在喜劇中心（Comedy Central）首度推出他的節目。戴夫・查普爾（Dave Chappelle）演出一齣關於一位盲眼白人至上主義者的滑稽短劇，那男人以為自己是白人，而且就像吐菸草似的猛噴反黑人觀念。最後，他很不幸地，或者對觀眾來說很好笑地，得知他自己是一個黑人。在查普爾做過的所有著名反種族主義短劇裡，這部關於黑人男性種族主義的首部短劇可能是他最聰明、最難忘的一部。在二〇〇三年一月二十二日首播過了很久之後，有數以百萬計的人在YouTube上重複播放那部短劇。經典流行的《查普爾秀》（*Chappelle's Show*）一連播出三季直到二○○六年，經常呈現新共和黨人那種色盲美國的荒謬。[16]

考慮到所謂「種族主義的終結」，許多共和黨人都認為，積極平權措施就要過時了。但是，令人震驚的是，二○○三年六月二十三日，最高法院大法官珊卓・戴・歐康納（Sandra Day O'Connor）發表一份主要意見書，支持密西根大學的積極平權措施方針，理由是有「重大利益存在於獲得源自多樣化學生組成的教育效益」。那些支持積極平權措施的人略感滿意，他們認為最高法院之所以維持積極平權措施，是因為在愈發多族群的國家和全球化的世界裡，讓一些黑人學生在身邊有益於白人學生的利益。歐康納的裁定為該判斷加上時限，表示「本院預計，二十五年後將不再需要使用種族優待來促進今日所承認的利益」。根據「公平經濟團結聯盟」（United for a Fair Economy）研究人員所述，歐康納的判斷大錯特錯。按照目前漸趨平等的步調，種族「平權日期」不是從二○○三年起算的二十五年後，而是五百年後，至於某些種族差距則是幾千年後。但積極平權措施的捍衛者還是很寬慰地看到歐康納保留這項做法，至少現在如此。[17]

只要根除標準化測試的種族優待，那股邁向種族平權的步調就能加快。但是，當小布希政府獲得兩黨支持的《不讓孩子落後法》（*No Child Left Behind Act*）在二○○三年生效後，標準化考試在幼小中學教育中的使用就開始激增。在該法之下，聯邦政府強迫各州、學校和教師設定高標準和高目標，並定期進行測驗以評量學生的達成程度。該法接著將聯邦資助跟測驗分數和進步綁在一起，以確保學生、教師和學校達到那些標準和目標。該法案聲稱其目的是不讓孩子落後，但其所鼓勵的補助機制卻在學生沒進步時減少對學校的補助，從而讓最需要幫助的學生落後。《不讓孩子落後法》

本來就不合理，這是將補助不公歸咎於黑人孩童、教師、家長和公立學校的最新、最大機制。而這種指責受害人的做法灌溉了加速中的「別找藉口」特許學校運動的發展，該運動命令孩子超越自身困境，並在這些孩子辦不到的時候責備（並開除）他們。[18]

科學家都知道，在發育過程中，當孩子生病、受傷、困惑或生氣，他們表達那些感受的其中一種方式就是表現出來，因為孩子很難確認並傳達複雜的感受（關於飢餓、父母入獄或警察騷擾之類事情）。當不乖的白人孩童得到同情和容忍（正如他們所應得的），不乖的黑人孩童卻更可能聽到「別找藉口」，並面臨零容忍和手銬。根據教育部統計資料，二〇〇九至二〇一〇學年在學校被捕的學生中，有超過百分之七十都是黑人或拉美裔。[19]

同化主義者盛讚《不讓孩子落後法》追求縮小種族成就差距的明確目標，聲量壓過隔離主義者和反種族主義者，前者說黑人孩童無法縮小成就差距，後者則是不相信成就差距的存在，因為那是取決於他們眼中無效的標準化測驗的分數。在一九七〇年代初期，許多美國人都在想像一個沒有監獄的世界。在一九八〇年代初期，許多美國人都在想像一個沒有標準化測驗的世界。但是，種族主義在那之後取得進展。在二〇〇四年，亦即布朗案判決五十週年，許多人都覺得一個沒有標準化測驗的世界就跟一個沒有監獄的世界一樣不可想像，即便標準化測驗和監獄都囚禁了數以百萬計的黑人青年。

而布朗案判決週年和關於黑人教育的論述，總是帶出關於黑人父母到底怎麼了的種族主義想法。沒有人比比爾．考斯比更適合這項任務，他曾在《天才老爹》上映期間被認為是模範黑人家長。「這些低收入者並未盡到他們的義務。這些人沒有好好為人父母，」考斯比在二〇〇四年五月一場全國有色人種協進會盛會上獲得表揚之後在華府說道，「他們會買東西給孩子。五百美元的運動鞋要來幹麼？而且他們不會花兩百美元去買拼音教材。我講的就是這些看到兒子穿上橘色囚衣才哭的人。」

考斯比帶著他的種族主義觀點上路，使得種族主義者和反種族主義者爭論不休。社會學家麥可・艾瑞克・戴森（Michael Eric Dyson）做出反擊，在其二〇〇五年的好評之作《比爾・考斯比是對的嗎？還是說黑人中產階級失心瘋了？》（*Is Bill Cosby Right? Or Has the Black Middle Class Lost Its Mind?*）擊倒自以為是的考斯比。歷史學家羅賓・凱利（Robin D.G. Kelley）補充說：「世界上所有的自助書都無法消除貧困，也無法創造僱用非裔美國人社群所需的大量好工作。」[20]

在戴森所謂的考斯比「責備窮人巡迴」期間，民主黨的一顆新星在二〇〇四年七月二十七日波士頓的民主黨全國大會上，以其主題演講顛覆了考斯比的要旨。這顆新星早已興起於政壇，也就是該年的三月份，當時他在民主黨伊利諾州聯邦參議員初選中取得驚人勝利。但真正鞏固他明星地位的，是他在九百萬觀眾面前的大會演講。來自「小城鎮和大都市」的各種勞動者已經都在負起責任，巴拉克・歐巴馬（Barack Obama）如此宣告。「走進任何一處內城區鄰里，民眾都會告訴你，光靠政府是無法教孩子學習的。他們知道父母必須去教，他們也知道，孩子無法有所成就，除非我們提高期許、關掉電視機，消除那種說黑人青年拿著書就是在裝白的壞話。他們知道那些事情。」歐巴馬如此譴責那位愛說教的考斯比，而聽眾一聽進了這番譴責就用熱烈掌聲打斷他。同樣被聽進去的還有他對「不讓孩子落後」那種高期望而非高補助的肯定，以及他對未經證實的「裝白」成就理論的表態。

歐巴馬自詡為種族和解和美國例外主義的化身。他出身卑微但向上高升，而他身上匯聚了本土和移民世系，還有非洲和歐洲血統。「站在這裡，我知道，我的故事是廣大美國故事的一部分……而且地球沒有別的國家能讓我的故事發生，」他如此宣告，「今晚，美國，如果你感受到我所感受的能量，如果你感受到我所感受的迫切，如果你感受到我所感受的熱情，如果你感受到我所感受的滿滿希望，如果我們去做我們所該做的，那麼我毫不懷疑，在全國各地……人民將在十一月挺身而出，而約翰．凱瑞（John Kerry）將會宣誓就任總統。」[21]

小布希的共和黨人意圖阻止這般挺身，在二〇〇四年將他們抑制黑人選民的技巧從佛羅里達州帶到俄亥俄州。凱瑞想當然地輸掉了那場選舉，小布希似乎準備好了要體現共和黨的未來，但同時歐巴馬似乎準備好要體現民主黨的未來。

第三十七章　非凡黑人

在他那場振奮人心的主題演講的兩個星期後，巴拉克·歐巴馬的回憶錄《從父親開始的夢想：一個種族與傳承的故事》（*Dreams from My Father: A Story of Race and Inheritance*）就再版了。在二〇〇四年最後幾個月裡，該書在各大排行榜上竄升，而且大獲好評。美國文壇女王童妮·摩里森，也是三十年前安吉拉·戴維斯那部代表性傳記的主編，認為《從父親開始的夢想》「相當不凡」。歐巴馬寫下這部回憶錄的時間是在種族方面很壅塞的一九九五年裡，當時他正準備在伊利諾州參議院展開政治生涯。在他最為反種族主義的段落裡，歐巴馬深思被同化的雙種族黑人，像是他在西方學院的朋友「可憐的喬伊斯」。在喬伊斯和其他黑人學生身上，他「一再認出自身的片段」，他如此寫道。「喬伊斯之類」的人談到「他們多元文化傳承的豐富，而那聽起來真的很棒，直到你注意到他們避開黑人。這不一定是因為有意識的選擇，只是因為引力，融合總是以單向進行的。少數族群被同化到優勢文化，而不是反過來。只有白人文化才能是『中立』而『客觀』的。只有白人文化才能是『無關種族的』……只有白人文化才有『個人』。」

歐巴馬的反種族主義陳述延續到他關於「非凡黑人」情結的批判性揭示。「我們這些大學畢業的混血兒……從來沒有這麼火大過，計程車司機竟然不停下來、電梯裡的女人竟然抓緊錢包，而那與其說是因為我們討厭看到那些不那麼幸運的黑人，在生命中每一天都得忍受這種侮辱（即便我們是那麼告訴自己的），還不如說是因為（我們）……不知怎的被誤認為一個普通的黑鬼。你不知道我是誰嗎？我是一個個人！」[1]

很諷刺的是，美國各膚色種族主義者將在二〇〇四年因為歐巴馬的公共智識、道德、能言善道和政治成功而開始將他擁戴為非凡黑人。從菲利思・惠特利，一直到在二〇〇五年成為美國參議院唯一一位非裔成員的歐巴馬，非凡黑人這個標誌已經走了好長一段路。自從惠特利時代以來，隔離主義者都很鄙視這些體現黑人能力的展覽的非凡黑人展品，並且竭盡所能要推倒他們。但是，歐巴馬（或者說歐巴馬的時代）不一樣。隔離主義者背棄他們的前輩，將歐巴馬這件展品奉為種族主義終結的宣告。他們想要終結關於歧視的論述。

但讓他們詫異的是，相關論述不會就此平息。隔離主義者幾乎不介意一種泛靈論的黑色救主電影，演出肉體上超自然的黑人拯救白人（例如《綠色奇蹟》〔*The Green Mil, 1999*〕），或是家父長式的白色救主電影演出道德上超自然的白人拯救黑人（例如《攻其不備》〔*The Blind Side, 2009*〕），或是描繪驚人現實生活故事的電影，演出個人責任克服極端逆境（《當幸福來敲門》〔*The Pursuit of Happyness ,2006*〕）。但是，隔離主義者確實很介意保羅・哈吉斯（Paul Haggis）的二〇〇五年奧斯卡最佳影片得獎作品《衝擊效應》（*Crash*），這部電影將來自美國原住民以外各種族群體的角色在兩天裡的種族經歷交織在一起。每個角色都被呈現為有偏見且受偏見的，這些角色的偏見觀念和行為被描述為源自無知和仇恨。當隔離主義者多年來都指責《衝擊效應》的明白種族論述，而同化主義者都盛讚該片精采描述個人偏執的普遍、不合邏輯且具壓迫性的影響，反種族主義者則認為該片還有很多不足之處。他們特別批評該片在種族關係上欠缺複雜性，而且完全沒去探索制度性種族主義。在《大西洋》雜誌裡，塔—奈西希．科特斯（Ta-Nehisi Coates）毫不緩和他的反種族主義評論，稱之為「這十年間最糟的電影」。至於色盲隔離主義者，約翰．麥克沃特則形容《衝擊效應》是「一部情節劇，而未反映真實美國」。[2]

但是，真正讓大家激辯制度性和個人種族主義的，是那年夏天一場毀滅性的天然與種族災難。在二〇〇五年八月最後幾天裡，卡崔娜颶風（Hurricane Katrina）奪走超過一千八百條人命，迫使數以百萬計的人遷徙，淹沒了美麗的灣岸（Gulf Coast），並造成數以十億美元計的財產損失。卡崔娜颶風吹掉美國的色盲屋頂，讓所有人看見（只要他們敢看的話），種族主義的可怕進展。

多年來，科學家和新聞工作者都在警告，如果路易斯安納州南部受到「重大颶風直接衝擊」，堤岸可能會失靈，而該地區將被淹沒和破壞，正如《紐奧良銅錢時報》（*New Orleans Times-Picayune*）在二〇〇二年所報導的。政治人物都無視這些警告，幾乎就像是在期望出現一個破壞性的颶風，以便娜歐米．克萊因（Naomi Klein）所謂的「災難資本主義」能夠隨之而來。政治人物能把幾百上千萬美元的重建合約，交給塞滿他們競選金庫的公司，而紐奧良占據頭等地產的黑人居民可以被清掉以利仕紳化（gentrification）。他們是否真的期望卡崔娜颶風這類事情並不重要，因為政客和災難資本主義者（例如副總統迪克．錢尼〔Dick Cheney〕的哈利伯頓〔Halliburton〕）都從破壞中獲利。就連三K黨人也靠假的捐款網站發財。[3]

據謠傳，小布希政府指示聯邦緊急事務管理署（Federal Emergency Management Agency）推延反應，以求擴大那些即將受益者的破壞相關獎賞。沒人曉得他是否真的那麼做，不過那並不重要，因為管理署確實延遲了，而數以百萬計的人因而受苦。正當全國性記者紛紛趕抵該市，並拍攝到黑人為主的第九區有成千上萬名居民被困在屋頂和超級巨蛋（Superdome），聯邦官員卻在為他們的拖延找藉口。過了三天，救援部隊才被派到灣岸地區，經過的時間多於一九九二年派部隊到現場鎮壓洛杉磯暴動，而結果是致命的。「我相信那是種族主義。」一位目睹紐奧良那場死亡螺旋的醫務員如是說。[4]

但是，甚至這也不是卡崔娜颶風的故事全貌。這個涉及種族主義的極端災難故事變成一個極具種族主義的災難故事。美聯社發了一張照片呈現白人拿走「當地一家雜貨店的麵包和汽水」，還有另一張照片呈現黑人「洗劫雜貨店」。當嬰兒死於感染而傷者等待救護車之際，眾家記者則在散布聳動的故事，描述「會議中心有嬰兒被割喉」，整座城市充滿犯罪，「一群群人拿著武器」劫持救護車，還有「難民」在尋找掩蔽。自由意志主義記者麥特・威爾契（Matt Welch）直言不諱，宣稱媒體的「致命偏執」很可能幫忙「害死卡崔娜災民」。聯邦官員和附近的緊急應變人員利用這些媒體報導來辯解他們的拖延，他們提到派送救援物資和人員很危險，因為有這麼多人洗劫「槍店」，並開槍射向「員警、救援人員和直升機」。美國種族主義者真的報導、流傳且相信那些說災區黑人會開槍射向救災者的無恥謊言。

關於政府和媒體對卡崔娜颶風受害者的階級種族主義，概括得最好的就是哈佛法學院的拉妮・吉尼爾。「可憐的黑人是棄民。我們將其病理化，藉以辯解我們的漠視。」她這麼說。最能喚起黑人的赤裸感受的，莫過於那位剛發行第二張錄音室專輯《遲來的註冊》（*Late Registration*）的饒舌巨星。「喬治・布希並不關心黑人。」肯伊・威斯特（Kanye West）在二〇〇五年九月二日的ＮＢＣ直播颶風賑災音樂會上大膽脫稿說道。到了二〇〇五年九月中旬，各家民調紛紛要替美國種族主義測量脈搏。在一項全國性民調中，只有百分之十二的美國白人認為「聯邦政府之所以延遲援助紐奧良災民，是因為災民都是黑人」，但卻有百分之六十的非裔美國人不這麼認為。據推測，百分之八十八的美國白人和百分之四十的美國黑人的內心，都被種族主義觀念淹沒了，如果民調有代表性的話。

在色盲種族主義的時代，無論犯了多麼可怕的種族罪行，無論有多少證據擺在他們眼前，種族主義者還是站在法官自稱「無罪」。但是，有多少罪犯真的在沒必要的時候認罪呢？從「開化者」到標準化測試者，同化主義者鮮少承認種族主義。奴役者和吉姆・克勞式隔離主義者至死自稱清白。小布希很可能也會這麼做。「我在總統任內面臨很多批評。」小布希在卸任後的自傳裡沉思道，「我不喜歡聽到人家說我謊稱伊拉克擁有大規模毀滅性武器，或說我減稅來圖利富人。但是，因為我對卡崔娜的回應就說我是種族主義，那是最沒水準的講法。」[5]

進入二〇〇五年秋冬，反種族主義者對紐奧良當地種族主義的指控，碰上了種族主義者施以「濫用種族牌」的指控，此語出自黑人媒體名人拉瑞・埃爾德（Larry Elder）。進入二〇〇六年，種族主義觀念的產製者都認為，指控紐奧良和美國到處都是歧視的說法是捏造或誇大的。美國是色盲的，而指控歧視的黑人是在撒謊，他們是在打種族牌。[6]

就在卡崔娜颶風後的這種兩極化種族氛圍裡，克莉絲朵・曼格姆（Crystal Mangum）在杜克大學白人袋棍球隊的派對上跳脫衣舞。那場派對過後，就在二〇〇六年三月，這位在大學就讀的黑人單親媽媽前往杜倫警局（Durham police）。曼格姆告訴警方，那些隊員先是喊了種族蔑稱，然後強迫她進入房間，並且輪姦她。調查人員隨後攔截並公開一封派對後的電子郵件。我想「找一些脫衣舞孃過來」，萊恩・麥費狄恩（Ryan McFadyen）告訴他那些隊友。「我打算殺了那些母狗」，剝了

「她們的皮，穿著我的杜克球衣發射」。隨著杜倫地區檢察長提出控告，該案就成了全國新聞。全國反種族主義、反強姦暨反性別歧視社群挺身支持曼格姆。「無論警方調查結果如何，」八十八名杜克大學教授在二〇〇六年四月六日《杜克紀事報》（*Duke Chronicle*）的全版廣告上說。「現在每天都很明顯的是，那就是許多學生都很憤怒和害怕，他們知道自己是種族主義和性別歧視的目標。」

到了二〇〇七年，袋棍球員被控案已經瓦解。實物和DNA證據都證明他們沒有犯下不當性行為，反倒是曼格姆吸毒、濫交並有心理健康問題的消息讓她被抹黑。當消息傳出她謊稱被強姦，一切似乎都天翻地覆。杜倫地區檢察長被開除並取消律師資格。球員們對該市提起訴訟。種族主義者和性別歧視者利用她的案子試著消音風災後關於種族主義的討論，以及她的指控所引起關於強姦文化的討論。據傳，杜克大學那些反種族主義、反性別歧視、反貧窮的教授利用此案來做宣傳。

曼格姆的謊言被推及所有黑人、所有女性，尤其是所有黑人女性。種族主義者開始揮著他們的種族牌，解釋說黑人一直都在編造和誇大種族歧視的總量。性別歧視者開始揮著「強姦」牌，指責說婦女一直都在編造和誇大性暴力的總量。性別種族歧視者結合種族牌和強姦牌來汙蔑那些聲稱受到種族化性暴力的黑人女性。就好像所有黑人女性在北卡羅萊納州的杜倫都做錯了些什麼。然後，種族和強姦改革者覺得受到背叛（尤其是其中的男性），於是開始貶損曼格姆，因為她給了強姦犯和種族主義者更多他們愛打的強姦牌和種族牌，使得反強姦和反種族主義運動倒退。她的謊言會讓這些改革者更難勸人放棄強姦觀念和種族主義觀念、更難說服白人承認他們的種族主義，也更難說服男人承認他們的強姦文化。很諷刺的是，當這些改革者譴責曼格姆的愚行，試著說服（而非強迫）加害者停止其違反人性罪行的愚蠢策略，卻反而確立了強姦文化和種族主義。[7]

在紐約州雪城的馬克斯飯店（Marx Hotel）外，反戰運動人士正在示威抗議美國占領伊拉克。當他們繼續進行，凍雨卻落在他們頭上。「各位不是晴天運動人士！」安吉拉・戴維斯在二〇〇六年十月二十日如此宣告。戴維斯邀請示威者到雪城大學的「女權主義與戰爭」研討會上，聽聽她的大會演講。許多人答應她的請求。戴維斯演述某些概念是如何被小布希政府給「殖民」的，比方說，「民主」被用於談到需要「解放」伊拉克和阿富汗婦女的言論中。「多樣性」被政府、軍隊和監獄用來自我標榜為歷史上最「多樣化」的體制。但是，那些壓迫者就躲在「多樣性」後面，同時維護制度性種族主義的完整，戴維斯如此宣稱。那是一種「沒差的差別」。民主和多樣性正變得像「種族牌」和「個人責任」那樣刻薄刺著反種族主義理想。[8]

然而，民權運動人士還是念念不忘「N字眼」，尤其是在二〇〇六年十一月十七日，《歡樂單身派對》（*Seinfeld*）演員麥可・理查茲（Michael Richards）在好萊塢爆笑工廠（*Laugh Factory*）一場單人喜劇中，叫嚷著N字眼的影片瘋傳之後。理查茲那句「他是個黑鬼！他是個黑鬼！他是個黑鬼！」所犯的眾怒，在春天裡融合到脫口秀主持人唐・伊姆斯（Don Imus），將羅格斯大學（Rutgers University）女籃深膚球員稱作「尿布頭婊子」（nappy-headed hos）所犯的眾怒。那般眾怒不僅僅影響了理查茲和伊姆斯。「就是我們。」福斯體育記者傑森・惠洛克（Jason Whitlock）在二〇〇七年四月十六日《匹茲堡郵報》（*Pittsburgh Post-Gazette*）寫道。「這一次，我們就是我們自己最壞的敵人。我們讓我們的年輕人完全相信某種文化」，這裡他指的是嘻哈，那種文化「反對黑人、反對教育、支持販毒、而且很暴力」。9

在二〇〇七年七月初的年度大會上，全國有色人種協進會替N字典辦了一場公開葬禮。但是，「種族牌」、「個人責任」、「色盲」、「別找藉口」、「成就差距」、「就是我們」全都得以繼續活在種族主義詞典中。「這是種族主義所生過最不得了的孩子。」牧師奧提斯・莫斯三世（Otis Moss III）在其N字典悼詞裡說道。紐奧良這麼多颶風死者全都來自種族主義這個子宮，結果N字典卻是最不得了的孩子嗎？幾個月前，就在二〇〇六年十一月二十五日，紐約幾名員警在二十三歲的尚恩・貝爾（Sean Bell）婚禮之夜宰了他。之後不久，在路易斯安納州耶拿（Jena），有六名黑人高中生受到過重的刑事控罪，案由是他們毆打一名掛起絞索、連呼種族蔑稱的白人同學。在N字典葬禮的幾天前，最高法院首席大法官約翰・羅伯茲（John Roberts）推翻了三個社區對當地學校進行解隔離的努力，他說：「停止基於種族而歧視的方法就是停止基於種族而歧視。」N字典是種族主義最不得了的孩子嗎？「N字典去死。」底特律市長夸米・基爾派屈克（Kwame Kilpatrick）在那場葬禮上命令道，但是沒人談到種族主義另一個更可怕的孩子。10

※

「他是主流非裔美國人之中第一個能言善道、光鮮整潔、還長得帥的傢伙。」角逐總統大位的德拉瓦州聯邦參議員喬・拜登（Joe Biden），乾脆給歐巴馬貼上非凡黑人標籤算了。拜登對這些總統競選對手的評價是出現在《紐約觀察家報》（*New York Observer*），幾天後，也就是二〇〇七年二月十日，歐巴馬站在伊利諾州春田市的舊州議會大廈前正式宣布參選總統。歐巴馬所站的地點就是林肯在一八五八年發表歷史性的「分裂之家」（House Divided）演說之處。歐巴馬滿溢著美國團結、希望和改變的話語。

但是拜登的評語（他後來為此「深切」懊悔）預示往後事態。接下來在整個選戰過程中反映出來就是種族主義者的魯莽，從小布希總統到電台超級名人拉許．林博（Rush Limbaugh），再到民主黨忠實支持者，他們全都將歐巴馬視為非凡黑人。二〇〇七年二月，《時代雜誌》推測，非裔美國人之所以對紐約州聯邦參議員希拉蕊．柯林頓表達更多支持，是因為有人質疑歐巴馬是否「夠黑」。這不會是因為他們覺得歐巴馬當選機會不大，而一定是因為他們覺得歐巴馬不是像他們那樣的尋常黑人，意思就是不能言、長得醜、不整潔、不聰明。[11]

行家原本都說希拉蕊「必將」獲得提名，直到二〇〇八年一月三日歐巴馬在愛荷華州初選意外擊敗她。到了二〇〇八年二月五日的超級星期二，美國人已被歐巴馬那場喊著「是的，我們可以」（Yes We Can）的希望暨改變運動給席捲了，他在選舉演說中具體表達並有力宣揚那兩項主題，使得人們開始有所渴望。二月中旬，他那敏銳且出色的妻子蜜雪兒．歐巴馬（Michelle Obama）在密爾瓦基一場集會上說：「這是我成年以來第一次真的為我的國家感到驕傲，而這不只是因為巴拉克表現得不錯，而且也是因為我覺得大家都渴望改變。」突然間，種族主義嘲弄就落在她頭上，抹黑她的「不愛國」言論、奴隸家世和棕色皮膚，還稱她是終極的「憤怒黑女」。選戰稍後，《紐約客》在封面放上蜜雪兒．歐巴馬的圖像。她被描繪成一身軍裝、揹著AK-47、還頂著一顆大大阿福羅頭，這是一幅代表性的、刻板的強壯黑女圖像，一旁是她身穿伊斯蘭服裝的丈夫。種族主義評論家迷上了蜜雪兒的身體，亦即她那近六英尺、有如斧鑿、半男性化而高度女性化的曲線身材。那些人在她的黑人婚姻和家庭中尋找問題，並在找不到的時候稱他們為非凡的。[12]

發現歐巴馬夫婦身上找不到汙點，那些調查記者就開始檢查他們的友人。二〇〇八年三月初，ABC新聞發布了一些佈道片段，講者是黑人美國最受尊敬的其中一位解放神學家，原為剛退休的芝加哥大型三一聯合教會（Trinity United Church of Christ）本堂牧師。耶利米．萊特（Jeremiah Wright）為歐巴馬夫婦證婚，並為他們的兩個女兒施洗。在ABC新聞發布的一段消息裡，萊特被引述在一場佈道裡說道：「政府給他們毒品，蓋起更大的監獄，通過三振法，然後要我們唱〈天佑美國〉。不不不……天殺的美國，沒把我們的公民當作人對待。」萊特拋棄了當初教給奴隸的古老的種族主義教訓：非裔美國人應該要愛美國，並且視其為世上最偉大的國家，無論他們被怎麼對待。除了摒棄美國例外主義，萊特還膽敢宣講說道在國外的美國「恐怖主義」引發九一一的不幸事件。說得委婉一點，各地的美國人都氣得臉色鐵青。[13]

歐巴馬隨便將萊特描述為一位焦慮「老伯」的說法沒讓美國人平靜下來，於是歐巴馬決定在二〇〇八年三月十八日處理這項爭議。他走進聚光燈下，發表了一篇題為〈一個更完美的聯邦〉（A More Perfect Union）的種族演說，地點就在費城的國家憲法中心（National Constitutional Center）。歐巴馬曾經教授憲法、從事民權法工作和照看成功的政治活動（包括他目前的競選活動，那是分析家都已認為很出色的），這樣的他很容易被視為專精許多事情：憲法、民權法、芝加哥政治、伊利諾州政治、競選、種族和政治。正如種族主義者認為所有黑人個體都代表該種族，種族主義者也認為所有能言善道的黑人個體都很懂黑人問題。因此，他們認為歐巴馬的黑人屬性讓他很懂黑人問題。而眾家媒體也經常邀請黑人名嘴大談他們不專精的各種「黑人」議題，讓真正的跨種族專家班底聽了很尷尬。

所以，在費城，有許多美國人都不認為歐巴馬只是個發言搶救選情的政治人物。就像那些競選助手所希望的，那些聽眾把他當作一位受人尊敬、知識淵博、而且真誠的種族問題專家講者，是一位比起在想像中既憤怒又年老的耶利米．萊特，更可信的種族關係專家。歐巴馬巧妙利用美國種族主義者給了他的這個平台——誰曉得他是表達了自己的實際信念，還是算計過他最舒適的政治空間是靠向同化主義者，該群體被羅伯特．恩特曼（Robert M. Entman）和安德魯．羅耶茨基（Andrew Rojecki）稱作「模棱多數」（ambivalent majority）。這些美國人相信，黑人是有一些不利之處，但有時卻將那當作枴杖。他們完全不知道，這種觀點不僅是種族主義的，而且幾乎沒什麼道理。這就像是說，遊戲被操弄了，但黑人不該讓那阻止他們獲勝，而當他們落敗並抱怨比賽被操弄，他們就是「把那當作枴杖」。[14]

歐巴馬駁斥了萊特「嚴重扭曲的觀點」，但卻勇敢拒絕完全「不認」萊特。然後，他開始了關於種族的概括演講，說明社會經濟上的種族不平等源自歧視的歷史。從這般堅定的反種族主義開場，他轉到公認的「普遍成就落差」的種族主義理論，再到被證偽的「福利政策……可能加劇了」「黑人家庭所受侵蝕」的種族主義理論，然後到未經證實的種族歧視給黑人留下「失敗傳統」的種族主義理論。

歐巴馬認為，這種「失敗傳統」解釋了為何「年輕男性，還有愈來愈多的年輕女性」正「站在街角或枯萎在我們的監獄」。他所忽視的事實是，這群人口正面臨著美國前幾高的失業率和出警率。歐巴馬將他的「失敗傳統」理論添到那許多關於奴役和歧視（尤其是其創傷）的種族主義民間，那些理論流傳於教室、餐桌和理髮店，將黑人講成在生理上、心理上、文化上、或道德上較差。多年來，人們一直在用這些民間理論，稱之為「創傷後奴隸症候群」、「奴隸高血壓論」、「帽T病」等等，來讓自己一走了之、不用去管歧視其實是導致黑人的機會和積蓄較差，而非使其成為一個較差的種族群體。[15]

那些反種族主義的萊特們，他們的「憤怒並非總是有建設性的」，歐巴馬接著說。「實際上，那往往讓人忘了要解決真正的問題，那讓我們無法正視我們在非裔美國人社群裡共謀造成我們的境況。」這是一段很經典的同化主義式反駁：因為反種族主義者在正視非裔美國人的境況時真正相信種族平等、不認為黑人哪裡錯了、認為歧視完全錯了，就說他們在「憤怒」。就像在他之前的杜波依斯和金恩，歐巴馬也將這些「憤怒」的反種族主義者跟憤怒的反白人憤世者混為一談，藉以詆毀他們，並將自己跟他們區分開來。但是，當杜波依斯和金恩最終走到反種族主義，他們就得格擋他們自己參與製造的同樣那些「憤怒」和「反白人」標籤。如今，歐巴馬也在做同樣的事情，渾然不知他正在再製一張標籤，他往後無論何時何地再講一句反種族主義話語，他那些對手就會拿來貼在他身上——就在那場演講之後。

歐巴馬在那場演講中發表不少反種族主義話語，最深刻的是，他分析了「至少一個世代」的政治人物如何利用對於福利、積極平權措施和犯罪的「怨恨」、恐懼和憤怒來讓白人選民忘了「中產階級受擠壓問題的真正禍首」，那就是國家優待少數人而虧待多數人的經濟政策。話說回來，歐巴馬畢竟是個政治人物，他拒絕將白人的「怨恨」說成「誤會，或甚至是種族歧視」；令人驚訝的是，他將其「立基於」「合理擔憂」。歐巴馬最終追隨了尼克森以來每位總統的種族主義腳步：將種族主義怨恨正當化，說這些怨恨不是種族主義的，並將那些怨恨重新導往政治對手身上。

具有雙重意識的歐巴馬鼓勵非裔美國人對抗歧視、負起個人責任、做個更好的父母、終結「失敗傳統」，但歐巴馬並未提供任何關於育兒或心理的教誨，給那些據信在育兒上和心理上較優越的美國白人。他只是請求他們跟他一起踏上反對種族歧視的「長征」，「不僅坐而言，更要起而行」，這話說在一段反種族主義得嚇人的結論裡。在二〇〇八年三月十八日那天要離開費城講台之前，他又像演講一開始那樣陳述片面真實的持續種族進步類比。「這個聯邦或許永遠都不會完善，」他說，「但是一代又一代的人已經展示，它永遠可以被改善。」[16]

種族主義和反種族主義雙方的批評都被漫過整座意識型態小島的恭維聲浪給淹沒了。ＭＳＮＢＣ政治分析家蜜雪兒・伯納德（Michelle Bernard）稱之為，「自馬丁・路德・金恩的〈我有一個夢〉演說以來，我們這個國家所聽過最好的演講和最重要的種族演講。」而出聲恭維的不只有民主黨人。著名的共和黨人，從兩位總統候選人麥可・哈克比（Mike Huckabee）和約翰・馬侃（John McCain），到小布希政府的康朵麗莎・萊斯（Condoleezza Rice）和柯林・鮑威爾（Colin Powell），再到柯林頓夫婦的宿敵紐特・金瑞契，也都在稱讚這場演講。《鐘形曲線》的作者查爾斯・莫瑞說那「完全就是精采，很有說服力，而且捕捉到了美國許多關於種族的微妙之處」。[17]

如果說歐巴馬是希望將ＡＢＣ新聞的路障化為跳板，那麼他成功了，他擺脫耶利米・萊特和希拉蕊・柯林頓，飛升進入四、五月，然後在六月初獲得民主黨提名。同時間，那些負責產製種族主義觀念的共和黨人開始辦起正事，要求看看歐巴馬的出生證明，質疑巴拉克・胡笙・歐巴馬（Barack Hussein Obama）是否真的是美國人，而且暗示只有真正的美國人，也就是像馬侃這樣的白人，才能住進美國白宮。先前沒有哪位主要政黨的美國總統候選人受過如此尖刻的負面檢驗。話說回來，先前也沒有哪位主要政黨的美國總統候選人不是白人男性。歐巴馬陣營發布他的美國出生證明掃描檔，可是那些說歐巴馬出生於肯亞或某個伊斯蘭反美國家的謠言並未突然散去。那些謠言不是因為無知而開始，所以又怎麼會因為有知而散去呢？

但是，這位單親母親之子轉向別的事情，像是二〇〇八年六月十五日的一場父親節致詞。「如果我們對自己誠實的話，我們就會承認，有太多的父親缺席了，從太多生命和太多家庭裡缺席了，」歐巴馬在芝加哥南區一間教堂裡對著黑人的如雷掌聲說道，「他們表現得就像男孩而不是男人。而我們家庭的基礎也因此變弱。」隔天在《時代雜誌》上，社會學家麥可・艾瑞克・戴森應該已經徹底埋葬掉歐巴馬（以及其他許多美國人），在缺席的黑人父親這議題上不斷重複的種族主義誇大詞。戴森引用波士頓學院的利百加・李凡・柯利（Rebekah Levine Coley）的一項研究，該研究發現不住家裡的黑人父親，要比其他種族群體的父親更有可能跟孩子保持聯繫。「歐巴馬的話或許是對黑人說的，但這些話瞄準的是那些還在觀望要送誰進白宮的白人。」戴森如此批評。[18]

「缺席的黑人父親」的傳說變得就像「沒有好黑男」的傳說一樣流行。早在二〇〇八年五月，泰拉・班克斯（Tyra Banks）就曾用她那熱門電視脫口秀的一整集來談這個話題，稱之為「所有好黑男都到哪去？」監獄中的近百萬名黑人和比白人少了六年的黑人預期壽命都沒有引起討論。班克斯用那種黑人女性種族主義者的口氣推測，黑人女性之所以很難找到好的黑人男性，是因為其中有很多都是狗，或者是跟非黑人女性或男人約會。過不了多久，黑人男性種族主義者也這麼說黑人女性。二〇一〇年連霸榜首最久的R&B單曲是艾莉西亞・凱斯（Alicia Keys）的〈我準備好了〉（I'm Ready），爆紅嘻哈歌手德瑞克（Drake）在該曲中客串，他饒舌唱道：「好女人也很少見，她們都不靠過來。」好的黑人男性很少，加上好的黑人女性很少，就等於好的黑人很少，也等於種族主義觀念。[19]

二〇〇八年十一月四日，有位六十四歲的新退休教授在其投票生涯中首次投給主要政黨。她退休退出學術界，卻未退出她四十年來極其公然的行動主義。她仍在前往全國各地，試圖激起一場反監獄的廢奴主義運動。安吉拉．戴維斯把票投給民主黨的歐巴馬，加入了大約六千九百五十萬美國人那邊。但是，戴維斯這一票不僅是投給那名男子，也是投給競選組織者在基層的努力，那數以百萬計的人都在要求改變。當各大新聞網開始宣布歐巴馬當選美國第四十四屆總統，歡樂迸發出來，從東岸擴散到西岸，從美國擴散到整個反種族主義的世界。戴維斯身處奧克蘭那場狂熱之中。當她走在街上，她不認識的人都走上前擁抱她。她看到人們在向天空歌唱，她也看到人們在街上跳舞。事實上，全世界的人都在街上跳舞。而戴維斯眼前和世上其他正在慶祝的人之所以欣喜若狂，並不是由於某位個人的當選；他們之所以欣喜若狂，是由於他們對黑人勝利感到驕傲、是由於數以百萬計的基層召集人的成功，也是因為他們證明了所有那些聲稱不可能選出黑人總統的不信者，都是錯的。最重要的是，他們陶醉於一位黑人總統的反種族主義潛力。[20]

在這個十一月夜晚和往後幾週裡那些歡樂迸發的場景背後，對黑人的仇恨攻擊猛烈迸發。種族主義觀念的產製者正在加班拆下，他們某些在十年間讓消費者看不見歧視的色盲話術。他們正在努力打造出更厲害的歧視，將美國描繪成不再需要保護性或扶持性的民權法律和政策，也不再需要談論種族。「我們現在身處一個後種族的美國嗎？……美國已經越過歧視黑人的種族主義了嗎？」約翰．麥克沃特在選後幾週在《富比士》（*Forbes*）雜誌問道。「我說答案是肯定的。」[21]

結語

在二〇〇八年大選中投給歐巴馬的美國白人有一些是反種族主義者；另一些則很可能將歐巴馬稱作非凡黑人，或擱置他們的種族主義。如果說黑人反種族主義者在過去幾十年裡能投給種族主義民主黨，以取「兩害之輕」，那麼當然白人種族主義者可以看著共和黨的候選人名單，然後投給歐巴馬以取「兩害之輕」。聲稱投給歐巴馬的白人選民不可能是種族主義者，就會像是以為有黑人朋友的白人不可能是種族歧視者，或以為黑人不可能認為黑人在某方面上較為低劣一樣天真（或有意操弄）。但是，白人選民並未像那些後種族頭條所暗示或宣告的那樣，替歐巴馬贏得選舉。他們投給他的比例約當於他們投給詹森以降歷來民主黨總統候選人的比例（百分之四十三）。替歐巴馬贏得總統大位的是，他比二〇〇四年凱瑞多拿的百分之十非白人選票，以及創紀錄的年輕選民投票率。[1]

但是，種族主義觀念思想很可能輕易替他輸掉選舉。要是歐巴馬是美國奴隸的後裔呢？要是他不是雙種族者呢？要是歐巴馬的妻子長得像他母親呢？如果他沒有開始向黑人宣講個人責任呢？要是莎拉·裴琳（Sarah Palin）沒有因為她那些有實無名的3K黨集會裡，有觀眾齊喊「殺了他」而激出民主黨人呢？要是小布希共和黨人沒有得到歷史前幾差的支持率呢？要是歐巴馬沒有打出據報為史上最好的總統選戰呢？如果經濟大衰退沒在選前幾週讓選民陷入恐慌呢？後種族理論家幾乎毫不關心所有這些必須匯聚起來，才能選出美國首位黑人總統的力量。但是，種族主義觀念的生產者哪時候關心過現實了？[2]

「後種族美國」這個概念在二〇〇九年歐巴馬就任後，很快就成了種族主義者和反種族主義者之間的新界線。芝加哥大學政治學家麥可．道森（Michael Dawson）為反種族主義者講話，直陳美國尚未「近乎達致『後種族』狀態」。而相關證據隨處可見。經濟大衰退讓黑人家庭年收入中位數減少百分之十一，反觀白人家庭卻只減少百分之五。二〇〇九年一月一日，一名奧克蘭的運輸警察殺了二十二歲的奧斯卡．格蘭特（Oscar Grant），他遇害時臉朝下趴著、雙手被反綁在背後。所有基因學家、三K黨人、匿名的網路種族主義者，當然還有二〇〇九年二月十九日成立的茶黨的成員，以及其他隔離主義者全都組織起來，好像歐巴馬當選就沒有明天一樣。從九一一事件到二〇一五年六月，迪倫．盧福（Dylann Roof）在南方最古老的AME教堂內，槍殺九名讀經的查爾斯頓人的那個災難日之間，美國白人納粹式恐怖份子殺害了四十八名美國人，這幾乎兩倍於反美伊斯蘭恐怖份子所殺的人數。執法機關認為，這些美國白人恐怖份子對美國人性命的威脅大於反美伊斯蘭恐怖份子，但這些白人恐怖份子並未顯示在那些鷹派的雷達上，他們只顧著不斷發動反恐戰爭。在查爾斯頓事件之後，美國人所做的就只是象徵性爭論一下該不該懸掛聯盟旗。[3]

歐巴馬在他上任總統初期就該注意到這股上升中的隔離主義浪潮，即便他要在幾年後才會聽聞迪倫．盧福這個名字。或者，也許他沒注意到。又或者，也許他注意到了，可是覺得指出來會帶來分歧，就像耶利米．萊特那樣。「美國的歧視很可能從來沒有像今天這麼少，」歐巴馬在二〇〇九年七月十六日這麼告訴全國有色人種協進會，「但是，別搞錯了：在美國仍然可以感受到歧視的痛苦。」就在那天，麻州劍橋有人看見哈佛教授亨利．路易斯．蓋茨正試著撬開被卡住的自家前門，就趕著去報警。當歐巴馬批評到場的白人員警「愚蠢到在已有證據顯示某人是在自家還加以逮捕」、當他承認種族貌相「歷史悠久」，那些後種族主義者就撲上去制止歐巴馬的反種族主義，以免那變得不可收拾。歐巴馬的「憤怒」萊特解釋回過頭來咬了他，就像類似陳述先前也曾回過頭來咬了金恩和杜波依斯。歐巴馬「一次又一次」自曝他「深刻仇恨白人或白人文化」，茶黨寵兒葛蘭．貝克（Glenn Beck）這麼告訴福斯新聞網的聽眾。「我不是說他不喜歡白人，我是說他有問題。這傢伙，我相信他是個種族主義者。」[4]

這是很驚人的轉折。在那場全國有色人種協進會演說裡，歐巴馬講到非裔美國人需要一種「新的心態、一套新的態度」以擺脫他們那種「內化的限制感」，還指責黑人父母將養兒之事外包出去。對於這一連串針對數以百萬計黑人的指責，葛蘭．貝克和這些後種族主義者一點批評的話也沒有。顯然，歐巴馬可以批評數以百萬計黑人，但當他一批評某個白人歧視者，這些後種族主義者就撲上去了。

歐巴馬就任總統幾個月後，這些後種族主義者就撂出他們關於種族關係的新準則：只要你想要就可以批評數以百萬計的黑人，想要多常就多常批評。那不算是種族決定論、種族主義或仇恨。你甚至不算是在談種族。但每當你批評某個白人歧視者，那就是種族言論、那就是仇恨言論、那就是在搞種族主義。如果說種族主義觀念的目的一直都是消音那些抵抗種族歧視的反種族主義者，那麼這種後種族主義的攻擊路線可能就是迄今最奧妙的消音器。

所有這些後種族主義者都不介意去合理化長久的種族不對等、黑人長久的社會經濟困境，方法就是在福斯新聞網、《華爾街日報》、《拉許・林博秀》、最高法院和共和黨席位上責備黑人。藉由貶低黑人來辯護種族主義政策，那一直都是種族主義觀念產製者的使命，早在將近六個世紀以前戈梅斯・埃亞內斯・德・祖拉拉，就率先提出這些觀念來辯護葡萄牙亨利王子的非洲奴隸交易。那些後種族主義的攻擊引發反種族主義者的反擊，他們到處指出種族歧視，從推特到臉書、從嘻哈到黑人研究、從MSNBC到天狼星XM進步頻道（Sirius XM Progress）的節目，以及從《國家》到《根》等雜誌，結果又引發後種族主義者反擊，他們稱這些反種族主義者是在引起分歧、而且抱持種族主義。夾在中間的同化主義者則自認是是理智穩健的聲音，他們持續鼓吹那種拙劣的寓言，裡面所講的是這個國家走了多遠、還得再走多遠。講述種族進步和種族主義同時進展的真實美國歷史還是不合稱他們的意識型態。

無論如何，後種族主義者和同化主義者都未能阻止所有反種族主義者大談種族歧視，也未能使他們順從。在二〇一一年的「占領」運動中，反種族主義者加入那些代表百分之九十九的占地抗議者。他們繼續要求賠償，其中顯例之一就是塔—奈西希・科特斯在二〇一四年六月號《大西洋》雜誌中的專題報導。他們對抗發生在美國城市的攔查搜身警務，以及共和黨策劃的褫奪公權政策裡的種族主義進展。反種族主義份子幫忙推動多元性別族群，努力不懈爭取平權的奮鬥。在那場奮鬥中，黑人跨性別活動家珍妮特・莫克（Janet Mock）發表了她的回憶錄《重新定義真實》（*Redefining Realness*）。在貝爾・霍克斯和梅麗莎・哈里斯—佩里，以及一連串集合其他反種族主義名人的全明星陣容的喝采聲中，《重新定義真實》在二〇一四年二月一日首次登上《紐約時報》暢銷書榜。莫克那部情節緊張且具反思性的個人書寫探索女性身分、認同和愛情，讓讀者有機會看到跨性別美國人（尤其是黑人跨性別婦女）的生活、奮鬥和勝利。「在路上某處，我開始厭倦伸手抓住可能的自我，根本抓不到。於是我放下雙臂，用它們來環繞我。我開始痊癒，靠的是擁抱自己走過預感到的黑暗，直到旭日照在我臉上。」莫克最後寫道。「終於，我浮出了，而且順服那光輝，發現了早已屬於我的真理、美麗與平靜。」[5]

反種族主義者似乎到處抗議，尤其是在監獄前面，在那裡對抗安吉拉・戴維斯對抗了四十年的種族主義刑事司法體制（和監獄—產業綜合體）。二〇一〇年，俄亥俄州立大學法律教授蜜雪兒・亞歷山大（Michelle Alexander）將其轟動暢銷書題為《新吉姆・克勞法：色盲時代的大規模監禁》（*The New Jim Crow: Mass Incarceration in the Age of Colorblindness*）。她揭發種族歧視出現在刑事司法體制的每一站，從立法到警務，到誰被懷疑，到誰被逮捕、起訴、定罪和監禁。而當黑人離開那些擠滿黑人和棕人的監獄，奴役就會結束，好讓各種新的法律歧視開始。「今天的犯罪前科恰恰允准我們以為拋下了的各種歧視——在就業、住房、教育、公共福利和陪審義務的歧視，」亞歷山大寫道，「那些被貼標籤的罪犯可能會被剝奪投票權。」[6]

蜜雪兒・亞歷山大在《新吉姆・克勞法》中揭發後種族美國這個謊言。但是，真正啟動整場後種族謊言巡迴展的莫過於二〇一二年二月二十六日發生的事情，佛州桑福德（Sanford）鄰里守望員喬治・齊默爾曼（George Zimmerman）盯著一位小跑步的黑人少年崔文・馬丁，好像他偷了什麼東西似的。那個手無寸鐵的少年嚇得逃跑。齊默爾曼違抗一位警察調度員的命令，跑去追趕崔文，然後終結了那十七歲少年的生命。一連串事件隨之發生——齊默爾曼宣稱自衛、抗議、齊默爾曼被捕、謀殺案、辯方將崔文・馬丁描繪成一個可怕的惡棍、齊默爾曼被開釋，最終陪審員發表他們的種族主義理由，而隔離主義者則是歡慶該判決。反種族主義者都很不開心，而同化主義者則是三心兩意。這種情緒擺盪似乎隨著每次警察殺人而加劇，死者包括紐約的精神病患瑟瑞絲・法蘭西斯（Shereese Francis）、芝加哥的瑞奇亞・鮑伊德和布魯克林的二十三歲女子仙朵・戴維斯（Shantel Davis），這些人全都死於崔文遇害的幾個月內。二〇一三年三月九日，兩名紐約員警對十六歲的基曼尼・蓋瑞（Kimani Gray）開了七槍。接著蓋瑞及其他人之死而來的激烈抗議引發後種族的隔離主義者、反種族主義者和同化主義者之間的另一輪爭論。後種族的隔離主義者譴責那些暴力的「惡棍」；反種族主義者解釋相關暴力源自於種族主義；而同化主義者則是譴責暴力的「惡棍」，並指出相關暴力源自於歧視。

對許多反種族主義者來說，「惡棍」一詞已經成為「如今取代用N字典稱呼某人的公認方式」。這就是西雅圖海鷹隊角衛理查・薛曼（Richard Sherman）在二〇一四年初受此蔑稱之後的解釋。當史丹佛畢業的薛曼對著鏡頭大吼，美國種族主義者看到的，不是一名運動員他那為球隊贏得國聯冠軍的「無瑕破壞」（Immaculate Deflection）的幾分鐘後的情緒激動。他們看到的是一個「惡棍」，就像警察在殺的那些手無寸鐵的「惡棍」，就像在二〇一三年為了基曼尼・蓋瑞、在二〇一四年為了史坦頓島的艾瑞克・加納（Eric Garner）和佛格森的麥可・布朗、在二〇一五年為了巴爾的摩的佛萊迪・蓋瑞而暴力造反的那些惡棍。「惡棍」是許多用來指稱黑人低劣或「不如」的全新公認方式之一。其他廣泛使用的種族主義蔑稱和說法包括「隔都」、「少數群體」、「個人責任」、「成就落差」、「種族牌」、「反向歧視」、「好髮型」、「來自底層」、「沒有好黑人……」，以及「看吧，那就是黑人的問題所在……」。[7]

在二〇一三年聽到齊默爾曼被宣判無罪讓艾麗西亞・加扎（Alicia Garza）深受打擊。為了尋求慰藉，她在奧克蘭一家酒吧掏出手機。結果卻讓她更加心煩，她在臉書動態消息上讀到種族主義訊息「怪罪黑人造成我們自己的處境」，她才變得更加不安。身為家務工代言人的加扎為黑人寫了一份關愛信，懇求他們確保「黑人的命也是命」（black lives matter）。她在洛杉磯的朋友、反警察暴行運動家派崔斯・庫勒斯（Patrisse Cullors）在臉書上讀到加扎那份熱烈的關愛信，就在前面加上主題標籤。他們精通科技的朋友、移民權利活動家歐帕爾・托梅蒂（Opal Tometi）也進來建立網路平台，「#黑人的命也是命」（#BLM）就誕生了。發自這三位黑人女性的內心深處（其中兩位是酷兒）這份關愛宣言直覺地表明，為了真正成為反種族主義者，我們還必須反對所有那些充滿種族主義並配合種族主義傷害這麼多黑人生命的性別歧視、恐同情結、膚色主義、種族中心主義、本土主義、文化偏見和階級偏見。這份具有時代意義的反種族主義宣言在二〇一四年迅速從社交媒體跳到全國各地反種族主義抗議那些喊話的標語和喊話者的嘴上。這些抗議者拒絕了六個世紀的種族主義宣言：黑人的命不是命。#黑人的命也是命，很快就從反種族主義關愛宣言轉變為一場反種族主義運動，這場運動充滿了在全國各地團體裡活動的年輕人，而那些團體往往是由年輕的黑人女性領導。集體來說，這些運動人士是從無數的有利位置，在社會的所有領域推擠一切形式的歧視。而為了回應那些表現得好像只有黑人男性的命才是命的人，反種族主義的女權主義者大膽要求美國「#喊她名字」（#Say Her Name）。喊出珊卓・布蘭德等黑人女性受害者的名字。「我們希望確保這場最新一代的黑人自由運動獲得盡可能廣大的參與，」加扎在二〇一五年這麼告訴《今日美國》（*USA Today*），「我們擁有這麼多不同的經驗。我們需要分享那些豐富又複雜的經驗，以求達致我們想要的解答。」8

ⅩⅩ

哪一天美國人才會覺得黑人的命也是命呢？這在很大程度上取決於反種族主義者怎麼做，以及他們用來踩滅種族主義觀念的策略。

種族主義觀念的歷史告訴我們哪些策略是反種族主義者應該停止使用的。本書所記載的不只是種族主義觀念的發展，還有美國人用以根除這些觀念的三個最古老、最流行的策略的持續失敗。那三個策略就是自我犧牲、上進勸說和教育勸導。

種族改革家通常請求或要求美國人（尤其是美國白人），犧牲自己的特權以改善黑人的生活。然而，這項策略是基於現代最古老的其中一個迷思，一個被種族主義者和反種族主義者不斷產製和再製的迷思：種族主義在實質上有利於大多數白人，重建一個反種族主義會讓美國白人損失而非獲益。確實的是，種族主義政策讓白人普遍得利，卻以讓黑人（和其他人）普遍犧牲為代價。那是種族主義的故事，也就是機會不平等的故事。但是，同樣確實的是，一個機會平等的社會，少了頂端百分之十的人囤積財富和權力，其實會比種族主義帶給絕大多數白人帶來遠遠更多好處。絕非巧合的是，奴隸制讓絕大多數南方白人處於貧窮。絕非巧合的是，有更多的白人美國人在一九三〇年代到一九七〇年代初那些反種族主義運動期間致富，數量多於之前和之後。絕非巧合的是，後來在二十世紀晚期反種族主義運動消沉伴隨中、低收入白人的薪資停滯或減少，以及生活費用飆升。

反種族主義者應該停止將自私連結到種族主義，也停止將無私連結到反種族主義。利他主義是很吸引人，但不是必要的。反種族主義者不一定要利他、反種族主義者不一定要無私。反種族主義者只需要明智利己（intelligent self-interest），還有停止消費那些多年來產生這麼多不明智利己的種族主義觀念。挑戰影響貧窮黑人的種族主義對中、高收入黑人是明智利己的，因為他們知道自己擺脫不了正在減緩其社經提升的種族主義，除非貧窮黑人擺脫了種族主義。挑戰反黑人種族主義對亞裔、美洲原住民和拉美裔是明智利己的，因為他們知道自己擺脫不了種族主義，除非在黑人擺脫了種族主義。挑戰種族主義對美國白人是明智利己的，因為他們知道自己擺脫不了性別歧視、階級偏見、恐同情結和種族中心主義，除非黑人擺脫了種族主義。反亞裔、反原住民和反拉美裔種族主義觀念的歷史，以及性別歧視、菁英主義、恐同和種族中心主義觀念的歷史，全部都聽起來跟種族主義觀念的歷史像得驚人，而且都看得到同一批在美國捍衛偏執的其中一群人。支持這些普遍的偏執只對一小群超級有錢的新教徒、異性戀、非移民、白人、盎格魯—撒克遜男性是明智利己。只有那些人需要利他才能成為反種族主義者。我們其餘的人就只需要為自己做明智的事情。

在歷史上看，黑人大體認為我們能為自己做的最明智之事，就是參與上進勸說，但這種策略就跟白人自我犧牲一樣行不通。從一七九〇年代左右開始，廢奴主義者就敦促愈來愈多的自由黑人在白人面前展現正直的行為，相信他們將會因此動搖奴隸制背後的種族主義信仰。黑人將會獲得「自尊、自信和白人的恩惠，而那會跟你在知識和道德改善上的增長成正比」。正如蓋里森在一八三〇年告誡自由黑人的。[9]

種族主義觀念的歷史顯示，不僅上進勸說失敗了，而且總的來說，發生了跟預期效果相反的情況。美國種族主義者經常最是鄙視那些提升自己的美國黑人，那些黑人違抗了被他們用來壓抑黑人的種族主義法則和理論。所以，向上流動的黑人並未勸消種族主義觀念或政策。恰恰相反地，上進勸說導致種族主義的發展，黑人突破那些舊的之後就出現了新的種族主義政策和觀念。

任何人只要目睹了歐巴馬那歷史級的總統任期，以及他所受的歷史級反對，都該完全明白，黑人愈是提升自己，他們就會發現自己愈是承受某種種族主義反衝。做為一種種族進步策略，提升勸導已經失敗了。黑人個體必須拋棄這種策略，不要再擔心別人會怎麼看待他們怎麼表現、怎麼說話、怎麼穿著、怎麼被媒體描繪，還有他們怎麼想、怎麼愛和怎麼笑。個別黑人不是種族代表。他們不用對那些抱持種族主義觀念的美國人負責。黑人需要在白人周圍、彼此周圍、所有人周圍當起他們不完美的自己。黑人是美的也是醜的、是聰明的也是不聰明的、是守法的也是犯法的、是勤勞也是懶惰。正是那些不完美使得黑人有人性，使得黑人平等於其他所有不完美的人類群體。

除了自我犧牲和上進勸說，種族改革者用過的另一項主要策略就是各種教育勸導。一八九四年，年輕的杜波依斯認為，「世人都想錯了種族，因為他們不懂。終極的惡是愚蠢。治療愚蠢的方法是基於科學調查的知識。」整整五十年後，就在一九四四年，瑞典經濟學家岡納．米爾道爾在其預示民權運動將至的標誌性宣言中，呼應杜波依斯的教導策略。但是，米爾道爾並非建議透過科學來教導美國白人，而是建議透過媒體來教導他們，他說：「依筆者所見，毫無疑問的是，美國絕大多數白人都會願意給予黑人遠遠更好的對待，只要他們知道事實。」[10]

就像在他們之前的廢奴主義者，也像今日的種族改革家，杜波依斯和米爾道爾都認為種族主義可以藉由呈現事實來勸消。教育勸導有很多形式，教育者可以教授事實，科學家可以發現事實，律師可以在案件中替正直的黑人原告呈現事實，情景喜劇、電影和小說可以描繪正直黑人的事實。在遊行和集會上，黑人可以在觀眾、聽眾或讀者面前講出他們受苦的事實。各大新聞網、紀錄片專家、記者和學者都可以呈現苦難黑人群眾在自身環境中，被歧視給殘忍踐踏的真實場面。

這許多種教育勸導都是立基於種族問題的錯誤建構：以為無知和仇恨導致種族主義觀念，而種族主義觀念又導致種族主義政策。但事實上，是私利導致種族主義政策，而種族主義政策又導致種族主義觀念，結果導致所有的無知和仇恨。種族主義政策被制定都是出於私利。所以，那些政策先前被自願撤回往往也是出於私利。通行而美好的歷史敘述都說廢奴主義者和民權活動家已經逐步用教育和勸導，打消美國的種族主義觀念和政策，那種敘述聽起來很棒。但那從來都不是完整的故事，甚至不是主要的故事。政治人物在一八六〇年代和一九六〇年代通過民權和投票權措施，主要是出於政治和經濟的私利，而非教育或道德的覺醒，且這些法律並不意味著種族主義政策的末日。種族主義政策只是開始演變，出現了不那麼美好的種族主義進展，但教育勸導沒能阻止，而美國人也沒能認出。

很諷刺的是，杜波依斯都已經放棄了教育勸導，米爾達爾才在提倡該策略。在大蕭條時期，杜波依斯從一座種族事實大山的頂峰看向美國，那座大山有部分裝的四十年來他的書籍、散文、請願書、演講和文章。「黑人領袖」認為「美國白人不知道或不了解黑人的持續困境」，他在一九三五年的一篇論文中寫道。「於是，在過去二十年裡，我們透過書籍和期刊、言論和呼籲、各種激烈的煽動方法，努力將基本事實呈現給美國人民。今天，毫無疑問的是，美國人知道事實；然而，他們還是幾乎毫不關心，也不為所動。」[11]

在杜波依斯寫下那篇論文後的八十年裡，美國反種族主義者繼續以類似的方法努力將基本事實呈現給美國人民。毫無疑問的是，那些產製、捍衛和忽視種族主義政策的人都知道事實。然而，他們還是幾乎毫不關心，也不為所動：對通過全面立法徹底改革奴役式司法制度的必要性毫不關心；在推動藉由提供更多、更好工作來打擊犯罪之類措施上不為所動；對要求將毒品除罪化和尋找監獄以外替代方案的呼籲毫不關心；在賦權當地居民僱用和解僱維持其社區治安的警員上不為所動。他們還是幾乎完全不願意通過更宏大的立法來重新設想美國的種族關係，亦即從根本上認定種族不對等的背後原因是歧視（而不是黑人哪裡錯了），而且設立一個機關來積極調查那些不對等並懲罰那些有意和無意的歧視者。該機關還將努力拉平黑人和白人鄰里及其機構的財富和權力，並負有補救歧視所造成之不平等的明確使命。

立法者如果想要，他們今天就有權力踩滅種族歧視，造就種族「平等成為事實」，此語引自總統詹森。他們有能力擁護要求立即平等的反種族主義理想，以此呼應要求立即解放的古老喊聲。他們有能力背離要求逐步平等的同化主義理想和維持永久不平等的隔離主義理想。但是，地方和聯邦議員都擔心選舉獻金者和選民的反彈。他們知道，後種族主義者會將任何徹底的反種族主義法案斥為歧視和仇恨白人，就像奴役者和隔離主義者在他們之前所做的那樣，即使這樣的法案其實將惠及幾乎所有美國人，而且白人也包括在內。如果種族主義被消除，許多在經濟和政治上處於頂端的白人擔心那會消除他們手上最能有效征服、控制和剝削非白人，以及中、低收入白人的其中一項工具。

那些有權力終結我們所知的種族主義、對種族主義強硬起來、建立後種族主義者其實不願意看到的後種族主義的美國人——這些人在安吉拉・戴維斯那充滿故事的一生期間都知道這些事實。有權力的美國人在馬瑟、傑佛遜、蓋里森、杜波依斯等人在世期間也都知道事實。了解美國的事實是權力者的首要任務。所以，試著教育有知識的人並沒有太大意義。試著教育這些產製、捍衛或忽視美國種族主義的權力者去認識其有害影響，就像試著教育一群企業經理人去認識他們的產品是多麼有害。他們早就知道了，而也們也無意終結傷害。

歷史是清清楚楚的。犧牲、提升、勸導和教育在過去、現在和未來都不會根除種族主義觀念，更不會根除種族主義政策。權力永遠不會自我犧牲而放棄私利；權力不會被勸導得放棄私利；權力不會被教育得放棄自身利益。那些有權廢除種族歧視的人迄今都未那麼做，而且只要種族主義會以某種方式有益於他們，他們就永遠不會被勸導或教育得去那麼做。

我絕對不是說，從來沒有高居權位的美國人自我犧牲，或被黑人提升、或事實給教育、或勸導得去終結他們影響範圍內的種族不對等。但是，這些勇敢的反種族主義權力掮客更像是例外，而不是通例。我絕對不是說，一代代種族主義觀念的消費者都沒有被教育或勸導得去放棄這些種族主義觀念。但是，隨著美國人拋棄舊的種族主義觀念，新的種族主義觀念又不斷被產製來給他們再度消費。那就是為什麼教育和勸導大家放棄種族主義觀念的努力，在美國會是永無休止的。那就是為什麼教育勸導永遠不會帶來一個反種族主義的美國。

雖然提升、勸導和教育都失敗了，但歷史清楚顯示什麼行得通、什麼總有一天將會消滅種族主義觀念。種族主義觀念一直是種族歧視者這家公司及其產品的公關部門。消滅公司，公關部門也會倒掉。消滅種族歧視，然後種族主義觀念也將被消滅。

為了削弱種族歧視，美國人必須將努力聚焦在那些有權力削弱種族歧視的人。向其他人或其他事物抗議都是在浪費時間，就像試著教育或勸導權力者一樣。歷史顯示，那些有權力削弱種族歧視的美國人很少那麼做。然而，他們還是曾經那麼做，那是當他們自己意識到消除某種種族歧視符合他們的私利，就像林肯總統選擇終結奴隸制以保住美國。他們也曾經無奈接受反種族主義變革，明白該選項優於反種族主義抗議者所創造的顛覆、失序、在政治上有害和／或無利可圖的情況。

反種族主義抗議者普遍排斥那些認為黑人怎麼了的種族主義觀念，那些觀念被用來合理化黑人居多空間的困境和白人居多空間之所以罕有黑人。最有效的抗議向來都是極為在地的；發起那些抗議的反種族主義者關注的是周遭環境，包括他們的街區、社區、學校、大學、工作和專業。這些在地抗議接著變成全州抗議，全州抗議接著變成全國抗議，而全國抗議接著變成國際抗議。但是，這一切都始於一個人，或兩個人，或一小群一小群人，在所處的小環境裡，忙著積極動員反種族主義者加入組織而且像下棋般，計畫和調整一系列逼迫權力根除種族主義政策的手段，像是罷工、占領、造反、運動以及財政和身體杯葛。反種族主義抗議者已經為他們自己創造出權力位置，靠的就是講出清楚的訴求，而且更清楚地表示他們不會停住，縱使警力也無法停住他們，除非他們的要求得到滿足。

但是，抗議種族主義政策永遠都不會是在美國消除種族歧視，乃至於種族主義觀念的長期解決辦法。就像某一代有權力的美國人可能會自行決定或被抗議逼得去終結種族歧視，當條件和利益有了變化，另一代人也可能再次鼓勵種族歧視。那就是為什麼抗議種族主義權力在美國一直都是一件永無休止的事情。

成功抗議種族主義權力永遠都不能被誤認為奪得權力。任何旨在消除美國種族主義的有效解決方案，都需要讓致力於反種族主義政策的美國人，奪得並維持對各機構、各鄰里、各郡、各州、各國和全世界的權力。沒有道理坐視不管而把未來交給那些致力於種族主義政策的人，或是交給那些經常順著私利之風，今天航向種族主義、明天航向反種族主義的人。一個反種族主義的美國要能得到確保，只有當有原則的反種族主義份子掌權，而且反種族主義政策成為國家的法律，而且反種族主義觀念成為人民的常識，而且人民的反種族主義常識會要那些帶有反種族主義的領導人，為其政策負責。

而那天一定會來的。沒有什麼權力可以持續永久。總有一天，美國人將意識到，黑人唯一的問題就是他們認為黑人有問題。總有一天，種族主義觀念將不再阻礙我們看到種族不對等的完全畸形。總有一天，我們將熱愛人類，我們將獲得勇氣去為我們所愛的人性奮鬥爭取一個公平社會，因為我們明智地知道，當我們為人性奮鬥，我們就是在為自己奮鬥。總有一天會的。也許，只是也許，那天就是今天。

謝辭

我想感謝所有協助和支持我撰寫這部歷史的人，無論是我認識或不認識的。感謝永遠愛我的家人和朋友，感謝永遠支持我的學界同事，包括先前在紐約州立大學系統的同事，以及現在在佛羅里達大學的同事，感謝學界內外在世和不在世的無數思想家，他們關於種族的作品形塑我的思想和這部歷史──感謝你們。毫無疑問，這本書不只是出自於我，而且也是出自於你們。

我起初並未計畫要寫這本書。我是打算要寫一部歷史來談一九六〇年代末高等教育中黑人研究的起源。我決定在第一章寫到科學種族主義的歷史，藉以顯示黑人研究那些創始者正在鬥爭的對象。當我完成之後，我有了篇幅九十頁的一章和一大堆關於種族主義觀念史的新想法。我開始覺得我或許有一本書要處理。我永遠不會忘記跟我岳父談過這一切。我不確定他記不記得那次談話，但我記得。後來，我決定寫下現在你手裡這本書。因此，我想向艾德蒙茲（B. T. Edmonds）表達謝意。

我決定寫出一部歷史專著來讓盡量多人飢渴閱讀（而不遺漏重要的錯綜之處），因為種族主義觀念其及歷史影響了我們所有人。雖然學術界的歷史學家在近幾十年來愈來愈能夠接受那些書寫關於美國群眾歷史的歷史學家，但歷史學家遠遠沒那麼能夠接受那些為了美國群眾書寫歷史的人。但願這種情況會改變。

我要感謝我的經紀人艾莎・潘德（Ayesha Pande），她從一開始就是這本書的一大擁護者。艾莎，非常感謝你相信我有能力寫出這部意義深遠的作品。我也要感謝國家圖書出版社（Nation Books），這家出版社看到這本書的潛力，即便當時我並不總是看得到。我還要感謝我的各位編輯，他們跟艾莎一起鼓勵我擴充原先想寫一部關於科學種族主義的局部歷史的提案，進而書寫這部關於種族主義觀念的全面歷史。我要特別感謝克里夫・普里多（Clive Priddle）、卡爾・布羅姆利（Carl Bromley）、亞歷珊卓・巴斯塔利（Alessandra Bastagli）和丹尼爾・洛普雷托（Daniel LoPreto）。對於國家圖書出版社的凱蒂・歐唐納（Katy O'Donnell），感謝你讓我循著正軌去達到這本書的願景，而且幫助我衝過終線。對於所有參與生產和行銷本書的人，我對你們感激不盡。

我必須承認，我得在我人生一大考驗時刻撰寫本書。這些困難不僅僅源自於幾乎週週得知又有手無寸鐵的美國人不幸死於執法部門之手。此外，我還得吞下悲傷，以安慰和支持兩位摯愛，他們必須對抗同一種使人虛弱的疾病。他們在這些苦難中經歷許多掙扎。由於我很不愛談論私事，所以我不會深入細節。但是，我要感謝所有那些親切的家人、朋友和醫務人員協助我兩位摯愛、一路幫助他們、帶來一個微笑（或許多微笑），以及一種安寧與療癒的感覺給他們的臉蛋和身體。感謝你們。當你們帶給他們快樂、安寧和療癒，你們也帶給我快樂、安寧和療癒。而當你們帶給我快樂、安寧和療癒，你們就使我能在那些考驗時刻繼續進行本書。

我想特別感謝我的雙親卡蘿・羅傑斯牧師和拉瑞・羅傑斯牧師（Reverends Carol and Larry Rogers）、我的第二個母親妮歐塔・塔克（Nyota Tucker），以及我的兄弟阿基爾（Akil）和馬查里亞（Macharia）。愛真的是一個動詞，而我感謝你們的愛。

有個人被我留在最後，那就是我妻子薩迪卡（Sadiqa），她已經在開玩笑自稱是本書的共同作者了。我沒辦法告訴你有多少次我坐在我們的辦公室裡寫作本書，而她也坐在那裡做自己的工作，然後我會打斷她，問道：「薩迪卡，你有一點時間嗎？」結果，我總會花上不只一點的時間唸個段落給她聽，徵求她的批判評價。我無比感謝她的傾聽，還有她珍貴的愛。我也無比感謝她鼓勵我撐過那些從天未亮到天已黑都在研究、寫作的漫長苦日子。謝謝你，薩迪卡，也感謝大家為我所做的一切。

注釋

前言

1. Ryan Gabrielson, Ryann Grochowski Jones, and Eric Sagara, "Deadly Force, in Black and White," *ProPublica*, October 10, 2014; Rakesh Kochhar and Richard Fry, "Wealth Inequality Has Widened Along Racial, Ethnic Lines Since End of Great Recession," December 12, 2014, Pew Research Center, www.pewresearch.org /fact-tank/2014/12/12/racial-wealth-gaps-great-recession; Sabrina Tavernise, "Racial Disparities in Life Spans Narrow, but Persist," *New York Times*, July 18, 2013, www.nytimes.com/2013/07/18/health/racial-disparities-in-life-spans-narrow-but -persist.html.
2. Leah Sakala, "Breaking Down Mass Incarceration in the 2010 Census: Stateby-State Incarceration Rates by Race/Ethnicity," *Prison Policy Initiative*, May 28, 2014, www.prisonpolicy.org/reports/rates.html; Matt Bruenig, "The Racial Wealth Gap," *American Prospect*, November 6, 2013, http://prospect.org/article/racial -wealth-gap.
3. Senator Jefferson Davis, April 12, 1860, 37th Cong., 1st sess., *Congressional Globe* 106, 1682.
4. Gunnar Myrdal, *An American Dilemma*, vol. 2, *The Negro Problem and Modern Democracy* (New Brunswick, NJ: Transaction Publishers, 1996), 928–929.
5. Audre Lorde, "Age, Race, Class, and Sex: Women Redefining Difference," in *Sister Outsider: Essays & Speeches* (New York: Ten Speed, 2007), 115.
6. Columbia anthropologist and assimilationist Ruth Benedict was instrumental in defining racism. See Ruth Benedict, *Race: Science and Politics* (New York: Modern Age Books, 1940); Ruth Benedict, *Race and Racism* (London: G. Routledge and Sons, 1942).
7. Kimberlé Crenshaw, "Demarginalizing the Intersection of Race and Sex: A Black Feminist Critique of Antidiscrimination Doctrine, Feminist Theory, and Antiracist Politics," *University of Chicago Legal Forum* 140 (1989): 139–167.

第一章 人類的階級

1. Richard Mather, *Journal of Richard Mather: 1635, His Life and Death, 1670* (Boston: D. Clapp, 1850), 27–28; "Great New England Hurricane of 1635 Even Worse Than Thought," Associated Press, November 21, 2006.
2. Kenneth Silverman, *The Life and Times of Cotton Mather* (New York: Harper and Row, 1984), 3–4.
3. Samuel Eliot Morison, *The Founding of Harvard College* (Cambridge, MA: Harvard University Press, 1935), 242–243; Richard Mather et al., *The Whole Booke of Psalmes Faithfully Translated into English Metre* (Cambridge, MA: S. Daye, 1640); John Cotton, *Spiritual Milk for Boston Babes in Either England* (Boston: S. G., for Hezekiah Usher, 1656); Christopher J. Lucas, *American Higher Education: A History*, 2nd ed. (New York: Palgrave Macmillan, 2006), 109–110; Frederick Rudolph, *Curriculum: A History of the American Undergraduate Course of Study Since 1636* (San Francisco: JosseyBass, 1977), 29–30.
4. Francisco Bethencourt, *Racisms: From the Crusades to the Twentieth Century* (Princeton, NJ: Princeton University Press, 2013), 3, 13–15; David Goldenberg, "Racism, Color Symbolism, and Color Prejudice," in *The Origins of Racism in the West*, ed. Miriam Eliav-Feldon, Benjamin Isaac, and Joseph Ziegler (Cambridge, UK: Cambridge University Press, 2009), 88–92; Aristotle, edited and translated by Ernest Barker, *The Politics of Aristotle* (Oxford: Clarendon Press, 1946), 91253b; Peter Garnsey, *Ideas of Slavery from Aristotle to Augustine* (New York: Cambridge University Press, 1996), 114.
5. Hugh Thomas, *The Slave Trade: The Story of the Atlantic Slave Trade, 1440–1870* (New York: Simon and Schuster, 1997), 27, 30; Garnsey, *Ideas of Slavery from Aristotle to Augustine*, 75, 79.
6. Alden T. Vaughan, *Roots of American Racism: Essays on the Colonial Experience* (New York: Oxford University Press, 1995), 157. Unless otherwise noted, emphasis is in original.
7. Joseph R. Washington, *Anti-Blackness in English Religion, 1500–1800* (New York: E. Mellen Press, 1984), 232–235; Vaughan, *Roots of American Racism*, 157, 177–179; Lorenzo J. Greene, *The Negro in Colonial New England, 1620–1776* (New York: Columbia University Press, 1942), 15–17; Craig Steven Wilder, *Ebony & Ivy: Race, Slavery, and the Troubled History of America's Universities* (New York: Bloomsbury Press), 29.
8. John G. Jackson, *Introduction to African Civilizations* (Secaucus, NJ: Citadel Press, 1970), 196–231; Curtis A. Keim, *Mistaking Africa:*

Curiosities and Inventions of the American Mind, 3rd ed. (Boulder: Westview Press, 2014), 38; Adrian Cole and Stephen Ortega, *The Thinking Past: Questions and Problems in World History to 1750*, instructor's ed. (New York: Oxford University Press, 2015), 370–371.

9. Ross E. Dunn, *The Adventures of Ibn Battuta, a Muslim Traveler of the Fourteenth Century* (Berkeley: University of California Press, 1986), 315–316.
10. Ibn Khaldu¯ n, Franz Rosenthal, and N. J. Dawood, *The Muqaddimah: An Introduction to History*, Bollingen Series (Princeton, NJ: Princeton University Press, 1969), 11, 57–61, 117; Gary Taylor, *Buying Whiteness: Race, Culture, and Identity from Columbus to Hip Hop*, Signs of Race (New York: Palgrave Macmillan, 2005), 222–223.
11. Thomas, *Slave Trade*, 38–39.

第1章　種族主義觀念起源

1. P. E. Russell, *Prince Henry "the Navigator": A Life* (New Haven, CT: Yale University Press, 2000), 6.
2. Ibid., 249; Gomes Eanes de Zurara, Charles Raymond Beazley, and Edgar Prestage, *Chronicle of the Discovery and Conquest of Guinea*, 2 vols. (London: Printed for the Hakluyt Society, 1896), 1, 6, 7, 29.
3. William McKee Evans, *Open Wound: The Long View of Race in America* (Urbana: University of Illinois Press, 2009), 17–18.
4. Thomas, *Slave Trade*, 22–23.
5. Zurara et al., *Chronicle*, 81–85; Russell, *Prince Henry "the Navigator,"* 240–247, 253, 257–259.
6. Thomas, *Slave Trade*, 74; Zurara et al., *Chronicle*, xx–xl; Russell, *Prince Henry "the Navigator,"* 246.
7. Zurara et al., *Chronicle*, lv–lviii; Bethencourt, *Racisms*, 187.
8. Thomas, *Slave Trade*, 71, 87.
9. Lawrence Clayton, "Bartolomé de Las Casas and the African Slave Trade," *History Compass* 7, no. 6 (2009): 1527.
10. Thomas, *Slave Trade*, 50, 104, 123; Bethencourt, *Racisms*, 177–178; David M. Traboulay, *Columbus and Las Casas: The Conquest and Christianization of America, 1492– 1566* (Lanham, MD: University Press of America, 1994), 58–59.
11. Lawrence A. Clayton, *Bartolomé de Las Casas: A Biography* (Cambridge, UK: Cambridge University Press, 2012), 349–353, 420–428;

Bethencourt, *Racisms*, 233; Peter N. Stearns, *Sexuality in World History* (New York: Routledge, 2009), 108.

12. Leo Africanus, John Pory, and Robert Brown, *The History and Description of Africa*, 3 vols. (London: Hakluyt Society, 1896), 130, 187–190.
13. Washington, *Anti-Blackness*, 105–111; Thomas, *Slave Trade*, 153–159.

第三章　進入美洲

1. Charles de Miramon, "Noble Dogs, Noble Blood: The Invention of the Concept of Race in the Late Middle Ages," in *The Origins of Racism in the West*, ed. Miriam Eliav-Feldon, Benjamin H. Isaac, and Joseph Ziegler (Cambridge, UK: Cambridge University Press, 2009), 200–203; Stearns, *Sexuality in World History*, 108; Winthrop D. Jordan, *White over Black: American Attitudes Toward the Negro, 1550– 1812* (Chapel Hill: University of North Carolina Press, 1968), 28–32.
2. Taylor, *Buying Whiteness*, 222–223; Washington, *Anti-Blackness*, 113–114.
3. Edmund S. Morgan, *American Slavery, American Freedom: The Ordeal of Colonial Virginia* (New York: W. W. Norton, 1975), 14–17; Washington, *Anti-Blackness*, 146–154.
4. Everett H. Emerson, *John Cotton* (New York: Twayne, 1965), 18, 20, 37, 88, 98, 100, 108–109, 111, 131; Washington, *Anti-Blackness*, 174–182.
5. Washington, *Anti-Blackness*, 196–200.
6. Taylor, *Buying Whiteness*, 224.
7. Anthony Gerard Barthelemy, *Black Face, Maligned Race: The Representation of Blacks in English Drama from Shakespeare to Southerne* (Baton Rouge: Louisiana State University Press, 1987), 72–73, 91–93; Bethencourt, *Racisms*, 98–99.
8. Jordan, *White over Black*, 37–40.
9. Tim Hashaw, *The Birth of Black America: The First African Americans and the Pursuit of Freedom at Jamestown* (New York: Carroll and Graf, 2007), 3–11.
10. Paul Lewis, *The Great Rogue: A Biography of Captain John Smith* (New York: D. McKay, 1966), 57–150; Wilder, *Ebony & Ivy*, 33.
11. Ronald T. Takaki, *A Different Mirror: A History of Multicultural America* (Boston: Little, Brown, 1993), 26–29.

12. Lewis, *Great Rogue*, 2, 244–257; Vaughan, *Roots of American Racism*, 304–305.
13. Jordan, *White over Black*, 33; Tommy Lee Lott, *The Invention of Race: Black Culture and the Politics of Representation* (Malden, MA: Blackwell, 1999), 9; Takaki, *Different Mirror*, 51–53; Washington, *Anti-Blackness*, 15, 154–157; Vaughan, *Roots of American Racism*, 164; Taylor, *Buying Whiteness*, 221–229.
14. Jackson, *Introduction to African Civilizations*, 217–218.
15. Hashaw, *Birth of Black America*, xv–xvi.
16. Jon Meacham, *Thomas Jefferson: The Art of Power* (New York: Random House, 2012), 5.
17. Vaughan, *Roots of American Racism*, 130–134; Paula Giddings, *When and Where I Enter: The Impact of Black Women on Race and Sex in America* (New York: W. Morrow, 1984), 35.
18. Cedric B. Cowing, *The Saving Remnant: Religion and the Settling of New England* (Urbana: University of Illinois Press, 1995), 18–19; Washington, *Anti-Blackness*, 191–196, 240–241; Francis D. Adams and Barry Sanders, *Alienable Rights: The Exclusion of African Americans in a White Man's Land, 1619–2000* (New York: HarperCollins, 2003), 8–9.
19. Morgan, *American Slavery, American Freedom*, 225, 319.
20. Taunya Lovell Banks, "Dangerous Woman: Elizabeth Key's Freedom Suit—Subjecthood and Racialized Identity in Seventeenth Century Colonial Virginia," *Akron Law Review* 41, no. 3 (2008): 799–837; Warren M. Billings, "The Cases of Fernando and Elizabeth Key: A Note on the Status of Blacks in Seventeenth Century Virginia," *William and Mary Quarterly* 30, no. 3 (1973): 467–474; Anthony S. Parent, *Foul Means: The Formation of a Slave Society in Virginia, 1660–1740* (Chapel Hill: University of North Carolina Press, 2003), 110–111.
21. Thomas, *Slave Trade*; Thomas C. Holt, *Children of Fire: A History of African Americans* (New York: Hill and Wang, 2010), 60–61.
22. Warren M. Billings, ed., *The Old Dominion in the Seventeenth Century: A Documentary History of Virginia, 1606–1689* (Chapel Hill: University of North Carolina Press, 1975), 172; Morgan, *American Slavery, American Freedom*, 311; Parent, *Foul Means*, 123.
23. Morgan, *American Slavery, American Freedom*, 334–336.
24. Derek Hughes, *Versions of Blackness: Key Texts on Slavery from the Seventeenth Century* (Cambridge, UK: Cambridge University Press, 2007), vii–xi, 5–17.

25. Sharon Block, "Rape and Race in Colonial Newspapers, 1728–1776," *Journalism History* 27, no. 4 (2001–2002): 146, 149–152.
26. Greene, *The Negro in Colonial New England*, 165; Stephan Talty, *Mulatto America: At the Crossroads of Black and White Culture: A Social History* (New York: HarperCollins, 2003), 52–53.
27. Richard Ligon and Karen Ordahl Kupperman, *A True and Exact History of the Island of Barbados* (Indianapolis: Hackett, 2011), vi; Cotton Mather, Samuel Mather, and Edmund Calamy, *Memoirs of the Life of the Late Reverend Increase Mather* (London: J. Clark and R. Hett, 1725), 66; Taylor, *Buying Whiteness*, 270–273.
28. Taylor, *Buying Whiteness*, 271–294.
29. Ibid., 296–300.

第四章　拯救靈魂，不顧肉體

1. Washington, *Anti-Blackness*, 455–456; Greene, *The Negro in Colonial New England*, 275; Jeffrey Robert Young, "Introduction," in *Proslavery and Sectional Thought in the Early South, 1740–1829: An Anthology*, ed. Jeffrey Robert Young (Columbia: University of South Carolina Press, 2006), 19–21; Brycchan Carey, *From Peace to Freedom: Quaker Rhetoric and the Birth of American Antislavery, 1657–1761* (New Haven, CT: Yale University Press, 2012), 7–8.
2. Richard Baxter, *A Christian Directory* (London: Richard Edwards, 1825), 216–220.
3. Morgan, *American Slavery, American Freedom*, 311–312; Adams and Sanders, *Alienable Rights*, 10; Billings, *Old Dominion in the Seventeenth Century*, 172–173.
4. Ann Talbot, *"The Great Ocean of Knowledge": The Influence of Travel Literature on the Work of John Locke* (Leiden: Brill, 2010), 3–4; Taylor, *Buying Whiteness*, 334.
5. R. S. Woolhouse, *Locke: A Biography* (Cambridge, UK: Cambridge University Press, 2007), 98, 276; Young, "Introduction," 18.
6. Charles F. Irons, *The Origins of Proslavery Christianity: White and Black Evangelicals in Colonial and Antebellum Virginia* (Chapel Hill: University of North Carolina Press, 2008), 28–29; David R. Roediger, *How Race Survived U.S. History: From Settlement and Slavery to the Obama Phenomenon* (London: Verso, 2008), 10; Taylor, *Buying Whiteness*, 313–323; Hughes, *Versions of Blackness*, 344–348; Parent,

Foul Means, 240–241.

7. Washington, *Anti-Blackness*, 460–461; Hildegard Binder-Johnson, "The Germantown Protest of 1688 Against Negro Slavery," *Pennsylvania Magazine of History and Biography* 65 (1941): 151; Katharine Gerbner, "'We Are Against the Traffik of Men-Body': The Germantown Quaker Protest of 1688 and the Origins of American Abolitionism," *Pennsylvania History: A Journal of Mid-Atlantic Studies* 74, no. 2 (2007): 159–166; Thomas, *Slave Trade*, 458; "William Edmundson," *The Friend: A Religious and Literary Journal* 7, no. 1 (1833): 5–6.
8. Wilder, *Ebony & Ivy*, 40.
9. Takaki, *Different Mirror*, 63–68; Parent, *Foul Means*, 126–127, 143–146; Roediger, *How Race Survived U.S. History*, 19–20; Morgan, *American Slavery, American Freedom*, 252–270, 328–329.
10. Silverman, *Life and Times of Cotton Mather*; Tony Williams, *The Pox and the Covenant: Mather, Franklin, and the Epidemic That Changed America's Destiny* (Naperville, IL: Sourcebooks, 2010), 34.
11. Robert Middlekauff, *The Mathers: Three Generations of Puritan Intellectuals, 1596– 1728* (New York: Oxford University Press, 1971), 198–199; Ralph Philip Boas and Louise Schutz Boas, *Cotton Mather: Keeper of the Puritan Conscience* (Hamden, CT: Archon Books, 1964), 27–31.
12. Greene, *The Negro in Colonial New England*, 237; Silverman, *Life and Times of Cotton Mather*, 31, 36–37, 159–160.
13. Silverman, *Life and Times of Cotton Mather*, 15–17.
14. Morgan, *American Slavery, American Freedom*, 314; Taylor, *Buying Whiteness*, 269.
15. Silverman, *Life and Times of Cotton Mather*, 41.
16. Slep Stuurman, "Francois Bernier and the Invention of Racial Classification," *History Workshop Journal* 50 (2000): 1–2; Francois Bernier, "A New Division of the Earth," *History Workshop Journal* 51 (2001): 247–250.

第五章　獵黑行動

1. Silverman, *Life and Times of Cotton Mather*, 55–72.

2. Ibid., 53–79.
3. Washington, *Anti-Blackness*, 273; Silverman, *Life and Times of Cotton Mather*, 84–85.
4. Taylor, *Buying Whiteness*, 306–307; Thomas, *Slave Trade*, 454; Hughes, *Versions of Blackness*, xi–xii; Jordan, *White over Black*, 9, 27–28; Washington, *Anti-Blackness*, 228–229.
5. Philip Jenkins, *Intimate Enemies: Moral Panics in Contemporary Great Britain* (New York: Aldine de Gruyter, 1992), 3–5; Silverman, *Life and Times of Cotton Mather*, 84–85.
6. Edward J. Blum and Paul Harvey, *The Color of Christ: The Son of God & the Saga of Race in America* (Chapel Hill: University of North Carolina Press, 2012), 20–21, 27, 40–41; Silverman, *Life and Times of Cotton Mather*, 88–89.
7. Charles Wentworth Upham, *Salem Witchcraft; with an Account of Salem Village, a History of Opinions on Witchcraft and Kindred Subjects*, vol. 1 (Boston: Wiggin and Lunt, 1867), 411–412; Blum and Harvey, *The Color of Christ*, 27–28; Boas and Boas, *Cotton Mather*, 109–110.
8. Silverman, *Life and Times of Cotton Mather*, 94; Williams, *The Pox and the Covenant*, 38; Boas and Boas, *Cotton Mather*, 89.
9. Boas and Boas, *Cotton Mather*, 119.
10. Silverman, *Life and Times of Cotton Mather*, 83–120; Thomas N. Ingersoll, "'Riches and Honour Were Rejected by Them as Loathsome Vomit': The Fear of Leveling in New England," in *Inequality in Early America*, ed. Carla Gardina Pestana and Sharon Vineberg Salinger (Hanover, NH: University Press of New England, 1999), 46–54.
11. Washington, *Anti-Blackness*, 185–186, 257, 280–281; Daniel K. Richter, "'It Is God Who Had Caused Them to Be Servants': Cotton Mather and Afro-American Slavery in New England," *Bulletin of the Congregational Library* 30, no. 3 (1979): 10–11; Greene, *The Negro in Colonial New England*, 265–267.
12. Washington, *Anti-Blackness*, 184–185, 273–277.
13. Cotton Mather, *Diary of Cotton Mather, 1681–1724*, 2 vols., vol. 1 (Boston: The Society, 1911), 226–229; Silverman, *Life and Times of Cotton Mather*, 262–263; Parent, *Foul Means*, 86–89.
14. Samuel Clyde McCulloch, "Dr. Thomas Bray's Trip to Maryland: A Study in Militant Anglican Humanitarianism," *William and Mary Quarterly* 2, no. 1 (1945): 15; C. E. Pierre, "The Work of the Society for the Propagation of the Gospel in Foreign Parts Among the

Negroes in the Colonies," *Journal of Negro History* 1, no. 4 (1916): 350–351, 353, 357; Wilder, *Ebony & Ivy*, 42.

15. Morgan, *American Slavery, American Freedom*, 348–351; Parke Rouse, *James Blair of Virginia* (Chapel Hill: University of North Carolina Press, 1971), 16–22, 25–26, 30, 37–38, 40, 43, 71–73, 145, 147–148; Albert J. Raboteau, *Slave Religion: The "Invisible Institution" in the Antebellum South* (New York: Oxford University Press, 1978), 100.
16. Silverman, *Life and Times of Cotton Mather*, 241–242.

第六章　大覺醒

1. Samuel Sewall and Sidney Kaplan, *The Selling of Joseph: A Memorial* (Northhampton, MA: Gehenna Press, 1968).
2. Greene, *The Negro in Colonial New England*, 22.
3. Albert J. Von Frank, "John Saffin: Slavery and Racism in Colonial Massachusetts," *Early American Literature* 29, no. 3 (1994): 254.
4. Greene, *The Negro in Colonial New England*, 259–260, 296–297; Lawrence W. Towner, "The Sewall-Saffin Dialogue on Slavery," *William and Mary Quarterly* 21, no. 1 (1964): 40–52.
5. Parent, *Foul Means*, 120–123; Morgan, *American Slavery, American Freedom*, 330– 344; Greene, *The Negro in Colonial New England*, 171.
6. Adams and Sanders, *Alienable Rights*, 39–40.
7. Cotton Mather, *The Negro Christianized* (Boston: Bartholomew Green, 1706), 1–2, 14–16.
8. Silverman, *Life and Times of Cotton Mather*, 264–265; Wilder, *Ebony & Ivy*, 85.
9. Towner, "The Sewall-Saffin Dialogue," 51–52; Juan González and Joseph Torres, *News for All the People: The Epic Story of Race and the American Media* (London: Verso, 2011), 20, 24; Greene, *The Negro in Colonial New England*, 33.
10. A. Judd Northrup, *Slavery in New York: A Historical Sketch*, State Library Bulletin History (Albany: University of the State of New York, 1900), 267–272; Pierre, "Work of the Society," 356–358; Herbert Aptheker, *American Negro Slave Revolts* (New York: International Publishers, 1963), 172–173.
11. Greene, *The Negro in Colonial New England*, 23–30, 73.
12. Williams, *The Pox and the Covenant*, 2–4, 25, 29, 33–34.

13. Arthur Allen, *Vaccine: The Controversial Story of Medicine's Greatest Lifesaver* (New York: W. W. Norton, 2007), 36–37.
14. Silverman, *Life and Times of Cotton Mather*, 197, 254; Cotton Mather, *Diary of Cotton Mather, 1681–1724*, 2 vols., vol. 2 (Boston: The Society, 1911), 620–621; Williams, *The Pox and the Covenant*, 42–43.
15. Williams, *The Pox and the Covenant*, 73–74, 81–82, 117–118.
16. David Waldstreicher, *Runaway America: Benjamin Franklin, Slavery, and the American Revolution* (New York: Hill and Wang, 2004), 40–43; John B. Blake, *Public Health in the Town of Boston, 1630–1822* (Cambridge, MA: Harvard University Press, 1959), 53–61; Williams, *The Pox and the Covenant*, 102.
17. Adams and Sanders, *Alienable Rights*, 25; Williams, *The Pox and the Covenant*, 190–191.
18. Irons, *Origins of Proslavery Christianity*, 30; Greene, *The Negro in Colonial New England*, 260–261; Thomas, *Slave Trade*, 474.
19. Parent, *Foul Means*, 159–162, 236–237, 249–250; Wilder, *Ebony & Ivy*, 43; Irons, *Origins of Proslavery Christianity*, 31–32; Rouse, *James Blair of Virginia*, 32–36.
20. Greene, *The Negro in Colonial New England*, 275–276; Jon Sensbach, "Slaves to Intolerance: African American Christianity and Religious Freedom in Early America," in *The First Prejudice: Religious Tolerance and Intolerance in Early America*, ed. Chris Beneke and Christopher S. Grenda (Philadelphia: University of Pennsylvania Press, 2011), 208–209; Kenneth P. Minkema, "Jonathan Edwards's Defense of Slavery," *Massachusetts Historical Review* 4 (2002): 23, 24, 40; Adams and Sanders, *Alienable Rights*, 40–41.
21. Silverman, *Life and Times of Cotton Mather*, 372–419.
22. Samuel Mather, *The Life of the Very Reverend and Learned Cotton Mather* (Boston: Applewood Books, 2009), 108.

第七章　啟蒙運動

1. Parent, *Foul Means*, 169–170.
2. Benjamin Franklin, "A Proposal for Promoting Useful Knowledge Among the British Plantations in America," *Transactions of the Literary and Philosophical Society of New York* 1, no. 1 (1815): 89–90.
3. Benjamin Franklin, *Observations Concerning the Increase of Mankind, Peopling of Countries* (Tarrytown, NY: W. Abbatt, 1918), 10.

4. Thomas, *Slave Trade*, 319, 325–327.
5. Malachy Postlethwayt, *The African Trade, the Great Pillar* (London, 1745), 4.
6. Dorothy E. Roberts, *Fatal Invention: How Science, Politics, and Big Business Re-Create Race in the Twenty-First Century* (New York: New Press, 2011), 29–30; Bethencourt, *Racisms*, 252–253.
7. Harriet A. Washington, *Medical Apartheid: The Dark History of Medical Experimentation on Black Americans from Colonial Times to the Present* (New York: Harlem Moon, 2006), 83; Thomas C. Holt, *Children of Fire: A History of African Americans* (New York: Hill and Wang, 2010), 21.
8. Holt, *Children of Fire*, 19–21; Thomas, *Slave Trade*, 399–402.
9. Voltaire, *Additions to the Essay on General History*, trans. T. Franklin et al., vol. 22, *The Works of M. De Voltaire* (London: Crowder et al., 1763), 227–228, 234.
10. Thomas, *Slave Trade*, 464–465.
11. Bethencourt, *Racisms*, 165–166, 172–173, 178; Roberts, *Fatal Invention*, 31–32.
12. Georges Louis Leclerc Buffon, *Natural History of Man*, new ed., vol. 1 (London: J. Annereau, 1801), 78–79, 83–94; Georges Louis Leclerc Buffon, *Natural History, General and Particular*, trans. William Smellie, 20 vols., vol. 3 (London: T. Cadell et al., 1812), 440–441; Johann Joachim Winckelmann, *History of the Art of Antiquity*, trans. Harry Francis Mallgrave (Los Angeles: Getty Research Institute, 2006), 192–195.
13. Thomas Jefferson, "To John Adams," in *The Writings of Thomas Jefferson*, ed. H. A. Washington (Washington, DC: Taylor and Maury, 1854), 61.
14. Silvio A. Bedini, *Thomas Jefferson: Statesman of Science* (New York: Macmillan, 1990), 12–13.
15. Thomas Jefferson, *Notes on the State of Virginia* (London: J. Stockdale, 1787), 271.
16. Samuel Davies, "The Duty of Christians to Propagate Their Religion Among the Heathens," in *Proslavery and Sectional Thought in the Early South, 1740–1829: An Anthology*, ed. Jeffrey Robert Young (Columbia: University of South Carolina Press, 2006), 113; Peter Kalm, "Travels into North America," in *A General Collection of the Best and Most Interesting Voyages and Travels in All Parts of the World,*

ed. John Pinkerton (London: Longman, Hurst, Rees, and Orme, 1812), 503; Landon Carter, *The Diary of Colonel Landon Carter of Sabine Hall, 1752–1778*, 2 vols., vol. 2 (Charlottesville: University Press of Virginia, 1965), 1149.

17. Thomas P. Slaughter, *The Beautiful Soul of John Woolman, Apostle of Abolition* (New York: Hill and Wang, 2008), 94–133.
18. John Woolman, *Some Considerations on the Keeping of Negroes* (Philadelphia: Tract Association of Friends, 1754), 4.
19. Geoffrey Gilbert Plank, *John Woolman's Path to the Peaceable Kingdom: A Quaker in the British Empire* (Philadelphia: University of Pennsylvania Press, 2012), 105–109.
20. Ibid., 110; Slaughter, *Beautiful Soul*, 194–196; John Woolman, "The Journal of John Woolman," in *The Journal and Major Essays of John Woolman*, ed. Phillips P. Moulton (New York: Oxford University Press, 1971), 63.
21. Slaughter, *Beautiful Soul*, 231–236; Plank, *John Woolman's Path*, 175–177.
22. John Woolman, *Considerations on Keeping Negroes: Part Second* (Philadelphia: B. Franklin and D. Hall, 1762), 24, 30.
23. Slaughter, *Beautiful Soul*, 173; Plank, *John Woolman's Path*, 133, 149–153; Woolman, *Journal and Major Essays*, 53–57, 75–78.
24. Jon Meacham, *Thomas Jefferson: The Art of Power* (New York: Random House, 2012), 11–12.
25. Ibid., 39, 44–45; Bedini, *Thomas Jefferson*, 34, 39, 49.
26. Henry Wiencek, *Master of the Mountain: Thomas Jefferson and His Slaves* (New York: Farrar, Straus, and Giroux, 2012), 24–26; Meacham, *Thomas Jefferson*, 47–49.

第八章　模範黑人展示

1. Henry Louis Gates, *The Trials of Phillis Wheatley: America's First Black Poet and Her Encounters with the Founding Fathers* (New York: Basic Civitas, 2010), 14.
2. Vincent Carretta, *Phillis Wheatley: Biography of a Genius in Bondage* (Athens: University of Georgia Press, 2011), 4–5, 7–8, 12–14; Kathrynn Seidler Engberg, *The Right to Write: The Literary Politics of Anne Bradstreet and Phillis Wheatley* (Lanham, MD: University Press of America, 2010), 35–36.
3. Carretta, *Phillis Wheatley*, 1–17, 37–38.

4. Ibid., 46–47, 58–59, 66–67, 82–83.
5. Gates, *Trials of Phillis Wheatley*, 27–29.
6. Edward Long, *The History of Jamaica*, 3 vols., vol. 2 (London: T. Lowndes, 1774), 476, 483.
7. David Hume, "Of Natural Characters," in *Essays and Treatises on Several Subjects*, ed. David Hume (London: T. Cadell, 1793), 206n512.
8. Silvia Sebastiani, *The Scottish Enlightenment: Race, Gender, and the Limits of Progress* (New York: Palgrave Macmillan, 2013), 103–104.
9. Adams and Sanders, *Alienable Rights*, 26–29.
10. Ignatius Sancho and Joseph Jekyll, *Letters of the Late Ignatius Sancho, an African*, 2 vols. (London: J. Nichols, 1782).
11. Ukawsaw Gronniosaw, *A Narrative of the Most Remarkable Particulars in the Life of James Albert, Ukawsaw Gronniosaw* (Newport, RI: S. Southwick, 1774); Olaudah Equiano, *The Interesting Narrative of the Life of Olaudah Equiano, or Gustavus Vassa, the African*, 2 vols. (New York: W. Durell, 1791).
12. Benjamin Rush, *An Address to the Inhabitants of the British Settlements in America, on the Slavery of Negroes in America* (Philadelphia: John Dunlap, 1773), 2, 3, 8, 15, 16, 26.
13. Carretta, *Phillis Wheatley*, 91, 95–98; Gates, *Trials of Phillis Wheatley*, 33–34; Phillis Wheatley, *Poems on Various Subjects, Religious and Moral* (London: A. Bell, 1773).
14. Peter N. Stearns, *Sexuality in World History* (New York: Routledge, 2009), 108; Lester B. Scherer, "A New Look at Personal Slavery Established," *William and Mary Quarterly* 30 (1973): 645–646; Richard Nisbet, *Slavery Not Forbidden by Scripture, or, a Defence of the West-India Planters* (Philadelphia: John Sparhawk, 1773), 23.
15. Wiencek, *Master of the Mountain*, 26–27, 33–34; Meacham, *Thomas Jefferson*, 69–70, 90–91.
16. Holt, *Children of Fire*, 104; Vincent Harding, *There Is a River: The Black Struggle for Freedom in America* (New York: Harcourt, Brace, Jovanovich, 1981), 43.
17. Long, *History of Jamaica*, 2:356, 364, 371, 475–478.
18. Henry Home of Kames, *Sketches of the History of Man*, 4 vols., vol. 1 (Edinburgh: W. Creech, 1807), 15.
19. Johann Friedrich Blumenbach, "On the Natural Variety of Mankind," in *The Anthropological Treatises of Johann Friedrich Blumenbach*,

ed. Thomas Bendyshe (London: Longman, Green, Longman, Roberts, and Green, 1865), 98–100n4.

20. Emmanuel Chukwudi Eze, ed., *Race and the Enlightenment: A Reader* (Cambridge, MA: Blackwell, 1997), 38–64.
21. González and Torres, *News for All the People*, 28–29; Meacham, *Thomas Jefferson*, 97.
22. Waldstreicher, *Runaway America*, 211–212; Samuel Johnson, *Taxation No Tyranny: An Answer to the Resolutions and Address of the American Congress* (London: T. Cadell, 1775), 89.

第九章　「生」而平等

1. Meacham, *Thomas Jefferson*, 103.
2. Wiencek, *Master of the Mountain*, 27–29 (emphasis added).
3. Jacqueline Jones, *A Dreadful Deceit: The Myth of Race from the Colonial Era to Obama's America* (New York: BasicBooks, 2013), 64.
4. Roediger, *How Race Survived U.S. History*, 31–32, 41–42.
5. Robert L. Hetzel, "The Relevance of Adam Smith," in *Invisible Hand: The Wealth of Adam Smith*, ed. Andres Marroquin (Honolulu: University Press of the Pacific, 2002), 25–29; Adam Smith, *An Inquiry into the Nature and Causes of the Wealth of Nations*, 2 vols., vol. 1 (London: W. Strahan and T. Cadell, 1776), 25; Adam Smith, *An Inquiry into the Nature and Causes of the Wealth of Nations*, 9th ed., 3 vols., vol. 2 (London: A. Strahan, T. Cadell, and W. Davies, 1799), 454.
6. Thomas Jefferson, "Jefferson's 'Original Rough Draught' of the Declaration of Independence," in *The Papers of Thomas Jefferson*, vol. 1, *1760–1776*, ed. Julian P. Boyd (Princeton, NJ: Princeton University Press, 1950), 243–247.
7. Samuel Hopkins, *A Dialogue, Concerning the Slavery of the Africans* (Norwich, CT: Judah P. Spooner, 1776).
8. Joseph J. Ellis, *American Sphinx: The Character of Thomas Jefferson* (New York: Alfred A. Knopf, 1997), 27–71; Meacham, *Thomas Jefferson*, 106.
9. Jefferson, *Notes on the State of Virginia*, 229.
10. Roediger, *How Race Survived U.S. History*, 46.
11. Jefferson, *Notes on the State of Virginia*, 229.

12. Ibid., 232–234.
13. Herbert Aptheker, *Anti-Racism in U.S. History: The First Two Hundred Years* (New York: Greenwood Press, 1992), 47–48.
14. Jefferson, *Notes on the State of Virginia*, 231–232.
15. Ibid., 100, 239; Thomas Jefferson, "To General Chastellux, June 7, 1785," in *The Papers of Thomas Jefferson*, 8:186.
16. Meacham, *Thomas Jefferson*, xxvi, 144, 146, 175, 180.
17. Adams and Sanders, *Alienable Rights*, 88–89; Meacham, *Thomas Jefferson*, 188– 189; Thomas Jefferson, "To Brissot de Warville, February 11, 1788," in *The Papers of Thomas Jefferson*, 12:577–578.
18. Fawn McKay Brodie, *Thomas Jefferson: An Intimate History* (New York: W. W. Norton, 2010), 287–288; Constantin-Francois Volney, *Travels Through Syria and Egypt: The Years 1783, 1784, and 1785*, vol. 1 (London: G. G. J. and J. Robinson, 1788), 80–83.
19. Meacham, *Thomas Jefferson*, 208.
20. James Bowdoin, "A Philosophical Discourse Publickly Addressed to the American Academy of Arts and Sciences," *Memoirs of the American Academy of Arts and Sciences* 1 (1785): 8–9; John Morgan, "Some Account of a Motley Colored, or Pye Negro Girl and Mulatto Boy," *Transactions of the American Philosophical Society* 2 (1784): 393.
21. Samuel Stanhope Smith, *An Essay on the Causes of the Variety of Complexion and Figure in the Human Species: To Which Are Added Strictures on Lord Kaim's Discourse, on the Original Diversity of Mankind* (Philadelphia: Robert Aitken, 1787), 17, 32, 58, 72, 111.
22. Ayana D. Byrd and Lori L. Tharps, *Hair Story: Untangling the Roots of Black Hair in America* (New York: St. Martin's Press, 2001), 19–21.
23. Bruce R. Dain, *A Hideous Monster of the Mind: American Race Theory in the Early Republic* (Cambridge, MA: Harvard University Press, 2002), 43; Samuel Stanhope Smith, *Strictures on Lord Kaim's Discourse, on the Original Diversity of Mankind* (Philadelphia: Robert Aitken, 1787), 2, 20.
24. David O. Stewart, *The Summer of 1787: The Men Who Invented the Constitution* (New York: Simon and Schuster, 2007), 68–81.
25. Roediger, *How Race Survived U.S. History*, 47; Adams and Sanders, *Alienable Rights*, 50–66, 78, 80–81.
26. Meacham, Thomas Jefferson, xxvi, 144, 146, 175, 180, 209–210.
27. Ibid., 216–217.

28. Adams and Sanders, *Alienable Rights*, 90–93.
29. Meacham, *Thomas Jefferson*, 216–223.
30. Ibid., 231–235, 239, 241, 249, 254.

第十章 上進勸說

1. Aptheker, *Anti-Racism in U.S. History*, 15–16; Henry E. Baker, "Benjamin Banneker, the Negro Mathematician and Astronomer," *Journal of Negro History* 3 (1918): 104.
2. Joanne Pope Melish, "The 'Condition' Debate and Racial Discourse in the Antebellum North," *Journal of the Early Republic* 19 (1999): 654–655, 661; Stewart, *Summer of 1787*, 25–27.
3. Roediger, *How Race Survived U.S. History*, 56–57, 142–143; Adams and Sanders, *Alienable Rights*, 28–29.
4. Jordan, *White over Black*, 447–449, 531.
5. Benjamin Banneker, "To Thomas Jefferson, August 19, 1791," in *The Papers of Thomas Jefferson*, 22:49–54.
6. Thomas Jefferson, "To Benjamin Banneker, August 30, 1791," in ibid., 97–98; Thomas Jefferson, "To Condorcet," August 30, 1791," in ibid., 98–99.
7. C. L. R. James, *The Black Jacobins: Toussaint L'ouverture and the San Domingo Revolution*, 2nd ed. (New York: Vintage Books, 1963), 88.
8. Thomas Jefferson, "St. Domingue (Haiti)," *Thomas Jefferson Encyclopedia, Monticello*, www.monticello.org/site/research-and-collections/st-domingue-haiti.
9. Leon F. Litwack, *North of Slavery: The Negro in the Free States, 1790–1860* (Chicago: University of Chicago Press, 1961), 18–19; Melish, "'Condition' Debate," 651–657, 661–665.
10. Melish, "'Condition' Debate," 660–661; Jones, *Dreadful Deceit*, 131.
11. Gary B. Nash, *Forging Freedom: The Formation of Philadelphia's Black Community, 1720–1840* (Cambridge, MA: Harvard University Press, 1988), 127–132.
12. Bedini, *Thomas Jefferson*, 247–248; Meacham, *Thomas Jefferson*, 262–263, 275.

13. Peter Kolchin, *American Slavery*, 1619–1877, rev. ed. (New York: Hill and Wang, 2003), 94–96; Holt, *Children of Fire*, 125.
14. Charles D. Martin, *The White African American Body: A Cultural and Literary Exploration* (New Brunswick, NJ: Rutgers University Press, 2002), 37; Jordan, *White over Black*, 533–534; Joanne Pope Melish, *Disowning Slavery: Gradual Emancipation and "Race" in New England, 1780–1860* (Ithaca, NY: Cornell University Press, 1998), 145.
15. Bethencourt, Racisms, 167; Benjamin Rush, *The Autobiography of Benjamin Rush* (Princeton, NJ: Princeton University Press, 1948), 307; Martin, *The White African American Body*, 19–24; Jefferson, *Notes on the State of Virginia*, 118–119.
16. Benjamin Rush, "To Thomas Jefferson, February 4, 1797," in *The Papers of Thomas Jefferson*, 29:284.
17. Benjamin Rush, "Observations Intended to Favour a Supposition That the Black Color (as It Is Called) of the Negroes Is Derived from the Leprosy," *Transactions of the American Philosophical Society* 4 (1799): 289–297.
18. Jordan, *White over Black*, 502–503; Meacham, *Thomas Jefferson*, 299.
19. *Richmond Recorder*, September 1, 1802.
20. Meacham, *Thomas Jefferson*, 378–380, 418–419, 454.
21. Kimberly Wallace-Sanders, *Skin Deep, Spirit Strong: The Black Female Body in American Culture* (Ann Arbor: University of Michigan Press, 2002), 15–16.
22. Larry E. Tise, *Proslavery: A History of the Defense of Slavery in America, 1701–1840* (Athens: University of Georgia Press, 1987), 36–37; Meacham, *Thomas Jefferson*, 348–350.
23. Jordan, *White over Black*, 349, 368, 375, 379, 385, 401, 403, 410, 425.
24. Meacham, *Thomas Jefferson*, 386–387, 392.
25. Jordan, *White over Black*, 531; Dain, *Hideous Monster*, 58–60.
26. Wilder, *Ebony & Ivy*, 209; Charles White, *An Account of the Regular Gradation in Man, and in Different Animals and Vegetables; and from the Former to the Latter* (London, 1799), iii, 11–40, 61.
27. Jordan, *White over Black*, 505–506, 531.
28. Samuel Stanhope Smith, *An Essay on the Causes of the Variety of Complexion and Figure in the Human Species*, 2nd ed. (New Brunswick,

NJ: J. Simpson, 1810), 33, 48, 93–95, 252–255, 265–269, 287–296, 302–305.

第十一章　豐臀偏見

1. Thomas Jefferson, "To Pierre Samuel Du Pont de Nemours, March 2, 1809," *Founders Online*, National Archives, http://founders.archives.gov/documents /Jefferson/99-01-02-9936; Meacham, *Thomas Jefferson*, 428–432, 468; Bedini, *Thomas Jefferson*, 396–397.
2. Jordan, *White over Black*, 442; Clement Clarke Moore, *Observations upon Certain Passages in Mr. Jefferson's* Notes on Virginia (New York: 1804), 19–32; Bedini, *Thomas Jefferson*, 379–380, 416, 429–430.
3. Henri Grégoire, *An Enquiry Concerning the Intellectual and Moral Faculties and Literature of Negroes. Followed with an Account of the Life and Works of Fifteen Negroes and Mulattoes Distinguished in Science, Literature, and the Arts* (College Park, MD: McGrath, 1967), 128, 131, 134, 155–157.
4. Angela Y. Davis, *Women, Race & Class* (New York: Vintage Books, 1983), 7; Thomas, *Slave Trade*, 551–552, 568–572; Kolchin, *American Slavery*, 93–95; Thomas Jefferson, "To John W. Eppes, June 30, 1820," in *Thomas Jefferson's Farm Book: With Commentary and Relevant Extracts from Other Writings*, ed. Edwin Morris Betts (Princeton, NJ: Princeton University Press, 1953), 46.
5. Holt, *Children of Fire*, 105; Jedidiah Morse, *A Discourse, Delivered at the African Meeting-House* (Boston: Lincoln and Edmands, 1808), 18.
6. Thomas Jefferson "To Henri Grégoire, February 25, 1809," *Founders Online*, National Archives, http://founders.archives.gov/documents/Jefferson/99-01-02-9893.
7. Beverly Guy-Sheftall, "The Body Politic: Black Female Sexuality and the Nineteenth-Century Euro-American Imagination," in *Skin Deep, Spirit Strong: The Black Female Body in American Culture*, ed. Kimerbly Wallace-Sanders (Ann Arbor: University of Michigan Press, 2002), 18.
8. Clifton C. Crais and Pamela Scully, *Sara Baartman and the Hottentot Venus: A Ghost Story and a Biography* (Princeton, NJ: Princeton University Press, 2009), 8–10, 24, 25, 37, 40, 50–57, 64, 66, 70, 71, 74, 78–81, 100, 101, 105, 107, 111–113, 124, 126–141.
9. Barbara Krauthamer, *Black Slaves, Indian Masters: Slavery, Emancipation, and Citizenship in the Native American South* (Chapel Hill: University of North Carolina Press, 2013), 17–23, 26, 32, 34–35.

10. Herbert Aptheker, *American Negro Slave Revolts* (New York: International Publishers, 1963), 249–251; Daniel Rasmussen, *American Uprising: The Untold Story of America's Largest Slave Revolt* (New York: Harper, 2011), 1–3.
11. James Kirke Paulding, *Letters from the South by a Northern Man*, new ed., 2 vols., vol. 1 (New York: Harper and Brothers, 1835), 96–98; Kolchin, *American Slavery*, 93–95.
12. Tise, *Proslavery*, 42–52, 142–143, 384; Robert Walsh, *Appeal from the Judgements of Great Britain Respecting the United States of America*, 2nd ed. (Philadelphia, 1819), 397, 409–411.
13. Meacham, *Thomas Jefferson*, xix.
14. Randall, *Thomas Jefferson*, 585; Bedini, *Thomas Jefferson*, 396; Meacham, *Thomas Jefferson*, 446–448.
15. Bedini, *Thomas Jefferson*, 379–380, 402, 403, 416, 429–432, 437.
16. Adams and Sanders, *Alienable Rights*, 107–108.

第十二章　殖民開拓

1. Aptheker, *American Negro Slave Revolts*, 222–223.
2. Tise, *Proslavery*, 58.
3. Philip Slaughter, *The Virginian History of African Colonization* (Richmond: Macfarlane and Fergusson, 1855), 1–8; Eric Burin, *Slavery and the Peculiar Solution: A History of the American Colonization Society* (Gainesville: University Press of Florida, 2005), 10–11.
4. Charles Fenton Mercer, *An Exposition of the Weakness and Inefficiency of the Government of the United States of North America* (n.p., 1845), 173, 284.
5. Douglas R. Egerton, "'Its Origin Is Not a Little Curious: A New Look at the American Colonization Society," *Journal of the Early Republic* 4 (1985): 468–472.
6. Robert Finley, "Thoughts on the Colonization of Free Blacks," *African Repository and Colonial Journal* 9 (1834): 332–334.
7. Scott L. Malcomson, *One Drop of Blood: The American Misadventure of Race* (New York: Farrar, Straus, and Giroux, 2000), 191; Finley, "Thoughts on the Colonization of Free Blacks," 332–334.

8. Tibebu Teshale, *Hegel and the Third World: The Making of Eurocentrism in World History* (Syracuse, NY: Syracuse University Press, 2011), 74–76, 79, 80, 83, 87, 89, 171, 174, 178–179.
9. Egerton, "'Its Origin Is Not a Little Curious,'" 476, 480.
10. Burin, *Slavery and the Peculiar Solution*, 15–16; Douglas R. Egerton, "Averting a Crisis: The Proslavery Critique of the American Colonization Society," *Civil War History* 42 (1997): 143–144.
11. Litwack, *North of Slavery*, 34–39.
12. Myron O. Stachiw, "'For the Sake of Commerce': Slavery, Antislavery, and Northern Industry," in *The Meaning of Slavery in the North*, ed. David Roediger and Martin H. Blatt (New York: Garland, 1998), 35.
13. David Robertson, *Denmark Vesey* (New York: Alfred A. Knopf, 1999), 4–5, 41–42, 47–48, 98, 123; Aptheker, *American Negro Slave Revolts*, 81, 115, 268–275; Adams and Sanders, *Alienable Rights*, 142–143; Tise, *Proslavery*, 58–61.
14. Burin, *Slavery and the Peculiar Solution*, 15–16.
15. Ellis, *American Sphinx*, 314–326; Meacham, *Thomas Jefferson*, 475, 77.
16. Thomas Jefferson, *Autobiography of Thomas Jefferson*, 1743–1790 (New York: G. P. Putnam's Sons, 1914), 77.
17. Edward J. Blum and Paul Harvey, *The Color of Christ: The Son of God & the Saga of Race in America* (Chapel Hill: University of North Carolina Press, 2012), 78–83, 93–100; Meacham, *Thomas Jefferson*, 473.
18. Tise, *Proslavery*, 52–54, 302–303; James Brewer Stewart, "The Emergence of Racial Modernity and the Rise of the White North, 1790–1840," *Journal of the Early Republic* 18, no. 2 (1998): 193–195; Adams and Sanders, *Alienable Rights*, 112–113.
19. Melish, "'Condition' Debate," 667–668.
20. Hosea Easton, "An Address," in *To Heal the Scourge of Prejudice: The Life and Writings of Hosea Easton*, ed. George R. Price and James Brewer Stewart (Amherst: University of Massachusetts Press, 1999), 62.
21. *Freedom's Journal*, March 16, 1827.
22. Frederick Cooper, "Elevating the Race: The Social Thought of Black Leaders, 1827–50," *American Quarterly* 24, no. 5 (1972): 606–608.
23. González and Torres, *News for All the People*, 109–113; Stewart, "The Emergence of Racial Modernity," 193–195.

24. Albert Ebenezer Gurley, Charles Rogers, and Henry Porter Andrews, *The History and Genealogy of the Gurley Family* (Hartford, CT: Press of the Case, Lockwood, and Brainard Company, 1897), 72; Melish, "'Condition' Debate," 658.
25. Thomas Jefferson to Jared Sparks Monticello, February 4, 1824, *The Letters of Thomas Jefferson, 1743–1826*, American History, www.let.rug.nl/usa/presidents /thomas-jefferson/letters-of-thomas-jefferson/jefl276.php.
26. "American Colonization Society," *African Repository and Colonial Journal* 1 (1825): 1, 5; T.R., "Observations of the Early History of the Negro Race," *African Repository and Colonial Journal* 1 (1825): 7–12.
27. Meacham, *Thomas Jefferson*, 488.
28. Bedini, *Thomas Jefferson*, 478–480; Meacham, *Thomas Jefferson*, 48, 492–496.

第十三章 逐步平等

1. Ellis, *American Sphinx*, 298.
2. Wilder, *Ebony & Ivy*, 255, 256, 259, 265–266.
3. Henry Mayer, *All on Fire: William Lloyd Garrison and the Abolition of Slavery* (New York: St. Martin's Press, 1998), 3–13; John L. Thomas, *The Liberator: William Lloyd Garrison, a Biography* (Boston: Little, Brown, 1963), 7–20, 27–42.
4. Mayer, *All on Fire*, 51–55.
5. Ibid., 62–68.
6. Ibid., 68–70.
7. William Lloyd Garrison, "To the Public," *Genius of Universal Emancipation*, September 2, 1829.
8. David Walker, *David Walker's Appeal* (Baltimore: Black Classic Press, 1993), 36, 37, 39–42, 70, 91, 95.
9. Mayer, *All on Fire*, 77–78, 83–88, 91–94; Litwack, *North of Slavery*, 233–235.
10. Alexis de Tocqueville, *Democracy in America*, trans. Henry Reeve, 3rd American ed., vol. 1 (New York: G. Adlard, 1839), 340–356, 374.
11. William Lloyd Garrison, "To the Public," *The Liberator*, January 1, 1831.
12. William Lloyd Garrison, *An Address, Delivered Before the Free People of Color, in Philadelphia*, 2nd ed. (Boston: S. Foster, 1831), 5–6;

Thomas, *The Liberator*, 152.

13. *Minutes and Proceedings of the Second Annual Convention, for the Improvement of the Free People of Color in These United States* (Philadelphia, 1832), 34.
14. Alexander Saxton, "Problems of Class and Race in the Origins of the Mass Circulation Press," *American Quarterly* 36, no. 2 (1984): 212, 213, 217, 231; Litwack, *North of Slavery*, 113, 119, 126, 131, 168–170; Tise, *Proslavery*, 294–302; Mayer, *All on Fire*, 117–118, 169; González and Torres, *News for All the People*, 50–51.
15. Bruce A. Glasrud and Alan M. Smith, *Race Relations in British North America, 1607–1783* (Chicago: Nelson-Hall, 1982); Litwack, *North of Slavery*, 162–164.
16. Washington, *Medical Apartheid*, 86–90, 94–98; David R. Roediger, *The Wages of Whiteness: Race and the Making of the American Working Class*, rev. ed. (London: Verso, 2007), 115–116.
17. Leonard Cassuto, *The Inhuman Race: The Racial Grotesque in American Literature and Culture* (New York: Columbia University Press, 1997), 139–143; Paula T. Connolly, *Slavery in American Children's Literature, 1790–2010* (Iowa City: University of Iowa Press, 2013), 53, 56–57; David Kenneth Wiggins, *Glory Bound: Black Athletes in a White America* (Syracuse, NY: Syracuse University Press, 1997), 14–15; John Pendleton Kennedy, *Swallow Barn, or, a Sojourn in the Old Dominion*, 2 vols. (Philadelphia: Carey and Lea, 1832).
18. Aptheker, *American Negro Slave Revolts*, 293–295, 300–307; Blum and Harvey, *The Color of Christ*, 123; Nat Turner and Thomas R. Gray, *The Confessions of Nat Turner* (Richmond: T. R. Gray, 1832), 9–10.
19. Mayer, *All on Fire*, 117, 120–123, 129–131; Thomas, *The Liberator*, 131–132, 136–137; Aptheker, *American Negro Slave Revolts*, 313.
20. Mayer, *All on Fire*, 131–134.
21. William Lloyd Garrison, *Thoughts on African Colonization* (New York: Arno Press, 1968), xix, 151; Mayer, *All on Fire*, 134–139, 140.
22. Garrison, *Thoughts on African Colonization*, ix–xi; Thomas R. Dew, *Review of the Debate in the Virginia Legislature of 1831 and 1832* (Bedbord, MA: Applewood Books, 2008), 5, 93.
23. Litwack, *North of Slavery*, 153–158.
24. Chancellor Harper, *Memoir on Slavery* (Charleston: James S. Burges, 1838), 55; Ralph Gurley, "Garrison's Thoughts on African

Colonization," *African Repository and Colonial Journal* 8, no. 8 (1832): 277; González and Torres, *News for All the People*, 42–44; Tise, *Proslavery*, 64–74, 267–268; Mayer, *All on Fire*, 139–145, 148, 157, 166–167.

25. Aptheker, *Anti-Racism in U.S. History*, 129; Mayer, *All on Fire*, 170–176.
26. Mayer, *All on Fire*, 195; Russel B. Nye, *William Lloyd Garrison and the Humanitarian Reformers*, Library of American Biography (Boston: Little, Brown, 1955), 81–82.

第十四章　野蠻化或文明化

1. George M. Fredrickson, *The Black Image in the White Mind: The Debate on Afro-American Character and Destiny, 1817–1914* (Middletown, CT: Wesleyan University Press, 1987), 103–104; Connolly, *Slavery in American Children's Literature*, 26–30.
2. Ronald Bailey, "'Those Valuable People, the Africans': The Economic Impact of the Slave(ry) Trade on Textile Industrialization in New England," in *The Meaning of Slavery in the North*, ed. David Roediger and Martin H. Blatt (New York: Garland, 1998), 13; Christine Stansell, *City of Women: Sex and Class in New York, 1789–1860* (Urbana: University of Illinois Press, 1987), 83–100; Jones, *Dreadful Deceit*, 107; Bertram Wyatt-Brown, "The Abolitionists' Postal Campaign of 1835," *Journal of Negro History* 50, no. 4 (1965): 227–238; González and Torres, *News for All the People*, 39–40, 46–47; Mayer, *All on Fire*, 196–199; Adams and Sanders, *Alienable Rights*, 146–147, 149; Tise, *Proslavery*, 279, 308–310.
3. John C. Calhoun, "Speech on Slavery," US Senate, *Congressional Globe*, 24th Cong., 2nd sess. (February 6, 1837), 157–159.
4. Mayer, *All on Fire*, 218.
5. *Colored American*, June 1, 1839.
6. Calvin Colton, *Abolition a Sedition* (Philadelphia: G. W. Donohue, 1839), 126; William Ragan Stanton, *The Leopard's Spots: Scientific Attitudes toward Race in America, 1815–59* (Chicago: University of Chicago Press, 1960), 24–25.
7. Samuel George Morton, *Crania Americana* (Philadelphia: J. Dobson, 1839), 1–7.
8. Ann Fabian, *The Skull Collectors: Race, Science, and America's Unburied Dead* (Chicago: University of Chicago Press, 2010), 24, 81–82, 90; "Crania Americana," *Boston Medical and Surgical Journal* 21, no. 22 (1840): 357; "Review," *American Journal of Science and Arts* 38,

no. 2 (1840): 341; Sven Lindqvist, *The Skull Measurer's Mistake: And Other Portraits of Men and Women Who Spoke Out Against Racism* (New York: New Press, 1997), 44–47.

9. Edward Jarvis, "Statistics of Insanity in the United States," *Boston Medical and Surgical Journal* 27, no. 7 (1842): 116–121.
10. "Vital Stastitics of Negroes and Mulattoes," *Boston Medical and Surgical Journal* 27, no. 10 (1842); Stanton, *The Leopard's Spots*, 65–68.
11. Edward Jarvis, "Insanity Among the Coloured Population of the Free States," *American Journal of Medical Sciences* 6, no. 13 (1844): 71–83.
12. Mayer, *All on Fire*, 326; Nye, *William Lloyd Garrison*, 148–149.
13. Stanton, *The Leopard's Spots*, 45–53, 60–65; Fredrickson, *The Black Image in the White Mind*, 74–75; H. Shelton Smith, *In His Image: But . . . Racism in Southern Religion, 1780–1910* (Durham, NC: Duke University Press, 1972), 144; Litwack, *North of Slavery*, 46.
14. Fergus M. Bordewich, *Bound for Canaan: The Underground Railroad and the War for the Soul of America* (New York: Amistad, 2005), 224–226.
15. Frederick Douglass, *Narrative of the Life of Frederick Douglass, an American Slave* (New Haven, CT: Yale University Press, 2001), 3, 4, 6, 8, 9; Mayer, *All on Fire*, 350–352.
16. Connolly, *Slavery in American Children's Literature*, 35, 38; Stanton, *The Leopard's Spots*, 68–72, 97–99; Josiah Clark Nott, *Two Lectures on the Natural History of the Caucasian and Negro Races* (Mobile: Dade and Thompson, 1844), 38; E. G. Squier, "American Ethnology," *American Review* 9 (1849): 385–398.
17. Michael T. Bernath, *Confederate Minds: The Struggle for Intellectual Independence in the Civil War South*, Civil War America (Chapel Hill: University of North Carolina Press, 2010), 83–84; González and Torres, *News for All the People*, 138.
18. Samuel A. Cartwright, "Report on the Diseases and Physical Peculiarities of the Negro Race," *De Bow's Review* 7 (1851), 692–696.
19. Washington, *Medical Apartheid*, 55, 57, 61–68.
20. González and Torres, *News for All the People*, 118–119.
21. Litwack, *North of Slavery*, 47–48; James D. Bilotta, *Race and the Rise of the Republican Party, 1848–1865* (New York: P. Lang, 1992), 83–99.
22. Patricia A. Schechter, "Free and Slave Labor in the Old South: The Tredegar Ironworkers' Strike of 1847," *Labor History* 35, no. 2 (1994): 165–186.

23. William Lloyd Garrison, "Complexional Prejudice," in *Selections from the Writings and Speeches of William Lloyd Garrison* (New York: Negro Universities Press, 1968), 286–288.
24. Mayer, *All on Fire*, 393.
25. John Bachman, *The Doctrine of the Unity of the Human Race Examined on the Principles of Science* (Charleston, SC: C. Canning, 1850), 91, 212.
26. Peter A. Browne, *The Classification of Mankind, by the Hair and Wool of Their Heads* (Philadelphia, 1850), 1, 8, 20; M. H. Freeman, "The Educational Wants of the Free Colored People," *Anglo-African Magazine*, April 1859.
27. Henry Clay, "Remark in Senate," in *The Papers of Henry Clay: Candidate, Compromiser, Elder Statesman, January 1, 1844–June 29, 1852*, vol. 10, ed. Melba Porter Hay (Lexington: University Press of Kentucky, 2015), 815.
28. Henry Clay, "Remark in Senate," in ibid., 815.

第十五章　靈魂

1. Joan D. Hedrick, *Harriet Beecher Stowe: A Life* (New York: Oxford University Press, 1994), 202–205.
2. Giddings, *When and Where I Enter*, 54–55, 132–133.
3. Hedrick, *Harriet Beecher Stowe*, 206–207.
4. Harriet Beecher Stowe, *Uncle Tom's Cabin* (London: George Bell and Sons, 1889), iii, 193.
5. *A Key to Uncle Tom's Cabin: Presenting the Original Facts and Documents upon Which the Story Is Founded* (London: Sampson Low, Son and Company, 1853), 52; Stowe, *Uncle Tom's Cabin*, 327.
6. Stephan Talty, *Mulatto America: At the Crossroads of Black and White Culture. A Social History* (New York: HarperCollins, 2003), 22–24.
7. Stowe, *Uncle Tom's Cabin*, 80, 473; Millard Fillmore, "Mr. Fillmore's Views Relating to Slavery," in *Millard Fillmore Papers*, vol. 1, ed. Frank H. Severance (Buffalo: Buffalo Historical Society, 1907), 320–324.
8. William Lloyd Garrison, "Review of Uncle Tom's Cabin; or, Life Among the Lowly," *The Liberator*, March 26, 1852.
9. Frederick Douglass, *The Life and Times of Frederick Douglass: From 1817–1882* (London: Christian Age Office, 1882), 250.

10. Martin Robison Delany, *The Condition, Elevation, Emigration, and Destiny of the Colored People of the United States, Politically Considered* (Philadelphia, 1852), 10, 24–27.
11. Giddings, *When and Where I Enter*, 60–61; Christian G. Samito, *Changes in Law and Society During the Civil War and Reconstruction: A Legal History Documentary Reader* (Carbondale: Southern Illinois University Press, 2009), 17.
12. Connolly, *Slavery in American Children's Literature*, 69–76; "Southern Slavery and Its Assailants: The Key to Uncle Tom's Cabin," *De Bow's Review*, November 1853.
13. Franklin Pierce, "Address by Franklin Pierce, 1853," Joint Congressional Committee on Inaugural Ceremonies, www.inaugural.senate.gov/swearing-in /address/address-by-franklin-pierce-1853; Mayer, *All on Fire*, 425–427.
14. Josiah Clark Nott and George R. Gliddon, *Types of Mankind*, 7th ed. (Philadelphia: J.B. Lippincott, Grambo, 1855), v, 60.
15. John H. Van Evrie, *Negroes and Negro "Slavery": The First an Inferior Race: The Latter Its Normal Condition*, 3rd ed. (New York: Van Evrie, Horton, 1963), 221; Thomas F. Gossett, *Race: The History of an Idea in America*, new ed. (New York: Oxford University Press, 1997), 342–346; Stanton, *The Leopard's Spots*, 174–175.
16. Carolyn L. Karcher, "Melville's 'the 'Gees': A Forgotten Satire on Scientific Racism," *American Quarterly* 27, no. 4 (1975): 425, 430–431.
17. Waldo E. Martin, *The Mind of Frederick Douglass* (Chapel Hill: University of North Carolina Press, 1984), 229.
18. James McCune Smith, "On the Fourteenth Query of Thomas Jefferson's Notes on Virginia," *The Anglo-African Magazine*, August 1859.
19. Frederick Douglass, *The Claims of the Negro, Ethnologically Considered* (Rochester, NY: Lee, Mann, 1854); Wilson Jeremiah Moses, *Afrotopia: The Roots of African American Popular History* (Cambridge, UK: Cambridge University Press, 1998), 111–113.
20. William Lloyd Garrison, "Types of Mankind," *The Liberator*, October 13, 1854.
21. "Frederick Douglass and His Paper," *The Liberator*, September 23, 1853.
22. Mayer, *All on Fire*, 431–434.

第十六章　風雨欲來

1. Eric Foner, *The Fiery Trial: Abraham Lincoln and American Slavery* (New York: W. W. Norton, 2010), 65–67.

2. Mayer, *All on Fire*, 424–425.
3. Foner, *Fiery Trial*, 5, 11, 12, 31, 60–62.
4. James Buchanan, "Inaugural Address," March 4, 1857, at Gerhard Peters and John T. Woolley, The American Presidency Project, www.presidency.ucsb.edu/ws /?pid=25817.
5. *Dred Scott v. John F. A. Sanford*, March 6, 1857, Case Files 1792–1995, Record Group 267, Records of the Supreme Court of the United States, National Archives.
6. Harding, *There Is a River*, 195, 202–204.
7. Abraham Lincoln and Stephen A. Douglas, *Political Debates Between Hon. Abraham Lincoln and Hon. Stephen A. Douglas, in the Celebrated Campaign of 1858, in Illinois* (Columbus, OH: Follett, Foster, 1860), 71, 154, 232, 241.
8. Foner, *Fiery Trial*, 101–111.
9. Mayer, *All on Fire*, 474–477.
10. Hinton Rowan Helper, *The Impending Crisis of the South: How to Meet It* (New York: Burdick Brothers, 1857), 184.
11. Fredrickson, *The Black Image in the White Mind*, 113–115.
12. Adams and Sanders, *Alienable Rights*, 178; Mayer, *All on Fire*, 494–507.
13. William C. Davis, *Jefferson Davis: The Man and His Hour* (Baton Rouge: Louisiana State University Press, 1996), 277–279.
14. Charles Darwin, *On the Origin of Species by Means of Natural Selection, or the Preservation of Favoured Races in the Struggle for Life*, 3rd ed. (London: J. Murray, 1861), 4, 6, 18, 24, 35, 413, 524.
15. Richard Hofstadter, *Social Darwinism in American Thought* (Boston: Beacon Press, 1992), 5, 13, 22, 29, 31–41.
16. Francis Galton, *Hereditary Genius: An Inquiry into Its Laws and Consequences* (New York: D. Appleton, 1891), 338; Gossett, *Race*, 155–158.
17. Carl N. Degler, *In Search of Human Nature: The Decline and Revival of Darwinism in American Social Thought* (New York: Oxford University Press, 1991), 59–61.
18. Charles Darwin, *The Descent of Man, and Selection in Relation to Sex* (New York: D. Appleton, 1872), 163, 192–193, 208.
19. "Free Negro Rule," *De Bow's Review* 3, no. 4 (1860): 440.

20. "Review 2," *De Bow's Review* 3, no. 4 (1860): 490–491; John Tyler Jr., "The Secession of the South," *De Bow's Review* 3, no. 4 (1860): 367.
21. Mayer, *All on Fire*, 508–509; Foner, *Fiery Trial*, 139–142.
22. Mayer, *All on Fire*, 513–514; Litwack, *North of Slavery*, 269–276.
23. Abraham Lincoln, "To John A. Gilmer," in *Collected Works of Abraham Lincoln*, vol. 4 (Ann Arbor: University of Michigan Press, 2001), 152; Aptheker, *American Negro Slave Revolts*, 357–358; Bernard E. Powers Jr., "'The Worst of All Barbarism': Racial Anxiety and the Approach of Secession in the Palmetto State," *South Carolina Historical Magazine* 112, nos. 3–4 (2011): 152–156.

第十七章　歷史的解放者

1. "Declaration of the Immediate Causes Which Induce and Justify Secession of South Carolina from the Federal Union," The Avalon Project: Documents in Law, History and Diplomacy, Lillian Goldman Law Library, Yale Law School, http://avalon.law.yale.edu/19th_century/csa_scarsec.asp; Roediger, *How Race Survived U.S. History*, 70–71; Eric Foner, *Reconstruction: America's Unfinished Revolution, 1863–1877* (New York: Perennial Classics, 2002), 25; Foner, *Fiery Trial*, 146–147; Myron O. Stachiw, "'For the Sake of Commerce': Slavery, Antislavery, and Northern Industry," in *The Meaning of Slavery in the North*, ed. David Roediger and Martin H. Blatt (New York: Garland, 1998), 33–35.
2. Abraham Lincoln, "First Inaugural Address," March 4, 1861, The Avalon Project: Documents in Law, History, and Diplomacy, Lillian Goldman Law Library, Yale Law School, http://avalon.law.yale.edu/19th_century/lincoln1.asp; Alexander H. Stephens, "'Corner Stone' Speech," Teaching American History, http://teaching americanhistory.org/library/document/cornerstone-speech.
3. Connolly, *Slavery in American Children's Literature*, 76, 77, 80, 81, 83, 84; Bernath, *Confederate Minds*, 13; William C. Davis, *Look Away!: A History of the Confederate States of America* (New York: Free Press, 2002), 142–143.
4. Mayer, *All on Fire*, 525–526.
5. See *Weekly Anglo-African*, April 27, 1861.
6. Davis, *Look Away*, 142–143.
7. Andrew Johnson, "Proclamation on the End of the Confederate Insurrection," April 2, 1866, Miller Center, University of Virginia,

http://millercenter.org /president/johnson/speeches/proclamation-on-the-end-of-the-confederate -insurrection; Washington, *Medical Apartheid*, 149–150.

8. "The President's Proclamation," *New York Times*, September 26, 1862; Abraham Lincoln, "First Annual Message," December 3, 1861, Messages and Papers of the Presidents, at Gerhard Peters and John T. Woolley, The American Presidency Project, www.presidency.ucsb.edu/ws/?pid=29502; William Lloyd Garrison, "To Oliver Johnson, December 6, 1861," *The Letters of William Lloyd Garrison: Let the Oppressed Go Free, 1861–1867* (Cambridge, MA: Harvard University Press, 1979), 47.
9. Aptheker, *American Negro Slave Revolts*, 359–367; Foner, *Reconstruction*, 15–17.
10. Foner, *Fiery Trial*, 215–220.
11. Ibid., 221–227; William Lloyd Garrison, "The President on African Colonization," *The Liberator*, August 22, 1862; Mayer, *All on Fire*, 531–539; Paul D. Escott, *"What Shall We Do with the Negro?" Lincoln, White Racism, and Civil War America* (Charlottesville: University of Virginia Press, 2009), 53–55; Litwack, *North of Slavery*, 277–278.
12. Horace Greeley, "The Prayer of Twenty Millions," *New York Tribune*, August 20, 1862.
13. Abraham Lincoln, "A Letter from the President," *National Intelligencer*, August 23, 1862.
14. Abraham Lincoln, "Preliminary Emancipation Proclamation," September 22, 1862, National Archives and Records Administration, www.archives.gov/exhibits /american_originals_iv/sections/transcript_preliminary_emancipation.html.
15. Foner, *Fiery Trial*, 227–232; Peter S. Field, "The Strange Career of Emerson and Race," *American Nineteenth Century History* 2, no. 1 (2001): 22–24; Mayer, *All on Fire*, 537–543.
16. Abraham Lincoln, "Second Annual Message," December 1, 1862, Messages and Papers of the Presidents, at Gerhard Peters and John T. Woolley, The American Presidency Project, University of California at Santa Barbara, www.presidency .ucsb.edu/ws/?pid=29503.
17. Foner, *Fiery Trial*, 238–247; Escott, *"What Shall We Do with the Negro,"* 62–63.
18. Mayer, *All on Fire*, 544–547; Thomas, *The Liberator*, 419–420.
19. Escott, *"What Shall We Do with the Negro,"* 62–64.

第十八章　奔向自由？

1. Henry Villard, *Memoirs of Henry Villard, Journalist and Financier, 1863–1900*, 2 vols., vol. 2 (Boston: Houghton, Mifflin, 1904), 14–24, 52–55.
2. Escott, *"What Shall We Do with the Negro,"* 42–50; Fredrickson, *The Black Image in the White Mind*, 233–235.
3. Foner, *Fiery Trial*, 52–53; James Brooks, *The Two Proclamations* (New York: Printed by Van Evrie, Horton, 1862), 6.
4. Forrest G. Wood, *Black Scare: The Racist Response to Emancipation and Reconstruction* (Berkeley: University of California Press, 1968), 40–52.
5. Foner, *Fiery Trial*, 251.
6. Orestes Augustus Brownson, "Abolition and Negro Equality," in *The Works of Orestes A. Brownson*, vol. 17, ed. Henry F. Brownson (Detroit: Thorndike Nourse, 1885), 553.
7. Foner, *Fiery Trial*, 258–260.
8. Foner, *Reconstruction*, 35–37, 46–50, 63–64; Mayer, *All on Fire*, 562–563.
9. William Lloyd Garrison, "To Oliver Johnson," in *The Letters of William Lloyd Garrison: Let the Oppressed Go Free, 1861–1867*, vol. 10, ed. Walter M. Merrill (Cambridge, MA: Harvard University Press, 1979), 201.
10. Abraham Lincoln, "Address at Sanitary Fair, Baltimore, Maryland," in *Collected Works of Abraham Lincoln*, 7:302–303.
11. Foner, *Fiery Trial*, 275–277.
12. Samuel G. Howe, *The Refugees from Slavery in Canada West, Report to the Freedmen's Inquiry Commission* (Boston: Wright and Potter, 1864), 1, 33; Robert Dale Owen, *The Wrong of Slavery: The Right of Emancipation, and the Future of the African Race in the United States* (Philadelphia: J. B. Lippincott, 1864), 219–222.
13. Escott, *"What Shall We Do with the Negro,"* 73–93.
14. William Lloyd Garrison, "To Francis W. Newman," in *The Letters of William Lloyd Garrison*, 10:228–229.
15. Foner, *Fiery Trial*, 302–311.
16. "Account of a Meeting of Black Religious Leaders in Savannah, Georgia, with the Secretary of War and the Commander of the Military

Division of the Mississippi," in *Freedom: A Documentary History of Emancipation, 1861–1867*, series 1, vol. 3, ed. Ira Berlin et al. (New York: Cambridge University Press, 1982), 334–335.

17. Nicholas Guyatt, "'An Impossible Idea?': The Curious Career of Internal Colonization," *Journal of the Civil War Era* 4, no. 2 (2014): 241–244.
18. Foner, *Reconstruction*, 59; Guyatt, "'An Impossible Idea?'" 241–244; Foner, *Fiery Trial*, 320–321; Horace Greeley, "Gen. Sherman and the Negroes," *New York Tribune*, January 30, 1865.
19. Foner, *Fiery Trial*, 313, 317–320; Mayer, *All on Fire*, 572–576.
20. Samuel Thomas, "To General Carl Schurz," in *Senate Executive Documents for the First Session of the Thirty-Ninth Congress of the United States of America* (Washington, DC: US Government Printing Office, 1866,) 81; General O. O. Howard, *Report of the Brevet Major General O. O. Howard, Commissioner Bureau of Refugees, Freedmen, and Abandoned Lands, to the Secretary of War* (Washington, DC: US Government Printing Office, 1869), 8; Josiah C. Nott, "The Problem of the Black Races," *De Bow's Review*, new ser., vol. 1 (1866): 266–270.
21. Foner, *Reconstruction*, 73.
22. Ibid., 31, 67–68; Foner, *Fiery Trial*, 330–331.
23. Terry Alford, *Fortune's Fool: The Life of John Wilkes Booth* (New York: Oxford University Press, 2015), 257.
24. Blum and Harvey, *The Color of Christ*, 131.
25. Foner, *Reconstruction*, 67; Adams and Sanders, *Alienable Rights*, 196–197; Hans L. Trefousse, *Andrew Johnson: A Biography* (New York: W. W. Norton, 1989), 183; Clifton R. Hall, *Andrew Johnson: Military Governor of Tennessee* (Princeton, NJ: Princeton University Press, 1916), 102.

第十九章　重建奴隸制

1. Foner, *Reconstruction*, 103–106, 110, 132–133, 138, 153–155, 198–205, 209– 210, 215.
2. Ibid., 235–237; "The Negro's Claim to Office," *The Nation*, August 1, 1867.

3. James D. Anderson, *The Education of Blacks in the South, 1860–1935* (Chapel Hill: University of North Carolina Press, 1988), 6–7, 11–12.
4. William Lloyd Garrison, “Official Proclamation,” *The Liberator*, December 22, 1865; William Lloyd Garrison, “Valedictory: The Last Number of the Liberator,” *The Liberator*, December 29, 1865.
5. Mayer, *All on Fire*, 594–603; Foner, *Reconstruction*, 180–181.
6. Matt Wray and Annalee Newitz, *White Trash: Race and Class in America* (New York: Routledge, 1997), 2–3.
7. Adam I. P. Smith, *No Party Now: Politics in the Civil War North* (New York: Oxford University Press, 2006), 54–55; Andrew Johnson, “Veto of the Freedmen’s Bureau Bill,” February 19, 1866, http://teachingamericanhistory.org/library/document/veto -of-the-freedmens-bureau-bill/.
8. Andrew Johnson’s Veto of the Civil Rights Bill, March 27, 1866, America’s Reconstruction: People and Politics After the Civil War, www.digitalhistory. uh.edu/exhibits/reconstruction/section4/section4_10veto2.html.
9. Foner, *Reconstruction*, 241–251; C. Vann Woodward, *American Counterpoint: Slavery and Racism in the North-South Dialogue* (Boston: Little, Brown, 1971), 168–171; Roediger, *How Race Survived U.S. History*, 130.
10. Howard N. Rabinowitz, *Race Relations in the Urban South, 1865–1890* (Athens: University of Georgia Press, 1996), 24–182; Foner, *Reconstruction*, 261–264.
11. Wood, *Black Scare*, 120–123, 141–143.
12. Text of Fourteenth Amendment, Cornell University Law School, https://www.law.cornell.edu/constitution/amendmentxiv.
13. Foner, *Reconstruction*, 255, 261.
14. Elizabeth Cady Stanton, Susan B. Anthony, and Matilda Joslyn Gage, eds., *History of Woman Suffrage, 1861–1876*, vol. 2 (Rochester, NY: Charles Mann, 1887), 188, 214; Frances Ellen Watkins Harper, “We Are All Bound Up Together,” in *Proceedings of the Eleventh Women’s Rights Convention* (New York: Robert J. Johnston, 1866); Giddings, *When and Where I Enter*, 65–67; Davis, *Women, Race & Class*, 64–65, 70–75, 80–81.
15. Gerda Lerner, ed., *Black Women in White America: A Documentary History* (New York: Pantheon Books, 1972), 569–570.
16. Foner, *Reconstruction*, 253–271, 282–285, 288–291, 308–311.

17. Paul D. Moreno, *Black Americans and Organized Labor: A New History* (Baton Rouge: Louisiana State University Press, 2006), 24–26.
18. Ibram H. Rogers, *The Black Campus Movement: Black Students and the Racial Reconstitution of Higher Education, 1965–1972* (New York: Palgrave Macmillan, 2012), 13–15; National Freedman's Relief Association of New York Annual Report of 1865/66 (New York: Holman, 1866), 22; Anderson, *Education of Blacks in the South*, 28–63.
19. Kathy Russell-Cole, Midge Wilson, and Ronald E. Hall, *The Color Complex: The Politics of Skin Color Among African Americans* (New York: Harcourt, Brace, Jovanovich, 1992), 26–29.
20. Woodward, *American Counterpoint*, 172–176; Andrew Johnson, "Third Annual Message," December 3, 1867, at Gerhard Peters and John T. Woolley, The American Presidency Project, www.presidency.ucsb.edu/ws/?pid=29508.
21. Foner, *Reconstruction*, 340–345; Adams and Sanders, *Alienable Rights*, 211; Wood, *Black Scare*, 116–117, 120, 123–129.
22. Foner, *Reconstruction*, 446–447; Fredrickson, *The Black Image in the White Mind*, 185–186; Woodward, *American Counterpoint*, 177–179.
23. Louise Michele Newman, *White Women's Rights: The Racial Origins of Feminism in the United States* (New York: Oxford University Press, 1999), 65.
24. Giddings, *When and Where I Enter*, 68–70; Moreno, *Black Americans and Organized Labor*, 27–32; Roediger, *How Race Survived U.S. History*, 103–104.
25. Davis, *Women, Race & Class*, 82–86; Giddings, *When and Where I Enter*, 67–71.
26. Wood, *Black Scare*, 102.

第二十章　重建譴責

1. Mayer, *All on Fire*, 613–614; Foner, *Reconstruction*, 448–449.
2. William A. Sinclair, *The Aftermath of Slavery: A Study of the Condition and Environment of the American Negro* (Boston: Small, Maynard, 1905), 104.
3. Wood, *Black Scare*, 143–153.
4. Adams and Sanders, *Alienable Rights*, 212–215; Woodward, *American Counterpoint*, 179–182.

5. Foner, *Reconstruction*, 316–331, 346–365, 379–390.
6. Fionnghuala Sweeney, *Frederick Douglass and the Atlantic World* (Liverpool: Liverpool University Press, 2007), 175.
7. Adams and Sanders, *Alienable Rights*, 215–217.
8. Henry Ward Beecher, *The Life of Jesus, the Christ* (New York: J. B. Ford, 1871), 134–137.
9. Stetson Kennedy, *After Appomattox: How the South Won the War* (Gainesville: University Press of Florida, 1995), 220–221; Jack B. Scroggs, "Southern Reconstructions: A Radical View," in *Reconstruction: An Anthology of Revisionist Writings*, ed. Kenneth M. Stampp and Leon F. Litwack (Baton Rouge: Louisiana State University Press, 1969), 422–423; Foner, *Reconstruction*, 499–504.
10. LeeAnna Keith, *The Colfax Massacre: The Untold Story of Black Power, White Terror, and the Death of Reconstruction* (New York: Oxford University Press, 2008); Peter H. Irons, *A People's History of the Supreme Court* (New York: Viking, 1999), 202–205.
11. Irons, *A People's History of the Supreme Court*, 197–201; *Slaughterhouse Cases*, 83 US 36, see https://www.law.cornell.edu/supremecourt/text/83/36.
12. Foner, *Reconstruction*, 512–517, 525, 531–532, 537–539; Adams and Sanders, *Alienable Rights*, 219.
13. Foner, *Reconstruction*, 393–411, 536–538.
14. Rabinowitz, *Race Relations in the Urban South*, 237–238, 243–248.
15. Mayer, *All on Fire*, 616; James S. Pike, *The Prostrate State: South Carolina Under Negro Government* (New York: D. Appleton, 1874), 12.
16. Adams and Sanders, *Alienable Rights*, 219–220; Foner, *Reconstruction*, 525– 527, 554; González and Torres, *News for All the People*, 151–153; Mayer, *All on Fire*, 615–616.
17. Irons, *A People's History of the Supreme Court*, 206–207; Foner, *Reconstruction*, 532– 534, 563, 590.
18. Foner, *Reconstruction*, 565; Mayer, *All on Fire*, 617.
19. Foner, *Reconstruction*, 571–573; Adams and Sanders, *Alienable Rights*, 223–224.
20. Mary Gibson, *Born to Crime: Cesare Lombroso and the Origins of Biological Criminology*, Italian and Italian American Studies (Westport, CT: Praeger, 2002), 43–44, 249–250; Degler, *In Search of Human Nature*, 35–36; Giddings, *When and Where I Enter*, 79; Washington, *Medical Apartheid*, 247; Cesare Lombroso and William Ferrero, *The Female Offender* (New York: D. Appleton, 1895), 111–113.

21. Moreno, *Black Americans and Organized Labor*, 45–67.
22. Adams and Sanders, *Alienable Rights*, 222–227; Irons, *A People's History of the Supreme Court*, 206–209; Foner, *Reconstruction*, 575–596.
23. George B. Tindall, *South Carolina Negroes, 1877–1900* (Columbia: University of South Carolina Press, 1952), 12; Wade Hampton, "Ought the Negro to Be Defranchised? Ought He to Have Been Enfranchised?" *North American Review* 168 (1879): 241–243.
24. Isabel Wilkerson, *The Warmth of Other Suns: The Epic Story of America's Great Migration* (New York: Random House, 2010), 39.
25. Adams and Sanders, *Alienable Rights*, 228; Foner, *Reconstruction*, 598–602; Mayer, *All on Fire*, 624–626.

第二十一章 新南方

1. W. E. B. Du Bois, *Black Reconstruction in America: An Essay Towards a History of the Part Which Black Folk Played in the Attempt to Reconstruct Democracy in America, 1860– 1880* (New York: Atheneum, 1971), 30.
2. David Levering Lewis, *W. E. B. Du Bois: Biography of a Race, 1868–1919* (New York: Henry Holt, 1993), 11–37.
3. Washington, *Medical Apartheid*, 152–153.
4. Lewis, *W. E. B. Du Bois, 1868–1919*, 31–40.
5. Irons, *A People's History of the Supreme Court*, 209–215.
6. Henry W. Grady, *The New South* (New York: Robert Bonner's Sons, 1890), 146, 152; Atticus G. Haygood, *Pleas for Progress* (Cincinnati: M. E. Church, 1889), 28; *Our Brother in Black: His Freedom and His Future* (New York: Phillips and Hunt, 1881).
7. Thomas U. Dudley, "How Shall We Help the Negro?" *Century Magazine* 30 (1885): 273–280; George Washington Cable, *The Silent South, Together with the Freedman's Case in Equity and the Convict Lease System* (New York: Scribner's, 1885); Henry W. Grady, "In Plain Black and White: A Reply to Mr. Cable," *Century Magazine* 29 (1885), 911.
8. "Two Colored Graduates," *Philadelphia Daily News*, February 22, 1888.
9. Robert L. Dabney, *A Defense of Virginia* (New York: E. J. Hale and Son, 1867); Thomas Nelson Page, *In Ole Virginia; or, Marse Chan and Other Stories* (New York: Charles Scribner's Sons, 1887); Philip Alexander Bruce, *The Plantation Negro as a Freeman: Observations on His Character, Condition, and Prospects in Virginia* (New York: G. P. Putnam's Sons, 1889), 53–57.

10. Lewis, *W. E. B. Du Bois, 1868–1919*, 51–76.
11. "Review of *History of the Negro Race in America from 1619 to 1880*, by George W. Williams," *Magazine of American History* 9, no. 4 (1883): 299–300.
12. George W. Williams, *History of the Negro Race in America from 1619 to 1880* (New York: G. P. Putnam's Sons, 1885), 1:60, 2:451, 548.
13. Lewis, *W. E. B. Du Bois, 1868–1919*, 76–78; W. E. B. Du Bois, *The Autobiography of W. E. B. Du Bois: A Soliloquy on Viewing My Life from the Last Decade of Its First Century* (New York: International Publishers, 1968), 142.
14. Benjamin Harrison, "First Annual Message," December 3, 1889, in Gerhard Peters and John T. Woolley, The American Presidency Project, www.presidency. ucsb.edu/ws/?pid=29530.

第二十二章　南方恐怖

1. Fredrickson, *The Black Image in the White Mind*, 262–268.
2. Edward Wilmot Blyden, "The African Problem, and the Method of Its Solution," *African Repository* 66, no. 3 (1890): 69; Henry M. Stanley, *Through the Dark Continent* (New York: Harper and Brothers, 1878); Joseph Conrad, *Heart of Darkness* (New York: Penguin, 2007), 41.
3. Thomas Adams Upchurch, *Legislating Racism: The Billion Dollar Congress and the Birth of Jim Crow* (Lexington: University Press of Kentucky, 2004), 23–45; Keim, *Mistaking Africa*, 47–53.
4. Mary Frances Berry, *My Face Is Black Is True: Callie House and the Struggle for Ex-Slave Reparations* (New York: Alfred A. Knopf, 2005), 33–49, 75–80.
5. Lewis, *W. E. B. Du Bois, 1868–1919*, 100–102.
6. Albert Bushnell Hart, *The Southern South* (New York: D. Appleton, 1910), 99–105, 134; Lewis, *W. E. B. Du Bois, 1868–1919*, 111–113.
7. Lewis, *W. E. B. Du Bois, 1868–1919*, 116.
8. Upchurch, *Legislating Racism*, 85–128.
9. August Meier, *Negro Thought in America, 1880–1915* (Ann Arbor: University of Michigan Press, 1963), 192.

10. Giddings, *When and Where I Enter*, 123–125; Moreno, *Black Americans and Organized Labor*, 68–81, 93–96, 99–100.
11. Giddings, *When and Where I Enter*, 18; Ida B. Wells, *Southern Horrors: Lynch Law in All Its Phases* (New York: New York Age, 1892), www.gutenberg.org/files/14975 /14975-h/14975-h.htm; Adams and Sanders, *Alienable Rights*, 231–232.
12. Giddings, *When and Where I Enter*, 81–83; Anna Julia Cooper, *A Voice from the South* (Xenia, OH: Aldine, 1892), 34, 134.
13. Wells, *Southern Horrors*.
14. Deborah Gray White, *Too Heavy a Load: Black Women in Defense of Themselves, 1894–1994* (New York: W. W. Norton, 1999), 22–27, 71, 78, 109.
15. Geoffrey C. Ward, *Before the Trumpet: Young Roosevelt* (New York: Harper and Row, 1985), 215–216.
16. Lewis, *W. E. B. Du Bois, 1868–1919*, 144–149.
17. W. E. B. Du Bois, "My Evolving Program for Negro Freedom," in *What the Negro Wants*, ed. Rayford W. Logan (New York: Agathon, 1969), 70.
18. For Washington's private civil rights activism, see David H. Jackson, *Booker T. Washington and the Struggle Against White Supremacy: The Southern Educational Tours, 1908–1912* (New York: Palgrave Macmillan, 2008); David H. Jackson, *A Chief Lieutenant of the Tuskegee Machine: Charles Banks of Mississippi* (Gainesville: University Press of Florida, 2002).
19. Booker T. Washington, "Atlanta Compromise Speech," 1895, http://history matters.gmu.edu/d/39/.
20. Lewis, *W. E. B. Du Bois, 1868–1919*, 174–175.
21. Paula Giddings, *Ida: A Sword Among Lions—Ida B. Wells and the Campaign Against Lynching* (New York: Amistad, 2009), 366–367.
22. Irons, *A People's History of the Supreme Court*, 219–232; Woodward, *American Counterpoint*, 230–232.
23. See Robert H. Wiebe, *The Search for Order, 1877–1920* (New York: Hill and Wang, 1967).

第二十三章 黑皮膚的猶大

1. Havelock Ellis, *Studies in the Psychology of Sex*, vol. 1 (London: Wilson and Macmillan, 1897), x.
2. Siobhan Somerville, "Scientific Racism and the Emergence of the Homosexual Body," *Journal of the History of Sexuality* 5, no. 2 (1994):

244–259.

3. Frederick L. Hoffman, *Race Traits and Tendencies of the American Negro* (New York: Macmillan, 1896), 311–312.
4. W. E. B Du Bois, "Review of Race Traits and Tendencies, by Frederick L. Hoffman," *Annals of the American Academy of Political and Social Science* 9 (1897): 130– 132; Khalil Gibran Muhammad, *The Condemnation of Blackness: Race, Crime, and the Making of Modern Urban America* (Cambridge, MA: Harvard University Press, 2010), 61–65, 78.
5. W. E. B. Du Bois, "The Conservation of Races," in *W. E. B. Du Bois: A Reader*, ed. David Levering Lewis (New York: Henry Holt, 1995), 20–27.
6. W. E. B. Du Bois, *The Philadelphia Negro: A Social Study* (Philadelphia: University of Pennsylvania Press, 1899), 68, 387–389; "Review of *The Philadelphia Negro*, by W. E. B. Du Bois," *American Historical Review* 6, no. 1 (1900): 162–164.
7. Lewis, *W. E. B. Du Bois, 1868–1919*, 238–239.
8. González and Torres, *News for All the People*, 157–160; W. Fitzhugh Brundage, "The Darien 'Insurrection' of 1899: Black Protest During the Nadir of Race Relations," *Georgia Historical Quarterly* 74, no. 2 (1990): 234–253; W. E. B. Du Bois, *Dusk of Dawn* (New York: Oxford University Press, 2007), 34; Du Bois, "My Evolving Program," 70.
9. W. E. B. Du Bois, "To the Nation of the World," in *W. E. B. Du Bois: A Reader*, 639–641.
10. Rudyard Kipling, "The White Man's Burden," *McClure's Magazine*, February 1899.
11. Fredrickson, *The Black Image in the White Mind*, 305–310; González and Torres, *News for All the People*, 178–179.
12. Roediger, *How Race Survived U.S. History*, 141–142, 156–158, 160; Douglas S. Massey and Nancy A. Denton, *American Apartheid: Segregation and the Making of the Underclass* (Cambridge, MA: Harvard University Press, 1993), 29.
13. George H. White, "Farewell Speech," in Benjamin R. Justesen, *George Henry White: An Even Chance in the Race of Life* (Baton Rouge: Louisiana State University Press, 2001), 441.
14. Howard K. Beale, "On Rewriting Reconstruction History," *American Historical Review* 45, no. 4 (1940): 807; William Archibald Dunning, *Reconstruction, Political and Economic, 1865–1877* (New York: Harper and Brothers, 1907), 212.
15. Ulrich Bonnell Phillips, *American Negro Slavery* (New York: D. Appleton, 1929), 8; John David Smith, *Slavery, Race, and American*

History: Historical Conflict, Trends, and Method, 1866–1953 (Armonk, NY: M. E. Sharpe), x–xii, 28, 29.

16. Joseph Moreau, *Schoolbook Nation: Conflicts over American History Textbooks from the Civil War to the Present* (Ann Arbor: University of Michigan Press, 2003), 163–174; Will Kaufman, *The Civil War in American Culture* (Edinburgh: Edinburgh University Press, 2006), 28–29.
17. Booker T. Washington, *Up from Slavery: An Autobiography* (New York: Doubleday, Page, 1901).
18. Lewis, *W. E. B. Du Bois, 1868–1919*, 262–264.
19. William Hannibal Thomas, *The American Negro: What He Was, What He Is, and What He May Become* (New York: Macmillan, 1901), 129, 195, 296, 410; John David Smith, *Black Judas: William Hannibal Thomas and the American Negro* (Athens: University of Georgia Press, 2000), 161–164, 177–178, 185–189.
20. Addie Hunton, "Negro Womanhood Defended," *Voice* 1, no. 7 (1904): 280; Smith, *Black Judas*, xxvi, 206–209; Muhammad, *Condemnation of Blackness*, 79–81.
21. Clarence Lusane, *The Black History of the White House*, Open Media Series (San Francisco: City Lights Books, 2011), 225–233; Seth M. Scheiner, "President Theodore Roosevelt and the Negro, 1901–1908," *Journal of Negro History* 47, no. 3 (1962): 171–172; Stephen Kantrowitz, *Ben Tillman and the Reconstruction of White Supremacy* (Chapel Hill: University of North Carolina Press, 2000); 259; Charles Carroll, *The Negro a Beast; Or, In the Image of God* (Miami: Mnemosyn, 1969).
22. Aptheker, *Anti-Racism in U.S. History*, 25; James Weldon Johnson, *Along This Way: The Autobiography of James Weldon Johnson* (Boston: Da Capo, 2000), 203; W. E. B. Du Bois, *The Souls of Black Folk: Essays and Sketches* (Chicago: A. C. McClurg, 1903), 11–12.
23. Ibid., 3–4, 11.
24. Ibid., 53.
25. W. E. B. Du Bois, "The Talented Tenth," in *The Negro Problem: A Series of Articles by Representative American Negroes of Today* (New York: James Pott, 1903), 43–45.
26. Lewis, *W. E. B. Du Bois, 1868–1919*, 291–294; Carl Kelsey, "Review of *The Souls of Black Folk*, by W. E. B. Du Bois," *Annals of the American Academy of Political and Social Science* 22 (1903): 230–232.

第二十四章　偉大的白人希望

1. Sander Gilman, *Jewish Frontiers: Essays on Bodies, Histories, and Identities* (New York: Palgrave Macmillan, 2003), 89.
2. W. E. B. Du Bois, ed., *The Health and Physique of the American Negro* (Atlanta: Atlanta University Press, 1906).
3. Michael Yudell, *Race Unmasked: Biology and Race in the Twentieth Century* (New York: Columbia University Press, 2014), 48–49; W. E. B. Du Bois, *Black Folk Then and Now: An Essay in the History and Sociology of the Negro Race* (New York: Henry Holt, 1939), vii.
4. Lewis, *W. E. B. Du Bois, 1868–1919*, 331–333; Theodore Roosevelt, "Sixth Annual Message," December 3, 1906, at Gerhard Peters and John T. Woolley, American Presidency Project, www.presidency.ucsb.edu/ws/?pid=29547.
5. Lester Frank Ward, *Pure Sociology: A Treatise on the Origin and Spontaneous Development of Society* (New York: Macmillan, 1921), 359; James Elbert Cutler, *Lynch Law: An Investigation into the History of Lynching in the United States* (New York: Longman, Green, 1905), 269; W. E. B. Du Bois, "Some Notes on Negro Crime," Atlanta University Publications (Atlanta: Atlanta University Press, 1904), 56.
6. Lewis, *W. E. B. Du Bois, 1868–1919*, 332.
7. Geoffrey C. Ward, *Unforgivable Blackness: The Rise and Fall of Jack Johnson* (New York: Alfred A. Knopf, 2004), 98–100, 130–133, 137–139, 144–145, 422–424.
8. John Gilbert, *Knuckles and Gloves* (London: W. Collins Sons, 1922), 45; González and Torres, *News for All the People*, 209–211; Ward, *Unforgivable Blackness*, 115–116.
9. Keim, *Mistaking Africa*, 48; Emily S. Rosenberg, *Financial Missionaries to the World: The Politics and Culture of Dollar Diplomacy, 1900–1930* (Durham, NC: Duke University Press, 2003), 201–203.
10. Du Bois, *Autobiography*, 227–229.
11. Lewis, *W. E. B. Du Bois, 1868–1919*, 386–402.
12. Charles Benedict Davenport, *Heredity in Relation to Eugenics* (New York: Henry Holt, 1911), 1; Yudell, *Race Unmasked*, 31–40; Dorothy E. Roberts, *Killing the Black Body: Race, Reproduction, and the Meaning of Liberty* (New York: Pantheon Books, 1997), 61–62, 66–68.
13. Lewis, *W. E. B. Du Bois, 1868–1919*, 413–414.
14. Franz Boas, *The Mind of Primitive Man* (New York: Macmillan, 1921), 127–128, 272–273; Lee D. Baker, *Anthropology and the Racial*

Politics of Culture* (Durham, NC: Duke University Press, 2010), 24.

15. Giddings, *Ida*, 479–480.
16. *The Crisis*, June 1911.
17. W. E. B. Du Bois, "Hail Columbia!" in *W. E. B. Du Bois: A Reader*, 295–296.
18. Nannie H. Burroughs, "Not Color but Character," *Voice of the Negro* 1 (1904), 277–278.
19. Giddings, *When and Where I Enter*, 122–123; N. H. Burroughs, "Black Women and Reform," *The Crisis*, August 1915.
20. Lewis, *W. E. B. Du Bois, 1868–1919*, 419–424; Woodrow Wilson, *Division and Reunion, 1829–1909* (New York: Longman, Green, 1910).
21. Blum and Harvey, *The Color of Christ*, 141–142.
22. Louis R. Harlan, *Booker T. Washington: The Wizard of Tuskegee, 1901–1915* (New York: Oxford University Press, 1983), 431–435; Lewis, *W. E. B. Du Bois, 1868–1919*, 460–463, 501–509; Ed Guerrero, *Framing Blackness: The African American Image in Film* (Philadelphia: Temple University Press, 1993), 10–17; W. E. B. Du Bois, *The Negro* (New York: Cosimo, 2010), 82.

第二十五章　一個國家的誕生

1. W. E. B. Du Bois, "'Refinement and Love,'" *The Crisis*, December 1916.
2. Wilkerson, *The Warmth of Other Suns*, 8–15, 36–46, 160–168, 177–179, 217– 221, 237–241, 249–251, 348–350; Carter G. Woodson, *A Century of Negro Migration* (Washington, DC: Association for the Study of Negro Life and History, 1918), 180.
3. David Levering Lewis, *W. E. B. Du Bois: The Fight for Equality and the American Century, 1919–1963* (New York: Henry Holt, 1993), 50–55.
4. Edward Byron Reuter, *The Mulatto in the United States* (Boston: Gorham Press, 1918), 58.
5. Somerville, "Scientific Racism and the Emergence of the Homosexual Body," 256–263.
6. Madison Grant, *The Passing of the Great Race; Or, The Racial Basis of European History* (New York: Charles Scribner's Sons, 1918), 16, 193, 226.
7. Jonathan Peter Spiro, *Defending the Master Race: Conservation, Eugenics, and the Legacy of Madison Grant* (Lebanon, NH: University

Press of New England, 2009), 356–357.

8. Lewis M. Terman, *The Measure of Intelligence: An Explanation of and a Complete Guide for the Use of the Standard Revision and Extension of the Binet-Simon Intelligence Scale* (New York: Houghton Mifflin, 1916), 92.
9. Gossett, *Race*, 374–377.
10. W. E. B. Du Bois, "Reconstruction and Africa," *The Crisis*, February 1919; Du Bois, *Dusk of Dawn*, 137.
11. Ira Katznelson, *When Affirmative Action Was White: An Untold History of Racial Inequality in Twentieth-Century America* (New York: W. W. Norton, 2005), 84–86.
12. Cameron McWhirter, *Red Summer: The Summer of 1919 and the Awakening of Black America* (New York: Henry Holt, 2011), 10, 12–17, 56–59; Claude McKay, "If We Must Die," Poetry Foundation, www.poetryfoundation.org/poem/173960.
13. Giddings, *When and Where I Enter*, 184.
14. Davis, *Women, Race & Class*, 123–125; Moreno, *Black Americans and Organized Labor*, 107–111; Timothy Johnson, "'Death for Negro Lynching!': The Communist Party, USA's Position on the African American Question," *American Communist History* 7, no. 2 (2008): 243–247.
15. Earl Ofari Hutchinson, *Blacks and Reds: Race and Class in Conflict, 1919–1990* (East Lansing: Michigan State University Press, 1995).
16. W. E. B. Du Bois, *Darkwater: Voices from Within the Veil* (New York: Harcourt, Brace, and Howe, 1920), 39, 73.
17. Ibid., 166, 168, 185–186.
18. White, *Too Heavy a Load*, 125–128.
19. Lewis, *W. E. B. Du Bois, 1919–1963*, 20–23.
20. Ibid., 62–67; Edmund David Cronon, *Black Moses: The Story of Marcus Garvey and the Universal Negro Improvement Association* (Madison: University of Wisconsin Press, 1969), 64–67.
21. Russell-Cole et al., *The Color Complex*, 26, 30–32; Giddings, *When and Where I Enter*, 178; Lewis, *W. E. B. Du Bois, 1919–1963*, 66–71.
22. Lewis, *W. E. B. Du Bois, 1919–1963*, 70–76.
23. Ibid., 77–84, 118–128, 148–152.

24. I. A. Newby, *Jim Crow's Defense: Anti-Negro Thought in America, 1900–1930* (Baton Rouge: Louisiana State University Press, 1965), 55; Gossett, *Race*, 407.
25. Robert E. Park, "The Conflict and Fusion of Cultures with Special Reference to the Negro," *Journal of Negro History* 4, no. 2 (1919): 129–130; W. E. B. Du Bois, *The Gift of Black Folk: The Negro in the Making of America* (Millwood, NY: Kraus- Thomson, 1975), iv, 287, 320, 339.

第二十六章　媒體勸說

1. Lewis, *W. E. B. Dubois, 1919–1963*, 153–159, 161–166; Alain Locke, "The New Negro," in *The New Negro: Voices of the Harlem Renaissance*, ed. Alain Locke (New York: Simon and Schuster, 1992), 15.
2. Rogers, *The Black Campus Movement*, 19, 23, 35–47.
3. Valerie Boyd, *Wrapped in Rainbows: The Life of Zora Neale Hurston* (New York: Simon and Schuster, 1997), 116–119; Wallace Thurman, *The Blacker the Berry* (New York: Simon and Schuster, 1996).
4. Langston Hughes, "The Negro Artist and the Racial Mountain," *The Nation*, June 1926.
5. David L. Lewis, *When Harlem Was in Vogue* (New York: Penguin, 1997), 180– 189; W. E. B. Du Bois, "On Carl Van Vechten's *Nigger Heaven*," in *W. E. B. Du Bois: A Reader*, 516; Carl Van Vechten, *Nigger Heaven* (Urbana: University of Illinois, 2000), 50.
6. Van Vechten, *Nigger Heaven*, 89, 90.
7. John Martin, *John Martin Book of the Dance* (New York: Tudor, 1963), 177–189.
8. Wiggins, *Glory Bound*, 183–184.
9. Angela Davis, *Blues Legacies and Black Feminism: Gertrude "Ma" Rainey, Bessie Smith, and Billie Holiday* (New York: Vintage, 1998); Giles Oakley, *The Devil's Music: A History of the Blues* (New York: Da Capo, 1976).
10. Lewis, *W. E. B. Du Bois, 1919–1963*, 214–220.
11. Donald Young, "Foreword," *Annals of the American Academy of Political and Social Science* 140 (1928): vii–viii.
12. Thorsten Sellin, "The Negro Criminal: A Statistical Note," in ibid., 52–64.

13. Walter White, "The Color Line in Europe," in ibid., 331.
14. Moreno, *Black Americans and Organized Labor*, 141–143; Johnson, "'Death for Negro Lynching,'" 247–254; Hutchinson, *Blacks and Reds*, 29–40.
15. Claude G. Bowers, *The Tragic Era: The Revolution After Lincoln* (Cambridge, MA: Riverside, 1929), vi.
16. Lewis, *W. E. B. Du Bois, 1919–1963*, 320–324; W. E. B. Du Bois, *Black Reconstruction*, 700, 725; Roediger, *Wages of Whiteness*.
17. Lewis, *W. E. B. Du Bois, 1919–1963*, 349–378.
18. Ibid., 284–285; Vanessa H. May, *Unprotected Labor: Household Workers, Politics, and Middle-Class Reform in New York, 1870–1940* (Chapel Hill: University of North Carolina Press, 2011), 123.
19. Washington, *Medical Apartheid*, 194–202; Degler, *In Search of Human Nature*, 148–151, 202; Roberts, *Killing the Black Body*, 72–86.
20. Earnest Albert Hooton, *Up from the Ape* (New York: Macmillan, 1931), 593–594.
21. Roberts, *Fatal Invention*, 85–87; Elazar Barkan, *The Retreat of Scientific Racism: Changing Concepts of Race in Britain and the United States Between the World Wars* (Cambridge, UK: Cambridge University Press, 1992), 100–108.
22. Lott, *The Invention of Race*, 10–13; "Monster Ape Pack Thrills in New Talkie," *Chicago Tribune*, April 23, 1933; Blum and Harvey, *The Color of Christ*, 186–188.
23. González and Torres, *News for All the People*, 250–254; Melissa V. Harris- Perry, *Sister Citizen: Shame, Stereotypes, and Black Women in America* (New Haven, CT: Yale University Press, 2011), 88.

第二十七章　舊政

1. Lewis, *W. E. B. Du Bois, 1919–1963*, 256–265, 299–301, 306–311.
2. Ibid., 310–311; Davis, *Women, Race & Class*, 69; W. E. B. Du Bois, "Marxism and the Negro Problem," *The Crisis*, May 1933; Du Bois, *Dusk of Dawn*, 103.
3. Lewis, *W. E. B. Du Bois, 1919–1963*, 295–297, 300–314; Anderson, *The Education of Blacks in the South*, 276–277; Carter G. Woodson, *The Miseducation of the Negro* (Mineola, NY: Dover, 2005), 55.

4. Robin D. G. Kelley, *Hammer and Hoe: Alabama Communists During the Great Depression* (Chapel Hill: University of North Carolina Press, 1990), 107–109, 116.
5. Jacqueline Jones, *American Work: Four Centuries of Black and White Labor* (New York: W. W. Norton, 1998), 344.
6. Katznelson, *When Affirmative Action Was White*, 36–61.
7. Degler, *In Search of Human Nature*, 167.
8. W. E. B. Du Bois, "On Being Ashamed," *The Crisis*, September 1933; W. E. B. Du Bois, "Pan-Africa and New Racial Philosophy," *The Crisis*, November 1933; W. E. B. Du Bois, "Segregation," *The Crisis*, January 1934.
9. W. E. B. Du Bois, "A Free Forum," *The Crisis*, February 1934.
10. W. E. B. Du Bois, "Segregation in the North," *The Crisis*, April 1934; Lewis, *W. E. B. Du Bois, 1919–1963*, 330–331, 335–349.
11. Lewis, *W. E. B. Du Bois, 1919–1963*, 395–396.
12. Chris Mead, *Joe Louis: Black Champion in White America* (Mineola, NY: Dover, 1985), 68.
13. "Adolf Hitler, Jesse Owens, and the Olympics Myth of 1936," History News Network, July 8, 2002, http://historynewsnetwork.org/article/571; M. Dyreson, "American Ideas About Race and Olympic Races in the Era of Jesse Owens: Shattering Myths of Reinforcing Scientific Racism?," *International Journal of the History of Sport* 25, no. 2 (2008): 251–253.
14. Dean Cromwell and Al Wesson, *Championship Techniques in Track and Field* (New York: Whittlesey House, 1941), 6; W. Montague Cobb, "Race and Runners," *Journal of Health and Physical Education* 7 (1936): 3–7, 52–56; Patrick B. Miller, "The Anatomy of Scientific Racism: Racialist Responses to Black Athletic Achievement," *Journal of Sport History* 25, no. 1 (1998): 126–135.
15. Lewis, *W. E. B. Du Bois, 1919–1963*, 422–423; Robert L. Fleeger, "Theodore G. Bilbo and the Decline of Public Racism, 1938–1947," *Journal of Mississippi History* 68, no. 1 (2006): 8–11; Degler, *In Search of Human Nature*, 203–204.
16. Ruth Benedict, *Race: Science and Politics* (New York: Viking, 1940), v–vi.
17. W. E. B. Du Bois, ed., *The Negro American Family* (Atlanta: Atlanta University Press, 1908), 41; E. Franklin Frazier, *The Negro Family in the United States* (Chicago: University of Chicago Press, 1939), xix.
18. Frazier, *Negro Family*, 41, 331, 355, 487–488.

19. Russell-Cole et al., *The Color Complex*, 51–54, 66; Byrd and Tharps, *Hair Story*, 44–47; Malcolm X and Alex Haley, *The Autobiography of Malcolm X* (New York: Ballantine Book, 1999), 55–57.
20. Guerrero, *Framing Blackness*, 17–31.
21. Harris-Perry, *Sister Citizen*, 76–77; Patricia Morton, *Disfigured Images: The Historical Assault on Afro-American Women* (Westport, CT: Greenwood, 1991), 6–7.
22. Lewis, *W. E. B. Du Bois, 1919–1963*, 471–472; Richard Wright, *Black Boy* (New York: HarperPerennial, 1998), 37.
23. Richard H. King, *Race, Culture, and the Intellectuals: 1940–1970* (Baltimore: Johns Hopkins University Press, 2004), 139; Melville J. Herskovits, *The Myth of the Negro Past* (Boston: Beacon Press, 1990), 1, 298.
24. Zora Neale Hurston, *Mules and Men* (New York: HarperPerennial, 2008).
25. Zora Neale Hurston, *Their Eyes Were Watching God: A Novel* (New York: Perennial Library, 1990), 14, 98–99, 144–145.
26. Mary Helen Washington, "Foreword," in ibid., ix–xvii; Ralph Thompson, "Books of the Times," *New York Times*, October 6, 1937; Sheila Hibben, "Book Review," *New York Herald Tribune*, September 26, 1937.
27. Zora Neale Hurston, "How It Feels to Be Colored Me," *World Tomorrow*, May 1928.
28. Washington, "Foreword," ix–xvii.
29. King, *Race, Culture, and the Intellectuals*, 138–144.
30. Boyd, *Wrapped in Rainbows*, 345; James Baldwin, "Everybody's Protest Novel," *Partisan Review* 16 (1949): 578–585.

第二十八章　自由的品牌

1. Jerry Gershenhorn, *Melville J. Herskovits and the Racial Politics of Knowledge* (Lincoln: University of Nebraska Press, 2004), 142–152; Lewis, *W. E. B. Du Bois, 1919– 1963*, 435–436.
2. Ibid., 448–449.
3. Gunnar Myrdal, *An American Dilemma: The Negro Problem and Modern Democracy*, vol. 1 (New York: Harper and Brothers, 1944), 48.
4. Lewis, *W. E. B. Du Bois, 1919–1963*, 451–452; King, *Race, Culture, and the Intellectuals*, 132–133.

5. Gunnar Myrdal, *An American Dilemma: The Negro Problem and Modern Democracy*, vol. 2 (New York: Harper and Brothers, 1944), 751–752, 928–929.
6. Lewis, *W. E. B. Du Bois, 1919–1963*, 510–515.
7. Fleeger, "Theodore G. Bilbo and the Decline of Public Racism," 2–3.
8. Ibid., 1–4, 8, 13–27; Theodore G. Bilbo, *Take Your Choice: Separation or Mongrelization* (Poplarville, MS: Dream House, 1947), 7–8.
9. Morton, *Disfigured Images*, 90–91.
10. M. F. Ashley Montagu, *Man's Most Dangerous Myth: The Fallacy of Race* (New York: Columbia University Press, 1945), 150–151; Degler, *In Search of Human Nature*, 80, 216–218; Zoë Burkholder, *Color in the Classroom: How American Schools Taught Race, 1900–1954* (New York: Oxford University Press, 2011), 4–11, 39–95; Yudell, *Race Unmasked*, 132–137.
11. Theodosius Dobzhansky and Ashley Montagu, "Natural Selection and the Mental Capacities of Mankind," *Science* 105, no. 2736 (1947): 587–590; Hamilton Cravens, "What's New in Science and Race Since the 1930s? Anthropologists and Racial Essentialism," *The Historian* 72, no. 2 (2010): 315–318; Yudell, *Race Unmasked*, 111–132, 201–202.
12. UNESCO, *Four Statements on the Race Question*, UNESCO and Its Programme (Paris: UNESCO, 1969), 30–43; Yudell, *Race Unmasked*, 148–167; Roberts, *Fatal Invention*, 43–45.
13. Harry S. Truman, "Address Before a Joint Session of Congress," March 12, 1947, The Avalon Project: Documents in Law, History, and Diplomacy, Lillian Goldman Law Library, Yale Law School, http://avalon.law.yale.edu/20th_century /trudoc.asp; Mary L. Dudziak, *Cold War Civil Rights: Race and the Image of American Democracy* (Princeton, NJ: Princeton University Press, 2000), 26–46.
14. President's Committee on Civil Rights, *To Secure These Rights*, 1947, 139, 147, Harry S. Truman Library and Museum, www.trumanlibrary.org/civilrights/srights1 .htm#contents; Lewis, *W. E. B. Du Bois, 1919–1963*, 529.
15. Harry S. Truman, "Special Message to the Congress on Civil Rights," February 2, 1948, at Gerhard Peters and John T. Woolley, The American Presidency Project, www.presidency.ucsb.edu/ws/?pid=13006; Robert A. Caro, *Means of Ascent: The Years of Lyndon Johnson*, vol. 2 (New York: Vintage, 1990), 125; Francis Njubi Nesbitt, *Race for Sanctions: African Americans Against Apartheid, 1946–1994* (Bloomington: Indiana University Press, 2004), 9–10.

16. Lewis, *W. E. B. Du Bois, 1919–1963*, 522–524, 528–534; Hutchinson, *Betrayed*, 62–70; Dudziak, *Cold War Civil Rights*, 43–46, 79–86.
17. Dudziak, *Cold War Civil Rights*, 91–102.
18. Thomas J. Sugrue, *The Origins of the Urban Crisis: Race and Inequality in Postwar Detroit*, Princeton Studies in American Politics (Princeton, NJ: Princeton University Press, 1996), 181–258; Massey and Denton, *American Apartheid*, 49–51.
19. Massey and Denton, *American Apartheid*, 44–49; Katznelson, *When Affirmative Action Was White*, 113–141.
20. Karen Brodkin, *How Jews Became White Folks and What That Says About Race in America* (New Brunswick, NJ: Rutgers University Press, 1998), 35–36; Burkholder, *Color in the Classroom*, 137–170; Nell Irvin Painter, *The History of White People* (New York: W. W. Norton, 2010), 366–372.
21. Lewis, *W. E. B. Du Bois, 1919–1963*, 545–554; Dudziak, *Cold War Civil Rights*, 6, 11–15, 28–29, 88–90.
22. Dudziak, *Cold War Civil Rights*, 63–66.
23. Ibid., 47–77.
24. Ibid., 77–78.
25. Ibid., 79, 90–91; Hutchinson, *Betrayed*, 75–76.
26. Abrahm Kardiner and Lionel Ovesey, *The Mark of Oppression* (New York: W. W. Norton, 1951).
27. *Brown v. Board of Education of Topeka*, 347 U.S. 483 (1954), https://supreme.justia .com/cases/federal/us/347/483/case.html#T10.
28. Zora Neale Hurston, "Court Order Can't Make Races Mix," *Orlando Sentinel*, August 11, 1955; Boyd, *Wrapped in Rainbows*, 423–425.
29. Dudziak, *Cold War Civil Rights*, 102–114; Lewis, *W. E. B. Du Bois, 1919–1963*, 557; Giddings, *When and Where I Enter*, 261.

第二十九章　大規模抵抗

1. Lewis, *W. E. B. Du Bois, 1919–1963*, 557; Lewis V. Baldwin, *There Is a Balm in Gilead: The Cultural Roots of Martin Luther King, Jr.* (Minneapolis, MN: Fortress Press, 1991), 45.
2. E. Franklin Frazier, *Black Bourgeoisie* (New York: Free Press, 1962), 4, 221; E. Franklin Frazier, "The Failure of the Negro Intellectual," in *On Race Relations: Selected Writings of E. Franklin Frazier*, ed. G. Franklin Edwards (Chicago: University of Chicago Press, 1968), 270,

277; Stanley M. Elkins, *Slavery: A Problem in American Institutional and Intellectual Life* (Chicago: University of Chicago Press, 1959).

3. Malcolm X. "The Root of Civilization," Audio Clip, http://shemsubireda.tumblr .com/post/55982230511/africa-is-a-jungleaint-that-what-they-say.
4. Evelyn Brooks Higginbotham, *Righteous Discontent: The Women's Movement in the Black Baptist Church, 1880–1920* (Cambridge, MA: Harvard University Press, 1994); Frazier, *Black Bourgeoisie*, 25.
5. Hutchinson, *Betrayed*, 84–87, 93; Dudziak, *Cold War Civil Rights*, 115–151; Adams and Sanders, *Alienable Rights*, 277–278.
6. Lewis, *W. E. B. Du Bois, 1919–1963*, 558–566.
7. Ibid., 557–558; Blum and Harvey, *The Color of Christ*, 205–213.
8. Lewis, *W. E. B. Du Bois, 1919–1963*, 566.
9. Isaac Saney, "The Case Against *To Kill a Mockingbird*," *Race & Class* 45, no. 1 (2003): 99–110.
10. Michaal Harrington, *The Other America* (New York: Simon and Schuster, 1997), 72, 76.
11. Lewis, *W. E. B. Du Bois, 1919–1963*, 565–570.
12. Adams and Sanders, *Alienable Rights*, 281–283; Dudziak, *Cold War Civil Rights*, 155–166.
13. Dan T. Carter, *The Politics of Rage: George Wallace, the Origins of the New Conservatism, and the Transformation of American Politics* (Baton Rouge: Louisiana State University Press, 2000), 96.
14. "The Inaugural Address of Governor George C. Wallace," January 14, 1963,http://media.al.com/spotnews/other/George%20 Wallace%201963%20Inauguration %20Speech.pdf.
15. Oscar Handlin, "All Colors, All Creeds, All Nationalities, All New Yorkers," *New York Times*, September 22, 1963.
16. Nathan Glazer and Daniel P. Moynihan, *Beyond the Melting Pot: The Negroes, Puerto Ricans, Jews, Italians, and Irish of New York City* (Cambridge, MA: M.I.T. Press, 1963), 11, 35, 50–53, 84–85.
17. Martin Luther King Jr., "Letter from a Birmingham Jail," April 16, 1963, https://www.africa.upenn.edu/Articles_Gen/Letter_Birmingham.html.
18. Dudziak, *Cold War Civil Rights*, 169–187.

19. Ibid., 187–200, 216–219; Du Bois, *W. E. B. Du Bois, 1868–1919*, 2.

第三十章　民權法案

1. Angela Y. Davis, *Angela Davis: An Autobiography* (New York: International Publishers, 1988), 128–131.
2. Ibid., 77–99.
3. Ibid., 101–112.
4. James Baldwin, *The Fire Next Time* (New York: Vintage, 1963).
5. Davis, *Autobiography*, 117–127.
6. Ibid., 128–131.
7. John F. Kennedy, "Statement by the President on the Sunday Bombing in Birmingham," September 16, 1963, Gerhard Peters and John T. Woolley, The American Presidency Project, www.presidency.ucsb.edu/ws/?pid=9410.
8. Lyndon B. Johnson, "Address to a Joint Session of Congress," November 27, 1963, *Public Papers of the Presidents of the United States: Lyndon B. Johnson, 1963–64*, vol. 1, entry 11 (Washington, DC: US Government Printing Office, 1965), 8–10.
9. Ossie Davis, "Eulogy for Malcolm X," in *Say It Loud: Great Speeches on Civil Rights and African American Identity*, ed. Catherine Ellis and Stephen Smith (New York: New Press, 2010).
10. Malcolm X and Alex Haley, *The Autobiography of Malcolm X* (New York: Ballantine, 1999), 369.
11. Adams and Sanders, *Alienable Rights*, 290.
12. Moreno, *Black Americans and Organized Labor*, 252–258.
13. Michael K. Brown et al, *Whitewashing Race: The Myth of a Color-Blind Society* (Berkeley: University of California Press, 2003), 168–174.
14. Dudziak, *Cold War Civil Rights*, 208–214, 219–231; Malcolm X, "Appeal to African Heads of State," in *Malcolm X Speaks: Selected Speeches and Statements*, ed. George Breitman (New York: Grove Press, 1965), 76.
15. Carter, *The Politics of Rage*, 344.
16. Adams and Sanders, *Alienable Rights*, 287–291; Barry M. Goldwater, *The Conscience of a Conservative* (Washington, DC: Regnery,

1994), 67.

17. Chana Kai Lee, *For Freedom's Sake: The Life of Fannie Lou Hamer*, Women in American History (Urbana: University of Illinois Press, 1999), 89, 99; Cleveland Sellers and Robert L. Terrell, *The River of No Return: The Autobiography of a Black Militant and the Life and Death of SNCC* (Jackson: University Press of Mississippi, 1990), 111.
18. "Baldwin Blames White Supremacy," *New York Post*, February 22, 1965; Telegram from Martin Luther King Jr. to Betty al-Shabazz, February 26, 1965, The Martin Luther King Jr. Research and Education Institute, Stanford University, http://kingencyclopedia.stanford.edu/encyclopedia/documentsentry/telegram _from_martin_luther_king_jr_to_betty_al_shabazz/.
19. Ossie Davis, "Eulogy for Malcolm X," 29.
20. Eliot Fremont-Smith, "An Eloquent Testament," *New York Times*, November 5, 1965; Malcolm X and Haley, *Autobiography*.
21. Lyndon B. Johnson, "Commencement Address at Howard University: 'To Fulfill These Rights,'" in *Public Papers of the Presidents of the United States: Lyndon B. Johnson, 1965*, vol. 2, entry 301 (Washington, DC: US Government Printing Office, 1966), 635–640.
22. Daniel Patrick Moynihan, *The Negro Family: The Case for National Action* (Washington, DC: Office of Policy Planning and Research, US Department of Labor, 1965), 29–30, http://web.stanford.edu/~mrosenfe/Moynihan's%20The%20 Negro%20Family.pdf.
23. US House of Representatives, "Voting Rights Act of 1965," House Report 439, 89th Cong., 1st sess. (Washington, DC: US Government Printing Office, 1965), 3.

第三十一章　黑人權力

1. "New Crisis: The Negro Family," *Newsweek*, August 9, 1965; James T. Patterson, *Freedom Is Not Enough: The Moynihan Report and America's Struggle over Black Family Life—from LBJ to Obama* (New York: Basic Books, 2010), 65–70.
2. Davis, *Autobiography*, 133–139; Russell-Cole et al. *The Color Complex*, 59–61.
3. Massey and Denton, *American Apartheid*, 3, 18–19, 167; Kenneth Clark, *Dark Ghetto: Dilemmas of Social Power* (New York: Harper and Row, 1965).
4. "Success Story, Japanese-American Style," *New York Times Magazine*, January 9, 1966; "Success Story of One Minority Group in the

U.S.," *US News and World Report*, December 26, 1966; Daryl J. Maeda, *Chains of Babylon: The Rise of Asian America* (Minneapolis: University of Minnesota Press, 2009).

5. Byrd and Tharps, *Hair Story*.
6. Peniel E. Joseph, *Waiting 'Til the Midnight Hour: A Narrative History of Black Power in America* (New York: Henry Holt, 2006), 141–142.
7. "Dr. King Is Felled by Rock: 30 Injured as He Leads Protesters: Many Arrested in Race Clash," *Chicago Tribune*, August 6, 1966.
8. Joseph, *Waiting 'Til the Midnight Hour*, 146.
9. Roy Wilkins, "Whither 'Black Power'?" *The Crisis*, August–September 1966, 354; "Humphrey Backs N.A.A.C.P. in Fight on Black Racism," *New York Times*, July 7, 1966.
10. Joshua Bloom and Waldo E. Martin, *Black Against Empire: The History and Politics of the Black Panther Party* (Berkeley: University of California Press, 2013), 70–73.
11. Malcolm McLaughlin, *The Long, Hot Summer of 1967: Urban Rebellion in America* (New York: Palgrave Macmillan, 2014), 6–9, 12; Jonathan M. Metzl, *The Protest Psychosis: How Schizophrenia Became a Black Disease* (Boston: Beacon Press, 2010); Marvin E. Wolfgang and Franco Ferracuti, *The Subculture of Violence: Toward an Integrated Theory in Criminology* (London: Tavistock, 1967).
12. Premilla Nadasen, *Welfare Warriors: The Welfare Rights Movement in the United States* (New York: Routledge, 2005), 135–138.
13. Davis, *Autobiography*, 149–151.
14. "New Black Consciousness Takes Over College Campus," *Chicago Defender*, December 4, 1967.
15. Davis, *Autobiography*, 156–161.
16. Martin Luther King Jr., "Where Do We Go from Here?" in *Say It Loud*, 41.
17. Joseph, *Waiting 'Til the Midnight Hour*, 197–201.
18. Lyndon B. Johnson, "Annual Message to the Congress on the State of the Union, January 17, 1968," in *Public Papers of the Presidents of the United States: Lyndon B. Johnson, 1968–1969* (Washington, DC: US Government Printing Office, 1970), 30.
19. Eldridge Cleaver, *Soul on Ice* (New York: Dell, 1968), 101–111, 134, 159–163, 181, 187–188, 205–206.
20. Franz Fanon, *Black Skin, White Masks* (New York: Grove Press, 2008), 45; William H. Grier and Price M. Cobbs, *Black Rage* (New York:

BasicBooks, 1968).

21. Andrew Billingsley, *Black Families in White America* (New York: Simon and Schuster, 1968), 33, 37.
22. *Report of the National Advisory Commission on Civil Disorders* (New York: New York Times Publications, 1968), 1–2, 389.
23. Report of the Select Committee on Assassinations of the US House of Representatives, Findings in the Assassination of Dr. Martin Luther King Jr., 277, National Archives, www.archives.gov/research/jfk/select-committee-report/part -2-king-findings.html; Adams and Sanders, *Alienable Rights*, 299–300; Hutchinson, *Betrayed*, 136–137, 144–145; González and Torres, *News for All the People*, 303–304.
24. Martin Luther King Jr., "Mountaintop Speech," April 3, 1968, video, https://vimeo.com/3816635.
25. Davis, *Autobiography*, 160–178; Spiro T. Agnew, Opening Statement of Conference with Civil Rights and Community Leaders," April 11, 1968, http://msa .maryland.gov/megafile/msa/speccol/sc2200/sc2221/000012/000041/pdf/speech .pdf.
26. Rogers, *The Black Campus Movement*, 114; Hillel Black, *The American Schoolbook* (New York: Morrow, 1967), 106; Moreau, *Schoolbook Nation*.
27. Pablo Guzman, "Before People Called Me a Spic, They Called Me a Nigger," in *The Afro-Latin@ Reader: History and Culture in the United States*, ed. Miriam Jimenez Roman and Juan Flores (Durham, NC: Duke University Press), 235–243; Hutchinson, *Blacks and Reds*, 257–258.
28. Frances Beale, "Double Jeopardy: To Be Black and Female," in *The Black Woman: An Anthology*, ed. Toni Cade Bambara (New York: Washington Square Press, 2005), 109–122.
29. Davis, *Autobiography*, 180–191.

第三十二章　法律和秩序

1. Dan T. Carter, *From George Wallace to Newt Gingrich: Race in the Conservative Counterrevolution* (Baton Rouge: Louisiana State University Press, 1996), 27; John Ehrlichman, *Witness to Power: The Nixon Years* (New York: Simon and Schuster, 1982), 223.
2. Carter, *From George Wallace to Newt Gingrich*, 27; Ehrlichman, *Witness to Power*, 223.
3. Davis, *Autobiography*, 216–223; Hutchinson, *Betrayed*, 145–149.

4. Davis, *Autobiography*, 250–255, 263–266.
5. "Academic Freedom and Tenure: The University of California at Los Angeles," *AAUP Bulletin* 57, no. 3 (1971): 413–414; Arthur R. Jensen, "How Much Can We Boost IQ and Scholastic Achievement," *Harvard Educational Review* 39, no. 1 (1969): 82.
6. Davis, *Autobiography*, 270–273.
7. Ibid., 3–12, 277–279.
8. Byrd and Tharps, *Hair Story*, 60–63.
9. Guerrero, *Framing Blackness*, 69–111.
10. Cheryll Y. Greene and Marie D. Brown, "Women Talk," *Essence*, May 1990; "President Nixon Said It Was 'Necessary' to Abort Mixed-Race Babies, Tapes Reveal," *Daily Telegraph*, June 24, 2009.
11. Giddings, *When and Where I Enter*, 304–311; Toni Morrison, "What the Black Woman Thinks of Women's Lib," *New York Times Magazine*, August 1971; Toni Morrison, *The Bluest Eye* (New York: Penguin, 1970); Maya Angelou, *I Know Why the Caged Bird Sings* (New York: Random House, 1969).
12. Joseph, *Waiting 'Til the Midnight Hour*, 273–275.
13. Brown et al., *Whitewashing Race*, 164–192.
14. Massey and Denton, *American Apartheid*, 60–62.
15. Joseph, *Waiting 'Til the Midnight Hour*, 283–293.
16. Davis, *Autobiography*, 359.
17. Michelle Alexander, *The New Jim Crow: Mass Incarceration in the Age of Colorblindness* (New York: New Press, 2010), 8; *National Advisory Commission on Criminal Justice Standards and Goals, Task Force Report on Corrections* (Washington, DC: US Government Printing Office, 1973), 358.
18. "15000 at NY Angela Davis Rally," *The Militant*, July 14, 1972.
19. Charles Herbert Stember, *Sexual Racism: The Emotional Barrier to an Integrated Society* (New York: Elsevier, 1976).
20. Audre Lorde, "Age, Race, Class, and Sex: Women Redefining Difference," in *Sister Outsider: Essays and Speeches*, ed. Audre Lorde

(Berkeley, CA: Crossing Press, 2007), 115.

21. Salamishah Tillet, "Black Feminism, Tyler Perry Style," *The Root*, November 11, 2010, www.theroot.com/articles/culture/2010/11/a_feminist_analysis_of_tyler _perrys_for_colored_girls.html.
22. Alice Walker, *The Color Purple: A Novel* (New York: Harcourt, Brace, Jovanovich, 1982).
23. Robert Staples, "The Myth of Black Macho: A Response to Angry Black Feminists," *The Black Scholar* 10, no. 6/7 (March/April 1979): 24–33; Michele Wallace, *Black Macho and the Myth of Superwoman* (New York: Verso, 1990), 23, 107.
24. June Jordan, "To Be Black and Female," *New York Times*, March 18, 1979; Angela Y. Davis, "Black Writers' Views of America," *Fredomways* 19, no. 3 (1979): 158–160; Wallace, *Black Macho and the Myth of Superwoman*, xxi, 75.
25. Byrd and Tharps, *Hair Story*, 100–107.
26. Guerrero, *Framing Blackness*, 113–138.
27. Alex Haley, *Roots: The Saga of an American Family* (Garden City, NY: Doubleday, 1976).

第三十三章　雷根的毒品

1. "'Welfare Queen' Becomes Issue in Reagan Campaign," *New York Times*, February 15, 1976; "The Welfare Queen," *Slate*, December 19, 2013, www.slate.com/articles /news_and_politics/history/2013/12/linda_taylor_welfare_queen_ronald_reagan_ made_her_a_notorious_american_villain.html.
2. Massey and Denton, *American Apartheid*, 61, 83–114; Manning Marable, *Race, Reform, and Rebellion: The Second Reconstruction and Beyond in Black America, 1945–2006* (Jackson: University Press of Mississippi, 2007), 151–154.
3. Brown et al., *Whitewashing Race*, 164–192.
4. *Regents of Univ. of California v. Bakke*, 438 U.S. 265 (1978).
5. Phyllis Ann Wallace, Linda Datcher-Loury, and Julianne Malveaux, *Black Women in the Labor Force* (Cambridge, MA: MIT Press, 1980), 67; William J. Wilson, *The Declining Significance of Race: Blacks and Changing American Institutions*, 2nd ed. (Chicago: University of Chicago Press, 1980), 2–3; Michael Harrington, *The Other America: Poverty in the United States* (New York: Simon and Schuster, 1997), 76.

6. John Langston Gwaltney, *Drylongso: A Self-Portrait of Black America* (New York: Random House, 1980), xix; Mel Watkins, "Books of the Times: Blacks Less 'Hateful' Enlightened Interviews," *New York Times*, September 2, 1980.
7. William Julius Wilson, "The Declining Significance of Race: Revisited & Revised," *Daedalus* 140, no. 2 (2011): 67.
8. *Regents of Univ. of California v. Bakke*; Robert Bork, "The Unpersuasive Bakke Decision," *Wall Street Journal*, July 21, 1978; Sean F. Reardon, Rachel Baker, and Daniel Klasik, *Race, Income, and Enrollment Patterns in Highly Selective Colleges, 1982–2004* (Stanford, CA: Center for Education Policy Analysis, 2012), https://cepa.stanford .edu/sites/default/files/race%20income%20%26%20selective%20 college%20 enrollment%20august%203%202012.pdf.
9. Marable, *Race, Reform, and Rebellion*, 165–171.
10. "Gus Hall and Angela Davis Lead Communist Party's Ticket for '80," *New York Times*, November 20, 1979; Hutchinson, *Blacks and Reds*, 297–298.
11. Marable, *Race, Reform, and Rebellion*, 171–175; "Angela Davis Says Get Tough with E. Bay Nazis," *Sun Reporter*, September 20, 1979.
12. "Angela Davis Brings Vice Preisdential Campaign to UCLA—Where It All Began," *Los Angeles Times*, August 7, 1980; Poster, "People Before Profits: A Campaign Rally Featuring Angela Davis," 1980, Oakland Museum of California Collection, http://collections. museumca.org/?q=collection-item/201054471.
13. "Transcript of Ronald Reagan's 1980 Neshoba County Fair Speech," *Neshoba Democrat*, November 15, 2007, http://web.archive.org/ web/20110714165011 /http://neshobademocrat.com/main.asp?SectionID=2&SubSectionID=297&Article ID=15599&TM=60417.67.
14. Guerrero, *Framing Blackness*, 113–138.
15. Adams and Sanders, *Alienable Rights*, 311–312; Moreno, *Black Americans and Organized Labor*, 276–279; Marable, *Race, Reform, and Rebellion*, 179–181.
16. Edward O. Wilson, "What Is Sociobiology?," *Society*, September/October 1978, 10; Edward O. Wilson, *Sociobiology: The New Synthesis* (Cambridge, MA: Harvard University Press, 1975).
17. Yudell, *Race Unmasked*, 179–200.
18. Davis, *Women, Race & Class*, 14, 18–19, 23, 31, 178–182; bell hooks, *Ain't I a Woman: Black Women and Feminism*, 2nd ed. (New York:

Routledge, 2014), 99.

19. Brown et al., *Whitewashing Race*, 136–137; Alexander, *The New Jim Crow*, 5–7, 49; Julian Roberts, "Public Opinion, Crime, and Criminal Justice," in *Crime and Justice: A Review of Research*, vol. 16, ed. Michael Tonry (Chicago: University of Chicago Press, 1992); Ronald Reagan, "Remarks on Signing Executive Order 12368, Concerning Federal Drug Abuse Policy Functions," June 24, 1982, Gerhard Peters and John T. Woolley, The American Presidency Project, www.presidency .ucsb.edu/ws/?pid=42671.
20. "Davis Addresses Women's Confab," *Washington Informer*, August 22, 1984.
21. Alexander, *The New Jim Crow*, 5–7, 51–53, 86–87, 206.
22. "Reagan Signs Anti-Drug Measure; Hopes for 'Drug-Free Generation,'" *New York Times*, October 28, 1968, www.nytimes. com/1986/10/28/us/reagan-signs-anti -drug-measure-hopes-for-drug-free-generation.html.
23. Marc Mauer, *Race to Incarcerate*, 2nd rev. ed. (New York: New Press, 2006), 30–36; Human Rights Watch, *Punishment and Prejudice: Racial Disparities in the War on Drugs*, vol. 12, HRW Reports (New York: Human Rights Watch, 2000); Christopher Ingraham, "White People Are More Likely to Deal Drugs, But Black People Are More Likely to Get Arrested for It," *Washington Post*, September 30, 2014, www .washingtonpost.com/news/wonkblog/wp/2014/09/30/white-people-are-more -likely-to-deal-drugs-but-black-people-are-more-likely-to-get-arrested-for-it/.
24. The Sentencing Project, "Crack Cocaine Sentencing Policy: Unjustified and Unreasonable," April 1997.
25. William Julius Wilson, *When Work Disappears: The World of the New Urban Poor* (New York: Vintage Books, 1997), 22.
26. Gail Russell Chaddock, "U.S. Notches World's Highest Incarceration Rate," *Christian Science Monitor*, August 18, 2003; Christopher Uggen and Jeff Manza, "Democratic Contradiction? Political Consequences of Felon Disenfranchisement in the United States," *American Sociological Review* 67 (2002): 777.
27. Craig Reinarman, "The Crack Attack: America's Latest Drug Scare, 1986–1992," in *Images of Issues: Typifying Contemporary Social Problems* (New York: Aldine de Gruyter, 1995), 162; Marc Maeur, *Race to Incarcerate*, 150–151; National Institute on Drug Use, *Data from the Drug Abuse Warning Network: Annual Data 1985*, Statistical Series I, #5 (Washington, DC: National Institute on Drug Abuse, 1986); US Census Bureau, "Table 308: Homicide Trends," https://www.census.gov/compendia /statab/11s0308.xls; "Deaths from

Drunken Driving Increase," *New York Times*, October 29, 1987, www.nytimes.com/1987/10/29/us/deaths-from-drunken-driving-increase.html; Alexander, *The New Jim Crow*, 200–201.

28. CBS News, "The Vanishing Family: Crisis in Black America," first aired in January 1986, https://www.youtube.com/watch?v=6VHMHmhUdHs; Angela Y. Davis, *Women, Culture & Politics* (New York: Vintage Books, 1990), 75–85.
29. Gary Bauer, *The Family: Preserving America's Future* (Washington, DC: US Department of Education, 1986), 35.
30. Eleanor Holmes Norton, "Restoring the Traditional Black Family," *New York Times*, June 2, 1985.

第三十四章　新民主黨人

1. Henry Louis Gates Jr., "TV's Black World Turns—but Stays Unreal," *New York Times*, November 12, 1989.
2. Charles Krauthammer, "Children of Cocaine," *Washington Post*, July 30, 1989.
3. Washington, *Medical Apartheid*, 212–215; "'Crack Baby' Study Ends with Unexpected but Clear Result," *Philadelphia Inquirer*, July 22, 2013, http:// articles.philly.com/2013-07-22/news/40709969_1_hallam-hurt-so-called -crack-babies-funded-study.
4. Marable, *Race, Reform, and Rebellion*, 212–213; Hutchinson, *Betrayed*, 189–190.
5. *McCleskey v. Kemp*, 481 U.S. 279, 1981; "New Look at Death Sentences and Race," *New York Times*, April 29, 2008, www.nytimes.com/2008/04/29/us/29bar .html.
6. Jeffrey O. G. Ogbar, *Hip-Hop Revolution: The Culture and Politics of Rap*, CultureAmerica (Lawrence: University Press of Kansas, 2007), 105–109, 146–155.
7. Molefi Kete Asante, *Afrocentricity*, new rev. ed. (Trenton, NJ: Africa World Press, 1988), 1, 104–105.
8. Russell-Cole et al., *The Color Complex*, 37–39, 51–54, 90–101, 107–109, 166; Byrd and Tharps, *Hair Story*, 112; J. Randy Taraborrelli, *Michael Jackson: The Magic, the Madness, the Whole Story, 1958–2009* (New York: Grand Central, 2009), 351.
9. Crenshaw, "Demarginalizing the Intersection of Race and Sex"; Kimberlé Crenshaw, "Mapping the Margins: Intersectionality, Identity Politics, and Violence Against Women of Color," *Stanford Law Review* 43, no. 6 (1991): 1242; Mari J. Matsuda, *Where Is Your Body? And Other Essays on Race, Gender, and the Law* (Boston: Beacon Press, 1996), 47; Richard Delgado and Jean Stefancic, *Critical Race*

Theory: An Introduction, 2nd ed. (New York: New York University Press, 2012), 7–10.

10. Dalton Conley, *Being Black, Living in the Red: Race, Wealth, and Social Policy in America* (Berkeley: University of California Press, 1999), 25; Robert S. Ellyn, "Angela Davis' Views," *Los Angeles Times*, March 10, 1990; *Sunday Times*, December 6, 1992.
11. "Poverty and Norplant: Can Contraception Reduce the Underclass?" *Philadelphia Inquirer*, December 12, 1990; Roberts, *Killing the Black Body*, 17–18, 106–110, 116, 122, 244–245; Washington, *Medical Apartheid*, 206–212; Angela Davis, "Black Women and the Academy," *Callaloo* 17, no. 2 (1994): 425–426.
12. Patricia Hill Collins, *Black Feminist Thought: Knowledge, Consciousness, and the Politics of Empowerment* (Boston: Unwin Hyman, 1990); Michele Wallace, "When Black Feminism Faces the Music, and the Music Is Rap," *New York Times*, July 29, 1990.
13. Guerrero, *Framing Blackness*, 157–167.
14. Hutchinson, *Betrayed*, 192–198.
15. Jeffrey Toobin, "The Burden of Clarence Thomas," *New Yorker*, September 27, 1993; Nancy Langston, "Clarence Thomas: A Method in His Message?" *Holy Cross Journal of Law and Public Policy* 1 (1996): 10–11; Clarence Thomas, *My Grandfather's Son: A Memoir* (New York: Harper, 2007).
16. Marable, *Race, Reform, and Rebellion*, 216–217; Earl Ofari Hutchinson, *The Assassination of the Black Male Image* (New York: Simon and Schuster, 1996), 63–70; Duchess Harris, *Black Feminist Politics from Kennedy to Clinton*, Contemporary Black History (New York: Palgrave Macmillan, 2009), 90–98; White, *Too Heavy a Load*, 15–16.
17. Adams and Sanders, *Alienable Rights*, 314; Brown et al., *Whitewashing Race*, 184–185; Lawrence M. Mead, *The New Politics of Poverty: The Nonworking Poor in America* (New York: Basic Books, 1992), 142.
18. Washington, *Medical Apartheid*, 330–332, 337–346.
19. Joy James, "Introduction," in *The Angela Y. Davis Reader*, ed. Joy James (Malden, MA: Blackwell, 1998), 9–10.
20. Alexander, *The New Jim Crow*, 55; Adams and Sanders, *Alienable Rights*, 316–317.
21. Marable, *Race, Reform, and Rebellion*, 223; "'Cosby' Finale: Not All Drama Was in the Streets," *Los Angeles Times*, May 2, 1992, http://articles.latimes.com/1992-05-02 /entertainment/ca-1105_1_cosby-show.

22. Andrew Hacker, *Two Nations: Black and White, Separate, Hostile, Unequal* (New York: Scribner's, 1992); Hutchinson, *Assassination*, 55–60; Guerrero, *Framing Blackness*, 197–208; Derrick Bell, *Faces at the Bottom of the Well: The Permanence of Racism* (New York: Basic Books, 1992); Cornel West, *Race Matters* (Boston: Beacon Press, 1993).
23. "Was It a 'Riot,' a 'Disturbance,' or a 'Rebellion'?," *Los Angeles Times*, April 29, 2007; Aldore Collier, "Maxine Waters: Telling It Like It Is in LA," *Ebony*, October 1992; "Excerpts from Bush's Speech on the Los Angeles Riots: 'Need to Restore Order,'" *New York Times*, May 2, 1992; David M. Newman and Elizabeth Grauerholz, *Sociology of Families*, 2nd ed. (Thousand Oaks, CA: Pine Forge Press, 2002), 18; "Clinton: Parties Fail to Attack Race Divisions," *Los Angeles Times*, May 3, 1992; Washington, *Medical Apartheid*, 271–277.
24. "Sister Souljah's Call to Arms," *Washington Post*, May 13, 1992.
25. Marable, *Race, Reform, and Rebellion*, 217.
26. Ibid., 226–227; Charles Murray, "The Coming White Underclass," *Wall Street Journal*, October 29, 1993.
27. Tupac Shakur, "Keep Ya Head Up," 1994, www.songlyrics.com/tupac/keep -ya-head-up-lyrics/.
28. Angela Y. Davis, "Black Women and the Academy," in *The Angela Y. Davis Reader*, ed. Joy James (Malden, MA: Blackwell, 1998), 222–231.
29. Alexander, *The New Jim Crow*, 55–59; Marable, *Race, Reform, and Rebellion*, 218–219; Bill Clinton, "1994 State of the Union Address," January 25, 1994, www .washingtonpost.com/wp-srv/politics/special/states/docs/sou94.htm; Ben Schreckinger and Annie Karni, "Hillary's Criminal Justice Plan: Reverse Bill's Policies," *Politico*, April 30, 2014, www.politico.com/story/2015/04/hillary-clintons-criminal -justice-plan-reverse-bills-policies-117488.html.
30. Hutchinson, *Assassination*; The Notorious B.I.G., "Juicy," 1994, www.songlyrics .com/the-notorious-b-i-g/juicy-clean-lyrics/.

第三十五章　新共和黨人

1. Richard J. Herrnstein and Charles A. Murray, *The Bell Curve: Intelligence and Class Structure in American Life* (New York: Free Press, 1994), xxv, 1–24, 311–312, 551; Roberts, *Killing the Black Body*, 270.
2. "Republican Contract with America," 1994, see http://web.archive.org/web /19990427174200/http://www.house.gov/house/Contract/CONTRACT.html.

3. Richard Lynn, "Is Man Breeding Himself Back to the Age of the Apes?," in *The Bell Curve Debate: History, Documents, Opinions*, ed. Russell Jacoby and Naomi Glauberman (New York: Times Books, 1995), 356; Ulrich Neisser, Gwyneth Boodoo, Thomas J. Bouchard Jr., A. Wade Boykin, Nathan Brody, Stephen J. Ceci, Diane F. Halpern, John C. Loehlin, Robert Perloff, Robert J. Sternberg, and Susana Urbina, "Intelligence: Knowns and Unknowns," *American Psychologist* 51 (1996): 77–101.
4. Marina Budhos, "Angela Davis Appointed to Major Chair," *Journal of Blacks in Higher Education* 7 (1995): 44–45; Manning Marable, "Along the Color Line: In Defense of Angela Davis," *Michigan Citizen*, April 22, 1995.
5. Dinesh D'Souza, *The End of Racism: Principles for a Multiracial Society* (New York: Free Press, 1995), vii–viii, 22–24, 441.
6. Hutchinson, *Assassination*, 152–161.
7. "Professors of Hate: Academia's Dirty Secret," *Rolling Stone*, October 20, 1994; Jessie Daniels, *Cyber Racism: White Supremacy Online and the New Attack on Civil Rights*, Perspectives on a Multiracial America (Lanham, MD: Rowman and Littlefield, 2009), 41–53, 61–63, 96, 159–167, 174–182.
8. B. W. Burston, D. Jones, and P. Roberson-Saunders, "Drug Use and African Americans: Myth Versus Reality," *Journal of Alcohol and Drug Education* 40 (1995), 19–39; Alexander, *The New Jim Crow*, 122–125; John J. Dilulio Jr., "The Coming of the Super Predators," *Weekly Standard*, November 27, 1995.
9. Allen Hughes and Albert Hughes, *Menace II Society*, May 26, 1993.
10. "Black Women Are Split over All-Male March on Washington," *New York Times*, October 14, 1995.
11. Mumia Abu-Jamal, *Live from Death Row* (New York: HarperCollins, 1996), 4–5.
12. "August 12 'Day of Protest' Continues Despite Mumia's Stay of Execution," *Sun Reporter*, August 10, 1995; Kathleen Cleaver, "Mobilizing for Mumia Abu-Jamal in Paris," in *Liberation, Imagination, and the Black Panther Party: A New Look at the Panthers and Their Legacy*, ed. Kathleen Cleaver and George N. Katsiaficas (New York: Routledge, 2001), 51–68.
13. Marable, *Race, Reform, and Rebellion*, 228–231.
14. Michael O. Emerson and Christian Smith, *Divided by Faith: Evangelical Religion and the Problem of Race in America* (Oxford: Oxford University Press, 2000), 63–133; Bill Clinton, "Remarks at the University of Texas at Austin, October 16, 1995," in *Public Papers of the*

Presidents of the United States: William J. Clinton, 1995, bk. 2 (Washington, DC: National Archives and Records Administration, 1996), 1600–1604.

15. John Mica and Barbara Cubin, "Alligators and Wolves," in *Welfare: A Documentary History of U.S. Policy and Politics*, ed. Gwendolyn Mink and Rickie Solinger (New York: New York University Press, 2003), 622.
16. Randall Kennedy, *Nigger: The Strange Career of a Troublesome Word* (New York: Pantheon, 2002), 41–43.
17. Marable, *Race, Reform, and Rebellion*, 220–221; "Prop. 209 Backer Defends Use of King in Ad," *Los Angeles Times*, October 24, 1996.
18. Roger Ebert, "Set It Off," November 8, 1996, www.rogerebert.com/reviews /set-it-off-1996.
19. William J. Clinton, "Commencement Address at the University of California San Diego in La Jolla, California," June 14, 1997, Gerhard Peters and John T. Woolley, The American Presidency Project, www.presidency.ucsb.edu /ws/?pid=54268.
20. "At Million Woman March, Focus Is on Family," *New York Times*, October 26, 1997.
21. Jim Sleeper, *Liberal Racism* (New York: Viking, 1997); Brown et al., *Whitewashing Race*, 5–17, 21, 153–160; Peter Collier and David Horowitz, *The Race Card: White Guilt, Black Resentment, and the Assault on Truth and Justice* (Rocklin, CA: Prima, 1997); Stephan Thernstrom and Abigail M. Thernstrom, *America in Black and White: One Nation, Indivisible* (New York: Simon and Schuster, 1999), 494, 500, 539.

第三十六章　百分之九十九相同

1. Nathan Glazer, *We Are All Multiculturalists Now* (Cambridge, MA: Harvard University Press, 1997).
2. Angela Y. Davis, *Blues Legacies and Black Feminism: Gertrude "Ma" Rainey, Bessie Smith, and Billie Holiday* (New York: Pantheon Books, 1998); David Nicholson, "Feminism and the Blues," *Washington Post*, February 12, 1998; Francis Davis, "Ladies Sing the Blues," *New York Times*, March 8, 1998.
3. "Angela Davis, Still Carrying the Torch in 2000," *Lesbian News*, April 2000; Angela Y. Davis, *Are Prisons Obsolete?* (New York: Seven Stories Press, 2003), 7–8, 15–16.
4. John H. McWhorter, *Losing the Race: Self-Sabotage in Black America* (New York: Free Press, 2000), 13; "Original Oakland Resolution on

Ebonics," December 18, 1996, http://linguistlist.org/topics/ebonics/ebonics-res1.html.

5. Robert Williams, "Ebonics as a Bridge to Standard English," *St. Louis Post- Dispatch*, January 28, 1997.
6. "Black English Is Not a Second Language, Jackson Says," *New York Times*, December 23, 1996, www.nytimes.com/1996/12/23/us/black-english-is-not-asecond-language-jackson-says.html; "LSA Resolution on the Oakland 'Ebonics' Issue," 1997, Linguistic Society of America, www.linguisticsociety.org/resource /lsa-resolution-oakland-ebonics-issue.
7. Albert C. Baugh and Thomas Cable, *A History of the English Language*, 5th ed. (Upper Saddle River, NJ: Prentice-Hall, 2002).
8. McWhorter, *Losing the Race*, x, 124–125, 195.
9. John H. McWhorter, *Authentically Black: Essays for the Black Silent Majority* (New York: Gotham Books, 2003), xii–xiii, 33–35, 262–264.
10. "Remarks Made by the President, Prime Minister Tony Blair of England (via satellite), Dr. Francis Collins, Director of the National Human Genome Research Institute, and Dr. Craig Venter, President and Chief Scientific Officer, Celera Genomics Corporation, on the Completion of the First Survey of the Entire Human Genome Project," June 26, 2000, https://www.genome.gov/10001356.
11. Nicholas Wade, "For Genome Mappers, the Tricky Terrain of Race Requires Some Careful Navigating," *New York Times*, July 20, 2001.
12. Reanne Frank, "Forbidden or Forsaken? The (Mis)Use of a Forbidden Knowledge Argument in Research on Race, DNA, and Disease," in *Genetics and the Unsettled Past: The Collision of DNA, Race, and History*, ed. Alondra Nelson, Keith Wailoo, and Catherine Lee (New Brunswick, NJ: Rutgers University Press, 2012), 315–316; Roberts, *Fatal Invention*, 4, 50–54; Nicholas Wade, *A Troublesome Inheritance: Genes, Race, and Human History* (New York: Penguin, 2014); Yudell, *Race Unmasked*, ix–xi.
13. United States, *Initial Report to the Committee on the Elimination of Racial Discrimination*, September 2000, www1.umn.edu/humanrts/usdocs/cerdinitial.html; Bob Herbert, "In America; Keep Them Out!" *New York Times*, December 7, 2000, www .nytimes.com/2000/12/07/opinion/in-america-keep-them-out.html; Marable, *Race, Reform, and Rebellion*, 236–237.
14. Ibid., 249–250; Randall Robinson, *The Debt: What America Owes to Blacks* (New York: Dutton, 2000).
15. Marable, *Race, Reform, and Rebellion*, 240–243.
16. Dave Chappelle, "Black White Supremacist," Comedy Central, https://www .youtube.com/watch?v=rQtysS7fB4k.
17. Roediger, *How Race Survived U.S. History*, 215; Marable, *Race, Reform, and Rebellion*, 243–246.

18. Marable, *Race, Reform, and Rebellion*, 247.
19. Donna Lieberman, "School to Courthouse," *New York Times*, December 8, 2012, www.nytimes.com/2012/12/09/opinion/sunday/take-police-officers-off-the -school-discipline-beat.html?_r=0; P. L. Thomas, *Ignoring Poverty in the U.S.: The Corporate Takeover of Public Education* (Charlotte, NC: Information Age Pub, 2012), 186–187.
20. Marable, *Race, Reform, and Rebellion*, 247–248; Michael Eric Dyson, *Is Bill Cosby Right? Or Has the Black Middle Class Lost Its Mind?* (New York: BasicCivitas, 2005); Micheal E. Dyson, "The Injustice Bill Cosby Won't See," *Washington Post*, July 21, 2006.
21. "Transcript: Illinois Senate Candidate Barack Obama," *Washington Post*, July 27, 2004.

第三十七章　非凡黑人

1. Barack Obama, *Dreams from My Father: A Story of Race and Inheritance* (New York: Three Rivers Press, 2004), 98–100.
2. Ta-Nehisi Coates, "Worst Movie of the Decade," *The Atlantic*, December 30, 2009, www.theatlantic.com/entertainment/archive/2009/12/worst-movie-of-the-decade/32759/; John McWhorter, "Racism in America Is Over," *Forbes*, December 30, 2008, www.forbes.com/2008/12/30/end-of-racism-oped-cx_jm _1230mcwhorter.html.
3. "Washing Away," *New Orleans Times-Picayune*, June 23–27, 2002; Daniels, *Cyber Racism*, 117–155; Naomi Klein, *The Shock Doctrine: The Rise of Disaster Capitalism* (New York: Metropolitan Books / Henry Holt, 2007).
4. "'Racist' Police Blocked Bridge and Forced Evacuees Back at Gunpoint," *Independent* (London), September 11, 2005.
5. George W. Bush, *Decision Points* (New York: Crown, 2010), 325–326; Marable, *Race, Reform, and Rebellion*, 251–256.
6. Larry Elder, "Katrina, The Race Card, and the Welfare State," *WND*, September 8, 2005, www.wnd.com/2005/09/32236/.
7. Harris-Perry, *Sister Citizen*, 157–179.
8. Angela Locke, "Angela Davis: Not Just a Fair-Weather Activist," *Off Our Backs* 37, no. 1 (2007): 66–68.
9. "Imus Isn't the Real Bad Guy," *Kansas City Star*, April 11, 2007.
10. "NAACP Symbolically Buries N-Word," *Washington Post*, July 9, 2007.
11. "Biden's Description of Obama Draws Scrutiny," CNN, February 9, 2007, www.cnn.com/2007/POLITICS/01/31/biden.obama/;

Roediger, *How Race Survived U.S. History*, 216; H. Samy Alim and Geneva Smitherman, *Articulate While Black: Barack Obama, Language, and Race in the U.S.* (Oxford: Oxford University Press, 2012), 31–44.

12. Harris-Perry, *Sister Citizen*, 273–277; *The New Yorker*, July 21, 2008.
13. "Obama's Pastor: God Damn America, U.S. to Blame for 9/11," ABC News, March 13, 2008, http://abcnews.go.com/Blotter/DemocraticDebate/story ?id=4443788.
14. Robert M. Entman and Andrew Rojecki, *The Black Image in the White Mind: Media and Race in America* (Chicago: University of Chicago Press, 2000), 33–60.
15. Joy DeGruy, *Post Traumatic Slave Syndrome: America's Legacy of Enduring Injury and Healing* (Portland: Joy DeGruy, 2005); Jay S. Kaufman and Susan A. Hall, "The Slavery Hypertension Hypothesis: Dissemination and Appeal of a Modern Race Theory," *Epidemiology* 14, no. 1 (2003): 111–118; "Doctors Claim 'Hood Disease' Afflicts Inner-City Youth," NewsOne, May 17, 2014, http://newsone.com/3010041 /doctors-claim-hood-disease-afflicts-inner-city-youth/.
16. Barack Obama, "Transcript: Barack Obama's Speech on Race," NPR, March 18, 2008, www.npr.org/templates/story/story.php?storyId=88478467.
17. "What Should Obama Do About Rev. Jeremiah Wright?" *Salon*, April 29, 2008, www.salon.com/2008/04/29/obama_wright/; "Huckabee Defends Obama . . . and the Rev. Wright," *ABC News*, March 20, 2008, http://blogs .abcnews.com/politicalpunch/2008/03/huckabee-defend.html; Michelle Bernard, "Hardball with Chris Mathews," MSNBC, March 21, 2008; John McCain, "Hardball College Tour at Villanova University," MSNBC, April 15, 2008; Charles Murray, "Have I Missed the Competition?" *National Review Online*, March 18, 2008; Newt Gingrich, "The Obama Challenge: What Is the Right Change to Help All Americans Pursue Happiness and Create Prosperity," speech at the American Enterprise Institute, Washington, DC, March 27, 2008, transcript, https://web.archive.org/web/20080404112807/http://newt.org/tabid/102/articleType/Article View/articleId/3284/Default.aspx.
18. "Text of Obama's Fatherhood Speech," *Politico*, June 15, 2008, www.politico .com/story/2008/06/text-of-obamas-fatherhood-speech-011094; Michael Eric Dyson, "Obama's Rebuke of Absentee Black Fathers," *Time*, June 19, 2008.
19. "Life Expectancy Gap Narrows Between Blacks, Whites," *Los Angeles Times*, June 5, 2012, http://articles.latimes.com/2012/jun/05/

science/la-sci-life-expectancy -gap-20120606; "Michelle Alexander: More Black Men Are in Prison Today Than Were Enslaved in 1850," *Huffington Post*, October 12, 2011, www.huffingtonpost .com/2011/10/12/michelle-alexander-more-black-men-in-prison-slaves-1850_n_1007368.html; Alexander, *The New Jim Crow*, 174–176.

20. "On Revolution: A Conversation Between Grace Lee Boggs and Angela Davis," March 2, 2012, University of California, Berkeley, video and transcript, www.radioproject.org/2012/02/grace-lee-boggs-berkeley/.
21. John McWhorter, "Racism in America Is Over," *Forbes*, December 30, 2008, www.forbes.com/2008/12/30/end-of-racism-oped-cx_jm_1230mcwhorter.html.

結語

1. "Dissecting the 2008 Electorate: Most Diverse in U.S. History," Pew Research Center, April 30, 2009, www.pewhispanic.org/2009/04/30/dissecting-the -2008-electorate-most-diverse-in-us-history/; "Youth Vote May Have Been Key in Obama's Win," NBC News, November 5, 2008, www.nbcnews.com/id/27525497 /ns/politics-decision_08/t/youth-vote-may-have-been-key-obamas-win/#.VgyfvstVhBc.
2. "Obama Hatred at McCain-Palin Rallies: 'Terrorist!' 'Kill Him!'" *Huffington Post*, November 6, 2008, www.huffingtonpost.com/2008/10/06/mccain-does-nothing -as-cr_n_132366.html.
3. Michael C. Dawson, *Not in Our Lifetimes: The Future of Black Politics* (Chicago: University of Chicago Press, 2011), 91; Jones, *Dreadful Deceit*, 290–292; Jill Lepore, *The Whites of Their Eyes: The Tea Party's Revolution and the Battle over American History*, Public Square Book Series (Princeton, NJ: Princeton University Press, 2010), 3–4; Daniels, *Cyber Racism*, 3–5; "White Supremacists More Dangerous to America Than Foreign Terrorists," *Huffington Post*, June 24, 2015, www.huffingtonpost .com/2015/06/24/domestic-terrorism-charleston_n_7654720.html.
4. Barack Obama, "Remarks by the President to the NAACP Centennial Convention," July 16, 2009, https://www.whitehouse.gov/the-press-office/remarks -president-naacp-centennial-convention-07162009; "Obama: Police Who Arrested Professor 'Acted Stupidly,'" CNN, July 23, 2009, www.cnn.com/2009/US /07/22/harvard.gates.interview/; Glenn Beck, "Fox Host Glenn Beck: Obama Is a

'Racist,'" July 28, 2009, www.huffingtonpost.com/2009/07/28/fox-host-glenn-beck -obama_n_246310.html.

5. Ta-Nehisi Coates, "The Case for Reparations," *The Atlantic*, June 2014; Janet Mock, *Redefining Realness: My Path to Womanhood, Identity, Love & So Much More* (New York: Atria Books, 2014), 258.
6. Alexander, *The New Jim Crow*, 6–7, 138, 214–222.
7. "Richard Sherman: Thug Is Now 'The Accepted Way of Calling Somebody the N-Word,'" *Huffington Post*, January 22, 2014, www.huffingtonpost.com/2014/01/22 /richard-sherman-thug-n-word-press-conference_n_4646871.html.
8. "Meet the Woman Who Coined #BlackLivesMatter," *USA Today*, March 4, 2015, www.usatoday.com/story/tech/2015/03/04/alicia-garza-black-lives-matter /24341593/.
9. Garrison, *An Address, Delivered Before the Free People of Color*, 5–6.
10. Du Bois, "My Evolving Program for Negro Freedom," 70; Myrdal, *An American Dilemma*, 1:48.
11. W. E. B. Du Bois, "A Negro Nation Within the Nation," *Current History* 42 (1935): 265–270.

【Eureka文庫版】ME2092X

生而被標籤：美國種族歧視思想的歷史溯源

Stamped from the Beginning: The Definitive History of Racist Ideas in America

作　　者❖伊布拉．肯迪 Ibram X. Kendi
譯　　者❖張玉芬、張毓如、陳義仁
封 面 設 計❖陳恩安
內 頁 排 版❖張彩梅
總　編　輯❖郭寶秀
責 任 編 輯❖郭棤嘉
行 銷 企 劃❖力宏勳

事業群總經理❖謝至平
發　行　人❖何飛鵬
出　　版❖馬可孛羅文化
台北市南港區昆陽街16號4樓
電話：886-2-2500-0888 傳真：886-2-2500-1951
發　　行❖英屬蓋曼群島商家庭傳媒股份有限公司城邦分公司
台北市南港區昆陽街16號8樓
客服專線：02-25007718；02-25007719
24小時傳真專線：02-25001990；02-25001991
服務時間：週一至週五上午09:30-12:00；下午13:30-17:00
劃撥帳號：19863813 戶名：書虫股份有限公司
讀者服務信箱：service@readingclub.com.tw
城邦網址：http://www.cite.com.tw
香港發行所❖城邦（香港）出版集團有限公司
香港九龍土瓜灣土瓜灣道86號順聯工業大廈6樓A室
電話：852-25086231 傳真：852-25789337
電子信箱：hkcite@biznetvigator.com
馬新發行所❖城邦（馬新）出版集團
Cite（M）Sdn. Bhd.（458372U）
41, Jalan Radin Anum, Bandar Baru Seri Petaling,
57000 Kuala Lumpur, Malaysia.
電話：+6(03)-90563833 傳真：+6(03)-90576622
電子信箱：services@cite.my
輸 出 印 刷❖中原造像股份有限公司
初 版 一 刷❖2019年4月
二 版 一 刷❖2024年5月
紙 書 定 價❖780元
電子書定價❖546元

ISBN：978-626-7356-68-5
EISBN 9786267356692

城邦讀書花園
www.cite.com.tw

國家圖書館出版品預行編目資料

生而被標籤：美國種族歧視思想的歷史溯源／伊布拉．肯迪（Ibram X. Kendi）作；張玉芬，張毓如，陳義仁翻譯. -- 二版. -- 臺北市：馬可孛羅文化出版：英屬蓋曼群島商家庭傳媒股份有限公司城邦分公司發行，2024.05
面；　公分
譯自：Stamped from the beginning : the definitive history of racist ideas in America
ISBN 978-626-7356-68-5(平裝)
1.CST: 種族偏見 2.CST: 美國
546.5952　　113003872